Erdverbunden.
Aktuelle archäologische Forschung
in Frankfurt am Main

Band 2

Frankfurt am Main-Rödelheim.
Vom Leben und Sterben der Soldaten Napoleons

Geschichte | Archäologie | Anthropologie

Francfort-sur-le-Main-Rödelheim.
De la vie et de la mort des soldats de Napoléon

L'histoire | L'archéologie | L'anthropologie

Herausgeber
Denkmalamt der Stadt Frankfurt am Main

SCHNELL + STEINER

Coverabbildungen: Zeichnungen und Fotos E. Sichert, Denkmalamt FFM.

Bibliographische Informationen der Deutschen Nationalbibliothek:
Die Deutsche Nationalbibliothek verzeichnet diese Publikation
in der Deutschen Nationalbibliographie; detaillierte bibliographische Daten
sind im Internet über https://dnb.de abrufbar.

Band 2
Der Reihe
Erdverbunden. Aktuelle archäologische Forschung in Frankfurt am Main

Herausgeber
Denkmalamt der Stadt Frankfurt am Main

Lektorat: Isabell Schlott M.A.
Französische Übersetzung: Nurith dell'Ariccia
Deutsche Übersetzungen: Franziska Dörr

1. Auflage 2024
© Copyright 2024, Denkmalamt der Stadt Frankfurt am Main
Alle Rechte der Verbreitung, auch durch Film, Funk und Fernsehen, fotomechanische Wiedergabe, Ton- oder Bildträger jeder Art,
des auszugsweisen Nachdrucks oder Einspeicherung und Rückgewinnung in Datenverarbeitungsanlagen sind vorbehalten.
© 2024 Verlag Schnell & Steiner GmbH, Leibnizstraße 13, 93055 Regensburg
Gestaltung: Elke Sichert
Satz: typegerecht berlin
Druck: Gutenberg Beuys Feindruckerei GmbH, Langenhagen

ISBN 978-3-7954-3852-4

Alle Rechte vorbehalten. Ohne ausdrückliche Genehmigung des Verlags ist es nicht gestattet,
dieses Buch oder Teile daraus auf fototechnischem oder elektronischem Weg zu vervielfältigen.

Weitere Informationen zum Verlagsprogramm erhalten Sie unter:
www.schnell-und-steiner.de

Wir danken allen, die dieses Buch gefördert haben:

Inhaltsverzeichnis
Table des matières

Grußworte | Mots de bienvenue 9

Vorwort | Préface 12

ANDREA HAMPEL

Einleitung 18

Introduction 19

TOBIAS PICARD

Rödelheim, Frankfurt und das Rhein-Main-Gebiet
in der Zeit Napoleons 26

Rödelheim, Francfort et la région Rhin-Main
à l'époque de Napoléon 27

JACQUES-OLIVIER BOUDON

Frankfurt sehen und sterben. Die Rekruten von 1813 42

Voir Francfort et mourir. Les conscrits de 1813 43

ANDREA HAMPEL

Gräber der napoleonischen Befreiungskriege
in Frankfurt-Rödelheim 130

Tombes des guerres de libération napoléoniennes
à Francfort-Rödelheim 131

ANDREA HAMPEL

Der Uniform beraubt – archäologische Funde
und Trachtbestandteile aus den Gräbern 152

Privés de leur uniforme – découvertes archéologiques
et éléments de vêtements retrouvés dans les tombes 153

ELKE SICHERT

Heimlich in Hosen: Als Frau zwischen den Soldaten Napoleons 184

Secrètement, en pantalon: être femme parmi les soldats de Napoléon 185

SIGRUN MARTINS

Textilien eines napoleonischen Grabes aus Frankfurt-Rödelheim 206

Textiles d'une tombe napoléonienne de Frankfurt-Rödelheim 207

ANDREA HAMPEL

Massengräber im Rhein-Main-Gebiet.
Eine archäologische Spurensuche 214

Fosses communes dans la région Rhin-Main.
Une recherche de traces archéologiques 215

ANDREA HAMPEL · MICHAEL OBST

Katalog | Catalogue 220

ANNA LENA FLUX · BIRGIT GROSSKOPF

Das Leid marschiert mit – Anthropologische Ergebnisse
und Interpretationen zur Skelettserie Rödelheim 346

La souffrance en marche – Résultats anthropologiques
et interprétations de la série de squelettes de Rödelheim 347

Chronologie 410
Autor:innen | Auteurs·es 416

Abb. 1 Die Gedenkfeier für die Soldaten auf dem Frankfurter Südfriedhof 2019. Schüler:innen legen für jedes bei der Ausgrabung gefundene Individuum eine weiße Rose nieder. | La cérémonie commémorative pour les soldats au cimetière sud de Francfort en 2019. Les élèves déposent une rose blanche pour chaque individu trouvé lors des fouilles.

Grußwort
Mots de bienvenue

Dieser Band stellt einen weiteren wichtigen Schritt dar in dem wissenschaftlichen und erinnerungspolitischen Prozess, der mit der außergewöhnlichen Entdeckung im Frankfurter Stadtteil Rödelheim im Jahr 2015 begann.

Seitdem wurden sowohl in Deutschland als auch in Frankreich Anstrengungen unternommen, die von einer doppelten Pflicht angetrieben sind: zum einen, diese napoleonischen Soldaten durch wissenschaftliche und historische Aufarbeitung aus der Vergessenheit zu holen und zum anderen ihnen eine Grabstätte und Ehrung – letztendlich Würde – zu gewähren als angemessene Zeichen ihres letzten Einsatzes.

Nach der Enthüllung einer Gedenktafel am Fundort im Januar 2020 und einer offiziellen Beisetzungszeremonie auf dem Frankfurter Südfriedhof im November 2022 bildet dieses Buch den Abschluss einer interdisziplinären – anthropologischen, archäologischen, historischen – bilateralen Forschungstätigkeit.

Ein solch anspruchsvoller Ansatz war nur möglich im Zusammenwirken der Arbeit des Frankfurter Denkmalamts unter der Leitung von Dr. Hampel, der Studien von Dr. Großkopf und ihrem Team vom Institut für Anthropologie der Universität Göttingen sowie der historischen Forschungen von Prof. Boudon, dem Präsidenten des Institut Napoléon in Paris.

So verdeutlicht dieses Werk einmal mehr die Qualität der Deutsch-Französischen Zusammenarbeit in diesem besonderen Jahr des 60-jährigen Bestehens des Elysée-Vertrags.

Cet ouvrage représente une nouvelle étape importante dans la démarche scientifique et mémorielle engagée depuis cette extraordinaire découverte dans le quartier de Rödelheim en 2015.

Depuis lors, les efforts, tant en Allemagne qu'en France, se sont unis animés par un double devoir: sortir, à travers un travail scientifique et historique, ces soldats napoléoniens de l'oubli; accorder une sépulture, un hommage – somme toute, une dignité – à la hauteur de leur ultime engagement.

Après l'inauguration en janvier 2020 d'une plaque commémorative à l'emplacement même de leur découverte puis d'une cérémonie officielle d'inhumation au cimetière sud de Francfort en novembre 2022, cet ouvrage vient ainsi clore un travail interdisciplinaire – anthropologique, archéologique, historique – et bilatéral.

Cette démarche mue d'exigence n'a en effet été rendue possible que grâce à la formidable conjugaison des travaux conduits par le service du patrimoine de la ville de Francfort sous la direction du Dr. Hampel, des études menées par la Dr. Großkopf et sa équipe de l'institut d'anthropologie de l'université de Göttingen ainsi que des recherches historiques du Professeur Boudon, président de l'Institut Napoléon à Paris.

Cet ouvrage illustre, une fois encore, la qualité de la coopération franco-allemande en cette année si particulière des 60 ans du Traité de l'Elysée.

Dr. Ilde Gorguet
Generalkonsulin am Generalkonsulat von Frankreich in Frankfurt am Main
Consule générale de le Consulat Général de France à Francfort-sur-le-Main

Abb. 2 Mit feinem Werkzeug legen Mitarbeiter des Denkmalamtes sorgsam zwei Skelette frei.
| Les collaborateur du service des monuments historiques dégagent soigneusement deux squelettes à l'aide d'outils fins.

Grußwort
Mots de bienvenue

Mit diesem Werk schreiben wir einerseits Wissenschaftsgeschichte, andererseits blicken wir auf eine finstere Zeit zurück, als Europa von blutigen Kriegen überzogen wurde.

Die Gebeine der Toten wurden bei Ausgrabungen im Rahmen von Bauarbeiten in Frankfurt-Rödelheim gefunden. Die Soldaten sind in den Jahren 1813 und 1814 verstorben, als im Rahmen der Befreiungskriege die französische Armee auf dem Rückzug war. Sie wurden damals in Einzel- und Massengräbern im freien Feld bestattet.

Trotz der großen Soldatenzahlen sind nur sehr wenige Gräber bekannt. Aus diesem Grund sind alle Toten im anthropologischen Institut der Universität Göttingen unter der Leitung von Dr. Birgit Großkopf umfassend untersucht worden. Die archäologischen Befunde und Funde sind im Denkmalamt bearbeitet und restauriert worden.

30 Jahre nach den Balkankriegen, im Angesicht des russischen Angriffskrieges gegen die Ukraine und nach dem terroristischen Angriff der Hamas auf Israel ist uns dennoch bewusst, wie fragil der Frieden sein kann. Daher ist diese wissenschaftliche Betrachtung der Kriegsgräuel so wichtig.

Wir leben heute die Deutsch-Französische Freundschaft, pflegen diese seit den fünfziger Jahren des vergangenen Jahrhunderts, haben ein gemeinsames Europa aufgebaut. Wir haben in Kerneuropa eine Friedenszeit von annähernd 80 Jahren hinter uns. Das ist unschätzbar wertvoll.

Avec cet ouvrage, nous écrivons d'une part l'histoire de la science, et d'autre part, nous revenons sur une période sombre, lorsque l'Europe était ravagée par des guerres sanglantes.

Les ossements des morts ont été découverts lors de fouilles effectuées dans le cadre de travaux de construction à Francfort-Rödelheim. Les soldats sont décédés en 1813 et 1814, alors que l'armée française était en retraite dans le cadre des guerres de libération. Ils ont alors été enterrés dans des fosses individuelles ou collectives en rase campagne.

Malgré le grand nombre de soldats, très peu de tombes sont connues. C'est pourquoi tous les morts ont fait l'objet d'une étude approfondie à l'institut anthropologique de l'université de Göttingen, sous la direction de la doctoresse Birgit Großkopf. Les découvertes archéologiques et les trouvailles ont été traitées et restaurées par le service des monuments historiques.

Trente ans après les guerres des Balkans, face à la guerre d'agression russe contre l'Ukraine et après l'attaque terroriste du Hamas contre Israël, nous sommes néanmoins conscients de la fragilité de la paix. C'est pourquoi cette réflexion scientifique sur les atrocités de la guerre est si importante.

Nous vivons aujourd'hui l'amitié franco-allemande, nous l'entretenons depuis les années cinquante du siècle dernier, nous avons construit une Europe commune. Au cœur de l'Europe, nous avons connu une période de paix de près de 80 ans. Cela représente une valeur inestimable.

Prof. Dr. Marcus Gwechenberger
Dezernent für Planen und Wohnen der Stadt Frankfurt am Main
Directeur de la planification et du logement, ville de Francfort-sur-le-Main

Vorwort

»Frankreich, die Armee, der Chef der Armee, Joséphine« – Das waren die letzten Worte Napoleons bevor er am 05. Mai 1821 in der Verbannung auf der Insel St. Helena im Südatlantik starb.

In diesen wenigen Worten lässt sich sein ganzes Leben ablesen und die zweifache Nennung der Armee verweist nachdrücklich auf das Element, das sein Leben bestimmt hat. Als Kaiser von Frankreich hat er ganz Europa ins Chaos gestürzt und war verantwortlich für den Tod Tausender Soldaten. Diese namenlosen Heerscharen sind in den Berichten zeitgenössischer oder jüngerer Chronisten erstaunlich wenig präsent. Noch seltener sind sie Gegenstand einer archäologischen Untersuchung.

Die Wissenschaftler:innen, die wir für diesen Band gewinnen konnten, nehmen sich dieser Forschungslücke an und beleuchten das Schicksal der Männer und auch der Frauen als Angehörige der Grande Armée in den napoleonischen Kriegen:

Durch Tobias Picard gelingt trefflich eine Einführung in die politische Situation im Rhein-Main-Gebiet. Jacques-Olivier Boudon wendet sich mit langen Listen der toten Soldaten bereits den Schrecken des Krieges zu, die namentlich bekannt, in Frankfurt gestorben sind und macht so individuelle Lebensläufe sichtbar.

Die Grabungsergebnisse mit dem Ausgräber Michael Obst als Co-Autor schließen sich an und dokumentieren den Schrecken des Krieges in 213 Toten. Sind schon die toten Soldaten namenlos, so sind es die teilnehmenden Frauen erst recht. Elke Sichert befasst sich mit den drei toten Frauen aus dem Gräberfeld in Frankfurt-Rödelheim. Sigrun Martins hat den seltenen Fund von Textilien in einem der Gräber restauratorisch sichtbar gemacht.

»Vivre libre ou mourir« (Freiheit oder Sterben) steht auf einem Fundstück. Aber wie starben denn die Toten aus Rödelheim? Die anthropologische Untersuchung durch Birgit Großkopf und Anna Lena Flux gibt Antworten und schaut in die Abgründe der napoleonischen Feldzüge.

Das Buch soll zweisprachig für französische und deutsche Leser:innen gleich angenehm, aber auch unmissverständlich lesbar sein und die gemeinsame Geschichte und das gemeinsame Ziel der dauerhaften Freundschaft beider Nationen hervorheben.

Wir danken allen, die unser Projekt unterstützt und finanziell gefördert haben:
- der Deutsch-Französischen Gesellschaft Frankfurt e. V. namentlich Herrn Präsident Christophe Braouet
- der Frankfurter Historischen Kommission, namentlich der Vorsitzenden Frau Prof. Recker
- der Gesellschaft für Frankfurter Geschichte e. V., namentlich den Vorsitzenden Frau Kiermeier und Frau Dr. Brockhoff
- der Hessischen Landesregierung, namentlich Herrn Ministerpräsident Boris Rhein und Herrn Staatsminister Axel Wintermeyer
- dem Ministère des Armées, Direction de la mémoire, de la culture et des archives du ministère des Armées, namentlich Herrn Colonel Flecksteiner

Wir als Grabungsteam sind überwältigt vom ungebrochenen Interesse seit der Ausgrabung 2015 und freuen uns, dass eine Vielzahl von Institutionen und Vereinen alljährlich gemeinsame Veranstaltungen mitgestalten:
- die Französische Botschaft in Berlin
- das Generalkonsulat von Frankreich in Frankfurt am Main, namentlich den Generalkonsulinnnen Sophie Laszlo (2013–2016), Pascale Trimbach (2017–2020) und Dr. Ilde Gorguet (seit 2020).
- die Oberbürgermeister der Stadt Frankfurt am Main, Peter Feldmann (2012–2022) und Mike Josef (ab 2023)

Préface

« La France, l'armée, le chef de l'armée, Joséphine » – Ce furent les derniers mots de Napoléon avant qu'il ne meure en exil sur l'île de Sainte-Hélène dans l'Atlantique Sud le 5 mai 1821.

Dans ces quelques mots, on peut lire toute sa vie et la double mention de l'armée renvoie avec insistance à l'élément qui a déterminé son existence. En tant qu'empereur de France, il a plongé toute l'Europe dans le chaos et a été responsable de la mort de milliers de soldats. Ces armées anonymes sont étonnamment peu présentes dans les récits des chroniqueurs de l'époque ou plus récents. Il est encore plus rare qu'elles fassent l'objet d'une étude archéologique.

Les scientifiques que nous avons pu convaincre pour la rédaction de ce volume se penchent sur cette lacune de la recherche et mettent en lumière le destin des hommes et aussi des femmes qui faisaient partie de la Grande Armée pendant les guerres napoléoniennes:

Tobias Picard introduit avec brio la situation politique dans la région Rhin-Main. Jacques-Olivier Boudon se penche déjà sur les horreurs de la guerre avec de longues listes de soldats morts à Francfort, dont les noms sont connus, et rend ainsi visibles des parcours de vie individuels.

Les résultats des fouilles, dont le co-auteur est le chercheur Michael Obst, s'inscrivent dans cette continuité et documentent l'horreur de la guerre en 213 morts. S'il est déjà impossible de donner un nom aux soldats morts, pour les femmes qui ont participé cela l'est encore plus. Elke Sichert se penche sur les trois femmes mortes retrouvées dans le cimetière de Francfort-Rödelheim. Sigrun Martins a mis en lumière la découverte rare de textiles dans l'une des tombes grâce à un travail de restauration.

« Vivre libre ou mourir », peut-on lire sur l'un des objets trouvés. Mais comment sont donc mortes les personnes retrouvées à Rödelheim? L'étude anthropologique menée par Birgit Großkopf et Anna Lena Flux apporte des réponses et plonge dans les abîmes des campagnes napoléoniennes.

Le livre doit être bilingue, agréable à lire pour les lecteurs et lectrices français·es et allemands·es, mais aussi sans ambiguïté, et mettre en avant l'histoire commune et l'objectif commun d'une amitié durable entre les deux nations.

Nous remercions toutes les personnes qui ont soutenu notre projet et l'ont aidé financièrement:
– la Deutsch-Französische Gesellschaft Frankfurt e. V., notamment son président Christophe Braouet;
– la Frankfurter Historische Kommission, notamment sa présidente, Mme Prof. Recker
– la Gesellschaft für Frankfurter Geschichte e. V., notamment les présidentes Mme Kiermeier et Mme Dr. Brockhoff;
– le gouvernement du Land de Hesse, notamment Monsieur le Ministre-Président Boris Rhein et Monsieur le Ministre d'État Axel Wintermeyer;
– le Ministère des Armées, Direction de la mémoire, de la culture et des archives du Ministère des Armées, notamment le Colonel Flecksteiner.

En tant qu'équipe chargée des fouilles, nous sommes reconnaissants de l'intérêt ininterrompu manifesté depuis les fouilles de 2015 et nous nous réjouissons qu'un grand nombre d'institutions et d'associations participent annuellement à l'organisation d'événements communs:
– l'Ambassade de France à Berlin;
– le Consulat général de France à Francfort-sur-le-Main, notamment les Consules générales, Mmes Sophie Laszlo (2013–2016), Pascale Trimbach (2017–2020) et Ilde Gorguet (depuis 2020);
– les maires de la ville de Francfort-sur-le-Main, MM.

- unsere Dezernenten, Olaf Cunitz (2012–2016), Mike Josef (2016–2023), Marcus Gwechenberger (ab 2023)
- das Grünflächenamt der Stadt Frankfurt am Main, namentlich Thomas Bäder, Jeanette Leißner & Team, für die fachkundige Unterstützung bei der Gestaltung der Gedenkstätte und den Wiederbestattungen
- das Hauptamt, Referat für Internationale Angelegenheiten, namentlich Sarah Mediouni für die Organisation und Kommunikation der Veranstaltungen
- die Lyson Group als Bauherrin, namentlich Dipl.-Ing. Andrzej Lyson, für die großzügige Übernahme der Kosten von Grabung und Gedenktafel am Auffindungsort am Arthur-Stern-Platz

unsere Projektpartner
- die Georg-August-Universität Göttingen
- die Universität Paris-Sorbonne
- das Institut für Stadtgeschichte der Stadt Frankfurt am Main
- das Archäologische Museum der Stadt Frankfurt am Main

Wir danken:
- dem Volksbund Deutsche Kriegsgräberfürsorge e. V. für die Beauftragung der Bundeswehr zum Transport der sterblichen Überreste
- der Deutschen Bundeswehr, vor allem dem Landeskommando Niedersachsen und dem Landeskommando Hessen für die Überführung der Überreste
- dem Souvenir Français Allemagne, die Brigarde franco-allemande, den Frankfurter Reservisten, dem 19ème régiment de génie, dem Gouverneur militaire de Metz und dem Gouverneur militaire de Strasbourg, der NATO-Kommandobehörde Ramstein Air Base, dem BKA und der Légion étrangère für die würdevolle Begleitung der Transporte sowie der Feierlichkeiten auf dem Südfriedhof
- der evangelischen Cyriakusgemeinde Frankfurt, namentlich Pfarrer Ernst-Detlef Flos und der Katholischen Gemeinde St. Antonius Rödelheim, namentlich Pastoralreferentin Simone Gerlitzki, für die Gestaltung des Gedenkgottesdienstes während der Ausgrabung 2015
- der Groupe d'amitié de l'Assemblée nationale, dem Francfort Accueil e. V. Verein für den Empfang französischsprachiger Expatriate in Frankfurt und der Union des Alsaciens für ihre Anteilnahme während der Veranstaltungen
- dem Centre de Rencontre Albert Schweitzer Jugend- und Bildungsstätte Niederbronn-les-Bains, dem Kuratorium Kulturelles Frankfurt e. V. sowie dem Heimat- und Geschichtsverein Rödelheim e. V. für die Gestaltung von Vortragsabenden zu unseren Forschungen in Rödelheim
- der Stiftung Historische Kommission für die Rheinlande 1789–1815, namentlich Dr. Dr. Mark Scheibe, für die unmittelbar zugesagte Bereitschaft, uns bei der Gestaltung des Symposiums mit Exponaten zu unterstützen
- den Schüler:innen des Lycée Français Victor Hugo Frankfurt & Institut Français Frankfurt für die Begleitung und Mitgestaltung der Gedenkveranstaltungen – sie als jüngste Generation tragen maßgeblich dazu bei, die Deutsch-Französische Freundschaft weiter zu tragen.

Dr. Andrea Hampel
Amtsleiterin des Denkmalamts der Stadt Frankfurt am Main

Peter Feldmann (2012–2022) et Mike Josef (à partir de 2023);
- nos adjoints, Olaf Cunitz (2012–2016), Mike Josef (2016–2023), Marcus Gwechenberger (à partir de 2023);
- le service des espaces verts de la ville de Francfort-sur-le-Main, à savoir M. Thomas Bäder, Mme Jeanette Leißner & son équipe, pour leur soutien compétent lors de l'aménagement du mémorial et des ré-inhumations;
- l'administration centrale, département des affaires internationales, notamment Mme Sarah Mediouni, pour l'organisation et la communication des manifestations;
- le Lyson Group en tant que maître d'ouvrage, notamment l'ingénieur Andrzej Lyson, pour avoir généreusement pris en charge les coûts des fouilles et de la plaque commémorative sur le site de la découverte, place Arthur Stern;

nos partenaires de projet:
- l'Université Georg-August de Göttingen;
- l'Université de Paris-Sorbonne;
- l'Institut d'histoire de la ville de Francfort-sur-le-Main;
- le musée archéologique de la ville de Francfort-sur-le-Main.

Nous remercions:
- le Volksbund Deutsche Kriegsgräberfürsorge e. V. pour avoir chargé la Bundeswehr de transporter les dépouilles mortelles;
- la Deutsche Bundeswehr, en particulier le Landeskommando Niedersachsen et le Landeskommando Hessen pour le transport des dépouilles;
- le Souvenir Français Allemagne, la Brigade franco-allemande, les réservistes de Francfort, le 19e régiment du génie, le gouverneur militaire de Metz et le gouverneur militaire de Strasbourg, le commandement de la base aérienne de l'OTAN à Ramstein, le BKA et la Légion étrangère pour avoir accompagné avec dignité les transports ainsi que les cérémonies au cimetière Sud;
- la paroisse protestante Cyriakusgemeinde de Francfort, notamment le pasteur Ernst-Detlef Flos, et la paroisse catholique St. Antonius Rödelheim, notamment l'assistante pastorale Mme Simone Gerlitzki, pour l'organisation du service commémoratif pendant les fouilles de 2015;
- le Groupe d'amitié de l'Assemblée nationale, le Francfort Accueil e. V. Verein für den Empfang französischsprachiger Expatriate in Frankfurt (association d'accueil des expatriés francophones à Francfort) et l'Union des Alsaciens pour leur sympathie lors des manifestations;
- le Centre de rencontre et de formation pour la jeunesse Albert Schweitzer de Niederbronn-les-Bains, le Kuratorium Kulturelles Frankfurt e. V. et le Heimat- und Geschichtsverein Rödelheim e. V. pour l'organisation de soirées de conférences sur nos recherches à Rödelheim;
- la Fondation de la Commission historique pour les pays rhénans 1789–1815, en particulier le Dr Mark Scheibe, pour sa disponibilité immédiate à nous aider à organiser le symposium avec des objets exposés;
- les élèves du Lycée Français Victor Hugo de Francfort et de l'Institut Français de Francfort pour leur accompagnement et leur participation à l'organisation des manifestations commémoratives: en tant que plus jeunes générations, ils contribuent de manière décisive à faire perdurer l'amitié franco-allemande.

Dr. Andrea Hampel
Directrice du service des monuments historiques de la ville de Francfort-sur-le-Main

Abb. 4 Michael Obst, Grabungsleiter in Rödelheim, und Archäologin Dr. Andrea Hampel. | Michael Obst, responsable des fouilles en Rödelheim, et l'archéologue Dr. Andrea Hampel.

Einleitung

ANDREA HAMPEL

Von September 2015 bis Januar 2016 insgesamt 213[1] frühneuzeitliche Körpergräber durch das Frankfurter Denkmalamt freigelegt. Anlass war eine große Neubaumaßnahme unweit des Rödelheimer Bahnhofes in der Breitlacherstraße (**Abb. 5**).

Unter der örtlichen Grabungsleitung von Michael Obst (**Abb. 6**) arbeiteten die Kolleg:innen Denis Neumann, Elke Sichert, Rolf Skrypzak, sowie Christiane Dorstewitz, Jaqueline Kunze, Dr. Christoph Breitwieser, Julian Vollnagel, Sofia Arent und Maximilian Wagner an der Freilegung.

Unser Dank gilt der Bauherrschaft für die Unterstützung, die über das geforderte Maß hinausging und dadurch ein Miteinander im Bauablauf erfreulich einfach machte.

Die Zeit der Napoleonischen Kriege und Koalitionskriege standen lange nicht im Fokus der Wissenschaft. Dies ist forschungsgeschichtlich einmal der vergleichsweise jungen Zeitstellung vom Ende des 18. Jh. bis um 1815 geschuldet, aber auch den mangelnden Gelegenheiten zuzurechnen.

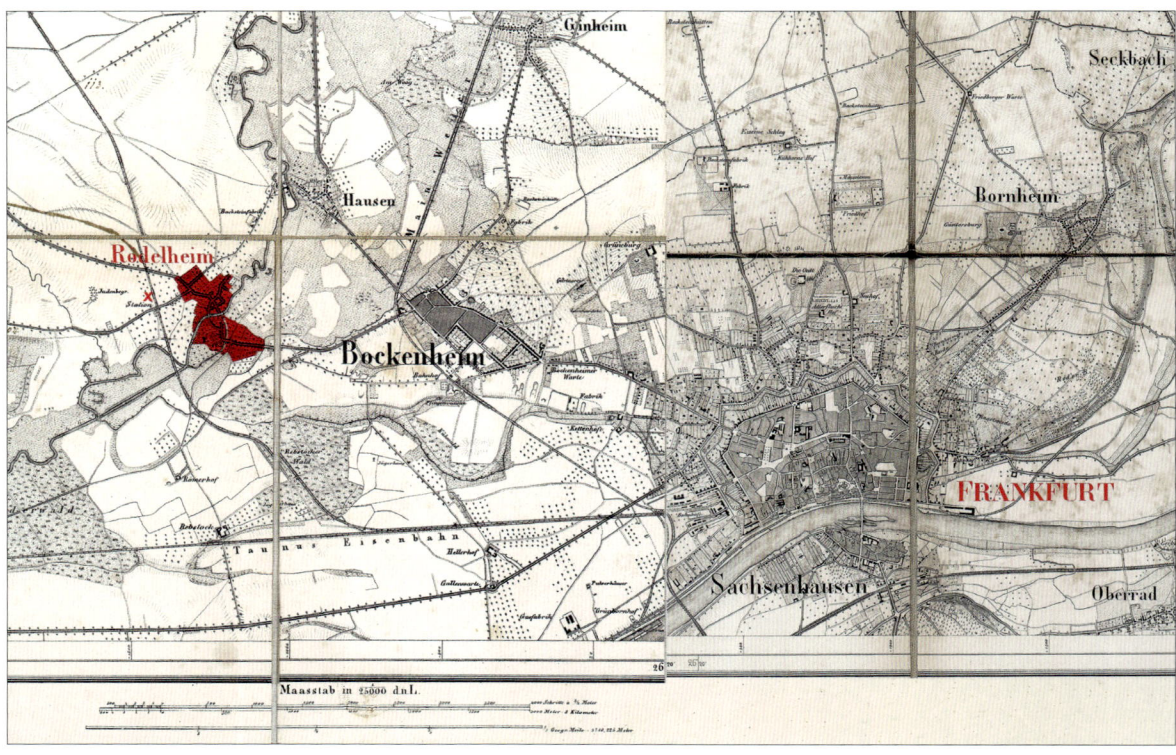

■ **Abb. 5** Lageplan der Fundstelle im Ortsteil Rödelheim. »Umgegend von Frankfurt«, ca. 1865 [Blatt Rödelheim nach 1865] – 1. Rödelheim | Plan de situation du site dans le quartier de Rödelheim. »Umgegend von Frankfurt«, ca. 1865 [Blatt Rödelheim nach 1865] (»Les environs de Francfort«, vers 1865 [Feuille Rödelheim après 1865]) – 1. Rödelheim, dans: Historische Kartenwerke <https://www.lagis-hessen.de/de/subjects/idrec/sn/hkw/id/203>.

Introduction

De septembre 2015 à janvier 2016, un total de, 213[1] tombes à inhumation en tranchée du début de l'époque moderne ont été mises au jour par le service des monuments historiques de Francfort. L'occasion était un grand projet de construction non loin de la gare de Rödelheim, dans la Breitlacherstraße (ill. 5).

Sous la direction locale de Michael Obst (ill. 6), les collègues Denis Neumann, Elke Sichert, Rolf Skrypzak, ainsi que Christiane Dorstewitz, Jaqueline Kunze, Dr. Christoph Breitwieser, Julian Vollnagel, Sofia Arent et Maximilian Wagner ont travaillé à la mise au jour des vestiges.

Nous remercions le maître d'ouvrage pour son soutien, qui est allé bien au-delà de ce qui était exigé et qui a ainsi grandement facilité la cohabitation dans le déroulement des travaux.

Pendant longtemps, la période des guerres napoléoniennes et des guerres de coalition n'a pas été au centre des préoccupations des chercheurs. Cela est dû, en partie, au fait que la période allant de la fin du XVIIIe siècle à 1815 est relativement récente, mais également au manque d'opportunités.

Bien qu'il s'agisse d'un événement dramatique à l'échelle européenne, qui a occupé un très grand nombre de soldats pendant des années, mais qui a également plongé la population civile dans le malheur, seuls quelques sites sont connus. Les événements sont généralement associés à la bataille de Waterloo, en Belgique, qui se distingue par son importance et son caractère international. La bataille des Nations à Leipzig ou à Lützen ainsi que les grandes batailles comme celle de Hanau en Hesse, à l'est de Francfort, sont également connues.

Napoléon Bonaparte, personnage éclatant et empereur français, est bien sûr lui aussi au centre des événements.

■ **Abb. 6** Grabungsleiter Michael Obst während der Ausgrabungen. | Le responsable des fouilles Michael Obst pendant les fouilles.

Les destins des participants à la guerre, des soldats et de la population civile sont moins connus, voire pas du tout, car les sources écrites et les découvertes archéologiques sont rares à ce sujet.

C'est pourquoi le site de Francfort-Rödelheim revêt une telle importance scientifique.

Déjà pendant les fouilles, les citoyennes et les citoyens de Rödelheim ont participé avec intérêt aux travaux. Un grand intéressement a également été manifesté par le Consulat général de France à Francfort, notamment par les Consules générales Laszlo et, à sa suite, Mmes Trimbach et le Dr. Gorguet. Des représentants de l'organisation Souvenir français nous ont également rendu visite et, dans le cadre des cérémonies d'enterrement, nous sommes en outre reconnaissants à l'association Deutsche Kriegsgräberfürsorge e. V. pour son soutien.

Il en va de même pour l'armée allemande qui, par l'intermédiaire du Haut-commandement (Oberkommando) de Niedersachsen, a assuré le rapatriement des dépouilles de Göttingen à Francfort.

Nous remercions aussi les représentants de la Légion étrangère qui ont également accompagné avec

■ **Abb. 7** Gedenktafel für die napoleonischen Soldaten am Fundort 2020 enthüllt. | Plaque commémorative pour les soldats napoléoniens dévoilée sur le lieu de la découverte en 2020.

Trotz eines europaweiten, dramatischen Ereignisses, das über Jahre hinweg eine sehr große Zahl von Soldaten beschäftigte, aber auch die Zivilbevölkerung ins Unglück stürzte, sind nur wenige Fundstellen bekannt. Herausragend und international hervorragend werden die Geschehnisse in der Regel mit der Schlacht im belgischen Waterloo in Verbindung gebracht. Ebenso bekannt ist die Völkerschlacht bei Leipzig oder Lützen sowie große Schlachten wie z. B. im hessischen Hanau östlich von Frankfurt.

Auch Napoleon Bonaparte steht natürlich als schillernde Persönlichkeit und französischer Kaiser im Zentrum der Geschehnisse.

Weniger oder gar nicht bekannt sind die Schicksale der Kriegsteilnehmer, Soldaten und der Zivilbevölkerung, da hier kaum schriftliche Quellen und auch nur wenige archäologische Befunde vorliegen.

Aus diesem Grund kommt der Fundstelle in Frankfurt-Rödelheim eine so große wissenschaftliche Bedeutung zu.

Schon während der Ausgrabungen nahmen die Rödelheimer Bürger:innen interessierten Anteil an den Arbeiten. Großes Interesse wurde auch durch das französische Generalkonsulat in Frankfurt, namentlich die Generalkonsulinnen Laszlo und in der Nachfolge Mmes. Trimbach und Dr. Gorguet entgegengebracht. Weiterhin kam es zu Besuchen durch Vertreter der Organisation Souvenir français und im Rahmen der Beerdigungsfeierlichkeiten sind wir der Deutschen Kriegsgräberfürsorge e. V. zu Dank für die Unterstützung verpflichtet.

Dies gilt auch für die Deutsche Bundeswehr, die über das Oberkommando Niedersachsen den Rücktransport der Gebeine von Göttingen nach Frankfurt durchführte.

Wir danken auch den Vertretern der Fremdenlegion, die die Gedenkfeiern auf dem Friedhof ebenso ehrenhaft begleiteten, wie auch die Vertreter der französischen Botschaft in Berlin.

Nach einem ökumenischen Gottesdienst noch während der Ausgrabungen im Ortsteil Rödelheim wurde am 24. Januar 2020 am Fundort, heute Arthur-Stern-Platz, eine Gedenkplakette eingeweiht (**Abb. 7**). Unser Dank gilt der Bauherrschaft und für die Unterstützung dem Heimat- und Geschichtsverein Rödelheim.

Abb. 8 Gedenkfeier auf dem Südfriedhof 2019 mit der Einweihung des Obelisken. | Cérémonie commémorative au cimetière sud en 2019 avec l'inauguration de l'obélisque.

Abb. 9 Feierstunde auf dem Südfriedhof 2019 mit der Generalkonsulin Mme. Trimbach. | Cérémonie au cimetière sud 2019 avec la consule générale Mme Trimbach.

honneur les cérémonies commémoratives au cimetière, ainsi que les représentants de l'ambassade de France à Berlin.

Après une messe œcuménique célébrée pendant les fouilles dans le quartier de Rödelheim, une plaque commémorative a été inaugurée le 24 janvier 2020 sur le lieu de la découverte, aujourd'hui Arthur-Stern-Platz (ill. 7). Nos remerciements vont au maître d'ouvrage et à la Heimat- und Geschichtsverein Rödelheim (Société de l'histoire et du patrimoine de Rödelheim), pour son soutien.

Pour l'inhumation des soldats, le Consulat général de France à Francfort a choisi un carré dans le cimetière sud. Juste à côté se trouve un carré de tombes pour les soldats décédés lors de la »guerre franco-alleman-

Abb. 10 Ankunft der Gebeine aus der Universität Göttingen 2022 auf dem Südfriedhof mit einem Transport der Deutschen Bundewehr, Oberkommando Niedersachsen. | Arrivée des ossements de l'université de Göttingen en 2022 au cimetière sud avec un transport de la Deutsche Bundeswehr, Oberkommando Niedersachsen.

Abb. 11 Übergabe der Nationalflagge 2022 durch die Ehrengarde an die Generalkonsulin Dr. Gorguet. | Remise du drapeau national en 2022 par la garde d'honneur à la consule générale, Mme Gorguet.

Abb. 12 Beerdigung der Soldaten aus Rödelheim auf dem hergerichteten Grabfeld des Südfriedhofs mit militärischen Ehren 2022. | Enterrement des soldats de Rödelheim dans le carré aménagé du cimetière sud avec les honneurs militaires en 2022.

Für die Beerdigung der Soldaten wurde durch das französische Generalkonsulat in Frankfurt ein Grabfeld auf dem Südfriedhof ausgewählt. Direkt benachbart befindet sich ein Grabfeld für die Gefallenen des »Deutsch-Französischen Krieges« 1870/71. Auf dem Friedhof fand am 10. September 2019 eine feierliche Einweihungszeremonie mit der symbolischen Beerdigung eines Soldaten am Gedenkstein statt (**Abb. 8 und 9**). Unter der Leitung des Oberkommandos der Bundeswehr in Niedersachsen und auf Anforderung der Deutschen Kriegsgräberfürsorge e. V. wurden die Skelette nach der anthropologischen Untersuchung an der Universität Göttingen zurück nach Frankfurt auf den Südfriedhof gebracht (**Abb. 10 und 11**).

Wir danken ausdrücklich den Kolleg:innen des Grünflächenamtes, ohne deren großartigen Einsatz die Beerdigungsfeierlichkeiten nicht in dieser Form hätten stattfinden können (**Abb. 12**).

Die abschließende feierliche Beerdigung aller sterblichen Überreste fand am 03. November 2022 in Anwesenheit militärischer und ziviler Würdenträger sowie politischer Vertreter der Stadt Frankfurt statt[2] (**Abb. 13**).

■ **Abb. 13** Würdigung durch die französische Generalkonsulin Dr. Ilde Gorguet. | Hommage de la Consule générale de France, Mme Ilde Gorguet.

de« de 1870/71. Une cérémonie d'inauguration a eu lieu dans ce cimetière le 10 septembre 2019, avec l'enterrement symbolique d'un soldat près de la pierre commémorative (ill. 8 et 9). Sous la direction du haut commandement de la Bundeswehr en Basse-Saxe et à la demande de l'association Deutsche Kriegsgräberfürsorge e. V., les squelettes ont été ramenés à Francfort, au cimetière sud, après avoir été soumis à un examen anthropologique à l'université de Göttingen (ill. 10 et 11).

Nous remercions expressément les collègues du service des espaces verts, sans lesquels les cérémonies d'enterrement n'auraient pas pu avoir lieu sous cette forme (ill. 12).

L'enterrement solennel final de toutes les dépouilles mortelles a eu lieu le 3 novembre 2022 en présence de dignitaires militaires et civils ainsi que de représentants politiques de la ville de Francfort[2] (ill. 13).

ANMERKUNGEN | NOTE

1 Korrigiert nach den Ergebnissen der anthropologischen Untersuchungen; siehe Flux/Großkopf in diesem Band. | Corrigé selon les résultats des études anthropologiques; voir Flux/Großkopf dans ce volume.

2 Hampel/Sichert (2022) 367 ff. | Hampel/Sichert (2022) 367 et suiv.

■ **Abb. 14** Triumphbogen für Napoleon I. (nach dem Frieden von Tilsit) am Ausgang der Zeil zur Hauptwache, 24. Juli 1807. | Arc de triomphe pour Napoléon Ier (après la paix de Tilsit) à la sortie de la Zeil vers la Hauptwache, 24 juillet 1807. (Historisches Museum Frankfurt, C15091)

Rödelheim, Frankfurt und das Rhein-Main-Gebiet in der Zeit Napoleons

TOBIAS PICARD

Als Napoleon im November 1799 durch einen Staatsstreich erster Konsul wurde, hatten die Auswirkungen der Französischen Revolution Frankfurt bereits erreicht. Aber: Rödelheim ist zu dieser Zeit noch nicht Frankfurt und das Rhein-Main-Gebiet als Wirtschaftsraum noch nicht existent. Vielmehr bestanden zwischen Wiesbaden und Aschaffenburg, Darmstadt und Gießen Dutzende Einzelherrschaften mit Binnengrenzen, darunter die Grafschaft Solms-Rödelheim (5.500 Einwohner). Die Veränderungen des Staatensystems im Zuge der Napoleonischen Kriege brachten auch im rhein-mainischen Raum eine territoriale Konzentration, so dass der Rückzug der französischen Armee im Oktober/November 1813 zwischen Fulda und Mainz nur mehr vier Staaten berührte (**Abb. 15**; Großherzogtum Frankfurt, Fürstentum Isenburg, Großherzogtum Hessen, Herzogtum Nassau).

Am 20. April 1792 hatte Frankreich dem künftigen Kaiser Franz II. als König von Ungarn und Böhmen den Krieg erklärt. Am Tag der am 14. Juli 1792 zelebrierten Kaiserkrönung war der Feldzug einer monarchischen Koalition (Österreich, Preußen, Heiliges Römisches Reich, Großbritannien, Hessen-Kassel u. a.) gegen die Revolution bereits angelaufen. Dessen Scheitern in der »Kanonade von Valmy« folgte der Gegenstoß französischer Armeen, die im Oktober 1792 Mainz und kurzzeitig auch Frankfurt besetzten. Kurmainzer Regierung und Universität flohen nach Aschaffenburg. Nach der Rückeroberung von Mainz und des linken Rheinufers standen französische Truppen im Oktober 1794 erneut am Rhein. Im August 1795 schloss Preußen unter Verzicht auf seine linksrheinischen Gebiete einen Sonderfrieden mit Frankreich, wobei der Landgraf von Hessen-Kassel der von Preußen garantierten »norddeutschen Neutralität« beitrat, während der Landgraf von Hessen-Darmstadt nach Sachsen auswich, als französische Truppen im August 1796 Darmstadt besetzten.

Der siegreiche Feldzug Bonapartes gegen Österreich in Oberitalien erzwang im Oktober 1797 den Frieden von Campo Formio, in dem Österreich die Abtretung des linken Rheinufers zugestand, ebenso die Entschädigung betroffener Fürsten durch säkularisierte geistliche Gebiete, was in einer Geheimkonvention zwischen Frankreich und Preußen schon vorher anvisiert worden war. Im Dezember 1797 übernahm Frankreich auch die Festung Mainz. Im Sommer 1797 hatte Napoleon in Tradition französischer Deutschland-Politik gefordert, zum Schutz der französischen Grenzen ein »drittes Deutschland« aus zu verstärkenden deutschen Mittelstaaten zu schaffen.

Im zweiten Koalitionskrieg (Frankreich gegen eine Allianz um England, Russland und Preußen) blieben beide Hessen neutral. Im Frieden von Lunéville im Februar 1801 wurde die Abtretung des linken Rheinufers mit Entschädigung betroffener weltlicher Regenten festgeschrieben und zur näheren Regelung eine Reichsdeputation eingesetzt, die in Regensburg tagte. Die entscheidenden Verhandlungen spielten sich zuvor in Paris ab, wobei alle Vertreter deutscher Staaten Bestechungsgelder einsetzten. Schon vor dem offiziellen Zusammentritt der Reichsdeputation im August 1801 hatten sich die selbsternannten Mediatoren Frankreich und Russland auf einen Entschädigungsplan geeinigt, der als »Reichsdeputations-Hauptschluss« übernommen und im Februar 1803 endgültig bestätigt wurde. Die Besitzergreifung der Entschädigungslande erfolgte bereits im Herbst 1802.

Der erst 1802 in die Mainzer Kurfürst- und Reichserzkanzlerwürde aufgerückte Karl Theodor von Dalberg hatte die Reichsdeputation seit August 1802 geleitet, und blieb, da die Würde des Erzkanzlers erhalten werden sollte, als einziger geistlicher Fürst auch Landesherr. Vom ehemaligen kurmainzischen Territorium gingen die linksrheinischen Besitzungen (mit Mainz)

Rödelheim, Francfort et la région Rhin-Main à l'époque de Napoléon

Lorsque Napoléon devient Premier Consul par un coup d'État en novembre 1799, les effets de la Révolution française ont déjà atteint Francfort. Mais à cette époque, Rödelheim n'est pas encore Francfort et la Région Rhin-Main n'existe pas encore en tant qu'espace économique. Au contraire, il existait entre Wiesbaden et Aschaffenburg, Darmstadt et Gießen des dizaines de seigneuries individuelles avec des frontières intérieures, dont le comté de Solms-Rödelheim (5500 habitants). Les modifications du système étatique dans le cadre des guerres napoléoniennes entraînèrent, également dans la région Rhin-Main, une concentration territoriale, de sorte que la retraite de l'armée française en octobre/novembre 1813 ne toucha plus que quatre États entre Fulda et Mayence (ill. 15; Grand-Duché de Francfort, Principauté d'Isenburg, Grand-Duché de Hesse, Duché de Nassau).

Le 20 avril 1792, la France avait déclaré la guerre au futur empereur François II, en tant que roi de Hongrie et de Bohême. Le 14 juillet 1792, jour du couronnement de l'empereur, la campagne d'une coalition monarchique (Autriche, Prusse, Saint Empire romain germanique, Grande-Bretagne, Hesse-Kassel et autres) contre la Révolution avait déjà été lancée. L'échec de la « bataille de Valmy » fut suivi par la contre-attaque des armées françaises qui occupèrent Mayence et, pour un temps, également Francfort en octobre 1792. Le gouvernement et l'université de l'électorat de Mayence (Kurmainz) se réfugièrent à Aschaffenburg. Après la reconquête de Mayence et de la rive gauche du Rhin, les troupes françaises se trouvèrent à nouveau sur le Rhin en octobre 1794. En août 1795, la Prusse, renonçant à ses territoires sur la rive gauche du Rhin, conclut une paix spéciale avec la France, en vertu de laquelle le landgraviat de Hesse-Kassel adhéra à la « neutralité de l'Allemagne du Nord » garantie par la Prusse, alors que le landgraviat de Hesse-Darmstadt se réfugia en Saxe lorsque les troupes françaises occupèrent Darmstadt en août 1796.

La campagne victorieuse de Bonaparte contre l'Autriche en Italie du Nord aboutit en octobre 1797 à la paix de Campo Formio, dans laquelle l'Autriche concéda la cession de la rive gauche du Rhin ainsi que l'indemnisation des princes concernés par des territoires ecclésiastiques sécularisés, ce qui avait déjà été envisagé auparavant dans une convention secrète entre la France et la Prusse. En décembre 1797, la France prit également possession de la forteresse de Mayence. Au cours de l'été 1797, Napoléon, dans la tradition de la politique française vis-à-vis de l'Allemagne et dans le but de protéger les frontières françaises, avait exigé la création d'une « troisième Allemagne » composée d'États moyens allemands à renforcer.

Lors de la deuxième guerre de coalition (la France contre une alliance composée de l'Angleterre, la Russie et la Prusse), les deux Hesses restèrent neutres. La paix de Lunéville en février 1801 fixa la cession de la rive gauche du Rhin avec indemnisation des régents séculiers concernés et institua une députation impériale qui se réunit à Ratisbonne pour régler les détails. Les négociations décisives s'étaient déroulées auparavant à Paris, tous les représentants des États allemands ayant eu recours à des pots-de-vin. Avant même la réunion officielle de la députation impériale en août 1801, les médiateurs autoproclamés, la France et la Russie, s'étaient mis d'accord sur un plan d'indemnisation qui fut repris sous le nom de « Reichsdeputations-Hauptschluss » (Recès de la Députation impériale) et confirmé définitivement en février 1803. La prise de possession des terres d'indemnisation eut lieu dès l'automne 1802.

Charles Théodore de Dalberg, qui n'avait accédé à la dignité de prince électeur et d'archichancelier d'Empire de Mayence qu'en 1802, avait dirigé la députation impériale depuis août 1802 et, la dignité

an Frankreich verloren, das Eichsfeld an Preußen, der Rheingau an Nassau. Dafür wurde das Hochstift um die Stadt Regensburg als Sitz des Reichstags und die Stadt Wetzlar mit dem Reichskammergericht zum Oberamt Aschaffenburg geschlagen. Die Grafschaft Solms-Rödelheim erhielt als Entschädigung für eine verlorene linksrheinische Herrschaft das Kloster Arnsburg.

Bei großen Profiteuren wie der Landgrafschaft Hessen-Darmstadt setzten nun Reformen ein, die über die Integration der neu gewonnenen, in Konfession und Verwaltungstradition verschiedenen Gebieten hinaus und in Richtung einer modernen, zentralistisch geführten Staatsverwaltung nach französischem Vorbild gingen; auch die damit unumgänglich gewordene staatsbürgerliche Gleichstellung der christlichen Bekenntnisse gehört zu den zukunftsweisenden Konsequenzen der Umwälzung von 1803. In Hessen-Darmstadt schufen die beiden Organisationsedikte vom Oktober 1803 neue Staatsbehörden mit einem Gesamtministerium, neue Provinzen (Hessen, Westfalen, Starkenburg) mit Provinzialbehörden (in Gießen, Arnsberg und Darmstadt), außerdem Oberappellationsgericht, Gesetzgebungskommission sowie eine stärkere Trennung von Staat und Kirche bei staatlicher Oberaufsicht.

Wie etwa Bayern, Württemberg oder Baden strebten auch Hessen-Darmstadt, das Kurfürstentum Hessen(-Kassel) sowie Nassau nach Fortführung der Flurbereinigung unter Eingliederung kleinerer Reichsstände. Napoleon erwog ab September 1804 die Bildung eines vom Reich gelösten Fürstenbundes, den er zunächst auf die Kurfürsten (Dalberg, Bayern, Württemberg, Baden, Kurhessen) beschränken wollte. Als sich Ende August 1805 mit dem Dritten Koalitionskrieg ein weiterer Feldzug Frankreichs gegen Österreich ankündigte, schloss das von Österreich bedrohte Bayern ein Bündnis mit Napoleon, dem sich auf dessen Druck auch Baden und Württemberg anschlossen, während beide Hessen auf ihrer Neutralität beharrten.

Nach Austerlitz bedankte sich Napoleon bei Bayern, Württemberg und Baden für deren Militärhilfe mit Gewährung voller Souveränität sowie Standeserhöhungen. Zudem trat die Gründung eines rheinischen Bundes in die entscheidende Phase. Zeitgleich gefährdete in Hessen-Darmstadt das Wiedererstarken preußenfreundlicher Kräfte am Hof das bisher Gewonnene, doch Anfang 1806 erzwang der Einmarsch preußischer Truppen in Ober- und der eines französischen Armeekorps in Südhessen einen Politikwechsel des Landgrafen – weg von Preußen, das ebenso wie das geschlagene Österreich kaum mehr Schutz versprach, hin zu Frankreich, das Gebietsgewinne und Souveränität in Aussicht stellte.

Die Gründung des Rheinbundes im Juli 1806 schuf ein Offensiv- und Defensivbündnis unter dem Protektorat Napoleons, in dem zunächst 15 süd- und westdeutsche Staaten Gegengewicht und Puffer gegenüber Preußen und Österreich bildeten[1]. In der Rheinbundakte wurden Souveränitätsrechte, Rangerhöhungen und territoriale Vergrößerungen sowie die zu stellenden Truppenkontingente festgeschrieben. Am 1. August traten die Bündnispartner aus dem Heiligen Römischen Reich aus, das daraufhin mit der Niederlegung der Kaiserkrone durch Franz II. aufgelöst wurde.

Der Rheinbund war in der Folge mehr als eine französische Präfektur: Napoleon nötigte den Rheinbundfürsten als Entscheider über den militärischen Bündnisfall zwar einen Vasallenstatus auf, machte ihre Staaten zu Konskriptionsbezirken für Soldatenaushebungen und zwang sie zur Teilnahme am Wirtschaftskrieg gegen Großbritannien; innenpolitisch ließ er ihnen aber weitgehend freien Raum, den gerade die südwestdeutschen Staaten für einen Modernisierungsschub in Verwaltung, Recht, Gesellschaft und Wirtschaft nutzten[2].

Mit der Rheinbundakte wurde die Landgrafschaft Hessen-Darmstadt Großherzogtum und das Fürstentum Nassau Herzogtum. Gründungsmitglied war unter Vereinigung aller isenburgischen Linien auch der schon im Herbst 1805 in französische Dienste getretene Karl von Isenburg(-Birstein), während seine fürstlichen und gräflichen Standesgenossen in Wetterau, Odenwald und Vogelsberg mediatisiert wurden (Solms, Stolberg, Leiningen, Erbach, Schlitz, Riedesel u. a.). Frankfurt wurde Teil des dalbergischen Staates, die Grafschaft Solms-Rödelheim kam an das Großherzogtum Hessen.

Graf Vollrath und allen anderen Standesherren verblieben nicht nur Titel, Adelsprädikat, Schlösser und Ländereien, sondern auch grundherrliche Abgaben sowie Reste örtlicher Rechtsprechung und Verwaltung, da nur die engeren Hoheitsrechte (Außenpolitik, Gesetzgebung, oberste Gerichtsbarkeit, Verwaltungs-, Militär- und Steuerhoheit) abgegeben wurden. Für die Bauern brachte dies eine Doppelbelastung durch neue Landessteuern und bisherige grundherrliche Abgaben (Frondienste, Zehnte, Grundlasten); letztere waren durch die

■ **Abb. 15** Hessen im 1812. Geschichtlicher Atlas von Hessen. Begr. und vorb. durch Edmund E. Stengel, bearb. von Friedrich Uhlhorn im Hessischen Landesamt für geschichtliche Landeskunde, Marburg 1960–1978, Bll. 22 und 23. | La Hesse en 1812. Atlas historique de la Hesse. Edmund E. Stengel, édité par Friedrich Uhlhorn à l'Office régional d'histoire de Hesse, Marburg 1960–1978, Bll. 22 et 23.

Abb. 16 Soldaten aus den Großherzogtümern Frankfurt und Hessen(-Darmstadt) sowie anderen Rheinbundstaaten kämpften bis 1813 als Kontingente in Napoleons »Grande Armée«. | Des soldats des grands-duchés de Francfort et de Hesse (-Darmstadt) ainsi que d'autres États de la Confédération du Rhin ont combattu jusqu'en 1813 en tant que contingents dans la »Grande Armée« de Napoléon. (ISG FFM S13 No. 501 = Richard Knötel, Uniformkunde, Rathenow ca. 1890, vol. VIII, No. 31)

in der Rheinbundakte garantierten standesherrlichen Rechte geschützt und wurden nur in den rein landesherrlichen Gebieten abgelöst. Allein in Nassau konnten durch eine ganz neue Art der Besteuerung zahlreiche ältere Abgaben aufgehoben werden.

Im August 1806 verkündete Großherzog Ludewig I. von Hessen(-Darmstadt) seinen alten und neuen Untertanen, dass er durch die Rheinbundakte die völlige Souveränität erlangt habe. Der Kurfürst von Hessen(-Kassel) dagegen wurde nach Preußens Niederlage in der Schlacht bei Jena und Auerstädt im Oktober 1806 von Napoleon ebenso abgesetzt wie der ehemalige Statthalter der Niederlande, Wilhelm von Oranien, dem 1803 das frühere Fürstbistum Fulda zugesprochen worden war. Beide waren dem Rheinbund ferngeblieben. Die Fürstentümer Hanau und Fulda wurden ausgegliedert und als »pays reservées« unter französische Verwaltung gestellt.

Die den Rheinbund-Staaten auferlegten Bündnispflichten betrafen zuerst die Stellung von Truppen, wobei auch französische Ausbildungsvorschriften übernommen wurden: Auf das Großherzogtum Hessen entfielen 4.000 Mann, auf Nassau 1.350, auf die fürstprimatischen Staaten 983, auf das Fürstentum Isenburg 293, wobei Verluste immer aufgefüllt werden mussten **Abb. 16**). Wirksam wurden diese Auflagen bereits beim Feldzug gegen Preußen, wo zwei hessen-darmstädtische Bataillone bei Jena für Napoleon kämpften. Im August 1808 rückten 4.000 Mann nassauische, darmstädtische und fürstprimatische Truppen nach Spanien ab (ergänzt durch ein 2.000 Mann starkes nassauisch-isenburgisches Regiment im Jahr darauf). Es folgten Feldzüge gegen Österreich 1809 und vor allem nach Russland mit allein 3.700 Soldaten aus dem Großherzogtum Hessen (**Abb. 17**). Nur wenige kehrten aus Spanien oder Russland zurück, und für Napoleons Frühjahrsfeldzug 1813 waren erneut die festgelegten Kontingente auszuheben.

Mit der Eingliederung weiterer Staaten in den Rheinbund hatte Napoleon auch die Kontrolle über die (Mainz-)Frankfurt-Leipziger Straße als einem wichtigen Aufmarschweg nach Osten erweitern können[3]. Der Kaiser nutzte sie mehrfach, z. B. beim Feldzug gegen Preußen 1806, auf der Anreise nach Dresden im Juni 1812, inkognito nach der russischen Katastrophe im Dezember 1812 und zu Beginn des Frühjahrsfeldzugs im April 1813. Zudem wurden immer wieder Truppen über diese Route nachgeführt. Für die Orte an der Straße und darüber hinaus bedeutete dies immense Kriegslasten durch Einquartierung und Requirierung, bei Rückzug und Verfolgung nach der Schlacht bei Leipzig im Oktober/November 1813 auch Plünderungen und Epidemien; Tausende verwundete oder an Fleckfieber/Typhus erkrankte Soldaten starben später noch in den Lazaretten und wurden in Massengräbern bestattet, gegebenenfalls zusammen mit ebenfalls an diesen Infektionen verstorbenen Einwohnern (so etwa in Wirtheim).

Bei Bildung des Rheinbunds ging es Napoleon indes nicht nur um Soldaten und Geld, sondern auch um Systemexport. In den neu geschaffenen Modellstaaten (Großherzogtum Berg 1806, Königreich Westphalen 1807, Großherzogtum Frankfurt 1810) wurde dabei

d'archichancelier devant être conservée, il restait le seul prince ecclésiastique à être également souverain. De l'ancien territoire de l'électorat de Mayence, les possessions de la rive gauche du Rhin (avec Mayence) furent perdues pour la France, l'Eichsfeld pour la Prusse, le Rheingau pour Nassau. En contrepartie, le haut évêché fut rattaché à la ville de Ratisbonne, siège du Reichstag (Diète impériale), et à la ville de Wetzlar, avec la Cour de la Chambre impériale, pour former la préfecture d'Aschaffenburg. Le comté de Solms-Rödelheim reçut le monastère d'Arnsburg en compensation de la perte d'une seigneurie sur la rive gauche du Rhin.

Auprès des grands bénéficiaires comme le landgraviat de Hesse-Darmstadt, des réformes furent engagées qui allaient au-delà de l'intégration des nouveaux territoires, différents par leur confession et leur tradition administrative, et plutôt dans le sens d'une administration publique moderne et centralisée sur le modèle français ; l'égalité civique des confessions chrétiennes, devenue ainsi inévitable, fit également partie des conséquences du bouleversement de 1803, dans une optique d'avenir. En Hesse-Darmstadt, les deux édits d'organisation d'octobre 1803 créèrent de nouvelles autorités d'État avec un ministère général, de nouvelles provinces (Hesse, Westphalie, Starkenburg), avec des autorités provinciales (à Giessen, Arnsberg et Darmstadt), ainsi qu'une cour d'appel supérieure, une commission législative, de même qu'une séparation accrue entre État et Église sous la haute surveillance de l'État.

Comme la Bavière, le Wurtemberg ou le pays de Bade, la Hesse et le Nassau s'efforçaient aussi de poursuivre le remembrement en intégrant les petits États de l'Empire. Napoléon envisagea à partir de septembre 1804 la constitution d'une confédération de princes détachée de l'Empire, qu'il voulait tout d'abord limiter aux princes électeurs (Dalberg, Bavière, Wurtemberg, Bade, électorat de Hesse). Lorsque, fin août 1805, la troisième guerre de coalition annonça une nouvelle campagne de la France contre l'Autriche, la Bavière, menacée par l'Autriche, conclut une alliance avec Napoléon, à laquelle se rallièrent également, sous la pression de ce dernier, le pays de Bade et le Wurtemberg, tandis que les deux Hesses persistaient dans leur neutralité.

Après Austerlitz, Napoléon remercia la Bavière, le Wurtemberg et le Pays de Bade pour leur aide militaire en leur accordant la pleine souveraineté ainsi que des élévations de statut. De plus, la création d'une confédération rhénane entrait dans une phase décisive. En même temps, en Hesse-Darmstadt, le retour des forces pro-prussiennes à la cour mettait en péril ce qui avait été acquis jusqu'alors, mais au début de l'année 1806, l'entrée des troupes prussiennes en Haute-Hesse et celle d'un corps d'armée français en Hesse du Sud forcèrent le landgraviat à changer de politique, à savoir à s'éloigner de la Prusse qui, tout comme l'Autriche vaincue, ne promettait plus guère de protection, et à se rapprocher de la France qui promettait des gains territoriaux et la souveraineté.

La fondation de la Confédération du Rhin en juillet 1806 a créé une alliance offensive et défensive sous le protectorat de Napoléon, dans laquelle 15 États du sud et de l'ouest de l'Allemagne ont initialement constitué un contrepoids et un tampon face à la Prusse et à l'Autriche[1]. L'Acte de la Confédération du Rhin stipulait les droits de souveraineté, les élévations de rang et les extensions territoriales ainsi que les contingents de troupes à fournir. Le 1er août, les partenaires de l'alliance quittèrent le Saint Empire romain germanique, qui fut dissous lorsque François II déposa la couronne impériale.

La Confédération du Rhin fut par la suite bien plus qu'une préfecture française. Il est vrai que Napoléon imposa aux princes de la Confédération du Rhin, en tant que décideurs des cas d'alliance militaire, un statut de vassaux, qu'il fit de leurs États des régions de conscription pour les recrutements de soldats et qu'il les obligea à participer à la guerre économique contre la Grande-Bretagne. Toutefois, sur le plan de la politique intérieure, il leur laissa un large espace de liberté, dont profitèrent précisément les États du sud-ouest de l'Allemagne pour se moderniser sur le plan administratif, juridique, social et économique[2].

Avec l'Acte de la Confédération du Rhin, le landgraviat de Hesse-Darmstadt devint un grand-duché et la principauté de Nassau un duché. Charles d'Isenburg(-Birstein), qui réunissait toutes les lignées isenbourgeoises et était déjà entré au service de la France à l'automne 1805, en était également membre fondateur, alors que ses congénères, les princes et comtes de la Wetterau, de l'Odenwald et du Vogelsberg étaient médiatisés (Solms, Stolberg, Leiningen, Erbach, Schlitz, Riedesel, entre autres). Francfort devint une partie de l'État de Dalberg, le comté de Solms-Rödelheim fut rattaché au grand-duché de Hesse.

■ **Abb. 17** Frankfurt als französische Garnisonsstadt: Soldaten verlassen ihre Quartiere in der Fahrgasse vor dem Ausmarsch zum Feldzug gegen Österreich, 1809. | Francfort, ville de garnison française: des soldats quittent leurs quartiers dans la Fahrgasse avant de partir pour la campagne contre l'Autriche, 1809. (ISG FFM S7Z Nr. 1809-1).

weniger Rücksicht auf gewachsene Traditionen und partikulare Gewalten genommen, als bei den gewachsenen und vergrößerten Territorien. Die Verfassung des Königreichs Westfalen vom 15. November 1807 war die erste vom altständischen System gelöste Repräsentation auf deutschem Boden. Die von Napoleon entsandten französischen Experten wirkten zusammen mit von der Aufklärung geprägten Reformern aus dem Land selbst und sowie fortschrittlichen Kräften der Ritterschaft. In den Modellstaaten konnte auch die Einführung des code civil (Gleichheit und Freiheit der Person, Abschaffung ständischer Privilegien, Befreiung des Eigentums von feudalen Abgaben und Beschränkungen) stärker vorangetrieben werden.

Während das Fürstentum Birstein infolge der Abwesenheit Fürst Karls von Reformen weitgehend unberührt blieb, gehörten das Großherzogtum Hessen und das Herzogtum Nassau zu den Staaten, in denen umfassende Maßnahmen ins Werk gesetzt wurden. In beiden Staaten bestand ein gewachsenes Kernland mit einer seit 1803 eingearbeiteten Reformbürokratie, ohne Einrichtung neuer Repräsentativkörperschaften. In Nassau ging es zuerst um eine neue Verwaltungsstruktur für die zum Herzogtum zusammengefassten Landesteile; 1808 erfolgte die Abschaffung der Leibeigenschaft, 1809 ein neues direktes Steuersystem mit Aufhebung der Frondienste. Im Großherzogtum Darmstadt führten die Oktoberedikte von 1806 zur Aufhebung der überkommenen Steuerprivilegien und damit auch der Landstände. Weitere Reformen galten der Gemeindeverwaltung sowie der Gewerbefreiheit, während die Agrarreform mit Aufhebung der Leibeigenschaft eher zögernd anlief (1811).

Die Einführung des code civil kam in Staaten wie Hessen-Darmstadt und Nassau langsamer voran, da zunächst eine intensive Beratung um Teileinführung bzw. Anpassung an überlieferte Rechtsverhältnisse einsetzte, denn zur vollständigen Einführung von Gleichheit und Freiheit der Person, Abschaffung aller Adelsprivilegien und Befreiung des Eigentums von jedweden feudalen Lasten waren Rheinbundfürsten und Standesherren nicht bereit. So blieb etwa auch nach dem Übergang der

Le comte Vollrath et tous les autres seigneurs ne conservèrent pas seulement leur titre, leur prédicat de noblesse, leurs châteaux et leurs terres, mais aussi les redevances seigneuriales ainsi que les restes de la juridiction et de l'administration locales, car seuls les droits de souveraineté les plus étroits (politique extérieure, législation, juridiction suprême, souveraineté administrative, militaire et fiscale) furent abandonnés. Pour les paysans, cela signifiait une double charge: de nouveaux impôts locaux et les redevances seigneuriales déjà perçues (corvées, dîmes, charges foncières); ces dernières étaient protégées par les droits seigneuriaux garantis par l'Acte de la Confédération du Rhin et ne furent remplacées que dans les régions purement seigneuriales. En Nassau seulement, un tout nouveau type d'imposition permit de supprimer de nombreuses taxes anciennes

En août 1806, le grand-duc Louis 1er de Hesse (-Darmstadt) annonça à ses anciens et nouveaux sujets que l'Acte de la Confédération du Rhin lui avait conféré une souveraineté totale. En revanche, le prince électeur de Hesse(-Kassel) fut déposé par Napoléon après la défaite de la Prusse à la bataille d'Iéna et Auerstaedt en octobre 1806, tout comme l'ancien gouverneur des Pays-Bas, Guillaume d'Orange, qui s'était vu attribuer l'ancien évêché princier de Fulda en 1803. Tous deux étaient restés à l'écart de la Confédération du Rhin. Les principautés de Hanau et de Fulda furent séparées et placées sous administration française en tant que « pays réservés ».

Les obligations d'alliance imposées aux États de la Confédération du Rhin concernaient d'abord la mise à disposition de troupes, les prescriptions françaises en matière de formation étant également reprises: il s'agissait de 4000 hommes pour le Grand-Duché de Hesse, 1350 pour Nassau, 983 pour les États princiers et 293 pour la principauté d'Isenbourg, les pertes devant toujours être compensées (ill. 16). Ces conditions furent déjà effectives lors de la campagne contre la Prusse, où deux bataillons de Hesse-Darmstadt combattirent pour Napoléon près d'Iéna. En août 1808, 4000 hommes de troupes de Nassau, de Darmstadt et du prince-primat partirent pour l'Espagne (complétés par un régiment de Nassau-Isenbourg de 2000 hommes l'année suivante). Suivirent des campagnes contre l'Autriche en 1809 et surtout en Russie avec 3700 soldats du seul Grand-Duché de Hesse (ill. 17).

Seuls quelques-uns revinrent d'Espagne ou de Russie, et pour la campagne de printemps de Napoléon en 1813, il fallut à nouveau mobiliser les contingents fixés.

Avec l'intégration de nouveaux États dans la Confédération du Rhin, Napoléon a pu étendre son contrôle sur la route (Mayence)-Francfort-Leipzig, une importante voie de pénétration vers l'est[3]. L'empereur l'utilisa à plusieurs reprises, par exemple lors de la campagne contre la Prusse en 1806, lors de son arrivée à Dresde en juin 1812, incognito après la catastrophe russe en décembre 1812 et au début de la campagne de printemps en avril 1813. De plus, des troupes étaient régulièrement acheminées par cette route. Pour les localités situées le long de la route et au-delà, cela signifiait d'immenses charges de guerre dues au cantonnement et à la réquisition, ainsi que des pillages et des épidémies lors de la retraite et de la poursuite après la bataille de Leipzig en octobre/novembre 1813. Des milliers de soldats blessés ou atteints du typhus/de la fièvre typhoïde sont morts encore par la suite dans les hôpitaux militaires et ont été enterrés dans des fosses communes, parfois avec des habitants également décédés de ces infections (comme par exemple à Wirtheim).

Lors de la création de la Confédération du Rhin, Napoléon ne cherchait pas seulement à obtenir des soldats et de l'argent, mais aussi à exporter son système. Dans les États modèles nouvellement créés (Grand-Duché de Berg en 1806, Royaume de Westphalie en 1807, Grand-Duché de Francfort en 1810), il fut moins tenu compte des traditions établies et des pouvoirs particuliers que dans les territoires qui s'étaient développés et agrandis. La constitution du royaume de Westphalie du 15 novembre 1807 fut la première représentation détachée de l'ancien système étatique sur le sol allemand. Les experts français envoyés par Napoléon travaillèrent de concert avec des réformateurs issus du pays lui-même et influencés par les Lumières, ainsi qu'avec les forces progressistes de la chevalerie. Dans les États modèles, l'introduction du code civil (égalité et liberté des personnes, abolition des privilèges corporatifs, libération de la propriété des taxes et restrictions féodales) a pu être plus fortement encouragée.

Alors que la principauté de Birstein n'a pas été touchée par les réformes en raison de l'absence du prince Charles, le grand-duché de Hesse et le duché de Nassau font partie des États dans lesquels des me-

Grafschaft Solms-Rödelheim an das Großherzogtum Hessen das Solmser Landrecht weiter geltendes Recht.

Für den Staat Dalbergs bedeutete die Gründung des Rheinbunds vor allem eine Erweiterung um die Stadt Frankfurt. Nachdem Dalbergs Pläne zur Reichsreform unbeachtet geblieben waren, übte er mit Einverständnis Napoleons die Rolle eines Vorsitzenden aller Rheinbundstaaten aus (»Fürstprimas«). In dieser Funktion legte er ein Fundamentalstatut vor, das den Bund als politische Einheit konstituieren sollte, doch seine Entwürfe wurden nicht realisiert; auch der von ihm vorbereitete Bundestag am Sitz des Bundes in Frankfurt trat nie zusammen. Der Kaiser forderte die Fürsten zwar zu Mitwirkung auf, setzte diese aber nicht durch. Dennoch bemühte Dalberg sich stets um persönliche Kontakte zu Napoleon: Am 02. Oktober 1806 besuchte ihn dieser in Aschaffenburg, ebenso am 13. Mai und am 01. August 1813. Ein Triumphbogen, den Dalberg nach dem Frieden von Tilsit am Ausgang der Zeil errichten ließ, war Reverenz; der Kaiser nutzte und sah ihn nicht (Abb. 14).

Kaum mehr in der Lage, etwas zur Neugestaltung der deutschen Verhältnisse beitragen zu können, kümmerte Dalberg sich um Impulse für sein Herrschaftsgebiet. In der Stadt Frankfurt selbst war die Gesellschaft schon vor seiner Herrschaftsübernahme im September 1806 im Aufbruch; »wirtschaftlicher Erfolg« und »Bildung« verdrängten als Strukturelemente einer neuen bürgerlichen Gesellschaft Geburt und Konfession. Freiräume verschiedenster Art hatten sich entwickelt: Kaffeehäuser, Logen, Zeitungen, Musik- und Literaturkollegien, Lesegesellschaften, Theaterbau mit Betreiber-AG, bürgerliche Stiftungen für wissenschaftliche Zwecke, Schulprojekte (Musterschule, jüdisches Philanthropin), Vereinigungen (Casino) u. a. m. Gerade mit Logen und Vereinigungen wurde eine erste Bresche in das System ständischer Ungleich geschlagen[4].

Im Zuge der Säkularisation 1803 hatte die Stadt zwar die Reichsdörfer Sulzbach und Soden abgeben müssen, dafür aber Besitztümer geistlicher Korporationen in ihren Mauern erhalten (u. a. 120 Häuser und 5.400 Morgen Feld), was aber nicht den Verlust der Selbständigkeit aufwog. Erste Maßnahmen Dalbergs als neuer Stadtherr waren z. B. die Gleichstellung der Konfessionen hinsichtlich ihrer staatsbürgerlichen Rechte, die Beschleunigung der »Entfestigung« (Abbruch der Stadt- und Festungsmauern) oder die Unterstützung der neuen Bildungsprojekte; es folgten die Gründung einer Handelskammer 1808, die Unterstützung der im gleichen Jahr entstandenen Museumsgesellschaft, ein Baustatut 1809 (klassizistischer Stil bei Neubauten) sowie die Verkleinerung des Rats unter Abschaffung der Rotation der Bürgermeister, was die Selbständigkeit der Stadt zugunsten der landesherrlichen Verwaltung einschränkte.

Ohne Wissen Dalbergs betrieb Napoleon die Umwandlung des fürstprimatischen Staates in ein Großherzogtum mit seinem Adoptivsohn als Nachfolger. Am 19. Februar 1810 wurde Dalberg Großherzog. Gegen die Abtretung Regensburgs an Bayern erhielt er Fulda und Hanau, die ebenso zu Departementhauptstädten wurden wie Frankfurt und Aschaffenburg[5]. Nun gewannen die Reformen an Tempo: Trennung von Justiz und Verwaltung, Abschaffung von Leibeigenschaft und Frondiensten, Einführung von code civile, code pénal und des französischen Municipalsystems, Aufwertung von Polizei, Armenfürsorge und Schulwesen (einziges gesamtstaatliches Schulgesetz im Rheinbund!). Hinzu kam die Judenemanzipation: Gegen eine hohe Ablösesumme erhielten die Frankfurter Israeliten im Dezember 1811 gleiche staatsbürgerliche und bürgerliche Rechte wie die Christen. Die Juden Fuldas und des Departements Aschaffenburg erreichten dies im Februar bzw. Oktober 1813. In den andern Rheinbundstaaten (außer dem Königreich Westphalen 1808) lassen sich lediglich geringe Ansätze einer Judenemanzipation erkennen.

Wie in anderen Staaten des Rheinbundes nahm nach anfänglicher Offenheit die Akzeptanz für die Reformen in der Bevölkerung ab: Ursachen waren ihr französischer Ursprung, das enorme Tempo, die wachsende Staatsverschuldung, die immensen Kriegs- und Steuerlasten, die Dotation von Domänen an Militärs oder Verwandte Napoleons u. a. m. Hinzu kamen Pressezensur, Aushebungen für die Armee Napoleons, Einquartierungen, »Stempelsteuer« (Zwang, größere Rechtsgeschäfte gegen hohe Gebühren in öffentliche Register eintragen zu lassen), die kostspielige Gründung einer Universität aus mehreren Spezialschulen in Wetzlar (Jura), Aschaffenburg (Theologie) und Frankfurt (Medizin am Senckenbergischen Institut), die vorbereitete Übereignung des Großherzogtums an Eugène de Beauharnais oder die Kontinentalsperre. Verglichen mit anderen Städten und Regionen hielt sich der Schaden des Kontinentalsystems in Frankfurt trotz Nachbesteue-

sures globales ont été mises en place. Dans les deux États, il existait une nation centrale développée avec une bureaucratie réformée depuis 1803, sans mise en place de nouveaux corps représentatifs. Dans le Nassau, il s'agissait tout d'abord de mettre en place une nouvelle structure administrative pour les parties du Land regroupées en duché; en 1808, le servage fut aboli et en 1809, un nouveau système d'imposition directe fut mis en place avec la suppression des corvées. Dans le Grand-Duché de Darmstadt, les édits d'octobre 1806 entraînèrent l'abolition des privilèges fiscaux hérités du passé et, par conséquent, celle des Landstände (conseils régionaux). D'autres réformes concernèrent l'administration communale ainsi que la liberté du commerce et de l'industrie, tandis que la réforme agraire avec l'abolition du servage démarra de manière plutôt hésitante (1811).

L'introduction du code civil fut plus lente dans les États comme Hesse-Darmstadt et Nassau, car il y eut d'abord une consultation intensive pour l'introduction partielle ou l'adaptation aux conditions juridiques traditionnelles, vu que les princes de la Confédération du Rhin et les seigneurs n'étaient pas prêts à introduire complètement l'égalité et la liberté des personnes, l'abolition de tous les privilèges de la noblesse et la libération de la propriété de toutes les charges féodales. Ainsi, même après le transfert du comté de Solms-Rödelheim au Grand-Duché de Hesse, le droit foncier de Solms resta en vigueur.

Pour l'État de Dalberg, la création de la Confédération du Rhin signifiait avant tout un élargissement vers la ville de Francfort. Après que les plans de Dalberg pour la réforme de l'Empire soient passés inaperçus, il exerça, avec l'accord de Napoléon, le rôle de président de tous les États de la Confédération du Rhin (« prince-primat »). Dans cette fonction, il présenta un statut fondamental qui devait constituer la Confédération en tant qu'unité politique, mais ses projets ne furent pas réalisés; même la diète fédérale qu'il avait organisée au siège de la Confédération à Francfort ne se réunit jamais. L'empereur demanda certes aux princes de participer, mais ne le leur imposa pas. Néanmoins, Dalberg s'efforça toujours d'avoir des contacts personnels avec Napoléon : il lui rendit visite à Aschaffenburg le 2 octobre 1806, ainsi que le 13 mai et le 1er août 1813. Un arc de triomphe que Dalberg fit ériger à la sortie de l'avenue Zeil après la paix de Tilsit était un acte de révérence; l'empereur ne l'utilisa pas et ne le vit pas (ill. 14).

Ne pouvant plus guère contribuer à la réorganisation de la situation allemande, Dalberg se préoccupa de donner des impulsions à son territoire. Dans la ville de Francfort même, la société était déjà en pleine évolution avant qu'il ne prenne le pouvoir en septembre 1806; la « réussite économique » et la « formation » supplantaient la naissance et la confession en tant qu'éléments structurels d'une nouvelle société bourgeoise. Des espaces de liberté de toutes sortes s'étaient développés : cafés, loges, journaux, collèges de musique et de littérature, sociétés de lecture, construction de théâtres exploités par des sociétés anonymes, fondations bourgeoises à but scientifique, projets scolaires (école modèle, philanthropie juive), associations (casino), etc. C'est précisément avec les loges et les associations qu'une première brèche a été ouverte dans le système d'inégalité des classes[4].

Lors de la sécularisation de 1803, la ville a certes dû céder les villages impériaux de Sulzbach et Soden, mais elle a reçu en échange des propriétés de corporations ecclésiastiques dans ses murs (entre autres 120 maisons et 5400 acres de champs), ce qui ne compensait pas la perte d'indépendance. Les premières mesures prises par Dalberg en tant que nouveau seigneur de la ville furent, par exemple, l'égalité des confessions en ce qui concerne les droits civiques, l'accélération du « décloisonnement » (démolition des murs de la ville et des fortifications) ou le soutien aux nouveaux projets éducatifs. Suivirent la création d'une chambre de commerce en 1808, le soutien à la société des musées créée la même année, un statut du bâtiment en 1809 (style classique pour les nouvelles constructions) ainsi que la réduction du conseil avec la suppression de la rotation des maires, ce qui limitait l'autonomie de la ville au profit de l'administration seigneuriale.

À l'insu de Dalberg, Napoléon entreprit de transformer l'État princier en un grand-duché avec son fils adoptif comme successeur. Le 19 février 1810, Dalberg devint grand-duc. En échange de la cession de Ratisbonne à la Bavière, il obtint Fulda et Hanau, qui devinrent des capitales de département au même titre que Francfort et Aschaffenburg[5]. Les réformes s'accélérèrent alors : séparation de la justice et de l'administration, abolition du servage et des corvées, introduction du code civil, du code pénal et du système

■ **Abb. 18** Verbrennung englischer Manufakturwaren auf dem Frankfurter Fischerfeld im November 1810. | Incinération de produits manufacturés anglais sur le Fischerfeld de Francfort en novembre 1810. (ISG FFM S7Z Nr. 1810-1).

rung von Kolonialwaren und angekündigter Verbrennung englischer Waren im Oktober 1810 in Grenzen (**Abb. 18**). Frankfurter Großhändler besorgten den Vertrieb fremder Waren und konnten schon deswegen nicht derart dramatischen Schaden erleiden wie Landstriche, die für die Ausfuhr produzierten.

Napoleons erzwungenes kontinentales Bündnissystem gegen England begann bereits mit Aufständen in Spanien 1808 zu bröckeln; es folgten die Erhebung Tirols und Österreichs 1809, das Ausscheren Russlands aus der Kontinentalsperre 1811 und der Schulterschluss Preußens mit Russland im Februar 1813, dem im August auch Österreich beitrat. Damit bekam auch der Rheinbund Risse. Während der König von Sachsen von Napoleon unter Besetzung seines Landes im Rheinbund gehalten wurde, floh König Jerome Ende September 1813, Dalberg setzte sich nach Konstanz ab und Bayern trat am 08. Oktober den Alliierten bei. Nach der Völkerschlacht, der Schlacht bei Hanau (**Abb. 19**) und letzten Rückzugsgefechten bei Rödelheim und Hochheim wechselte am 02. November 1813 auch das Großherzogtum Hessen die Seiten, und am Abend des gleichen Tages erschienen Nassaus Unterhändler im alliierten Hauptquartier in Dörnigheim. Die Kontingente der entsprechenden Rheinbundstaaten hatten die Armee schon vorher verlassen, während sich französische Zivilverwaltungsbeamte den Resten ihrer Streitmacht auf dem Rückzug nach Mainz anschlossen.

Die Alliierten hatten allen Bündniswechslern ihre territoriale Integrität zugesichert. Das Fürstentum Isenburg und das Großherzogtum Frankfurt, die bis zuletzt zu Napoleon hielten, wurden dem von Freiherr Karl vom Stein geleiteten Zentralverwaltungsrat für die besetzten Gebiete unterstellt. Am 23. November 1813 wurden die neuen Beitrittsverträge zur »Allianz der für die Unabhängigkeit Deutschlands und der europäischen Völker gegen Frankreich verbündeten Mächte« unterzeichnet, verbunden mit einem Bewaffnungsprotokoll zur erneuten Mobilisierung für den Feldzug in Frankreich, unterstützt von zahlreichen Freiwilligen.

Noch vor dem Zusammentritt des Wiener Kongresses suchten die ehemaligen Rheinbund-Staaten zwecks Bestandssicherung ihre Reformprozesse zu einem vorläufigen Abschluss zu bringen. Die Stadt Frankfurt erhielt ihre Selbständigkeit wieder, die meisten dalbergischen Gesetze wurden aufgehoben, das Kurfürstentum

Abb. 19 Bankier Johann Philipp von Bethmann empfängt den französischen Kaiser vor seiner Villa am Friedberger Tor, 31. Oktober 1813. |
Le banquier Johann Philipp von Bethmann reçoit l'empereur français devant sa villa à Friedberger Tor, 31 octobre 1813 (ISG FFM S7Z Nr. 1813-7).

municipal français, revalorisation de la police, de l'assistance aux pauvres et de l'enseignement (seule loi scolaire nationale dans la Confédération du Rhin!). À cela s'ajouta l'émancipation des Juifs: en échange d'une importante indemnité, les israélites de Francfort obtinrent en décembre 1811 les mêmes droits civiques et civils que les chrétiens. Les Juifs de Fulda et du département d'Aschaffenburg parvinrent au même résultat respectivement en février et en octobre 1813. Dans les autres États de la Confédération du Rhin (à l'exception du royaume de Westphalie en 1808), on ne constate que des ébauches d'une émancipation des Juifs.

Comme dans d'autres États de la Confédération du Rhin, l'acceptation des réformes par la population diminua après une ouverture initiale: les causes en étaient leur origine française, leur rythme trop soutenu, l'endettement croissant de l'État, les immenses charges de guerre et d'impôts, la dotation de domaines à des militaires ou à des proches de Napoléon, etc. À cela s'ajoutaient la censure de la presse, les enrôlements pour l'armée de Napoléon, les cantonnements, le « droit de timbre » (obligation de faire inscrire les actes juridiques importants dans des registres publics moyen-

nant des frais élevés), la création coûteuse d'une université composée de plusieurs écoles spécialisées à Wetzlar (droit), Aschaffenburg (théologie) et Francfort (médecine à l'Institut Senckenberg), la cession préparée du Grand-Duché à Eugène de Beauharnais ou le blocus continental. En comparaison avec d'autres villes et régions, les dommages causés par le système continental à Francfort ont été limités, malgré l'imposition supplémentaire des marchandises coloniales et l'annonce de l'incinération des marchandises anglaises en octobre 1810 (ill. 18). Les grossistes de Francfort s'occupaient de la distribution de marchandises étrangères et ne pouvaient pas, ne serait-ce que pour cette raison, subir des dommages aussi considérables que ceux subis par les régions qui produisaient pour l'exportation.

Le système d'alliances continentales imposé par Napoléon contre l'Angleterre commença à s'effriter dès les soulèvements en Espagne en 1808; suivirent le soulèvement du Tyrol et de l'Autriche en 1809, le retrait de la Russie du blocus continental en 1811 et l'alliance de la Prusse avec la Russie en février 1813, à laquelle l'Autriche se joignit également en août. La Confédé-

Hessen restituiert und das Fürstentum Isenburg zwischen diesem und dem Herzogtum Hessen aufgeteilt.

Was blieb vom Rheinbund? Die weitgehende Aufhebung von Patrimonialgerichtsbarkeit und adligen Steuerprivilegien wurde beibehalten, die Reformbeamtenschaft meist übernommen. Die Rheinbund-Jahre wirkten besonders im vorteilhaft arrondierten Nassau weiter, wo die leitenden Minister im Amt blieben. Im Großherzogtum Hessen unterstützte der Landesherr den begonnen Wandel von der ständisch-korporativ gebundenen zur modernen Bürgergesellschaft. Die staatsbürgerliche Gleichstellung der Konfessionen wurde in der Wiener Schlussakte 1815 festgeschrieben, die der Juden den einzelnen Bundesstaaten überlassen. Sie blieb auf dem Weg zur Rechtsgleichheit ebenso ein Desiderat wie etwa die Ablösung der letzten Feudallasten; beides wurde erst in der nächsten Revolution 1848/49 angegangen.

ANMERKUNGEN | NOTE

1 Hessen im Rheinbund. Die napoleonischen Jahre 1806–1813. Beiheft zur Ausstellung der Hessischen Staatarchive 2006 (Ausstellungkataloge des Hessischen Staatsarchivs Darmstadt, 22). – Reinhard Mußgnug, Der Rheinbund, in: Der Staat. Band 46, 2007, S. 249–267. | Hessen im Rheinbund. Die napoleonischen Jahre 1806-1813. Supplément au catalogue de l'exposition des Archives d'État de Hesse 2006 (Ausstellungkataloge des Hessischen Staatsarchivs Darmstadt, 22). – Reinhard Mußgnug, Der Rheinbund, dans: Der Staat. Volume 46, 2007, p. 249–267.

2 Eckhart G. Franz/Peter Fleck/Fritz Kallenberg, Handbuch der hessischen Geschichte. Band 4.2: Die Hessischen Staaten bis 1945 (= Veröffentlichungen der Historischen Kommission für Hessen. Band 63), Marburg 2003. | Eckhart G. Franz/Peter Fleck/Fritz Kallenberg, Handbuch der hessischen Geschichte. Volume 4.2: Die Hessischen Staaten bis 1945 (= Veröffentlichungen der Historischen Kommission für Hessen. Volume 63), Marburg 2003.

3 Willi Stubenvoll, »Die Straße«. Geschichte und Gegenwart eines Handelsweges, Frankfurt 1990.

4 Ralf Roth, Frankfurt am Main 1800 bis 1866, in: Tradition und Wandel. Frankfurt am Main, hg. im Auftrag der Frankfurter Historischen Kommission von Marie-Luise Recker, Göttingen 2023, S. 253–309, bes. 253–272. | Ralf Roth, Frankfurt am Main 1800 bis 1866, dans: Tradition und Wandel. Frankfurt am Main, publié sous la direction de la Commission historique de Francfort par Marie-Luise Recker, Göttingen 2023, p. 253–309, en particulier 253–272.

5 Tobias Picard, Die Schlacht bei Hanau und Bayerns Ausdehnung bis an Main und Kinzig, in: Erhard Bus, Markus Häfner, Martin Hoppe (Red.): Hanau in der Epoche Napoleons. Hrsg. v. Hanauer Geschichtsverein zur Erinnerung an die Schlacht bei Hanau am 30. und 31. Oktober 1813, Hanau 2014, S. 203–277. | Tobias Picard, Die Schlacht bei Hanau und Bayerns Ausdehnung bis an Main und Kinzig, in: Erhard Bus, Markus Häfner, Martin Hoppe (Réd.): Hanau in der Epoche Napoleons. Publié par l'Association historique de Hanau en souvenir de la bataille de Hanau les 30 et 31 octobre 1813, Hanau 2014, p. 203–277.

ration du Rhin se fissura donc également. Alors que le roi de Saxe était maintenu par Napoléon dans la Confédération du Rhin par l'occupation de son pays, le roi Jérôme s'enfuit fin septembre 1813, Dalberg s'installa à Constance et la Bavière rejoignit les Alliés le 8 octobre. Après la bataille des Nations, la bataille de Hanau (ill. 19) et les derniers combats de retraite à Rödelheim et Hochheim, le Grand-Duché de Hesse changea également de camp le 2 novembre 1813, et le soir même, les négociateurs de Nassau se présentèrent au quartier général des alliés à Dörnigheim. Les contingents des États concernés de la Confédération du Rhin avaient déjà quitté l'armée auparavant, tandis que des fonctionnaires français de l'administration civile rejoignaient les restes de leurs forces en se repliant vers Mayence.

Les Alliés avaient assuré l'intégrité territoriale à tous ceux qui avaient changé d'alliance. La principauté d'Isenburg et le grand-duché de Francfort, qui étaient restés jusqu'au bout fidèles à Napoléon, furent placés sous l'autorité du Conseil central d'administration pour les territoires occupés, dirigé par le baron Karl vom Stein. Le 23 novembre 1813, les nouveaux traités d'adhésion à la « Coalition des puissances alliées contre la France pour l'indépendance de l'Allemagne et des peuples européens » furent signés, accompagnés d'un protocole d'armement pour une nouvelle mobilisation en vue de la campagne de France, soutenue par de nombreux volontaires.

Avant même la réunion du Congrès de Vienne, les anciens États de la Confédération du Rhin cherchèrent à conclure provisoirement leurs processus de réforme afin d'assurer leur pérennité. La ville de Francfort retrouva son indépendance, la plupart des lois de Dalberg furent abrogées, l'électorat de Hesse fut restitué et la principauté d'Isenburg fut partagée entre cet électorat et le duché de Hesse.

Que restait-il de la Confédération du Rhin? La suppression de la juridiction patrimoniale et des privilèges fiscaux de la noblesse fut maintenue dans une large mesure, et la plupart des fonctionnaires réformateurs furent repris. Les années de la Confédération du Rhin continuèrent à produire leurs effets, notamment dans la région avantageusement arrondie de Nassau, où les ministres dirigeants restèrent en place. Dans le Grand-Duché de Hesse, le souverain soutint la transformation amorcée d'une société corporative et corporatiste en une société civile moderne. L'égalité civique des confessions fut fixée dans l'Acte final de Vienne en 1815, celle des Juifs fut laissée aux différents États fédéraux. Elle est restée un desideratum sur le chemin de l'égalité des droits, tout comme le remplacement des dernières charges féodales; ces deux points ne furent abordés que lors de la révolution suivante de 1848/49.

LITERATUR | BIBLIOGRAPHIE

RALF ROTH Frankfurt am Main 1800 bis 1866, in: Tradition und Wandel. Frankfurt am Main, hg. im Auftrag der Frankfurter Historischen Kommission von Marie-Luise Recker, Göttingen 2023, S. 253–309, bes. 253–272. | Frankfurt am Main 1800 bis 1866, in: Tradition und Wandel. Frankfurt am Main, publié sous la direction de la Commission historique de Francfort par Marie-Luise Recker, Göttingen 2023, p. 253–309, en particulier 253–272.

HESSEN IM RHEINBUND Die napoleonischen Jahre 1806–1813. Beiheft zur Ausstellung der Hessischen Staatarchive 2006 (Ausstellungkataloge des Hessischen Staatsarchivs Darmstadt, 22). | Die napoleonischen Jahre 1806–1813. Supplément au catalogue de l'exposition des Archives d'État de Hesse 2006 (Ausstellungkataloge des Hessischen Staatsarchivs Darmstadt, 22).

ECKHART G. FRANZ/PETER FLECK/FRITZ KALLENBERG Handbuch der hessischen Geschichte. Band 4.2: Die Hessischen Staaten bis 1945 (= Veröffentlichungen der Historischen Kommission für Hessen. Band 63), Marburg 2003. | Handbuch der hessischen Geschichte. Volume 4.2: Die Hessischen Staaten bis 1945 (= Veröffentlichungen der Historischen Kommission für Hessen. Volume 63), Marburg 2003.

REINHARD MUSSGNUG Der Rheinbund, in: Der Staat. Band 46, 2007, S. 249–267. | Der Rheinbund, in: Der Staat. Volume 46, 2007, p. 249–267.

WILLI STUBENVOLL »Die Straße«. Geschichte und Gegenwart eines Handelsweges, Frankfurt 1990. | »Die Straße«. Geschichte und Gegenwart eines Handelsweges, Frankfurt 1990.

TOBIAS PICARD Die Schlacht bei Hanau und Bayerns Ausdehnung bis an Main und Kinzig, in: Erhard Bus, Markus Häfner, Martin Hoppe (Red.): Hanau in der Epoche Napoleons. Hrsg. v. Hanauer Geschichtsverein zur Erinnerung an die Schlacht bei Hanau am 30. und 31. Oktober 1813, Hanau 2014, S. 203–277. | Die Schlacht bei Hanau und Bayerns Ausdehnung bis an Main und Kinzig, in: Erhard Bus, Markus Häfner, Martin Hoppe (Réd.): Hanau in der Epoche Napoleons. Publié par l'Association historique de Hanau en souvenir de la bataille de Hanau les 30 et 31 octobre 1813, Hanau 2014, p. 203–277.

Abb. 20 Französische Soldaten halten an der Alten Brücke von Sachsenhausen kommende bayerische Einheiten zurück, 31. Oktober 1813. Blick vom Mainkai aus auf die Alte Brücke. | Des soldats français retiennent au vieux pont des unités bavaroises venant de Sachsenhausen, 31 octobre 1813. Vue du vieux pont depuis le Mainkai. © ISG FFM S7Z Nr. 1813-8.

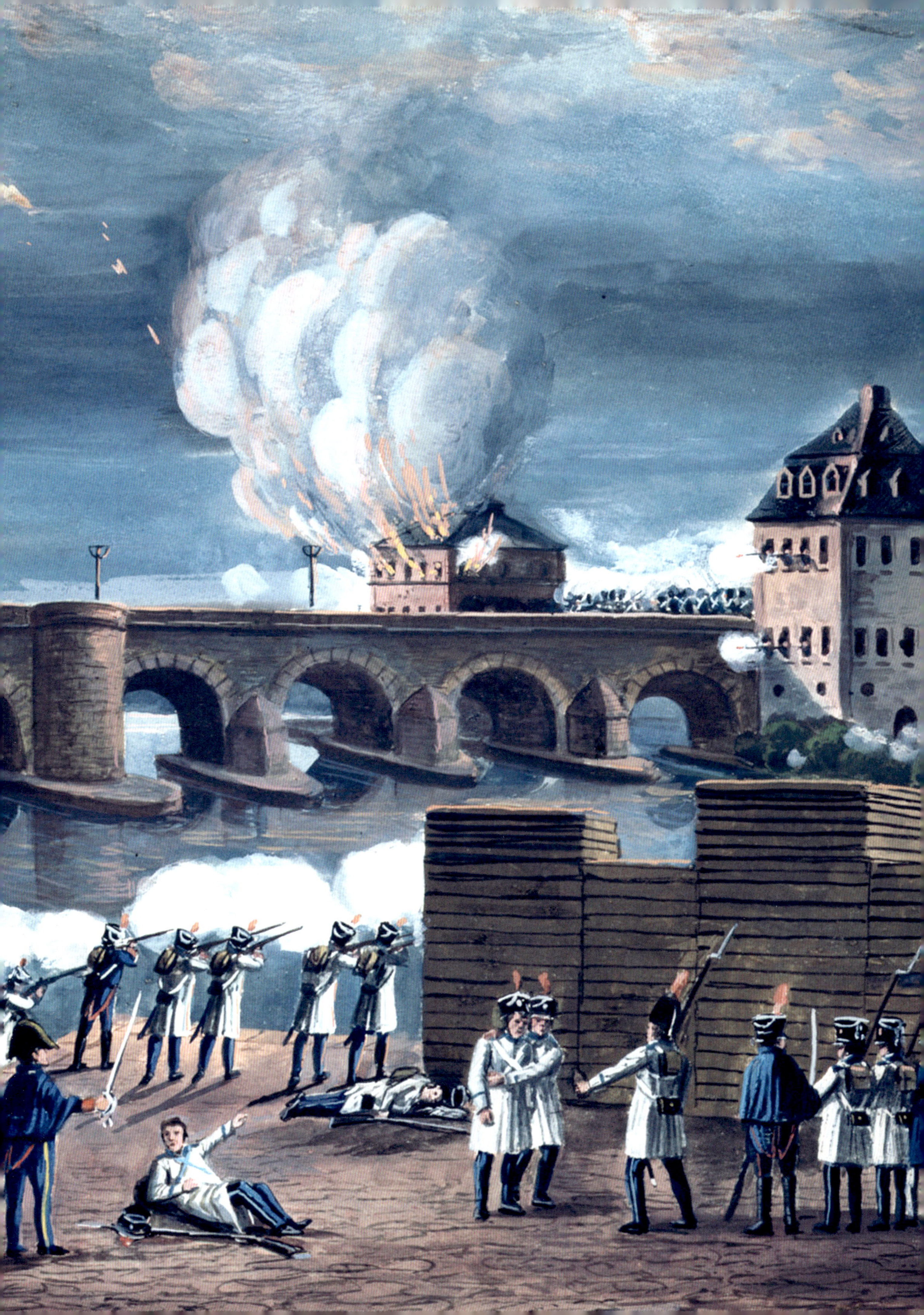

Frankfurt sehen und sterben.
Die Rekruten von 1813

JACQUES-OLIVIER BOUDON

Die Gebeine der 213 Soldaten, die in Rödelheim gefunden wurden, konnten unter vielerlei Gesichtspunkten analysiert werden, was ein anthropologisches Porträt dieser Gruppe ermögliche, jedoch nicht die Identifizierung einzelner Soldaten. Daher erschien es sinnvoll, eine weitere Untersuchung durchzuführen, um zu klären, wer die Soldaten waren, die 1813 nach Frankfurt kamen und dort ihr Leben ließen.

Dazu müssen wir zunächst auf den Kontext einer 600.000 Mann starken Grande Armée eingehen, die Napoleon Anfang 1812 aufgestellt hatte und die im Laufe des Russlandfeldzugs aufgerieben wurde[1]. Einige Tausend waren Anfang 1813 noch kampffähig. Nur wenige schafften es bis nach Frankfurt.

Um Nachweise zu finden, musste man sich auf die Suche nach den in den Frankfurter Lazaretten verstorbenen Soldaten machen, wobei nicht gesichert ist, ob sie alle auf dem Rödelheimer Friedhof begraben wurden; die Wahrscheinlichkeit ist allerdings hoch. Um sie ausfindig zu machen, wurden Matrikelbücher der Regimenter vor Ort zu Rate gezogen.

Aus praktischen Gründen wurde die Erhebung über die Plattform »Mémoires des Hommes« des Service historique de la Défense (Zentralarchiv des französischen Verteidigungsministeriums) durchgeführt, auf der die Matrikelbücher der 156 Linieninfanterieregimenter der napoleonischen Armeen zwischen 1802 und 1815 sowie der verschiedenen Korps der kaiserlichen Garde digitalisiert worden sind[2]. Die Regimenter der leichten Infanterie und die Kavallerieschwadronen sind daher nicht in diesen Quellen enthalten. Zusätzliche Untersuchungen fanden über das Internet statt, insbesondere mithilfe der Website Geneanet, die es ermöglichte, weitere Tote aus Frankfurt zu ermitteln, insbesondere aus den Regimentern der leichten Infanterie oder, sehr selten, bei den Kavalleristen[3].

Die Website bietet gleichzeitig Zugang zu Totenregistern, wodurch die Fahndung nach den in Frankfurt verstorbenen Soldaten im Einzelfall Erfolg hat. Insgesamt wurde eine Liste von 112 Soldaten zusammengestellt, um den Hintergrund des Sachsenfeldzuges, der für die 213 Soldaten aus Rödelheim tödlich endete, näher zu beleuchten.

Hinzu kämen etwa zehn Offiziere mit unverbürgter Grabstätte. Indem wir die Untersuchung der Toten in den Frankfurter Lazaretten den Ereignissen gegenüberstellen, die für Napoleons Armee während des Sachsenfeldzugs von 1813 nachzuweisen sind, versuchen wir zu verstehen, wer die Namenlosen von Rödelheim waren.

Was ist von der Armee der Zwanzig Nationen übriggeblieben?

Die napoleonischen Armeen umfassten zwischen 1800 und 1815 insgesamt etwa drei Millionen Mann, von denen 500.000 noch aus der Revolutionszeit stammten und 500.000 im Ausland rekrutiert wurden. Es handelte sich also um zwei Millionen französische Soldaten, die während des Konsulats und des Kaiserreichs in Napoleons Truppen eintraten.

Zur Zeit ihrer größten Ausdehnung, am Vorabend des Russlandfeldzugs, vereinten diese Armeen mehr als 1,2 Millionen Mann, von denen die Hälfte in Preußen und Polen konzentriert war, um das Russische Kaiserreich zu erobern. Zwischen Juni und Oktober 1812 überquerten mehr als 500.000 Mann die Memel, denn zu den 450.000 Mann, die bereits zu Beginn des Feldzugs nach Russland einmarschiert waren, kam noch Verstärkung hinzu. Ende Dezember 1812 bestand die Grande Armée hingegen nur noch aus einigen Tausend organisierten Soldaten, aber nicht alle Überlebenden waren in der Lage, die Kampfhandlungen

Voir Francfort et mourir.
Les conscrits de 1813

Les corps des 213 soldats retrouvés à Rödelheim ont pu être analysés sous toutes les coutures, permettant de brosser un portrait anthropologique de ce groupe, mais pas de les identifier individuellement. Il a dès lors paru judicieux de conduire une autre enquête, visant à comprendre qui étaient les soldats qui avaient pu venir mourir à Francfort en 1813. Pour cela, il faut d'abord revenir au contexte d'une Grande Armée de 600 000 hommes, constituée par Napoléon au début de l'année 1812 et décimée au cours de la campagne de Russie[1]. Quelques milliers sont encore en état de combattre au début de 1813. Rares sont ceux qui parviennent jusqu'à Francfort. Pour en apporter la démonstration, il a fallu partir à la recherche des soldats morts dans les hôpitaux de Francfort, sans assurance qu'ils aient tous été enterrés dans le cimetière de Rödelheim, mais la probabilité en est forte. Pour les retrouver, des sondages ont été effectués dans les registres matricules des régiments, susceptibles d'être présents sur place. Pour des raisons pratiques, l'enquête a été conduite grâce à la plate-forme « Mémoires des Hommes » du Service historique de la Défense sur laquelle ont été numérisés les registres matricules des 156 régiments d'infanterie de ligne qu'ont comptés les armées napoléoniennes entre 1802 et 1815 ainsi que les différents corps de la Garde impériale[2]. Échappent donc à ces sources les régiments de l'infanterie légère et les escadrons de cavalerie. D'autres enquêtes ont été conduites via internet, notamment grâce au site Geneanet qui a permis de repérer d'autres morts de Francfort, notamment au sein des régiments de l'infanterie légère, ou, très rarement, parmi les cavaliers[3]. Le site permet aussi d'avoir accès à des extraits mortuaires qui permettent dans certains cas de retrouver les soldats décédés à Francfort. Au total un échantillon de 112 soldats a été constitué qui permettra de donner chair au développement sur l'étude du contexte de cette campagne de Saxe fatale aux 213 soldats de Rödelheim. Il faudrait y ajouter une dizaine d'officiers dont le lieu de sépulture est plus incertain. C'est ainsi en mettant en regard l'étude des morts aux hôpitaux de Francfort et les événements subis par les armées napoléoniennes au cours de la campagne de Saxe de 1813 que nous tenterons de comprendre qui sont les anonymes de Rödelheim.

Que reste-t-il de l'armée des vingt nations?

Les armées napoléoniennes ont compté au total environ trois millions d'hommes entre 1800 et 1815 dont 500 000 hérités de la période révolutionnaire et 500 000 recrutés dans des pays étrangers. Ce sont donc deux millions de soldats français qui sont arrivés dans les armées napoléoniennes sous le Consulat et l'Empire. À sa plus grande extension, à la veille de la campagne de Russie, ces armées réunissent plus d'un million deux cent mille hommes, dont la moitié est massée en Prusse et en Pologne, prête à fondre sur l'empire russe.

Plus de 500 000 hommes franchissent le Niémen entre les mois de juin et d'octobre 1812, car aux 450 000 hommes entrés en Russie au début de la campagne, s'ajoutent les renforts envoyés par la suite. À la fin du mois de décembre 1812, la Grande Armée ne compte plus que quelques milliers de soldats encore organisés, mais tous les survivants ne sont pas aptes à continuer le combat. La question des pertes repose naturellement celle de l'effectif engagé. De l'ensemble des estimations, on peut conclure que le nombre de morts issus de la Grande Armée avoisine les 250 000 hommes, soit la moitié des troupes parties en Russie. C'était déjà le chiffre retenu par Adolphe Thiers dans son *Histoire du Consulat et de l'Empire*, publiée en

fortzusetzen. Mit der Frage nach den Verlusten stellt sich natürlich auch die Frage nach der Anzahl der eingesetzten Soldaten.

Aus allen vorhandenen Schätzungen lässt sich schließen, dass die Grande Armée fast 250.000 Tote zu beklagen hatte, was der Hälfte der nach Russland gezogenen Truppen entspricht. Diese Zahl gab bereits Adolphe Thiers in seiner *Histoire du Consulat et de l'Empire* an, die ab 1845 in 20 Bänden veröffentlicht wurde. Sie enthält jedoch nicht die Verluste unter den Gefangenen[4]. Die Gesamtzahl hingegen umfasst zweifellos die Todesfälle, die sich während der Kämpfe und des Feldzugs ereigneten, durch Krankheit, Kälte oder Hunger – aber auch Tote unter den Gefangenen und Zurückgelassenen.

Während die Gesamtzahl der gestorbenen Soldaten schwer zu ermitteln ist, sind die Verluste in den Reihen der Offiziere besser belegt. Mehr als 3.000 Offiziere der Grande Armée kamen in der Schlacht um, unter ihnen 40 Generäle und 53 Oberste. 33 Oberste starben im Kampf, davon 9 in der Schlacht bei Borodino, 3 verschwanden im Laufe des Feldzugs und 17 starben an Erschöpfung. Dies entspricht mehr als 20 % der während aller Feldzüge des Kaiserreichs gefallenen Obersten[5].

Diese besondere Form der Sterblichkeit findet sich auch in der Gruppe von 3.284 Leichen, die 2001 in Vilnius gefunden wurden[6]. Die Analyse des Knochenmaterials ergab einen geringen Frauenanteil in dieser Gesamtmenge (3 %), wobei die große Mehrheit der Toten Männer unter 30 Jahren waren und sogar näher an der Altersgruppe der 20- bis 24-Jährigen lagen. Ihre durchschnittliche Größe betrug 1,71 m, was weit über dem Durchschnittsmaß der damaligen Soldaten lag. Unter ihnen sollen sich 15–20 % Kavalleristen befunden haben. Nur sehr wenige trugen Anzeichen von Traumata oder es handelte sich dabei um ältere Knochenbrüche bzw. Krankheiten. Aus der Untersuchung dieser Leichenbefunde kann man daher schließen, dass die betreffenden Soldaten an Kälte, Hunger und Erschöpfung starben, nachdem sie zum Teil wochenlange Qualen erlitten hatten, was sie jedoch aufgrund ihrer guten körperlichen Verfassung längere Zeit ertragen konnten. Die Schwächsten, Ausgezehrten und Verwundeten starben als Erste. Die Vergessenen von Vilnius gehörten dagegen zu den widerstandsfähigsten Soldaten der Grande Armée, auch wenn sie die Tortur letztlich nicht überlebten.

Auf französischer Seite herrschte der Eindruck eines unermesslichen Massensterbens vor. Leutnant Béniton des 13. Infanterieregiments, das zum Korps von Marschall Louis-Nicolas Davout gehörte, gelangte nach Thorn, wo er eine erschütternde Bilanz der während des Feldzugs erlittenen Verluste aufstellte: »Am nächsten Tag, als die Trümmer des Regiments eintrafen, wurde durch die gewissenhafte Verteilung der Unterkunftsscheine festgestellt, dass in Thorn nur noch fünfundzwanzig Offiziere von den achtundneunzig beim Einzug ins Feld anwesenden übriggeblieben waren, und nur dreihundertzwölf Unteroffiziere und Soldaten von den dreitausendvierhundertsechzig, die beim Einzug ins Feld unter Waffen standen«[7]. Zwölf Tage später beim Verlassen der Stadt waren es nur noch 24 Offiziere und 288 Unteroffiziere und Jäger, davon ein Drittel mit Verwundungen bzw. Erfrierungen und unbewaffnet. Die Tatsache, dass sie wieder eine Unterkunft und bessere Lebensbedingungen gefunden hatten, reichte nicht immer aus, den durch den Rückzug verursachten desolaten Zustand zu überwinden.

Selbst hohe Offiziere starben an den Folgen völliger Entkräftung, so z. B. der auch von Béniton erwähnte General Guyardet, dessen Leben am 03. Januar 1813 in Thorn endete. Das Regiment verlor demnach drei Viertel seiner Offiziere und 90 % seiner Truppen. Zwar befanden sich unter diesen Männern zweifellos auch Nachzügler, die aus eigener Kraft nach Frankreich zurückkehrten, oder Gefangene, die später zurückkehren sollten. Doch auch unter den Gefangenen war die Sterblichkeit sehr hoch.

Eugène Labaume zieht eine ähnliche Bilanz der Überlebenden des von Eugène de Beauharnais befehligten Korps, dem er angehörte. »Am 27. Dezember«, schreibt er, »kam Prinz Eugène schließlich in Marienwerder an, wo er sich bemühte, alle Mitglieder des Vierten Korps zu vereinen. Nach langem Suchen gelang es, etwa zwölfhundert Krüppel aufzusammeln, die trostlosen Überbleibsel von zweiundfünfzigtausend Kämpfern, die alle aus Italien gekommen waren«[8]. Pion des Loches, Artillerist der Garde, schreibt seinerseits am 22. Dezember aus Insterburg: »Am 1. September des vergangenen Jahres zählte unsere Fußartillerie 1.211 Mann bei der Armee. Nun, beim heutigen Morgenappell, waren 136 Mann anwesend. Von den Zugpferden, den Kanonen, den Wagen ist erst gar nicht die Rede; wir haben nicht einen einzigen Wagen gerettet«[9].

vingt volumes à partir de 1845, mais ce dernier ne comptabilisait pas les pertes subies dans les rangs des prisonniers[4]. Ce total inclut les décès survenus dans les combats et pendant la campagne, de maladie, de froid, ou de faim, hommes, mais aussi les morts intervenus parmi les prisonniers et parmi les malades laissés en arrière, sans doute.

Si le nombre total de soldats tués est difficile à établir, on connaît en revanche mieux les pertes dans les rangs des officiers. Plus de 3000 officiers de la Grande Armée périssent au cours de la campagne, parmi lesquels 40 généraux et 53 colonels. 33 colonels sont morts au combat, dont 9 à la Moskowa, 3 ont disparu au cours de la campagne et 17 sont morts d'épuisement. Cela représente plus de 20 % des colonels morts pendant toutes les campagnes de l'Empire[5]. Cette forme particulière de mortalité se retrouve au sein de l'échantillon de 3284 corps retrouvés à Vilnius en 2001[6]. L'analyse du matériel osseux a permis de déterminer une petite proportion de femmes dans cet ensemble (3 %), la grande majorité des soldats morts étant des hommes de moins de trente ans, et même plus proches de la tranche 20–24 ans. Leur taille moyenne est de 1,71 m, ce qui est très supérieur à la taille moyenne des soldats de l'époque. Il y aurait parmi eux 15 à 20 % de cavaliers. Très peu portaient des signes de traumatisme, ou alors il s'agissait de fractures anciennes, ou de maladie. On peut donc conclure de l'examen de ces corps que les soldats concernés sont morts en bonne santé. Ils sont morts de froid, de faim, d'épuisement, après avoir, pour certains, vécu des semaines de calvaire, ce que leur permettait leur bonne condition physique. Les plus chétifs et les plus faibles, les blessés, ont été les premiers à mourir. Les oubliés de Vilnius appartiennent au contraire aux plus résistants des soldats de la Grande Armée, même s'ils n'ont finalement pas survécu à l'épreuve.

Du côté français, l'impression qui prévaut est celle d'une immense hécatombe. Le lieutenant Béniton qui appartient au 13e régiment d'infanterie, lui-même composante du corps de Davout, parvient à Thorn, où il dresse un bilan saisissant des pertes subies pendant la campagne: «Le lendemain, à l'arrivée des débris du régiment, il fut reconnu, par la distribution strictement faite des billets de logement, que nous arrivions à Thorn vingt-cinq officiers, reste des quatre-vingt-dix-huit présents, lors de l'entrée en campagne, et trois cent douze sous-officiers et soldats restés de trois mille quatre cent soixante présents sous les armes au moment d'entrer en campagne»[7]. Douze jours plus tard, au moment de quitter la ville, il ne reste plus que 24 officiers et 288 sous-officiers et chasseurs dont un tiers sont blessés ou gelés et sans armes. Le fait d'avoir retrouvé un abri et de meilleures conditions de vie ne suffit pas toujours à surmonter l'état de délabrement provoqué par la retraite. Même des officiers supérieurs succombent des suites d'un affaiblissement complet, à l'image du général Guyardet qu'évoque également Béniton et qui meurt à Thorn le 3 janvier 1813. Le régiment a ainsi perdu les trois quarts de ses officiers et 90 % de ses troupes. Certes, parmi ces hommes figurent sans doute des traînards qui regagnent la France par leurs propres moyens, ou des prisonniers qui rentreront plus tard. Mais la mortalité fut également très élevée parmi les prisonniers.

Eugène Labaume fait un bilan voisin des débris du corps d'armée commandé par Eugène de Beauharnais auquel il appartient. «Enfin le 27 décembre, écrit-il, le Prince Eugène arriva à Marienwerder, où il s'occupa à réunir tout ce qui appartenait au quatrième corps. Après bien des recherches, on parvint à ramasser environ douze cents éclopés, restes infortunés de cinquante-deux mille combattants, tous venus d'Italie»[8]. Pion des Loches qui appartient à l'artillerie de la Garde, écrit de son côté d'Insterburg le 22 décembre: «Le 1er septembre dernier, notre artillerie à pied comptait 1211 hommes présents à l'armée. Eh bien! à l'appel de ce matin, nous avions 136 hommes présents. Des chevaux du train, des canons, des voitures, on n'en parle pas; nous n'avons pas sauvé une seule voiture»[9]. La Garde n'a pas été épargnée. Elle arrive à Königsberg le 31 décembre, «réduite à environ 1200 hommes», selon le général Berthezène[10]. Le comte de Lignières établit une comparaison significative entre l'état des effectifs au départ de Moscou et deux mois et demi plus tard: «À Moscou, la compagnie -1er régiment, 1er bataillon, 1ère compagnie- avait deux cent quarante-cinq hommes sous les armes; au retour, nous étions cinquante-deux (52), et cette compagnie était restée la plus forte de toutes celles de la Vieille Garde. Il y en avait qui étaient réduites à quinze ou vingt hommes. Pas un homme de la Vieille Garde n'a quitté son rang que malade ou gelé, mort ou tué. Pas un pour démoralisation, pour désertion»[11]. Derrière cette défense de la Garde, le

Auch die Garde wurde nicht verschont. Sie traf am 31. Dezember in Königsberg ein, »auf etwa 1.200 Mann reduziert«, wie General Berthezène berichtet[10]. Graf de Lignières stellte einen aussagekräftigen Vergleich zwischen dem Zustand der Truppen beim Abzug aus Moskau und demjenigen zweieinhalb Monate später an: »In Moskau hatte die Kompanie – 1. Regiment, 1. Bataillon, 1. Kompanie – zweihundertfünfundvierzig Mann unter Waffen; auf dem Rückweg waren wir zweiundfünfzig (52), und diese Kompanie war die stärkste von allen in der Alten Garde. Es gab einige andere, die auf fünfzehn oder zwanzig Mann geschrumpft waren. Nicht ein Mann der Alten Garde verließ seinen Platz, wenn er nicht krank oder erfroren, tot oder gefallen war. Nicht einer verließ die Truppe aufgrund von Demoralisierung oder Fahnenflucht«[11].

Hinter dieser Verteidigung der Garde steht eine klare Feststellung, die sich mit den meisten zeitgenössischen Berichten deckt: Mehr als vier Fünftel der Soldaten waren nicht mehr verfügbar. Dennoch versuchte der Oberbefehlshaber sehr bald, die marschfähigen Männer wieder zu mobilisieren, und ließ die Soldaten ab Anfang Januar zu täglichen Musterungen antreten. Es waren wesenlose Männer, die Ende Dezember die Memel überquert hatten. Ihr Zustand war oft erbärmlich. »Wir sahen dort viele Kavallerieoffiziere, die noch viel elender waren als wir, denn fast alle hatten infolge der Kälte Finger und Zehen verloren, andere die Nase. Es war ein schlimmer Anblick«[12], berichtet Feldwebel Bourgogne. In Gumbinnen angekommen, erschrickt Oberst Pion beim Blick in den Spiegel: »langer Bart, eingefallene Augen, Nase und Oberlippe erfroren«. Dank eines Rasiermessers und sauberer Wäsche wird er zu einem neuen Menschen. Aber ungezählte Soldaten und sogar Offiziere werden in behelfsmäßigen Lazaretten verrotten; manche von ihnen werden sie nicht mehr lebend verlassen.

Andere erlagen nach den Entbehrungen in Russland einem Übermaß an Nahrung, wie zum Beispiel der Offizier und Adlerträger des Regiments von de Lignières, der »in Königsberg starb, wo er sich plötzlich mitten im Überfluss befand«[13]. Die Rückkehr nach Preußen bedeutete also nicht das Ende des Leidenswegs, und die Soldaten waren von den monatelangen Märschen und Entbehrungen so erschöpft, dass sie in Scharen in die Lazarette strömten und dort Zuflucht suchten. Ende Dezember 1812 zählte man daher in Königsberg fast 10.000 Kranke, Anfang März 1813 waren es in Danzig 18.000. Der Typhus wütete dort besonders heftig. In Danzig Anfang 1813 starben 6.000 Männer in nur zwei Monaten[14]. Aus Platzmangel in den Krankenhäusern drängten sich die Kranken zusammen, wo sie nur konnten, oder wurden bei Privatleuten untergebracht. Die Orte westlich der Memel wurden zu riesigen Sterbehäusern. Der Markgraf von Baden berichtet: »Die größte Verwirrung herrschte im Posthaus von Küstrin. Obwohl der Kaiser strengstens verboten hatte, Soldaten in den Poststationen unterzubringen, waren alle Zimmer voller Verwundeter und Kranker«[15]. Die Sterblichkeitsrate war sehr hoch.

Die Geschichte der drei Brüder Tascher de la Pagerie veranschaulicht das Ausmaß der Sterblichkeit am Ende des Feldzugs. Maurice und Eugène kamen Ende Dezember gemeinsam in Preußen an. Maurice begleitete seinen Bruder am 23. Dezember in das Lazarett von Königsberg, wo dieser zwei Tage später starb. Er reiste weiter nach Küstrin, wo er ebenfalls im Zustand fortgeschrittener Erschöpfung ins Lazarett eingeliefert wurde. Schließlich machte er sich zusammen mit einem anderen Offizier auf den Weg nach Berlin, wo er am 25. Januar 1813 ankam. Er wurde ins Lazarett aufgenommen und starb am 27. Januar nach einem letzten Treffen mit seinem anderen Bruder Ferdinand, der seine persönlichen Gegenstände und Notizbücher an sich nahm[16].

Alexandre de Saint-Chéron hingegen kam am 28. Dezember in Königsberg an und wurde »völlig entkräftet« ins Lazarett gebracht. Dort wähnte er sich schon in Sicherheit, doch die Stadt wurde von den Russen eingenommen, die ihn in der Nacht vom 4. auf den 5. Januar gefangen nahmen[17]. Selbst die widerstandsfähigsten Soldaten befanden sich in einem Zustand extremer Erschöpfung. »Ich kam gestern ziemlich gesund, aber äußerst müde hier an«, schrieb beispielsweise General Ledru aus Marienburg an der Weichsel an seine Schwester. »Ich beabsichtige, hier einige Zeit zu verbringen und die dringend benötigte Ruhe zu genießen«[18].

Napoleon wurde sich schnell der menschlichen Katastrophe bewusst, die der Rückzug aus Russland ausgelöst hatte. Am 05. Dezember 1812 diktierte er das 29. Bulletin de la Grande Armée, das die Öffentlichkeit auf die Ankündigung der Katastrophe vorbereiten sollte. Es ging aber auch darum, die Menschen auf den

constat est clair et corrobore la plupart des témoignages contemporains: plus des quatre cinquièmes de l'effectif manquent à l'appel. Pourtant très vite, le commandement en chef cherche à remobiliser les hommes en état de marche, en convoquant dès le début du mois de janvier, les soldats à des revues quotidiennes.

Ce sont des hommes déshumanisés qui ont franchi le Niémen à la fin du mois de décembre. Leur état est souvent pitoyable. «Nous y remarquâmes beaucoup d'officiers de cavalerie bien plus misérables que nous, car presque tous avaient, par suite de froid, perdu les doigts des mains et des pieds, et d'autres le nez; ils faisaient peine à voir»[12], raconte le sergent Bourgogne. Parvenu à Gumbinnen, le colonel Pion se fait peur en se regardant dans un miroir: «une longue barbe, les yeux enfoncés, le nez et la lèvre supérieure gelés». Un coup de rasoir et du linge propre le métamorphosent. Mais combien de soldats et même d'officiers vont croupir dans des hôpitaux de fortune dont certains ne sortent pas vivants. Il en est d'autres qui succombent à un excès de nourriture après les privations endurées en Russie, à l'image de l'officier porte-aigle du régiment de Lignières qui «mourut à Königsberg, se trouvant tout d'un coup dans l'abondance»[13]. Le retour en Prusse ne signifie pas la fin du calvaire. Les soldats sont tellement épuisés par les mois de marche et de privation qu'ils viennent en masse se réfugier dans les hôpitaux. À la fin du mois de décembre 1812, il y a ainsi près de 10 000 malades à Königsberg; ils sont 18 000 à Dantzig au début du mois de mars 1813. Le typhus y fait des ravages. À Dantzig, il meurt 6 000 hommes en deux mois au début de l'année 1813[14]. Faute de place dans les hôpitaux, les malades s'entassent où ils peuvent, sont accueillis chez des particuliers. Les villes à l'ouest du Niémen sont devenues de gigantesques mouroirs. «La plus grande confusion régnait à la poste de Kustrin, raconte le margrave de Bade. Bien que l'Empereur eût sévèrement défendu de loger des soldats dans les maisons de poste, toutes les chambres étaient pleines de blessés et de malades»[15]. La mortalité est très élevée. L'histoire des trois frères Tascher de la Pagerie illustre l'importance de la mortalité à l'issue de la campagne. Maurice et Eugène arrivent ensemble en Prusse fin décembre. Maurice accompagne son frère à l'hôpital de Königsberg le 23 décembre, il y meurt deux jours plus tard. Maurice continue sa route vers Custrin où il est lui aussi admis à l'hôpital dans un état d'épuisement avancé. Puis il finit par reprendre la route avec un autre officier jusqu'à Berlin, où il arrive le 25 janvier 1813. Admis à l'hôpital, il meurt le 27, après avoir eu le temps de revoir son autre frère, Ferdinand, qui recueille ses affaires et ses carnets[16]. Arrivé à Königsberg le 28 décembre, Alexandre de Saint-Chéron est admis à l'hôpital, atteint d'une «faiblesse totale». Il pense alors être en sécurité, mais la ville est investie par les Russes qui le font prisonnier dans la nuit du 4 au 5 janvier[17]. Même les plus résistants des soldats sont dans un état de fatigue extrême. «J'arrivai hier ici assez bien portant, mais extrêmement fatigué, écrit par exemple le général Ledru à sa sœur depuis Marienburg sur la Vistule. Je compte y faire quelque séjour et jouir d'un repos dont j'ai grand besoin»[18].

Napoléon a rapidement pris conscience du désastre humain qu'a provoqué la retraite de Russie. Le 5 décembre 1812, il dicte le 29e bulletin de la Grande Armée destiné à préparer l'opinion publique à l'annonce de la catastrophe. Mais il s'agit aussi de préparer les esprits à l'idée d'une mobilisation générale pour reformer une armée. L'empereur veut s'en charger en personne. Il prend donc la décision d'abandonner ce qui reste de la Grande Armée pour rentrer en France, laissant le commandement au maréchal Murat, roi de Naples, qui l'abandonne à son tour au début du mois de janvier 1813. C'est donc à Eugène de Beauharnais, vice-roi d'Italie et fils adoptif de Napoléon, que revient la charge de commander les débris de la Grande Armée[19]. Il est alors à la tête d'environ trente mille hommes, mais il parvient à regrouper également une partie des forces qui étaient restées en arrière et à les conduire sur l'Elbe. Contraint de se replier, il abandonne progressivement les territoires situés à l'est de l'Elbe, à commencer par le Duché de Varsovie qui échappe définitivement à la domination française en février[20]. Mais l'est de l'Allemagne est également occupé par des troupes russes et prussiennes, la Prusse ayant rompu son accord avec l'empire napoléonien pour faire alliance avec la Russie par le traité de Kalisz du 28 février 1813 qui prévoit l'entrée en guerre de la Prusse aux côtés de la Russie. Au début du mois de mars, l'armée d'Eugène de Beauharnais compte environ 50 000 soldats. Elle s'apprête à recevoir le renfort des conscrits venus de France. Mais elle doit pour l'heure faire face à la poussée des Russes et des

Plan einer allgemeinen Mobilmachung zur Neuformierung einer Armee einzustimmen. Der Kaiser wollte dies persönlich in die Hand nehmen. Er beschloss also, die Überreste der Grande Armée aufzugeben und nach Frankreich zurückzukehren. Er überließ das Kommando Marschall Murat, dem König von Neapel, der Anfang Januar 1813 ebenfalls zurücktrat. Somit fiel Eugène de Beauharnais, dem Vizekönig von Italien und Adoptivsohn Napoleons, die Aufgabe zu, die Relikte der Grande Armée zu befehligen[19]. Er führte etwa 30.000 Mann an, konnte aber auch einen Teil der zurückgebliebenen Truppen versammeln und an die Elbe führen. Zum Rückzug gezwungen, gab er nach und nach die Gebiete östlich der Elbe auf, angefangen mit dem Herzogtum Warschau, das im Februar endgültig der französischen Herrschaft entging[20].

Aber auch der Osten Deutschlands war von russischen und preußischen Truppen besetzt, da Preußen sein Abkommen mit dem napoleonischen Reich gebrochen hatte, um ein Bündnis mit Russland einzugehen, und zwar durch den Vertrag von Kalisch vom 28. Februar 1813, der den Kriegseintritt Preußens an der Seite Russlands vorsah. Anfang März zählte die Armee von Eugène de Beauharnais etwa 50.000 Soldaten. Sie bereitete sich auf Verstärkung durch Wehrpflichtige aus Frankreich vor, musste sich jedoch zunächst gegen den Vorstoß der Russen und Preußen wehren. Am 11. März eroberten die russischen Truppen Berlin zurück, am 28. März marschierten die Preußen in Dresden ein und zwangen den König von Sachsen, seine Neutralität zu erklären. Zwei oder drei deutsche Fürstentümer fielen daraufhin ab, doch der Rheinbund hielt dem Druck stand. Napoleon setzte auf die deutschen Kontingente, um wieder die Oberhand zu gewinnen, aber noch mehr auf die französischen Kämpfer.

Die Rekruten von 1813

1864 veröffentlichten die beiden elsässischen Autoren Émile Erckman und Alexandre Chatrian, die ihre Romane gemeinsam unter dem Namen Erckmann-Chatrian verfassten, *Histoire d'un conscrit de 1813*. Darin wird die Geschichte eines jungen Mannes erzählt, dessen körperliche Defizite – er ist lahm – ihn nicht davor bewahren, in die Armee eingezogen zu werden und am Sachsenfeldzug teilzunehmen[21]. Dieses Beispiel verdeutlicht den starken Druck auf junge Männer am Ende des Kaiserreichs und insbesondere im Jahr 1813, als Napoleon seine Armee nach der Katastrophe in Russland wiederaufbaute, aber auch die Erinnerung, die dieses Ereignis noch ein halbes Jahrhundert später in den Köpfen der Menschen hinterlassen hatte.

Um Truppen auszuheben, stützte sich Napoleon auf das System der Wehrpflicht, das im September 1798 durch das Jourdan-Delbrel-Gesetz eingeführt worden war[22]. Das Gesetz verpflichtete alle jungen Männer im Alter von 20 Jahren, sich in ihrer Wohngemeinde registrieren zu lassen, wobei es sich meist um ihren Geburtsort handelte. Anschließend wurden sie zusammen mit allen Wehrpflichtigen ihres Jahrgangs vor eine Kommission in die Kantonshauptstadt zitiert und mussten eine Losnummer ziehen. Denn nicht alle jungen Männer wurden mobilisiert. Nur diejenigen, die eine »schlechte Losnummer« gezogen hatten, mussten zur Armee. Jedes Departement, und später jedes Arrondissement und jeder Kanton musste der Armee ein bestimmtes Soldatenkontingent zur Verfügung stellen. Zwischen 1800 und 1805, einer relativ friedlichen Zeit, machte das ausgehobene Kontingent 30 % eines Jahrgangs aus.

Der Anteil stieg stetig an, bis er 1813 80 % des Jahrgangs erreichte, d. h. dass zu diesem Zeitpunkt fast alle kriegstüchtigen jungen Männer eingezogen wurden. Es war jedoch möglich, der Armee zu entgehen. So wurden z. B. kleinwüchsige Jugendliche vom Dienst befreit. Der Standard der Körpergröße wurde jedoch schrittweise gesenkt. Zu Beginn des Konsulats musste man noch mindestens 1,62 m messen. Dieses Maß wurde 1805 auf 1,54 m und 1813 auf 1,51 m herabgesetzt. Im Departement Maine-et-Loire beispielsweise, wo zwischen 1806 und 1814 14.241 Wehrpflichtige eingezogen wurden, betrug der Anteil der wegen Kleinwuchs Befreiten durchschnittlich 36,75 % der betroffenen jungen Männer, wobei dieser Anteil von 24,09 % im Jahr 1806 auf 47,35 % im Jahr 1812 anstieg, was bedeutet, dass selbst auf dem Höhepunkt der Rekrutierung fast jeder zweite junge Mann dem Dienst entging, hauptsächlich aus körperlichen Gründen[23]. Ganz allgemein lässt sich der Rückgang der Quote der Ausgemusterten sowohl durch die Senkung des Größenstandards für die Einberufung als auch durch eine größere Wachsamkeit der Ärzte erklären, die sich von den Beschwerden der jungen Männer immer weniger erweichen ließen. Eine Behinderung oder

Prussiens. Le 11 mars, les troupes russes ont repris Berlin, le 28 mars, les Prussiens entrent dans Dresde obligeant le roi de Saxe à se déclarer neutre. Deux ou trois principautés allemandes font alors défection, mais la Confédération du Rhin tient le choc. Napoléon compte les contingents allemands pour reprendre le dessus, mais plus encore sur les conscrits français.

Les conscrits de 1813

En 1864, deux romanciers alsaciens qui écrivent ensemble leurs romans, Émile Erckman et Alexandre Chatrian, publient sous le nom d'Erckmann-Chatrian, *Histoire d'un conscrit de 1813* qui raconte l'histoire d'un jeune homme dont les défauts physiques –il est boiteux- ne l'empêchent pas d'être enrôlé dans l'armée et de participer à la campagne de Saxe[21]. Cet exemple illustre la forte pression qui pèsent sur les jeunes gens à la fin de l'Empire, et particulièrement en cette année 1813 qui voit Napoléon recomposer son armée après le désastre de Russie, ainsi que le souvenir laissé par cette ponction dans les esprits, un demi-siècle après.

Pour lever des troupes, Napoléon s'appuie sur le système de la conscription mis en place en septembre 1798 par la loi Jourdan-Delbrel[22]. Cette loi oblige tous les jeunes gens de vingt ans à se faire enregistrer dans la commune où ils séjournent, qui est le plus souvent leur commune de naissance. Ils sont ensuite convoqués pour un conseil de révision, au chef-lieu de canton, avec tous les conscrits de leur classe et doivent tirer au sort un numéro. Car tous les jeunes gens ne sont pas mobilisés. Seuls partent à l'armée ceux qui ont tiré un « mauvais numéro ». En effet chaque département, puis chaque arrondissement et chaque canton se voit attribuer un nombre de soldats à fournir à l'armée. Entre 1800 et 1805, période de paix relative, le contingent levé représente 30 % d'une classe d'âge. La proportion ne va cesser de croître jusqu'à atteindre 80 % de la classe de 1813, c'est-à-dire qu'à cette date quasiment tous les jeunes gens capables de porter les armes sont enrôlés. Il est toutefois possible d'échapper à l'armée. Les garçons de petite taille sont ainsi exemptés de service. Le niveau de taille a précisément été abaissé. Au début du Consulat, il fallait mesurer au moins 1m,62, taille abaissée à 1m54 mètre en 1805 et à 1m51 en 1813. Dans le Maine-et-Loire par exemple, où 14241

■ **Abb. 21** Napoléon Bonaparte beim Überschreiten der Alpen am Großen Sankt Bernhard-Pass im Jahre 1800. Gemalt von Jacques-Louis David 1804. | Napoléon Bonaparte franchissant les Alpes au col du Grand Saint-Bernard en 1800. Peint par Jacques-Louis David en 1804. © Wikipedia, gemeinfrei/domaine public.

conscrits ont été levés entre 1806 et 1814, la proportion d'exemptés pour défaut de taille représente en moyenne 36,75 % des jeunes gens concernés, celle-ci passant de 24,09 % en 1806 à 47,35 % en 1812, ce qui signifie que même au plus fort du recrutement, près d'un jeune homme sur deux échappe au service, essentiellement pour des questions physiques[23]. Plus généralement, la baisse du taux de réformés s'explique à la fois par la baisse de la taille maximale pour être enrôlé, mais aussi par une plus grande vigilance des médecins qui se laissent moins attendrir par les plaintes des jeunes gens. Un handicap ou un défaut physique conduit aussi à l'exemption. Certains jeunes décident alors de se mutiler en se coupant l'index de la main droite, indispensable pour pouvoir tirer au fusil. On peut aussi échapper à l'armée si l'on est marié, ce qui provoque une augmentation des mariages à la fin de l'Empire, certains jeunes de 18 ans n'hésitant pas à épouser des veuves de plus de soixante-dix ans pour échapper à la guerre. On atteint ainsi en 1813 le chiffre record de 387 186 mariages[24]. Sont exemptés également les jeunes qui ont charge de famille, et ceux

ein körperlicher Schaden führte ebenfalls zur Freistellung. Einige Jugendliche beschlossen daher, sich selbst zu verstümmeln und schnitten sich den Zeigefinger der rechten Hand ab, der für das Schießen mit dem Gewehr unerlässlich ist.

Auch Verheiratete wurden nicht eingezogen, was gegen Ende des Kaiserreichs zu einem Anstieg von Eheschließungen führte, da einige 18-Jährige sogar nicht davor zurückschreckten, über 70-jährige Witwen zu heiraten, um dem Krieg zu entkommen. So wurde 1813 die Rekordzahl von 387.186 Eheschließungen erreicht[24]. Auch junge Männer mit Familienverantwortung und Priester- oder Pastoranwärter wurden vom Kriegsdienst entbunden, was die Zahl der Seminaristen erheblich steigerte.

Die Heirat befreite junge Männer von der Wehrpflicht, aber nichts verbot es einem verheirateten Mann, sich als Ersatzkraft anzubieten und der Armee anzuschließen. So machte es beispielsweise Jean Baptiste Galauziaux, der 1779 in Ambiévillers im Departement Haute-Saône als Sohn eines Holzfällers geboren wurde. Er heiratete am 11. Juni 1797 in Trémonzey in den Vogesen Thérèse Jacquottet, mit der er vier Söhne hatte[25]. Nach dem Tod seiner ersten Frau heiratete er am 01. Juli 1808 in Fontenoy-le-Château, ebenfalls in den Vogesen, Catherine Binet. 1812 kam der gemeinsame Sohn Luc zur Welt. Zweifellos veranlasste ihn diese doppelte Familienbelastung dazu, sich zu verdingen, und so trat er dem 3. Bataillon des 28. Regiments der leichten Infanterie bei. Am 24. September 1813 wurde er in das Militärhospital in Frankfurt eingeliefert, wo er am 30. September 1813 starb[26]. Einige junge Wehrpflichtige hofften, durch eine Heirat der Armee zu entgehen, doch eine allzu spät erfolgte Hochzeit verhinderte eine Abreise nicht. So heiratete Jacques Sarrazin aus Bazoges-en-Pareds in der Vendée im April 1813 im Alter von 21 Jahren die 20-jährige Louise Marolleau. Der Landwirt wurde einige Zeit später eingezogen. Er verstarb am 12. Oktober 1813 im Lazarett in Frankfurt, wie die Wiederverheiratungsurkunde seiner Witwe belegt[27].

Aber wie viele wurden tatsächlich zum Militärdienst einberufen? Seit 1805 war es der Senat, der die Aushebungen beschloss, und nicht mehr die Legislative. Sie wurden also per Senatsbeschluss festgelegt. Von Russland aus hatte Napoleon den Senat gebeten, die Aushebung von 150.000 Männern des Jahrgangs 1813 zu genehmigen, was durch einen entsprechenden Beschluss vom 01. September 1812 geschah. Am 16. Dezember kehrte er nach Frankreich zurück und ließ am 11. Januar 1813 eine neue Aushebung von 350.000 Mann beschließen. Am 03. April wurde eine weitere Aushebung von 180.000 Mann verabschiedet und am 03. September noch eine über 280.000 Wehrpflichtige. Innerhalb eines Jahres wurde also fast eine Million junger Männer in die Armee einberufen.

Ein Viertel dieser Rekruten stammte aus den mit Frankreich vereinigten Departements. Die im April und September 1813 verabschiedeten Senatsbeschlüsse wurden von Kaiserin Marie-Louise verkündet, die in Abwesenheit Napoleons die Regentschaft über das Land übernahm, weshalb die jungen Wehrpflichtigen mit dem Namen »Marie-Louise« bezeichnet wurden. Unter ihnen waren sogar Jugendliche unter 20 Jahren, da der Jahrgang 1814 vorzeitig eingezogen wurde. Es gab aber auch ältere Wehrpflichtige aus früheren Jahrgängen, die ursprünglich ein »gutes Los« gezogen hatten, also nicht in die Armee eingezogen worden waren, nun jedoch zum Dienst verpflichtet wurden. Seit 1810 gelang es vermehrt, Verweigerer aufzuspüren und in Strafbataillone zu verbringen, mit anschließender Wiederaufnahme in die Armee, was darauf schließen lässt, dass die Motivation dieser Soldaten nicht die beste war.

Der Sachsenfeldzug

Am 30. März 1813 berief Napoleon den Regentschaftsrat ein und vereidigte seine Frau, Kaiserin Marie-Louise, die das Amt in seiner Abwesenheit übernehmen sollte. Ihr zur Seite stand Reichserzkanzler Cambacérès, der bereits zuvor die Aufgaben eines Premierministers wahrgenommen hatte. Am 11. April inspizierte der Kaiser die Truppen im Hof der Tuilerien. Solche Paraden fanden regelmäßig statt, aber bei dieser hier konnten die anwesenden Zuschauer eine Armee bewundern, die nach dem Desaster in Russland neu zusammengestellt worden und wieder kampfbereit war. Vier Tage später verließ Napoleon Paris. Am 16. April traf er in Mainz ein. Er blieb neun Tage dort, um sich über die deutschen Angelegenheiten zu informieren, die österreichischen Manöver zu studieren und den bevorstehenden Feldzug vorzubereiten. Am 25. April

qui ont décidé de devenir prêtre ou pasteur, ce qui contribue à gonfler les effectifs des séminaires.

Le mariage dispense les jeunes conscrits, mais rien n'interdit à un homme marié de se vendre comme remplaçant et de partir à l'armée. C'est ce qui advient à Jean Baptiste Galauziaux, né en 1779 à Ambiévillers, en Haute-Saône d'un père bûcheron. Il a épousé à Trémonzey dans les Vosges le 11 juin 1797 Thérèse Jacquottet avec laquelle il a eu quatre fils[25]. Veuf, il se remarie le 1er juillet 1808 à Fontenoy-le-Château, également dans les Vosges, avec Catherine Binet, avec laquelle il a un fils, Luc, né en 1812. Sans doute cette double charge de famille l'incite-t-elle à se vendre. Il intègre le 3e bataillon du 28e régiment d'infanterie légère. Entré à l'hôpital militaire de Francfort le 24 septembre 1813, il y meurt le 30 septembre 1813[26]. Certains jeunes conscrits espéraient en se mariant échapper à l'armée, mais s'il est trop tardif, un mariage n'empêche pas le départ. C'est ainsi que Jacques Sarrazin, natif de Bazoges-en-Parads, en Vendée, épouse à 21 ans en avril 1813 Louise Marolleau qui en a vingt. Il est alors cultivateur. Quelque temps plus tard, il est envoyé à l'armée. Il meurt à l'hôpital de Francfort le 12 octobre 1813, comme l'atteste l'acte de remariage de sa veuve[27].

Mais combien sont-ils à être convoqués à l'armée? Depuis 1805, les levées d'hommes sont décidées par le Sénat et non plus par le Corps législatif. Ce sont donc par des sénatus-consultes qu'elles sont adoptées. Depuis la Russie, Napoléon avait demandé au Sénat de valider la levée de 150 000 hommes appartenant à la classe 1813, ce qui fut fait par un sénatus-consulte du 1er septembre 1812. Puis revenu en France le 16 décembre, il fait adopter une nouvelle levée de 350 000 hommes, le 11 janvier 1813. Le 3 avril, une autre levée de 180 000 hommes est décidée, puis le 3 septembre une énième levée de 280 000 conscrits est votée. En un an, ce sont donc près d'un million de jeunes gens qui sont appelés à l'armée. Un quart de ces conscrits proviennent des départements réunis à la France. Les sénatus-consultes adoptés en avril et septembre 1813 ont été promulgués par l'impératrice Marie-Louise qui assure la régence du pays en l'absence de Napoléon, ce qui explique que les jeunes conscrits furent désignés par le nom de «Marie-Louise». Parmi eux figurent en effet des jeunes gens de moins de vingt ans, car a été appelée par anticipation la classe de 1814. Mais il y a aussi des soldats plus âgés, car on a aussi appelé au service des conscrits des classes antérieures qui avaient tiré un bon numéro et n'étaient pas parti à l'armée. Enfin depuis 1810, le pouvoir a mené des opérations consistant à traquer les réfractaires, placés ensuite dans des bataillons disciplinaires avant d'être reversés dans l'armée, ce qui laisse penser que leur motivation n'est pas des plus grandes.

La campagne de Saxe

Le 30 mars 1813, Napoléon a organisé le conseil de régence et fait prêter serment à son épouse, l'impératrice Marie-Louise, qui doit assurer cette charge en son absence. Elle est secondée par Cambacérès, archichancelier de l'Empire, qui assurait déjà auparavant les fonctions équivalentes à celles d'un premier ministre. Le 11 avril, l'empereur passe les troupes en revue dans la cour des Tuileries. Ces revues sont régulières, mais celle-ci permet aux spectateurs présents d'admirer une armée recomposée après le désastre de Russie et prête à repartir au combat. Quatre jours plus tard, Napoléon quitte Paris. Il arrive à Mayence le 16 avril. Il y reste neuf jours, temps occupé à s'informer des affaires allemandes, à prendre connaissance des manœuvres autrichiennes et à préparer la future campagne. Le 25 avril, il prend le commandement de l'armée à Erfurt. Il dispose alors de 200 000 hommes, répartis en treize corps d'armée. Cette armée amalgame de jeunes conscrits arrivés de France et des vétérans ayant pour certains participé à la campagne de Russie, mais surtout restés en arrière en Pologne et en Prusse et qu'Eugène a récupérés à son retour[28]. À cette armée déployée sur le terrain, s'ajoutent les garnisons qui ont été maintenues dans l'est de l'Allemagne voire en Pologne[29].

L'objectif de Napoléon est de réunir ses troupes de l'autre côté de la Saale qu'il franchit le 29 avril, avant de reprendre la ville de Leipzig[30]. Il envisage de contourner les troupes russo-prussiennes sur sa droite. Il repousse ses ennemis et remporte la bataille de Weissenfels. Mais les troupes de Blücher et Wittgenstein passent à l'attaque, menaçant la position tenue par le maréchal Ney, obligeant Napoléon à revoir ses plans et à venir au secours du prince de la Moskowa, autour de Lutzen que le corps de Ney

übernahm er in Erfurt den Oberbefehl über die Armee. Zu diesem Zeitpunkt verfügte er über 200.000 Mann, auf dreizehn Armeekorps aufgeteilt. Die Armee bestand sowohl aus jungen Wehrpflichtigen aus Frankreich als auch aus Veteranen, die zum Teil schon am Russlandfeldzug teilgenommen hatten, vor allem aber in Polen und Preußen zurückgeblieben waren und die Eugène de Beauharnais nach seiner Rückkehr wieder zusammengeführt hatte[28]. Zu dieser Truppe kamen noch die Garnisonen, die in Ostdeutschland oder sogar in Polen stationiert waren[29].

Napoleon beabsichtigte, seine Truppen auf der anderen Seite der Saale zu sammeln, die er am 29. April überquerte, bevor er die Stadt Leipzig zurückeroberte[30]. Er plante, die russisch-preußischen Truppen rechts zu umgehen. Es gelang ihm, seine Feinde zurückzuschlagen und die Schlacht bei Weißenfels zu gewinnen. Doch die Truppen von Blücher und Wittgenstein gingen zum Angriff über, bedrohten die von Marschall Ney gehaltene Stellung und zwangen Napoleon, seine Pläne zu überdenken und dem Fürsten der Moskwa bei Lützen, das Neys Korps ab dem 01. Mai besetzte, zu Hilfe zu kommen. Am nächsten Tag bliesen die russischen und preußischen Truppen zum Angriff. Die Kämpfe waren extrem heftig. Napoleon traf am frühen Nachmittag auf dem Schlachtfeld ein und beobachtete das Ausmaß der Zerstörung. Er zögerte, die Garde vollständig einzusetzen, aber die Ankunft des Korps von Étienne MacDonald am späten Nachmittag brachte die Entscheidung, auch wenn die Schlacht als solche nicht entscheidend war, da ohne Kavallerie auf französischer Seite eine Fortsetzung der Konfrontation nicht in Frage kam. Die Verluste waren beträchtlich: fast 18.000 Mann auf französischer Seite und 20.000 auf Seiten der Alliierten. Napoleons Armee setzte ihren Vormarsch fort und eroberte am 08. Mai Dresden zurück. Der sächsische König begab sich daraufhin wieder in seine Hauptstadt und schwor Napoleon erneut die Treue. Napoleon ließ seine Truppen wiederum auf das rechte Elbufer ziehen und setzte seinen Gegnern nach, um sie am 20. Mai in Bautzen und am nächsten Tag in Wurschen zu bedrängen. Während der anschließenden Verfolgung wurde Oberhofmarschall Duroc getötet. Die französischen Truppen stießen weiter vor und konnten die seit Anfang des Jahres eingeschlossene Festung Glogau befreien, bevor sie am 1. Juni in Breslau einmarschierten mit dem Endziel, Berlin zu erobern. Doch am 04. Juni erklärte sich Napoleon bereit, die Kämpfe zu unterbrechen, indem er den Waffenstillstand von Pläswitz unterzeichnete.

Jede der Kriegsparteien hoffte, ihre Kräfte wieder sammeln zu können, bevor sie erneut in den Kampf zog. Aber die Unterbrechung ermöglichte es Österreich außerdem, seinen Beitritt zur 6. Koalition vorzubereiten. Währenddessen kamen französische Soldaten immer wieder in die Lazarette von Frankfurt am Main, auch wenn sich der Großteil der Armee von dort entfernt hatte.

Frankfurt am Main

Vor der Revolution war Frankfurt eine der 52 freien Städte des Heiligen Römischen Reiches Deutscher Nation. Nach dem Reichsdeputationshauptschluss von 1803, der das deutsche Staatsgebiet neu einteilte, war es eine der sechs Städte, die diesen Status behielten. Im Juli 1806 änderte sich das Schicksal der Stadt mit der Bildung des Rheinbundes, zu dessen 16 Gründungsmitgliedern sie zählte. Die Stadt und die dazu gehörenden Gebiete wurden dem Fürsten Karl von Dalberg zugesprochen, dem letzten Erzkanzler des Heiligen Römischen Reiches und Erzbischof von Regensburg, für das er weiterhin zuständig war[31]. Diese Zuteilung stand im Zusammenhang mit der politischen Rolle, die Dalberg im Rheinbund übernehmen sollte, zu dessen Fürstprimas er ernannt wurde. Ihm fiel insbesondere der Vorsitz des Reichstags der Konföderation zu, der aus zwei Kammern, Königskammer und Fürstenkammer, bestand und dessen Sitz in Frankfurt war. Dalberg ließ sich im September in Frankfurt nieder. Sein politischer Ansatz veranlasste ihn, ab 1808 das vom Königreich Westfalen vorgeschlagene Modell zu übernehmen, während er gleichzeitig eine strenge Kontrolle über die Presse ausübte. Im Februar 1810 wurde in Paris ein Abkommen zwischen dem französischen Außenminister Champagny und dem Vertreter des Fürstprimas in Paris, Graf Beust, unterzeichnet; es sah vor, dass Dalberg das Gebiet des Erzbistums Regensburg abtrat, dessen weltliche Verwaltung er noch innehatte, und das kurz darauf Bayern zugeschlagen wurde. Im Gegenzug erhielt Dalberg das Fürstentum Aschaffenburg und den Großteil der Fürstentümer Hanau und Fulda.

Abb. 22 In Reih und Glied: Inspektion der Truppen vor dem Tuilerien-Palast in Paris im Jahre 1810. Gemälde von Adrien Dauzats und Hippolyte Bellange von 1862. | En rang: Inspection des troupes devant le palais des Tuileries à Paris en 1810. Peinture d'Adrien Dauzats et Hippolyte Bellange de 1862. © akg-images / Erich Lessing.

occupe à partir du 1er mai. Le lendemain les troupes russes et prussiennes passent à l'attaque. Les combats sont d'une extrême violence. Napoléon arrive sur le champ de bataille en début d'après-midi et observe l'étendue des dégâts. Il hésite à engager complètement la Garde, mais l'arrivée du corps de Macdonald en fin d'après-midi permet d'emporter la décision, même si la bataille n'est pas décisive, l'absence de cavalerie côté français ne permettant pas de poursuivre l'affrontement. Les pertes sont considérables, près de 18 000 hommes côté français, 20 000 du côté des alliés. L'armée de Napoléon poursuit sa marche en avant et reprend Dresde le 8 mai. Le roi de Saxe regagne sa capitale et fait de nouveau allégeance à Napoléon qui fait repasser ses troupes sur la rive droite de l'Elbe, puis poursuit ses adversaires, en les bousculant à Bautzen le 20 mai, puis à Wurschen le lendemain. C'est au cours de la poursuite qui s'ensuit que Duroc, grand maréchal du Palais, est tué. L'avance des troupes française se poursuit qui leur permet de débloquer la place-forte de Glogau, encerclé depuis le début de l'année, avant d'entrer à Breslau le 1er juin, avec pour objectif final de s'emparer de Berlin. Pourtant le 4 juin, Napoléon accepte d'interrompre les combats en signant l'armistice de Pleiswitz. Chacun des belligérants espère pouvoir refaire ses forces avant de repartir au combat. Mais cette interruption permet aussi à l'Autriche de préparer son entrée au sein de la 6e coalition. Pendant ce temps, des soldats français entrent régulièrement dans les hôpitaux de Francfort-sur-le-Main, même si le gros de l'armée s'en est éloignée.

Francfort-sur-le-Main

Francfort était avant la Révolution une des 52 villes libres du Saint-Empire romain germanique, statut qu'elle est l'une des six villes à conserver après le recès de 1803 qui recompose le territoire allemand. Puis sa destinée change en juillet 1806 lors de la formation de la Confédération du Rhin dont elle est un des seize membres fondateurs. La ville et les territoires qu'elle possédait sont alors attribués au prince Carl von Dalberg, dernier archichancelier du Saint-Empire et ar-

So entstand ein neuer Staat: das Großherzogtum Frankfurt mit den vier Departements Frankfurt, Aschaffenburg, Fulda und Hanau. Dieser neue Staat, der zum Rheinbund gehörte, sah sein Kontingent für die Grande Armée steigen: Belief sich seine Beteiligung im Jahr 1806 noch auf 968 Mann, so waren es nun 2.800 Soldaten. Gleichzeitig erhöhte sich die Einwohnerzahl der Länder unter der Autorität des Fürsten von Dalberg von 174.000 auf 290.000. Das Pariser Abkommen sah außerdem vor, dass das Großherzogtum nach dem Tod des Fürstprimas an Napoleons Schwiegersohn Eugène de Beauharnais, den damaligen Vizekönig von Italien, fallen sollte[32].

Am Ende des Feldzugs von 1805, der am 02. Dezember zum Sieg von Austerlitz führte, wurden die Stadt und das Umland vom 7. Armeekorps unter Marschall Augereau besetzt; dasselbe Korps hatte Ulm eingenommen, war aber nicht an der Schlacht von Austerlitz beteiligt. Zu den Soldaten, die sich im März 1806 in der Region aufhielten, zählte auch Christophe Cros. Beim Hantieren mit einem Gewehr, das ein Kamerad gerade reinigen wollte und ungeladen glaubte, ging ein Schuss los und stieß Christophe Cros um, dessen Schädel von dem im Lauf verbliebenen Stab durchschlagen wurde. Cros wurde in die Ambulanz von Groß-Gerau gebracht, wo man vergeblich versuchte, den Stab aus seinem Schädel zu entfernen. Er starb drei Tage später. Der Schädel wurde nach Paris geschickt, wo er sich noch heute in den Sammlungen des Museums der medizinischen Fakultät der Sorbonne befindet[33]. Das 7. Korps von Augereau blieb bis September 1806 in der Gegend. Dann zog es wie der Rest der Grande Armée gegen die Preußen und Russen ins Feld und bildete zusammen mit dem Korps von Jean Lannes den linken Flügel der Grande Armée. Doch während Lannes sich in der Schlacht von Saalfeld auszeichnete, war Augereaus Korps dort nicht im Einsatz. Anschließend drang es in sächsisches Gebiet vor und bezog südlich von Jena Stellung, wobei ein Teil der Truppen an der Schlacht vom 8. Oktober beteiligt war. Danach marschierten Augereaus Truppen am 27. Oktober an der Seite Napoleons in Berlin ein. In der Schlacht von Preußisch Eylau am 08. Februar 1807 wurde das Korps so stark dezimiert, dass es kurz darauf aufgelöst wurde. Augereau wurde auf dem Schlachtfeld verwundet und begab sich zur Behandlung nach Paris; seine Route dorthin führte ihn erneut durch Frankfurt.

1806 wurden zwei große Militärhospitäler in der Region eingerichtet, eines in Frankfurt und eines in Hanau. Sie konnten jeweils 300 Kranke oder Verwundete aufnehmen, darunter auch den 1770 an der Mosel geborenen Leutnant Jacob Britcher, der mit zwölf Jahren in das Schweizer Regiment eintrat und im September 1792 dem 3. Artillerieregiment zu Fuß zugewiesen wurde. Er nahm an den Revolutionskampagnen der Nordarmee und der Italienarmee teil, wurde auf die Ionischen Inseln geschickt, die 1797 von der französischen Armee erobert wurden, und geriet auf Korfu in Gefangenschaft, als die Russen dort landeten. Er kam als Sklave nach Algier und blieb dort 16 Monate, bevor er aufgrund eines Abkommens zwischen Frankreich und dem Dey von Algier freikam. Danach stieg er bis zum Leutnant auf und wurde mit der Ehrenlegion ausgezeichnet. Nach seiner Verwundung bei Austerlitz gelangte er in das Frankfurter Lazarett, wo er am 25. September 1806 an den Folgen seiner zehn Monate zuvor erlittenen Verletzungen starb[34].

Philibert Duchâteau hingegen, 1765 im Departement Moselle geboren, trat 1788 als berittener Jäger in das Regiment Picardie ein und setzte seine Karriere zur Zeit der Revolution fort. Er kämpfte in der Rheinarmee, dann in der Westarmee gegen die Vendéer und schließlich in Italien. Bei der Bildung der Armee für den Englandfeldzug wurde er dem Lager in Brest unter dem Kommando von General Augereau zugeteilt. 1804 wurde er zum Mitglied der Ehrenlegion ernannt und 1805 zum Leutnant befördert. Mit Augereau und dem 7. Korps kam er bis nach Deutschland. Als er erkrankte, lieferte man Duchâteau in das Frankfurter Lazarett ein, wo er am 13. Mai 1806 starb[35].

Im April 1808 wurde auf Antrag des Fürstprimas die Organisation des Frankfurter Militärhospitals geändert. Es bezog ein anderes Gebäude, und die Anzahl der Betten für kranke oder verwundete Soldaten wurde um hundert reduziert. Auch die Zahl der Betreuer wurde verringert. Das Lazarett verfügte nur noch über drei leitende Sanitätsoffiziere, zwei Chirurgen mit Gehilfen und einen Apotheker mit Gehilfen. Die Zahl der Angestellten und Krankenpfleger wurde ebenfalls gesenkt[36]. Das Lazarett stellte seine Tätigkeit aber nicht ein. Am 03. April 1808 starb dort Auguste Grenier im Alter von 40 Jahren. Er gehörte seit September 1806 der 4. Kompanie der Verwaltung der kaiserlichen Garde an und war gerade vom Feldzug in Preußen und Russ-

chevêque de Ratisbonne dont il conserve la charge[31]. Cette attribution est liée au rôle politique que doit jouer Dalberg au sein de la Confédération du Rhin dont il est nommé prince-primat. Il lui revient en particulier le soin de présider la Diète de la Confédération, composée de deux chambres, une chambre des rois et une chambre des princes, dont le siège est précisément fixé à Francfort. Dalberg s'installe à Francfort en septembre et conduit une politique qui le pousse à adopter, à partir de 1808, le modèle proposé par le Royaume de Westphalie, tout en pratiquant un sévère contrôle de la presse. En février 1810, un traité signé à Paris, entre le ministre des Relations extérieures, Champagny, et le représentant du prince-primat à Paris, le comte Beust, prévoit la cession par Dalberg du territoire de l'archevêché de Ratisbonne dont il assurait encore la gestion temporelle, lequel est cédé peu après à la Bavière. En échange, Dalberg obtient la principauté d'Aschaffenbourg et l'essentiel des principautés de Hanau et de Fulda. L'ensemble forme un nouvel État, le Grand-Duché de Francfort, composé de quatre départements, correspondant aux quatre composantes principales (Francfort, Aschaffenbourg, Fulda et Hanau). Le nouvel État qui fait partie de la Confédération du Rhin, voit sa part augmenter dans le contingent qu'il doit fournir à la Grande Armée. En 1806, sa participation s'établissait à 968 hommes. Elle s'établit désormais à 2800 soldats. Dans le même temps, la population des terres soumises à l'autorité du prince de Dalberg est passée de 174 000 à 290 000 habitants. Le traité de Paris a également prévu qu'à la mort du prince-primat, le Grand Duché serait attribué au beau-fils de Napoléon, Eugène de Beauharnais, alors vice-roi d'Italie[32].

À l'issue de la campagne de 1805 ayant conduit à la victoire d'Austerlitz le 2 décembre, la ville et le territoire alentour sont occupés par le 7e corps d'armée, commandé par le maréchal Augereau, corps qui avait occupé Ulm mais n'avait pas participé à la bataille d'Austerlitz. Parmi les soldats présents dans la région, en mars 1806, figure Christophe Cros. Un de ses camarades en manipulant son fusil qu'il était en train de nettoyer appuie sur la gâchette, pensant que le fusil n'était pas chargé. Le coup part et renverse Christophe Cros dont le crâne est traversé de part en part par la baguette restée dans le canon. Cros est envoyé à l'ambulance de Grosgerau où on tente en vain d'extraire la baguette de son crâne. Il meurt trois jours après, le crâne étant envoyé à Paris où il se trouve toujours, au sein des collections du musée de la faculté de médecine de la Sorbonne[33]. Le 7e corps d'Augereau demeure dans la région jusqu'au mois de septembre 1806. Il entre alors en campagne, comme le reste de la Grande Armée pour affronter les Prussiens et les Russes et forme avec le corps de Lannes l'aile gauche de la Grande Armée. Mais alors que Lannes s'illustre à la bataille de Saalfeld, le corps d'Augereau ne combat pas. Il s'enfonce ensuite en territoire saxon et vient prendre position au sud d'Iéna, une partie des troupes participant à la bataille du 8 octobre. Puis le corps d'Augereau entre dans Berlin le 27 octobre aux côtés de Napoléon. Enfin à la bataille d'Eylau, le 8 février 1807, il est décimé, au point d'être dissous peu après, Augereau, blessé sur le champ de bataille, partant se faire soigner à Paris, retraversant sur sa route Francfort.

C'est au cours de l'année 1806 que sont organisés deux principaux hôpitaux militaires dans la région, l'un à Francfort, l'autre à Hanau. Ils peuvent accueillir chacun 300 malades ou blessés. De fait, des soldats meurent à Francfort dès lors que des troupes sont stationnées dans les environs. C'est le cas du lieutenant Jacob Britcher, né en Moselle en 1770, engagé à douze ans dans le régiment suisse, puis affecté au 3e régiment d'artillerie à pied en septembre 1792. Il fait les campagnes de la Révolution à l'armée du Nord, puis d'Italie, est envoyé dans les îles ioniennes dont s'empare l'armée française en 1797 et est fait prisonnier à Corfou lorsque les Russes débarquent. Il est alors envoyé à Alger comme esclave et y reste seize mois avant d'être libéré en vertu de l'accord que la France avait signé avec le dey d'Alger. Il monte alors en grade jusqu'à devenir lieutenant et est décoré de la légion d'honneur. Blessé à Austerlitz, il parvient à l'hôpital de Francfort et y meurt le 25 septembre 1806 des suites des blessures reçus dix mois plus tôt[34]. Quant à Philibert Duchâteau, né en 1765 en Moselle, entré comme chasseur à cheval dans le régiment de Picardie en 1788, il poursuit sa carrière à l'époque de la Révolution, combat à l'armée du Rhin, puis à l'armée de l'Ouest contre les Vendéens, enfin en Italie. Lors de la formation de l'armée qui doit envahir l'Angleterre, il est affecté au camp de Brest commandé par le général Augereau. Il est fait membre de la légion d'honneur en 1804 et promu lieutenant en 1805. Il accompagne Augereau et le 7e corps jusqu'en

Abb. 23 Chaotische Zustände: Der Übergang über den Fluss Beresina im November 1812. Gemälde von Peter von Hess 1844. | Situation chaotique: le passage de la rivière Bérézina en novembre 1812. Peinture de Peter von Hess 1844. © Wikipedia, gemeinfrei/domaine public.

land mit einer Verwundung zurückgekehrt[37]. Zwischen Ende 1805 und 1814 wurden in Frankfurt demnach verwundete bzw. zumeist kranke Soldaten aufgenommen. Der Beginn des Sachsenfeldzugs führte zu einer Verstärkung der Vorkehrungen für die Versorgung der Soldaten. Es gab nun zwei Militärhospitäler in Frankfurt, die einfach mit den Nummern 1 und 2 bezeichnet wurden. Außerdem gab es eines in Fulda und eines in Hanau. Einige Soldaten starben aber auch im Zivilkrankenhaus von Bockenheim.

Die Quellen sind leider lückenhaft und liefern keine genauen Angaben über die Anzahl der in diesen Krankenhäusern registrierten Todesfälle, zumal sich die erhaltenen Dokumente in der Regel auf die Zahl der Todesbescheinigungen stützen, die von den Militärbehörden des Lazaretts an die Regimenter der verstorbenen Soldaten weitergegeben wurden. Der Totenschein bzw. die Sterbeurkunde wurde zudem an die Hauptstadt des Departements geschickt, die sie ihrerseits an die Geburtsgemeinde weiterleitete. Allerdings war die Schreibweise manchmal unzuverlässig, sodass nicht alle gefundenen Dokumente verwendet werden konnten. Zwei Beispiele mögen dies verdeutlichen.

Der Ökonom des Militärkrankenhauses mit Namen Léonard hatte den Namen der Geburtsgemeinde von Jean Tinnerotte nicht richtig verstanden. Er hörte »Airegaves«, wobei es sich jedoch um Oeyregave, eine Gemeinde im Süden des Departementes Landes, handelte. Der Fehler hätte korrigiert werden können, wenn das Departement richtig identifiziert worden wäre, aber der Ökonom kannte die Landes nicht und trug »Aube« ein. Überraschend landete das Dokument in Versailles, was die Grenzen der von Napoleon eingeführten (selbst militärischen) Verwaltung aufzeigt.

Tatsächlich war der Ökonom stark beansprucht. Am 12. April 1813 stellte er den Totenschein für Ferdinand Degl'Innocenti aus. Dieser trug seinen Nachnamen als uneheliches Kind und den Spitznamen Le Cacao, was auf die afrikanische Herkunft seines Vaters schließen lässt. Er wurde am 30. April 1793 in Castiglion Fiorentino in der Toskana geboren, also in einer Region, die seit 1808 zum französischen Kaiserreich gehörte und zum Departement Arno wurde. Weder der Ökonom noch sein Sekretär, der mit der Erstellung der Todeserklärung beauftragt war, kannte das Departement Arno und notierte »Orne«, weshalb das Dokument heu-

Allemagne. Tombé malade, Duchâteau entre à l'hôpital de Francfort et y meurt le 13 mai 1806³⁵.

En avril 1808, à la demande du prince-primat, l'organisation de l'hôpital militaire de Francfort est modifiée. Il change de local et réduit d'une centaine le nombre de lits susceptibles d'accueillir des soldats malades ou blessés. Le nombre d'encadrants est également diminué. L'hôpital ne dispose plus que de trois officiers de santé en chef, deux chirurgiens sous aides et un pharmacien sous aide, le nombre des employés et infirmiers étant également réduit³⁶. L'hôpital reste pourtant actif. Le 3 avril 1808 y est mort Auguste Grenier, à l'âge de quarante ans. Il était depuis septembre 1806 affecté à la 4ᵉ compagnie d'ouvriers d'administration de la Garde impériale et venait de faire la campagne de Prusse et de Russie dont il était sorti blessé³⁷.

Entre la fin de 1805 et 1814, Francfort a donc accueilli des soldats blessés ou le plus souvent malades. Le lancement de la campagne de Saxe conduit à renforcer le dispositif des soins aux militaires. Il y a désormais deux hôpitaux militaires à Francfort, désignés simplement par leur numéro, 1 et 2. Il en existe également un à Fulda et un autre à Hanau. Il faut ajouter que certains soldats meurent à l'hôpital civil de Bockenheim. Les sources sont malheureusement lacunaires et ne permettent pas de connaître avec exactitude le nombre des décès enregistrés dans ces hôpitaux, d'autant que les documents conservés s'appuient généralement sur le nombre des certificats de décès adressés par les autorités militaires de l'hôpital aux régiments des individus concernés. L'avis de décès, ou extrait mortuaire, est également envoyé au chef-lieu du département, d'où il est redistribué aux communes de naissance, dont l'orthographe est parfois incertaine, ce qui n'a pas permis d'utiliser tous les extraits retrouvés. Deux exemples peuvent l'illustrer. L'économe de l'hôpital militaire qui se nomme Léonard n'a pas bien compris le nom de la commune de naissance de Jean Tiinnerot. Il a entendu « Airegaves » quand il s'agit d'Oeyregave, nom d'une commune du sud des Landes. L'erreur aurait pu être corrigée si le département avait été bien identifié, mais l'économe ne connaît pas les Landes et inscrit « Aube », le plus étonnant est que l'extrait ait atterri à Versailles, ce qui démontre les limites de l'administration, même militaire, mise en place par Napoléon. Il est vrai que l'économe est fort sollicité. Le 12 avril 1813, il rédige l'extrait mortuaire de Ferdinand Degl'Innocenti, ainsi dénommé parce qu'enfant naturel et qui porte le surnom de Le Cacao, ce qui laisse entendre que son père était d'origine africaine. Il est né le 30 avril 1793 à Castiglione Fiorentino, en Toscane, région annexée à l'Empire depuis 1808 et devenue le département de l'Arno. L'économe ou son secrétaire chargé d'établir sa déclaration de mort ne connaît pas le département de l'Arno et note « Orne », ce qui explique que le document soit aujourd'hui conservé aux archives départementales de l'Orne³⁸.

Dans de nombreux cas, l'extrait mortuaire n'est pas transmis aux communes de naissance, souvent parce que l'orthographe est illisible. Lorsqu'il reçoit le document, le maire le recopie, en général in extenso, parfois en apportant une correction, sur le registre d'état civil, à la date de réception. En principe il est tenu de communiquer ce document à la famille du soldat décédé. En juillet 1813, le maire de Ronquerolles, alors en Seine-et-Oise, recopie sur le registre d'état-civil, l'extrait mortuaire de Pierre Louis Dumont, parti en Allemagne au début de l'année. Fauché à Lutzen le 2 mai, il est mort le 26 à l'hôpital de Francfort. Le maire remet l'extrait mortuaire au père, Pierre Dumont, laboureur de son état³⁹.

Mais l'envoi d'extraits mortuaires est loin d'être général. Bon nombre de soldats meurent dans le plus complet anonymat, souvent incapables de s'identifier lors de l'entrée à l'hôpital. Un état global des « billets de mort » délivrés par les hôpitaux de Francfort indique le chiffre de 256 auquel s'ajoutent deux autres décès qui n'ont pu en faire l'objet, sans doute par ignorance de l'identité des individus concernés, mais il ne concerne que l'hôpital n° 2⁴⁰. Or il paraît faible au regard de certains états mensuels conservés. Ainsi un état des déclarations de décès dans les hôpitaux militaires du Grand-Duché de Francfort, pour le mois de juillet 1813, relève les chiffres suivants⁴¹:

Hôpital de Francfort n° 1	43
Hôpital de Francfort n° 2	51
Hôpital de Fulda	63
Hôpital de Hanau	38

En avril, on avait relevé seulement trois décès de militaires à Francfort, alors que quelques sondages ont permis d'établir que au moins 18 soldats étaient morts à Francfort en avril⁴². Ces quelques bribes de documents

te in den Archiven des Departements Orne aufbewahrt wird[38].

In vielen Fällen wurde die Sterbeurkunde nicht an die Geburtsgemeinde weitergeleitet, weil die Schrift unleserlich war. Nach Erhalt wurde das Dokument vom Bürgermeister – in der Regel wortwörtlich, manchmal mit einer Korrektur – zum Eingangsdatum in das Personenstandsregister übertragen. Grundsätzlich war der Bürgermeister verpflichtet, dieses Dokument an die Familie des verstorbenen Soldaten weiterzuleiten. Im Juli 1813 übertrug der Bürgermeister von Ronquerolles, damals im Departement Seine-et-Oise, den Totenschein von Pierre Louis Dumont, der Anfang des Jahres nach Deutschland verlegt worden war, in das Personenstandsregister seiner Gemeinde. Am 02. Mai war Dumont in Lützen verwundet worden; am 26. Mai starb er im Frankfurter Lazarett. Der Bürgermeister übergab die Sterbeurkunde an den Vater, Pierre Dumont, seines Zeichens Landwirt[39].

Die Versendung von Sterbeurkunden war jedoch keineswegs allgemein üblich. Viele Soldaten starben in völliger Anonymität, da sie bei der Einlieferung ins Krankenhaus nicht identifiziert werden konnten. Eine Gesamtaufstellung der von den Frankfurter Lazaretten ausgestellten Totenscheine gibt die Zahl 256 an, mit zwei zusätzlichen Todesfällen, die wegen fehlender Identität nicht erfasst werden konnten. Sie bezieht sich jedoch nur auf das Lazarett Nr. 2[40]. Im Vergleich zu anderen der noch erhaltenen Monatsberichte erscheint die Zahl allerdings niedrig.

So weist eine Aufstellung der Todesmeldungen in den Militärhospitälern des Großherzogtums Frankfurt für den Monat Juli 1813 folgende Zahlen auf[41]:

Lazarett Frankfurt Nr. 1	43
Lazarett Frankfurt Nr. 2	51
Lazarett Fulda	63
Lazarett Hanau	38

Im April waren nur drei Todesfälle von Soldaten in Frankfurt verzeichnet worden, während Untersuchungen ergaben, dass in dem Monat mindestens 18 Soldaten in Frankfurt gestorben sind[42]. Anhand dieser wenigen Bruchstücke von Dokumenten lässt sich eine Chronologie der Todesfälle im Lazarett zeichnen. Matrikelbücher und Todeserklärungen ermöglichen es, bestimmte Lebensläufe zu rekonstruieren.

112 Soldaten

Um herauszufinden, wer die auf dem Frankfurter Friedhof begrabenen Soldaten waren, ging man von der Annahme aus, dass sie in einem der Lazarette der Stadt gestorben waren. Also wurde eine nicht erschöpfende Untersuchung durchgeführt mit Nachforschungen in den Wehrregistern der angeblich dort stationierten Regimenter oder mit Internetrecherchen, einschließlich Einsichtnahmen in die Geneanet-Website, die sich als sehr erfolgreich erwiesen, wenn sie durch Recherchen beim Service historique de la Défense oder in den Standesämtern der Gemeinden, aus denen die betreffenden Personen stammten, bestätigt werden konnten.

Nach systematischer Durchsicht der Register des 138. Infanterieregiments stand fest: Da das Regiment im Februar 1813 aus den Truppen der Nationalgarde gebildet wurde, umfasste es nur Soldaten, die am Sachsenfeldzug teilgenommen hatten. Von den 4.000 Soldaten, die zwischen Februar und November 1813 rekrutiert wurden, starben neun im Frankfurter Lazarett. Das Regiment verzeichnete insgesamt schwere Verluste, vor allem im Frühjahr. Zahlreiche Soldaten dieses Regiments wurden in den Schlachten von Lützen und Bautzen verwundet oder getötet, und der Eintrag »auf dem rechten Rheinufer gestorben« tritt sehr häufig auf. Diese Soldaten starben auch im Lazarett, sowohl in Deutschland, hauptsächlich in Erfurt und Dresden, als auch in Frankreich nach dem Rückzug dorthin. Eine weitere Auswertung des Matrikelbuchs des 2. Regiments der berittenen Garde-Grenadiere führte auf die Spur von zwei Soldaten, die eine gewisse Zeit im Frankfurter Lazarett verbracht hatten. Beide waren im April 1814 aus den Listen gestrichen worden, doch einer von ihnen tauchte zur Zeit der Hundert Tage wieder darin auf. Schließlich wurde eine ähnliche Recherche unter den Regimentern der Garde-Grenadiere durchgeführt, deren Register in alphabetischer Reihenfolge geführt sind.

Das 5.000 Nummern umfassende Register »Bergeon bis Bozelle« wurde vollständig ausgewertet und ermöglichte die Ermittlung von zwölf in das Frankfurter Lazarett aufgenommenen Soldaten, deren Spur sich später verliert, mit Ausnahme eines Soldaten, der in Frankfurt starb, und eines weiteren Toten im Krankenhaus von Hanau, was vermuten lässt, dass die anderen zehn ebenfalls in Frankfurt starben; da dies jedoch nicht gesichert ist, haben wir sie nicht in unser Verzeich-

permettent de dessiner une chronologie des morts à l'hôpital. Registres matricules et déclarations de décès autorisent à reconstituer certains parcours.

Un échantillon de 112 soldats

Pour essayer de comprendre qui étaient les soldats enterrés dans le cimetière de Francfort, on est parti de l'hypothèse qu'ils étaient morts dans l'un des hôpitaux de la ville. Sur cette base, une enquête non exhaustive a été menée, faite de sondages dans les registres matricules de régiments supposés être sur place ou par l'intermédiaire de recherche sur internet, celles-ci incluant des investigations sur le site Geneanet qui se sont avérées très fructueuses, dès lors que l'on pouvait les confirmer par des recherches au Service historique de la Défense ou dans l'état-civil des communes dont étaient originaires les individus concernés. Un dépouillement systématique des registres du 138e régiment d'infanterie a été opéré. Comme le régiment a été formé en février 1813 à partir des cohortes de la Garde nationale, il ne comprend que des soldats ayant participé à la campagne de Saxe. Sur 4000 soldats recrutés entre février et novembre 1813, neuf sont morts à l'hôpital de Francfort, le régiment se caractérisant par ailleurs par de lourdes pertes, essentiellement au cours du printemps. Nombreux sont les soldats de ce régiment blessés ou tués lors des batailles de Lutzen et Bautzen et les mentions de « resté sur la rive droite du Rhin » foisonnent. Ces soldats meurent aussi à l'hôpital, en Allemagne, à Erfurt et Dresde principalement ou en France, après y avoir été renvoyés. Un autre dépouillement a été effectué dans le registre matricule du 2e régiment des grenadiers à cheval de la Garde qui a permis de repérer deux soldats passés par l'hôpital de Francfort. Tous les deux sont rayés des contrôles en avril 1814, mais l'un d'entre eux réapparaît au moment des Cent-Jours. Enfin une recherche similaire a été effectuée parmi les régiments des grenadiers à pied de la Garde dont les registres sont tenus selon l'ordre alphabétique. Le registre « Bergeon à Bozelle », comprenant 5000 numéros, a été intégralement dépouillé, permettant de distinguer douze soldats entrés à l'hôpital de Francfort dont on perd ensuite la trace, à l'exception de l'un d'entre eux, mort à Francfort et d'un autre finalement décédé à l'hôpital d'Hanau, ce qui laisse penser que les dix autres sont morts à Francfort, mais dans l'incertitude, nous les avons laissés à l'écart de l'échantillon constitué.

Au total cet échantillon est donc composé de 112 soldats dont la mort dans l'un des hôpitaux de Francfort est attestée, soit par les registres matricules, soit par une transcription de leur acte de décès sur le registre d'état-civil de leur commune de naissance. Dans de nombreux cas, les deux sources se complètent.

Les soldats morts ou disparus à Francfort viennent de l'Empire entendu au sens large. 43 départements sont représentés, qui concernent une France allant de la Bretagne et des Pays de Loire aux Alpes-Maritimes, ne laissant à l'écart qu'un grand Sud-Ouest aquitain, représenté par un seul sous-officier originaire des Landes, et dont on sait combien il est réfractaire au service militaire[43]. Trois départements réunis de Belgique (Hainaut), Luxembourg (Forêts) ou Toscane (Arno) sont également représentés. L'armée de 1813 s'est resserrée sur ses bases originelles et ne compte plus guerre de troupes réellement étrangères dans ses rangs. Les conscrits sont jeunes. Sur 111 individus dont on connaît la date de naissance, 29 sont nés avant 1790, 6 en 1790, 18 en 1791, 13 en 1792, 32 en 1793 et 13 en 1794, ces derniers étant à proprement parler les fameux « Marie-Louise », ponctionnés par anticipation sur la classe 1814. Comme on le reverra plus loin, la plupart n'ont aucune expérience du combat. Sept seulement ont été incorporés avant 1812, 16 au cours du printemps de 1812, 15 à l'automne, après la levée de septembre, 32 intégrant l'armée en 1813, 17 entre janvier et mars, 15 entre avril et août. Enfin 12 conscrits avaient intégré la Garde nationale en 1812 avant d'être intégrés dans l'un des régiments créés en janvier 1813 en puisant dans le premier ban de la Garde nationale de chaque département concerné. Leur moyenne d'âge s'établit à vingt-deux ans et deux mois. On pourrait dresser le portrait physique de beaucoup d'entre eux, les registres matricules précisant le contour de leur visage. On se contentera d'observer que la taille moyenne des 80 soldats pour laquelle on dispose de l'information est d'un mètre soixante-quatre centimètres, une taille donc plus élevée de treize centimètres que le minimum requis pour être enrôlé et moins élevé de onze que la taille nécessaire pour entrer dans la Garde impériale, du moins dans la Vieille Garde. Le plus petit des soldats de l'échantillon est un fantassin,

nis aufgenommen. Insgesamt besteht die Gruppe also aus 112 Soldaten, deren Tod in einem der Frankfurter Lazarette entweder durch Matrikelbücher oder durch Übertragung ihrer Sterbeurkunde in das Standesamtsregister ihrer Geburtsgemeinde belegt ist. In vielen Fällen ergänzen sich die beiden Quellen.

Die in Frankfurt gestorbenen oder vermissten Soldaten stammen aus dem im weitesten Sinne verstandenen Kaiserreich. 43 Departements sind vertreten, die ein Gebiet von der Bretagne und den Pays de Loire bis zu den Alpes-Maritimes abdecken, wobei nur der große Südwesten Aquitaniens nicht einbezogen wurde und von einem einzigen Unteroffizier aus den Landes vertreten wird; es ist bekannt, dass sich diese Region dem Militärdienst stark widersetzte[43].

Auch drei vereinigte Departements in Belgien (Hainaut), Luxemburg (Forêts) und der Toskana (Arno) waren vertreten. Die Armee von 1813 beschränkt sich auf ihre eigenen Soldatenreservoirs und weist keine wirklich ausländischen Truppen in ihren Reihen auf. Die Wehrpflichtigen waren jung: Von den 111 Mann, deren Geburtsdatum bekannt ist, wurden 29 vor 1790 geboren, 6 im Jahr 1790, 18 im Jahr 1791, 13 im Jahr 1792, 32 im Jahr 1793 und 13 im Jahr 1794, wobei es sich bei den letztgenannten genau genommen um die berühmten »Marie-Louise«-Rekruten handelte, die im Voraus für den Jahrgang 1814 eingezogen wurden. Wie wir später noch sehen werden, hatten die meisten von ihnen keinerlei Kampferfahrung. Nur sieben von ihnen waren vor 1812 eingezogen worden, 16 im Frühjahr 1812, 15 im Herbst nach der Aushebung im September, 32 traten 1813 in die Armee ein, davon 17 zwischen Januar und März und 15 zwischen April und August. Schließlich waren 12 Wehrpflichtige 1812 in die Nationalgarde eingetreten, bevor sie in eines der Regimenter eingegliedert wurden, die im Januar 1813 aus der ersten Gruppe der Nationalgarde eines jeden Departements gebildet wurden.

Ihr Durchschnittsalter betrug zweiundzwanzig Jahre und zwei Monate. Von vielen könnte man ein physisches Porträt erstellen, da die Matrikelbücher ihre Gesichtszüge genau beschreiben. Die durchschnittliche Körpergröße der 80 Soldaten, über die Informationen vorliegen, betrug 1,64 m. Damit übertrifft sie die Mindestgröße für die Einberufung um 13 cm und bleibt 11 cm unter der Mindestgröße für die Aufnahme in die kaiserliche Garde, zumindest in die Alte Garde. Der kleinste Soldat der Gruppe war ein Infanterist, Mathurin Michel Bouju, geboren am 20. September 1791 in Moncé-en-Belin (Sarthe), wo er als Landwirt arbeitete. Er maß 1,53 m und trat am 08. März 1813 in das 72. Regiment der Linieninfanterie ein. Am 21. Juli 1813 kam er in das Frankfurter Lazarett Nr. 1 und starb dort am 03. September 1813.

Die Recherchen in den Standesämtern haben erbracht, dass die Entchristlichung der Jahre 1793–1794 und die Ermutigung, den Kindern revolutionäre Vornamen zu geben, nur eine begrenzte Wirkung hatten, auch wenn es zwei Wehrpflichtige des Jahres 1814 gibt, die darauf hindeuten. Der erste Vorname von Basile Gradot war tatsächlich »Abricot« (Aprikose). Er wurde im Juli 1794 geboren. Séjourné, der im August desselben Jahres in Rouen zur Welt kam, erhielt von seinen Eltern den Vornamen »La Montagne«, was auf ein starkes Engagement in der Jakobinerbewegung hindeutet, obwohl Robespierre kurz zuvor gestürzt worden war. Der junge La Montagne änderte während des Kaiserreichs seinen Vornamen in René Charlemagne[44].

Sie kamen aus dem ländlichen Frankreich, woher die meisten Wehrpflichtigen rekrutiert wurden, und stammten aus kleinen Dörfern oder Marktflecken. Die großen Städte waren unterrepräsentiert, so z. B. Paris, das keinen einzigen Vertreter in der Gruppe hat, sowohl weil ein Teil der Archive im Mai 1871 verbrannte, als auch weil die großen Städte zum Zeitpunkt der Einberufung besser behandelt wurden als die Dörfer auf dem Land[45].

Man kann sich ein Bild von ihrem sozialen Hintergrund machen, indem man sowohl den Beruf des Vaters untersucht, der häufig, aber nicht immer in den Tauf- und Geburtsurkunden angegeben ist, als auch den Beruf, den die Männer selbst beim Eintritt ins Militär angegeben haben, wobei dieser in den Matrikelbüchern oft fehlt, insbesondere wenn sie auf dem Bauernhof der Familie arbeiteten, was natürlich die Zahl der Bauern verringert. Wir kennen die Berufe der Väter von 90 unserer Soldaten: 50, also 55,5 %, übten eine Tätigkeit in der Landwirtschaft aus (Bauer, Pflüger, Tagelöhner, Haushälter, Landarbeiter), 24, also 26,6 %, können als Handwerker oder Kleinhändler bezeichnet werden (Weber, Mützenmacher, Glasbläser, Schuhmacher, Wagner, Sattler). Das Bürgertum ist nur durch drei Landbesitzer vertreten, bei denen es sich zweifellos auch um Landwirte handelte, die aber Wert dar-

Abb. 24 Biwak der italienischen Ehrengarde nahe Marienpol am 26.06.1812. Tafel 6 in »Pittoreske und militärische Reise von Willenberg in Preußen bis nach Moskau, auf dem Feld im Jahr 1812 entstanden«, Zeichnung von Adam Albrecht, veröffentlicht 1828. | Bivouac des gardes d'honneur italiennes près de Marienpol, le 26 juin 1812. Planche 6 in « Voyage pittoresque et militaire de Willenberg en Prusse jusqu'à Moscou fait en 1812, pris sur le terrain même », Dessin d'Adam Albrecht, publié en 1828. © Paris – Musée de l'Armée, Dist. RMN-Grand Palais / image musée de l'Armée / Pascale Segrette.

Mathurin Michel Bouju, né le 20 septembre 1791 à Moncé-en-Belin, dans la Sarthe, où il était cultivateur. Il mesure 1 mètre 53 et a intégré le 8 mars 1813, le 72ᵉ régiment d'infanterie de ligne. Entré à l'hôpital de Francfort n° 1, le 21 juillet 1813, il y meurt le 3 septembre 1813. Le recours à l'état-civil a permis de mesurer que la déchristianisation des années 1793–1794, et l'encouragement à donner aux enfants des prénoms révolutionnaires, n'avait eu qu'un effet limité, même si l'on trouve deux conscrits de 1814 qui en gardent la trace. Le premier prénom de Basile Gradot est en effet Abricot. Il est né en juillet 1794. Quant à Séjourné, né à Rouen en août de la même année, il a été prénommé par ses parents « La Montagne », ce qui indique un engagement fort dans le mouvement jacobin alors même que Robespierre vient d'être renversé. Le jeune La Montagne transforme, sous l'Empire, son prénom en René Charlemagne[44].

Ils viennent d'une France rurale au sein de laquelle se recrutent l'essentiel des conscrits et sont originaires de tout petits villages ou de bourgs. Les grandes cités sont sous-représentées à l'image de Paris qui ne compte aucun représentant dans l'échantillon, à la fois parce qu'une partie des archives a brûlé en mai 1871, mais aussi parce que les grandes villes sont mieux traitées que les bourgs ruraux au moment du recrutement[45]. On peut se faire une idée de leur milieu social d'origine, à la fois en étudiant la profession du père, souvent, mais pas toujours indiquée sur les actes de baptême et de naissance, et en analysant la profession qu'ils ont déclarée en arrivant au corps, celle-ci n'étant pas toujours spécifiée sur les registres matricules, surtout lorsqu'ils travaillent dans la ferme familiale semble-t-il, ce qui minore le groupe des agriculteurs. On connaît le métier des pères de 90 de nos soldats. 50, soit 55,5 %, exerçaient une fonction dans l'agriculture (cultivateur, laboureur, journalier, ménager, bordager), 24, soit 26,6 %, peuvent être qualifiés d'artisans ou de petits commerçants (tisserands, bonnetiers, verrier, cordonnier, charron, bourrelier). La bourgeoisie n'est re-

auf legten, sich als Besitzer darzustellen, durch sieben Kaufleute, einen »Bürger« und einen Fabrikanten aus Rouen, dessen Sohn freiwillig in die Armee eintrat, was eher selten vorkam. Er träumte zweifellos von Heldentaten, trotz seiner geringen Körpergröße von nur 1,46 m. Schließlich war einer unserer Wehrpflichtigen der Sohn eines ehemaligen Priesters, der die Soutane im Zuge der Revolution abgelegt hatte. Desweiteren kennen wir die vorherigen Berufe von 70 unserer Rekruten: 42, d. h. 60 %, übten einen Beruf in der Landwirtschaft aus, 24, d. h. 34,2 %, waren Handwerker oder Kaufleute; dazu kamen noch ein Händler und ein Grundbesitzer.

Sieben Mitglieder der Gruppe sind Ersatzkräfte; das sind 6,25 % und damit mehr als der landesweite Durchschnitt, der für den gesamten Zeitraum bei 4 % liegt[46]. Jean Mathieu Arnoux war einer von ihnen. Er wurde im Oktober 1785 geboren und war somit neunundzwanzig Jahre alt. Er gehörte zum Rekrutenjahrgang 1806, wurde jedoch damals nicht eingezogen und übte weiterhin seinen Beruf als Weber in seinem Heimatdorf Saint-André im Departement Hautes-Alpes aus. Vermutlich hatte er, wie viele andere, die Wirtschaftskrise von 1810/11 zu spüren bekommen und war arbeitslos geworden. Daraufhin bot er 1812 seine Dienste als Ersatzmann an. Am 06. April 1812 wurde er zunächst dem 53. Linieninfanterieregiment als Füsilier zugeteilt, am 11. April 1813 wechselte er zum 7. Linienregiment. Er erlag am 28. September 1813 einem Fieber im Lazarett in Frankfurt am Main[47].

Pierre Nicolas Georges Colson kam am 22. April 1782 in Saint-Mesmin im Departement Aube zur Welt. Am 25. Juni 1805 heiratete er in seinem Heimatdorf Marie Suzanne Bon, mit der er sechs Kinder hatte. Er gehörte zu den jungen Familienvätern, die aufgrund der Wirtschaftskrise gezwungen waren, sich als Ersatzmänner zu verpflichten. Er war also schon einunddreißig, als er 1813 zur Armee ging als Ersatz für Jean Baptiste Laurent aus der Gemeinde Saint-Basle, der 1810 zwangsverpflichtet worden war, 1816 heiratete, Vater von zwei Kindern wurde und im Alter von 65 Jahren starb. Der Totenschein weist ihn als »Grundbesitzer« aus. Währenddessen machte sich Colson, der am 21. Februar 1813 in die in Metz stationierte 2. Kompanie des Train des Equipages eingegliedert wurde, auf den Weg nach Deutschland. Da sie nichts mehr von ihm gehört hatte, strengte seine Frau im Juni 1817 ein Gerichtsverfahren an, um den Tod ihres Mannes feststellen zu lassen. Nach einer Untersuchung kam das Gericht am 14. August 1818 zu dem Schluss, dass Colson am 01. Oktober 1813 auf dem Weg nach Frankfurt gestorben war[48].

Claude Lassu, ein Wehrpflichtiger von 1809, Landwirt in Avenas im Departement Rhône und Ersatz für einen wiedereinberufenen Wehrpflichtigen, erhielt am 29. Januar 1813 seinen Platz in der 4. Kohorte der Nationalgarde und trat am 19. März in das 154. Linieninfanterieregiment ein. Charles Le Bouc, Wehrpflichtiger von 1805, hatte damals ein »gutes« Los gezogen und konnte in seinem Heimatdorf bleiben, um Land zu bestellen. 1812 nahm er den Vorschlag eines Wehrpflichtigen von 1811 an, der zurückgerufen worden war, um zum ersten Verband der Kohorte des Departements zu gehen. So wurde Le Bouc zunächst Nationalgardist, im folgenden Jahr jedoch zur kaiserlichen Garde weitergeleitet, was durch seine Größe von 1,75 m gerechtfertigt war. Er wurde als Kanonier in die 1. provisorische Kompanie der Fußartillerie der kaiserlichen Garde aufgenommen.

Verheiratete Soldaten

Fünf der Ersatzleute waren verheiratet, ebenso wie drei weitere Soldaten der Truppe. Damit beläuft sich die Zahl der Soldaten, die eine Witwe hinterließen, auf acht, was 7,14 % der Gruppe entspricht. Dieser Anteil mag gering erscheinen, lässt sich aber dadurch erklären, dass verheiratete Männer grundsätzlich vom Dienst befreit waren, sofern sie vor der Einberufung geheiratet hatten. Einige Wehrpflichtige versuchten, ihr Glück zu erzwingen. Nicolas Isidore Legrand wurde 1787 in Oisy im Departement Oise geboren. Im Rekrutierjahrgang 1807 zog er eine gute Nummer und entging so der Armee. Er arbeitete als Mützenmacher und heiratete am 01. April 1812 Catherine Joseph Vignier in der Annahme, damit den Folgen des Dekrets vom 20. März zu entgehen, das die Wehrpflichtigen der fünf Jahrgänge 1807 bis 1812 in die Nationalgarde einberief, um sie im nächsten Jahr an die Front zu schicken. Tatsächlich wurde er in die 1812 gebildete 8. Kohorte der Nationalgarde zurückgerufen, von wo man ihn am 14. Januar 1813 in das 135. Linienregiment eingliederte. Er starb am 23. Mai 1813 in Frankfurt. Hugues Laurent Rougetet, geboren am 05. März 1784 in Saint-

présentée que par 3 propriétaires, encore s'agit-il sans doute de cultivateurs-propriétaires, mais qui tiennent à se présenter comme tels, par 7 marchands, 1 « bourgeois » et un fabricant rouennais dont le fils s'engage volontairement dans l'armée, ce qui est assez rare. Il rêve sans doute d'exploits, malgré sa petite taille. Il mesure en effet 1m46. Enfin un de nos conscrits est le fils d'un ancien prêtre qui abandonné la soutane à l'occasion de la Révolution.

Quant aux conscrits eux-mêmes, on connaît la profession préalable de 70 d'entre eux. 42, soit 60 % exercent un métier dans l'agriculture, 24, soit 34,2 % sont artisans ou commerçants, le total étant complété par un marchand et un propriétaire.

Sept des membres de l'échantillon sont des remplaçants, soit 6,25 %, soit une proportion supérieure à la moyenne nationale qui s'établit à 4 % pour l'ensemble de la période[46]. Jean Mathieu Arnoux est l'un d'eux. Il est né en octobre 1785 et a donc vingt-neuf ans. Il appartenait à la classe des conscrits de 1806, mais n'a pas été mobilisé et a continué à exercer son métier de tisserand dans son village natal de Saint-André dans les Hautes-Alpes. On peut imaginer que, comme beaucoup, il a subi le contrecoup de la crise économique de 1810–1811 et s'est retrouvé sans travail. Il propose alors ses services comme remplaçant en 1812. D'abord affecté au 53e régiment d'infanterie de ligne comme fusilier le 6 avril 1812, il passe au 7e régiment de ligne le 11 avril 1813. Il meurt par suite de fièvre à l'hôpital de Francfort, le 28 septembre 1813[47]. Pierre Nicolas Georges Colson est né le 22 avril 1782 à Saint-Mesmin dans l'Aube. Il s'est marié, le 25 juin 1805 dans son village natal avec Marie Suzanne Bon et a eu 6 enfants. Il fait partie de ces jeunes pères de famille que la crise économique contraint à s'engager comme remplaçant. Il a donc trente-et-un quand il part à l'armée en 1813 en remplacement de Jean Baptiste Laurent, de la commune de Saint-Basle, lequel conscrit de 1810, poursuit sa route, se marie en 1816, a deux enfants et meurt à 65 ans, qualifié de propriétaire. Pendant ce temps, incorporé le 21 février 1813 au sein de la 2e compagnie du train des équipages, stationnée à Metz, Colson prend la route de l'Allemagne. Sans nouvelle de lui, sa femme intente une action en justice en juin 1817 pour faire reconnaître la mort de son mari. Après enquête, la justice conclut, le 14 août 1818, que la mort de Colson est survenue le 1er octobre 1813 sur la route de Francfort[48]. Claude Lassu, conscrit de 1809, agriculteur à Avenas dans le Rhône, remplaçant d'un conscrit rappelé, prend sa place au sein de la 4e cohorte de la Garde nationale le 29 janvier 1813, puis intègre le 19 mars, le 154e régiment d'infanterie de ligne. Charles Le Bouc, conscrit de 1805, avait alors tiré un bon numéro et avait pu rester cultiver la terre dans son village natal. En 1812, il accepte la proposition d'un conscrit de 1811, rappelé pour faire partie du premier ban de la cohorte du département. Il devient donc garde national, mais l'année suivante est dirigé vers la Garde impériale, ce que justifie son mètre 75. Il est admis comme canonnier à la 1ère compagnie provisoire d'artillerie à pied de la Garde impériale.

Des soldats mariés

Cinq des remplaçants étaient mariés, comme trois autres soldats de l'effectif, ce qui porte à huit le nombre de soldats laissant une veuve, soit 7,14 % de l'échantillon. Cette proportion peut paraître faible, mais s'explique par le fait que les hommes mariés sont en principe dispensés de service, à condition de s'être mariés avant l'enrôlement. Or certains conscrits tentent de forcer leur chance. Nicolas Isidore Legrand, est né en 1787 à Oisy dans l'Oise. Conscrit de 1807, il tire un bon numéro et évite l'armée. Bonnetier, il épouse le 1er avril 1812 Catherine Joseph Vignier, pensant peut-être échapper aux effets du décret du 20 mars précédent qui rappelle au sein de la Garde nationale les conscrits des cinq classes 1807 à 1812, avant de les envoyer au front l'année suivante. De fait, il est rappelé au sein de la 8e cohorte de la Garde nationale formée en 1812, d'où il est incorporé au sein du 135e régiment de ligne le 14 janvier 1813. Il meurt à Francfort le 23 mai 1813. Hugues Laurent Rougetet, né le 5 mars 1784 à Saint-Seine-sur-Vingeanne, en Bourgogne, était bourrelier. Il a échappé au service armée en 1804 et épouse deux ans plus tard Jeanne Guyot avec laquelle il a deux enfants. Puis il fait partie des conscrits rappelés au service et est affecté au 37e régiment d'infanterie de ligne, si l'on en croit son acte de décès, plus probablement à autre régiment, sa fiche n'ayant pu être retrouvée. Il fait partie des soldats qui meurent à l'hôpital militaire de Francfort, pour sa part, le 25 septembre 1813. Sauf exception, aucun dispositif n'est prévu pour venir au

Seine-sur-Vingeanne, Burgund, war Sattler. Er vermied 1804 den Militärdienst und heiratete zwei Jahre später Jeanne Guyot, mit der er zwei Kinder hatte. Später gehörte er zu den Wehrpflichtigen, die erneut zum Dienst einberufen wurden, und sah sich dem 37. Linieninfanterieregiment zugeteilt, wenn man seiner Sterbeurkunde glauben darf, wahrscheinlicher jedoch einem anderen Regiment, da seine Karteikarte nicht aufgefunden werden konnte. Er gehörte zu den Soldaten, die am 25. September 1813 im Militärhospital in Frankfurt am Main starben. Abgesehen von einigen Ausnahmen gab es keine Maßnahmen, um Witwen und Waisen zu helfen, die oftmals nicht einmal über den Tod ihres Verwandten informiert wurden und gezwungen waren, vor Gericht zu ziehen, um eine Todeserklärung ausstellen zu lassen. Über Jean-Baptiste Deglaire wissen wir nur, dass er 1789 geboren wurde, der Sohn eines Webers war und als Steinmetz arbeitete, bevor er in die Armee eintrat. Es ist nicht bekannt, welchem Regiment er angehörte, aber sicher ist, dass er am 06. Januar 1809 Jeanne Marie Joly heiratete. Damals war er noch keine zwanzig Jahre alt. Vielleicht hoffte er, dass er dem Militärdienst entgehen konnte, indem er den Zeitpunkt der Eheschließung vorzog. Aus ihrer Verbindung ging 1810 eine Tochter hervor, was ihn jedoch nicht vor der Einberufung bewahrte, wahrscheinlich als Ersatzmann. Erst als seine Tochter 1831 heiratete, erfährt man, dass er am 10. Oktober 1813 im Lazarett in Frankfurt gestorben ist[49].

Jean Baptiste Galauziaux wurde 1779 in einem Dorf der Franche-Comté geboren, das an das Departement Vosges angrenzt. Er war Holzfäller und heiratete im Juni 1797 in Trémonzey in den Vogesen Thérèse Jacquottet, mit der er vier Söhne hatte. Nach dem Tod seiner Frau heiratete er am 01. Juli 1808 in Fontenoy-le-Château Catherine Binet, die 1812 den gemeinsamen Sohn Luc zur Welt brachte. Da sich die Versorgung von fünf Kindern kompliziert gestaltete, meldete er sich vermutlich als Ersatzmann an und wurde Jäger im 3. Bataillon des 28. leichten Infanterieregiments. Am 24. September 1813 wurde er in das Frankfurter Militärhospital eingeliefert und starb dort sechs Tage später[50].

Nicolas Julien Hais, 1781 in der Beauce geboren, wo er als Fuhrmann arbeitete, heiratete am 07. Juli 1807 in Moulhard Françoise Renée Antoine; die beiden wurden Eltern eines Sohnes. Auch er verkaufte seine Dienste an einen wohlhabenderen Wehrpflichtigen und wurde zu gegebener Zeit als Grenadier in das 20. Regiment der leichten Infanterie einberufen. Er verstarb am 02. Oktober 1813 im Frankfurter Lazarett[51].

Die Regimenter

Die Aufteilung nach Waffengattungen verdient eine gesonderte Ausführung. 72 Soldaten gehörten einem Linieninfanterieregiment an, 12 einem leichten Infanterieregiment und 27 der Garde, während ein Soldat dem Train des équipages zugeteilt war. Die 72 Liniensoldaten waren Mitglieder von 20 verschiedenen Regimentern, wobei neun demselben Regiment, dem 138., angehörten, das vollständig ausgewertet wurde. Insgesamt gehörten 29 Soldaten einem Regiment mit den Nummern 135 bis 156 an. Diese Regimenter wurden im Januar und Februar 1813 zunächst aus Kohorten der Nationalgarde zusammengestellt. Sie verdeutlichen Napoleons Willen, erneut eine große Armee aus allen verfügbaren Männern zusammenzustellen. Die Kampfbegeisterung dieser jungen Wehrpflichtigen wurde von verschiedenen Beobachtern in Lützen beschrieben, wo sie in großer Zahl ihr Leben lassen mussten. Der Anteil der Soldaten der Garde mag im Vergleich zur gesamten Armee hoch erscheinen. Die meisten Gardesoldaten starben in den Lazaretten im Frühjahr, also schon kurz nach ihrer Einberufung. Sie gehörten der im Januar 1809 gegründeten Jungen Garde an, welche am Ende des Kaiserreichs hochgewachsene junge Wehrpflichtige anzog, die jedoch im Gegensatz zu den Soldaten der Alten Garde nicht unbedingt über Kampferfahrung verfügten. So stieg die Zahl der Soldaten der Jungen Garde bis zum 01. Januar 1814 auf 86.320[52]. Die Junge Garde wurde zu einem probaten Mittel, um junge Wehrpflichtige anzuheuern.

Mit nur zwei Vertretern ist die Kavallerie unterrepräsentiert, obwohl sie 1813 x % der allgemeinen Truppenstärke stellte. Dafür gibt es mehrere Gründe. Der Kavallerist verfügte in der Regel über eine überdurchschnittliche Kondition und Körpergröße. Er war naturgemäß mobiler als ein Infanterist, was sich auf die Beschaffung von Nachschub auswirkte. Außerdem war die Sterblichkeitsrate von Kavalleristen im Verhältnis zu ihrer Anzahl geringer als die von Infanteristen. Die vollständige Auswertung des Matrikelbuchs des

secours des veuves et des enfants qui ne sont souvent même pas informés de la mort de leur parent et sont obligés d'intenter des actions en justice pour faire établir un acte de décès.

On ne sait pas grand-chose de Jean-Baptiste Deglaire, sinon qu'il est né en 1789, qu'il était le fils d'un tisserand et qu'il était lui-même tailleur de pierres avant de rejoindre l'armée. On ignore à quel régiment il appartenait, mais on sait qu'il a épousé Jeanne Marie Joly le 6 janvier 1809. Il a alors moins de vingt ans. Peut-être espérait-il en hâtant le moment de son union avec elle, échapper au service. De leur union, naît une fille, en 1810, ce qui ne l'empêche pas de partir, probablement comme remplaçant. C'est lorsque sa fille se marie en 1831 qu'on apprend qu'il est mort à l'hôpital de Francfort le 10 octobre 1813[49].

Jean Baptiste Galauziaux est né en 1779 dans un village de Franche-Comté, limitrophe du département des Vosges. Bûcheron, il épouse à Trémonzey, dans les Vosges, en juin 1797, Thérèse Jacquottet avec laquelle il a quatre fils. Devenu veuf, il se remarie le 1er juillet 1808 à Fontenoy-le-Château à Catherine Binet, avec laquelle il a un fils, Luc, né en 1812. L'entretien de cinq enfants devenant compliqué, il se propose vraisemblablement comme remplaçant et devient chasseur au 3e bataillon du 28e régiment d'infanterie légère. Entré à l'hôpital militaire de Francfort le 24 septembre 1813, il y meurt six jours après[50]. Nicolas Julien Hais, né en 1781 dans la Beauce où il était charretier épouse Françoise Renée Antoine à Moulhard le 7 juillet 1807, avec laquelle il a un fils fils. Lui aussi vend ses services à un conscrit plus fortuné et le moment venu est appelé comme grenadier au sein du 20e régiment d'infanterie légère. Il meurt à l'hôpital de Francfort le 2 octobre 1813[51].

Des régiments en bataille

La répartition par armes mérite un commentaire. 72 soldats ont fait partie d'un régiment d'infanterie de ligne, 12 d'un régiment d'infanterie légère et 27 ont appartenu à la Garde, un soldat ayant fait partie du train des équipages. Les 72 soldats de la ligne ont appartenu à 20 régiments différents, neuf ayant appartenu au même régiment, le 138e qui a fait l'objet d'un dépouillement complet. Au total, 29 soldats ont

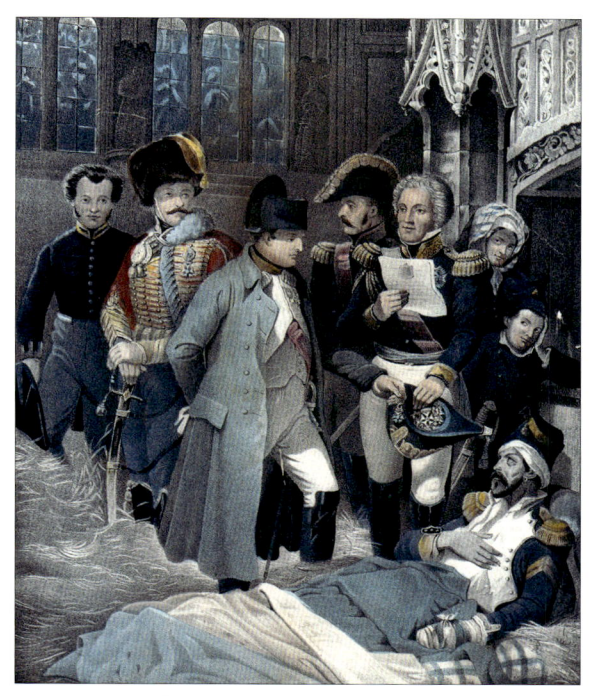

Abb. 25 Napoleon besucht Verletzte nach der Schlacht von Austerlitz am 02.12.1805. Lithographie, 19. Jahrhundert. | Napoléon visite des blessés après la bataille d'Austerlitz le 02.12.1805. Lithographie, 19e siècle. © Wellcome Collection. gemeinfrei/Public Domain Mark.

appartenu à un régiment numéroté de 135 à 156. Ces régiments ont été constitués en janvier-février 1813, initialement à partir de cohortes de la garde nationale. Ils illustrent la volonté de Napoléon de reconstituer une armée nombreuse en faisant feu de tout bois. Ce sont ces jeunes conscrits dont les observateurs décrivent l'ardeur au combat à Lutzen et qui s'y font faucher. La proportion de soldats issus de la Garde peut paraître forte, au regard de l'ensemble de l'armée. La plupart des soldats de la Garde qui meurent à l'hôpital décèdent au printemps alors qu'ils viennent juste d'être enrôlés. Ils appartenaient à la Jeune Garde, créée en janvier 1809, qui à la fin de l'Empire attire de jeunes conscrits à la taille imposante, mais qui n'ont pas nécessairement l'expérience du combat, à la différence des soldats de la Vieille Garde. Les effectifs de la Jeune Garde atteindront ainsi 86 320 soldats au 1er janvier 1814[52]. Le Jeune Garde est devenue l'un des moyens d'encadrer les jeunes conscrits.

Avec deux représentants, la cavalerie est sous-représentée, alors qu'elle fournit en 1813 x % des effectifs généraux. Plusieurs raisons l'expliquent. Le cavalier est généralement doté d'une condition physique et d'une

2. Regiments der berittenen Gardegrenadiere bestätigt dies. Von den 975 Soldaten, die zwischen Januar und Dezember 1813 in das Korps eintraten, starb keiner im Frankfurter Lazarett, zwei jedoch wurden dort registriert, bevor sie verschwanden: Georges François Le Tailleur und Georges Frantz. Le Tailleur wurde 1791 in der Normandie geboren. Der mit 1,78 m hochgewachsene Eisenhändler begann im Rekrutenlager in Courbevoie und trat am 27. Februar 1813 in das 2. Regiment der berittenen Gardegrenadiere ein. Am 13. August 1813 gelangte er ins Lazarett in Frankfurt, und am 01. April 1814 wurde er »wegen zu langer Abwesenheit« aus dem Lazarettregister gestrichen[53]. Frantz kam im März 1789 im Elsass zur Welt, wo er später als Mützenmacher arbeitete. Er wurde Ende 1812 einberufen und in das Rekrutenlager von Courbevoie geschickt, bevor er am 09. März 1813 ebenfalls in das 2. Regiment der berittenen Grenadiere eintrat. Am 13. August 1813 wurde er in das Frankfurter Lazarett eingeliefert, am 30. Juni 1814 wegen langer Abwesenheit aus dem Register gestrichen, tauchte aber zur Zeit der Hundert Tage am 22. Mai 1815 wieder auf, bevor er am 07. Dezember 1815 endgültig entlassen wurde[54].

Die in Frankfurt verstorbenen Soldaten hatten kaum Zeit, die Freuden des Militärlebens zu genießen. Vier Fünftel von ihnen leisteten weniger als ein Jahr Dienst, bevor sie im Frankfurter Lazarett starben. Sie hatten bis auf wenige Ausnahmen, auf die wir später noch eingehen werden, keinerlei Vorerfahrung und strandeten in Deutschland, manchmal nur wenige Tage nach ihrer Eingliederung in die Armee. Zu Beginn des Feldzugs gab es die meisten Aufnahmen in die Frankfurter Lazarette: 39 von Februar bis Juni, mit einem Höhepunkt von 11 Aufnahmen im April, was der Ankunft der Rekruten in Deutschland entsprach, und einem weiteren im Juni mit 15 Aufnahmen, als Folge der ersten Schlachten des Feldzugs. Anzumerken ist, dass keiner der Soldaten, die zu diesem Zeitpunkt ins Lazarett kamen, am Russlandfeldzug hätte teilnehmen können. Im Sommer ging die Zahl der Einlieferungen zurück (2 Aufnahmen im Juli, 5 im August), da die Kämpfe eingestellt wurden und auch die Moral sank. Danach steigt die Kurve wieder, mit 16 Einträgen im September und 11 im Oktober.

Die Chronologie der Todesfälle belegt das Gesagte. Von den 112 Männern der untersuchten Gruppe starben 18 im April, als die Kämpfe noch gar nicht begonnen hatten, 13 im Mai, 8 im Juni und 14 im Juli.

Der Waffenstillstand von Pläswitz brachte den erschöpften Soldaten eine körperliche wie mentale Ruhepause. Im August waren demzufolge lediglich 6 Todesfälle zu verzeichnen. Die Wiederaufnahme der Kriegshandlungen macht sich ebenfalls bemerkbar: 17 Todesfälle im September, 32 im Oktober und noch 3 im November.

Todesursachen

In 88 Fällen ist die Todesursache angegeben. 34 Soldaten starben infolge von Schüssen (25) oder Verletzungen (9), deren Art nicht spezifiziert wird[55]. Hauptverantwortlich für die Todesfälle in Napoleons Armeen waren Schusswaffen, während Hieb- und Stichwaffen, die regelmäßig als Symbol des heroischen Kampfes gepriesen wurden, gar nicht auftauchen. Auch Kanonen finden keine Erwähnung, obwohl sie für einige der genannten Verletzungen verantwortlich sein könnten. Wir erinnern uns, dass Marschall Bessières in der Schlacht von Weißenfels am 01. Mai 1813, einen Tag vor der Schlacht bei Lützen, von einer Kugel tödlich verwundet wurde.

Die Schüsse trafen alle Körperteile der Soldaten: Hände, Oberschenkel, Schultern, Arme, Brust, Hals, Kopf und sogar die Nieren. Selbstverständlich konnte sogar eine oberflächliche, aber schlecht behandelte Wunde zum Tod führen. Martin Marin Haynault wurde am linken Arm getroffen, ohne dass wir die näheren Umstände kennen. Er wurde am 23. September ins Lazarett eingeliefert und starb dort am 05. Oktober. Denis Charles Lamprie erhielt einen Einschuss in den rechten Oberschenkel. Er kam am 16. Juni ins Krankenhaus und erlag am 9. Juli seiner Verletzung. Guillaume Pierre Langevin wurde am 24. September ins Krankenhaus gebracht und starb dort am nächsten Tag an den Folgen einer Verwundung am linken Oberschenkel oder, wahrscheinlicher, an der anschließenden Infektion. Auch empfindlichere Körperteile wurden getroffen: Pierre Gruet starb durch einen Schuss in den Hals, Joseph Tocchia wurde am Kopf getroffen, und Pierre Louis Dumont erlag einem Schuss in die Brust, wobei die Art der Waffe nicht näher erläutert wird. Jacques Gérard aus dem Département des Forêts (Luxemburg) hingegen verstarb an einem während der Schlacht von Lützen erhaltenen Gewehrschuss in die Nierengegend, was darauf schließen lässt, dass er dem Feind nicht

taille supérieures à la moyenne. Il est par définition plus mobile qu'un fantassin, ce qui a des conséquences quand il faut aller à la recherche de ravitaillement. De plus, globalement le taux de mortalité des cavaliers est, proportionnellement à leur nombre, plus faible que celui des fantassins. Le dépouillement intégral du registre matricule du 2e régiment des grenadiers à cheval de la Garde le confirme. Sur 975 soldats qui ont intégré le corps entre janvier et décembre 1813, aucun n'est mort à l'hôpital de Francfort, mais deux y ont été enregistrés avant de disparaître, Georges François Le Tailleur et Georges Frantz. Le Tailleur est né en 1791 en Normandie. Marchand de fer, arborant un beau mètre 78, il arrive du dépôt des conscrits de Courbevoie, puis intègre le 2e régiment des grenadiers à cheval de la Garde le 27 février 1813. Entré à l'hôpital de Francfort le 13 août 1813, rayé le 1er avril 1814 « pour trop longue absence »[53]. Né en mars 1789 en Alsace, où il était bonnetier. Frantz a été convoqué à la fin de 1812 et envoyé au dépôt des conscrits de Courbevoie, avant d'intégrer également le 2e régiment des grenadiers à cheval le 9 mars 1813. Il entre à l'hôpital de Francfort le 13 août 1813, est rayé des cadres le 30 juin 1814 pour longue absence, mais réapparaît au moment des Cent-Jours, le 22 mai 1815, avant d'être définitivement licencié le 7 décembre 1815[54].

Les soldats morts à Francfort n'ont guère eu le temps de goûter aux joies de la vie militaire. Les 4/5 effectuent une durée de service de moins d'un an avant de mourir à l'hôpital de Francfort. Ils n'ont, à quelques exceptions près sur lesquelles nous reviendrons, aucune expérience préalable et viennent s'échouer en Allemagne parfois quelques jours après leur intégration dans l'armée. C'est lors de l'entrée en campagne que les entrées dans les hôpitaux de Francfort sont les plus nombreuses, 39 de février à juin, avec un pic de 11 entrées en avril qui correspond à l'arrivée des conscrits en Allemagne et un autre en juin, avec 15 entrées, qui suit les premières batailles de la campagne. Il est à noter qu'aucun des soldats entrés à l'hôpital à ce moment-là n'a pu matériellement participer à la campagne de Russie. Le rythme se ralentit pendant l'été (2 entrées en juillet, 5 en août), parce que les combats cessent et que donc le moral s'en ressent aussi. Puis le rythme repart, avec 16 entrées en septembre et 11 en octobre.

La chronologie des décès en atteste. Sur 112 individus morts à l'hôpital de Francfort, 18 décèdent en avril alors que les combats n'ont pas encore été engagés, 13 en mai, 8 en juin et 14 en juillet. L'armistice de Pleiswitz entraîne une accalmie pour les corps comme pour les esprits. On ne relève que six décès en août. La reprise des combats se ressent, avec 17 décès en septembre, 32 en octobre, et encore 3 en novembre.

Les causes de la mort

Dans 88 cas, la cause du décès est mentionnée. 34 soldats meurent à la suite de coups de feu (25) ou de blessures (9) dont la nature n'est pas spécifiée[55]. Le principal vecteur de létalité dans les armées napoléoniennes est l'arme à feu, l'arme blanche, pourtant régulièrement vantée comme symbole du combat héroïque, n'apparaissant pas. Le canon n'est jamais non plus mentionné, mais peut être à l'origine de certaines des blessures évoquées. On se souvient que le maréchal Bessières est mortellement blessé par un boulet à la bataille de Weissenfels le 1er mai 1813, la veille de la bataille de Lutzen. Les coups de feu atteignent toutes les parties du corps, mains, cuisses, épaule, bras, poitrine, cou, tête, et même les reins. On comprend qu'une blessure superficielle, mal soignée, peut conduire à une mort certaine. Martin Marin Haynault a été touché au bras gauche, sans qu'on en connaisse les circonstances. Il entre à l'hôpital le 23 septembre et y meurt le 5 octobre. Denis Charles Lamprie est touché à la cuisse droite. Hospitalisé le 16 juin, il meurt le 9 juillet suivant. Guillaume Pierre Langevin entre à l'hôpital le 24 septembre, il y meurt le lendemain des suites d'une blessure à la cuisse gauche ou plus probablement de l'infection qu'elle a provoquée. Des parties plus sensibles du corps sont également atteintes. Pierre Gruet meurt d'un coup de feu au cou, Joseph Tocchia d'un tir à la tête, Pierre Louis Dumont d'un coup reçu à la poitrine, sans que la nature en soit précisée. Et que penser de Jacques Gérard, originaire du département des Forêts (Luxembourg), qui meurt après avoir reçu un coup de fusil dans les reins au cours de la bataille de Lutzen, ce qui laisse penser qu'il ne faisait pas face à l'ennemi. C'est également d'une blessure aux reins que meurt Jean Meger le 13 octobre.

Par ailleurs 45 sur 89 soldats, soit la moitié, meurent de fièvres. La diversité des formulations employées pour désigner les motifs de la mort révèlent l'incertitude qui entoure la maladie concernée. Les registres évoquent

gegenüberstand. Ebenfalls an einer Nierenverletzung starb Jean Meger am 13. Oktober.

Außerdem starben 45 von 89 Soldaten, also etwa die Hälfte, an Fieber. Die unterschiedlichen Formulierungen der Todesursache verdeutlichen die Unsicherheit in Bezug auf die jeweilige Krankheit. Die Aufzeichnungen erwähnen Fieber unter verschiedenen Bezeichnungen, z. B. wird der Begriff Nervenfieber verwendet, was in Wirklichkeit Flecktyphus war, eine hochansteckende Krankheit, von der man damals noch nicht wusste, dass sie durch Bakterien übertragen wird, die ihrerseits durch Kleiderläuse verbreitet werden. Die Krankheit kursiert also umso schlimmer, je mehr Menschen an unhygienischen Orten zusammengepfercht werden. Man spricht daher auch vom »Lagerfieber«. Unterernährung beschleunigt den Prozess, der innerhalb von Tagen oder Wochen zum sicheren Tod führt. Flecktyphus richtete damals nicht nur in den Armeen verheerende Schäden an, sondern im weiteren Verlauf auch bei der Zivilbevölkerung.

Der Begriff »adynamisches Fieber« taucht viermal auf, und zwar in Bezug auf Jean André Champsaur, Pierre Jean Marie Chance, Jean Charles und Augustin Pierre Degland. Dieses Syndrom war typisch für den Zustand moralischer Erschöpfung, die einen Teil der jungen Wehrpflichtigen befiel, nachdem sie aus ihrer Häuslichkeit gerissen und auf die Straßen Europas geworfen worden waren. Die vier genannten Soldaten waren zwischen 1791 und 1793 geboren.

Dr. Bompard machte die Krankheit bald nach dem Ende des Kaiserreichs zum Thema seiner medizinischen Doktorarbeit, wobei er sich auf Fälle stützte, die 1813 im Krankenhaus von Epinal beobachtet worden waren[56]. Er beschrieb die Auszehrung, die durch Appetitlosigkeit, Erbrechen und einen sich sehr schnell verschlechternden Allgemeinzustand gekennzeichnet ist. Die Quellen sprechen auch von Wehmut, um diesen Zustand zu beschreiben, oder von Marasmus, ein Begriff, der fünfmal vorkommt und häufig mit Fieber in Verbindung gebracht wird. In jedem Fall bedeutet dies, dass diese Soldaten psychische Probleme haben, depressiv werden und des Lebens müde sind[57]. Mehrere Ärzte von Larrey bis Percy haben diese Fälle von Wehmut geschildert[58]. Pierre Jean Lecocq, 1791 in Cassel in Nordfrankreich geboren, trat Anfang Mai 1813 in die 11. Kompanie des Train des équipages militaires der Garde ein, desertierte aber schon am 28. Mai.

Am 27. Juni kam er in das Militärhospital in Frankfurt und starb dort am 05. Juli »infolge eines adynamischen Fiebers«[59].

Benoît Noyelle stammte ebenfalls aus dem Norden. Er war ein Wehrpflichtiger des Jahrgangs 1814, der vorzeitig eingezogen wurde. Als er im April 1813 in das 94. Linieninfanterieregiment eintrat, war er neunzehn Jahre alt und wurde als »manouvrier« (Tagelöhner) geführt. Am 04. August 1813 wurde er in das Militärhospital in Frankfurt eingeliefert und starb dort am 15. August »an Fieber und Marasmus«[60]. Dasselbe gilt für Martin Eleins, geboren in Rittersdorf, Département des Forêts (Luxemburg), Jäger im 7. Regiment der leichten Infanterie. Er wurde am 21. September 1813 in das Frankfurter Krankenhaus aufgenommen und starb zwei Tage später ebenfalls »an Fieber und Marasmus«[61].

Drei Soldaten starben an Ruhr, darunter Léonard Larcher, Wehrpflichtiger von 1813, Soldat im 66. Infanterieregiment, Jacques Louis Royer, Füsilier im 138., und Jean Courvalin, Soldat im 96. Regiment der Linieninfanterie[62]. Drei weitere erlagen der »Schwindsucht«. Mit diesem Begriff wurde damals eine allgemeine Entkräftung bezeichnet, die ebenso gut mit Tuberkulose oder dem einen oder anderen oben genannten Fieber in Verbindung gebracht werden konnte. Fünf Soldaten erkrankten an Tuberkulose. Beide Krankheiten verbreiten sich u. a. durch schlechte Unterkunft, Ernährung und Hygiene. Jean Paupy, ein Wehrpflichtiger des Jahres 1809 und Angehöriger der Jungen Garde, kam im März 1813 ins Krankenhaus und verstarb dort im Juni an den Folgen seiner Verletzungen und einer Lungentuberkulose. Auch Jean Courvalin war verwundet worden. Wir wollen diese Opfer nun näher kennenlernen.

Die Frühjahrstoten

Eine erste Welle von Todesfällen in den Frankfurter Militärkrankenhäusern entspricht den ersten Truppenverlegungen ab Februar 1813 bzw. Napoleons Einzug ins Feld im Frühjahr 1813. Man muss sich in der Tat von der Vorstellung verabschieden, die Toten von Frankfurt seien Überlebende des Russlandfeldzugs. In der untersuchten Gruppe wurde die Teilnahme am Russlandfeldzug nur im Fall von Jacques Hubert angegeben. Er kam am 02. Februar 1773 in Anneville (Seine-Maritime) zur Welt. 1802 trat er in die Guides von General Murat

des fièvres, sous diverses dénominations, par exemple en employant le terme de fièvre nerveuse, qui désigne en fait le typhus, maladie très contagieuse et dont on ignore alors qu'elle se transmet par des bactéries transportées par les poux de corps. La maladie se propage donc d'autant plus rapidement que les hommes sont entassés dans des lieux sans hygiène. On parle aussi de « fièvre des camps ». La malnutrition accélère le processus qui conduit à une mort certaine en quelques jours, voire quelques semaines. Le typhus fait des ravages dans les armées du temps, mais aussi par extension dans la population civile.

La notion de fièvre adynamique apparaît à quatre reprises. Elle touche Jean André Champsaur, Pierre Jean Marie Chance, Jean Charles et Augustin Pierre Degland. Elle est caractéristique de l'état d'affaissement moral qui atteint une partie des jeunes conscrits, arrachés de leurs foyers et jetés sur les routes de l'Europe. Les quatre soldats concernés sont nés entre 1791 et 1793. Le docteur Bompard en fait le sujet de sa thèse de médecine au lendemain de l'Empire, en s'appuyant sur les cas observés à l'hôpital d'Epinal en 1813[56]. Il décrit le dépérissement caractérisé par la perte d'appétit, par des vomissements et un état général qui se dégrade très rapidement. Les sources parlent aussi de nostalgie pour qualifier cet état, ou encore de marasme, terme qui apparaît à cinq reprises, en étant souvent associé à une fièvre. Dans tous les cas, cela signifie que ces soldats sont atteints de problèmes psychologiques, qu'ils dépriment et se laissent mourir[57]. De Larrey à Percy, les médecins ont décrit ces cas de nostalgie[58]. Pierre Jean Lecocq, né en 1791 à Cassel, dans le Nord, intègre au début du mois de mai 1813 la 11e compagnie du train des équipages militaires de la Garde, mais déserte le 28 mai suivant. Il entre le 27 juin à l'hôpital militaire de Francfort, et y meurt le 5 juillet 1813 « par suite de fièvre adynamique »[59]. Benoît Noyelle est également originaire du Nord. C'est un conscrit de 1814 qui a été enrôlé par anticipation. Il a donc dix-neuf ans et est qualifié de manouvrier, quand il intègre le 94e régiment d'infanterie de ligne en avril 1813. Entré le 4 août 1813 à l'hôpital militaire de Francfort, il y meurt le 15 août « des suites de fièvre et marasme »[60]. Il en est de même de Martin Eleins, né à Ristertorf, dans le département des Forêts (Luxembourg), chasseur au sein du 7e régiment d'infanterie légère. Entré à l'hôpital de Francfort le 21 septembre

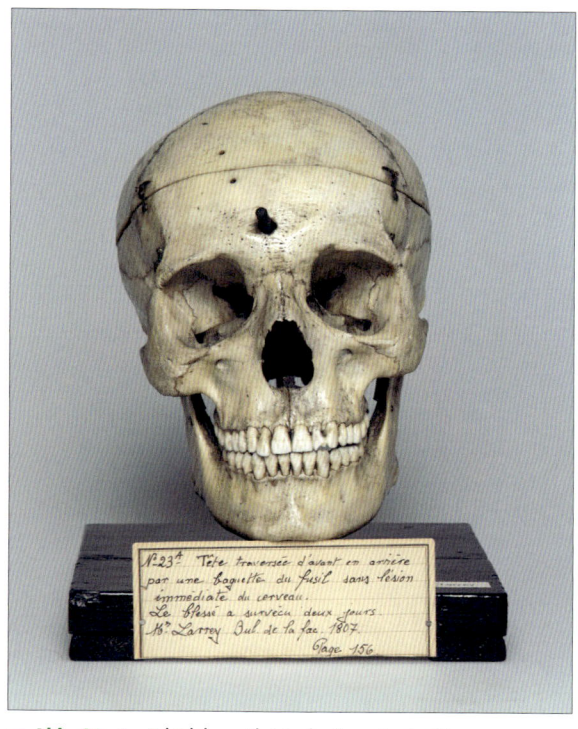

Abb. 26 Der Schädel von Christophe Cros, durchschlagen von einem Ladestock. Sammlung des Museums der medizinischen Fakultät der Sorbonne. | Le crâne de Christophe Cros, transpercé par une barre. Collection du musée de la Faculté de médecine de la Sorbonne. Numéro d'inventaire SU.MD.P.2015.0.2902. © Collections médicales de Sorbonne Université, Pôle Collections scientifiques et patrimoine, Bibliothèque de Sorbonne Université.

1813, il meurt deux jours plus tard « par suite de fièvre et marasme »[61].

Trois soldats meurent de dysenterie, à l'image de Léonard Larcher, conscrit de 1813, soldat au 66e régiment d'infanterie, de Jacques Louis Royer, fusilier au 138e ou encore de Jean Courvalin, du 96e de ligne[62]. Trois autres meurent de « consomption », terme d'époque désignant un affaiblissement général pouvant tout aussi bien être associé à la tuberculose ou à l'une ou l'autre fièvre évoquée précédemment. Cinq soldats sont atteints de phtisie, autrement dit la tuberculose, Ces deux maladies se propagent également du fait des mauvaises conditions de logement, d'alimentation et d'hygiène. Certaines causes peuvent se cumuler. Jean Paupy, conscrit de 1809, qui appartient à la jeune Garde, entre à l'hôpital en mars 1813 et y meurt en juin, des suites de ses blessures et de phtisie. Jean Courvalin avait aussi été blessé. Faisons désormais plus ample connaissance avec ces victimes.

■ **Abb. 27** Französische Infanteristen im Lager. Aus: Kriegsszenen aus den Jahren 1813–1815, Tafel 5. Druckgraphik von Leopold Beyer, entstanden 1815–1820. | Fantassins français dans un camp. Extrait de: Scènes de guerre des années 1813–1815 (Kriegsszenen aus den Jahren 1813–1815), planche 5. Gravure de Leopold Beyer, réalisée entre 1815 et 1820. DHM, MGr 54/118.5, © bpk / Deutsches Historisches Museum / Sebastian Ahlers.

ein, von wo er 1804 in die 6. Kompanie der berittenen Jäger der kaiserlichen Garde wechselte. Er nahm an allen Feldzügen von 1805 bis 1809 sowie am Russlandfeldzug teil. Im Jahr 1809 erhielt er sogar die Ehrenlegion, wurde aber nie zum Unteroffizier befördert[63]. Er erlag seinen Verletzungen am 11. April 1813 im Militärhospital in Frankfurt.

Die Durchsicht eines Verzeichnisses der Schützen der kaiserlichen Garde führte u. a. zur Bestimmung eines Soldaten, der den Russlandfeldzug absolviert hatte, und drei weiterer, die am Polenfeldzug teilgenommen hatten, doch wurden sie nicht in die Auswahl einbezogen, da ihr Tod in Frankfurt nicht belegt ist. Vincent Bistolfo, geboren am 17. Juli 1789 in Orti im piemontesischen Departement Marengo, das dem Kaiserreich angegliedert wurde, trat am 03. Dezember 1808 in den Dienst der kaiserlichen Garde als allgemein Wehrpflichtiger, wechselte am 13. Februar 1809 zum 1. Regiment der Garde-Schützen und schließlich am 25. Januar 1813 zum 2. Regiment. Er nahm 1809 am Österreichfeldzug teil, kämpfte 1810 und 1811 in Spanien und 1812 in Russland. Das Matrikelbuch seines Regiments vermerkt, dass er am 15. März 1813 in Frankfurt zurückblieb, ohne Hinweis auf seinen Tod, wovon jedoch auszugehen ist[64]. In drei weiteren Fällen geben die Register an, dass unsere Männer den Polenfeldzug erlebten, was darauf hindeutet, dass sie die Memel nicht überquerten, obwohl sie die schwierigen Bedingungen der letzten Zeit des Rückzugs teilen mussten. Mit 20 Jahren trat François Boissière 1812 in der 60. Kohorte der Nationalgarde seinen Dienst an, bevor er am 09. August 1812 als Soldat dem 2. Regiment der Garde-Schützen zugeteilt wurde, wodurch er nicht mehr nach Russland gelangte. Er kam am 16. Februar 1813 im Frankfurter Krankenhaus an, ohne dass bekannt ist, was mit ihm danach geschah[65]. Pierre Bouju

Les morts du printemps

Une première vague de décès dans les hôpitaux de Francfort correspond aux premiers envois de troupes à partir de février 1813 puis à l'entrée en campagne de Napoléon au printemps 1813. Il faut en effet se départir de l'idée que les morts de Francfort seraient des rescapés de la campagne de Russie. Sur l'échantillon constitué, la participation à la campagne de Russie n'est stipulée que dans le cas de Jacques Hubert. Né le 2 février 1773 à Anneville (Seine-Maritime), il est entré en 1802 dans les Guides du général Murat, d'où il est passé en 1804, dans la Garde impériale, comme chasseur à la 6e compagnie des chasseurs à cheval. Il a fait a fait toutes les campagnes de 1805 à 1809, ainsi que la campagne de Russie. Il a même reçu la légion d'honneur en 1809, mais n'a jamais été promu sous-officier[63]. Il meurt le 11 avril 1813 à l'hôpital militaire de Francfort des suites de blessures.

Le dépouillement d'un registre des tirailleurs de la Garde impériale a aussi fait sortir un soldat ayant fait la campagne de Russie et trois autres la campagne de Pologne, mais ils n'ont pas été retenus dans l'échantillon, car leur mort à Francfort n'est pas attestée. Vincent Bistoflo, né le 17 juillet 1789 à Orti, dans le département piémontais de Marengo rattaché à l'Empire, est entré au service le 3 décembre 1808 au dépôt général des conscrits de la Garde impériale, puis est passé le 13 février 1809 au 1er régiment des tirailleurs de la Garde, enfin au 2e régiment le 25 janvier 1813. Il a fait la campagne d'Autriche en 1809, a combattu en Espagne de 1810 et 1811, puis a participé à la campagne de Russie en 1812. Le registre matricule de son régiment note qu'il est resté en arrière à Francfort le 15 mars 1813, sans qu'on puisse affirmer qu'il y soit mort, ce qui est toutefois probable[64]. Dans trois autres cas, les registres indiquent que nos hommes ont fait la campagne de Pologne, ce qui laisse entendre qu'ils n'ont pas franchi le Niémen, même s'ils ont dû partager les conditions difficiles des derniers temps de la retraite. François Boissière a vingt ans quand il entre au service en 1812 à la 60e cohorte de la Garde nationale, avant d'être affecté comme soldat au 2e régiment des tirailleurs de la Garde le 9 août 1812, ce qui ne lui a pas permis d'entrer en Russie. Il arrive à l'hôpital de Francfort le 16 février 1813, sans qu'on sache ce qu'il devient ensuite[65]. Pierre Bouju a un parcours similaire. Né le 12 novembre 1790 à Madré (Mayenne), entré au service au sein de la 69e cohorte de la Garde nationale, puis passé au 2e régiment des tirailleurs de la Garde en août 1812, il est envoyé en Pologne. Il entre à l'hôpital de Francfort le 16 février 1813. On perd ensuite sa trace également dans son village natal où il ne revient pas et où sa mort n'est pas notifiée[66]. Nicolas Bide est aussi un conscrit de 1812, entré au service en mai à la 64e cohorte de la Garde nationale. Il arrive le 12 août 1812 au 2e régiment des tirailleurs de la Garde, avec lequel il fait la campagne de Pologne. Il entre à l'hôpital de Francfort le 16 février 1813. On perd ensuite sa trace[67].

En revanche on peut parfaitement identifier onze décès datant du mois d'avril, preuve que les états officiels ont été minorés. Jean Baptiste Lavocat, né le 30 mai 1793 à Sauvage-Magny (Haute-Marne), était chasseur au 10e régiment d'infanterie légère. Il meurt le 3 avril 1813 à Francfort des suites de fièvres nerveuses[68]. Né le 15 avril 1792 à Marseille, Jean-André Champsaur était cuisinier avant d'entrer au corps en mai 1812. Il intègre le 2e régiment de voltigeurs de la garde impériale en octobre 1812. Entré à l'hôpital militaire de Francfort le 6 avril 1813, il y meurt deux jours plus tard, par suite de fièvres adynamiques[69]. Jean-Louis Boissey est né le 6 mars 1793 à Argentan (Orne) et est entré au service en novembre 1812 au dépôt général des conscrits de la Garde. Affecté comme soldat au 2e régiment des tirailleurs de la Garde, il passe au 4e régiment le 1er janvier 1813, puis au 6e le 18 janvier 1813. Il entre à l'hôpital militaire de Francfort le 13 avril 1813 et meurt dix jours plus tard, par suite de fièvre bilieuse[70]. Louis Gabriel Chenal, né le 15 novembre 1793 à Badonviller (Meurthe-et-Moselle), intègre en septembre 1812 le 1er régiment des fusiliers chasseurs de la Garde impériale. Entré à l'hôpital le 20 mars 1813, il y meurt le 27 avril 1813, par suite de fièvre et de marasme[71]. Augustin Pierre, Degland, né dans l'Aisne en 1793, était domestique, mais arborait un beau mètre 74. Entré au service le 3 décembre 1812, il intègre le régiment des fusiliers grenadiers de la Garde impériale. Il meurt le 19 avril 1813 par suite de fièvre adynamique[72]. François Fossier est également né dans l'Aisne en 1793. Domicilié à Troënes où il était scieur de long avant son incorporation, il intègre le 18e régiment d'infanterie de ligne le 2 décembre 1812. Il meurt à l'hôpital de Francfort le 11 avril 1813[73].

weist einen ähnlichen Werdegang auf. Er wurde am 12. November 1790 in Madré (Mayenne) geboren, trat seinen Dienst in der 69. Kohorte der Nationalgarde an und wechselte im August 1812 zum 2. Regiment der Garde-Schützen, bevor er nach Polen verlegt wurde. Am 16. Februar 1813 wurde er in das Frankfurter Lazarett aufgenommen. Danach verliert sich seine Spur, auch in seinem Heimatdorf, wohin er nicht zurückkehrte und wo sein Tod nicht gemeldet ist[66].

Auch Nicolas Bide ist ein Wehrpflichtiger des Jahrgangs 1812. Er trat im Mai in der 64. Kohorte der Nationalgarde in den Dienst ein. Am 12. August 1812 kam er zum 2. Regiment der Garde-Schützen, mit dem er in Polen ins Feld zog. Für den 16. Februar 1813 ist seine Aufnahme ins Frankfurter Lazarett vermerkt. Danach ist nichts mehr über ihn in Erfahrung zu bringen[67].

Im Gegensatz dazu kann man elf Todesfälle aus dem Monat April durchaus identifizieren. Jean Baptiste Lavocat, geboren am 30. Mai 1793 in Sauvage-Magny (Haute-Marne), diente als Jäger im 10. Regiment der leichten Infanterie. Er starb am 3. April 1813 in Frankfurt an den Folgen von Nervenfieber[68]. Der am 15. April 1792 in Marseille geborene Jean-André Champsaur arbeitete als Koch, bevor er im Mai 1812 in das Korps eintrat. Im Oktober 1812 kam er zum 2. Regiment der Voltigeurs de la garde impériale; sechs Monate später (06. April 1813) wurde er in das Frankfurter Militärhospital eingeliefert und starb dort zwei Tage später an adynamischem Fieber[69]. Jean-Louis Boissey hingegen, der am 06. März 1793 in Argentan (Orne) auf die Welt kam, trat im November 1812 seinen Dienst bei den Rekruten der Garde an. Als Soldat wurde er dem 2. Regiment der Garde-Schützen zugeteilt, wechselte am 01. Januar 1813 zum 4. Regiment und am 18. Januar 1813 schließlich zum 6. Am 13. April 1813 wurde er in das Militärhospital in Frankfurt gebracht, wo er zehn Tage später dem Gallenfieber erlag[70]. Louis Gabriel Chenal wurde am 15. November 1793 in Badonviller (Meurthe-et-Moselle) geboren. Im September 1812 trat er in das 1. Regiment der Füsilier-Jäger der kaiserlichen Garde ein. Er wurde am 20. März 1813 ins Lazarett eingeliefert und starb dort am 27. April 1813 an Fieber und Marasmus[71]. Augustin Pierre Degland kam 1793 im Departement Aisne zur Welt. Er war Hausangestellter, hatte aber eine stattliche Größe von 1,74 m. Er stieß am 03. Dezember 1812 zum Regiment der Füsilier-Grenadiere in der kaiserlichen Garde. Sein Tod trat am 19. April 1813 infolge eines adynamischen Fiebers ein[72]. Sein Landsmann François Fossier wohnte in Troënes, wo er vor seiner Einberufung als Langsäger tätig war, und trat am 02. Dezember 1812 in das 18. Regiment der Linieninfanterie ein. Er starb am 11. April 1813 im Lazarett in Frankfurt[73]. François Quenot, geboren 1788, Jäger im 6. Regiment der leichten Infanterie, starb am 12. April 1813 im Krankenhaus von Bockenheim. René Guillemet, geboren am 04. Dezember 1793 im Departement Maine-et-Loire, Voltigeur im 6. Regiment der kaiserlichen Garde, kam am 29. März 1813 in das Militärhospital in Frankfurt und starb dort am 04. April 1813 an Nervenfieber[74]. Jean Baptiste Martin, geboren 1793 in Haute-Saône, trat am 01. Dezember 1812 als Füsilier in das 103. Linieninfanterieregiment ein. Am 03. April 1813 wurde er in das Zivilkrankenhaus von Bockenheim (Frankfurt am Main) eingeliefert, wo er am 27. April 1813 einem Nervenfieber zum Opfer fiel[75]. Nur wenige Tage später, am 08. Mai, starb Louis François Barré, 1792 im Departement Oise geboren, Schütze im 4. Bataillon des 2. Regiments der kaiserlichen Garde, der am 18. April 1813 in das Frankfurter Krankenhaus Nr. 1 eingeliefert worden war, an Schwindsucht[76]. Jean Nicolas Boulay, geboren um 1791 in Le Tholy (Vogesen), Dienstantritt 1812 in der 17. Kohorte der Nationalgarde, am 02. Oktober 1812 als Schütze im 2. Regiment der Garde verzeichnet, starb am 30. Mai 1813 im Frankfurter Militärhospital[77]. Pierre Leroux, 1791 in der Bretagne zur Welt gekommen, trat Anfang 1813 in das 140. Infanterieregiment ein, nachdem er seit Mai 1812 in der Nationalgarde gedient hatte. Er nahm am Sachsenfeldzug und insbesondere an der Schlacht von Lützen teil und kam am 01. Juni 1813 in das Militärhospital in Frankfurt. Dort starb er am 15. Juni 1813 an einem Nervenfieber, das auf eine Schussverletzung bei Lützen am 02. Mai 1813 zurückzuführen war[78]. Jacques Doize stieß am 01. Januar 1813 als Füsilier zum 3. Bataillon des 36. Linieninfanterieregiments und wechselte später zum 4. Bataillon. Er starb am 23. Juni 1813 im Frankfurter Militärkrankenhaus an den Folgen eines Nervenfiebers[79].

Die Spuren der im Frühjahr durchgemachten Kämpfe finden sich bei 16 Soldaten unserer Gruppe. 14 von ihnen wurden in Lützen verwundet. Die Schlacht tobte am 02. Mai den ganzen Tag. Die Verluste auf französischer Seite werden auf 18.000 Mann geschätzt. Eini-

Abb. 28 Die Schlacht von Waterloo am 18.06.1815. Der unbekannte Künstler zeigt eindrücklich die vielfältigen Verletzungsgefahren auf dem Schlachtfeld. Lithographie von 1840. | Bataille de Waterloo le 18.06.1815. L'artiste inconnu montre de manière impressionnante les multiples risques de blessures sur le champ de bataille. Lithographie de 1840, © BIBLIOTHÈQUE NATIONALE, akg-images.

François Quenot, né en 1788, chasseur au 6ᵉ régiment d'infanterie légère, meurt le 12 avril 1813 à l'hôpital de Bockenheim. René Guillemet, né le 4 décembre 1793 dans le Maine-et-Loire, voltigeur au sein du 6ᵉ régiment de la Garde impériale, entré à l'hôpital militaire de Francfort le 29 mars 1813, y meurt le 4 avril 1813 des suites de fièvre nerveuse[74]. Jean Baptiste Martin, né en 1793 en Haute-Saône intègre l'armée le 1ᵉʳ décembre 1812, comme fusilier au sein du 103ᵉ régiment d'infanterie de ligne. Entré à l'hôpital civil de Bockenheim, près de la place de Francfort-sur-le-Main le 3 avril 1813, il y meurt le 27 avril 1813 par suite d'une fièvre nerveuse[75].

Quelques jours plus tard, le 8 mai, Louis François Barré, né dans l'Oise en 1792, tirailleur à au sein du 4ᵉ bataillon du 2ᵉ régiment des tirailleurs de la Garde Impériale, entré à l'hôpital de Francfort n°1 le 18 avril 1813, y meurt de phtisie[76]. Jean Nicolas Boulay, né vers 1791 à Le Tholy (Vosges), entré au service en 1812 à la 17ᵉ cohorte de la Garde nationale, puis tirailleur au 2ᵉ régiment de la Garde le 2 octobre 1812, meurt à l'hôpital militaire de Francfort le 30 mai 1813[77]. Pierre Leroux, né en 1791 en Bretagne, a intégré le 140ᵉ régiment d'infanterie au début de 1813 après avoir servi dans la Garde nationale depuis mai 1812. Il participe à la campagne de Saxe, et notamment à la bataille de Lutzen, puis entre à l'hôpital militaire de Francfort, le 1ᵉʳ juin 1813. Il y meurt le 15 juin 1813, par suite d'une fièvre nerveuse consécutive au coup de feu reçu à Lutzen le 2 mai 1813[78]. Arrivé le 1ᵉʳ janvier 1813 comme fusilier au 3ᵉ bataillon du 36ᵉ régiment d'Infanterie de ligne, Jacques Doize passe ensuite au 4ᵉ bataillon. Il meurt le 23 juin 1813 à l'hôpital militaire de Francfort où il était arrivé, des suites d'une fièvre nerveuse[79].

Les traces des combats subis au cours du printemps se retrouvent chez 16 soldats de notre échantillon. 14

Abb. 29 Zeichnung mit zwei verstümmelten Soldaten aus der Zeit der Revolution mit der Inschrift: »Reich mir deinen Arm, Kamerad«. Unter einem Schild mit der Aufschrift »A. Lescorpion, Händler«. Unsigniertes Aquarell. | Dessin représentant deux soldats mutilés de l'Epoche de la Révolution avec l'inscription: »Donnes-moi le bras camarade«. Sous un panneau portant l'inscription »A. Lescorpion, marchand«. Aquarelle non signée. © Stiftung Historische Kommission für die Rheinlande 1789–1815.

ge Regimenter, darunter das 135., verloren ein Viertel ihrer Mannschaftsstärke. Von den 14 Verwundeten in der Gruppe gehörten vier zur Garde, drei jeweils zum 65., 66. und 67. Linieninfanterieregiment, und sechs zu Regimentern, die erst kurz zuvor aus jungen Wehrpflichtigen gebildet worden waren. So sind das 136. Linienregiment mit drei Verwundeten, das 138. mit zwei Verwundeten und das 139. mit einem Verwundeten vertreten. Diese jungen Wehrpflichtigen hatten sich auf dem Schlachtfeld hervorgetan. Für die meisten war es ihre Feuertaufe. Napoleon würdigte sie in seinem Bulletin de la Grande Armée, das am Abend der Schlacht verfasst wurde, wie folgt: »Unsere jungen Soldaten haben die Gefahr außer Acht gelassen. Sie haben bei diesem großen Ereignis den ganzen Adel des französischen Blutes offenbart«[80]. Dieser Kampfeswille wurde mit zahlreichen Verletzungen bezahlt, deren Folgen teilweise noch Monate später zu spüren waren.

Lernen wir nun diese Verletzten von Lützen etwas besser kennen: François Brière war ein Wehrpflichtiger des Jahrgangs 1813, der vor seinem Eintritt in die Armee als Bauer in der Normandie beschäftigt war. Er wurde dem 138. Linienregiment zugeteilt und starb im Oktober, wobei nicht sicher ist, ob tatsächlich wegen der Verletzungen, die er bei Lützen erlitt[81]. Jean Charles, Militärjahrgang 1812 und ebenfalls Bauer, gehörte dem 136. Regiment an. Er überlebte seine Verwundung bei Lützen, fiel aber im Oktober einem Fieber zum Opfer. Pierre Louis Dumont gehörte demselben Regiment und dem Jahrgang 1809 an und wurde 1812 in die Nationalgarde einberufen, bevor er sich nach Deutschland geschickt sah. Er verstarb an den Folgen eines Brustschusses, der in Lützen auf ihn abgefeuert worden war[82].

Zwei Soldaten der Gruppe erlitten Verwundungen während der Schlacht von Bautzen am 20. und 21. Mai. Bei dieser Schlacht kamen – wie bei Lützen – hauptsächlich Infanterie und Artillerie zum Einsatz. Napoleons Armee war den Preußen und Russen zahlenmäßig weit überlegen: 180.000 Mann standen 100.000 gegenüber. So errang Napoleon den Sieg, aber unter erheblichen Verlusten (20.000 Mann) und ohne einen entscheidenden Vorteil daraus ziehen zu können, da er ohne Reiterei den zurückweichenden Truppen nicht nachjagen konnte.

Gilles Bernard Coiffe war am 19. Dezember 1789 in Montabard im Departement Orne geboren. Als Tagelöhner und Wehrpflichtiger von 1809 war er in jenem Jahr nicht ausgelost worden, sondern gehörte zu den 1812 eingezogenen Rekruten. Im Mai 1812 trat er in die 43. Kohorte der Nationalgarde ein, die ab Februar 1813 zur Bildung des 138. Infanterieregiments herangezogen wurde. Am 21. Mai 1813 erhielt er in der Schlacht von Bautzen einen Schuss in die linke Hand und starb am 21. Oktober 1813 im Frankfurter Militärhospital an den Folgen[83]. Jean Louis Dubost wurde am 04. Mai 1791 in Tollevast (Manche) geboren und war Hausangestellter. Er trat im April 1812 in die 42. Kohorte der Nationalgarde ein und wurde später in das neu gebildete 138. Linieninfanterieregiment eingegliedert. Am 21. Mai 1813 erlitt er in der Schlacht von Bautzen eine Verwundung, die er überlebte, aber nach einem Kopfschuss im Oktober starb er im Lazarett in Frankfurt[84].

sont blessés à Lutzen. La bataille a fait rage tout au long de la journée du 2 mai. Les pertes sont évaluées à 18 000 hommes côté français. Certains régiments, comme le 135e, ont perdu le quart de leur effectif. Parmi les 14 blessés de l'échantillon, 4 appartenaient à la Garde, trois à des régiments anciens, les 65e, 66e et 67e régiment d'infanterie de ligne, et six à des régiments récemment formés à partir de jeunes conscrits. Sont ainsi représentés le 136e régiment de ligne par trois blessés, le 138e par deux blessés et le 139e par un. Ces jeunes conscrits se sont fait remarquer sur le champ de bataille. Pour la plupart c'est leur baptême du feu. Napoléon leur rend hommage dans le Bulletin de la Grande Armée, rédigé au soir de la bataille: « Nos jeunes soldats ne considéraient pas le danger. Ils ont dans cette grande circonstance révélé toute la noblesse du sang français »[80]. Cette ardeur au combat se paie par de multiples blessures dont les effets se font sentir parfois plusieurs mois après. Mais faisons connaissance avec ces blessés de Lutzen. François Brière est un conscrit de 1813 qui était cultivateur en Normandie avant son entrée dans l'armée. Il a été affecté au 138e régiment de ligne. Il meurt en octobre sans qu'on puisse affirmer qu'il meure de la blessure reçue à Lutzen[81]. Jean Charles, conscrit de 1812, également cultivateur, fait partie du 136e régiment. Il survit à la blessure reçue à Lutzen, mais meurt de fièvre en octobre. Pierre Louis Dumont appartient au même régiment. C'est un conscrit de 1809 qui a été rappelé en 1812 dans la garde nationale avant d'être envoyé en Allemagne. Il meurt des suites d'un coup à la poitrine reçu à Lutzen[82].

Deux soldats de l'échantillon ont été blessés à la bataille de Bautzen, qui s'est déroulée les 20 mai et 21 mai. C'est une bataille qui engage essentiellement l'infanterie et l'artillerie, comme à Lutzen. L'armée de Napoléon est très supérieure en nombre à celle des Prussiens et des Russes, 180 000 hommes d'un côté, 100 000 de l'autre. Napoléon remporte la victoire, mais au prix de pertes considérables, 20 000 hommes, et sans pouvoir en tirer un avantage décisif faute d'une cavalerie susceptible de pourchasser les troupes en retraite. Gilles Bernard Coiffe est né 19 décembre 1789 à Montabard dans l'Orne. Journalier, conscrit de 1809, il n'avait pas été tiré au sort cette année-là, mais fait partie des conscrits enrôlés en 1812. Il intègre en mai 1812 la 43e cohorte de la Garde nationale qui participe à la formation au 138e régiment d'infanterie à partir de février 1813. Blessé à la bataille de Bautzen le 21 mai 1813, il meurt à l'hôpital militaire de Francfort, le 21 octobre 1813, des suites d'un coup de feu reçu à la main gauche[83]. Jean Louis Dubost, né le 4 mai 1791 à Tollevast (Manche), était domestique. Il entre en avril 1812 dans la 42e cohorte de la Garde nationale, puis intègre le 138e régiment d'infanterie de ligne à sa formation. Blessé à la bataille de Bautzen le 21 mai 1813, il survit à cette blessure, mais reçoit en octobre un coup de feu à la tête et meurt peu après à l'hôpital de Francfort[84].

Les morts de l'automne

On note un infléchissement de la mortalité au cours de l'été dû naturellement à l'arrêt des combats, mais aussi au ralentissement du mouvement des armées. Depuis le printemps, Metternich avait habilement laissé croire à Napoléon que l'Autriche resterait neutre dans le conflit en cours. En réalité des négociations avaient déjà été entreprises avec les alliés, mais il fallait à Metternich gagner du temps pour préparer son pays à la guerre. De son côté, Napoléon restait persuadé que le grand-père de son fils, c'est-à-dire l'empereur d'Autriche, ne pourrait se retourner contre lui, confiant dans la force du lien familial. C'est dans cette perspective qu'il accepte de signer, le 5 juin 1813, l'armistice de Pleiswiz qui doit favoriser la recherche d'une paix entre les belligérants, mais qui sert surtout de temps mort pour fourbir ses armes. Napoléon s'est installé à Dresde à partir du 10 juin, et y reçoit Metternich le 26. Metternich sort de leur long entretien plus décidé que jamais à gagner du temps, certain que la négociation en vue de la paix n'aboutira pas. Il accepte cependant de jouer les intermédiaires, une convention signé le 30 juin prévoyant l'organisation d'un congrès de la paix à Prague, donc en territoire autrichien. Le congrès ouvre le 29 juillet, mais il faut attendre le 8 août pour que Metternich communique à l'émissaire français, Caulaincourt, les exigences des alliés. Napoléon est prêt à quelques concessions, insuffisantes aux yeux des Autrichiens qui décident de déclarer officiellement la guerre à l'empire français le 12 août. Les alliés peuvent alors aligner 500 000 hommes, répartis en trois armées (armée du Nord sous Bernadotte, armée de Silésie sous Blücher,

Die Herbsttoten

Im Laufe des Sommers war ein Rückgang der Sterblichkeit zu verzeichnen, der natürlich auf die Einstellung der Kämpfe, aber auch auf die reduzierte Bewegung der Armeen zurückzuführen war. Seit dem Frühjahr hatte Metternich Napoleon geschickt in dem Glauben gelassen, Österreich bliebe im laufenden Konflikt neutral. In Wirklichkeit waren bereits Verhandlungen mit den Verbündeten aufgenommen worden, aber Metternich musste Zeit gewinnen, um sein Land auf den Krieg vorzubereiten. Napoleon war seinerseits weiterhin davon überzeugt, dass der Großvater seines Sohnes, d. h. der Kaiser von Österreich, sich nicht gegen ihn stellen könne, da er auf die Stärke der Familienbande vertraute. In diesem Sinne stimmte er am 05. Juni 1813 der Unterzeichnung des Waffenstillstands von Pläswitz zu, der die Bemühungen um einen Frieden zwischen den Kriegsparteien fördern sollte, der aber vor allem als Auszeit diente, um die eigenen Waffen zu schärfen. Napoleon hatte sich ab dem 10. Juni in Dresden niedergelassen und empfing Metternich dort am 26. des Monats. Nach einem langen Gespräch mit Napoleon war Metternich entschlossener denn je, Zeit zu gewinnen, und er war sich auch sicher, dass die Friedensverhandlungen nicht erfolgreich sein würden. Er erklärte sich jedoch bereit, als Vermittler zu fungieren, da ein am 30. Juni unterzeichnetes Abkommen einen Friedenskongress in Prag, also auf österreichischem Gebiet, vorsah. Der Kongress wurde am 29. Juli eröffnet, aber erst am 08. August teilte Metternich dem französischen Gesandten Caulaincourt die Forderungen der Verbündeten mit. Napoleon war zu einigen Zugeständnissen bereit, die in den Augen der Österreicher jedoch nicht ausreichten, sodass sie am 12. August beschlossen, dem französischen Kaiserreich offiziell den Krieg zu erklären. Die Alliierten konnten daraufhin 500.000 Mann aufstellen, die auf drei Armeen (Nordarmee unter Bernadotte, Schlesische Armee unter Blücher, Böhmische Armee unter Schwarzenberg) aufgeteilt waren. Auf französischer Seite hatte Napoleon seine Armee aufgestockt und konnte nun auf 440.000 Soldaten zählen. Er stellte auch eine Kavallerie neu zusammen, die er Marschall Murat unterstellte. Die Verstärkung des Sommers macht sich bei der Gruppe der 112 Toten von Frankfurt kaum bemerkbar. Nach dem Massenzustrom in den ersten Monaten des Jahres waren seit der Schlacht von Lützen nur sieben Soldaten in ein Korps eingetreten, davon fünf allein im Mai, ein weiterer im Juni und ein letzter im August. Die Soldaten, die nach der Wiederaufnahme der Kämpfe in der zweiten Augusthälfte dem Tod ins Auge blickten, waren also bereits seit dem Frühjahr in Deutschland.

Von den 52 Soldaten, die zwischen September und November starben, erlagen 19 einem Fieber und 18 den Folgen eines Schusses oder einer Verletzung, was wieder daran erinnert, dass auf den Schlachtfeldern weiterhin fast täglich gekämpft wurde. Im Vergleich zum Frühjahr starben mehr Menschen an Verletzungen als an Krankheiten, was wahrscheinlich auf die geringere Bedeutung psychologischer Faktoren zurückzuführen ist. In drei Fällen wurde Fieber mit Marasmus in Verbindung gebracht.

Verwundet wurde u. a. Thomas Achard aus dem Calvados, ein Karabinier im 36. Regiment der leichten Infanterie, der nach einem Schuss in den rechten Oberschenkel in Frankfurt starb[85]. Toussaint-Joseph Harfaut war noch keine 20 Jahre alt. Er stammte aus Nordfrankreich und arbeitete auf dem Bauernhof seiner Familie, entschied sich aber im Februar 1813 freiwillig, also ohne auf die Einberufung zu warten, für die Reservekompanie des Departements Nord. Er hoffte, so in seiner Region bleiben zu können, wurde aber im Juli als Füsilier zum 96. Linieninfanterieregiment abkommandiert. Nach seiner Verwundung in der Schlacht von Dresden gelang es ihm, bis nach Frankfurt durchzukommen, wo er am 17. September in das Krankenhaus Nr. 1 eingeliefert wurde. Dort starb er eine Woche später[86]. Jacques Bardet, geboren am 04. Januar 1793 in Aubigné im Departement Sarthe, kam am 03. Dezember 1812 zum 55. Infanterieregiment und starb am 17. Oktober 1813 im Lazarett in Frankfurt an den Folgen von Verletzungen, deren Ursache nicht näher erläutert wird[87]. Der bereits erwähnte Gilles Bernard Coiffe starb an den Folgen eines Schusses in die linke Hand, was beweist, dass schon eine leichtere Verletzung zum Tod führen konnte, wenn sich die Wunde infizierte[88]. Dasselbe gilt für François Migaud, der aus der Charente stammte und dem Rekrutenjahrgang 1814 angehörte. Er trat am 28. April 1813 in den Dienst des 64. Infanterieregiments und kam im September 1813 aufgrund eines Schusses in die linke Hand in das Lazarett in Frankfurt, wo er am 21. September starb[89]. Martin Roux aus dem Departement Ardèche,

armée de Bohême sous Schwarzenberg). Côté français, Napoléon a renforcé son armée et peut compter sur 440 000 soldats. Il a aussi recomposé une cavalerie confiée au maréchal Murat. Le renforcement de l'été ne se fait guère sentir sur l'échantillon des 112 morts de Francfort. Après l'arrivée massive des premiers mois de l'année, sept soldats seulement ont intégré leur corps depuis la bataille de Lutzen donc cinq au cours du seul mois de mai, un autre arrivant en juin, un dernier en août. Les soldats qui affrontent la mort après la reprise des combats dans la deuxième moitié du mois d'août étaient donc déjà en Allemagne depuis le printemps.

Sur 52 soldats morts de septembre à novembre, 19 ont succombé à une fièvre et 18 sont morts des suites d'un coup de feu ou d'une blessure, ce qui vient rappeler que l'on continue à se battre, presque quotidiennement, sur les champs de bataille. On meurt proportionnellement plus de blessures que de maladies par rapport au printemps, sans doute parce que les facteurs psychologiques sont moins prégnants. Encore relève-t-on que dans trois cas, la fièvre est associée au marasme.

Parmi les blessés, Thomas Achard, originaire du Calvados, carabinier au sein du 36ᵉ régiment d'infanterie légère, meurt à Francfort après avoir reçu un coup de feu à la cuisse droite[85]. Toussaint-Joseph Harfaut n'a pas vingt ans. Originaire du Nord, il travaillait la terre dans la ferme familiale, mais choisit de s'enrôler volontairement, donc sans attendre la conscription, au sein de la compagnie de réserve du département du nord en février 1813. Il espère ainsi rester dans sa région, mais il est envoyé en juillet comme fusilier au sein du 96ᵉ régiment d'infanterie de ligne. Blessé au cours de la bataille de Dresde, il parvient à gagner Francfort où il entre à l'hôpital n° 1 le 17 septembre. Il y meurt une semaine plus tard[86]. Jacques Bardet, né le 4 janvier 1793 à Aubigné dans la Sarthe, arrivé au 55ᵉ régiment d'infanterie le 3 décembre 1812, meurt à l'hôpital de Francfort le 17 octobre 1813 des suites de blessures, dont la nature n'est pas précisée[87]. Gilles Bernard Coiffe, déjà évoqué, est mort des suites d'un coup de feu reçu à la main gauche, signe qu'une blessure légère peut entraîner la mort, pour peu que la plaie s'infecte[88]. Il en est de même de François Migaud, originaire de Charente, de la classe 1814. Entré au service le 28 avril 1813, au 64ᵉ régiment d'infanterie, il est entré à l'hôpital de Francfort en septembre 1813 par suite d'un

■ **Abb. 30** Der Invalide. Aus Joseph-Louis-Hippolyte Bellangé »Uniformes de l'armée française de 1815 jusqu'à nos jours«, Tafel 86, entstanden 1815–1830. | L'invalide. De Joseph-Louis-Hippolyte Bellangé »Uniformes de l'armée française de 1815 jusqu'à nos jours«, planche 86, réalisée en 1815–1830. © Paris – Musée de l'Armée, Dist. RMN-Grand Palais / Émilie Cambier.

coup de feu à la main gauche et y est mort le 21 septembre[89]. L'Ardéchois Martin Roux, né en 1792, arrivé au corps le 30 mars 1812, au sein du 67ᵉ Régiment d'infanterie de ligne. Il meurt le 29 septembre 1813 à l'hôpital militaire de Francfort des suites de ses blessures[90]. Jean Victor Tocchia, originaire de Villard dans les Alpes-Maritimes, où il est né le 8 décembre 1792, cultivateur, entre au service au sein de la 26ᵉ cohorte de la garde nationale le 23 avril 1812, incluse, à partir de janvier 1813 dans le 156ᵉ régiment de ligne en février 1813. Il y est tambour dans la première compagnie du premier bataillon. Il meurt à la suite d'un coup de feu à la tête à l'hôpital de Francfort le 15 octobre 1813[91].

On relève aussi un cas particulier. Gilles Bourrasset, natif du Gard où il était menuisier, est un conscrit de 1813, mobilisé par anticipation et affecté le 8 novembre 1812 à la compagnie de réserve du Gard. Il est

geboren 1792, kam am 30. März 1812 zur Armee und gehörte dem 67. Linieninfanterieregiment an. Er starb am 29. September 1813 im Militärhospital in Frankfurt an den Folgen seiner Verletzungen[90]. Jean Victor Tocchia aus Villard in den Alpes-Maritimes, wo er am 08. Dezember 1792 geboren wurde und als Landwirt arbeitete, trat am 23. April 1812 seinen Dienst in der 26. Kohorte der Nationalgarde an, die ab Januar 1813 in das 156. Linienregiment eingegliedert wurde. Dort war er als Tambour in der ersten Kompanie des ersten Bataillons tätig. Er starb im Frankfurter Krankenhaus am 15. Oktober 1813 an den Folgen eines Kopfschusses[91].

Es gibt auch einen Sonderfall: Gilles Bourrasset, im Gard geboren, wo er dann als Schreiner arbeitete, wurde 1813 vorzeitig mobilisiert und am 8. November 1812 der Reservekompanie des Gard zugeteilt. Anschließend wurde er zum 103. Linieninfanterieregiment geschickt und kam am 28. August in Deutschland an. Am 17. November starb er an plötzlichem Herztod. Er war einer der letzten Toten des Korps, und starb im Übrigen in seiner Unterkunft in Kostheim, genauso wie Jean-François Thémé, dessen Leben am 27. November endete. In Frankfurt gab es also auch nach dem Abzug der französischen Truppen noch Todesfälle von Soldaten der französischen Armee. Jean Louis Dubost erlag am 12. November einem Kopfschuss im städtischen Krankenhaus. Er war am 29. Oktober dort eingeliefert worden. Über die Umstände seiner Verletzung gibt es keine weiteren Informationen.

So gut man auch die Spuren der in Lützen oder Bautzen erhaltenen Verwundungen hatte feststellen können, so sehr überrascht es, dass die großen Schlachten im zweiten Teil des Sachsenfeldzugs fast keine Erwähnung fanden. Lediglich die Schlacht von Dresden am 27. August taucht auf. Napoleon errang zwar den Sieg, ließ aber 8.000 Tote und Verwundete auf dem Schlachtfeld zurück. Unter ihnen war Toussaint Joseph Harfaut, der im Frankfurter Krankenhaus an den Folgen seiner in Dresden erlittenen Verletzung starb. Jean-François Thémé wurde im Matrikelbuch seines Regiments als bei der Schlacht von Dresden gefallen angegeben, starb aber tatsächlich im November in Kostheim. Es ist sehr wahrscheinlich, dass er in jener Schlacht schwer verwundet worden war. Eine weitere Fehlinformation bringt die Völkerschlacht bei Leipzig ins Spiel, die vom 16. bis 19. Oktober stattfand und mit einer Niederlage der napoleonischen Armeen endete[92]. René Charlemagne Séjourné wird im Matrikelbuch seines Regiments, des 7. Regiments der Garde-Schützen, als »nach der Schlacht von Leipzig abwesend« vermerkt. Tatsächlich wurde er am 03. April 1813 in das Frankfurter Lazarett eingeliefert und starb dort am 21. Mai an einem Gallenfieber. Auch von der Schlacht bei Hanau oder den Kämpfen um Frankfurt Ende Oktober findet sich keine einzige Erwähnung. In den Quellen über die Offiziere wird regelmäßig berichtet, dass diese Schlachten Opfer forderten. Es ist also unvorstellbar, dass kein Soldat, der in Leipzig, Hanau oder Frankfurt verwundet wurde, in einem der Lazarette der Stadt landete. Doch die Armee befand sich zu diesem Zeitpunkt auf dem Rückzug, die Matrikelbücher wurden immer schlechter geführt und die Sterbeurkunden wahrscheinlich nicht mehr ausgestellt. Die letzten Toten von Frankfurt sind uns also bis auf drei Ausnahmen entgangen, aber es hat sie mit Sicherheit gegeben. Man darf davon ausgehen, dass ihr Profil dem in den vorangegangenen Zeilen gezeichneten sehr ähnlich ist.

Manche erlagen auch immer noch verschiedenen Formen von Fieber. Augustin Joseph Bouteman, geboren am 21. Mai 1794 im nordfranzösischen Houplines, wo er als Tagelöhner arbeitete, Füsilier im 95. Linieninfanterieregiment, kam am 13. Oktober 1813 in das Frankfurter Lazarett und starb dort fünf Tage später an Nervenfieber[93]. Philippe Ruppin, im Dezember 1794 in den Ardennen geboren, kam am 08. April 1813 zum 3. Bataillon des 8. Linienregiments, auch Regiment de Condé genannt, und starb am 10. Oktober 1813 im Frankfurter Militärhospital an einem Fieber[94].

Der Anteil der Unteroffiziere

In den vorangegangenen Ausführungen wurden vorwiegend Truppenangehörige vorgestellt. Die untersuchte Gruppe umfasst jedoch auch sechs Unteroffiziere, die somit unterrepräsentiert sind. Die Kompanie ist das Grundelement der militärischen Organisation. In der Infanterie ist das Regiment in Bataillone gegliedert, deren Anzahl je nach Epoche variiert, wobei jedes Bataillon sechs Kompanien umfasst.

Die Kompanien zählen in der Regel drei Offiziere (einen befehlshabenden Hauptmann, einen Leutnant und einen Unterleutnant) sowie 96 Unteroffiziere und

ensuite envoyé au 103ᵉ régiment d'infanterie de ligne et arrive en Allemagne le 28 août. Le 17 novembre, il décède de mort subite. C'est l'un des derniers morts du corpus qui est du reste mort dans son cantonnement à Costheim, tout comme Jean-François Thémé, décédé le 27 novembre. On continue donc de mourir à Francfort après le départ des troupes françaises. Jean Louis Dubost meurt le 12 novembre d'un coup de feu reçu à la tête à l'hôpital de la ville. Il y était entré le 29 octobre. Rien ne précise les circonstances de sa blessure.

Autant on avait pu relever la trace de blessures reçues à Lutzen ou à Bautzen, autant on peut être surpris de la quasi absence de mentions aux grandes batailles de la deuxième partie de la campagne de Saxe. Seule apparaît la bataille de Dresde qui s'est déroulée le 27 août. Napoléon a remporté la victoire, mais a laissé tout de même 8000 morts et blessés sur le champ de bataille. Parmi eux figure Toussaint Joseph Harfaut qui meurt à l'hôpital de Francfort des suites d'une blessure reçue à Dresde. Quant à Jean-François Thémé, il est déclaré comme mort à la bataille de Dresde sur le registre matricule de son régiment, mais est en fait décédé à Cotsheim en novembre. Il est fort probable qu'il y avait été gravement blessé. C'est aussi une information erronée qui fait entrer en scène la bataille de Leipzig, « bataille des nations », qui eut lieu du 16 au 19 octobre et fut marquée par la défaite des armées napoléoniennes.[92] René Charlemagne Séjourné est noté, sur le registre matricule de son régiment, le 7ᵉ régiment des tirailleurs de la Garde, comme « absent après la bataille de Leipzig ». En fait il est entré à l'hôpital de Francfort le 3 avril 1813, et y est mort le 21 mai des suites d'une fièvre bilieuse. On ne trouve pas non plus la moindre mention de la bataille d'Hanau ni des combats qui ont eu lieu autour de Francfort à la fin du mois d'octobre. Les sources concernant les officiers mentionnent régulièrement ces batailles comme ayant fait des victimes. Donc il est impensable d'imaginer qu'aucun soldat blessé à Leipzig, Hanau ou Francfort n'ait atterri dans l'un des hôpitaux de la ville. Mais l'armée est alors en train de battre en retraite, les registres matricules sont de moins en moins bien tenus et les extraits mortuaires ne sont probablement plus rédigés. Les derniers morts de Francfort nous échappent donc, à trois exceptions près, mais ont bel et bien existé. Il est fort probable que leur profil soit très voisin de celui dessiné dans les lignes qui précèdent.

■ **Abb. 31** Der Invalide. Gezeichnet von Charlet Nicolas Toussaint, um 1823. | L'Invalide. Dessiné par Charlet Nicolas Toussaint, vers 1823. © Paris – Musée de l'Armée, Dist. RMN-Grand Palais / image musée de l'Armée.

On continue aussi de succomber à des fièvres. Augustin Joseph Bouteman, né le 21 mai 1794 à Houplines dans le Nord, où il était journalier, fusilier au 95ᵉ régiment d'infanterie de ligne, entre à l'hôpital de Francfort le 13 octobre 1813, et y meurt cinq jours après, des suites d'une fièvre nerveuse[93]. Philippe Ruppin, né en décembre 1794 dans les Ardennes, arrivé le 8 avril 1813 au 3ᵉ bataillon du 8ᵉ régiment de ligne, dit aussi régiment de Condé, meurt à l'hôpital militaire de Francfort le 10 octobre 1813, à la suite de fièvre[94].

La part des sous-officiers

Les remarques précédentes ont présenté essentiellement des hommes de troupes. Or l'échantillon comprend aussi six sous-officiers, catégorie qui est donc sous-représentée. En effet la compagnie est l'élément de base

Truppenangehörige (14 Unteroffiziere, 80 Soldaten und zwei Trommler). Der theoretische Anteil der Unteroffiziere beträgt somit 14,5 %. In der Gruppe von 112 Personen betrug ihr Anteil jedoch nur 5,3 % (4). Vermutlich ist sie zu klein, um endgültige Schlussfolgerungen zu ziehen, aber zunächst wollen wir die vier Männer näher beleuchten.

Feldwebel Denis Geret ist der älteste der Gruppe, da er im Oktober 1770 geboren wurde und mit 43 Jahren starb. Er stammte aus dem Departement Ain und arbeitete wahrscheinlich auf dem landwirtschaftlichen Betrieb seines Vaters, bevor er 1799 aufgrund der Anwendung des erst kürzlich verabschiedeten Jourdan-Gesetzes in die Armee eintrat. Am 01. November 1799 kam er zum Korps und war Soldat in der 89. Halbbrigade unter dem Kommando von Brigadechef Jean Baptiste Charnotet. Er nahm an dem von General Moreau geführten Feldzug in Deutschland teil, der am 03. Dezember 1800 mit dem Sieg von Hohenlinden endete. Er setzte seine Karriere zu Beginn des Konsulats fort und wurde am 03. April 1803, einen Monat vor der Wiederaufnahme des Krieges mit England, zum Korporal befördert. Bei der Neugründung der Regimenter im Jahr 1803 wurde das 89. Regiment nicht neu aufgestellt. Geret folgte Charnotet, der das Kommando über das 84. Linieninfanterieregiment übernahm, welches dem Armeekorps von General Bernadotte angegliedert war. Es sollte nach der Wiederaufnahme des Krieges mit England Hannover besetzen, bevor es einen der sieben Zweige der Grande Armée bildete, die Österreich überfiel und bei Austerlitz besiegte. Nach der Rückkehr aus dem Feldzug von 1805 wurde Geret in die Garnison von Nantes verlegt, wo sich das Depotbataillon des Regiments aufhielt. In Nantes heiratete er am 14. Mai 1810 Perrine David. Am 01. Mai 1812 wurde er zum Feldwebel befördert; dann war er an der Reorganisation der Armee nach dem Russlandfeldzug beteiligt, an dem er nicht teilgenommen hatte. Am 09. Mai 1812 wurde er in die 39. Kohorte der Nationalgarde versetzt. Als der 1. Verband dieser Kohorte in das neue 141. Linieninfanterieregiment eingegliedert wurde, fand er sich dort als Feldwebel in der ersten Kompanie des zweiten Bataillons wieder. Er führte seine beiden Trupps in den ersten Monaten des Sachsenfeldzugs und wurde im Kampf verwundet, wobei die Umstände unbekannt sind. Er starb am 07. Juli 1813 im Krankenhaus in Frankfurt[95].

Toussaint Leclerc, der aus der Nähe von Paris stammte, war 1813 einunddreißig Jahre alt. Er wurde am 21. September 1808, als die Behörden begannen, auf die älteren Jahrgänge zurückzugreifen, in die Reserveeinheit des Departements Seine-et-Oise einberufen, von wo aus er als Soldat zur 1. Kompanie des 2. Bataillons des Artilleriezugs der Garde wechselte.

Er nahm 1808 mit Napoleon am Spanienfeldzug teil und wurde nach seiner Rückkehr am 10. Februar 1809 zum Brigadier ernannt, bevor er nach Österreich aufbrach, wo er am 01. August 1809 zum Furier befördert wurde. Am 11. Mai 1811 wurde er schließlich Maréchal des Logis. Es ist nicht bekannt, womit er zwischen 1809 und 1813 beschäftigt war. Nicht ausgeschlossen scheint jedoch, dass er aus Russland zurückkehrte. Er soll am 03. Februar 1813 in das Frankfurter Lazarett eingeliefert worden sein, aber die Umstände seines Todes sind unklar. Laut der Sterbeurkunde des Krankenhauses starb er dort am 15. Mai an Fieber und Schwindsucht, aber im Matrikelbuch steht, dass er am 02. Mai in Lützen verwundet wurde. Sicher ist, dass sein Tod in Frankfurt eintrat[96].

Die beiden erwähnten Unteroffiziere besaßen eine gewisse Erfahrung und waren vor dem Russlandfeldzug befördert worden. Der Krieg schwächte die gesamte Führungsriege und zwang zur Rekrutierung neuer Unteroffiziere aus allen möglichen Bereichen. Unter diesem Gesichtspunkt bietet der Korporal Jean Tinnerotte ein originelles Profil. Er ist der einzige Soldat in der Gruppe, der aus den Landes und sogar aus ganz Aquitanien stammt, wo man sich bekanntermaßen gegen eine militärische Verpflichtung auflehnte[97]. Von dieser Tradition ist er nicht abgewichen. Aus Oeyregave stammend, wo er im Februar 1788 als Sohn eines Landarbeiters geboren wurde, galt er ab 1807 als diensttauglich und verließ im Gegensatz zu vielen seiner Altersgenossen sein Departement am 13. Juli 1807. Er wurde als Füsilier dem 24. Linieninfanterieregiment (2. Bataillon, 7. Kompanie) zugeteilt und traf am 24. August beim Korps ein, desertierte jedoch drei Tage später. Sofort wurde er von einem Kriegsrat angeklagt und in Abwesenheit zu fünf Jahren öffentlicher Arbeit und 1.500 Francs Geldstrafe verurteilt, eine Summe, die kein Bauernsohn aus den Landes zu diesem Zeitpunkt aufbringen konnte. Drei Jahre lang blieb er untergetaucht. Zweifellos kehrte er in seine Heimatregion zurück. Am 13. Februar 1810 schloss er sich laut dem Matrikelbuch freiwillig seinem

de l'organisation militaire. Dans l'infanterie, le régiment est structuré en bataillons dont le nombre varie selon les époques, chaque bataillon comprenant six compagnies. Les compagnies comptent en principe trois officiers (un capitaine qui la commande, un lieutenant et sous-lieutenant), et 96 sous-officiers et hommes de troupe (14 sous-officiers, 80 soldats et deux tambours). La part théorique des sous-officiers est donc de 14,5 %. Or dans l'échantillon de 112 individus, elle n'est que de 5,3 %. Sans doute l'échantillon est-il trop réduit pour en tirer des conclusions définitives, mais avant cela détaillons qui sont ces quatre hommes.

Le sergent Denis Geret est le doyen du groupe puisqu'il est né en octobre 1770 et a donc 43 ans. Originaire de l'Ain, il devait probablement travailler sur l'exploitation agricole de son père avant d'entrer dans l'armée en 1799, en vertu de l'application de la toute récente loi Jourdan. Arrivé au corps le 1er novembre 1799, il est alors soldat à la 89e demi-brigade, commandée par e chef de brigade Jean Baptiste Charnotet et participe à la campagne de 1800 en Allemagne conduite par le général Moreau, laquelle se solde par la victoire de Hohenlinden le 3 décembre 1800. Il poursuit sa carrière au début du Consulat et et est promu caporal le 3 avril 1803, un mois avant la reprise de la guerre avec l'Angleterre. Lors de la refondation des régiments en 1803, le 89e n'est pas reconstitué. Geret suit alors Charnotet qui prend le commandement du 84e régiment d'infanterie de ligne, lequel est rattaché au corps d'armée du général Bernadotte, chargé d'occuper le Hanovre après la reprise de la guerre avec l'Angleterre avant de former sur l'une des sept branches de la Grande Armée qui allaient fondre sur l'Autriche et l'emporter à Austerlitz. Au retour de la campagne de 1805, Géret est envoyé en garnison à Nantes, où séjourne le bataillon de dépôt du régiment. C'est à Nantes qu'il épouse le 14 mai 1810 Perrine David. Il est promu sergent le 1er mai 1812 et participe à la réorganisation de l'armée après la campagne de Russie à laquelle il n'a pas participé. Il est en effet muté à la 39e cohorte de la Garde nationale le 9 mai 1812, puis lorsque le 1er ban de cette cohorte est fondu dans le nouveau 141e régiment d'infanterie de ligne, il s'y retrouve comme sergent, à la 1ère compagnie du 2e bataillon. Il entraîne ses deux escouades dans les premiers mois de la campagne de Saxe et est blessé au combat, sans qu'on sache dans quelles circonstances. Il meurt à l'hôpital de Francfort le 7 juillet 1813[95].

Toussaint Leclerc, originaire de la région parisienne, a trente-et-un ans en 1813. Conscrit de 1803, il a été rappelé le 21 septembre 1808, quand les autorités commencent à puiser dans les classes antérieures, et est placé au sein du dépôt de réserve de la Seine-et-Oise, d'où il passe comme soldat à la 1ère compagnie du 2e bataillon du train d'artillerie de la Garde. Il fait la campagne d'Espagne avec Napoléon en 1808, puis à son retour est nommé brigadier le 10 février 1809, avant de partir en direction de l'Autriche où il grimpe encore les échelons en étant promu fourrier le 1er août 1809. Il devient enfin maréchal des logis le 11 mai 1811. On ignore ce qu'il a fait entre 1809 et 1813. Il n'est pas exclu qu'il revienne de Russie. Il serait entré à l'hôpital de Francfort le 3 février 1813, mais les circonstances de sa mort sont floues. Selon l'acte de décès délivré par l'hôpital, il y meurt le 15 mai par suite de fièvre et consomption, mais le registre matricule indique qu'il aurait été blessé à Lutzen le 2 mai. Ce qui est certain, c'est qu'il est mort à Francfort[96].

Les deux sous-officiers que l'on vient d'évoquer avaient une certaine expérience et avaient été promus avant la campagne de Russie. Celle-ci fragilise tout l'encadrement et oblige à recruter de nouveaux sous-officiers, en faisant feu de tout bois. De ce point de vue, le caporal Jean Tinnerotte offre un profil original. Il est, dans l'échantillon, le seul soldat originaire des Landes et même de l'Aquitaine, réputée pour être rebelle à l'engagement militaire[97]. Il n'a pas dérogé à cette tradition. Originaire de Oeyregave où il est né en février 1788, fils de laboureur, il est jugé bon pour le service dès 1807 et contrairement à beaucoup de ses congénères, part de son département le 13 juillet 1807. Il a été affecté comme fusilier au 24e régiment d'infanterie de ligne (2e bataillon, 7e compagnie). Arrive au corps le 24 août, mais déserte trois jours après. Il est immédiatement jugé par un conseil de guerre et condamné par contumace à cinq ans de travaux publics et 1500 francs d'amende, somme qu'aucun fils de paysan landais ne peut alors acquittée. Il se fait oublier pendant trois ans. Sans doute est-il rentré dans sa région natale. Le 13 février 1810, il rejoint volontairement son régiment d'après le registre matricule, à moins qu'il ait été récupéré par une de ces colonnes mobiles qui sillonnent alors le Sud-Ouest pour traquer

Abb. 32 Ambulanz in der Schlacht bei Hanau: Der französische Militärarzt Dominique Jean Larrey amputiert Kapitän R., 30. Oktober 1813. | Ambulance de la bataille de Hanau: le médecin militaire français Dominique Jean Larrey ampute le capitaine R., 30 octobre 1813. Musée du Service de Santé des Armées Paris. N° inv. 2006.1871. © akg-images.

Regiment an; möglicherweise wurde er auch von einer der mobilen Kolonnen aufgegriffen, die damals durch den ganzen Südwesten zogen, um Verweigerer und Deserteure aufzuspüren. Er wurde erneut vor Gericht gestellt und am 23. Februar freigesprochen. Daraufhin kehrte er zum 24. Regiment zurück und wechselte von einem Bataillon zum anderen. In den Jahren 1810 und 1811 kämpfte er in Spanien. Es ist nicht bekannt, was er 1812 unternahm. Vielleicht gehörte er zu den Soldaten aus Spanien, die in den ersten Monaten des Jahres 1812 an die russische Grenze verlegt wurden. Fest steht, dass er am Sachsenfeldzug teilnahm und im Juni 1813 in der 4. Kompanie des 3. Bataillons zum Gefreiten befördert wurde. Anfang August kam er aus unbekannten Gründen in das Würzburger Lazarett. Er muss dieses Krankenhaus wieder verlassen haben, da er am 25. August 1813 in das Frankfurter Krankenhaus eingeliefert wurde, wo er am 22. Oktober, also drei Tage nach der Niederlage in Leipzig, an Auszehrung starb[98].

Jean Cirode war der Sohn eines Lebensmittelhändlers in Issoudun, der offensichtlich nicht genug Geld hatte, um für ihn einen Ersatzmann zu stellen. Als Wehrpflichtiger von 1809 hatte er in diesem Jahr ein gutes Los gezogen, wurde aber wie viele andere dennoch zum Dienst eingezogen. Am 23. April 1812 wurde er in die Kohorte des Departements Indre der Nationalgarde aufgenommen und gehörte dann zum ersten Verband dieser Kohorte, die Anfang 1813 an der Bildung des 139. Linienregiments beteiligt sein sollte. Er wird im Matrikelbuch als Kaufmann bezeichnet, was voraussetzt, dass er lesen, schreiben und rechnen konnte, und wurde schon am 26. April zum Korporal-Quartiermeister ernannt, der sich um die Unterbringung und Verpflegung der Soldaten kümmerte. Sein Aufenthalt in Deutschland war nur von kurzer Dauer, denn er starb am 20. Juni 1813 im Frankfurter Militärhospital an Tuberkulose[99].

Denis Charles Lamprie weist ein recht ähnliches Profil auf. Aus der Nähe von Paris stammend, wurde er

■ **Abb. 33** Beschießung der Vorstadt Hanau, 30./31. Oktober 1813. Gemälde von Conrad Westermayr. | Bombardement du faubourg de Hanau, 30/31. Octobre 1813. Peinture de Conrad Westermayr. © Historisches Museum Hanau Schloss Philippsruhe / Hanauer Geschichtsverein 1844 e. V.

réfractaires et déserteurs. Il est rejugé et est acquitté le 23 février. Il réintègre lors le 24e régiment, passant d'un bataillon à l'autre. Il est toutefois envoyé en Espagne où il combat au cours des années 1810 et 1811. On ignore ce qu'il a fait en 1812. Peut-être fait-il partie des soldats d'Espagne envoyés à la frontière russe dans les premiers mois de 1812? Ce qui est certain, c'est qu'il participe à la campagne de Saxe, ce qui lui vaut d'être promu caporal en juin 1813, au sein de la 4e compagnie du 3e bataillon. Début août, il entre à l'hôpital de Wurzbourg pour une raison que l'on ignore. Il en est nécessairement sorti puisque le 25 août 1813, il entre à l'hôpital de Francfort où il meurt le 22 octobre, soit trois jours après la défaite de Leipzig, de consomption[98].

Jean Cirode est le fils d'un épicier d'Issoudun qui n'avait visiblement pas suffisamment d'argent pour lui acheter un remplaçant. Conscrit de 1809, il avait tiré un bon numéro cette année-là, mais est rappelé au service comme beaucoup d'autres. Il est versé dans la cohorte du département de l'Indre de la Garde nationale le 23 avril 1812, puis est compris dans le premier ban de cette cohorte qui doit participer à la formation du 139e régiment de ligne au début de 1813. Qualifié de marchand, sur le registre matricule, ce qui suppose qu'il sait lire, écrire et compter, il est très rapidement nommé caporal fourrier le 26 avril, le fourrier étant chargé de s'occuper du logement et du ravitaillement des soldats. Sa présence en Allemagne est brève, puisqu'il meurt à l'hôpital militaire de Francfort le 20 juin 1813 de phtisie[99].

Denis Charles Lamprie propose un profil assez voisin. Originaire de la région parisienne, conscrit de 1810, il est rappelé deux ans plus tard et par le biais de la Garde nationale et intégré fin janvier 1813 au 136e régiment d'infanterie. Fils de vigneron, issu d'une région où le taux d'alphabétisation est très supérieur à la moyenne nationale, il est rapidement repéré et immédiatement promu caporal. Il fait partie de ces jeunes conscrits qui prennent à cœur leur devoir à Lutzen, d'autant qu'il lui faut conduire au feu sa petite escouade. Il reçoit une balle à la cuisse gauche dont il ne guérira pas. Il a sans doute espéré que la blessure

1810 zum Wehrdienst verpflichtet. Zwei Jahre später wurde er über die Nationalgarde einberufen und Ende Januar 1813 in das 136. Infanterieregiment eingegliedert. Als Sohn eines Winzers aus einer Region, in der die Alphabetisierungsrate weit über dem Landesdurchschnitt lag, wurde er schnell entdeckt und umgehend zum Korporal befördert. Er gehörte zu jenen jungen Wehrpflichtigen, denen ihre Pflicht in Lützen am Herzen lag, umso mehr, als er seine kleine Truppe ins Feuer führen musste. Eine Kugel traf ihn in den linken Oberschenkel, wovon er sich nicht mehr erholte. Er hatte wohl auf die Heilung der Verletzung gehofft, aber angesichts der Verschlimmerung der Wunde kam er am 16. Juni 1813 in das Frankfurter Lazarett und starb dort am 09. Juli. Philippe Ruppen war mit seinem Geburtsdatum im Dezember 1794 der Jüngste der Gruppe. Wie sein Vater war er Glasarbeiter und trat am 08. April 1813 in das 8. Linienregiment ein. Er wurde von seinen Vorgesetzten sofort bemerkt und mit 18 Jahren zum Korporal befördert. Nach sechs Monaten Feldzug kam er erschöpft im Lazarett von Frankfurt an, wo er im Oktober einem Fieber erlag[100].

In Frankfurt gestorbene Offiziere

Obwohl die meisten der gefundenen Gebeine von Soldaten der Linie oder der Garde stammen, ließen auch mehrere Offiziere in Frankfurt ihr Leben, ohne dass bekannt wäre, wo sie beerdigt sind. Zu Beginn des 20. Jahrhunderts führte Aristide Martinien, Bibliothekar im Dépôt de la Guerre, dem Vorläufer des heutigen Service historique de la Défense in Vincennes, eine systematische Erfassung aller getöteten und verwundeten Offiziere der napoleonischen Armeen durch[101].

Hauptmann Prévost vom 3. Voltigeursregiment, das der Jungen Garde angehörte, wurde im Kampf bei Frankfurt am 30. Oktober 1813 getötet. Leutnant Chaussier vom 1. Regiment der Garde-Schützen kam bei Auseinandersetzungen vor Frankfurt am 31. Oktober 1813 ums Leben – zur gleichen Zeit wie Unterleutnant Duquesne vom 4. Regiment der Garde-Schützen.

Nicht einmal die Offiziere entgingen der damaligen Typhusplage. Jean-Baptiste Chicou, geboren am 13. August 1789 in Donzenac in der Corrèze, war Schüler der Pariser Soldatenschule und anschließend der Militärakademie, die zunächst in Fontainebleau und später in Saint-Cyr angesiedelt war und der Offiziersausbildung diente. Am 24. März 1809 wurde er als Unterleutnant dem 17. Regiment der leichten Infanterie zugeteilt, am 01. September 1811 folgte die Beförderung zum Leutnant, und am 21. April 1812 die Ernennung zum Adjutanten von General Bardet. Am 02. Oktober 1813 wurde er in das Frankfurter Lazarett eingeliefert und starb dort am 08. Oktober an einem »Nervenfieber«. General Bardet selbst wurde im Frankfurter Militärkrankenhaus behandelt, nachdem er in der Schlacht von Dennewitz am 6. September durch einen Schuss in das linke Bein verletzt worden war.

Am 15. November 1813 ereilte der Tod in Frankfurt auch Etienne François Denis de Coetlosquet. Er war 1756 in Morlaix geboren und unter dem Ancien Régime Hauptmann der Kavallerie. Er hatte sich geweigert auszuwandern und wurde während der Terrorherrschaft eine Zeit lang inhaftiert. Sein Schloss Coetlosquet und seine Ländereien im Finistère hatte er verkauft, um sich in Briare im Loiret niederzulassen. Während des Kaiserreichs nahm er das Amt als Kämmerer des Herzogs von Sachsen-Gotha an[102], was seinen Aufenthalt in Deutschland erklärt. Auf dem Rückweg nach Frankreich erlag er am 15. November 1813 dem Typhus. Sein Sohn war General de Coetlosquet, der sich in den wichtigsten Feldzügen des Kaiserreichs auszeichnete und seine Karriere auch während der Restauration fortsetzen konnte.

Auch General Louis Michel Antoine Sahuc blieb nicht vom Typhus verschont und starb im Alter von 58 Jahren. Als Offizier des Ancien Régime hatte er seine Karriere während der Revolution fortgesetzt und im April 1799 den Rang eines Brigadegenerals erreicht. Anschließend kämpfte er in der von General Moreau geführten Rheinarmee und nahm am 03. Dezember 1800 an der Schlacht von Hohenlinden teil. Im März 1802 wurde er in den Ruhestand versetzt und trat im Zuge der vom Ersten Konsul durchgeführten Säuberung des Tribunats, das die Gesetzesentwürfe der Regierung diskutieren sollte, in dieses Gremium ein. Bonaparte vertrieb seine Gegner daraus und verstärkte den Anteil des Militärs. General Sahuc kehrte jedoch 1805 in den Dienst zurück, und zwar in der 4. Dragonerdivision, die zum 7. Armeekorps unter dem Kommando von Marschall Augereau gehörte. Er war also nicht bei Austerlitz dabei, kannte allerdings bereits die Gegend um Frankfurt, in der das 7. Korps stationiert war. Nach

se cicatriserait, mais devant l'aggravation de la plaie, il entre à l'hôpital de Francfort le 16 juin 1813 et y meurt le 9 juillet. Philippe Ruppen est le benjamin du groupe, puisque né en décembre 1794. Ouvrier verrier comme son père, il intègre le 8e régiment de ligne le 8 avril 1813. Immédiatement repéré par ses supérieurs, il est désigné comme caporal, à 18 ans. Après six mois de campagne, épuisé, il entre à l'hôpital de Francfort où il décède de fièvre en octobre[100].

Les officiers morts à Francfort

Si la plupart des cadavres retrouvés appartiennent à des soldats de la ligne ou de la Garde, plusieurs officiers sont également décédés à Francfort, sans qu'on sache où ils ont été enterrés. Au début du XXe siècle, Aristide Martinien, bibliothécaire au Dépôt de la Guerre, ancêtre de l'actuel Service historique de la Défense à Vincennes, a effectué un relevé systématique de tous les officiers des armées napoléoniennes tués ou blessés[101].

Le capitaine Prévost, du 3e régiment de voltigeurs appartenant à la Jeune Garde, est tué lors du combat près de Francfort le 30 octobre 1813. Le lieutenant Chaussier, du 1er régiment des tirailleurs de la Garde, est tué au combat devant Francfort, 31 octobre 1813, en même temps que le sous-lieutenant Duquesne, du 4e régiment des tirailleurs de la Garde.

Mais les officiers n'échappent pas au fléau que représente alors le typhus. Jean-Baptiste Chicou, né le 13 août 1789 à Donzenac en Corrèze, a été élève du prytanée de Paris, puis de l'école spéciale militaire, installée d'abord à Fontainebleau, puis à Saint-Cyr et destinée à former les officiers. Affecté comme sous-lieutenant au 17e régiment d'infanterie légère le 24 mars 1809, il est promu lieutenant le 1er septembre 1811, et nommé aide de camp du général Bardet le 21 avril 1812. Il est admis à l'hôpital de Francfort le 2 octobre 1813, et y meurt le 8 à la suite d'une « fièvre nerveuse ». Le général Bardet a été lui-même soigné à l'hôpital de Francfort, après avoir été blessé d'un coup de feu à la jambe gauche à la bataille de Dennewitz le 6 septembre.

Le 15 novembre 1813, la mort frappe aussi à Francfort Etienne François Denis de Coetlosquet. Né en 1756 à Morlaix, capitaine de cavalerie sous l'Ancien Régime, il avait refusé d'émigrer et fut emprisonné un temps pendant la Terreur. Il avait vendu son château de Coetlosquet et les terres qu'il possédait dans le Finistère pour s'installer à Briare dans le Loiret. Sous l'Empire, il accepte la charge de chambellan du duc de Saxe-Gotha[102], ce qui explique qu'il séjourne en Allemagne. C'est en rentrant en France qu'il succombe au typhus le 15 novembre 1813. Il est le père du général de Coetlosquet qui s'est illustré dans les principales campagnes de l'Empire avant de poursuivre sa carrière sous la Restauration.

Le typhus n'épargne pas non plus le général Louis Michel Antoine Sahuc qui meurt à l'âge de 58 ans. Officier d'Ancien Régime, il avait poursuivi sa carrière sous la Révolution, accédant au grade de général de brigade en avril 1799. Il combat ensuite à l'armée du Rhin commandée par le général Moreau et participe à la bataille de Hohenlinden le 3 décembre 1800. Mis en non-activité en mars 1802, il fait son entrée au Tribunat, à l'occasion de l'épuration que vient d'effectuer le Premier consul au sein de cette assemblée censée discuter les projets de loi du gouvernement. Bonaparte en chasse ses opposants et y renforce la part des militaires. Le général Sahuc reprend toutefois du service en 1805, au sein de la 4e division de dragons qui appartient au 7e corps d'armée commandée par le maréchal Augereau. Il n'est donc pas présent à Austerlitz, mais découvre déjà la région de Francfort dans laquelle est stationné le 7e corps. À l'issue de la campagne, il est promu, en janvier 1806, général de division. Il participe à la campagne contre la Prusse, puis rentre en France en mai 1807 pour prendre le commandement de la 19e division militaire dont le siège est à Lyon. L'année suivante, il est élu député du Rhône au Corps législatif et fait baron d'empire, tout en continuant à servir, notamment à l'armée d'Italie au cours de la campagne de 1809. Il revient en France pour occuper les fonctions d'inspecteur de la remonte des chevaux. Il est enfin nommé en septembre 1812 inspecteur général des dépôts et hôpitaux entre le Rhin et l'Oder. C'est en exerçant ses fonctions qu'il contracte le typhus dont il meurt le 24 octobre 1813.

Les officiers, voire les officiers supérieurs, peuvent donc être victimes du typhus, mais dans une moindre mesure que les soldats. Ils ne sont pas soumis à la promiscuité qui prévaut pour les simples soldats et bénéficient de conditions d'hospitalisation bien meilleures.

Abschluss des Feldzugs wurde er im Januar 1806 zum Divisionsgeneral befördert. Er nahm am Feldzug gegen Preußen teil und kehrte im Mai 1807 nach Frankreich zurück, um das Kommando über die 19. Militärdivision mit Sitz in Lyon zu übernehmen. Im darauffolgenden Jahr wurde er zum Abgeordneten des Departements Rhône im Corps législatif gewählt und zum Baron d'Empire ernannt, wobei er weiterhin als General diente, unter anderem in der Italienarmee während des Feldzugs von 1809. Infolge seiner Rückkehr nach Frankreich bekleidete er das Amt des Inspektors für die Beschaffung von Pferden. Im September 1812 wurde er schließlich zum Generalinspektor der Depots und Lazarette zwischen Rhein und Oder ernannt. In der Ausübung seines Amtes erkrankte er an Typhus und starb daran am 24. Oktober 1813.

Offiziere und sogar höhere Offiziere konnten demnach sehr wohl Typhusopfer werden, wenn auch in geringerem Maße als Soldaten. Sie waren nicht der Enge ausgesetzt, die bei den einfachen Soldaten herrschte, und hatten viel bessere Krankenhausbedingungen. Außerdem musste die Verletzung wirklich schwerwiegend sein, damit sie überhaupt ein Krankenhaus aufsuchten. In vielen Fällen zogen sie es vor, sich in Privathaushalten behandeln zu lassen, wo sie auch die Dienste der Hausangestellten in Anspruch nahmen. Neben den drei Offizieren, die bei den Kämpfen um Frankfurt Ende Oktober umkamen, gab es demnach weitere 16 Offiziere mit Verwundungen bei denselben Kämpfen, wie zum Beispiel Louis Brisson, Leutnant im 5. Regiment der Garde-Schützen. Seine Leistungen während des Sachsenfeldzugs waren so herausragend, dass ihm im August die Ehrenlegion verliehen wurde. Am 1. November wurde er vor Frankfurt durch einen Schuss in den rechten Arm verwundet[103].

Die letzten Verstorbenen und das Schicksal der Vermissten

Napoleon, im November 1813 mit den Überresten der Grande Armée nach Paris zurückgekehrt, versuchte Anfang 1814 noch einmal, die Situation umzukehren, indem er eine neue Truppe aufstellte, wurde aber von der militärischen Macht seiner Gegner überwältigt und musste am 06. April 1814 abdanken. Sein Schicksal wurde durch den Vertrag von Fontainebleau besiegelt, der ihm allerdings die volle Souveränität über die Insel Elba zusprach, auf der er am 03. Mai an Land ging.

Gleichzeitig waren in Europa viele Menschen unterwegs: Die ausländischen Gefangenen kehrten in ihre Heimatländer zurück, während die französischen Gefangenen wieder Richtung Frankreich strebten[104]. In diesem Hin und Her sah Frankfurt die letzten Soldaten der Grande Armée sterben. Jean Boular war am 15. Dezember 1791 in Mars (Loire) in einer Bauernfamilie geboren. 1813 zur Armee einberufen, kam er am 12. Mai als Grenadier im 4. Bataillon zum 64. Infanterieregiment. Er nahm am Sachsenfeldzug teil und gehörte zu den 30.000 Soldaten, die unter dem Kommando von Marschall Gouvion Saint-Cyr die Verteidigung von Dresden übernahmen. Die Belagerung der sächsischen Stadt begann am 17. Oktober und endete mit der Kapitulation der französischen Armee. Boular geriet am 11. November 1813 in Kriegsgefangenschaft. Nach seiner Freilassung im Sommer 1814 schloss er sich einem der vielen Gefangenentransporte an, die nach Frankreich zurückgeschickt wurden. Er sollte die Heimat jedoch nie wiedersehen, denn er erkrankte, kam in eines der Frankfurter Lazarette und starb dort am 02. September 1814 an Typhus[105].

Andere Fälle bleiben rätselhaft. Was ist aus den zwölf Soldaten geworden, von denen elf aus der Garde stammten und von denen es vermutlich viele weitere gab, die alle in ein Frankfurter Lazarett eingeliefert wurden, deren Spur sich jedoch verliert? Étienne Berthier aus dem Departement Loire wurde 1791 geboren. Er kam am 12. Mai 1813 zum 64. Infanterieregiment und am 03. Juli ins Frankfurter Militärkrankenhaus. Am 14. August 1814 wurde er aus den Listen gestrichen[106]. Jean Bethis, im Dezember 1794 in Machecoul (Loire-Atlantique) geboren, wurde am 18. April 1813 zur kaiserlichen Garde eingezogen, von wo er am 20. April in das 4. Regiment der Garde-Schützen wechselte. Am 08. Juli 1813 wurde er in das Militärhospital in Frankfurt eingeliefert. Danach verliert sich seine Spur[107]. Er kehrte offenbar nicht in seine Heimatstadt zurück, ähnlich wie Jean Guillaume Bettorff, ein aus Holland stammender Wehrpflichtiger des Jahres 1814. Seine Geschichte ist auffallend, da er die königliche holländische Militärschule durchlaufen hatte und sich dann am 22. Februar 1811 freiwillig bei den holländischen Veliten der Garde meldete. Am 08. März 1813 wechselte er zum 7. Regiment der Garde-Schützen. Am 16. April 1813 wurde

■ **Abb. 34** Nach der Schlacht bei Borodino (an der Moskwa) am 07.09.1812. Der Ausschnitt zeigt zwei namentlich überlieferte Personengruppen: Links Dominique Larrey, leitender Chirurg der Armee, der General Morand behandelt, dessen Bruder neben ihm stirbt. Rechts nimmt der tödliche verwundete Ferdinand de Lariboisière Abschied von seinem Vater. Gemälde von Louis-François Lejeune, 1822. | Après la bataille de Borodino (sur la Moskova) le 07.09.1812. Le détail montre deux groupes de personnes dont le nom nous est parvenu: A gauche, Dominique Larrey, chirurgien en chef de l'armée, qui soigne le général Morand, dont le frère meurt à ses côtés. À droite, Ferdinand de Lariboisière, blessé à mort, prend congé de son père. Tableau de Louis-François Lejeune, 1822. © akg-images / Erich Lessing.

Par ailleurs, pour qu'ils se rendent à l'hôpital, il faut vraiment que la blessure soit grave. Dans de nombreux cas, ils préfèrent être soignés chez les particuliers qui les hébergent, profitant aussi des services de leur domestique. Ainsi, à côté des trois officiers tués au cours des combats menés autour de Francfort à la fin du mois d'octobre, on a pu relever le cas de seize autres officiers, blessés au cours des mêmes combats, à l'image de Louis Brisson, lieutenant au 5e régiment des tirailleurs de la Garde. Il s'illustre au cours de la campagne de Saxe au point d'être décoré de la légion d'honneur en août. Le 1er novembre, il est blessé devant Francfort d'un coup de feu au bras droit[103].

Les derniers trépassés et le sort des disparus

Rentré à Paris en novembre 1813, avec ce qu'il reste de la Grande Armée, Napoléon tente à nouveau de renverser la situation en réorganisant une armée au début de 1814, mais il est submergé par la puissance militaire de ses adversaires et doit abdiquer le 6 avril 1814. Son sort est scellé par le traité de Fontainebleau qui lui accorde en pleine souveraineté l'île d'Elbe où il débarque le 3 mai. Parallèlement un grand chassé-croisé s'opère. Les prisonniers étrangers regagnant leur pays d'origine, tandis que les prisonniers français rentrent en France[104]. C'est à cette occasion que Francfort voit mourir les derniers soldats de la Grande Armée. Jean, Boular était né le 15 décembre 1791 à Mars (Loire), dans une famille de paysans. Rappelé en

er ins Frankfurter Lazarett eingeliefert und verschwand danach.

Nicolas Bide, Sohn eines Pachtbauern aus dem Departement Nièvre, wurde am 12. August 1812 in das 12. Regiment der Garde-Schützen aufgenommen. Er nahm am Polenfeldzug von 1812 teil und kam am 16. Februar 1813 ins Krankenhaus in Frankfurt. Danach ist nichts mehr über ihn bekannt[108]. Louis Jacques Blemortier war als uneheliches Kind 1793 geboren und im Kinderheim in Meaux (Seine-et-Marne) aufgewachsen, wo er den Beruf des Schuhmachers erlernte. Am 17. Oktober 1811 trat er seinen Dienst bei den Pupilles de la Garde an und wechselte im April 1813 zum 9. Regiment der Garde-Schützen. Das Register berichtet, dass er am 01. November 1813 in Frankfurt zurückblieb. Das ist die letzte Nachricht über ihn[109].

Das Schweigen der Matrikelbücher bedeutet nicht, dass die Familien über den Tod des Soldaten uninformiert blieben. Tatsächlich finden sich zahlreiche Sterbeurkunden, die nicht in das Regimentsregister übertragen wurden, aber dem Heimatdepartement und manchmal auch den Geburtsgemeinden übermittelt wurden.

Die Studie über die 112 in Frankfurt verstorbenen Soldaten stützt sich auf 46 Sterbeurkunden. Nur zwölf wurden an die Rathäuser der Geburtsgemeinden weitergeleitet, 34 blieben im Hauptort, entweder weil die Urkunde an ein falsches Departement adressiert worden war oder weil der Name der Gemeinde falsch geschrieben wurde. Parallel dazu führte eine systematische Suche in den Zivilstandsregistern der Geburtsgemeinden der 112 Personen des Korpus – tatsächlich nur 108, da ein Zugriff auf die ausländischen Register nicht möglich war – zur Auffindung von 42 übertragenen Sterbeurkunden. Mehr als 60 % der Familien wurden somit nicht offiziell über den Tod ihres Sohnes oder Ehemanns informiert oder manchmal erst mit großer Verspätung. Drei Urkunden wurden Ende 1813, 14 im Jahr 1814, 12 im Jahr 1815, 6 im Jahr 1816, 1 im Jahr 1817, 3 im Jahr 1818 und weitere 3 im Jahr 1820, also sieben Jahre nach dem Tod der jungen Männer, übertragen.

Das Zivilgesetzbuch kennt jedoch klare Regeln: Solange der Tod einer Person nicht belegt ist, gilt sie als lebendig, was bedeutet, dass der Nachlass nicht in Anspruch genommen werden kann. In den meisten Fällen besaßen diese jungen Männer nichts Eigenes. Sie lebten bei ihren Eltern und hatten kein eigenes Vermögen. Mehr als die Hälfte von ihnen verstarb, ohne eine Spur zu hinterlassen, weder in den Standesämtern noch in den Registern, in denen die Hinterlassenschaften der Verstorbenen aufgeführt wurden. In den seltenen Fällen verheirateter Soldaten ist der Fall komplizierter. Das Fehlen einer Todesnachricht verhindert, dass der Nachlassprozess in Gang gesetzt wird, vor allem verbietet es den mutmaßlichen Witwen, erneut zu heiraten, da sie sonst der Bigamie angeklagt werden können[110].

Marie Suzanne Bon hatte Pierre Colson am 25. Juni 1805 in Saint-Mesmin im Departement Aube geheiratet. Das Paar hatte sechs Kinder, bevor Pierre 1813 als Ersatz für Jean Baptiste Laurent zur Armee ging. Seine Spur verliert sich in Frankfurt. Marie Suzanne strengte im Juni 1817 einen Prozess an, um den Tod ihres Mannes gerichtlich feststellen zu lassen. Das Urteil wurde am 14. August 1818 verkündet: Das Gericht kam nach einer Untersuchung zu dem Schluss, dass Pierre Colson am 01. Oktober 1813 auf dem Weg nach Frankfurt starb[111]. Seit dem 18. Oktober 1818 konnte Marie Suzanne daher den 38-jährigen Jacques Eloy ehelichen, der fünf Jahre jünger war als sie[112]. Louise Marolleau, die Witwe von Jacques Sarazin, wollte ebenfalls ein neues Leben beginnen und heiratete im März 1824 einen gewissen Pierre Prineau[113].

Andere Witwen blieben unverheiratet: Catherine Josèphe Vrignier ehelichte im April 1812 Nicolas Isidore Legrand, der im Januar 1813 in das 135. Linienregiment eintrat und im März aus dem Register gestrichen wurde, was beweist, dass er kein Lebenszeichen mehr von sich gegeben hatte[114]. 1838 beantragten seine Kinder bei Gericht die Anerkennung des Todes ihres Vaters, zweifellos um die Vererbung seiner wenigen Besitztümer zu erleichtern. Die anschließende Untersuchung ergab, dass er am 13. Mai 1813 in Frankfurt in der Nähe eines Waldes am Rande eines Grabens gestorben war[115]. Seine Witwe heiratete nicht wieder. Sie starb im Alter von 63 Jahren am 15. Oktober 1854 in ihrem Heimatdorf im Departement Oise und war als Hausfrau eingetragen. Zweifellos war sie eine der letzten, die sich an einen der Toten von Frankfurt erinnerte.

1813, il arrive au 64e régiment d'infanterie le 12 mai, comme grenadier au sein du 4e bataillon. Il participe à la campagne de Saxe et fait partie des 30 000 soldats qui assurent la défense de Dresde sous le commandement du maréchal Gouvion Saint-Cyr. Commencé le 17 octobre, le siège de Dresde s'achève par la capitulation de l'armée française. Boular est fait prisonnier de guerre le 11 novembre 1813. Libéré au cours de l'été 1814, il fait partie d'un des nombreux convois de prisonniers renvoyés en France, pays qu'il ne reverra pas. Malade, il est pris en charge à l'hôpital de Francfort, où il meurt du typhus le 2 septembre 1814[105].

Dans d'autres cas, le mystère demeure. Que sont devenus, ces douze soldats, dont onze issus de la Garde, parmi sans doute beaucoup d'autres, tous passés par l'un des hôpitaux de Francfort et dont on perd la trace. Étienne Berthier, originaire de la Loire, est né en 1791. Il arrive au 64e régiment d'infanterie le 12 mai 1813, puis entre à l'hôpital de Francfort le 3 juillet. Il est rayé des cadres, le 14 août 1814[106]. Jean Bethis, né à Machecoul (Loire-Atlantique) en décembre 1794, arrive le 18 avril 1813 au dépôt général des conscrits de la Garde impériale, d'où il passe le 20 avril au 4e régiment des tirailleurs de la Garde. Il entre à l'hôpital militaire de Francfort le 8 juillet 1813. On perd ensuite sa trace[107]. Il n'est apparemment pas rentré dans sa ville natale, comme celle de Jean Guillaume Bettorff, conscrit de 1814 originaire de Hollande. Il offre un profil original, car il est passé par l'école royale militaire hollandaise, puis s'est engagé volontairement le 22 février 1811 aux vélites hollandais des jeunes pupilles de la Garde. Il passe ensuite au 7e régiment des tirailleurs de la Garde le 8 mars 1813. Entré à l'hôpital de Francfort le 16 avril 1813, il disparaît ensuite. Nicolas Bide, fils d'un métayer de la Nièvre, est arrivé le 12 août 1812 au 12e régiment des tirailleurs de la Garde. Il a fait la campagne de 1812 en Pologne, et est entré à l'hôpital de Francfort le 16 février 1813. On perd ensuite sa trace[108]. Louis Jacques Blemortier, est un enfant naturel, né en 1793et élevé à l'hospice de Meaux (Seine-et-Marne), où il a appris le métier de cordonnier. Il entre au service le 17 octobre 1811 aux Pupilles de la Garde et passe en avril 1813 au 9e régiment des tirailleurs de la Garde. Le registre signale qu'il est resté en arrière à Francfort le 1er novembre 1813. On perd ensuite sa trace[109].

Le silence des registres matricules ne signifie pas que la mort du soldat n'a pas été annoncée aux familles. On retrouve en effet nombre d'extraits mortuaires qui n'ont pas donné lieu à une retranscription sur le registre du régiment, mais qui sont parvenus au département d'origine et parfois aux communes de naissance. L'étude conduite sur les 112 soldats morts à Francfort s'appuie sur 46 extraits mortuaires. Douze seulement ont été transmis aux mairies des communes de naissance, 34 restant au chef-lieu, soit parce que l'acte avait été adressé à un mauvais département, soit parce que le nom de la commune était mal orthographié. Parallèlement une recherche systématique dans les registres d'état-civil des communes de naissance des 112 individus du corpus, en fait 108 car il n'a pas été possible d'avoir accès aux registres des pays étrangers, a permis de retrouver 42 retranscriptions d'extraits mortuaires. Plus de 60 % des familles ne sont donc pas informées officiellement de la mort de leur fils. Et lorsqu'elles le sont, c'est parfois tardivement. Trois actes sont transcrits à la fin de 1813, 14 en 1814, 12 en 1815, 6 en 1816, 1 en 1817, 3 en 1818 et encore 3 en 1820, sept ans après la mort des jeunes gens concernés.

Or le Code civil est formel. Tant que le décès d'un individu n'est pas attesté, l'individu est réputé être vivant, ce qui signifie que la succession ne peut pas être engagée. Dans la plupart des cas, ces jeunes hommes ne possédaient rien en propre. Ils vivaient chez leur parent et n'avaient pas de patrimoine. Plus de la moitié ont disparu sans laisser de trace ni dans les registres d'état-civil, ni dans les registres de l'enregistrement où on consigne les biens laissés par les défunts. Le cas est plus complexe dans les cas, rares on l'a vu, des soldats mariés. L'absence de notification du décès empêche d'enclencher le processus de succession, mais surtout interdit aux veuves présumées de se remarier, au risque d'être accusées de bigamie[110].

Marie Suzanne Bon avait épousé Pierre Colson le 25 juin 1805 à Saint-Mesmin dans l'Aube. Le couple a eu six enfants, avant que Pierre ne parte à l'armée en 1813 en remplacement de Jean Baptiste Laurent. Il disparaît à Francfort sans laisser de trace. Marie Suzanne intente une action en justice en juin 1817 pour faire reconnaître la mort de son mari. Le jugement est rendu le 14 août 1818, et conclut après enquête à la mort de Pierre Colson le 1er octobre 1813 sur la route de Francfort[111]. Dès le 18 octobre 1818, elle peut épouser Jacques Eloy, âgé de 38 ans, mais son cadet de cinq ans[112]. Louise Marolleau, veuve de Jacques Sarazin,

Schluss

Die Untersuchung der im Jahr 2015 in Frankfurt gefundenen Überreste von 213 napoleonischen Soldaten erzählt die tragische Geschichte des Sachsenfeldzugs, der zwischen den dramatischen Kampfhandlungen in Russland, die alle Aufmerksamkeit auf sich zogen, und dem heroischen, aber verhängnisvollen Frankreichfeldzug lag. Durch die Mobilisierung von fast einer Million Mann in nur einem Jahr hoffte Napoleon, wieder die Oberhand zu erlangen. Er glaubte, dies im Frühjahr zu schaffen, als er unter enormen Verlusten die Schlachten von Lützen und Bautzen gewann, aber ohne Kavallerie nicht zu einem erfolgreichen Abschluss kam. Als die Kämpfe wiederaufgenommen wurden, siegte er Ende August bei Dresden erneut, aber seine Feldmarschälle wurden in den folgenden Tagen geschlagen und Napoleon selbst unterlag am 19. Oktober bei Leipzig.

Nach der Schlacht von Lützen wunderte er sich über den Kampfeseifer der jungen Wehrpflichtigen, ohne zu bemerken, dass sie den höchsten Preis der Schlacht zahlten. Der Feldzug von 1813 war einer der verlustreichsten unter Napoleon; dies wird bei der Erforschung der Matrikelbücher verschleiert, da sie nicht weitergeführt wurden. Die in Frankfurt verstorbenen Männer sind nur ein winziger Teil der während jenes Feldzugs niedergemähten Soldaten. Dennoch ähneln sich ihre Geschichten: Die Männer sind im Durchschnitt 22 Jahre alt, Wehrpflichtige des Jahrgangs 1813 oder sogar 1814, die vorzeitig einberufen wurden. Sie verfügten zudem über keinerlei Kriegserfahrung und lernten vor allem die Härte des Militärlebens kennen, die viele von ihnen, kaum dass sie in Frankfurt angekommen waren, ins Lazarett brachte. Während des Kaiserreichs wurden beachtliche Fortschritte bei der Versorgung verwundeter und kranker Soldaten gemacht, doch als zur Niederlage auch noch Typhus kam, wusste die Militärverwaltung nicht mehr damit umzugehen und warf das Handtuch, sodass die letzten Toten von Frankfurt nicht in den Quellen auftauchen. Es besteht jedoch kein Zweifel, dass ihr Schicksal dem der Soldaten, die vor Mitte Oktober 1813 starben, ziemlich ähnlich war.

cherche aussi à refaire sa vie et épouse en mars 1824 Pierre Prineau[113].

D'autres veuves ne se remarient pas. Catherine Josèphe Vrignier avait épousé en avril 1812 Nicolas Isidore Legrand qui intègre en janvier 1813 le 135e régiment de ligne, puis est rayé des contrôles en mars, preuve qu'il n'a plus donné signe de vie[114]. En 1838, ses enfants demandent à la justice de reconnaître le décès de leur père, sans doute pour faciliter la transmission de ses quelques biens. L'enquête qui est alors diligentée conclut qu'il est décédé à Francfort, le 13 mai 1813, près d'un bois au bord d'un fossé[115]. Sa veuve ne s'est pas remariée. Elle meurt à 63 ans, le 15 octobre 1854 dans son village natal de l'Oise, qualifiée de ménagère. Sans doute est-elle l'une des dernières à se souvenir de l'un des morts de Francfort.

Conclusion

L'étude des 213 corps de soldats napoléoniens retrouvés à Francfort en 2015 raconte une histoire tragique, celle de la campagne de Saxe, coincée entre la dramatique campagne de Russie qui a capté tous les projecteurs et l'héroïque, mais funeste, campagne de France. En mobilisant près d'un million d'hommes en un an, Napoléon a espéré reprendre le dessus. Il pense y parvenir au printemps, en remportant les batailles de Lutzen et Bautzen, au prix de pertes énormes, mais sans parvenir à conclure, faute de cavalerie. A la reprise des combats, il l'emporte encore à Dresde fin août, mais ses maréchaux sont battus dans les jours qui suivent et Napoléon est défait à Leipzig le 19 octobre.

Après Lutzen, il s'est émerveillé de l'ardeur des jeunes conscrits à se battre, sans noter qu'ils ont payé le plus lourd tribut à la bataille. La campagne de 1813 est l'une des plus meurtrières des campagnes napoléoniennes, ce que l'étude des registres matricules masque parce qu'ils ne sont plus tenus. Les hommes morts à Francfort ne sont qu'une infime partie des soldats fauchés au cours de la campagne de 1813. Mais tous se ressemblent. Ils ont en moyenne 22 ans, sont des conscrits de 1813, voire de 1814 appelés par anticipation, les plus anciens ayant été rappelés ou étant des remplaçants. Ils n'ont aucune expérience de la guerre et la découvre au printemps, puis à l'automne. Ils découvrent surtout la dureté de la vie militaire qui en conduit plus d'un, à peine arrivé à Francfort, à l'hôpital. Des progrès notables ont été faits sous l'Empire pour soigner les soldats blessés et malades, mais quand, à la défaite, s'ajoute le typhus, il est impossible de faire face, y compris dans l'administration militaire où on jette l'éponge, si bien que les derniers morts de Francfort n'apparaissent pas dans les sources, mais nul doute qu'ils ressemblent d'assez près à ceux qui sont décédés avant la mi-octobre 1813.

Liste der 112 in Frankfurt verstorbenen Soldaten

Abkürzungen:
AD: Archive der Departements, gefolgt vom Namen des Departements
AM: Gemeindearchive, gefolgt vom Ortsnamen
SHD: Service historique de la Défense (Vincennes), gefolgt von der Registernummer mit der Matrikelnummer. Alle genannten Register sind online auf der Website »Mémoires des hommes« einsehbar: https://www.memoiredeshommes.sga.defense.gouv.fr/fr/article.php?larub=202&titre=registres-de-controles-de-troupes-et-registres-matricules

Hinweis:
Wie bereits zu Beginn dieses Kapitels erläutert, sind die Hauptquellen, die zur Erstellung dieser Einträge herangezogen wurden, die Matrikelbücher der Linieninfanterieregimenter und die Register der Einheiten der kaiserlichen Garde. Die Matrikelbücher enthalten in der Regel den Namen und Nachnamen des Soldaten mit Geburtsort und den Namen von Vater und Mutter, seine Größe und eine Beschreibung seines Gesichts, seinen Beruf, den Zeitpunkt seines Eintritts in das Korps, seine Zuweisung zu einer militärischen Einheit und je nach Fall auch Angaben zu seinem Werdegang bis zum Ausscheiden aus dem Regiment. In einigen Fällen konnten Totenscheine gefunden werden. Sie werden in den Archiven der Departements aufbewahrt, sind aber nicht immer sehr genau. Sie geben jedoch den Geburtsort, die Zuweisung zu einer militärischen Einheit, die Einlieferung ins Krankenhaus und das Todesdatum an, das in den Matrikelregistern oft nicht vermerkt ist. Der Totenschein wurde im Frankfurter Krankenhaus vom Ökonomen erstellt, vom Kriegskommissar mit einem Sichtvermerk versehen und an den Hauptort des Departements des Geburtsortes des Verstorbenen gesandt, bevor er an den Bürgermeister der betreffenden Gemeinde weitergeleitet wurde; dieser übertrug ihn in das Personenstandsregister und teilte ihn den Eltern des verstorbenen Soldaten mit. Anhand dieser Daten wurden die Zivilstandsregister systematisch erforscht, um die Tauf- bzw. Geburtsurkunden - eventuell sogar die Heiratsurkunden - der Betroffenen zu finden, vor allem aber, um anhand der Zehnjahrestafeln zu überprüfen, ob die Sterbeurkunden übertragen worden waren. Die Berufe sind so angegeben, wie sie in der Urkunde stehen. Die Namen der Departements sind ihre heutigen Namen. Die Schreibweise der Soldatennamen wurde auf der Grundlage der Angaben in den Zivilstandsregistern manchmal korrigiert. Von diesen Daten ausgehend wurden die folgenden 112 Einträge zusammengestellt.

ACHARD Thomas, geboren am 3. Ventôse Jahr 2 (21. Februar 1794) in Sallen (Calvados), Sohn des Thomas Achard, Weber, und der Marie Rouxel. Karabinier in der 4. Kompanie der Karabiniere des 36. Regiments der leichten Infanterie. Verstorben im Militärkrankenhaus von Frankfurt am 10. Oktober 1813 (19 Jahre) an den Folgen eines Schusses in den rechten Oberschenkel. AD Calvados, Sallen, Geburtsurkunde und Übertragung des Totenscheins am 25. Juni 1815.

ARNOUX Jean Mathieu, geboren am 5. Oktober 1785 in Saint-André-de-Rosans (Hautes-Alpes), Sohn des Jacques Arnoux und der Hélène Cousin. 165 cm. Weber. Rekrut des Jahrgangs 1806. Heiratet am 14. September 1809 in Orpierre (Hautes-Alpes) Jeanne Marie Meffre. Ersatzmann im Jahr 1812, am 6. April 1812 eingegliedert in das 53. Linieninfanterieregiment, in dem auch sein Bruder Jean Pierre, 1792 geboren (Nr. 5735), dient. Wechselt zum 7. Linienregiment am 11. April 1813. Verstorben an Fieber im Lazarett von Frankfurt am 28. September 1813 (27 Jahre). AD Hautes-Alpes, Saint-André-de-Rosans, Taufschein, Orpierre, Heiratsurkunde; SHD, 21 YC 444, Nr. 5969, 21 YC 63, Nr. 11345.

ARRIAT François, geboren am 28. März 1793 in Champlemy (Nièvre), Sohn des Louis Arriat, Ölhersteller, und der Françoise Seraux. 164 cm. Am 11. Januar 1813 in das Heer eingetreten, dann zum 138. Regiment gesandt. Verstorben im Frankfurter Lazarett am 23. Oktober 1813 (20 Jahre) infolge von Verwundungen. AD Nièvre, Champlemy, Geburtsurkunde; SHD 21 YC 923, Nr. 3629.

BARDET Jacques, geboren am 4. Januar 1793 in Aubigné (Sarthe), Sohn des Jacques Bardet, Zimmermann, und der Marie Boitard. 158 cm. Landwirt. Am 3. Dezember 1812 in das 55. Linieninfanterieregiment eingetreten, verstorben im Militärkrankenhaus von Frankfurt am 17. Oktober 1813 (20 Jahre) an den Folgen von

Liste de 112 soldats morts à Francfort

Abréviations:

AD: Archives départementales, suivi du nom du département
AM: Archives municipales, suivi du nom de la ville
SHD: Service historique de la Défense (Vincennes), suivi de la côte du registre avec le numéro de matricule. Tous les registres cités sont consultables en ligne sur le site Mémoires des hommes https://www.memoiredeshommes.sga.defense.gouv.fr/fr/article.php?laub=202&titre=registres-de-controles-de-troupes-et-registres-matricules

Avertissement:

Comme cela a été expliqué au début de ce chapitre, les sources principales utilisées pour établir ces notices sont les registres matricules des régiments d'infanterie de ligne et les registres des unités de la Garde impériale. Les registres matricules indiquent généralement l'identité du soldat, avec son lieu de naissance et les noms de ses père et mère, sa taille et une description de son visage, son métier, la période de son arrivée au corps, son affectation, et selon les cas des éléments sur son parcours jusqu'à sa sortie du régiment. Dans certains cas, des extraits mortuaires ont pu être retrouvés. Ils sont conservés dans les Archives départementales, mais ne sont pas toujours très précis. Ils donnent toutefois le lieu de naissance, l'affectation militaire, l'entrée à l'hôpital et la date de la mort, alors qu'elle n'est souvent pas mentionnée dans les registres matricules. Ces extraits ont été rédigés à l'hôpital de Francfort par l'économe, visé par le commissaire des guerres et adressés au chef-lieu de département du lieu de naissance de l'individu, avant d'être réexpédié au maire de la commune concernée qui les retranscrit sur les registres d'état-civil et les communique aux parents des soldats décédés. A partir de ces données, les registres d'état-civil ont été systématiquement consultés pour retrouver l'acte de baptême ou de naissance des intéressés, éventuellement de mariage et surtout pour vérifier, via l'examen des tables décennales si l'acte de décès avait été transcrit. Les métiers sont indiqués tels qu'ils figurent sur l'acte. Le nom des départements est le nom actuel. L'orthographe des noms a parfois été corrigé en s'appuyant sur les registres d'état-civil. C'est à partir de ces données qu'ont été constituées les 112 notices qui suivent.

ACHARD Thomas, né le 3 ventôse an 2 (21 février 1794) à Sallen (Calvados), fils de Thomas Achard, tisserand, et de Marie Rouxel. Carabinier à la 4e compagnie des carabiniers du 36e régiment d'infanterie légère. Décédé à l'hôpital militaire de Francfort le 10 octobre 1813 (19 ans) des suites d'un coup de feu à la cuisse droite. AD Calvados, Sallen, acte de naissance et transcription de l'acte de décès du 25 juin 1815.

ARNOUX Jean Mathieu, né le 5 octobre 1785 à Saint-André-de-Rosans (Hautes-Alpes), fils de Jacques Arnoux et Hélène Cousin. 165 cm. Tisserand. Conscrit de 1806. Epouse le 14 septembre 1809 à Orpierre (Hautes-Alpes) Jeanne Marie Meffre. Remplaçant en 1812, incorporé au 53e régiment d'infanterie de ligne le 6 avril 1812 où il rejoint son frère Jean Pierre, né en 1792 (n° 5735). Passe au 7e régiment de ligne le 11 avril 1813. Mort par suite de fièvre à l'hôpital de Francfort, le 28 septembre 1813 (27 ans). AD Hautes-Alpes, Saint-André-de-Rosans, acte de baptême, Orpierre, acte de mariage; SHD, 21 YC 444, n° 5969, 21 YC 63, n° 11345.

ARRIAT François, né le 28 mars 1793 à Champlemy (Nièvre), fils de Louis Arriat, huilier, et Françoise Seraux, 164 cm. Arrivé au corps le 11 janvier 1813, avant d'intégrer le 138e régiment. Mort à l'hôpital de Francfort le 23 octobre 1813 (20 ans) par suite de blessures. AD Nièvre, Champlemy, acte de naissance; SHD 21 YC 923, n° 3629.

BARDET Jacques, né le 4 janvier 1793 à Aubigné (Sarthe), fils de Jacques Bardet, charpentier, et Marie Boitard. 158 cm. Cultivateur. Arrivé au 55e régiment d'infanterie de ligne le 3 décembre 1812, mort à l'hôpital de Francfort le 17 octobre 1813 (20 ans) des suites de blessures. AD Sarthe, acte de naissance et transcription de l'acte de décès du 16 octobre 1816; SHD, 21 YC 460, n° 9011.

Verwundungen. AD Sarthe, Geburtsurkunde und Übertragung des Totenscheins am 16. Oktober 1816; SHD, 21 YC 460, Nr. 9011.

BARRÉ Louis François, geboren in Acy-en-Multien (Oise) am 26. Mai 1792, Sohn des Louis Barré, Zimmermann, und der Françoise Pélagie Lhuillier. Schütze im 2. Regiment der Garde-Schützen, eingeliefert in das Lazarett Nr. 1 in Frankfurt am 18. April 1813, dort am 8. Mai 1813 (20 Jahre) an Tuberkulose gestorben. AD Oise, Acy, Taufschein und Übertragung des Totenscheins am 16. September 1813.

BARROIST Jean, geboren in Esves-le-Moutier (Indre-et-Loire) am 3. Nivôse Jahr 2 (23. Dezember 1793), Sohn des Louis Barois, Zimmermann, und der Jeanne Bonvalet. 163 cm. Landarbeiter. Rekrut des Jahrgangs 1813, am 30. November 1812 in das Heer eingetreten und in das 28. Linienregiment aufgenommen, dann am 17. Februar 1813 als Füsilier in das 43. Linieninfanterieregiment eingegliedert (4. Kompanie, 4. Bataillon). Am 2. April 1813 in das Lazarett Nr. 1 in Frankfurt aufgenommen, dort am 7. Juni an Tuberkulose verstorben (19 Jahre). AD Indre-et-Loire, Esves-le-Moutier, Geburtsurkunde, 3 R 41, Sterbeurkunde; SHD, 21 YC 261 Nr. 11073 und 21 YC 369, Nr. 10851.

BÉCARD Georges Edme, geboren am 27. Mai 1793 in Menil-Saint-Loup (Aube), Sohn des Edme Bécard, Mützenmacher, und der Geneviève Agnès Mennecier. 167 cm. Hausgehilfe. Am 5. März 1813 in das Heer eingetreten, Füsilier im 22. Linieninfanterieregiment (4. Kompanie, 4. Bataillon). Am 12. Mai 1813 ins Krankenhaus von Bockenheim aufgenommen, dort verstorben am 21. an Tuberkulose (19 Jahre). AD Aube, Menil-Saint-Loup, Geburtsurkunde, 8 R 18, Sterbeurkunde; SHD, 21 YC 204, Nr. 11170.

BERNIER Alexandre, geboren am 11. Nivôse Jahr 2 (31. Dezember 1793) in Creppeville (Seine-Maritime), Sohn des Nicolas Martin Bernier, Weber, und der Marie Madeleine Renaix. Karabinier im 3. Bataillon des 27. Regiments der leichten Infanterie. Am 5. Oktober 1813 ins Lazarett von Frankfurt aufgenommen, dort verstorben am 21. an Nervenfieber (19 Jahre). AD Seine-Maritime, Creppeville, Geburtsurkunde, 3 R 82, Sterbeurkunde.

BETOURNÉ François, geboren am 5. Brumaire Jahr 3 (26. Oktober 1794) in Haravilliers (Val d'Oise), Sohn des Nicolas Betourné, Arbeiter, und der Catherine Ozart. 170 cm. Fuhrmann. Rekrut des Jahrgangs 1814, am 15. April 1813 in das Heer eingetreten, Füsilier im 100. Linienregiment (2. Bataillon, 1. Kompanie). Am 16. September 1813 ins Lazarett Nr. 1 in Frankfurt aufgenommen, dort verstorben am 22. an einem Nervenfieber (18 Jahre). AD Yvelines, Haravilliers, Geburtsurkunde, 3 R 30, Sterbeurkunde; SHD, 21 YC 731, Nr. 4183 (zurückgeschickt).

BOISSEY Jean-Louis, geboren am 6. März 1793 in Urou-et-Crennes (Orne), Sohn des Charles Boissey, Maurer, und der Marie Jeanne Andrée Got, Rekrut des Jahrgangs 1813, schließt sich am 23. November 1812 den Rekruten der Garde an, wechselt am 25. Januar zum 2. Schützenregiment, dann zum 4. Regiment am 1. Januar 1813 und zum 6. am 18. Januar. Nimmt am Sachsenfeldzug teil. Am 13. April 1813 ins Frankfurter Lazarett aufgenommen, dort verstorben an einem Gallenfieber am 23. (20 Jahre). AD Orne, Urou-et-Crennes, Geburtsurkunde, Argentan, Übertragung des Totenscheins am 31. Dezember 1815; SHD, 20 YC 22, Nr. 7519.

BONGARD Jean, geboren am 6. August 1792 in Montlouis-sur-Loire (Indre-et-Loire), Sohn des Jean Bongard, Landarbeiter, und der Jeanne Dardeau. 155 cm. Winzer. Rekrut des Jahrgangs 1812, am 5. Dezember 1812 in das Heer eingetreten. Füsilier im 36. Linieninfanterieregiment (4. Kompanie, 4. Bataillon). Am 2. Oktober 1813 ins Lazarett Nr. 2 in Frankfurt aufgenommen, dort verstorben am 19. an Fieber und Marasmus (21 Jahre). AD Indre-et-Loire, Montlouis-sur-Loire, Taufschein und 3 R 41, Sterbeurkunde. SHD, 21 YC 324, Nr. 9498.

BOUJU Mathurin Michel, geboren am 20. September 1791 in Moncé-en-Belin (Sarthe), Sohn des Mathurin Bouju, Landwirt, und der Marie Roy. 153 cm. Landwirt. Am 8. März 1813 in das Heer eingetreten. Füsilier im 72. Linieninfanterieregiment. Am 21. Juli 1813 ins Lazarett Nr. 1 in Frankfurt aufgenommen, dort verstorben am 3. September 1813 (21 Jahre). AD Sarthe, Moncé-en-Belin, Taufschein; SHD, 21 YC 596, Nr. 11857.

BARRÉ Louis François, né à Acy-en-Multien (Oise) le 26 mai 1792, fils de Louis Barré, charpentier, et Françoise Pélagie Lhuillier. Tirailleur au 2e régiment des tirailleurs de la Garde, entré à l'hôpital de Francfort n°1 le 18 avril 1813, y est mort le 8 mai 1813 (20 ans) de phtisie. AD Oise, Acy, acte de baptême et transcription de l'acte mortuaire du 16 septembre 1813.

BARROIST Jean, né à Esves-le-Moutier (Indre-et-Loire) le 3 nivôse an 2 (23 décembre 1793), fils de Louis Barois, charpentier, et Jeanne Bonvalet. 163 cm. Laboureur. Conscrit de 1813, arrivé au corps le 30 novembre 1812 au sein du 28e de ligne, puis incorporé comme fusilier au 43e régiment d'infanterie de ligne (4e compagnie, 4e bataillon) le 17 février 1813. Entré à l'hôpital de Francfort n° 1 le 2 avril 1813, y est décédé le 7 juin de phtisie (19 ans). AD Indre-et-Loire, Esves-le-Moutier, acte de naissance, 3 R 41, extrait mortuaire; SHD, 21 YC 261 n° 11073 et 21 YC 369, n° 10851.

BÉCARD Georges Edme, né le 27 mai 1793 à Menil-Saint-Loup (Aube), fils de Edme Bécard, bonnetier, et Geneviève Agnès Mennecier. 167 cm. Domestique, Arrivé au corps le 5 mars 1813 fusilier au 22e régiment d'infanterie de ligne (4e compagnie, 4e bataillon). Entré à l'hôpital de Bockenheim à Francfort le 12 mai 1813, y est décédé le 21 de phtisie (19 ans). AD Aube, Menil-Saint-Loup, acte de naissance, 8 R 18, extrait mortuaire; SHD, 21 YC 204, n° 11170.

BERNIER Alexandre, né le 11 nivôse an 2 (31 décembre 1793) à Creppeville (Seine-Maritime), fils de Nicolas Martin Bernier, tisserand, et Marie Madeleine Renaix. Carabinier au 3e bataillon du 27e régiment d'infanterie légère. Entré à l'hôpital de Francfort le 5 octobre 1813, y est décédé le 21 par suite de fièvre nerveuse (19 ans). AD Seine-Maritime, Creppeville, acte de naissance, 3 R 82, extrait mortuaire.

BETOURNÉ François, né le 5 brumaire an 3 (26 octobre 1794) à Haravilliers (Val d'Oise), fils de Nicolas Betourné, manouvrier, et Catherine Ozart. 170 cm. Charretier. Conscrit de 1814, arrivé au corps le 15 avril 1813, fusilier au 100e régiment de ligne (2e bataillon, 1ère compagnie). Entré à l'hôpital de Francfort n° 1 le 16 septembre 1813, y est décédé le 22, d'une fièvre nerveuse (18 ans). AD Yvelines, Haravilliers, acte de naissance, 3 R 30, extrait mortuaire; SHD, 21 YC 731, n° 4183 (Retourné).

BOISSEY Jean-Louis, né le 6 mars 1793 à Urou-et-Crennes (Orne), fils de Charles Boissey, maçon, et Marie Jeanne Andrée Got, conscrit de 1813, arrivé le 23 novembre 1812 au dépôt général des conscrits de la Garde, passé le 25 janvier au 2e régiment des tirailleurs, puis au 4e régiment le 1er janvier 1813 et au 6e le 18 janvier. A fait la campagne de Saxe. Entré à l'hôpital de Francfort le 13 avril 1813, y est décédé le 23 par suite de fièvre bilieuse (20 ans). AD Orne, Urou-et-Crennes, acte de naissance, Argentan, transcription de l'acte mortuaire du 31 décembre 1815; SHD, 20 YC 22, n° 7519.

BONGARD Jean, né le 6 août 1792 à Montlouis-sur-Loire (Indre-et-Loire), fils de Jean Bongard, laboureur, et Jeanne Dardeau. 155 cm. Vigneron. Conscrit de 1812, arrivé au corps le 5 décembre 1812. Fusilier au 36e régiment d'infanterie de ligne (4e compagnie, 4e bataillon). Entré à l'hôpital militaire de Francfort n° 2 le 2 octobre 1813, y est décédé le 19, par suite de fièvre et marasme (21 ans). AD Indre-et-Loire, Montlouis-sur-Loire, acte de baptême et 3 R 41, extrait mortuaire. SHD, 21 YC 324, n° 9498.

BOUJU Mathurin Michel, né le 20 septembre 1791 à Moncé-en-Belin (Sarthe), fils de Mathurin Bouju, bordager, et Marie Roy. 153 cm. Cultivateur. Arrivé au corps le 8 mars 1813. Fusilier au 72e régiment d'infanterie de ligne. Entré à l'hôpital de Francfort n° 1, le 21 juillet 1813, y est décédé le 3 septembre 1813 (21 ans). AD Sarthe, Moncé-en-Belin, acte de baptême; SHD, 21 YC 596, n° 11857.

BOULARD Jean, geboren am 15. Dezember 1791 in Sevelinges (Loire), Sohn des Etienne Boulard und der Jeanne Poizat. 167 cm. Landwirt. Rekrut des Jahrgangs 1811, am 12. Mai 1813 in das Heer eingetreten, Grenadier im 64. Linieninfanterieregiment (4. Bataillon). Am 25. August 1813 ins Militärkrankenhaus von Frankfurt eingeliefert, dort verstorben am 2. September (21 Jahre). AD Loire, Sevelinges, Taufschein; SHD, 21 YC 539, Nr. 9981.

BOULAY Jean Nicolas, geboren um 1791 in Le Tholy (Vosges) [es gibt keine Pfarrregister, und auf seinem Matrikelschein ist das Geburtsdatum nicht angegeben], Sohn des Nicolas Boulay, Landwirt, und der Marie Anne Mangeolle. Nimmt 1812 seinen Dienst in der 17. Kohorte der kaiserlichen Garde auf, wechselt am 2. Oktober 1812 zum 2. Regiment der Garde-Schützen. Nimmt am Sachsenfeldzug teil. Verstorben im Militärhospital von Frankfurt am 30. Mai 1813 (22 Jahre). AD Vosges, Le Tholy; SHD, 20 YC 22, Nr. 9050.

BOURGUIGNON Jear Joseph, geboren am 23. Mai 1791 in Barezia (Jura), Sohn des Christophe Bourguignon, Zimmermann, und der Barbe Buffet. Rekrut des Jahrgangs 1810, nimmt seinen Dienst in der 21. Kohorte der Nationalgarde auf; tritt am 5. August 1812 ins 2. Regiment der Garde-Schützen ein. Nimmt am Polenfeldzug und 1813 am Sachsenfeldzug teil. Gestorben in Frankfurt am 19. Mai 1813 (21 Jahre). AD Jura, Baresia, Taufschein; SHD, 20 YC 22, Nr. 9495.

BOURRASSET Gilles, geboren am 24. November 1793 in Bouillargues (Gard), Sohn des Pierre Bourrasset, Tischler, und der Anre Mourier. 154 cm. Tischler. Rekrut des Jahrgangs 1813, nimmt seinen Dienst am 8. November 1812 in der Reservekompanie des Departement Gard auf, tritt am 15. August 1813 in das Heer ein, Füsilier im 103. Linieninfanterieregiment (2. Bataillon, 2. Kompanie). Eines plötzlichen Todes gestorben in der Unterkunft in Kostheim nahe Frankfurt am 17. November 1813 (19 Jahre). SHD, 21 YC 751, Nr. 10198.

BOURU Guillaume, geboren am 6. Oktober 1791 in Chaptelat (Haute-Vienne), Sohn des Léonard Bouru und der Catherine Deville. 170 cm. Hausgehilfe. Rekrut des Jahrgangs 1811. Eingetreten ins Rekrutenlager von Courbevoie am 19. Februar 1813. Voltigeur im 1. Regiment der Voltigeurs de la Garde impériale (2. Kompanie, 2. Bataillon) am 20. Februar 1813. In Lützen verwundet und am 2. Mai ins Lazarett der Stadt aufgenommen. Am 1. Juni 1813 ins Lazarett Nr. 1 in Frankfurt eingeliefert, dort gestorben am 18. Juli (21 Jahre) an den Folgen einer Verletzung des rechten Beins (Schusswunde während der Schlacht von Lützen am 2. Mai). AD Haute-Vienne, Chaptelat, Taufschein und 2 R 103, Sterbeurkunde; SHD, 20 YC 61, Nr. 1615.

BOUTEMAN Augustin Joseph, geboren am 2. Prairial Jahr 2 (21. Mai 1794) in Houplines (Nord), Sohn des François Joseph Bouteman, Tagelöhner, und der Marie Christine Dumez. 159 cm. Tagelöhner. Füsilier im 3. Bataillon des 95. Linieninfanterieregiments. Am 13. Oktober 1813 ins Lazarett von Frankfurt eingeliefert, gestorben am 18. Oktober 1813 (19 Jahre) an den Folgen eines Nervenfiebers. AD Nord, Houplines, Geburtsurkunde und Übertragung des Totenscheins am 10. Oktober 1814; SHD, 21 YC 715, Nr. 9331.

BRIÈRE François Honoré, geboren am 16. Mai 1793 in Avesé (Sarthe), Sohn des Noël Brière, Bauer, und der Françoise Brouard. 159 cm. Landwirt in Saint-Aignan (Orne). Rekrut des Jahrgangs 1813, am 28. Dezember 1812 in das Heer eingetreten, Füsilier im 138. Linieninfanterieregiment (3. Bataillon, 1. Kompanie). Verwundet bei der Schlacht von Lützen am 2. Mai 1813, gestorben im Lazarett von Frankfurt am 10. Oktober 1813 (20 Jahre). AD Sarthe, Avezé, Geburtsurkunde; SHD 21 YC 923, Nr. 2579.

BUGEAU Michel, geboren am 20. November 1791 in Saint-Hilaire-sur-Benèze (Indre), Sohn des Laurent Bugeau, Tagelöhner, und der Marie Barnaud. 164 cm. Landarbeiter. Rekrut des Jahrgangs 1811, am 17. April 1812 in das Heer eingetreten, Füsilier im 139. Linieninfanterieregiment (1. Kompanie, 4. Bataillon). Aufgenommen ins Lazarett von Frankfurt am 1. Mai 1813, dort gestorben am 2. Mai (21 Jahre). AD Indre, Saint-Hilaire-sur-Benèze, Taufschein und Übertragung des Totenscheins am 26. November 1815; SHD, 21 YC 926, Nr. 2215.

BOULARD Jean, né le 15 décembre 1791 à Sevelinges (Loire), fils d'Etienne Boulard et Jeanne Poizat. 167 cm. Laboureur. Conscrit de 1811, arrivé au corps le 12 mai 1813, grenadier au 64e régiment d'infanterie de ligne (4e bataillon). Entré à l'hôpital de Francfort le 25 août 1813, y est décédé le 2 septembre (21 ans). AD Loire, Sevelinges, acte de baptême; SHD, 21 YC 539, n° 9981.

BOULAY Jean Nicolas, né vers 1791 à Le Tholy (Vosges) [les registres paroissiaux sont inexistants et sa fiche matricule ne mentionne pas sa date de naissance], fils de Nicolas Boulay, cultivateur, et Marie Anne Mangeolle. Entré au service en 1812 à la 17e cohorte de la Garde nationale, puis passe au 2e régiment des tirailleurs de la Garde le 2 octobre 1812. A fait la campane de Saxe. Décédé à l'hôpital militaire de Francfort le 30 mai 1813 (22 ans). AD Vosges, Le Tholy; SHD, 20 YC 22, n° 9050.

BOURGUIGNON Jean Joseph, né le 23 mai 1791 à Barezia (Jura), fils de Christophe Bourguignon, charpentier, et Barbe Buffet. Conscrit de 1810, entré au service au sein de la 21e cohorte de la Garde nationale, arrivé le 5 août 1812 au sein du 2e régiment des tirailleurs de la Garde. A fait la campagne de Pologne, puis de Saxe en 1813. Mort à Francfort le 19 mai 1813 (21 ans). AD Jura, Baresia, acte de baptême; SHD, 20 YC 22, n° 9495.

BOURRASSET Gilles, né le 24 novembre 1793 à Bouillargues (Gard), fils de Pierre Bourrasset, menuisier, et Anne Mourier. 154 cm. Menuisier. Conscrit de 1813, entré au service le 8 novembre 1812 à la compagnie de réserve du Gard, arrivé au corps le 15 août 1813, fusilier au 103e régiment d'infanterie de ligne (2e bataillon, 2e compagnie). Décédé au logement à Costheim, près de Francfort, le 17 novembre 1813 (19 ans), de mort subite. SHD, 21 YC 751, n° 10198.

BOURU Guillaume, né le 6 octobre 1791 à Chaptelat (Haute-Vienne), fils de Léonard Bouru et de Catherine Deville. 1m70. Domestique. Conscrit de 1811. Arrivé à Courbevoie le 19 février 1813. Voltigeur au 1er régiment des voltigeurs de la Garde impériale (2e compagnie, 2e bataillon) le 20 février 1813. Blessé à Lutzen et admis à l'hôpital de cette ville le 2 mai. Entré à l'hôpital de Francfort n° 2 le 1er juin 1813, y est décédé le 18 juillet (21 ans) à la suite d'une blessure à la jambe droite (coup de feu reçu à la bataille de Lutzen le 2 mai). AD Haute-Vienne, Chaptelat, acte de baptême et 2 R 103, extrait mortuaire; SHD, 20 YC 61, n° 1615.

BOUTEMAN Augustin Joseph, né le 2 prairial an 2 (21 mai 1794) à Houplines (Nord), fils de François Joseph Bouteman, journalier, et Marie Christine Dumez. 159 cm. Journalier. Fusilier au 3e bataillon du 95e régiment d'infanterie de ligne. Entré à l'hôpital de Francfort le 13 octobre 1813, décédé le 18 octobre 1813 (19 ans), des suites d'une fièvre nerveuse. AD Nord, Houplines, acte de naissance et transcription de l'acte de décès du 10 octobre 1814; SHD, 21 YC 715, n° 9331.

BRIÈRE François Honoré, né le 16 mai 1793 à Avesé (Sarthe), fils de Noël Brière, bordager, et Françoise Brouard, 159 cm, cultivateur à Saint-Aignan (Orne). Conscrit de 1813, arrivé au corps le 28 décembre 1812, fusilier au 138e régiment d'infanterie de ligne (3e bataillon, 1ère compagnie). Blessé à la bataille de Lutzen le 2 mai 1813, mort à l'hôpital de Francfort le 10 octobre 1813 (20 ans). AD Sarthe, Avezé, acte de naissance; SHD 21 YC 923, n° 2579.

BUGEAU Michel, né le 20 novembre 1791 à Saint-Hilaire-sur-Benèze (Indre), fils de Laurent Bugeau, journalier, et Marie Barnaud. 164 cm. Laboureur. Conscrit de 1811, arrivé au corps le 17 avril 1812, fusilier au 139e régiment d'infanterie de ligne (1ère compagnie, 4e bataillon). Entré à l'hôpital de Francfort le 1er mai 1813, y est décédé le 2 (21 ans). AD Indre, Saint-Hilaire-sur-Benèze, acte de baptême et transcription de l'acte de décès du 26 novembre 1815; SHD, 21 YC 926, n° 2215.

CHAMPSAUR Jean André, geboren am 15. April 1792 in Marseille (Bouches-du-Rhône), Sohn des André Champsaur und der Madeleine Courrière. 166 cm. Koch. Tritt am 24. Mai 1812 den Dienst in der 6. Kohorte der Nationalgarde an. Am 1. Oktober 1812 in das Heer eingetreten. Voltigeur im 1. Bataillon des 2. Regiments der Voltigeurs de la Garde impériale. Eingeliefert ins Lazarett von Frankfurt am 6. April 1813, dort am 14. gestorben infolge eines adynamischen Fiebers (20 Jahre). SHD, 20 YC 64, Nr. 4361, AD Bouches-du-Rhône, 3 R 72, Sterbeurkunde.

CHANCÉ Pierre Jean Marie, geboren am 4. Juni 1790 in Rennes (Ille-et-Vilaine), Pfarrei Saint-Aubin, Sohn des Pierre Chancé, Tagelöhner, und der Perrine Sauvé. 146 cm. Freiwilliger in Rennes am 22. Juli 1811, Soldat im 47. Linieninfanterieregiment (2. Kompanie, 3. Bataillon). Eingeliefert ins Frankfurter Lazarett Nr. 1 am 22. Juni 1813, dort gestorben am 9. Juli an den Folgen eines Schusses in den Oberschenkel bei der Schlacht von Lützen (23 Jahre). AM Rennes, Pfarrei Saint-Aubin, Taufschein, AD Ille-et-Vilaine, 3 R 105, Sterbeurkunde; SHD, 21 YC 405, Nr. 7869.

CHARLES Jean, geboren am 30. Mai 1792 in Charnizay (Indre-et-Loire), Sohn des Jean Charles, Landarbeiter, und der Françoise Denis. 160 cm. Landarbeiter. Rekrut des Jahrgangs 1812, eingezogen in die 67. Kohorte der Nationalgarde, danach Voltigeur im 136. Linieninfanterieregiment (6. Kompanie, 4. Bataillon). Am 2. Mai in Lützen verwundet. Eingeliefert ins Lazarett von Frankfurt am 20. September 1813, dort verstorben am 1. Oktober an einem adynamischen Fieber (21 Jahre). AD Indre-et-Loire, 3 R 40, Sterbeurkunde; SHD, 21 YC 918, Nr. 1595.

CHENAL Louis Gabriel, geboren am 15. November 1793 in Badonviller (Meurthe-et-Moselle), Sohn des Louis Joseph Chenal, Landwirt, und der Marguerite Poinsot. 167 cm. Weber. In das Heer eingetreten am 25. September 1812, Füsilier-Jäger im 1. Bataillon des 1. Regiments der Füsilier-Jäger der kaiserlichen Garde. Eingeliefert ins Militärkrankenhaus von Frankfurt am 20. März 1813, gestorben am 27. April (19 Jahre) an Fieber und Marasmus. AD Meurthe-et-Moselle, Badonviller, Geburtsurkunde und Übertragung des Totenscheins am 16. Dezember 1814; SHD, 20 YC 50, Nr. 5962.

CIRODE Jean, geboren am 16. September 1789 in Issoudun (Indre), Sohn des Caterne Cirode, Lebensmittelhändler, und der Marguerite Daguin. 161 cm. Händler. Aufgenommen in die Kohorte des Departements Indre der Nationalgarde am 23. April 1812, danach Angehöriger des ersten Verbands dieser Kohorte, die Anfang 1813 zur Formierung des 139. Linienregiments beitragen sollte. Am 26. April zum Quartiermeister ernannt, gestorben im Frankfurter Lazarett am 20. Juni 1813 an Tuberkulose (23 Jahre). AD Indre, Issoudun, Pfarrei Saint-Denis, Taufschein; SHD, 21 YC 926, Nr. 2019.

COIFFE Gilles Bernard, geboren am 19. Dezember 1789 in Montabard (Orne), Sohn des Marin Coiffe, Tagelöhner, und der Marie Anne Bonvoisin. 159 cm. Tagelöhner, Rekrut des Jahrgangs 1809, in das Heer eingetreten am 19. Mai 1812, Soldat im 138. Infanterieregiment. Verwundet bei der Schlacht von Bautzen am 21. Mai 1813. Gestorben im Lazarett von Frankfurt am 21. Oktober 1813 an den Folgen einer Schussverletzung der linken Hand (23 Jahre). AD Orne, Montabard, Taufschein; SHD, 21 YC 923, Nr. 2250.

COLSON Pierre Nicolas Georges, geboren am 22. April 1782 in Saint-Mesmin (Aube), Sohn des Nicolas Colson, Mützenmacher, und der Marie Rose Berthelin. Heiratet am 25. Juni 1805 in Saint-Mesmin Marie Suzanne Bon (6 Kinder). 1813 zur Armee eingezogen als Ersatz für Jean Baptiste Laurent aus Saint-Basles. Am 21. Februar 1813 in das 17. Bataillon der 2. Kompanie des in Metz stationierten Train des équipages eingegliedert. Gestorben bei Frankfurt am 1. Oktober 1813. Seine Frau strengt im Juni 1817 ein Gerichtsverfahren zur Feststellung des Todes ihres Ehemannes an. Das Urteil wird am 14. August 1818 gesprochen und lautet nach entsprechenden Untersuchungen, dass Colson am 1. Oktober 1813 auf dem Weg nach Frankfurt gestorben ist (31 Jahre). AD Aube, Saint-Mesmin, Taufschein, Heiratsurkunde und Übertragung der Todeserklärung vom 14. August 1818.

CHAMPSAUR Jean André, né le 15 avril 1792 à Marseille (Bouches-du-Rhône), fils d'André Champsaur et Madeleine Courrière. 1m66. Cuisinier. Entré au service dans la 6e cohorte de la Garde nationale le 24 mai 1812. Arrivé au corps le 1er octobre 1812. Voltigeur à au premier bataillon du 2e régiment de voltigeurs de la Garde impériale. Entré à l'hôpital militaire de Francfort le 6 avril 1813, y est décédé le 14 par suite de fièvres adynamiques (20 ans). SHD, 20 YC 64, n° 4361, AD Bouches-du-Rhône, 3 R 72, extrait mortuaire.

CHANCÉ Pierre Jean Marie, né le 4 juin 1790 à Rennes (Ille-et-Vilaine), paroisse Saint-Aubin, fils de Pierre Chancé, journalier, et Perrine Sauvé. 146 cm. Engagé volontaire à la mairie de Rennes le 22 juillet 1811, soldat au 47e régiment d'infanterie de ligne (2e compagnie, 3e bataillon). Entré à l'hôpital de Francfort n° 1 le 22 juin 1813, y est décédé le 9 juillet des suites d'un coup de feu à la cuisse reçu à la bataille de Lutzen (23 ans). AM Rennes, paroisse Saint-Aubin, acte de baptême, AD Ille-et-Vilaine, 3 R 105, extrait mortuaire; SHD, 21 YC 405, n° 7869.

CHARLES Jean, né le 30 mai 1792 à Charnizay (Indre-et-Loire), fils de Jean Charles, laboureur, et Françoise Denis. 160 cm. Laboureur. Conscrit de 1812, enrôlé au sein de la 67e cohorte de la Garde nationale, puis voltigeur au 136e régiment d'infanterie de ligne (6e compagnie, 4e bataillon). Blessé le 2 mai à Lutzen. Entré à l'hôpital de Francfort le 20 septembre 1813, y est décédé le 1er octobre des suites d'une fièvre adynamique (21 ans). AD Indre-et-Loire, 3 R 40, extrait mortuaire; SHD, 21 YC 918, n° 1595.

CHENAL Louis Gabriel, né le 15 novembre 1793 à Badonviller (Meurthe-et-Moselle), fils de Louis Joseph Chenal, cultivateur, et Marguerite Poinsot. 167 cm. Tisserand. Arrivé au corps le 25 septembre 1812, fusilier chasseur au 1er bataillon du 1er régiment des fusiliers chasseurs de la Garde impériale. Entré à l'hôpital militaire de Francfort le 20 mars 1813, décédé le 27 avril (19 ans), par suite de fièvre et de marasme. AD Meurthe-et-Moselle, Badonviller, acte de naissance et transcription de l'acte de décès du 16 décembre 1814; SHD, 20 YC 50, n° 5962.

CIRODE Jean, né le 16 septembre 1789 à Issoudun (Indre), fils de Caterne Cirode, marchand épicier, et Marguerite Daguin. 161 cm. Marchand. Il est versé dans la cohorte du département de l'Indre de la Garde nationale le 23 avril 1812, puis est compris dans le premier ban de cette cohorte qui doit participer à la formation du 139e régiment de ligne au début de 1813. Nommé caporal fourrier le 26 avril, il meurt à l'hôpital militaire de Francfort le 20 juin 1813 de phtisie (23 ans). AD Indre, Issoudun, paroisse Saint-Denis, acte de baptême; SHD, 21 YC 926, n° 2019.

COIFFE Gilles Bernard, né 19 décembre 1789 à Montabard (Orne), fils de Marin Coiffe, journalier, et Marie Anne Bonvoisin. 159 cm. Journalier, conscrit de l'an 1809, arrivé au corps le 19 mai 1812, soldat au 138e régiment d'infanterie. Blessé à la bataille de Bautzen le 21 mai 1813. Décédé à l'hôpital militaire de Francfort, le 21 octobre 1813, des suites d'un coup de feu reçu à la main gauche (23 ans). AD Orne, Montabard, acte de baptême; SHD, 21 YC 923, n° 2250.

COLSON Pierre Nicolas Georges, né le 22 avril 1782 à Saint-Mesmin (Aube), fils de Nicolas Colson, bonnetier, et Marie Rose Berthelin. Marié le 25 juin 1805 à Saint-Mesmin, à Marie Suzanne Bon (6 enfants). Parti à l'armée en 1813 en remplacement de Jean Baptiste Laurent, de la commune de Saint-Basles. Incorporé le 21 février 1813 dans le 17e bataillon de la 2e compagnie du train des équipages, stationné à Metz. Décédé le 1er octobre 1813 près de Francfort. La femme de Colson a intenté une action en justice en juin 1817 pour faire reconnaître la mort de son mari. Le jugement est rendu le 14 août 1818, et conclut après enquête à la mort de Colson le 1er octobre 1813 sur la route de Francfort (31 ans). AD Aube, Saint-Mesmin, acte de baptême, de mariage et transcription de l'acte de décès du 14 août 1818.

COURVALIN Jean, geboren am 8. Februar 1793 in Neuvy-le-Roi (Indre-et-Loire), Sohn des René Courvalin, Maurer, und der Anne Barrat. Füsilier im 96. Linieninfanterieregiment (1. Kompanie, 4. Bataillon). Eingeliefert ins Lazarett von Frankfurt Nr. 1 am 20. August 1813, dort verstorben am 18. September (20 Jahre) an den Folgen von Ruhr und Verletzungen. AD Indre-et-Loire, Neuvy-le-Roi, Geburtsurkunde, 3 R 40, Sterbeurkunde.

DAMIEN Léonard, geboren am 1. September 1791 in Limoges (Haute-Vienne), Sohn des Joseph Damien und der Marie Amette. 165 cm. Füsilier im 139. Linieninfanterieregiment (4. Kompanie, 4. Bataillon). Eingeliefert ins Lazarett von Frankfurt am 1. Juni 1813, dort verstorben am 27. Juli (21 Jahre) an den Folgen eines Schusses ins rechte Knie während der Schlacht von Lützen. AD Haute-Vienne, 2 R 103, Sterbeurkunde; SHD, 21 YC 926, Nr. 2451.

DEGL'INNOCENTI Ferdinand genannt Le Cacao, außerehelich geboren am 30. April 1793 in Castiglion Fiorentino (Arno, Italien). 167 cm. Landarbeiter. Aus dem Heim von Castiglion Fiorentino am 19. Januar 1812 in die Pupilles de la Garde eingetreten, wird am 8. März 1813 Schütze im 7. Regiment der Garde-Schützen (4. Kompanie, 1. Bataillon). Aufgenommen ins Lazarett von Frankfurt am 6. April 1813, dort verstorben am 12. an Nervenfieber (19 Jahre). AD Orne, 1 R 28, Sterbeurkunde; SHD, 20 YC 24, Nr. 19974 und 20 YC 109, Nr. 6399.

DEGLAIRE Jean Baptiste, geboren am 4. August 1789 in Villers-sur-Bar (Ardennes), Sohn des Pierre Deglaire, Weber, und der Marie Marcelle Launois. Steinmetz. Heiratet am 6. Januar 1809 in Dom-le-Mesnil (Ardennes) Jeanne Marie Joly; eine 1810 geborene Tochter. Gestorben im Lazarett von Frankfurt am 10. Oktober 1813 (24 Jahre). AD Ardennes, Dom-le-Mesnil, Heiratsurkunde der Tochter, 5. September 1831.

DEGLAND Augustin Pierre, geboren am 8. Dezember 1793 in Epaux-Bézu (Aisne), Sohn des Jean Auguste Degland, vormals Priester, später Ritter des Templerordens, und der Marguerite Brismontier. 174 cm. Hausgehilfe. Nimmt am 3. Dezember 1812 den Dienst auf, wird am 16. in das Heer aufgenommen, Füsilier-Grenadier im 2. Bataillon des Regiments der Füsilier-Grenadiere der kaiserlichen Garde. Aufgenommen ins Militärhospital von Frankfurt am 13. März 1813, gestorben am 19. April 1813 infolge eines adynamischen Fiebers (19 Jahre). SHD, 20 YC 16, Nr. 7096; AD Aisne, Epaux-Bézu, Übertragung des Totenscheins im September 1815.

DESCOURT Julien, geboren am 13. Februar 1793 in Rennes (Ille-et-Vilaine), Sohn des Etienne Nicolas Decourt, Nagelschmied, und der Louise Guettre. 163 cm. Nagelschmied. Rekrut des Jahrgangs 1813, am 5. Dezember 1812 in das Heer eingetreten. Füsilier im 19. Linieninfanterieregiment (3. Kompanie, 2. Bataillon). Eingeliefert ins Lazarett von Frankfurt am 9. April 1813, dort verstorben am 21. an Nervenfieber (20 Jahre). AM Rennes, Geburtsurkunde; SHD, 21 YC 175, Nr. 11879; AD Ille-et-Vilaine, 3 R 107, Sterbeurkunde.

DIDRIT Jean Baptiste, geboren am 25. Messidor Jahr 2 (12. Juli 1794) in Flers-les-Lille (Nord), außerehelicher Sohn von Marie Rose Didrit. 167 cm. Tagelöhner. Rekrut des Jahrgangs 1814, am 13. April 1813 in das Heer eingetreten, Füsilier im 95. Linieninfanterieregiment (1. Kompanie, 3. Bataillon). Eingeliefert in das Lazarett von Frankfurt Nr. 2 am 25. Juni 1813, dort verstorben am 6. Juli an Nervenfieber (18 Jahre). AD Nord, Flers-les-Lille, Geburtsurkunde und Übertragung des Totenscheins am 7. Oktober 1814. SHD, 21 YC 715, Nr. 9399.

DILIGENT Pierre, geboren am 20. März 1788 in Polisot (Aube), Sohn des Pierre Diligent, Winzer, und der Marie Léo. 158 cm. Landarbeiter. Rekrut des Jahrgangs 1808, am 18. Mai 1810 in das Heer eingetreten, Voltigeur im 12. Linieninfanterieregiment (1. Bataillon, 6. Kompanie). Eingeliefert in das Lazarett von Frankfurt Nr. 1 am 16. Oktober 1813, dort verstorben am 21. an Nervenfieber (25 Jahre). AD Aube, Polisot, Taufschein, 8 R 18, Sterbeurkunde; SHD, 21 YC 109, Nr. 8988.

COURVALIN Jean, né le 8 février 1793 à Neuvy-le-Roi (Indre-et-Loire), fils de René Courvalin, maçon, et Anne Barrat. Fusilier au 96ᵉ régiment d'infanterie de ligne (1ᵉʳᵉ compagnie, 4ᵉ bataillon). Entré à l'hôpital de Francfort n° 1 le 20 août 1813, y est décédé le 18 septembre (20 ans), des suites de dysenterie et blessures. AD Indre-et-Loire, Neuvy-le-Roi, acte de naissance, 3 R 40, extrait mortuaire.

DAMIEN Léonard, né le 1ᵉʳ septembre 1791 à Limoges (Haute-Vienne), fils de Joseph Damien et Marie Amette. 165 cm. Fusilier au 139ᵉ régiment d'infanterie de ligne (4ᵉ compagnie, 4ᵉ bataillon). Entré à l'hôpital de Francfort le 1ᵉʳ juin 1813, y est décédé le 27 juillet (21 ans), des suites d'une blessure au genou droit consécutive à un coup de feu reçu au cours de la bataille de Lutzen. AD Haute-Vienne, 2 R 103, extrait mortuaire; SHD, 21 YC 926, n° 2451.

DEGL'INNOCINTI Ferdinand dit Le Cacao, né le 30 avril 1793 à Castiglione Fiorentino (Arno, Italie), enfant naturel. 167 cm. Laboureur. Incorporé venant de l'hospice de Castiglione Fiorentino, admis le 19 janvier 1812 aux Pupilles de la Garde, arrivé le 8 mars 1813 comme tirailleur au 7ᵉ régiment des tirailleurs de la Garde impériale (4ᵉ compagnie, 1ᵉʳ bataillon). Entré à l'hôpital de Francfort le 6 avril 1813, y est décédé le 12 des suites de fièvre nerveuse (19 ans). AD Orne, 1 R 28, extrait mortuaire; SHD, 20 YC 24, n° 19974 et 20 YC 109, n° 6399.

DEGLAIRE Jean Baptiste, né le 4 août 1789 à Villers-sur-Bar (Ardennes), fils de Pierre Deglaire, tisserand, et Marie Marcelle Launois. Tailleur de pierre. Marié le 6 janvier 1809 à Dom-le-Mesnil (Ardennes) avec Jeanne Marie Joly, 1 fille née en 1810. Décédé à l'hôpital de Francfort le 10 octobre 1813 (24 ans). AD Ardennes, Dom-le-Mesnil, acte de mariage de sa fille, 5 septembre 1831.

DEGLAND Augustin Pierre, né le 8 décembre 1793 à Epaux-Bézu (Aisne), fils de Jean Auguste Degland, ancien prêtre, plus tard chevalier de l'ordre du Temple, et Marguerite Brismontier. 174 cm. Domestique. Entré au service le 3 décembre 1812, arrivé au corps le 16, fusilier grenadier au 2ᵉ bataillon du régiment des fusiliers grenadiers de la Garde impériale. Entré à l'hôpital militaire de Francfort, le 13 mars 1813, décédé le 19 avril 1813 par suite de fièvre adynamique (19 ans). SHD, 20 YC 16, n° 7096; AD Aisne, Epaux-Bézu, transcription de de l'acte de décès de septembre 1815.

DESCOURT Julien, né le 13 février 1793 à Rennes (Ille-et-Vilaine), fils d'Etienne Nicolas Descours, cloutier, et Louise Guettre. 163 cm. Cloutier. Conscrit de 1813, arrivé au corps e 5 décembre 1812. Fusilier au 19ᵉ régiment d'infanterie de ligne (3ᵉ compagnie, 2ᵉ bataillon). Entré à l'hôpital de Francfort le 9 avril 1813, y est décédé le 21 des suites de fièvre nerveuse (20 ans). AM Rennes, acte de naissance; SHD, 21 YC 175, n° 11879; AD Ille-et-Vilaine, 3 R 107, extrait mortuaire.

DIDRIT Jean Baptiste, né le 25 messidor an 2 (12 juillet 1794) à Flers-les-Lille (Nord), fils naturel de Marie Rose Didrit. 167 cm. Journalier. Conscrit de 1814, arrivé au corps le 13 avril 1813, fusilier au 95ᵉ régiment d'infanterie de ligne (1ᵉʳᵉ compagnie, 3ᵉ bataillon). Entré à l'hôpital de Francfort n° 2, le 25 juin 1813, y est décédé le 6 juillet par suite de fièvre nerveuse (18 ans). AD Nord, Flers-les-Lille, acte de naissance et transcription de l'acte de décès du 7 octobre 1814. SHD, 21 YC 715, n° 9399.

DILIGENT Pierre, né le 20 mars 1788 à Polisot (Aube), fils de Pierre Diligent, vigneron, et Marie Léo. 158 cm. Laboureur. Conscrit de 1808, arrivé au corps le 18 mai 1810, voltigeur au 12ᵉ régiment d'infanterie de ligne (1ᵉʳ bataillon, 6ᵉ compagnie). Entré à l'hôpital de Francfort n° 1 le 16 octobre 1813, y est décédé le 21 des suites d'une fièvre nerveuse (25 ans). AD Aube, Polisot, acte de baptême, 8 R 18, extrait mortuaire; SHD, 21 YC 109, n° 8988.

DOIZÉ Jacques, geboren am 8. Juni 1784 in Les Hermites (Indre-et-Loire), Sohn des Jacques Doizé, Landarbeiter, und der Louise Chauvin. 166 cm. Ersetzt einen Charlotte genannten Wehrpflichtigen von 1813. Eingetreten in das Heer am 1. Januar 1813. Füsilier im 3. Bataillon des 36. Linieninfanterieregiments, danach im 4. Bataillon. Eingeliefert in das Lazarett von Frankfurt am 1. Juni 1813, dort verstorben am 23. an Nervenfieber (29 Jahre). AD Indre-et-Loire, Les Hermites, Taufschein, 3 R 43, Sterbeurkunde; SHD, 21 YC 324, Nr. 1645.

DOMANGE François, geboren am 8. Dezember 1790 in Jasseines (Aube), Sohn des Charles Domange, Händler, und der Marie Thérèse Morelle. 156 cm. Landarbeiter. Rekrut des Jahrgangs 1810, eingetreten in das Heer am 3. Mai 1813, Füsilier im 12. Linieninfanterieregiment (3. Kompanie, 3. Bataillon). Eingeliefert in das Lazarett von Frankfurt am 29. September 1813, dort verstorben am 15. Oktober an Nervenfieber (22 Jahre). AD Aube, Jasseines, Taufschein, 8 R 18, Sterbeurkunde; SHD, 21 YC 109, Nr. 8747.

DUBOST Jean Louis, geboren am 4. Mai 1791 in Tollevast (Manche), Sohn des Joseph Dubost, Landarbeiter, und der Jeanne Marie Adam. 172 cm. Hausgehilfe. Eingetreten in das Heer am 16. April 1812, Grenadier im 2. Bataillon des 138. Linieninfanterieregiments. Verwundet bei der Schlacht von Bautzen am 21. Mai 1813. Eingeliefert in das Lazarett von Frankfurt am 29. Oktober 1813, gestorben am 12. November 1813 an den Folgen eines Kopfschusses (22 Jahre). AD Manche, Tollevast, Taufschein und Übertragung des Totenscheins am 15. September 1814; SHD 21 YC 923, Nr. 924.

DUMONT Pierre Louis, geboren am 27. Juli 1789 in Ronquerolles (Val d'Oise), Sohn des Pierre Dumont, Landarbeiter, und der Louise Suzanne Novion. 170 cm. Landwirt. Rekrut des Jahrgangs 1809, aufgenommen am 1. Juli 1812 in die 12. Kohorte der Nationalgarde, wechselt als Füsilier zum 136. Linieninfanterieregiment (2. Kompanie, 1. Bataillon) bei dessen Gründung. Aufgenommen ins Krankenhaus von Bockenheim am 19. Mai, dort verstorben am 26. an den Folgen eines Schusses in die Brust bei der Schlacht von Lützen (23 Jahre). AD Val d'Oise, Ronquerolles, Taufschein und Übertragung des Totenscheins am 26. Juli 1813 (nach Abschrift ins Register an den Vater gesandt); AD Yvelines, 3 R 14, Sterbeurkunde; SHD, 21 YC 918, Nr. 2675.

ELEINS Martin, geboren in Rittersdorf (Forêts, heute in Deutschland), Jäger im 3. Bataillon des 7. Regiments der leichten Infanterie. Eingeliefert ins Lazarett von Frankfurt am 21. September 1813, gestorben am 23. September an Fieber und Marasmus. AN Luxembourg, Sterbeurkunde online.

EVETTE Louis Pierre, geboren am 25. Juli 1791 in La Ferrière-Béchet (Orne), Sohn des Jean Evette und der Marie Bralle. 166 cm. Landwirt. Wehrpflichtiger des Jahrgangs 1811, eingetreten ins Rekrutenlager Courbevoie am 20. Februar 1813. Voltigeur im 1. Regiment der Voltigeurs de la Garde impériale (4. Kompanie, 1. Bataillon) seit dem 24. Februar. Eingeliefert in das Lazarett von Frankfurt am 11. April 1813, dort verstorben am 12. infolge eines Gallenfiebers (21 Jahre). AD Orne, Taufschein, 1 R 27, Sterbeurkunde; SHD, 20 YC 61, Nr. 1119.

FOSSIER, François, geboren am 20. Frimaire Jahr 2 (10. Dezember 1793) in Troënes (Aisne), Sohn des François Fossier, Tagelöhner, und der Catherine Linotte. 160 cm. Holzsäger in Troënes. Eingetreten in das 18. Linieninfanterieregiment am 2. Dezember 1812. Getorben im Militärkrankenhaus Frankfurt am 11. April 1813 (19 Jahre). AD Aisne, Troënes, Geburtsurkunde und Übertragung des Totenscheins am 24. September 1815; SHD, 21 YC 164, Nr. 11405.

FROYER Hyacinthe, geboren am 12. März 1793 in Choisel (Yvelines), Sohn des Hyacinthe Froyer, Landwirt, und der Marie Anne Suzanne Leroux. 170 cm. Tagelöhner. Rekrut des Jahrgangs 1813, im Dezember 1812 zur 12. Kohorte der Nationalgarde gewechselt, am 15. März 1813 eingegliedert in das 136. Infanterieregiment (2. Kompanie, 1. Bataillon). Gestorben am 15. Mai 1813 in Frankfurt an Fieber (20 Jahre). SHD, 21 YC 919, Nr. 3437.

DOIZÉ Jacques, né le 8 juin 1784, à Les Hermites (Indre-et-Loire), fils de Jacques Doizé, laboureur, et Louise Chauvin, 166 cm. Remplace un conscrit de 1813 nommé Charlotte. Arrivé au corps le 1er janvier 1813. Fusilier au 3e Bataillon du 36e régiment d'Infanterie de Ligne, puis au 4e bataillon. Entré à l'hôpital de Francfort le 1er juin 1813, y est décédé le 23 par suite de fièvre nerveuse (29 ans). AD Indre-et-Loire, Les Hermites, acte de baptême, 3 R 43, extrait mortuaire; SHD, 21 YC 324, n° 1645.

DOMANGE François, né le 8 décembre 1790 à Jasseines (Aube), fils de Charles Domange, marchand, et Marie Thérèse Morelle. 156 cm. Laboureur. Conscrit de 1810, arrivé au corps le 3 mai 1813, fusilier au 12e régiment d'infanterie de ligne (3e compagnie, 3e bataillon). Entré à l'hôpital de Francfort le 29 septembre 1813, y est décédé le 15 octobre des suites de fièvre nerveuse (22 ans). AD Aube, Jasseines, acte de baptême, 8 R 18, extrait mortuaire; SHD, 21 YC 109, n° 8747.

DUBOST Jean Louis, né le 4 mai 1791 à Tollevast (Manche), fils de Joseph Dubost, laboureur, et Jeanne Marie Adam. 172 cm. Domestique. Arrivé au corps le 16 avril 1812, grenadier au 2e bataillon du 138e régiment d'infanterie de ligne. Blessé à la bataille de Bautzen le 21 mai 1813. Entré à l'hôpital de Francfort le 29 octobre 1813, décédé le 12 novembre 1813 par suite d'un coup de feu à la tête (22 ans). AD Manche, Tollevast, acte de baptême et transcription de l'acte de décès du 15 septembre 1814; SHD 21 YC 923, n° 924.

DUMONT Pierre Louis, né le 27 juillet 1789 à Ronquerolles (Val d'Oise), fils de Pierre Dumont, laboureur, et Louise Suzanne Novion. 170 cm. Cultivateur. Conscrit de 1809, il intègre le 1er juillet 1812 la 12e cohorte de la Garde nationale, puis passe comme fusilier au 136e régiment d'infanterie de ligne (2e compagnie, 1er bataillon) lors de sa formation. Entré à l'hôpital de Bockenheim à Francfort le 19 mai, y est décédé le 26 des suites d'un coup à la poitrine reçu à la bataille de Lutzen (23 ans). AD Val d'Oise, Ronquerolles, acte de baptême et transcription de l'acte de décès du 26 juillet 1813 (extrait remis au père après avoir été recopié sur le registre); AD Yvelines, 3 R 14, extrait mortuaire; SHD, 21 YC 918, n° 2675.

ELEINS Martin, né à Ristterdorf (Forêts, auj. en Allemagne), chasseur au 3e bataillon du 7e régiment d'infanterie légère. Entré à l'hôpital de Francfort le 21 septembre 1813, décédé le 23 septembre par suite de fièvre et marasme. AN Luxembourg, extrait mortuaire en ligne.

EVETTE Louis Pierre, né le 25 juillet 1791 à La Ferrière-Béchet (Orne), fils de Jean Evette et Marie Bralle. 166 cm. Cultivateur. Conscrit de 1811, arrivé à Courbevoie le 20 février 1813. Voltigeur au 1er régiment des voltigeurs de la Garde impériale (4e compagnie, 1er bataillon) le 24 février. Entré à l'hôpital de Francfort le 11 avril 1813, y est décédé le 12 des suite d'une fièvre bilieuse (21 ans). AD Orne, acte de baptême, 1 R 27, extrait mortuaire; SHD, 20 YC 61, n° 1119.

FOSSIER, François, né le 20 frimaire an 2 (10 décembre 1793) à Troënes (Aisne), fils de François Fossier, manouvrier, et de Catherine Linotte. 160 cm. Scieur de bois à Troënes. Arrivé au 18e régiment d'infanterie de ligne le 2 décembre 1812. Mort à l'hôpital militaire de Francfort le 11 avril 1813 (19 ans). AD Aisne, Troënes, acte de naissance et transcription de l'acte de décès du 24 septembre 1815; SHD, 21 YC 164, n° 11405.

FROYER Hyancinthe, né le 12 mars 1793 à Choisel (Yvelines), fils de Hyacinthe Froyer, cultivateur, et Marie Anne Suzanne Leroux. 170 cm. Journalier. Conscrit de 1813, passé par la 12e cohorte de la Garde nationale en décembre 1812, arrivé au 136e régiment d'infanterie le 15 mars 1813 (2e compagnie, 1er bataillon). Décédé le 15 mai 1813 à Francfort des suites de fièvres (20 ans). SHD, 21 YC 919, n° 3437.

GALAUZIAUX Jean Baptiste, geboren am 10. September 1779 in Ambiévillers (Haute-Saône), Sohn des Joseph Galauziaux, Holzfäller, und der Françoise Clausse. Holzfäller. Heiratet in Trémonzey (Vosges) am 11. Juni 1797 Thérèse Jacquottet, mit der er vier Söhne hat. Wiederverheiratung am 1. Juli 1808 in Fontenoy-le-Château (Vosges) mit Catherine Binet (ein Sohn, Luc, geboren 1812). Jäger im 3. Bataillon des 28. Regiments der leichten Infanterie. Eingeliefert in das Lazarett von Frankfurt am 24. September 1813, gestorben am 30. September 1813 (34 Jahre). AD Haute-Saône, Ambiévillers, Taufschein und Übertragung des Totenscheins am 15 Februar 1816; AD Vosges, Trémonzey, Heiratsurkunde und Fontenoy-le-Château, Heiratsurkunde.

GEFFRAY Philippe François, geboren am 28. Juli 1789 in Saint-Jouin (Seine-Maritime), Sohn des Jean-Baptiste Geffray, Landarbeiter, und der Marie Catherine Angammare. Soldat im 2. Regiment des Artilleriezugs (9. Kompanie) der kaiserlichen Garde. Eingeliefert ins Lazarett von Frankfurt Nr. 1 am 6. August 1813, dort verstorben am 12. an Gehirnentzündung (24 Jahre). AD Seine-Maritime, Saint-Jouin, Taufschein und Übertragung des Totenscheins am 2. Januar 1815, 3 R 100, Sterbeurkunde.

GÉRARD Jacques, geboren am 16. Oktober 1792 in Gérouville (Forêts/Luxemburg), Sohn des Jean Baptiste Gérard und der Jeanne Arnould. Pionier im 6. Pionierbataillon der Garde. Eingeliefert in das Lazarett von Frankfurt am 1. Juni 1813, dort verstorben am 3. an den Folgen eines Schusses in die Nierengegend am 2. Mai bei Lützen (20 Jahre). AN Luxemburg, Sterbeurkunde online. M Nr. 947.

GERET Denis, geboren am 29. Oktober 1770 in Montcet (Ain), Sohn des Denis Geret, Landarbeiter, und der Claudine Beguet. 162 cm. Eingetreten in das Heer am 1. November 1799, Soldat in der 89. Halbbrigade, dann Korporal im 84. Linieninfanterieregiment seit dem 3. April 1803. An allen Feldzügen von 1800 bis 1805 und an dem von 1809 beteiligt. Heiratet am 14. Mai 1810 in Nantes Perrine David. Am 1. Mai 1812 zum Feldwebel befördert, wechselt zur 39. Kohorte der Nationalgarde am 9. Mai 1812; als der 1. Verband der 39. Kohorte in das neue 141. Linieninfanterieregiment eingegliedert wird, dient er dort als Feldwebel (2. Bataillon, 1. Kompanie). Gestorben im Lazarett von Frankfurt am 7. Juli 1813 an den Folgen von Verletzungen (42 Jahre). AD Ain, Montcet, Taufschein; AM Nantes, Heiratsurkunde; SHD 21 YC 646, Nr. 139, 21 YC 932, Nr. 1428.

GHISLAIN André, geboren am 27. September 1792 in Thieusies (Hainault, Belgique), Sohn des Jean Baptiste Ghislain, Steuereintreiber, und der Anne Catherine Joseph Dujaquier. 167 cm. Landwirt. Eingetreten in das Heer am 2. Mai 1812, Füsilier im 112. Linieninfanterieregiment seit dem 16. Juni 1812. Gestorben im Krankenhaus von Bockenheim am 17. April 1813 (20 Jahre). SHD, 21 YC 803, Nr. 9271.

GIRAUD François, geboren am 5. Oktober 1793 in Saint-Cannat (Bouches-du-Rhône), Sohn des Simon Giraud, Hausdiener, und der Reine Monge. 174 cm. Rekrut des Jahrgangs 1813, eingetreten in das Rekrutenlager von Courbevoie am 14. Dezember 1812, dann in das 6. Regiment der Voltigeure der kaiserlichen Garde gewechselt (4. Kompanie, 1. Bataillon). Eingeliefert in das Lazarett von Frankfurt am 20. März 1813, dort verstorben am 24. April an chronischem Fieber (19 Jahre). AD Bouches-du-Rhône, Saint-Cannat, Geburtsurkunde, Übertragung des Totenscheins am 1. Januar 1816, 3 R 72, Sterbeurkunde; SHD, 20 YC 80, Nr. 432.

GRADOT Abricot Basile, geboren am 3. Thermidor Jahr 2 (21. Juli 1794) in Boulages (Aube), Sohn des Pierre Gradot, Weber, und der Anne Quelard. 160 cm. Weber. Rekrut des Jahrgangs 1814, eingetreten in das Heer am 15. April 1813, Füsilier im 152. Linieninfanterieregiment (1. Bataillon, 2. Kompanie). Eingeliefert in das Lazarett von Frankfurt am 7. Oktober 1813, dort verstorben am 8. an Nervenfieber (19 Jahre). AD Aube, Boulages, Geburtsurkunde, 8 R 18, Sterbeurkunde SHD, 21 YC 952

GALAUZIAUX Jean Baptiste, né le 10 septembre 1779 à Ambiévillers (Haute-Saône), fils de Joseph Galauziaux, bûcheron, et Françoise Clausse. Bûcheron. Marié à Trémonzey (Vosges) le 11 juin 1797 à Thérèse Jacquottet avec laquelle il a eu quatre fils, remarié le 1er juillet 1808 à Fontenoy-le-Château (Vosges) à Catherine Binet, avec laquelle il a un fils, Luc, né en 1812. Chasseur au 3e bataillon du 28e régiment d'infanterie légère. Entré à l'hôpital militaire de Francfort le 24 septembre 1813, décédé le 30 septembre 1813 (34 ans). AD Haute-Saône, Ambiévillers, acte de baptême et transcription de l'acte de décès du 15 février 1816; AD Vosges, Trémonzey, acte de mariage et Fontenoy-le-Château, acte de mariage.

GEFFRAY Philippe François, né le 28 juillet 1789 à Saint-Jouin (Seine-Maritime), fils de Jean-Baptiste Geffray, laboureur, et Marie Catherine Angammare. Soldat au 2e régiment du train de l'artillerie (9e compagnie) de la Garde impériale. Entré à l'hôpital de Francfort n° 1, le 6 août 1813, y est décédé le 12 d'une inflammation du cerveau (24 ans). AD Seine-Maritime, Saint-Jouin, acte de baptême et transcription de l'acte de décès du 2 janvier 1815, 3 R 100, extrait mortuaire.

GÉRARD Jacques, né le 16 octobre 1792 à Gérouville (Forêts/Luxembourg), fils de Jean Baptiste Gérard et de Jeanne Arnould. Sapeur du 6e bataillon de sapeurs de la Garde. Entré à l'hôpital de Francfort le 1er juin 1813, y est décédé le 3 par suite d'un coup de feu dans les reins reçu le 2 mai à Lutzen (20 ans). AN Luxembourg, extrait mortuaire en ligne. M n° 947.

GERET Denis, né le 29 octobre 1770 à Montcet (Ain), fils de Denis Geret, laboureur, et Claudine Beguet. 162 cm. Arrivé au corps le 1er novembre 1799, soldat à la 89e demi-brigade, puis caporal au 84e régiment d'infanterie de ligne le 3 avril 1803. A fait toutes les campagnes de 1800 à 1805, puis la campagne de 1809. En garnison à Nantes depuis cinq ans, il y épouse le 14 mai 1810 Perrine David. Il est promu sergent le 1er mai 1812 et passe à la 39e cohorte de la Garde nationale le 9 mai 1812, puis lorsque le 1er ban de la 39e cohorte est fondu dans le nouveau 141e régiment d'infanterie de ligne, il s'y retrouve comme sergent (2e bataillon, 1ère compagnie). Décédé à l'hôpital de Francfort le 7 juillet 1813 des suites de blessures (42 ans). AD Ain, Montcet, acte de baptême; AM Nantes, acte de mariage; SHD 21 YC 646, n° 139, 21 YC 932, n° 1428.

GHISLAIN André, né le 27 septembre 1792 à Thieusies (Hainault, Belgique), fils de Jean Baptiste Ghislain, censier, et de Anne Catherine Joseph Dujaquier. 167 cm. Fermier. Arrivé au corps le 2 mai 1812, fusilier au 112° régiment d'infanterie de ligne le 16 juin 1812. Décédé à l'hôpital de Bockenheim à Francfort, le 17 avril 1813 (20 ans). SHD, 21 YC 803, n° 9271.

GIRAUD François, né le 5 octobre 1793 à Saint-Cannat (Bouches-du-Rhône), fils de Simon Giraud, ménager, et Reine Monge. 174 cm. Conscrit de 1813, arrivé au dépôt de Courbevoie le 14 décembre 1812, puis passé au 6e régiment des voltigeurs de la Garde impériale (4e compagnie 1er bataillon). Entré à l'hôpital de Francfort le 20 mars 1813, y est décédé le 24 avril, par suite de fièvre chronique (19 ans). AD Bouches-du-Rhône, Saint-Cannat, acte de naissance, transcription de l'acte de décès du 1er janvier 1816, 3 R 72, extrait mortuaire; SHD, 20 YC 80, n° 432.

GRADOT Abricot Basile, né le 3 thermidor an 2 à Boulages (21 juillet 1794) (Aube), fils de Pierre Gradot, tisserand, et Anne Quelard. 160 cm. Tisserand. Conscrit de 1814, arrivé au corps le 15 avril 1813, fusilier au 152e régiment d'infanterie de ligne (1er bataillon, 2e compagnie). Entré à l'hôpital de Francfort le 7 octobre 1813, y est décédé le 8 d'une fièvre nerveuse (19 ans). AD Aube, Boulages, acte de naissance, 8 R 18, extrait mortuaire (Gardos); SHD, 21 YC 952 (Grasdos).

GRUET Pierre, geboren am 7. Messidor Jahr 2 (25. Juni 1794) in Neuville-sur-Seine (Aube), Sohn des Pierre Gruet, Winzer, und der Catherine Lachay. Voltigeur in der Kompanie der Voltigeure des 3. Bataillons im 6. Regiment der leichten Infanterie (Nr. 11461). Eingeliefert in das Lazarett von Frankfurt am 17. September 1813, dort verstorben am 9. Oktober an den Folgen eines Halsschusses (19 Jahre). AD Aube, Neuville-sur-Seine, Geburtsurkunde und Übertragung des Totenscheins am 4. Mai 1815, 8 R 18, Sterbeurkunde.

GUESDON Louis Marie, geboren am 24. Dezember 1793 in Le Boupère (Vendée), Sohn des Mathurin Guesdon, Grundbesitzer, und der Henriette Geneviève Gobin. 163 cm. Holzschuhmacher. 1813 Füsilier im 17. Linieninfanterieregiment (3. Bataillon, 3. Kompanie). Gestorben im Militärkrankenhaus von Frankfurt am 19. Oktober 1813 an Nervenfieber (19 Jahre). SHD, 21 YC 154, Nr. 12352.

GUILLEMET René, geboren am 14. Frimaire Jahr 2 (4. Dezember 1793) in Ambillou-la-Grésille (Maine-et-Loire), Sohn des René Guillemet, Landwirt, und der Marie Rose Leroy. 172 cm. Landarbeiter. Nimmt seinen Dienst als Voltigeur im 7. Regiment der Voltigeure der kaiserlichen Garde auf (2. Bataillon, 4. Kompanie). Eingeliefert ins Lazarett von Frankfurt am 29. März 1813, gestorben am 4. April 1813 an Nervenfieber (19 Jahre). AD Maine-et-Loire, Ambillou-la-Grésille, Geburtsurkunde und Übertragung des Totenscheins am 3. Mai 1815. SHD, 20 YC 80, Nr. 1707.

HAIS Nicolas Julien, geboren am 6. Dezember 1781 in Luigny (Eure-et-Loir), Sohn des Julien Hais und der Françoise Jeanne Marie Habert. Fuhrmann. Heiratet Françoise Renée Antoine in Moulhard (Eure-et-Loir) am 7. Juli 1807, ein Sohn. Grenadier im 20. Regiment der leichten Infanterie. Gestorben im Lazarett von Frankfurt am 2. Oktober 1813 (32 Jahre). AD Eure-et-Loir, Moulhard, Heiratsurkunde.

HARFAUT Toussaint Joseph, geboren am 6. Floréal Jahr 2 (24. April 1794) in Cambrai (Nord), Sohn des Joseph Harfaut, Händler, 66-jährig im Januar 1794 verstorben, und der Bernardine Seuron. 166 cm. Landwirt. Rekrut des Jahrgangs 1814, als Freiwilliger eingetreten in die Reservekompanie des Departments Nord am 26. Februar 1813. Am 25. Juli 1813 in das 96. Linieninfanterieregiment aufgenommen. Am 9. Oktober 1813 zum Kriegsgefangenen erklärt und am 10. November aus den Listen gestrichen. Tatsächlich am 24. September 1813 im Lazarett von Frankfurt an den Folgen einer bei Dresden erhaltenen Verletzung gestorben (19 Jahre); AD Nord, Cambrai, Geburtsurkunde und Übertragung des Totenscheins am 21. Oktober 1814; SHD, GR 21 YC 723, Nr. 11115 (Arfaux).

HAYNAULT Marin Martin, geboren am 8. Februar 1793 in Vouvray (Indre-et-Loire) Sohn des Martin Haynault, Winzer, und der Marie Guillon. 167 cm. Winzer. Rekrut des Jahrgangs 1813, eingetreten in das Heer am 5. Dezember 1812. Grenadier im 36. Linieninfanterieregiment (4. Bataillon). Eingeliefert ins Lazarett von Frankfurt am 23. September 1813, dort verstorben am 5. Oktober an den Folgen eines Schusses in den linken Arm (20 Jahre). AD Indre-et-Loire, Vouvray, Geburtsurkunde, 3 R 45, Sterbeurkunde; SHD, 21 YC 324, Nr. 9429.

HERBAULT Philippe, geboren am 25. Mai 1792 in Saint-Martin-des-Bois (Loir-et-Cher), Sohn des Jean Herbault und der Renée Granger. Soldat im 29. Regiment der leichten Infanterie. Gestorben im Lazarett von Frankfurt am 8. Oktober 1813 (21 Jahre). AD Loir-et-Cher, Saint-Martin-des-Bois, Taufschein und Übertragung des Totenscheins am 28. September 1820.

HODÉE Joseph Marie, geboren am 2. Germinal Jahr 2 (22. März 1794) in Marcillé-Raoul (Ille-et-Vilaine), Sohn des Joseph Marie Hodée, Landarbeiter, und der Gillette Michelle Vilermoy. Rekrut des Jahrgangs 1814, tritt seinen Dienst bei der Sammelstelle der kaiserlichen Garde in Courbevoie am 21. April 1813 an, am nächsten Tag dem 4. Regiment der Garde-Schützen eingegliedert (1. Bataillon, 4. Kompanie). Nimmt am Sachsenfeldzug teil. Eingeliefert in das Lazarett von Frankfurt Nr. 2 am 12. Juni 1813, dort verstorben am 16. an Nervenfieber (19 Jahre). AD Ille-et-Vilaine, Marcillé-Raoul, Geburtsurkunde und Übertragung des Totenscheins am 28. Dezember 1814, 3 R 111, Sterbeurkunde; SHD, 20 YC 28, Nr. 36885.

GRUET Pierre, né le 7 messidor an 2 (25 juin 1794) à Neuville-sur-Seine (Aube), fils de Pierre Gruet, vigneron, et Catherine Lachay. Voltigeur à la compagnie des voltigeurs du 3e bataillon du 6e régiment d'infanterie légère (n° 11461). Entré à l'hôpital de Francfort le 17 septembre 1813, y est décédé le 9 octobre des suites d'un coup de feu au col (19 ans). AD Aube, Neuville-sur-Seine, acte de naissance et transcription de l'acte de décès du 4 mai 1815, 8 R 18, extrait mortuaire.

GUESDON Louis Marie, né le 24 décembre 1793 à Le Boupère (Vendée), fils de Mathurin Guesdon, propriétaire, et Henriette Geneviève Gobin. 163 cm. Sabotier. Fusilier au 17e régiment d'infanterie de ligne en 1813 (3e bataillon, 3e compagnie). Décédé à l'hôpital militaire de Francfort le 19 octobre 1813 des suites de fièvre nerveuse (19 ans). SHD, 21 YC 154, n° 12352.

GUILLEMET René, né le 14 frimaire an 2 (4 décembre 1793) à Ambillou-la-Grésille (Maine-et-Loire), fils de René Guillemet, cultivateur, et Marie Rose Leroy. 172 cm. Laboureur. Entré au service comme voltigeur au sein du 7e régiment des voltigeurs de la Garde impériale (2e bataillon, 4e compagnie). Entré à l'hôpital militaire de Francfort le 29 mars 1813, décédé le 4 avril 1813 des suites de fièvre nerveuse (19 ans). AD Maine-et-Loire, Ambillou-la-Grésille, acte de naissance et transcription de l'acte de décès du 3 mai 1815. SHD, 20 YC 80, n° 1707.

HAIS Nicolas Julien, né le 6 décembre 1781 à Luigny (Eure-et-Loir), fils de Julien Hais et Françoise Jeanne Marie Habert. Charretier. Marié avec Françoise Renée Antoine à Moulhard (Eure-et-Loir) le 7 juillet 1807, 1 fils. Grenadier au 20e régiment d'infanterie légère. Décédé à l'hôpital de Francfort le 2 octobre 1813 (32 ans). AD Eure-et-Loir, Moulhard, acte de mariage.

HARFAUT Toussaint Joseph, né le 6 floréal an 2 (24 avril 1794) à Cambrai (Nord), fils de Joseph Harfaut, marchand, mort à 66 ans en janvier 1794, et Bernardine Seuron. 166 cm. Cultivateur. Conscrit de 1814, enrôlé volontaire, entré à la compagnie de réserve du Nord le 26 février 1813. Arrivé au corps le 25 juillet 1813, au sein du 96e régiment d'infanterie de ligne. Déclaré comme prisonnier de guerre le 9 octobre 1813 et rayé des contrôles le 10 novembre. En fait décédé le 24 septembre 1813 à l'hôpital militaire de Francfort des suites d'une blessure reçue devant Dresde (19 ans); AD Nord, Cambrai, acte de naissance et transcription de l'acte de décès du 21 octobre 1814; SHD, GR 21 YC 723, n° 11115 (Arfaux).

HAYNAULT Marin Martin, né le 8 février 1793 à Vouvray (Indre-et-Loire) fils de Martin Haynault, vigneron, et Marie Guillon. 167 cm. Vigneron. Conscrit de 1813, arrivé au corps le 5 décembre 1812. Grenadier au 36e régiment d'infanterie de ligne (4e bataillon). Entré à l'hôpital de Francfort le 23 septembre 1813, y est décédé le 5 octobre, à la suite d'un coup de feu au bras gauche (20 ans). AD Indre-et-Loire, Vouvray, acte de naissance, 3 R 45, extrait mortuaire; SHD, 21 YC 324, n° 9429.

HERBAULT Philippe, né le 25 mai 1792 à Saint-Martin-des-Bois (Loir-et-Cher), fils de Jean Herbault et Renée Granger. Soldat au 29e régiment d'infanterie légère. Décédé à l'hôpital militaire de Francfort le 8 octobre 1813 (21 ans). AD Loir-et-Cher, Saint-Martin-des-Bois, acte de baptême et transcription de l'acte de décès du 28 septembre 1820.

HODÉE Joseph Marie, né le 2 germinal an 2 (22 mars 1794) à Marcillé-Raoul (Ille-et-Vilaine), fils de Joseph Marie, laboureur, et Gillette Michelle Vilermoy. Conscrit de 1814, entré au service au dépôt des conscrits de la Garde impériale à Courbevoie le 21 avril 1813, versé le lendemain au 4e régiment des tirailleurs de la Garde impériale (1er bataillon, 4e compagnie). A fait la campagne de Saxe. Entré à l'hôpital de Francfort n° 2 le 12 juin 1813, y est décédé le 16 d'une fièvre nerveuse (19 ans). AD Ille-et-Vilaine, Marcillé-Raoul, acte de naissance et transcription de l'acte de décès du 28 décembre 1814, 3 R 111, extrait mortuaire; SHD, 20 YC 28, n° 36885.

HUBERT Jacques, geboren am 2. Februar 1773 in Anneville (Seine-Maritime), Sohn des Mathieu Hubert und der Anne Cordonnier. 173 cm. Eingezogen am 1. Ventôse Jahr 10 (20. Februar 1802) in die Guides von General Murat, aufgenommen in das Heer am 25. Germinal Jahr 12 (15. April 1804), Jäger in der 6. Kompanie der berittenen Jäger der Garde, Legionär seit dem 15. August 1809, nimmt an den Feldzügen der Jahre 1806, 1807, 1808, 1809, 1812 und 1813 teil. Mehrere Säbelverletzungen am Kopf am 29. Dezember 1808 in Benavente (Spanien). Gestorben am 11. April 1813 im Lazarett von Frankfurt an den Folgen von Verwundungen (40 Jahre). AD Seine-Maritime, 3 R 102, Sterbeurkunde; SHD, 20 YC 143, Nr. 1170 et 20 YC 144, Nr. 188.

HUREL Jean Baptiste, geboren am 19. März 1792 in Saint-Nicolas d'Aliermont (Seine-Maritime), Sohn des Jean François Hurel, Tagelöhner, und der Marie Françoise Barbin. 170 cm. Uhrmacher. Aufgenommen in Courbevoie am 21. Februar 1813, ab dem 24. Februar Voltigeur im 1. Regiment der Voltigeurs de la Garde impériale (4. Kompanie, 1. Bataillon). Eingeliefert ins Lazarett von Frankfurt Nr. 2 am 16. April 1813, dort verstorben am 20. Juni an Auszehrungsfieber (21 Jahre). AD Seine-Maritime, Saint-Nicolas d'Aliermont, Taufschein und Übertragung des Totenscheins am 24. September 1818, 3 R 102, Sterbeurkunde; SHD, 20 YC 61, Nr. 1111.

JACQUELIN Etienne, geboren am 13. Juni 1788 in Villequiers (Cher), Sohn des Jean Jacquelin, Arbeiter, und der Marie Vallot. Hausgehilfe, Arbeiter. Heiratet am 25. Mai 1809 in Baugy (Cher) Catherine Duchesne, 3 Kinder. Füsilier im 154. Regiment der leichten Infanterie (3. Kompanie, 3. Bataillon). Eingeliefert ins Lazarett von Frankfurt am 4. Oktober 1813, dort verstorben am 6. (25 Jahre). AD Cher, Villequiers, Taufschein, Baugy, Heiratsurkunde.

LAMPRIE Denis Charles, geboren in Grigny (Essonne) am 24. November 1790, Sohn des Louis Charles Lamprie, Winzer, und der Marguerite Denise Fleury. 163 cm. Winzer. Rekrut des Jahrgangs 1810, am 28. April 1812 eingegliedert in die 12. Kohorte der Nationalgarde, ab dem 26. Januar 1813 im 136. Linieninfanterieregiment (3. Kompanie, 2. Bataillon); zum Korporal ernannt. Eingeliefert ins Lazarett von Frankfurt Nr. 2 am 16. Juni 1813, dort verstorben am 9. Juli an den Folgen eines Schusses in den rechten Oberschenkel bei Lützen (22 Jahre). AD Essonne, Taufschein; AD Yvelines, 3 R 22, Sterbeurkunde; SHD, 21 YC 918, Nr. 1016.

LANGEVIN Guillaume Pierre, geboren am 27. Dezember 1790 in Dannemarie (Yvelines), Sohn des Guillaume Langevin, Müller, und der Marie Candide Regnier. Jäger im 37. Linieninfanterieregiment (3. Kompanie, 2. Bataillon). Eingeliefert in das Lazarett von Frankfurt Nr. 2 am 24. September 1813, dort verstorben am 25. an den Folgen eines Schusses in den linken Oberschenkel (22 Jahre). AD Yvelines, Dannemarie, Taufschein, 3 R 22, Sterbeurkunde.

LARCHER Léonard, geboren am 28. September 1793 in Meilhac (Haute-Vienne), Sohn des Pierre Larcher, Landarbeiter, und der Marcelle Truchassou. 160 cm. Kolonist. Rekrut des Jahrgangs 1813, eingetreten in das Heer am 29. November 1812, Füsilier im 66. Linieninfanterieregiment (3. Kompanie, 5. Bataillon). Eingeliefert ins Lazarett von Frankfurt Nr. 1 am 17. September 1813, dort verstorben am 8. Oktober an der Ruhr (20 Jahre). Im Matrikelbuch steht, dass er im Mainzer Lazarett gestorben ist. AD Haute-Vienne, Meilhac, Geburtsurkunde, 2 R 104, Sterbeurkunde; SHD, 21 YC 556, Nr. 11559.

LASSU Claude, geboren am 1. Februar 1789 in Avenas (Rhône), Sohn des Jean Lassu und der Magdeleine Larochette. 161 cm. Landwirt. Rekrut des Jahrgangs 1809. Ersatzmann, tritt den Dienst in der 4. Kohorte der Nationalgarde am 9. Januar 1813 an, eingetreten in das Heer am 19. März, zunächst im 154. Linieninfanterieregiment (1. Kompanie), dann in der 4. Kompanie des 3. Bataillons. Gestrichen am 30. September 1813 wegen langer Abwesenheit. Tatsächlich eingeliefert ins Frakfurter Lazarett am 17. September 1813, dort verstorben am 28. an Fieber und Marasmus (24 Jahre). AD Rhône, R 1402, Sterbeurkunde; SHD, 21 YC 957, Nr. 2922.

HUBERT Jacques, né le 2 février 1773 à Anneville (Seine-Maritime), fils de Mathieu Hubert et Anne Cordonnier. 173 cm. Entré au service le 1er ventôse an 10 (20 février 1802) dans les Guides du général Murat, admis au corps le 25 germinal an 12 (15 avril 1804), chasseur à la 6e compagnie des chasseurs à cheval de la Garde, légionnaire le 15 août 1809, a fait les campagnes des années 12, 13, 14, 1806, 1807, 1808, 1809, 1812 et 1813. Blessé de plusieurs coups de sabre à la tête le 29 décembre 1808 à l'affaire de Benavente en Espagne. Décédé le 11 avril 1813 à l'hôpital militaire de Francfort des suites de blessures (40 ans). AD Seine-Maritime, 3 R 102, extrait mortuaire; SHD, 20 YC 143, n° 1170 et 20 YC 144, n° 188.

HUREL Jean Baptiste, né le 19 mars 1792 à Saint-Nicolas d'Aliermont (Seine-Maritime), fils de Jean François Hurel, journalier, et Marie Françoise Barbin. 170 cm. Horloger. Admis à Courbevoie le 21 février 1813, arrivé le 24 février comme voltigeur au 1er régiment des voltigeurs de la Garde impériale (4e compagnie, 1er bataillon). Entré à l'hôpital de Francfort n° 2 le 16 avril 1813, y est décédé le 20 juin par suite de fièvre de consomption (21 ans). AD Seine-Maritime, Saint-Nicolas d'Aliermont, acte de baptême et transcription de l'acte de décès du 24 septembre 1818, 3 R 102, extrait mortuaire; SHD, 20 YC 61, n° 1111.

JACQUELIN Etienne, né le 13 juin 1788 à Villequiers (Cher), fils de Jean Jacquelin, manœuvre, et Marie Vallot. Domestique, manœuvre. Marié le 25 mai 1809 à Baugy (Cher) à Catherine Duchesne, 3 enfants. Fusilier au 154e régiment d'infanterie légère (3e compagnie, 3e bataillon). Entré à l'hôpital de Francfort le 4 octobre 1813, y est décédé le 6 (25 ans). AD Cher, Villequiers, acte de baptême, Baugy, acte de mariage.

LAMPRIE Denis Charles, né à Grigny (Essonne), le 24 novembre 1790, fils de Louis Charles Lamprie, vigneron, et Marguerite Denise Fleury. 163 cm. Vigneron. Conscrit de 1810, a intégré la 12e cohorte de la Garde nationale le 28 avril 1812, avant d'intégrer le 26 janvier 1813 le 136e régiment d'infanterie de ligne (3e compagnie, 2e bataillon) puis d'être nommé caporal. Entré à l'hôpital de Francfort n° 2 le 16 juin 1813, y est décédé le 9 juillet des suites d'un coup de feu reçu à la cuisse droite à Lutzen (22 ans). AD Essonne, acte de baptême; AD Yvelines, 3 R 22, extrait mortuaire; SHD, 21 YC 918, n° 1016.

LANGEVIN Guillaume Pierre, né le 27 décembre 1790 à Dannemarie (Yvelines), fils de Guillaume Langevin, meunier, et Marie Candide Regnier. Chasseur au 37e régiment d'infanterie de ligne (3e compagnie, 2e bataillon). Entré à l'hôpital de Francfort n° 2 le 24 septembre 1813, y est décédé le 25 des suites d'un coup de feu à la cuisse gauche (22 ans). AD Yvelines, Dannemarie, acte de baptême, 3 R 22, extrait mortuaire.

LARCHER Léonard, né le 28 septembre 1793 à Meilhac (Haute-Vienne), fils de Pierre Larcher, laboureur, et Marcelle Truchassou. 160 cm. Colon. Conscrit de 1813, arrivé au corps le 29 novembre 1812, fusilier au 66e régiment d'infanterie de ligne (3e compagnie, 5e bataillon). Entré à l'hôpital de Francfort n° 1 le 17 septembre 1813, y est décédé le 8 octobre par suite de dysenterie (20 ans). Le registre matricule indique qu'il est mort à l'hôpital de Mayence. AD Haute-Vienne, Meilhac, acte de naissance, 2 R 104, extrait mortuaire; SHD, 21 YC 556, n° 11559.

LASSU Claude, né le 1er février 1789 à Avenas (Rhône), fils de Jean Lassu et Magdeleine Larochette. 161 cm. Agriculteur. Conscrit de 1809. Remplaçant, entré au service de la 4e cohorte de la Garde nationale le 29 janvier 1813, arrivé au corps le 19 mars, d'abord au dépôt du 154e régiment d'infanterie de ligne (1ère compagnie), puis à la 4e compagnie du 3e bataillon. Rayé le 30 septembre 1813 pour longue absence. En fait entré à l'hôpital de Francfort le 17 septembre 1813, y est décédé le 28 par suite de fièvre et marasme (24 ans). AD Rhône, R 1402, extrait mortuaire; SHD, 21 YC 957, n° 2922

LAVOCAT Jean Baptiste, geboren am 30. Mai 1793 in Sauvage-Magny (Haute-Marne), Sohn des Pierre Lavocat, Landarbeiter, und der Anne Moret. Jäger im 10. Regiment der leichten Infanterie. Gestorben am 3. April 1813 im Lazarett von Frankfurt an Nervenfieber (19 Jahre). AD Haute-Marne, Sauvage-Magny, Geburtsurkunde und Übertragung des Totenscheins am 24. März 1818.

LE BOUC Charles, geboren am 8. März 1785 in Couptrain (Mayenne), Sohn des Antoine Le Bouc, Hausgehilfe, und der Marie Quentin. 175 cm. Rekrut des Jahrgangs 1805, Ersatz für einen Wehrpflichtigen von 1811 aus dem Departement Mayenne, eingegliedert in die 69. Kohorte der Nationalgarde am 18. Mai 1812, später Kanonier in der 1. provisorischen Kompanie der Artillerie zu Fuß der kaiserlichen Garde (Junge Garde). Eingeliefert in das Lazarett von Frankfurt am 2. Mai 1813, dort verstorben am 19. an den Folgen eines Kopfschusses während der Schlacht von Lützen (28 Jahre). AD Mayenne, Couptrain, Taufschein und Übertragung des Totenscheins am 11. Dezember 1814; SHD, 20 YC 181, Nr. 119.

LE BRETON Ambroise, geboren am 15. April 1793 in Fel (Orne), Sohn des Gerbault Le Breton, Händler, und der Renée Perraux. Jäger im 12. Regiment der leichten Infanterie (1. Kompanie, 4. Bataillon). Eingeliefert in das Lazarett von Frankfurt am 22. März 1813, dort verstorben am 17. April an den Folgen eines Gallenfiebers (20 Jahre). AD Orne, Fel, Geburtsurkunde und R 34/1, Sterbeurkunde.

LE FOULON Alexandre, geboren am 16. Dezember 1793 in Le Housseau (Orne, heute Mayenne), Sohn des François Le Foulon, Landarbeiter, und der Anne Dujarrier. 173 cm. Sattler. Eingetreten in das Heer am 10. Januar 1813, eingegliedert in das 138. Infanterieregiment. Eingeliefert in das Lazarett von Frankfurt am 16. Juni 1813, dort verstorben am 14. August 1813 an den Folgen eines Schusses in die rechte Hand bei Lützen (19 Jahre). AD Mayenne, Le Housseau, Geburtsurkunde; AD Orne, R 28, Sterbeurkunde; SHD 21 YC 923, Nr. 2593 (Foullon).

LECLERC Toussaint, geboren am 26. Januar 1782 in Bennecourt (Yvelines), Sohn des Laurent Leclerc, Winzer, und der Marie Drouard. 169 cm. Rekrut des Jahrgangs 11, aufgenommen am 21. September 1808 in die Reserveeinheit des Departements Seine-et-Oise, wechselt von dort als Soldat zur 1. Kompanie im 2. Bataillon des Artilleriezugs der Garde. Befördert zum Brigadier am 10. Februar 1809, zum Furier am 1. August 1809, schließlich zum Maréchal des logis am 11. Mai 1811. Nimmt 1808 am Spanienfeldzug und 1809 am Deutschlandfeldzug teil. Eingeliefert in das Lazarett von Frankfurt am 3. Februar 1813, dort verstorben am 15. Mai an Fieber und Auszehrung laut Totenschein des Krankenhauses (31 Jahre); laut Register seiner Kompanie am 2. Mai in Lützen verwundet. AD Yvelines, Bennecourt, Taufschein und Übertragung des Totenscheins und 3 R 22, Sterbeurkunde; SHD, 20 YC 196, Nr. 374.

LECOCQ Pierre Jean, geboren am 30. Oktober 1791 in Cassel (Nord), Sohn des Jean Baptiste Lecocq, Bürger, und der Marie Cécile Robin. 166 cm. Eingetreten in das Heer am 21. Mai 1813, aus Courbevoie kommend. Gewechselt in die 11. Kompanie des Train des équipages militaires der Garde. Nimmt 1813 am Sachsenfeldzug teil. Desertiert am 28. Mai 1813. Eingeliefert in das Lazarett von Frankfurt am 27. Juni 1813, dort gestorben am 5. Juli an adynamischem Fieber (21 Jahre). AD Nord, Cassel, Taufschein (Pfarrei Saint-Nicolas); SHD, 20 YC 208, Nr. 2313.

LEGRAND Nicolas Isidore, geboren am 21. April 1787 in Oisy (Asine), Sohn des Théodore Legrand, Hirte, und der Marie Catherine Godin. 169 cm. Mützenmacher und Mitglied der Nationalgarde. Heiratet am 1. April 1812 in Oisy Catherine Vignier. Rekrut des Jahrgangs 1807, in die 1812 gebildete 8. Kohorte der Nationalgarde eingezogen, wird von dort am 14. Januar 1813 in das 135. Linienregiment eingegliedert. Gestorben in Frankfurt am 23. Mai 1813 (26 Jahre) (festgestellt durch ein Urteil von 1838 nach einer Untersuchung mit der Schlussfolgerung, dass er in der Nähe eines Waldes am Rande eines Grabens starb). AD Aisne, Oisy, Tauf- und Heiratsurkunde und Übertragung des Urteils von 1838 am 18. Mai 1839; SHD, 21 YC 916, Nr. 1263.

LAVOCAT Jean Baptiste, né le 30 mai 1793 à Sauvage-Magny (Haute-Marne), fils de Pierre Lavocat, laboureur, et Anne Moret. Chasseur au 10e régiment d'infanterie légère. Décédé le 3 avril 1813 à l'hôpital de Francfort des suites de fièvres nerveuses (19 ans). AD Haute-Marne, Sauvage-Magny, acte de naissance et transcription de l'acte de décès du 24 mars 1818.

LE BOUC Charles, né le 8 mars 1785 à Couptrain (Mayenne), fils d'Antoine Le Bouc, domestique, et Marie Quentin. 175 cm. Conscrit de 1805, il remplace un conscrit de 1811 originaire de la Mayenne et intègre la 69e cohorte de la Garde nationale le 18 mai 1812, puis est admis comme canonnier à la 1ère compagnie provisoire d'artillerie à pied de la Garde impériale (Jeune Garde). Entré à l'hôpital de Francfort le 2 mai 1813, il y est décédé le 19 des suites d'un coup de feu à la tête reçu à la bataille de Lutzen (28 ans). AD Mayenne, Couptrain, acte de baptême et transcription de l'acte de décès du 11 décembre 1814; SHD, 20 YC 181, n° 119.

LE BRETON Ambroise, né le 15 avril 1793 à Fel (Orne), fils de Gerbault Le Breton, marchand, et Renée Perraux. Chasseur au 12e régiment d'infanterie légère (1ère compagnie, 4e bataillon). Entré à l'hôpital de Francfort le 22 mars 1813, y est décédé le 17 avril des suites d'une fièvre bilieuse (20 ans). AD Orne, Fel, acte de naissance et R 34/1, extrait mortuaire.

LE FOULON Alexandre, né le 16 décembre 1793 à Le Housseau (Orne, auj. Mayenne), fils de François Le Foulon, laboureur, et Anne Dujarrier. 173 cm. Bourrelier. Arrivé au corps le 10 janvier 1813, avant d'intégrer le 138e régiment d'infanterie. Entré à l'hôpital de Francfort le 16 juin 1813, y est décédé le 14 août 1813 des suites d'un coup de feu à la main droite reçu à Lutzen (19 ans). AD Mayenne, Le Housseau, acte de naissance; AD Orne, R 28, extrait mortuaire; SHD 21 YC 923, n° 2593 (Foullon).

LECLERC Toussaint, né le 26 janvier 1782 à Bennecourt (Yvelines), fils de Laurent Leclerc, vigneron, et Marie Drouard. 169 cm. Conscrit de l'an 11, admis le 21 septembre 1808 au sein du dépôt de réserve de la Seine-et-Oise, d'où il passe comme soldat à la 1ère compagnie du 2e bataillon du train d'artillerie de la Garde. Fait brigadier le 10 février 1809, fourrier le 1er août 1809, enfin maréchal des logis le 11 mai 1811. Il a fait la campagne d'Espagne en 1808, puis la campagne d'Allemagne de 1809. Entré à l'hôpital de Francfort le 3 février 1813, y est décédé le 15 mai par suite de fièvre et consomption selon l'acte de décès délivré par l'hôpital (31 ans), il aurait été blessé à Lutzen le 2 mai selon de registre de sa compagnie. AD Yvelines, Bennecourt, acte de baptême et transcription de l'acte de décès et 3 R 22, extrait mortuaire; SHD, 20 YC 196, n° 374.

LECOCQ Pierre Jean, né le 30 octobre 1791 à Cassel (Nord), fils de Jean Baptiste Lecocq, bourgeois, et de Marie Cécile Robin. 166 cm. Arrivé au corps le 21 mai 1813, venant de Courbevoie. Passé dans la 11e compagnie du train des équipages militaires de la Garde. A fait la campagne de Saxe en 1813. Déserte le 28 mai 1813. Entré le 27 juin 1813 à l'hôpital militaire de Francfort, où il est décédé le 5 juillet par suite de fièvre adynamique (21 ans). AD Nord, Cassel, acte de baptême (paroisse Saint-Nicolas); SHD, 20 YC 208, n° 2313.

LEGRAND Nicolas Isidore, né le 21 avril 1787 à Oisy (Asine), fils de Théodore Legrand, berger, et Marie Catherine Godin. 169 cm. Bonnetier et garde national, marié le 1er avril 1812 à Oisy à Catherine Vignier. Conscrit de 1807, il est rappelé au sein de la 8e cohorte de la Garde nationale formée en 1812, d'où il est incorporé au sein du 135e régiment de ligne le 14 janvier 1813. Il meurt à Francfort le 23 mai 1813 (26 ans), ce qu'atteste un jugement prononcé en 1838 après une enquête concluant qu'il serait mort près d'un bois au bord d'un fossé. AD Aisne, Oisy, actes de baptême et de mariage et transcription du jugement de 1838 le 18 mai 1839; SHD, 21 YC 916, n° 1263.

LERICHE Pierre Louis, geboren am 7. September 1793 in Betteville (Seine-Maritime), Sohn des Pierre Leriche, Tagelöhner, und der Marie Anne Martel. 170 cm. Tagelöhner. Rekrut des Jahrgangs 1813, eingetreten in das Heer am 5. Februar 1813, Soldat im 65. Linienregiment (4. Kompanie, 2. Bataillon). Verirrt oder gefangen genommen am 2. Mai bei der Schlacht von Lützen. Gestorben im Lazarett von Frankfurt Nr. 1 am 6. August 1813 an den Folgen eines Schusses ins rechte Bein bei Lützen (19 Jahre). AD Seine-Maritime, 3 R 110, Sterbeurkunde; SHD, 21 YC 547, Nr. 11355.

LEROUX Pierre, geboren am 18. Februar 1791 in Baulon (Ille-et-Vilaine), Sohn des Joseph Leroux und der Marie Clotteaux. 166 cm. Landarbeiter. Eingetreten in das Heer am 11. Mai 1812. Grenadier im 3. Bataillon des 140. Infanterieregiments. Eingeliefert ins Militärkrankenhaus von Frankfurt am 1. Juni 1813, dort verstorben am 15. (22 Jahre) an einem Nervenfieber infolge einer Schussverletzung bei Lützen am 2. Mai 1813. AD Ille-et-Vilaine, Baulon, Taufschein und Übertragung des Totenscheins am 15. Dezember 1814, 3 R 114, Sterbeurkunde; SHD, 21 YC 929, Nr. 2418.

LÉTOFFÉ Laurent, geboren am 8. September 1791 in Monchy-sur-Eu (Seine-Maritime), Sohn des Laurent Létoffé, Langsäger, und der Marie Catherine Godby. Jäger im 3. Regiment der berittenen Jäger seit dem 24. Februar 1813. Eingeliefert in das Lazarett von Frankfurt am 7. Oktober 1813, dort verstorben am 9. an Nervenfieber (22 Jahre). AD Seine-Maritime, Monchy-sur-Eu, Taufschein und Übertragung des Totenscheins, 14. Mai 1820, 3 R 110, Sterbeurkunde.

MALHERRE Jean Baptiste, geboren am 20. Dezember 1788 in La Lande-Patry (Orne), Sohn des Thomas Malherre und der Anne Lechevrel. Rekrut des Jahrgangs 1808, 159 cm, Barbier. Eingetreten in das Heer am 19. Mai 1812, eingeliedert ins 138. Infanterieregiment bei dessen Formierung. Gestorben im Lazarett von Frankfurt am 15. Oktober 1813 an den Folgen eines Schusses in den rechten Oberschenkel (24 Jahre). Auszug gesandt am 22. März 1817. AD Orne, La Lande-Patry, Taufschein; SHD 21 YC 923, Nr. 2308.

MARESCAUX Charles Auguste Joseph, geboren am 20. Messidor Jahr 2 (8. Juli 1794) in Linselles (Nord), Sohn des André Joseph Marescaux und der Marie Anne Rose Ferlin. Rekrut des Jahrgangs 1814. Eingetreten in das Heer am 13. April 1813, Füsilier in der 1. Kompanie des 5. Bataillons des 95. Linieninfanterieregiments. Eingeliefert in das Lazarett von Frankfurt am 25. Juni 1813, gestorben am 11. Juli (19 Jahre). SHD, 21 YC 716, Nr. 9732. AD Nord, Linselles, Übertragung des Totenscheins am 21. Oktober 1814.

MARTIN Jean Baptiste, geboren am 11. Januar 1793 in Autrey-lès-Cerre (Haute-Saône), Sohn des Joseph Martin, Landarbeiter, und der Jeanne Françoise Pelleret. 165 cm. Landwirt. Eingetreten in das Heer am 1. Dezember 1812. Füsilier im 103. Linieninfanterieregiment (3. Bataillon, 3. Kompanie). Eingeliefert ins Zivilkrankenhaus von Bockenheim (Frankfurt) am Main am 3. April 1813, dort verstorben am 27. April 1813 an Nervenfieber (20 Jahre). AD Haute-Saône, Autrey-lès-Cerre, Geburtsurkunde und Übertragung des Totenscheins am 3. Oktober 1813; SHD, 21 YC 754, Nr. 8433.

MAUFRONT Jean, geboren am 24. Oktober 1793 in Magnac-Laval (Haute-Vienne), Sohn des Léonard Maufront, Landwirt, und der Marguerite Larue. 164 cm. Landwirt. Rekrut des Jahrgangs 1813, eingetreten in das Heer am 29. November 1812, Voltigeur im 66. Linieninfanterieregiment (5. Bataillon). Eingeliefert in das Lazarett von Frankfurt Nr. 1 am 1. Juni 1813, dort verstorben am 30. Juli an den Folgen eines Schusses in die Schulter bei der Schlacht von Lützen (19 Jahre). AD Haute-Vienne, Magnac-Laval, Geburtsurkunde und 2 R 104, Sterbeurkunde; SHD, 21 YC 556, Nr. 11504.

MAUTROT Pierre, geboren am 11. Oktober 1787 in Ercé-en-Lamée (Ille-et-Vilaine), Sohn des François Mautrot, Halbpächter, und der Renée Tacher. Tagelöhner. Rekrut des Jahrgangs 1807, eingetreten in das Heer am 26. Mai 1813, Füsilier im 51. Linieninfanterieregiment (2. Bataillon, 5. Kompanie, seit dem 11. Juni 4. Bataillon, 6. Kompanie). Kriegsgefangenschaft vermutet. Tatsächlich eingeliefert in das Lazarett von Frankfurt Nr. 2 am 20. Oktober 1813, dort verstorben am 22. an den Folgen eines Schusses in die rechte Schulter (26 Jahre). AD Ille-et-Vilaine, Ercé-en-Lamée, Taufschein, 3 R 111, Sterbeurkunde; SHD, 21 YC 431, Nr. 11583.

LERICHE Pierre Louis, né le 7 septembre 1793 à Betteville (Seine-Maritime), fils de Pierre Leriche, journalier, et Marie Anne Martel. 170 cm. Journalier. Conscrit de 1813, arrivé au corps le 5 février 1813, soldat au 65e régiment de ligne (4e compagnie, 2e bataillon). Egaré ou prisonnier le 2 mai à la bataille de Lutzen. Mort à l'hôpital de Francfort n° 1 le 6 août 1813 par suite d'un coup de feu à la jambe droite reçu à Lutzen (19 ans). AD Seine-Maritime, 3 R 110, extrait mortuaire; SHD, 21 YC 547, n° 11355.

LEROUX Pierre, né le 18 février 1791 à Baulon (Ille-et-Vilaine), fils de Joseph Leroux et Marie Clotteaux. 166 cm. Laboureur. Arrivé au corps le 11 mai 1812. Grenadier au 3e bataillon du 140e régiment d'infanterie. Entré à l'hôpital militaire de Francfort, le 1er juin 1813, y est décédé le 15 (22 ans), par suite d'une fièvre nerveuse consécutive à un coup de feu reçu à Lutzen le 2 mai 1813. AD Ille-et-Vilaine, Baulon, acte de baptême, et transcription de l'acte de décès du 15 décembre 1814, 3 R 114, extrait mortuaire; SHD, 21 YC 929, n° 2418.

LÉTOFFÉ Laurent, né le 8 septembre 1791 à Monchy-sur-Eu (Seine-Maritime), fils de Laurent Létoffé, scieur de long, et Marie Catherine Godby. Chasseur au 3e régiment des chasseurs à cheval à partir du 24 février 1813. Entré à l'hôpital de Francfort le 7 octobre 1813, y est décédé le 9, par suite d'une fièvre nerveuse (22 ans). AD Seine-Maritime, Monchy-sur-Eu, acte de baptême et transcription de l'acte de décès, 14 mai 1820, 3 R 110, extrait mortuaire.

MALHERRE Jean Baptiste, né le 20 décembre 1788 à La Lande-Patry (Orne), fils de Thomas Malherre et d'Anne Lechevrel. Conscrit de 1808, 159 cm, barbier. Arrivé au corps le 19 mai 1812, intègre le 138e régiment d'infanterie à sa formation. Mort à l'hôpital de Francfort le 15 octobre 1813 par suite d'un coup de feu à la cuisse droite (24 ans). Extrait envoyé le 22 mars 1817. AD Orne, La Lande-Patry, acte de baptême; SHD 21 YC 923, n° 2308.

MARESCAUX Charles Auguste Joseph, né le 20 messidor an 2 (8 juillet 1794) à Linselles (Nord), fils d'André Joseph Marescaux et de Marie Anne Rose Ferlin. Conscrit de 1814. Arrivé au corps le 13 avril 1813, fusilier à la 1ère Compagnie du 5e bataillon du 95e d'infanterie de ligne. Entré à l'hôpital militaire de Francfort le 25 juin 1813, décédé le 11 juillet (19 ans). SHD, 21 YC 716, n° 9732. AD Nord, Linselles, transcription de l'acte de décès du 21 octobre 1814.

MARTIN Jean Baptiste, né le 11 janvier 1793 à Autrey-lès-Cerre (Haute-Saône), fils de Joseph Martin, laboureur, et Jeanne Françoise Pelleret. 165 cm. Cultivateur. Entré au corps le 1er décembre 1812. Fusilier au 103e régiment d'infanterie de ligne (3e bataillon, 3e compagnie). Entré à l'hôpital civil de Bockenheim, près de la place de Francfort-sur-le-Main le 3 avril 1813 et y est décédé le 27 avril 1813 par suite d'une fièvre nerveuse (20 ans). AD Haute-Saône, Autrey-lès-Cerre, acte de naissance et transcription de l'acte de décès du 3 octobre 1813; SHD, 21 YC 754, n° 8433.

MAUFRONT Jean, né le 24 octobre 1793 à Magnac-Laval (Haute-Vienne), fils de Léonard Maufront, cultivateur, et Marguerite Larue. 164 cm. Cultivateur. Conscrit de 1813, arrivé au corps le 29 novembre 1812, voltigeur au 66e régiment d'infanterie de ligne (5e bataillon). Entré à l'hôpital de Francfort n° 1 le 1er juin 1813, y est décédé le 30 juillet par suite d'un coup de feu à l'épaule reçu à la bataille de Lutzen (19 ans). AD Haute-Vienne, Magnac-Laval, acte de naissance et 2 R 104, extrait mortuaire; SHD, 21 YC 556, n° 11504.

MAUTROT Pierre, né le 11 octobre 1787 à Ercé-en-Lamée (Ille-et-Vilaine), fils de François Mautrot, métayer, et de Renée Tacher. Journalier. Conscrit de 1807, arrivé au corps le 26 mai 1813, fusilier au 51e régiment d'infanterie de ligne (2e bataillon, 5e compagnie, puis le 11 juin, 4e bataillon, 6e compagnie). Présumé prisonnier de guerre. En fait entré à l'hôpital de Francfort n° 2, le 20 octobre 1813, y est décédé le 22 d'un coup de feu à l'épaule droite (26 ans). AD Ille-et-Vilaine, Ercé-en-Lamée, acte de baptême, 3 R 111, extrait mortuaire; SHD, 21 YC 431, n° 11583.

MEGER Jean, geboren am 11. Juli 1788 in Saze (Gard), Sohn des Joseph Meger, Hirte, und der Jeanne Camilleri. 158 cm. Landwirt, Wehrpflichtiger des Jahrgangs 1808, eingetreten in das Heer am 7. Mai 1813, Füsilier in der 1. Kompanie, 5. Bataillon des 11. Linieninfanterieregiments. Kommt am 22. August 1813 in Kriegsgefangenschaft. Am 24. September 1813 eingeliefert in das Lazarett vor Frankfurt, dort verstorben am 16. Oktober 1813 an einer Nierenverletzunbg (25 Jahre). AD Gard, Saze, Taufschein und Übertragung des Totenscheins am 16. Oktober 1816; SHD, 21 YC 98, Nr. 10070.

MICHON Nicolas, geboren am 9. Februar 1793 in Saint-Martin Chennetron (Seine-et-Marne), Sohn des Louis Michon, Landarbeiter, und der Marie Anne Huot. Dienstaufnahme am 23. November 1812, Soldat im 26. Regiment der leichten Infanterie. Gestorben im Lazarett von Frankfurt am 19. Oktober 1813 an den Folgen eines Beinschusses (20 Jahre). AD Seine-et-Marne, Saint-Martin Chennetrcn, Übertragung des Totenscheins am 12. August 1820.

MIGAUD François, geboren am 10. Fructidor Jahr 2 (27. August 1793) in Taizé-Aizié (Charente), Sohn des Pierre Migaud, Landwirt, und der Jeanne Matelin. 164 cm. Landwirt. Eingetreten in das Heer am 28. April 1813 als Füsilier im 64. Infanterieregiment (2. Kompanie, 3. Bataillon). Eingeliefert in das Lazarett von Frankfurt am 5. September 1813, dort gestorben am 21. an den Folgen eines Schusses in die linke Hand (20 Jahre). AD Charente, Taizé-Aizié, Geburtsurkunde und Übertragung des Totenscheins am 18. Juli 1815; SHD, 21 YC 539, Nr. 9364.

MOREAU René, geboren am 17. August 1793 in Chancé (Indre-et-Loire), Sohn des Claude Moreau und der Jeanne Galande. 158 cm. Rekrut des Jahrgangs 1813, eingetreten in das Heer am 30. November 1812, am 17. Februar 1813vals Grenadier eingegliedert in das 43. Linieninfanterieregiment (4. Bataillon, 4. Kompanie). Eingeliefert in das Lazarett von Frankfurt am 30. September 1813, dort verstorben am 9. Oktober an Nervenfieber (20 Jahre) (laut eines Eintrags im Register wäre er am 22. Mai 1814 im Lazarett von Magdeburg gestorben). AD Indre-et-Loire, 3 R 47, Sterbeurkunde; SHD, 21 YC 369, Nr. 10841.

MOUTIER François Antoine, geboren am 4. März 1791 in Marcq (Yvelines), Sohn des Charles Moutier, Gewandschneider, und der Marguerite Petit. 164 cm. Tagelöhner. Eingetreten in das Heer am 2. Juni 1813, Voltigeur im 33. Linieninfanterieregiment (3. Bataillon). Eingeliefert in das Lazarett von Frankfurt Nr. 2 am 15. Oktober 1813, dort verstorben am 23. an den Folgen eines Kopfschusses (22 Jahre), während das Regiment seine Gefangennahme vermutet. AD Yvelines, Marcq, Taufschein, 3 R 25, Sterbeurkunde; SHD, 21 YC 299, Nr. 13890.

NACHEZ Stanislas, geboren am 23. Dezember 1792 in Blicquy (Jemmapes, Belgien), Sohn des Félicien Joseph Nachez und der Marie Constance Coupé. 157 cm. Tagelöhner. Rekrut des Jahrgangs 1812, eingetreten in das Heer am 12. Mai 1812. Füsilier im 112. Infanterieregiment (2. Kompanie, 4. Bataillon) am 16. Juni 1812. Gestorben im Lazarett von Frankfurt am 5. April 1813 (20 Jahre). SHD, 21 YC 803, Nr. 9485.

NERAY Jean, geboren am 27. Dezember 1792 in Andouillé (Mayenne), Sohn des Jean Neray, Weber, und der Françoise Neveu. 166 cm. Landarbeiter. Rekrut des Jahrgangs 1812, Dienst angetreten im Mai 1812 in der 22. Kohorte der Nationalgarde, wird am 1. August 1812 Voltigeur im 2. Regiment der Voltigeure der Garde (3. Kompanie, 2. Bataillon). Eingeliefert in das Lazarett von Frankfurt am 13. April 1813, dort verstorben am 2. Mai 1813 an anämischem Fieber (20 Jahre). AD Mayenne, Andouillé, Geburtsurkunde und Übertragung des Totenscheins am 25. Dezember 1814; SHD 20 YC 64, Nr. 3397.

NOYELLE Benoît, geboren am 23. Brumaire Jahr 3 (13. November 1794) in Zuytpeene (Nord), Sohn des Jacques Adrien Joseph Denoyelle, Arbeiter-Landwirt, und der Rose Joseph Senechal. 159 cm. Tagelöhner. Wehrpflichtiger des Jahrgangs 1814. Eingetreten in das Heer am 18. April 1813, Füsilier im 94. Linieninfanterieregiment (3. Bataillon, 1. Kompanie). Eingeliefert ins Militärkrankenhaus von Frankfurt Nr. 2 am 4. August 1813, gestorben am 15. August 1813 an Fieber und Marasmus (18 Jahre). AD Nord, Zuytpeene, Geburtsurkunde und Übertragung des Totenscheins am 22. Dezember 1815; SHD, 21 YC 707, Nr. 9235.

MEGER Jean, né le 11 juillet 1788 à Saze (Gard), fils de Joseph Meger, berger, et Jeanne Camilleri. 158 cm. Cultivateur, conscrit de 1808, arrivé au corps le 7 mai 1813, fusilier à la 1ère compagnie, 5e bataillon du 11e régiment d'infanterie de ligne. Prisonnier de guerre le 22 août 1813. Entré le 24 septembre 1813 à l'hôpital de Francfort, y est décédé le 16 octobre 1813 par suite d'une blessure aux reins (25 ans). AD Gard, Saze, acte de baptême et transcription de l'acte de décès du 16 octobre 1816; SHD, 21 YC 98, n° 10070.

MICHON Nicolas, né le 9 février 1793 à Saint-Martin Chennetron (Seine-et-Marne), fils de Louis Michon, laboureur, et Marie Anne Huot. Entré au service le 23 novembre 1812, soldat au 26e régiment d'infanterie légère. Décédé à l'hôpital de Francfort le 19 octobre 1813 des suites d'un coup de feu à la jambe (20 ans). AD Seine-et-Marne, Saint-Martin Chennetron, transcription de l'acte de décès du 12 août 1820.

MIGAUD François, né le 10 fructidor an 2 (27 août 1793) à Taizé-Aizié (Charente), fils de Pierre Migaud, agriculteur, et de Jeanne Matelin. 164 cm. Cultivateur. Arrivé au corps le 28 avril 1813, comme fusilier au 64e régiment d'infanterie (2e compagnie, 3e bataillon). Entré à l'hôpital de Francfort le 5 septembre 1813 par suite d'un coup de feu à la main gauche, mort à l'hôpital de Francfort le 21 septembre 1813 (20 ans). AD Charente, Taizé-Aizié, acte de naissance et transcription de l'acte de décès du 18 juillet 1815; SHD, 21 YC 539, n° 9364.

MOREAU René, né le 17 août 1793 à Chancé (Indre-et-Loire), fils de Claude Moreau et Jeanne Galande. 1m58. Conscrit de 1813, arrivé au corps le 30 novembre 1812 au sein du 28e de ligne, incorporé comme grenadier au 43e régiment d'infanterie de ligne (4e bataillon, 4e compagnie) le 17 février 1813. Entré à l'hôpital de Francfort le 30 septembre 1813, y est décédé le 9 octobre par suite de fièvre nerveuse (20 ans) (une mention sur le registre le fait aussi mourir à l'hôpital de Magdebourg le 22 mai 1814). AD Indre-et-Loire, 3 R 47, extrait mortuaire; SHD, 21 YC 369, n° 10841.

MOUTIER François Antoine, né le 4 mars 1791 à Marcq (Yvelines), fils de Charles Moutier, tailleur d'habits, et Marguerite Petit. 164 cm. Journalier. Arrivé au corps le 2 juin 1813, voltigeur au 33e régiment d'infanterie de ligne (3e bataillon). Entré à l'hôpital de Francfort n° 2 le 15 octobre, y est décédé le 23 des suites d'un coup de feu à la tête (22 ans), alors que son régiment le croit prisonnier de guerre. AD Yvelines, Marcq, acte de baptême, 3 R 25, extrait mortuaire; SHD, 21 YC 299, n° 13890.

NACHEZ Stanislas, né le 23 décembre 1792 à Blicquy (Jemmapes, Belgique), fils de Félicien Joseph Nachez et Marie Constance Coupé. 157 cm. Journalier. Conscrit de 1812, arrivé au corps le 12 mai 1812. Fusilier au 112e régiment d'infanterie (2e compagnie, 4e bataillon) le 16 juin 1812. Décédé à l'hôpital militaire de Francfort le 5 avril 1813 (20 ans). SHD, 21 YC 803, n° 9485.

NERAY Jean, né le 27 décembre 1792 à Andouillé (Mayenne), fils de Jean Neray, tisserand, et Françoise Neveu. 166 cm. Laboureur. Conscrit de 1812, entré au service en mai 1812 au sein de la 22e cohorte de la Garde nationale, passé comme voltigeur au 2e régiment des voltigeurs de la Garde (3e compagnie, 2e bataillon) le 1er août 1812. Entré à l'hôpital de Francfort le 13 avril 1813, y est décédé le 2 mai 1813 d'une fièvre anémique (20 ans). AD Mayenne, Andouillé, acte de naissance et transcription de l'acte de décès du 25 décembre 1814; SHD 20 YC 64, n° 3397.

NOYELLE Benoît, né le 23 brumaire an 3 (13 novembre 1794) à Zuytpeene (Nord), fils de Jacques Adrien Joseph Denoyelle, ouvrier cultivateur, et Rose Joseph Senechal. 159 cm. Manouvrier, conscrit de 1814. Arrivé au corps le 18 avril 1813, fusilier au 94e régiment d'infanterie de ligne (3e bataillon, 1ère compagnie). Entré le 4 août 1813 à l'hôpital militaire de Francfort n° 2, décédé le 15 août 1813 des suites de fièvre et marasme (18 ans). AD Nord, Zuytpeene, acte de naissance et transcription de l'acte de décès du 22 décembre 1815; SHD, 21 YC 707, n° 9235.

OUVRARD Pierre, geboren am 31. August 1791 in Foussais-Payré (Vendée), Sohn des Pierre Ouvrard und der Marie Bouteiller. 163 cm. Ölhersteller. Rekrut des Jahrgangs 1812, eingegliedert in das 44. Linieninfanterieregiment am 28. März 1812 (5. Bataillon, 4. Kompanie). Im Matrikelbuch des 44. steht, dass er zum Walcheren-Regiment wechselt, was Fahnenflucht vermuten lässt (dort ist er jedoch nicht aufzufinden). Jedenfalls ist sein Tod im Lazarett von Frankfurt am 16. April 1813 an chronischem Fieber im Matrikelbuch des 44. registriert (21 Jahre). SHD, 21 YC 377, Nr. 9501.

PAUPY Jean, geboren am 18. März 1789 in Fresnes (Côte d'Or), Sohn des Antoine Paupy, Händler, und der Marguerite Bernard. 165 cm. Rekrut des Jahrgangs 1809, tritt am 19. April 1812 den Dienst in der 55. Kohorte der Nationalgarde an; seit dem 31. August 1812 Voltigeur im 2. Regiment der Voltigeure der Garde (2. Kompanie). Eingeliefert in das Lazarett von Frankfurt am 15. März 1813, dort verstorben am 11. Juni 1813 an Fieber und Lungentuberkulose (24 Jahre). AD Côte d'Or, Fresnes, Taufschein und Übertragung des Totenscheins im Dezember 1814; SHD, 20 YC 64, Nr. 8682.

PICHOT Joseph, geboren am 16. Prairial Jahr 2 (4. Juni 1794) in Lanouée (Morbihan), Sohn des Mathurin Pichot, Landarbeiter, und der Mathurine Hubert. Voltigeur im 3. Bataillon des 29. Regiments der leichten Infanterie. Eingeliefert in das Lazarett von Frankfurt am 2. Oktober 1813, dort gestorben am 15. an Nervenfieber (19 Jahre). AD Morbihan, Lanouée, Geburtsurkunde und Übertragung des Totenscheins am 4. Mai 1816.

POTER Jean Marie, geboren am 8. Januar 1791 in Auteuil (Yvelines), Sohn des Pierre Poter, Händler, und der Marie Françoise Bertillard. 162 cm. Hufschmied. Rekrut des Jahrgangs 1811, Dienstantritt am 4. Juni 1813, Grenadier in der Kompanie der Grenadiere des 3. Bataillons im 33. Linieninfanterieregiment. Eingeliefert in das Lazarett von Frankfurt am 20. September 1813, dort verstorben am 13. Oktober an Nervenfieber (22 Jahre). AD Yvelines, Auteuil, Taufschein, 3 R 28, Sterbeurkunde; SHD, 21 YC 29, Nr. 1399.

POUQUEVILLE Jean, geboren am 29. Mai 1791 in Saint-Gervais-du-Perron (Orne), Sohn des René Louis Pouqueville, Grundbesitzer, und der Anne Bozeille. 161 cm. Grundbesitzer. Eingetreten in das 138. Regiment am 20. April 1812 (3. Bataillon, 4. Kompanie). Eingeliefert in das Lazarett von Frankfurt am 26. Juni 1813, dort verstorben am 19. Juli 1813 an Tuberkulose (22 Jahre). AD Orne, Saint-Gervais-du-Perron, Taufschein, R 0038, Sterbeurkunde; SHD 21 YC 923, Nr. 1892.

PRÊTAVOINE Louis, geboren am 13. Januar 1790 in Le Menil-Ciboult (Orne), Sohn des Georges Prêtavoine, Landarbeiter, und der Marie Le Petit. 113 cm (!). Eingetreten in das Heer am 20. Mai 1813, vorher in Courbevoie. Soldat in der 12. Kompanie des Train des équipages der kaiserlichen Garde; nimmt am Sachsenfeldzug teil. Eingeliefert in das Lazarett von Frankfurt am 4. Juli 1813, dort verstorben am 11. an Nervenfieber (23 Jahre). Es wird im Regiment vermutet, dass er irgendwo zurückgeblieben ist, und er wird am 6. Oktober 1813 aus den Listen gestrichen. AD Orne, Le Menil-Ciboult, Taufschein und R0038/1. SHD, 20 YC 208, Nr. 2293.

QUENOT François, geboren 1788 in Gatey (Jura), Sohn des Joseph Quenot, Landwirt, und der Catherine Revouvreux. Jäger in der 1. Kompanie, 3. Bataillon des 6. Regiments der leichten Infanterie. Eingeliefert in das Krankenhaus von Bockenheim (Frankfurt) am 9. April 1813, dort gestorben am 12. (25 Jahre). AD Jura, Gatey, Übertragung des Totenscheins am 8. September 1816.

RAULET Simon, geboren am 28. Oktober 1793 in Courcelles-sur-Aire (Meuse), Sohn des Jean Baptiste Raulet, Schuster, und der Marie Anne Chastel. 174 cm. Mützenmacher. Rekrut des Jahrgangs 1813. Eingetreten in das Heer am 25. November 1812. Füsilier-Jäger der kaiserlichen Garde (1. Kompanie). Gestorben am 8. Juli 1813 in Frankfurt (19 Jahre). AD Meuse, Courcelles-sur-Aire, Geburtsurkunde; SHD 20 YC 50, Nr. 5974.

OUVRARD Pierre, né le 31 août 1791 à Foussais-Payré (Vendée), fils de Pierre Ouvrard et Marie Bouteiller. 163 cm. Huilier. Conscrit de 1812, il arrive au 44ᵉ régiment d'infanterie de ligne le 28 mars 1812 (5ᵉ bataillon, 4ᵉ compagnie). Le registre matricule du 44ᵉ indique qu'il passe au régiment de Walcheren, ce qui suppose qu'il ait déserté (et on ne l'y retrouve pas). En tout cas, c'est sur le registre du 44ᵉ qu'est enregistrée sa mort à l'hôpital militaire de Francfort le 16 avril 1813 par suite de fièvre chronique (21 ans). SHD, 21 YC 377, n° 9501.

PAUPY Jean, né le 18 mars 1789 à Fresnes (Côte d'Or), fils d'Antoine Paupy, marchand, et Marguerite Bernard. 165 cm. Conscrit de 1809, entré au service dans la 55ᵉ cohorte de la Garde nationale le 19 avril 1812, passé comme voltigeur au 2ᵉ régiment des voltigeurs de la Garde (2ᵉ compagnie) le 31 août 1812. Entré à l'hôpital de Francfort le 15 mars 1813, y est décédé le 11 juin 1813 des suites d'une fièvre et phtisie pulmonaire (24 ans). AD Côte d'Or, Fresnes, acte de baptême et transcription de l'acte de décès de décembre 1814; SHD, 20 YC 64, n° 8682.

PICHOT Joseph, né le 16 prairial an 2 (4 juin 1794) à Lanouée (Morbihan), fils de Mathurin Pichot, laboureur, et Mathurine Hubert. Voltigeur au 3ᵉ bataillon du 29ᵉ régiment d'infanterie légère. Entré à l'hôpital militaire de Francfort le 2 octobre 1813, où il est décédé le 15 des suites d'une fièvre nerveuse (19 ans). AD Morbihan, Lanouée, acte de naissance et transcription de l'acte de décès du 4 mai 1816.

POTER Jean Marie, né le 8 janvier 1791 à Auteuil (Yvelines), fils de Pierre Poter, marchand, et Marie Françoise Bertillard. 162 cm. Maréchal-ferrand. Conscrit de 1811, entré au service le 4 juin 1813, grenadier à la compagnie des grenadiers du 3ᵉ bataillon du 33ᵉ régiment d'infanterie de ligne. Entré à l'hôpital de Francfort le 20 septembre 1813, y est décédé le 13 octobre des suites d'une fièvre nerveuse (22 ans). AD Yvelines, Auteuil, acte de baptême, 3 R 28, extrait mortuaire; SHD, 21 YC 29, n° 1399.

POUQUEVILLE Jean, né le 29 mai 1791 à Saint-Gervais-du-Perron (Orne), fils de René Louis Pouqueville, propriétaire, et Anne Bozeille, 161 cm, propriétaire. Arrivé au 138ᵉ régiment le 20 avril 1812 (3ᵉ bataillon, 4ᵉ compagnie). Entré à l'hôpital de Francfort le 26 juin 1813, y est décédé le 19 juillet 1813 des suites d'une phtisie (22 ans). AD Orne, Saint-Gervais-du-Perron, acte de baptême, R 0038, extrait mortuaire; SHD 21 YC 923, n° 1892.

PRÊTAVOINE Louis, né le 13 janvier 1790 à Le Menil-Ciboult (Orne), fils de Georges Prêtavoine, laboureur, et Marie Le Petit. 113 cm! Arrivé au corps le 20 mai 1813, venant de Courbevoie. Soldat à la 12ᵉ compagnie du train des équipages de la Garde impériale, a fait la campagne de Saxe. Entré à l'hôpital de Francfort le 4 juillet 1813, y est décédé le 11 par suite de fièvre nerveuse (23 ans). Considéré comme resté à l'arrière et rayé des contrôles le 6 octobre 1813. AD Orne, Le Menil-Ciboult, acte de baptême et R0038/1. SHD, 20 YC 208, n° 2293.

QUENOT François, né en 1788 à Gatey (Jura), fils de Joseph Quenot, cultivateur, et Catherine Revouvreux. Chasseur à la première compagnie, 3ᵉ bataillon du 6ᵉ régiment d'infanterie légère. Entré à l'hôpital de Bockenheim à Francfort le 9 avril 1813, où il est décédé le 12 (25 ans). AD Jura, Gatey, transcription de l'acte de décès du 8 septembre 1816.

RAULET Simon, né le 28 octobre 1793 à Courcelles-sur-Aire (Meuse), fils de Jean Baptiste Raulet, cordonnier, et Marie Anne Chastel. 174 cm. Bonnetier. Conscrit de 1813. Arrivé au corps le 25 novembre 1812. Fusilier chasseur de la Garde impériale (1ère compagnie). Décédé le 8 juillet 1813 à Francfort (19 ans). AD Meuse, Courcelles-sur-Aire, acte de naissance; SHD, 20 YC 50, n° 5974.

RICHARD Louis Charles, geboren am 20. Juni 1789 in Orbec (Calvados), Sohn des Louis Richard und der Marie Loisel. 160 cm. Kleidermacher. Rekrut des Jahrgangs 1809, eingetreten in das 138. Linienregiment am 8. Mai 1812, vorher bei der 44. Kohorte der Nationalgarde. Verwundet bei der Schlacht von Lützen am 2. Mai 1813. Gestorben im Lazarett von Frankfurt am 29. August 1813 (23 Jahre). SHD 21 YC 923, Nr. 235.

ROUGETET Hugues Laurent, geboren am 5. März 1784 in Saint-Seine-sur-Vingeanne (Côte d'Or), Sohn des Laurent Rougetet, Tagelöhner, und der Françoise Planche. Sattler. Heiratet Jeanne Guyot in Talmay (Côte d'Or) am 6. Mai 1806, 2 Kinder. Soldat im 37. Linieninfanterieregiment. Gestorben im Militärkrankenhaus von Frankfurt am 25. September 1813 (29 Jahre). AD Côte d'Or, Heiratsurkunde und Übertragung des Urteils des Zivilgerichts von Dijon (mit Bestätigung des Todes von Rougetet) am 6. März 1841.

ROUX Martin, geboren am 10. November 1792 in Banne (Ardèche), Sohn des Louis Barthélémy Roux, Arbeiter, und der Henriette Robert. 159 cm. Landarbeiter. Eingetreten in das Heer am 30. März 1812 (67. Linieninfanterieregiment). Gestorben am 29. September 1813 im Militärkrankenhaus von Frankfurt am Main an den Folgen seiner Verwundungen (20 Jahre). AD Ardèche, Banne, Geburtsurkunde; SHD, 21 YC 567, Nr. 8355.

ROUXEL Jean, geboren am 12. November 1788 in Bas-Tertre-Rieux (Morbihan), Sohn des Vincent Rouxel, Landarbeiter, und der Françoise Loyer. 163 cm. Rekrut des Jahrgangs 1808. Eingetreten in das Heer am 6. Juni 1812 (39. Kohorte der Nationalgarde). Voltigeur im 140. Linieninfanterieregiment (4. Bataillon) seit dem 12. Februar 1813. Gestorben im Lazarett von Frankfurt am 5. August 1813 an den Folgen eines Schusses bei Lützen (24 Jahre). SHD, 21 YC 929, Nr. 3355.

ROYER Jacques Auguste, geboren am 2. Februar 1791 in Sannerville (Calvados), Sohn des Nicolas Royer und der Marie Anne Leroy. 164 cm. Wagner. Eingetreten in das 138. Linienregiment am 28. April 1812. Gestorben im Lazarett von Frankfurt am 26. Juli 1813 an Ruhr (22 Jahre). AD Calvados, Sannerville, Taufschein und Übertragung des Totenscheins im Dezember 1815; SHD 21 YC 923, Nr. 123.

RUPPEN Philippe, geboren am 14. Frimaire Jahr 3 (4. Dezember 1794) in Monthermé (Ardennes), Sohn des François Joseph Ruppen, Glasarbeiter, verstorben, und der Marie Joseph Ernestine Guillien. 163 cm. Glasbläser. Eingetreten in das Heer am 8. April 1813. Korporal im 8. Linienregiment, auch Condé-Regiment genannt (3. Bataillon, 1. Kompanie). Gestorben im Militärkrankenhaus von Frankfurt am 10. Oktober 1813 an Fieber (20 Jahre). AD Ardennes, Monthermé, Geburtsurkunde und Übertragung des Totenscheins am 8. Januar 1815; SHD, 21 YC 72, Nr. 9636.

SAINSON Sylvain, geboren am 6. April 1793 in Baumont-Village (Indre-et-Loire), Sohn des Jacques Sainson, Tagelöhner, und der Anne Beauvais. 156 cm. Freiwillig gemeldet. Zunächst im 28. Linienregiment, seit dem 17. Februar 1813 Füsilier im 43. Linieninfanterieregiment (4. Kompanie, 4. Bataillon). Eingeliefert in das Krankenhaus von Bockenheim (Frankfurt) am 14. September 1813, dort verstorben am 25. (20 Jahre). AD Indre-et-Loire, Baumont-Village, Geburtsurkunde; 3 R 51, Sterbeurkunde; SHD, 21 YC 261, Nr. 11022 et 21 YC 369, Nr. 10823.

SANSON Barthelémy, geboren am 23. August 1792 in Restignet (Indre-et-Loire), Sohn des Barthélémy Sanson, Landwirt, und der Catherine Maupetit. Füsilier im 13. Regiment der leichten Infanterie (1. Kompanie, 1. Bataillon). Eingeliefert in das Lazarett von Frankfurt am 9. September 1813, dort verstorben am 25. (21 Jahre). AD Indre-et-Loire, Restignet, Taufschein, 3 R 51, Sterbeurkunde.

SEJOURNÉ La Montagne, geändert in René Charlemagne, geboren am 9. Fructidor Jahr 2 (25. August 1794) in Rouen (Seine-Maritime), Sohn des Charles Nicolas Séjourné, Fabrikant, verstorben am 3. März 1815, und der Reine Julie Boursier. 164 cm. Tischler. Freiwillig gemeldet in Rouen, Dienstantritt am 19. Mai 1812 bei den Pupilles de la Garde, seit dem 8. März 1813 im 7. Regiment der Garde-Schützen (1. Bataillon, 2. Kompanie). Nimmt am Sachsenfeldzug teil. Vermerkt als abwesend seit dem 19. Oktober nach der Schlacht von Leipzig. Tatsächlich eingeliefert in das Lazarett von Frankfurt am 3. April 1813, dort verstorben am 21. Mai an Gallenfieber (18 Jahre). AD Seine-Maritime, Rouen, 3 quartier, 4 E 2248, Geburtsurkunde, 3 R 126, Sterbeurkunde; SHD, 20 YC 34, Nr. 66944, 20 YC 109, Nr. 7365.

OUVRARD Pierre, né le 31 août 1791 à Foussais-Payré (Vendée), fils de Pierre Ouvrard et Marie Bouteiller. 163 cm. Huilier. Conscrit de 1812, il arrive au 44e régiment d'infanterie de ligne le 28 mars 1812 (5e bataillon, 4e compagnie). Le registre matricule du 44e indique qu'il passe au régiment de Walcheren, ce qui suppose qu'il ait déserté (et on ne l'y retrouve pas). En tout cas, c'est sur le registre du 44e qu'est enregistrée sa mort à l'hôpital militaire de Francfort le 16 avril 1813 par suite de fièvre chronique (21 ans). SHD, 21 YC 377, n° 9501.

PAUPY Jean, né le 18 mars 1789 à Fresnes (Côte d'Or), fils d'Antoine Paupy, marchand, et Marguerite Bernard. 165 cm. Conscrit de 1809, entré au service dans la 55e cohorte de la Garde nationale le 19 avril 1812, passé comme voltigeur au 2e régiment des voltigeurs de la Garde (2e compagnie) le 31 août 1812. Entré à l'hôpital de Francfort le 15 mars 1813, y est décédé le 11 juin 1813 des suites d'une fièvre et phtisie pulmonaire (24 ans). AD Côte d'Or, Fresnes, acte de baptême et transcription de l'acte de décès de décembre 1814; SHD, 20 YC 64, n° 8682.

PICHOT Joseph, né le 16 prairial an 2 (4 juin 1794) à Lanouée (Morbihan), fils de Mathurin Pichot, laboureur, et Mathurine Hubert. Voltigeur au 3e bataillon du 29e régiment d'infanterie légère. Entré à l'hôpital militaire de Francfort le 2 octobre 1813, où il est décédé le 15 des suites d'une fièvre nerveuse (19 ans). AD Morbihan, Lanouée, acte de naissance et transcription de l'acte de décès du 4 mai 1816.

POTER Jean Marie, né le 8 janvier 1791 à Auteuil (Yvelines), fils de Pierre Poter, marchand, et Marie Françoise Bertillard. 162 cm. Maréchal-ferrand. Conscrit de 1811, entré au service le 4 juin 1813, grenadier à la compagnie des grenadiers du 3e bataillon du 33e régiment d'infanterie de ligne. Entré à l'hôpital de Francfort le 20 septembre 1813, y est décédé le 13 octobre des suites d'une fièvre nerveuse (22 ans). AD Yvelines, Auteuil, acte de baptême, 3 R 28, extrait mortuaire; SHD, 21 YC 29, n° 1399.

POUQUEVILLE Jean, né le 29 mai 1791 à Saint-Gervais-du-Perron (Orne), fils de René Louis Pouqueville, propriétaire, et Anne Bozeille, 161 cm, propriétaire. Arrivé au 138e régiment le 20 avril 1812 (3e bataillon, 4e compagnie). Entré à l'hôpital de Francfort le 26 juin 1813, y est décédé le 19 juillet 1813 des suites d'une phtisie (22 ans). AD Orne, Saint-Gervais-du-Perron, acte de baptême, R 0038, extrait mortuaire; SHD 21 YC 923, n° 1892.

PRÊTAVOINE Louis, né le 13 janvier 1790 à Le Menil-Ciboult (Orne), fils de Georges Prêtavoine, laboureur, et Marie Le Petit. 113 cm! Arrivé au corps le 20 mai 1813, venant de Courbevoie. Soldat à la 12e compagnie du train des équipages de la Garde impériale, a fait la campagne de Saxe. Entré à l'hôpital de Francfort le 4 juillet 1813, y est décédé le 11 par suite de fièvre nerveuse (23 ans). Considéré comme resté à l'arrière et rayé des contrôles le 6 octobre 1813. AD Orne, Le Menil-Ciboult, acte de baptême et R0038/1. SHD, 20 YC 208, n° 2293.

QUENOT François, né en 1788 à Gatey (Jura), fils de Joseph Quenot, cultivateur, et Catherine Revouvreux. Chasseur à la première compagnie, 3e bataillon du 6e régiment d'infanterie légère. Entré à l'hôpital de Bockenheim à Francfort le 9 avril 1813, où il est décédé le 12 (25 ans). AD Jura, Gatey, transcription de l'acte de décès du 8 septembre 1816.

RAULET Simon, né le 28 octobre 1793 à Courcelles-sur-Aire (Meuse), fils de Jean Baptiste Raulet, cordonnier, et Marie Anne Chastel. 174 cm. Bonnetier. Conscrit de 1813. Arrivé au corps le 25 novembre 1812. Fusilier chasseur de la Garde impériale (1ère compagnie). Décédé le 8 juillet 1813 à Francfort (19 ans). AD Meuse, Courcelles-sur-Aire, acte de naissance; SHD, 20 YC 50, n° 5974.

RICHARD Louis Charles, geboren am 20. Juni 1789 in Orbec (Calvados), Sohn des Louis Richard und der Marie Loisel. 160 cm. Kleidermacher. Rekrut des Jahrgangs 1809, eingetreten in das 138. Linienregiment am 8. Mai 1812, vorher bei der 44. Kohorte der Nationalgarde. Verwundet bei der Schlacht von Lützen am 2. Mai 1813. Gestorben im Lazarett von Frankfurt am 29. August 1813 (23 Jahre). SHD 21 YC 923, Nr. 235.

ROUGETET Hugues Laurent, geboren am 5. März 1784 in Saint-Seine-sur-Vingeanne (Côte d'Or), Sohn des Laurent Rougetet, Tagelöhner, und der Françoise Planche. Sattler. Heiratet Jeanne Guyot in Talmay (Côte d'Or) am 6. Mai 1806, 2 Kinder. Soldat im 37. Linieninfanterieregiment. Gestorben im Militärkrankenhaus von Frankfurt am 25. September 1813 (29 Jahre). AD Côte d'Or, Heiratsurkunde und Übertragung des Urteils des Zivilgerichts von Dijon (mit Bestätigung des Todes von Rougetet) am 6. März 1841.

ROUX Martin, geboren am 10. November 1792 in Banne (Ardèche), Sohn des Louis Barthélémy Roux, Arbeiter, und der Henriette Robert. 159 cm. Landarbeiter. Eingetreten in das Heer am 30. März 1812 (67. Linieninfanterieregiment). Gestorben am 29. September 1813 im Militärkrankenhaus von Frankfurt am Main an den Folgen seiner Verwundungen (20 Jahre). AD Ardèche, Banne, Geburtsurkunde; SHD, 21 YC 567, Nr. 8355.

ROUXEL Jean, geboren am 12. November 1788 in Bas-Tertre-Rieux (Morbihan), Sohn des Vincent Rouxel, Landarbeiter, und der Françoise Loyer. 163 cm. Rekrut des Jahrgangs 1808. Eingetreten in das Heer am 6. Juni 1812 (39. Kohorte der Nationalgarde). Voltigeur im 140. Linieninfanterieregiment (4. Bataillon) seit dem 12. Februar 1813. Gestorben im Lazarett von Frankfurt am 5. August 1813 an den Folgen eines Schusses bei Lützen (24 Jahre). SHD, 21 YC 929, Nr. 3355.

ROYER Jacques Auguste, geboren am 2. Februar 1791 in Sannerville (Calvados), Sohn des Nicolas Royer und der Marie Anne Leroy. 164 cm. Wagner. Eingetreten in das 138. Linienregiment am 28. April 1812. Gestorben im Lazarett von Frankfurt am 26. Juli 1813 an Ruhr (22 Jahre). AD Calvados, Sannerville, Taufschein und Übertragung des Totenscheins im Dezember 1815; SHD 21 YC 923, Nr. 123.

RUPPEN Philippe, geboren am 14. Frimaire Jahr 3 (4. Dezember 1794) in Monthermé (Ardennes), Sohn des François Joseph Ruppen, Glasarbeiter, verstorben, und der Marie Joseph Ernestine Guillien. 163 cm. Glasbläser. Eingetreten in das Heer am 8. April 1813. Korporal im 8. Linienregiment, auch Condé-Regiment genannt (3. Bataillon, 1. Kompanie). Gestorben im Militärkrankenhaus von Frankfurt am 10. Oktober 1813 an Fieber (20 Jahre). AD Ardennes, Monthermé, Geburtsurkunde und Übertragung des Totenscheins am 8. Januar 1815; SHD, 21 YC 72, Nr. 9636.

SAINSON Sylvain, geboren am 6. April 1793 in Baumont-Village (Indre-et-Loire), Sohn des Jacques Sainson, Tagelöhner, und der Anne Beauvais. 156 cm. Freiwillig gemeldet. Zunächst im 28. Linienregiment, seit dem 17. Februar 1813 Füsilier im 43. Linieninfanterieregiment (4. Kompanie, 4. Bataillon). Eingeliefert in das Krankenhaus von Bockenheim (Frankfurt) am 14. September 1813, dort verstorben am 25. (20 Jahre). AD Indre-et-Loire, Baumont-Village, Geburtsurkunde; 3 R 51, Sterbeurkunde; SHD, 21 YC 261, Nr. 11022 et 21 YC 369, Nr. 10823.

SANSON Barthelémy, geboren am 23. August 1792 in Restignet (Indre-et-Loire), Sohn des Barthélémy Sanson, Landwirt, und der Catherine Maupetit. Füsilier im 13. Regiment der leichten Infanterie (1. Kompanie, 1. Bataillon). Eingeliefert in das Lazarett von Frankfurt am 9. September 1813, dort verstorben am 25. (21 Jahre). AD Indre-et-Loire, Restignet, Taufschein, 3 R 51, Sterbeurkunde.

SEJOURNÉ La Montagne, geändert in René Charlemagne, geboren am 9. Fructidor Jahr 2 (25. August 1794) in Rouen (Seine-Maritime), Sohn des Charles Nicolas Séjourné, Fabrikant, verstorben am 3. März 1815, und der Reine Julie Boursier. 164 cm. Tischler. Freiwillig gemeldet in Rouen, Dienstantritt am 19. Mai 1812 bei den Pupilles de la Garde, seit dem 8. März 1813 im 7. Regiment der Garde-Schützen (1. Bataillon, 2. Kompanie). Nimmt am Sachsenfeldzug teil. Vermerkt als abwesend seit dem 19. Oktober nach der Schlacht von Leipzig. Tatsächlich eingeliefert in das Lazarett von Frankfurt am 3. April 1813, dort verstorben am 21. Mai an Gallenfieber (18 Jahre). AD Seine-Maritime, Rouen, 3 quartier, 4 E 2248, Geburtsurkunde, 3 R 126, Sterbeurkunde; SHD, 20 YC 34, Nr. 66944, 20 YC 109, Nr. 7365.

RICHARD Louis Charles, né le 20 juin 1789 à Orbec (Calvados), fils de Louis Richard et Marie Loisel. 160 cm, froctier (fabricant de frocs). Conscrit de 1809, arrivé au 138e de ligne le 8 mai 1812, venant de la 44e cohorte de la Garde nationale. Blessé à la bataille de Lutzen le 2 mai 1813. Mort à l'hôpital de Francfort le 29 août 1813 (23 ans). SHD 21 YC 923, n° 235.

ROUGETET Hugues Laurent, né le 5 mars 1784 à Saint-Seine-sur-Vingeanne (Côte d'Or), fils de Laurent Rougetet, manouvrier, et Françoise Planche. Bourrelier. Marié avec Jeanne Guyot, à Talmay (Côte d'Or) le 6 mai 1806, 2 enfants. Soldat au 37e régiment d'infanterie de ligne. Décédé à l'hôpital militaire de Francfort le 25 septembre 1813 (29 ans). AD Côte d'Or, acte de mariage et transcription du jugement du tribunal civil de Dijon confirmant la mort de Rougetet du 6 mars 1841.

ROUX Martin, né le 10 novembre 1792 à Banne (Ardèche), fils de Louis Barthélémy Roux, travailleur, et Henriette Robert. 159 cm. Cultivateur. Arrivé au corps le 30 mars 1812, au sein du 67e régiment d'infanterie de ligne. Décédé le 29 septembre 1813 à l'hôpital militaire de Francfort sur le Main des suites de ses blessures (20 ans). AD Ardèche, Banne, acte de naissance; SHD, 21 YC 567, n° 8355.

ROUXEL Jean, né le 12 novembre 1788 à Bas-Tertre-Rieux (Morbihan), fils de Vincent Rouxel, laboureur, et Françoise Loyer. 163 cm. Conscrit de 1808. Arrivé au corps le 6 juin 1812 à la 39e cohorte de la Garde nationale. Voltigeur au 140e régiment d'infanterie de ligne (4e bataillon) à partir du 12 février 1813. Décédé à l'hôpital de Francfort le 5 août 1813 à la suite d'un coup de feu reçu à Lutzen (24 ans). SHD, 21 YC 929, n° 3355.

ROYER Jacques Auguste, né le 2 février 1791 à Sannerville (Calvados), fils de Nicolas Royer et Marie Anne Leroy, 164 cm, charron. Arrivé au 138e de ligne le 28 avril 1812. Mort à l'hôpital de Francfort le 26 juillet 1813 par suite de dysenterie (22 ans). AD Calvados, Sannerville, acte de baptême et transcription de l'acte de décès de décembre 1815; SHD 21 YC 923, n° 123.

RUPPEN Philippe, né le 14 frimaire an 3 (4 décembre 1794) à Monthermé (Ardennes), fils de François Joseph Ruppen, ouvrier verrier, décédé, et Marie Joseph Ernestine Guillien. 163 cm. Verrier. Arrivé au corps le 8 avril 1813. Caporal au 8e régiment de ligne, dit aussi régiment de Condé (3e bataillon, 1ère compagnie). Décédé à l'hôpital militaire de Francfort le 10 octobre 1813, à la suite de fièvre (20 ans). AD Ardennes, Monthermé, acte de naissance et transcription de l'acte de décès du 8 janvier 1815; SHD, 21 YC 72, n° 9636.

SAINSON Sylvain, né le 6 avril 1793 à Baumont-Village (Indre-et-Loire) fils de Jacques Sainson, journalier, et Anne Beauvais. 156 cm. Enrôlé volontaire. Passé par le 28e régiment de ligne. Fusilier au 43e régiment d'infanterie de ligne (4e compagnie, 4e bataillon) le 17 février 1813. Entré à l'hôpital de Bockenheim à Francfort le 14 septembre 1813, y est décédé le 25 (20 ans). AD Indre-et-Loire, Baumont-Village, acte de naissance,; 3 R 51, extrait mortuaire; SHD, 21 YC 261, n° 11022 et 21 YC 369, n° 10823.

SANSON Barthelémy, né le 23 août 1792 à Restignet (Indre-et-Loire), fils de Barthelémy Sanson, cultivateur, et Catherine Maupetit. Fusilier au 13e régiment d'infanterie légère (1ère compagnie, 1er bataillon). Entré à l'hôpital de Francfort le 9 septembre 1813, y est décédé le 25 (21 ans). AD Indre-et-Loire, Restignet, acte de baptême, 3 R 51, extrait mortuaire.

SEJOURNÉ La Montagne, transformé en René Charlemagne, né le 9 fructidor an 2 (25 août 1794) à Rouen, 3e quartier (Seine-Maritime), fils de Charles Nicolas Séjourné, fabricant, mort le 3 mars 1815, et Reine Julie Boursier. 164 cm. Menuisier. Enrôlé volontaire à Rouen, entré au service le 19 mai 1812 aux Pupilles de la Garde, puis passe le 8 mars 1813 au 7e régiment des tirailleurs de la Garde (1er bataillon, 2e compagnie). A fait la campagne de Saxe. Noté comme absent du 19 octobre, après la bataille de Leipzig. En fait entré à l'hôpital de Francfort le 3 avril 1813, y est décédé le 21 mai des suites d'une fièvre bilieuse (18 ans). AD Seine-Maritime, Rouen, 3 quartier, 4 E 2248, acte de naissance, 3 R 126, extrait mortuaire; SHD, 20 YC 34, n° 66944, 20 YC 109, n° 7365.

SOREL Jean Jacques, geboren am 22. Februar 1788 in La Forêt-Auvray (Orne), Sohn des Jean Sorel, Zimmermann, und der Catherine Bain. 164 cm. Landarbeiter. Rekrut des Jahrgangs 1808, eingetreten in das Heer am 18. Mai 1812, Grenadier im 138. Linienregiment (3. Bataillon). Eingeliefert in das Frankfurter Lazarett Nr. 2 am 31. Mai 1813, dort verstorben am 27. September an den Folgen eines Schusses in den rechten Arm (25 Jahre). AD Orne, La Forêt-Auvray, Taufschein, R 40/2, Sterbeurkunde; SHD, 21 YC 923, Nr. 2324.

TERRIER Pierre, geboren am 1. Mai 1783 in Cremeaux (Loire), Sohn des Claude Terrier, Schankwirt, und der Antoinette Durand. Soldat im 10. Kürassierregiment. Gestorben in Frankfurt am 23. September 1813 (30 Jahre). AD Loire, Cremeaux, Taufschein.

THÉMÉ Jean François, geboren am 24. Fructidor Jahr 2 (10. September 1794) in Paillart (Oise), Sohn des Théodore Thémé, Kuhhirt, und der Marie Jeanne Clotilde Delie. 169 cm. Papiermacher. Rekrut des Jahrgangs 1814, eingetreten in das Heer am 20. April 1813, Voltigeur im 103. Linieninfanterieregiment (4. Bataillon, 3. Kompanie). Im Matrikelbuch steht, er sei während der Schlacht von Dresden ums Leben gekommen, laut Totenschein verstarb er jedoch in Kostheim nahe Frankfurt am 27. November 1813 (19 Jahre). AD Oise, Paillart, Geburtsurkunde und Übertragung des Totenscheins am 27. November 1814; SHD, 21 YC 754, Nr. 9125.

TINNEROT oder **TINNEROTTE** Jean, geboren am 28. Februar 1788 in Oeyregave (Landes), Sohn des Bertrand Tinnerot, Landarbeiter, 58-jährig verstorben am 1. Dezember 1814, und der Anne Dufau, verstorben am 15. Juni 1822, wiederverheiratet mit Arnaud Houeye. 167 cm. Rekrut des Jahrgangs 1808, verlässt sein Departement am 13. Juli 1807, eingetreten in das Heer am 24. August als Füsilier im 24. Linieninfanterieregiment (2. Bataillon, 7. Kompanie). Drei Tage später (27. August 1807) desertiert, von einem Kriegsrat in Abwesenheit zu 5 Jahren öffentlicher Arbeiten und einem Bußgeld von 1500 Francs verurteilt. Am 13. Februar 1810 freiwillig zum Regiment zurückgekehrt, freigesprochen am 23. und wieder ins 24. Regiment eingegliedert; wechselt von einem Bataillon zum anderen. Kämpft 1810 und 1811 in Spanien. Im Juni 1813 zum Korporal befördert (4. Kompanie, 3. Bataillon). Eingeliefert in das Lazarett von Würzburg am 4. August 1813; danach verliert das Regiment seine Spur und streicht ihn am 1. Juli 1814 aus den Listen. Tatsächlich eingeliefert in das Lazarett von Frankfurt Nr. 1 am 25. August 1813, dort gestorben am 22. Oktober an Auszehrung (25 Jahre). AD Landes, Oeyregave, Taufschein; AD Yvelines, 3 R 28, Sterbeurkunde; SHD, 21 YC 220, Nr. 6049.

TOCCHIA Joseph Victor, geboren am 8. Dezember 1792 in Villars (Alpes-Maritimes), Sohn des Roc Tocchia und der Madeleine Rou. 156 cm. Landwirt. Rekrut des Jahrgangs 1812, Dienstantritt am 23. April 1812 in der 26. Kohorte der Nationalgarde, am 25. Februar 1813 eingetreten in das 156. Linienregiment (1. Bataillon, 1. Kompanie), Trommler. Verstorben im Lazarett von Frankfurt am 15. Oktober 1813 an den Folgen eines Kopfschusses (20 Jahre). SHD, 21 YC 962, Nr. 2272.

TOURRET Antoine Gilbert, geboren am 18. November 1793 in Saint-Bonnet-de-Four (Allier), Sohn des Gilbert Tourret, Grundbesitzer und Händler, und der Marie Louise Marthorey. Jäger in der 3. Kompanie des 5. Bataillons des 6. Regiments der leichten Infanterie. Eingeliefert in das Lazarett von Frankfurt am 2. Mai 1813, gestorben am 8. Juni 1813 an Gallenfieber (19 Jahre). AD Allier, Saint-Bonnet, Geburtsurkunde und Übertragung des Totenscheins am 1. Januar 1817.

VALLOIS Joseph Louis, geboren am 21. März 1790 in Montchevrel (Orne), Sohn des Louis Vallois, Tagelöhner, und der Marie Violet. 157 cm. Hausgehilfe. Rekrut des Jahrgangs 1810, eingetreten in das Heer am 15. Mai 1812, Voltigeur im 138. Linieninfanterieregiment (3. Bataillon). Eingeliefert in das Lazarett von Frankfurt Nr. 1 am 9. Oktober, dort verstorben am 13. an Nervenfieber (23 Jahre). AD Orne, Montchevrel, Geburtsurkunde, Übertragung des Totenscheins am 27. September 1814, R 41/3, Sterbeurkunde; SHD, 21 YC 923, Nr. 2127.

VALMALLE Louis, geboren am 27. September 1793 in Le Pompidou (Lozère), Sohn des Louis Valmalle, Landwirt, und der Marie Cabrit. 166 cm. Arbeiter. Eingetreten in das Heer am 22. Dezember 1812. Füsilier-Jäger der Garde (4. Bataillon, 2. Kompanie). Gestorben am 15. Mai 1813 im Militärkrankenhaus von Frankfurt an Nervenfieber (19 Jahre). AD Lozère, Le Pompidou, Geburtsurkunde; SHD 20 YC 60, Nr. 6273.

SOREL Jean Jacques, né le 22 février 1788 à La Forêt-Auvray (Orne), fils de Jean Sorel, charpentier, et Catherine Bain. 164 cm. Laboureur. Conscrit de 1808, arrivé au corps le 18 mai 1812, grenadier au 138e régiment de ligne (3e bataillon). Entré à l'hôpital de Francfort n° 2 le 31 mai 1813, y est décédé le 27 septembre des suites d'un coup de feu au bras droit (25 ans). AD Orne, La Forêt-Auvray, acte de baptême, R 40/2, extrait mortuaire; SHD, 21 YC 923, n° 2324.

TERRIER Pierre, né le 1er mai 1783 à Cremeaux (Loire), fils de Claude Terrier, cabaretier, et Antoinette Durand. Soldat au 10e régiment de cuirassiers. Décédé à Francfort le 23 septembre 1813 (30 ans). AD Loire, Cremeaux, acte de baptême.

THÉMÉ Jean François, né le 24 fructidor an 2 (10 septembre 1794) à Paillart (Oise), fils de Théodore Thémé, vacher, et Marie Jeanne Clotilde Delie. 169 cm. Papetier. Conscrit de 1814, arrivé au corps le 20 avril 1813, voltigeur au 103e régiment d'infanterie de ligne (4e bataillon, 3e compagnie). Le registre matricule indique qu'il a été tué à la bataille de Dresde, l'acte mortuaire le fait mourir à Costheim, près de Francfort, le 27 novembre 1813 (19 ans). AD Oise, Paillart, acte de naissance et transcription de l'acte de décès du 27 novembre 1814; SHD, 21 YC 754, n° 9125.

TINNEROT ou **TINNEROTTE** Jean, né le 28 février 1788 à Oeyregave (Landes), fils de Bertrand Tinnerot, laboureur mort le 1er décembre 1814 à 58 ans, et Anne Dufau, morte le 15 juin 1822, remariée à Arnaud Houeye. 167 cm. Conscrit de 1808, part de son département le 13 juillet 1807, arrive au corps le 24 août comme fusilier au 24e régiment d'infanterie de ligne (2e bataillon, 7e compagnie). Il déserte trois jours après son arrivée, le 27 août 1807, est condamné par contumace par un conseil de guerre à cinq ans de travaux publics et 1500 francs d'amende. Rentre volontairement au régiment le 13 février 1810, est acquitté par jugement contradictoire le 23 et réintègre le 24e régiment, passant d'un bataillon à l'autre. Il combat en Espagne en 1810 et 1811. Il est enfin promu caporal en juin 1813 (4e compagnie, 3e bataillon). Entré à l'hôpital de Wurzbourg, le 4 août 1813, le régiment perd sa trace et le raye des contrôles le 1er juillet 1814. En fait, il est entré à l'hôpital de Francfort n° 1 le 25 août 1813, et y est mort le 22 octobre, de consomption (25 ans). AD Landes, Oeyregave, acte de baptême; AD Yvelines, 3 R 28, extrait mortuaire; SHD, 21 YC 220, n° 6049.

TOCCHIA Joseph Victor, né le 8 décembre 1792 à Villars (Alpes-Maritimes), fils de Roc Tocchia et Madeleine Rou. 156 cm. Cultivateur. Conscrit de 1812, entré au service au sein de la 26e cohorte de la Garde nationale le 23 avril 1812, arrivé au 156e régiment de ligne le 25 février 1813 (1er bataillon, 1ère compagnie), tambour. Mort à la suite d'un coup de feu à la tête à l'hôpital de Francfort le 15 octobre 1813 (20 ans). SHD, 21 YC 962, n° 2272.

TOURRET Antoine Gilbert, né le 18 novembre 1793 à Saint-Bonnet-de-Four (Allier), fils de Gilbert Tourret, propriétaire et marchand, et Marie Louise Marthorey. Chasseur à la 3e compagnie du 5e bataillon du 6e régiment d'infanterie légère. Entré à l'hôpital militaire de Francfort le 2 mai 1813, décédé le 8 juin 1813 par suite d'une fièvre bilieuse (19 ans). AD Allier, Saint-Bonnet, acte de naissance et transcription de l'acte de décès du 1er janvier 1817.

VALLOIS Joseph Louis, né le 21 mars 1790 à Montchevrel (Orne), fils de Louis Vallois, journalier, et Marie Violet. 157 cm. Domestique. Conscrit de 1810, arrivé au corps le 15 mai 1812, voltigeur au 138e régiment d'infanterie de ligne (3e bataillon). Entré à l'hôpital de Francfort n° 1 le 9 octobre, y est décédé le 13 des suites d'une fièvre nerveuse (23 ans). AD Orne, Montchevrel, acte de naissance, transcription de l'acte de décès du 27 septembre 1814, R 41/3, extrait mortuaire; SHD, 21 YC 923, n° 2127.

VALMALLE Louis, né le 27 septembre 1793 à Le Pompidou (Lozère), fils de Louis Valmalle, cultivateur, et Marie Cabrit. 166 cm. Travailleur. Arrivé au corps le 22 décembre 1812. Fusilier chasseur de la Garde (4e bataillon, 2e compagnie). Décédé le 15 mai 1813 à l'hôpital militaire de Francfort, des suites d'une fièvre nerveuse (19 ans). AD Lozère, Le Pompidou, acte de naissance; SHD 20 YC 60, n° 6273.

ANMERKUNGEN | NOTE

1 Der 200. Jahrestag des Russlandfeldzugs war Anlass zahlreicher Neuveröffentlichungen, s. Jacques-Olivier Boudon, *La campagne de Russie. 1812*, Paris, Armand Colin, 2012; Marie-Pierre Rey, *L'effroyable tragédie. Une nouvelle histoire de la campagne de Russie*, Paris, Flammarion, 2012; Marie-Pierre Rey und Thierry Lentz (Hrsg.), *1812. La campagne de Russie*, Paris, Perrin, 2012; Adam Zamoyski, *1812. La campagne tragique de Napoléon en Russie*, Paris, Piranha, 2014; Dominic Lieven, *La Russie contre Napoléon. La bataille pour l'Europe*, Paris, Éditions des Syrtes, 2015; Michel Vergé-Franceschi und Anna Vladimirovna Gnedina-Moretti (Hrsg.), *La Corse, la Méditerranée et la Russie*, Ajaccio, Editions Alain Piazzola, 2015; Nicolas Dujin, *La campagne de Russie*, Paris, Ellipses, 2017. | Le bicentenaire de la campagne de Russie a été l'occasion d'un renouvellement bibliographique, voir Jacques-Olivier Boudon, *La campagne de Russie. 1812*, Paris, Armand Colin, 2012; Marie-Pierre Rey, *L'effroyable tragédie. Une nouvelle histoire de la campagne de Russie*, Paris, Flammarion, 2012; Marie-Pierre Rey et Thierry Lentz (dir.), *1812. La campagne de Russie*, Paris, Perrin, 2012; Adam Zamoyski, *1812. La campagne tragique de Napoléon en Russie*, Paris, Piranha, 2014; Dominic Lieven, *La Russie contre Napoléon. La bataille pour l'Europe*, Paris, Éditions des Syrtes, 2015; Michel Vergé-Franceschi et Anna Vladimirovna Gnedina-Moretti (dir.), *La Corse, la Méditerranée et la Russie*, Ajaccio, Editions Alain Piazzola, 2015; Nicolas Dujin, *La campagne de Russie*, Paris, Ellipses, 2017.

2 https://www.memoiredeshommes.sga.defense.gouv.fr/fr/article.php?larub=202&titre=registres-de-controles-de-troupes-et-registres-matricules. | https://www.memoiredeshommes.sga.defense.gouv.fr/fr/article.php?larub=202&titre=registres-de-controles-de-troupes-et-registres-matricules.

3 https://www.geneanet.org. | https://www.geneanet.org.

4 Adolphe Thiers, *Histoire du Consulat et de l'Empire*, Bd. 14, S. 670. | Adolphe Thiers, *Histoire du Consulat et de l'Empire*, t. 14, p. 670.

5 Danielle und Bernard Quintin, *Dictionnaire des colonels de Napoléon*, Paris, SPM, 1996, S. 25. | Danielle et Bernard Quintin, *Dictionnaire des colonels de Napoléon*, Paris, SPM, 1996, p. 25.

6 Michel Signoli, Thierry Vette, Olivier Dutour und Yann Ardagna, *Vilna 1812-Vilnius 2002. Les oubliés de la retraite de Russie*, Paris, Éditions Historiques Teissèdre, 2008 | Michel Signoli, Thierry Vette, Olivier Dutour et Yann Ardagna, *Vilna 1812-Vilnius 2002. Les oubliés de la retraite de Russie*, Paris, Éditions Historiques Teissèdre, 2008.

7 Capitaine Gervais, *À la conquête de l'Europe. Souvenirs d'un soldat de la Révolution et de l'Empire présentés par Mme Henry Coullet*, Paris, Calmann-Lévy, 1939, Neuaufl. Bernard Giovanangeli, 2009, S. 273. | Capitaine Gervais, *À la conquête de l'Europe. Souvenirs d'un soldat de la Révolution et de l'Empire présentés par Mme Henry Coullet*, Paris, Calmann-Lévy, 1939, rééd. Bernard Giovanagelli, 2009, p. 273.

8 Eugène Labaume, *Relation circonstanciée de la campagne de Russie*, Paris, Penckouke, 1814, Neuaufl. *La campagne de Russie. Le récit d'un officier de la Grande Armée*, Paris, Cosmopole, 200130, S. 5. | Eugène Labaume, *Relation circonstanciée de la campagne de Russie*, Paris, Penckouke, 1814, rééd. *La campagne de Russie. Le récit d'un officier de la Grande Armée*, Paris, Cosmopole, 200130, p. 5.

9 Antoine Augustin Pion des Loches, *Mes campagnes (1792–1815). Notes et correspondance du colonel d'artillerie Pion des Loches*, mises en ordre et publiées par Maurice Chipon et Léonce Pingaud, Paris, Firmin-Didot, 1889, S. 341. | Antoine Augustin Pion des Loches, *Mes campagnes (1792–1815). Notes et correspondance du colonel d'artillerie Pion des Loches*, mises en ordre et publiées par Maurice Chipon et Léonce Pingaud, Paris, Firmin-Didot, 1889, p. 341.

10 General Pierre Berthezène, *Souvenirs militaires de la République et de l'Empire*, Paris, Dumaine, 1855, 2 Bd., Neuaufl. Le Livre chez vous, 2005, S. 321 | Général Pierre Berthezène, *Souvenirs militaires de la République et de l'Empire*, Paris, Dumaine, 1855, 2 vol., rééd. Le Livre chez vous, 2005, p. 321.

11 Marie-Henry de Lignières, *Souvenirs de la Grande Armée*, Paris, Pierre-Roger, 1933, Neuaufl. Paris, Librairie des deux Empires, 2005, S. 118. | Henry Marie de Lignières, *Souvenirs de la Grande Armée*, Paris, Pierre-Roger, 1933, rééd. Paris, Librairie des deux Empires, 2005, p. 118.

12 Adrien Jean Baptiste François Bourgogne, *Mémoires du sergent Bourgogne (1812–1813) publiés d'après le manuscrit original par Paul Cottin*, Paris, Hachette, 1868, Neuaufl. Hachette, 1979, S. 386. | Adrien Jean Baptiste François Bourgogne, *Mémoires du sergent Bourgogne (1812–1813) publiés d'après le manuscrit original par Paul Cottin*, Paris, Hachette, 1868, rééd. Hachette, 1979, p. 386.

13 Marie-Henry de Lignières, *op.cit.*, S. 117. | Marie Henry de Lignières, *op. cit.*, p. 117.

14 Jean Morvan, *Le soldat impérial (1804–1814)*, Paris, Plon, 1904, Bd. 2, S. 355. | Jean Morvan, *Le soldat impérial (1804–1814)*, Paris, Plon, 1904, t. 2, p. 355.

15 Wilhelm von Baden, *La campagne de 1812. Mémoires du Margrave de Bade, présentés par A. Chuquet*, Paris, Fontemoing, 1912, S. 230. | Guillaume de Bade, *La campagne de 1812. Mémoires du Margrave de Bade, présentés par A. Chuquet*, Paris, Fontemoing, 1912, p. 230.

16 Maurice de Tascher, *Notes de campagne (1806–1813)*, Châteauroux, 1932, Neuaufl. *Journal de campagne*, Éditions du Grenadier, 2008, S. 275. | Maurice de Tascher, *Notes de campagne (1806–1813)*, Châteauroux, 1932, rééd. *Journal de campagne*, Éditions du Grenadier, 2008, p. 275.

17 Alexandre de Saint-Chéron, »Mémoires inédits d'Alexandre de Chéron sur la campagne de Russie«, herausgegeben von Robert de Vaucorbeil, *Revue de l'Institut Napoléon*, Nr. 140, 1983, S. 27–57, S. 43. | Alexandre de Saint-Chéron, »Mémoires inédits d'Alexandre de Chéron sur la campagne de Russie«, édité par Robert de Vaucorbeil, *Revue de l'Institut Napoléon*, n° 140, 1983, pp. 27–57, p. 43.

18 AN, 123AP 5, General Ledru an seine Schwester, Marienburg an der Weichsel, 22. Dezember 1812. | AN, 123AP 5, le général Ledru à sa sœur, Marienburg sur la Vistule, 22 décembre 1812.

19 Michel Kerautret, *Eugène de Beauharnais, fils et vice-roi de Napoléon*, Paris, Tallandier, 2021. | Michel Kerautret, *Eugène de Beauharnais, fils et vice-roi de Napoléon*, Paris, Tallandier, 2021.

20 Andrzej Nieuwazny, »L'administration du duché de Varsovie sous l'occupation russe 1813–1815«, *Revue de l'Institut Na-*

poléon, Nr. 177, 1998-2, S. 27–47. | Andrzej Nieuwazny, »L'administration du duché de Varsovie sous l'occupation russe 1813–1815«, *Revue de l'Institut Napoléon*, n° 177, 1998-2, p. 27–47.

21 Erckmann-Chatrian, *Histoire d'un conscrit de 1813*, Paris, Hetzel, 1867. | Erckmann-Chatrian, *Histoire d'un conscrit de 1813*, Paris, Hetzel, 1867.

22 Vgl. Annie Crépin, *La conscription en débat ou le triple apprentissage de la nation, de la citoyenneté, de la République (1798–1889)*, Arras, Artois Presses Université, 1998; Dies., *Histoire de la conscription*, Paris, Gaillard, Reihe »Folio«, 2009; Dies., *Défendre la France. Les Français, la guerre et le service militaire de la Guerre de Sept Ans à Verdun*, Rennes, PUR, 2005; Thomas Hippler, *Soldats et citoyens. Naissance du service militaire en France et en Prusse*, PUF, 2006. | Voir Annie Crépin, *La conscription en débat ou le triple apprentissage de la nation, de la citoyenneté, de la République (1798–1889)*, Arras, Artois Presses Université, 1998; Id., *Histoire de la conscription*, Paris, Gaillard, col. »Folio«, 2009; Id., *Défendre la France. Les Français, la guerre et le service militaire de la Guerre de Sept Ans à Verdun*, Rennes, PUR, 2005; Thomas Hippler, *Soldats et citoyens. Naissance du service militaire en France et en Prusse*, PUF, 2006.

23 Jean-Pierre Bois, »Conscrits du Maine-et-Loire sous l'Empire. Le poids de la conscription (1806–1814)«, *Annales de Bretagne et des Pays de l'Ouest*, 1976, Bd. 83, S. 467–483. | Jean-Pierre Bois, »Conscrits du Maine-et-Loire sous l'Empire. Le poids de la conscription (1806–1814)«, *Annales de Bretagne et des Pays de l'Ouest*, 1976, t. 83, p. 467–483.

24 André Armengaud, »Mariages et naissances sous le Consulat et l'Empire«, *Revue d'histoire moderne et contemporaine*, 1970, S. 373–389. | André Armengaud, »Mariages et naissances sous le Consulat et l'Empire«, *Revue d'histoire moderne et contemporaine*, 1970, p. 373–389.

25 AD Vosges, Trémonzey, Heiratsurkunde. | AD Vosges, Trémonzey, acte de mariage.

26 AD Haute-Saône, Ambiévillers, Übertragung am 15. Februar 1816. | AD Haute-Saône, Ambiévillers, transcription du 15 février 1816.

27 AD Vendée, Menomblet, Heiratsurkunde vom 24. März 1824. | AD Vendée, Menomblet, acte de mariage du 24 mars 1824.

28 Jules Ladimir, *Histoire de la guerre de Russie et de la campagne de 1813 en Allemagne, en Italie et en Espagne*, Paris, Renault, 1860; *Précis militaire de la campagne de 1813 en Allemagne*, Leipzig, Brockhaus, 1881; G. Clément, *Campagne de 1813*, Paris, Lavauzelle, 1904; Frédéric Reboul, *Campagne de 1813. Les préliminaires*, Bd. 1, *Le commandement de Murat, 5 décembre 1812–16 janvier 1813*, Paris, Chapelot, 1910; Ders., *Campagne de 1813: les préliminaires*, Bd. 2, *Le commandement du prince Eugène. 1ère période. De Posen à Berlin, 16 janvier–28 février*, Paris, Chapelot, 1912; Commandant d'Osia, À propos d'un centenaire. Sur la campagne de 1813, Paris, Chapelot, 1912. | Jules Ladimir, *Histoire de la guerre de Russie et de la campagne de 1813 en Allemagne, en Italie et en Espagne*, Paris, Renault, 1860; *Précis militaire de la campagne de 1813 en Allemagne*, Leipzig, Brockhaus, 1881; G. Clément, *Campagne de 1813*, Paris, Lavauzelle, 1904; Frédéric Reboul, *Campagne de 1813. Les préliminaires*, t. 1, *Le commandement de Murat, 5 décembre 1812–16 janvier 1813*, Paris, Chapelot, 1910; Id., *Campagne de 1813: les préliminaires*, t. 2, *Le commandement du prince Eugène. 1ère période. De Posen à Berlin, 16 janvier-28 février*, Paris, Chapelot, 1912; Commandant d'Osia, À propos d'un centenaire. Sur la campagne de 1813, Paris, Chapelot, 1912.

29 Jean Tranié und Juan Carlos Carmigniani, *1813, la campagne d'Allemagne*, Paris, Pygmalion, 1987; Scott Bowden, *Napoleon's Grande Armee of 1813*, Chicago, Emperor's Press, 1990; Michael V. Leggiere, *Napoleon and Berlin. The Franco-Prussian War in North Germany. 1813*, University of Oklahoma Press, 2002; Michael V. Leggiere, *Napoleon and the struggle for Germany. The Franco-Prussian war of 1813*, Cambridge, Cambridge University Press, 2 Bd., 2015. | Jean Tranié et Juan Carlos Carmigniani, *1813, la campagne d'Allemagne*, Paris, Pygmalion, 1987; Scott Bowden, *Napoleon's Grande Armee of 1813*, Chicago, Emperor's Press, 1990; Michael V. Leggiere, *Napoleon and Berlin. The Franco-Prussian War in North Germany. 1813*, University of Oklahoma Press, 2002; Michael V. Leggiere, *Napoleon and the struggle for Germany. The Franco-Prussian war of 1813*, Cambridge, Cambridge University Press, 2 vol., 2015.

30 Der Feldzug von 1813 wurde sofort von verschiedenen der teilnehmenden Offiziere kommentiert, P. Lesueur-Destourets, *Réflexions sur les abus qui sont résulté de la mauvaise organisation des administrations de la Grande Armée française, suivies des vues de l'auteur sur une meilleure composition de ces administrations, campagne de 1813*, Liège, Collardin, 1814; *Correspondance entre le général Jomini et le général Sarrazin. Sur la campagne de 1813, suivie d'Observations sur la probabilité d'une guerre avec la Prusse et de l'extrait d'une brochure intitulée: »Mémoires sur la campagne de 1813«, par le général Jomini*, Paris, Didot, 1815; Pierre Boutourlin, *Tableau de la campagne d'automne de 1813 en Allemagne… par un officier russe*, überarbeitet von Baron de Jomini, Paris, Bertrand, 1817; Ernst Otto Innocens von Odeleden, *Relation circonstanciée de la campagne de 1813 en Saxe*, Übers. aus dem Deutschen («Feldzug Napoleons in Sachsen im J. 1813») der 2. Auflage durch M. Aubert de Vitry, Paris, Plancher-Delaunay, 1817; General Jean Jacques Germain Pelet, *Des principales opérations de la campagne de 1813*, Paris, Moreau, 1826; Antoine Henri de Jomini, *Précis politique et militaire des campagnes de 1812 à 1814. Extrait des Souvenirs inédits du général Jomini, avec une notice biographique et des cartes, plans et légendes*, Lausanne, Benda, 2 Bd., 1886; Eugène Labaume, *Les débuts de la campagne de Saxe. Lutzen et Bautzen*, Paris, Gauthier, 1897; Carl von Clausewitz, *La Campagne de 1813 et la campagne de 1814*, Übers. aus dem Deutschen («Der Feldzug von 1813 und der Feldzug von 1814») durch Kommandant Thomann, Paris, Chapelot, 1900; Jacques de Norvins, *Portefeuille de mil huit cent treize, ou Tableau politique et militaire, renfermant, avec le récit des événements de cette époque, un choix de la correspondance inédite de l'empereur Napoléon et de celle de plusieurs personnages distingués, soit français, soit étrangers, pendant la première campagne de Saxe, l'armistice de Plesswitz, le congrès de Prague et la seconde campagne de Saxe*, Paris, Mongié, 2 Bd., 1825. Alexandre Berthier, *Registre d'ordres du maréchal Berthier pendant la campagne de 1813. 1, Du 29 mars au 31 juillet*, Paris, Chapelot, 1909; Georges Bertin, *La campagne de 1813 d'après des témoins oculaires*, Paris, Flammarion, 1896;

De la campagne de Saxe à la campagne de France. Lettres et souvenirs (1813–1814), Paris, Teissèdre, 2000; Christophe Bourachot (Einführung), *En campagne avec Napoléon. 1813. Récits et témoignages*, Paris, Éditions Pierre de Taillac, 2013. | La campagne de 1813 a suscité des commentaires immédiats de la part des officiers qui y avaient participé, P. Lesueur-Destourets, *Réflexions sur les abus qui sont résulté de la mauvaise organisation des administrations de la Grande Armée française, suivies des vues de l'auteur sur une meilleure composition de ces administrations, campagne de 1813*, Liège, Collardin, 1814; *Correspondance entre le général Jomini et le général Sarrazin. Sur la campagne de 1813, suivie d'Observations sur la probabilité d'une guerre avec la Prusse et de l'extrait d'une brochure intitulée: «Mémoires sur la campagne de 1813», par le général Jomini*, Paris, Didot, 1815; Pierre Boutourlin, *Tableau de la campagne d'automne de 1813 en Allemagne… par un officier russe, revu par le Baron de Jomini*, Paris, Bertrand, 1817; Ernst Otto Innocens von Odeleden, *Relation circonstanciée de la campagne de 1813 en Saxe*, traduit de l'allemand sur la 2e édition par M. Aubert de Vitry, Paris, Plancher-Delaunay, 1817; Général Jean Jacques Germain Pelet, *Des principales opérations de la campagne de 1813*, Paris, Moreau, 1826; Antoine Henri de Jomini, *Précis politique et militaire des campagnes de 1812 à 1814. Extrait des Souvenirs inédits du général Jomini, avec une notice biographique et des cartes, plans et légendes*, Lausanne, Benda, 2 vol., 1886; Eugène Labaume, *Les débuts de la campagne de Saxe. Lutzen et Bautzen*, Paris, Gauthier, 1897; Carl von Clausewitz, *La Campagne de 1813 et la campagne de 1814*, traduit de l'allemand par le commandant Thomann Paris, Chapelot, 1900; Jacques de Norvins, *Portefeuille de mil huit cent treize, ou Tableau politique et militaire, renfermant, avec le récit des événements de cette époque, un choix de la correspondance inédite de l'empereur Napoléon et de celle de plusieurs personnages distingués, soit français, soit étrangers, pendant la première campagne de Saxe, l'armistice de Plesswitz, le congrès de Prague et la seconde campagne de Saxe*, Paris, Mongié, 2 vol., 1825. Alexandre Berthier, *Registre d'ordres du maréchal Berthier pendant la campagne de 1813. 1, Du 29 mars au 31 juillet*, Paris, Chapelot, 1909; Georges Bertin, *La campagne de 1813 d'après des témoins oculaires*, Paris, Flammarion, 1896; *De la campagne de Saxe à la campagne de France. Lettres et souvenirs (1813–1814)*, Paris, Teissèdre, 2000; Christophe Bourachot (présentation), *En campagne avec Napoléon. 1813. Récits et témoignages*, Paris, Éditions Pierre de Taillac, 2013.

31. Karl Hausberger (Hrsg.), *Carl von Dalberg. Der letzte geistliche Reichsfürst*, Regensburg, Universitätsverlag Regensburg, 1995. | Karl Hausberger (Hrsg.), *Carl von Dalberg. Der letzte geistliche Reichsfürst*, Regensburg, Universitätsverlag Regensburg, 1995.
32. Michel Kerautret, *Eugène de Beauharnais, fils et vice-roi de Napoléon*, Paris, Tallandier, 2021, S. 477–481. | Michel Kerautret, *Eugène de Beauharnais, fils et vice-roi de Napoléon*, Paris, Tallandier, 2021, p. 477–481.
33. Dominique Larrey, »Observations sur les plaies par armes à feu«, *Journal général de médecine, de chirurgie et de pharmacie*, Paris, 1806, S. 44–49. | Dominique Larrey, »Observations sur les plaies par armes à feu«, *Journal général de médecine, de chirurgie et de pharmacie*, Paris, 1806, p. 44–49.
34. Bernard et Danielle Quintin, *Austerlitz. 2 décembre 1805. Dictionnaire biographique des soldats de Napoléon tombés au champ d'honneur*, Paris, Archives et Culture, 2004, S. 70. | Bernard et Danielle Quintin, *Austerlitz. 2 décembre 1805. Dictionnaire biographique des soldats de Napoléon tombés au champ d'honneur*, Paris, Archives et Culture, 2004, p. 70.
35. *Fastes de la légion d'honneur. Biographie de tous les décorés*, Paris, Au bureau de l'Administration, 1845, Bd. 5, S. 239. | *Fastes de la légion d'honneur. Biographie de tous les décorés*, Paris, Au bureau de l'Administration, 1845, t. 5, p. 239.
36. Daru an Kellermann, 5. April 1808. https://chadbourneantique.com/products/1808-empire-lettre-de-daru-a-kellerman-duc-de-valmy-sujet-hopitaux, abgerufen am 23/07/2023. | Daru à Kellermann, 5 avril 1808. https://chadbourneantique.com/products/1808-empire-lettre-de-daru-a-kellerman-duc-de-valmy-sujet-hopitaux, vue le 23/07/2023.
37. SHD, 20 YC 210, Nr. 113. | SHD, 20 YC 210, n° 113.
38. AD Orne, 1 R 28, Sterbeurkunde. | AD Orne, 1 R 28, extrait mortuaire.
39. AD Val d'Oise, Ronquerolles, Übertragung des Totenscheins am 26. Juli 1813. | AD Val d'Oise, Ronquerolles, transcription de l'acte de décès du 26 juillet 1813.
40. SHD, XZ 1, État des hôpitaux militaires (Zustand der Militärkrankenhäuser), 1813. | SHD, XZ 1, État des hôpitaux militaires, 1813.
41. SHD, XZ 1, General Dumas an den Kriegsminister, Dresden, 1. September 1813. | SHD, XZ 1, le général Dumas au ministre de la Guerre, Dresde, 1er septembre 1813.
42. SHD, XZ 1, General Dumas an den Kriegsminister, Dresden, 29. Juli 1813. | SHD, XZ 1, le général Dumas au ministre de la Guerre, Dresde, 29 juillet 1813.
43. Louis Bergès, *Résister à la conscription 1798–1814. Le cas des départements aquitains*, Paris, CTHS, 2002 | Louis Bergès, *Résister à la conscription 1798–1814. Le cas des départements aquitains*, Paris, CTHS, 2002.
44. Diese Veränderungen sind aus den ihn betreffenden Dokumenten ersichtlich: AD Seine-Maritime, Rouen, 3e quartier, 4 E 2248, Geburtsurkunde, 3 R 126, Sterbeurkunde; SHD, 20 YC 34, Nr. 66944, 20 YC 109, Nr. 7365. | Ces transformations sont visibles à travers les différentes pièces qui le concernent: AD Seine-Maritime, Rouen, 3e quartier, 4 E 2248, acte de naissance, 3 R 126, extrait mortuaire; SHD, 20 YC 34, n° 66944, 20 YC 109, n° 7365.
45. Alan Forrest, *Déserteurs et insoumis sous la Révolution et l'Empire*, Paris, Perrin, 1988, S. 54. | Alan Forrest, *Déserteurs et insoumis sous la Révolution et l'Empire*, Paris, Perrin, 1988, p. 54.
46. Alain Maureau, »Le remplacement militaire de l'an VIII à 1814 d'après les registres de notaires d'Avignon. Aspect juridique et social«, *Revue de l'Institut Napoléon*, 1975, Nr. 131, S. 121–143. | Alain Maureau, »Le remplacement militaire de l'an VIII à 1814 d'après les registres de notaires d'Avignon. Aspect juridique et social«, *Revue de l'Institut Napoléon*, 1975, n° 131, p. 121–143.
47. SHD, 21 YC 444, Nr. 5969 und 21 YC 63, Nr. 11345. | SHD, 21 YC 444, n° 5969 et 21 YC 63, n° 11345.
48. AD Aube, Saint-Mesmin, Urteil übertragen am 14. August 1818. | AD Aube, Saint-Mesmin, jugement transcrit le 14 août 1818.
49. AD Ardennes, Dom-le-Mesnil, Heiratsurkunde der Tochter, 5. September 1831. | AD Ardennes, Dom-le-Mesnil, acte de mariage de sa fille, 5 septembre 1831.

50 AD Haute-Saône, Ambiévillers, Taufurkunde und Übertragung des Totenscheins am 15. Februar 1816. | AD Haute-Saône, Ambiévillers, acte de baptême et transcription de l'acte de décès du 15 février 1816.
51 AD Eure-et-Loir, Moulhard, Heiratsurkunde. | AD Eure-et-Loir, Moulhard, acte de mariage.
52 Jean-Pierre Mir, *La Garde impériale et la campagne de 1814. Dictionnaire des morts et blessés au combat*, Paris, Archives et Culture, 2002, S. 71 | Jean-Pierre Mir, *La Garde impériale et la campagne de 1814. Dictionnaire des morts et blessés au combat*, Paris, Archives et Culture, 2002, p. 71.
53 SHD, 20 YC 139, Nr. 258. | SHD, 20 YC 139, n° 258.
54 SHD, 20 YC 139, Nr. 367. | SHD, 20 YC 139, n° 367.
55 Jean-François Lemaire, *Les blessés dans les armées napoléoniennes*, Paris, SPM-Lettrage, 1999. | Jean-François Lemaire, *Les blessés dans les armées napoléoniennes*, Paris, SPM-Lettrage, 1999.
56 Docteur A. Bompard, *Description de la fièvre adynamique et observations sur cette fièvre et sur la fièvre ataxique*, Paris, Imp. Scherff, 1815. | Docteur A. Bompard, Description de la fièvre adynamique et observations sur cette fièvre et sur la fièvre ataxique, Paris, Imp. Scherff, 1815.
57 S. François Houdecek, »Blessures psychiques des combattants de l'Empire. Sources d'étude et premières approches«, *Napoleonica-La Revue*, 2013-2, Nr. 17, S. 55–65. | Voir François Houdecek, »Blessures psychiques des combattants de l'Empire. Sources d'étude et premières approches«, *Napoleonica-La Revue*, 2013-2, n° 17, p. 55–65.
58 Christelle Ferraty, »Réflexions historiques autour de la question de la nostalgie«, *Histoire des sciences médicales*, 2018, Bd. 52, S. 39–44. | Christelle Ferraty, »Réflexions historiques autour de la question de la nostalgie«, *Histoire des sciences médicales*, 2018, t. 52, p. 39–44.
59 SHD, 20 YC 208, Nr. 2313. | SHD, 20 YC 208, n° 2313.
60 SHD, 21 YC 707, Nr. 9235. | SHD, 21 YC 707, n° 9235.
61 AN Luxembourg, Sterbeurkunde online. | AN Luxembourg, extrait mortuaire en ligne.
62 AD Indre-et-Loire, Neuvy-le-Roi, Geburtsurkunde, 3 R 40, Sterbeurkunde. | AD Indre-et-Loire, Neuvy-le-Roi, acte de naissance, 3 R 40, extrait mortuaire.
63 SHD, YC 144, Nr. 188. | SHD, YC 144, n° 188.
64 SHD, 20 YC 22, Nr. 6553. | SHD, 20 YC 22, n° 6553.
65 SHD, 20 YC 22, Nr. 7528. | SHD, 20 YC 22, n° 7528.
66 SHD, 20 YC 22, Nr. 7519 (das standesamtliche Register hat den Tod nicht verzeichnet). | SHD, 20 YC 22, n° 7519.(le registre n'indique pas la mort).
67 SHD, 20 YC 22, Nr. 6120. | SHD, 20 YC 22, n° 6120.
68 AD Haute-Marne, Sauvage-Magny, 24. März 1818. | AD Haute-Marne, Sauvage-Magny, le 24 mars 1818.
69 SHD, 20 YC 64, Nr. 4361. | SHD, 20 YC 64, n° 4361.
70 AD Orne, Argentan, Wiedereintragung der Sterbeurkunde vom 31. Dezember 1815. SHD, 20 YC 22, Nr. 7519 (das standesamtliche Register hat den Tod nicht verzeichnet). | AD Orne, Argentan, retranscription du 31 décembre 1815. SHD, 20 YC 22, n° 7519. (le registre n'indique pas la mort).
71 AD Meurthe-et-Moselle, Badonviller, Wiedereintragung der Sterbeurkunde am 16. Dezember 1814. SHD, 20 YC 50, Nr. 5962. | AD Meurthe-et-Moselle, Badonviller, retranscription de l'extrait mortuaire le 16 décembre 1814. SHD, 20 YC 50, n° 5962.
72 AD Aisne, Übertragung des Totenscheins im September 1815. SHD, 20 YC 16, Nr. 7096. | AD Aisne, transcription de l'extrait d'acte mortuaire en septembre 1815. SHD, 20 YC 16, n° 7096.
73 AD Aisne, Troënes, Sterbeurkunde übertragen am 24. September 1815. | AD Aisne, Troënes, extrait d'acte mortuaire transcrit le 24 septembre 1815.
74 AD Maine-et-Loire, Ambillou-la-Grésille, Geburtsurkunde und Übertragung des Totenscheins am 3. Mai 1815. SHD, 20 YC 80, Nr. 1707. | AD Maine-et-Loire, Ambillou-la-Grésille, acte de naissance et transcription de l'acte de décès du 3 mai 1815. SHD, 20 YC 80, n° 1707.
75 SHD, 21 YC 754, Nr. 8433. | SHD, 21 YC 754, n° 8433.
76 AD Oise, Acy, Sterbeurkunde übertragen am 16. September 1813. | AD Oise, Acy, extrait d'acte mortuaire transcrit le 16 septembre 1813.
77 SHD, 20 YC 22, Nr. 9050. AD Vosges, Le Tholy (Neuordnung des Standsamts: Boulay). | SHD, 20 YC 22, n° 9050. AD Vosges, Le Tholy, (recomposition de son état civil: Boulay).
78 AD Ille-et-Vilaine, Baulon, Totenschein übertragen am 15. Dezember 1814. SHD, 21 YC 929. | AD Ille-et-Vilaine, Baulon, extrait mortuaire transcrit le 15 décembre 1814. SHD, 21 YC 929.
79 SHD, 21 YC 324, Nr. 1645. | SHD, 21 YC 324, n° 1645.
80 *Bulletin de la Grande Armée*, Lützen, 2. Mai 1813 *Bulletin de la Grande Armée*, Lutzen, 2 mai 1813.
81 SHD, 21 YC 923, Nr. 2579. | SHD 21 YC 923, n° 2579.
82 AD Yvelines, 3 R 14, Sterbeurkunde; SHD, 21 YC 918, Nr. 2675. | AD Yvelines, 3 R 14, extrait mortuaire; SHD, 21 YC 918, n° 2675.
83 SHD, 21 YC 923, Nr. 2250. | SHD, 21 YC 923, n° 2250.
84 SHD, 21 YC 923, Nr. 924. AD Manche, Tollevast, Übertragung des Totenscheins am 15. September 1814. | SHD 21 YC 923, n° 924. AD Manche, Tollevast, transcription de l'acte de décès du 15 septembre 1814.
85 AD Calvados, Sellen, Übertragung am 25. Juni 1815. | AD Calvados, Sellen, transcription du 25 juin 1815.
86 AD Nord, Cambrai, Übertragung am 21. Oktober 1814. | AD Nord, Cambrai, transcription du 21 octobre 1814.
87 SHD, 21 YC 460, Nr. 9011. AD Sarthe, Aubigné, Übertragung am 16. Oktober 1816. | SHD, 21 YC 460, n° 9011. AD Sarthe, Aubigné, transcription du 16 octobre 1816.
88 SHD, 21 YC 923, Nr. 2250. | SHD, 21 YC 923, n° 2250.
89 SHD, 21 YC 539, Nr. 9364. | SHD, 21 YC 539, n° 9364.
90 SHD, 21 YC 567, Nr. 8355. | SHD, 21 YC 567, N° 8355.
91 SHD, 21 YC 962, Nr. 2272. | SHD, 21 YC 962, n° 2272.
92 Stéphane Calvet, *Leipzig, 1813. La guerre des peuples*, Paris, Vendémiaire, 2013; Bruno Colson, *Leipzig. La bataille des nations, 16–19 octobre 1813*, Paris, Perrin, 2013; Walter Bruyères-Ostells, *Leipzig, 16–19 octobre 1813*, Paris, Tallandier, 2013. | Stéphane Calvet, *Leipzig, 1813. La guerre des peuples*, Paris, Vendémiaire, 2013; Bruno Colson, *Leipzig. La bataille des nations, 16–19 octobre 1813*, Paris, Perrin, 2013; Walter Bruyères-Ostells, *Leipzig, 16–19 octobre 1813*, Paris, Tallandier, 2013.
93 SHD, 21 YC 715, Nr. 9331; AD Nord, Houplines, Übertragung am 10. Oktober 1814. | SHD, 21 YC 715, n° 9331; AD Nord, Houplines, transcription du 10 octobre 1814.

94 SHD, 21 YC 72, Nr. 9636; AD Ardennes, Monthermé, Übertragung am 8. Januar 1815. | SHD, 21 YC 72, n° 9636; AD Ardennes, Monthermé, transcription du 8 janvier 1815.
95 SHD 21 YC 646, Nr. 139, 21 YC 932, Nr. 1428. | SHD 21 YC 646, n° 139, 21 YC 932, n° 1428.
96 AD Yvelines, 3 R 22, Totenschein; SHD, 20 YC 196, Nr. 374. | AD Yvelines, 3 R 22, extrait mortuaire; SHD, 20 YC 196, n° 374.
97 Louis Bergès, *Résister à la conscription 1798–1814. Le cas des départements aquitains*, Paris, CTHS, 2002. | Louis Bergès, *Résister à la conscription 1798–1814. Le cas des départements aquitains*, Paris, CTHS, 2002.
98 SHD, 21 YC 220, Nr. 6049, AD Yvelines, 3 R 28, Sterbeurkunde. | SHD, 21 YC 220, n° 6049, AD Yvelines, 3 R 28, extrait mortuaire.
99 SHD, 21 YC 926, Nr. 2019. | SHD, 21 YC 926, n° 2019.
100 SHD, 21 YC 72, Nr. 9636; AD Ardennes, Übertragung des Totenscheins am 8. Januar 1815. | SHD, 21 YC 72, n° 9636; AD Ardennes, transcription de l'acte de décès du 8 janvier 1815.
101 Aristide Martinien, *Tableaux par corps, par bataille, des officiers tués et blessés pendant les guerres de l'Empire (1805–1815)*, Paris, Lavauzelle, 1899 und *Tableaux par corps, par bataille, des officiers tués et blessés pendant les guerres de l'Empire (1805–1815). Supplément*, Paris, Lavauzelle, 1909. | Aristide Martinien, *Tableaux par corps, par bataille, des officiers tués et blessés pendant les guerres de l'Empire (1805–1815)*, Paris, Lavauzelle, 1899 et *Tableaux par corps, par bataille, des officiers tués et blessés pendant les guerres de l'Empire (1805–1815). Supplément*, Paris, Lavauzelle, 1909.
102 Aufgrund eines königlichen Erlasses Napoleons vom 20. Juni 1812 durfte er es behalten, *Journal de l'Empire*, 21. Juni 1812. | Il est autorisé par Napoléon à la conserver par lettres patentes du 20 juin 1812, *Journal de l'Empire*, 21 juin 1812.
103 AN, LH 368/76, Akte Brisson. | AN, LH 368/76, dossier Brisson.
104 Jacques-Olivier Boudon, »Le retour des prisonniers de guerre dans l'Europe de 1814«, in Jean-Claude Caron und Jean-Philippe Luis (Hrsg.), *Rien appris, rien oublié? Les Restaurations dans l'Europe postnapoléonienne (1814–1830)*, Rennes, Presses Universitaires de Rennes, 2015, S. 183–197. | Jacques-Olivier Boudon, »Le retour des prisonniers de guerre dans l'Europe de 1814«, dans Jean-Claude Caron et Jean-Philippe Luis (dir.), *Rien appris, rien oublié? Les Restaurations dans l'Europe post-napoléonienne (1814–1830)*, Rennes, Presses Universitaires de Rennes, 2015, p. 183–197.
105 SHD, 21 YC 539, Nr. 9981. | SHD, 21 YC 539, n° 9981.
106 SHD, 21 YC 539, Nr. 9980. | SHD, 21 YC 539, n° 9980.
107 SHD 20 YC 22, Nr. 5899. | SHD 20 YC 22, n° 5899.
108 SHD, 20 YC 22, Nr. 6120. | SHD, 20 YC 22, n° 6120.
109 SHD, 20 YC 22, Nr. 6942; 20 YC 107, Nr. 2797. | SHD, 20 YC 22, n° 6942; 20 YC 107, n° 2797.
110 Zum Bigamieprozess siehe Jacques-Olivier Boudon, *Le sexe sous l'Empire*, Paris, Librairie Vuibert, 2019. | Sur les procès pour bigamie, voir Jacques-Olivier Boudon, *Le sexe sous l'Empire*, Paris, Librairie Vuibert, 2019.
111 AD Aube, Saint-Mesmin, Übertragung des Totenscheins am 14. August 1818. | AD Aube, Saint-Mesmin, transcription de l'acte de décès du 14 août 1818.
112 AD Aube, Saint-Mesmin, Heiratsurkunde. | AD Aube, Saint-Mesmin, acte de mariage.
113 AD Vendée, Menomblet, Heiratsurkunde vom 24. März 1824. | AD Vendée, Menomblet, acte de mariage du 24 mars 1824.
114 SHD, 21 YC 916, Nr. 1263. | SHD, 21 YC 916, n°1263.
115 AD Aisne, Oisy, Übertragung des Urteils von 1838 am 18. Mai 1839. | AD Aisne, Oisy, transcription du jugement de 1838 le 18 mai 1839.

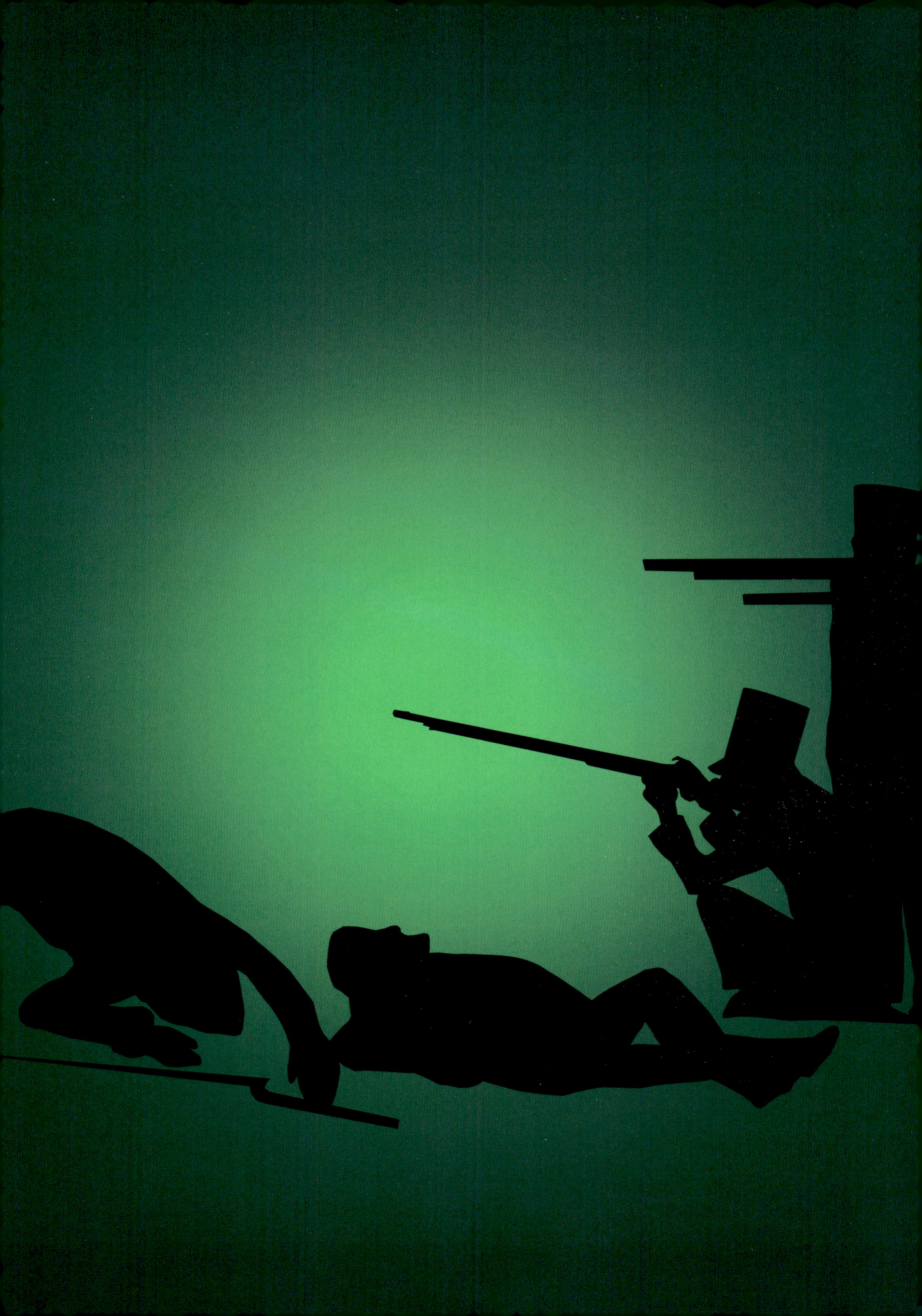

Abb. 35 Rolf Skrypzak, archäologischer Grabungstechniker im Denkmalamt. | Rolf Skrypzak, technicien de fouilles archéologiques au service des monuments historiques.

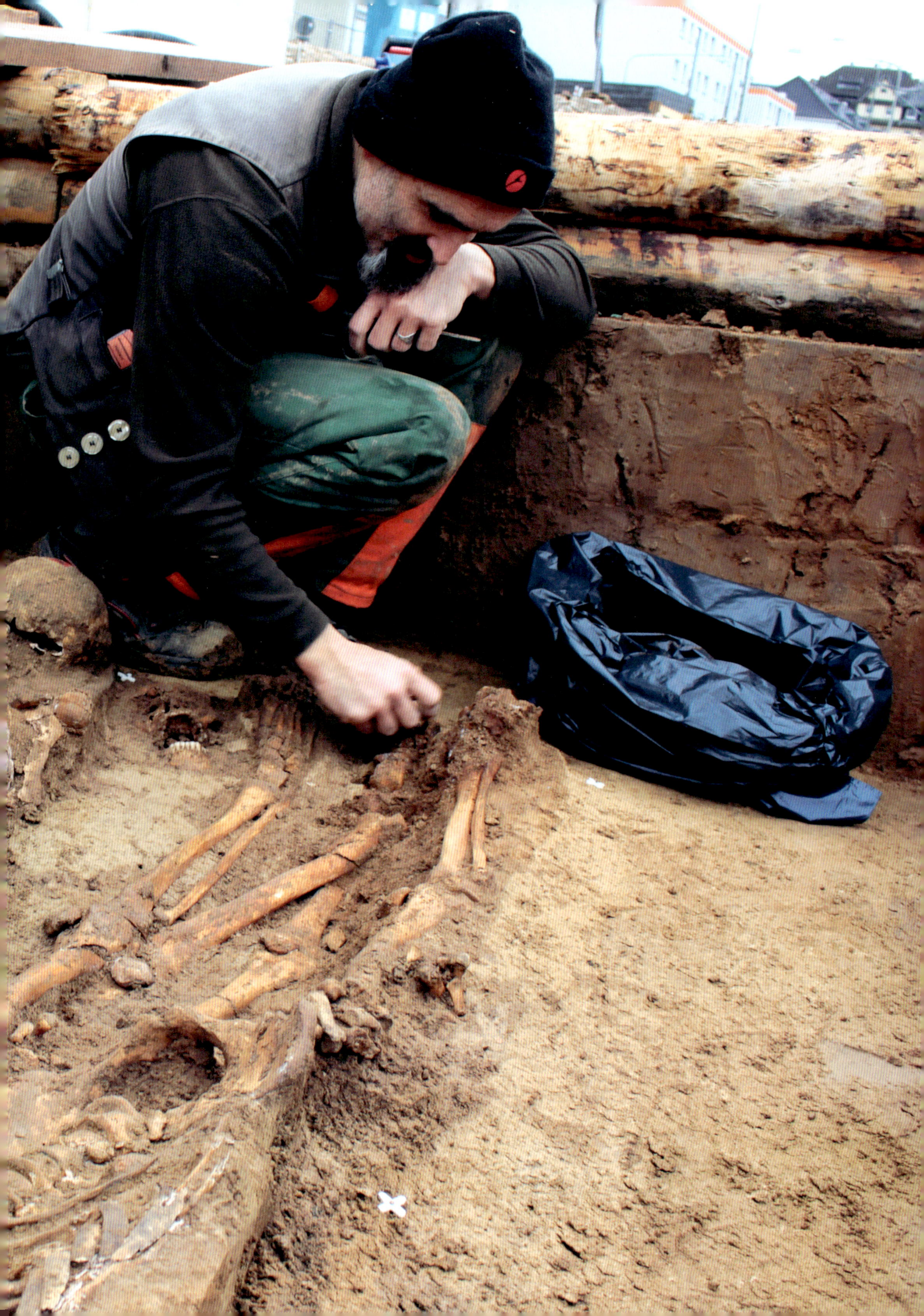

Gräber der napoleonischen Befreiungskriege in Frankfurt-Rödelheim

ANDREA HAMPEL

In der Breitlacherstraße 80–88 wurde 2015 ein ausgedehnter Bauantrag realisiert, d. h. auf einer Fläche von rund 4.000 qm begannen im September die Erdarbeiten (Abb. 36).

Die Baumaßnahme war mit denkmalrechtlichen Bedingungen genehmigt worden, da in diesem Bereich archäologische Denkmäler bekannt sind.

Bereits im Jahr 1979 wurden auf dem gleichen Grundstück im Rahmen von Kanalarbeiten im Bereich der Parkplätze eines bestehenden Großmarkts Grabfunde gemacht (ROE 1). Insgesamt 6 Grabschächte wurden angeschnitten, die mindestens 18 Bestattungen enthielten. Neben Sargnägeln wurden auch wenige Metall- und Beinknöpfe auf den Resten der Bekleidung erfasst.

Im Jahr 1981 wurde ebenfalls in der Breitlacherstraße, südlich der Hausnummer 90 eine Bushaltestelle gebaut[1]. Auch hier wurden drei Bestattungen nachgewiesen. Sie lagen deutlich flacher und offenbar handelte es sich um Einzelbestattungen. Auch hier werden Kleidungsreste und eine 3 cm lange Stecknadel genannt. Aufgrund der neuen Grabungsergebnisse bei weiteren Baumaßnahmen in der Breitlacherstraße bestehen jedoch Zweifel, ob diese Befunde an der Bushaltestelle der gleichen Fundstelle zuzuweisen sind, da diese Bestattungen grundsätzlich von den aktuellen Erkenntnissen abweichen. Dieser Befund lässt sich vielmehr weiteren Grabfunden aus dem Jahr 2009 zuweisen, die in der Breitlacherstraße 85 gemacht wurden[2].

Zwischen beiden Fundstellen besteht zudem eine deutliche Lücke von rund 60 m, in der keine Bestattungen nachgewiesen sind.

Leider wurde weder 1979 noch 1981 ein Grabungsplan erstellt, da in dieser Zeit die archäologische Aufnahme von Befunden jünger als 1648 regelhaft nicht erfolgte.[3] Alle Skelettreste wurden wiederbestattet und Fundstücke nicht inventarisiert.

In jedem Fall ist festzuhalten, dass die Maßnahme von 1979 eindeutig im aktuellen Grabungsgebiet nachgewiesen werden konnte; der angelegte Kanal verlief durch die Fläche und hatte verschiedene Grabgruben angeschnitten (vgl. Abb. 36). Der Kanalgraben wurde als St. 42 im Jahr 2015 erneut erfasst.

Auf dem Grundstück Breitlacherstraße 80–88 wurden insgesamt 35 Grabgruben nachgewiesen (Abb. 37).[4] Sie lagen alle in einem eng begrenzten Bereich an der westlichen Baugrubengrenze in Höhe der Hausnummer 82. Die Grabgruben zeichneten sich gelb-braun fleckig verfüllt im hellen anstehenden Löss ab und waren nord-südlich ausgerichtet (Abb. 38). Mit zwei schmalen Ausnahmen für nur eine Einzelbestattung, hatten sie eine Breite von 1–1,10 m und eine Länge von rund 2–2,20 m. Tatsächlich sind die Massengräber etwas kürzer ausgehoben worden. Die Toten lagen zwischen mindestens 1 m bis 1,25 m unter der heutigen Oberfläche (Abb. 39).

Nach Norden, Süden und Osten konnte die Grenze des Befundes nachgewiesen werden, nach Westen sind vereinzelt Grabgruben in der Baugrubengrenze erfasst. Ob weitere Gräber nach Westen folgen, und somit im Bereich der Straße liegen, ist unbekannt.

Grundsätzlich handelt es sich um Notbestattungen außerhalb eines Friedhofs und die Toten können als Soldatengräber des 18. und frühen 19. Jh. erkannt werden[5].

Die Grabgruben waren dicht beieinander in 10 Reihen angelegt und bis auf eine Ausnahme berührten oder überlagerten sie sich nicht (Abb. 37). Dabei waren die südlich gelegenen Befunde St. 20, 27–29, 34, 35, 37 und 38 etwas kleiner als die nördlich liegenden, enthielten jedoch Massenbestattungen. Auffällig war auch, dass die Gruben im nördlichen Abschnitt sorgfältig mit steilen Wänden ausgehoben wurden, die südlichen eher nachlässig, d. h. sich nach unten ver-

Tombes des guerres de libération napoléoniennes à Francfort-Rödelheim

Aux numéros 80 à 88 de la Breitlacherstraße, une demande de permis de construire étendue a été déposée en 2015, et les travaux de terrassement correspondants ont commencé en septembre de la même année, sur une surface d'environ 4000 m² (ill. 36).

Le projet de construction avait été approuvé sous réserve de conditions liées à la législation sur les monuments historiques, étant donné que la présence de monuments archéologiques est connue dans cette zone.

En 1979 déjà, des fouilles avaient été réalisées sur le même site dans le cadre de travaux de canalisation au niveau des parkings d'un marché de gros existant sur place (ROE 1). Au total, 6 puits de sépulture ont été ouverts, contenant au moins 18 inhumations. Outre les clous de cercueil, quelques boutons en métal ou en os ont été recensés sur les restes de vêtements.

En 1981, un arrêt de bus a également été construit dans la Breitlacherstraße, au sud du numéro 90[1]. Ici aussi, trois inhumations ont été mises en évidence. Elles étaient nettement moins profondes et il s'agissait apparemment d'inhumations individuelles. Dans ce cas également, des restes de vêtements et une épingle de 3 cm de long sont mentionnés. En raison des nouveaux résultats de fouille obtenus lors d'autres travaux de construction dans la Breitlacherstraße, il est toutefois improbable que ces découvertes à l'arrêt de bus puissent être attribuées au même site, car ces inhumations sont totalement différentes de celles connues actuellement. Cette découverte peut plutôt être attribuée à d'autres tombes découvertes en 2009 au 85 de la Breitlacherstraße[2].

Entre les deux sites, il existe en outre une interruption nette d'environ 60 m, dans laquelle aucune inhumation n'est attestée.

Malheureusement, aucun plan de fouilles n'a été établi, ni en 1979 ni en 1981, car à cette époque, le relevé archéologique des vestiges antérieurs à 1648 n'était généralement pas effectué[3]. Tous les restes de squelettes ont été ré-inhumés et les objets trouvés n'ont pas été inventoriés.

En tout état de cause, il convient de noter que la mesure de 1979 a pu être clairement identifiée dans la zone de fouilles actuelle; le canal aménagé traversait la surface et avait recoupé différentes fosses funéraires (cf. ill. 36). La tranchée du canal a été à nouveau enregistrée en tant que Réf. 42 en 2015.

Sur le terrain sis 80–88 Breitlacherstraße, 35 fosses funéraires au total ont été mises en évidence (ill. 37)[4]. Elles se trouvaient toutes dans une zone étroitement délimitée à la bordure ouest de la fouille, à hauteur du numéro 82. Les fosses funéraires se distinguaient par leur remplissage jaune-brun tacheté dans le lœss clair existant et étaient orientées nord-sud (ill. 38). Mis à part deux exceptions plus étroites pour une seule inhumation individuelle, elles avaient une largeur de 1 m à 1,10 m et une longueur d'environ 2 m à 2,20 m. En fait, les fosses communes ont été creusées un peu plus courtes. Les morts se trouvaient à une profondeur d'au moins 1 m à 1,25 m sous la surface actuelle (ill. 39).

Vers le nord, le sud et l'est, la limite de la découverte a pu être prouvée, tandis que vers l'ouest, des fosses funéraires isolées ont été recensées dans la limite de la fouille. On ne sait pas si d'autres tombes suivent vers l'ouest et se trouvent donc dans la zone de la route.

En principe, il s'agit d'inhumations d'urgence en dehors d'un cimetière et les corps pourraient appartenir à des soldats morts au 18e et au début du 19e siècle[5].

Les fosses funéraires étaient très proches les unes des autres sur 10 rangées et, à une exception près, elles ne se touchaient pas ou ne se chevauchaient pas (ill. 37). Les fosses 20, 27–29, 34, 35, 37 et 38 situées au sud étaient un peu plus petites que celles situées au nord, mais elles contenaient des sépultures collectives.

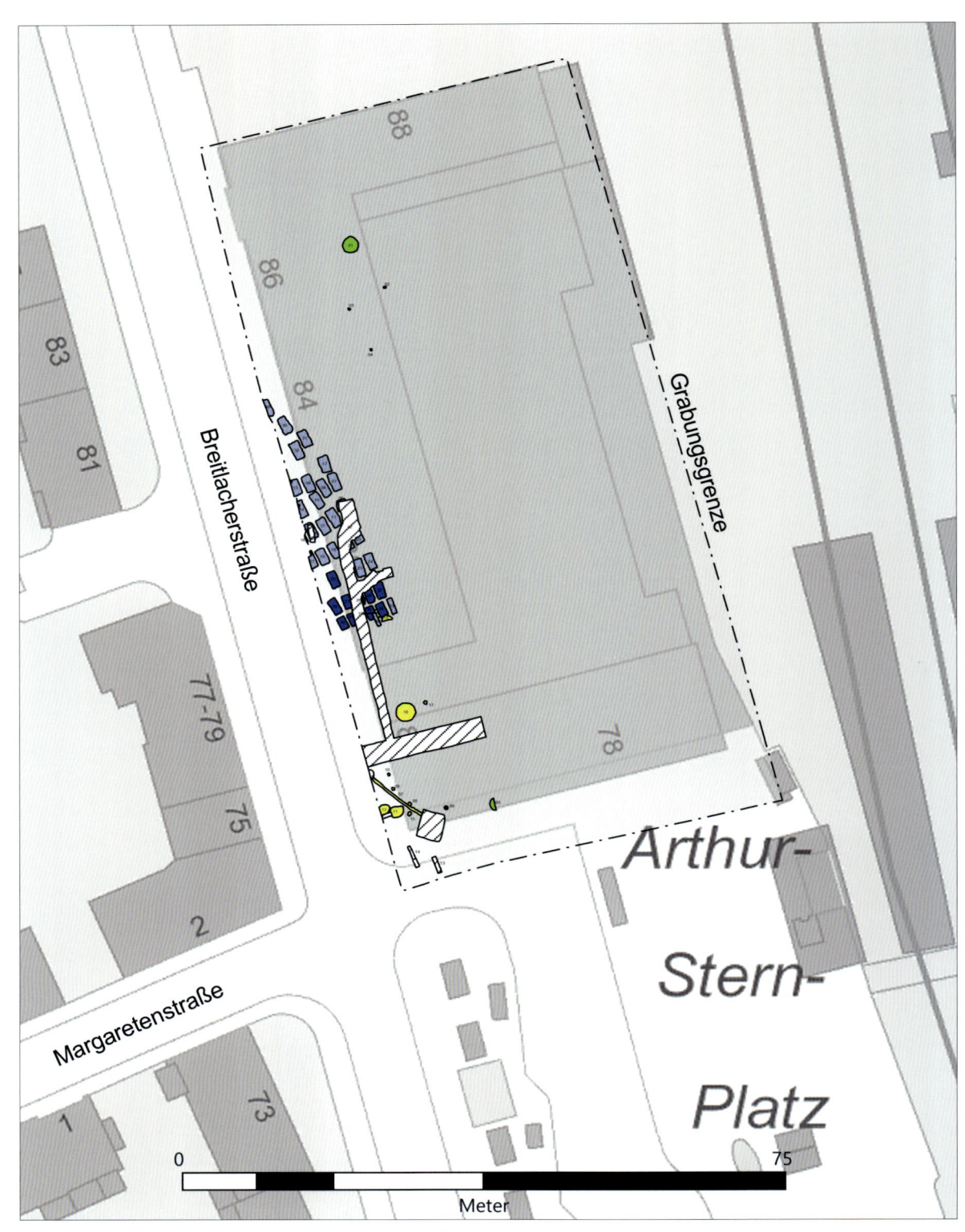

Abb. 36 Gesamtplan der Baumaßnahme in der Breitlacherstraße mit den archäologischen Fundstellen: In Grün die Steinzeit, in Gelb die Eisenzeit, in Blau die napoleonischen Gräber. Die Fläche war größtenteils ungestört, der Rand des Gräberfeldes wurde im Süden und Osten sicher erreicht. Maßstab 1:750. | Plan général du chantier de la Breitlacherstraße avec les sites archéologiques: en vert l'âge de pierre, en jaune l'âge de fer, en bleu les tombes napoléoniennes. La surface n'était en grande partie pas perturbée, le bord du champ de tombes a été délimité avec certitude au sud et à l'est. Échelle 1:750.

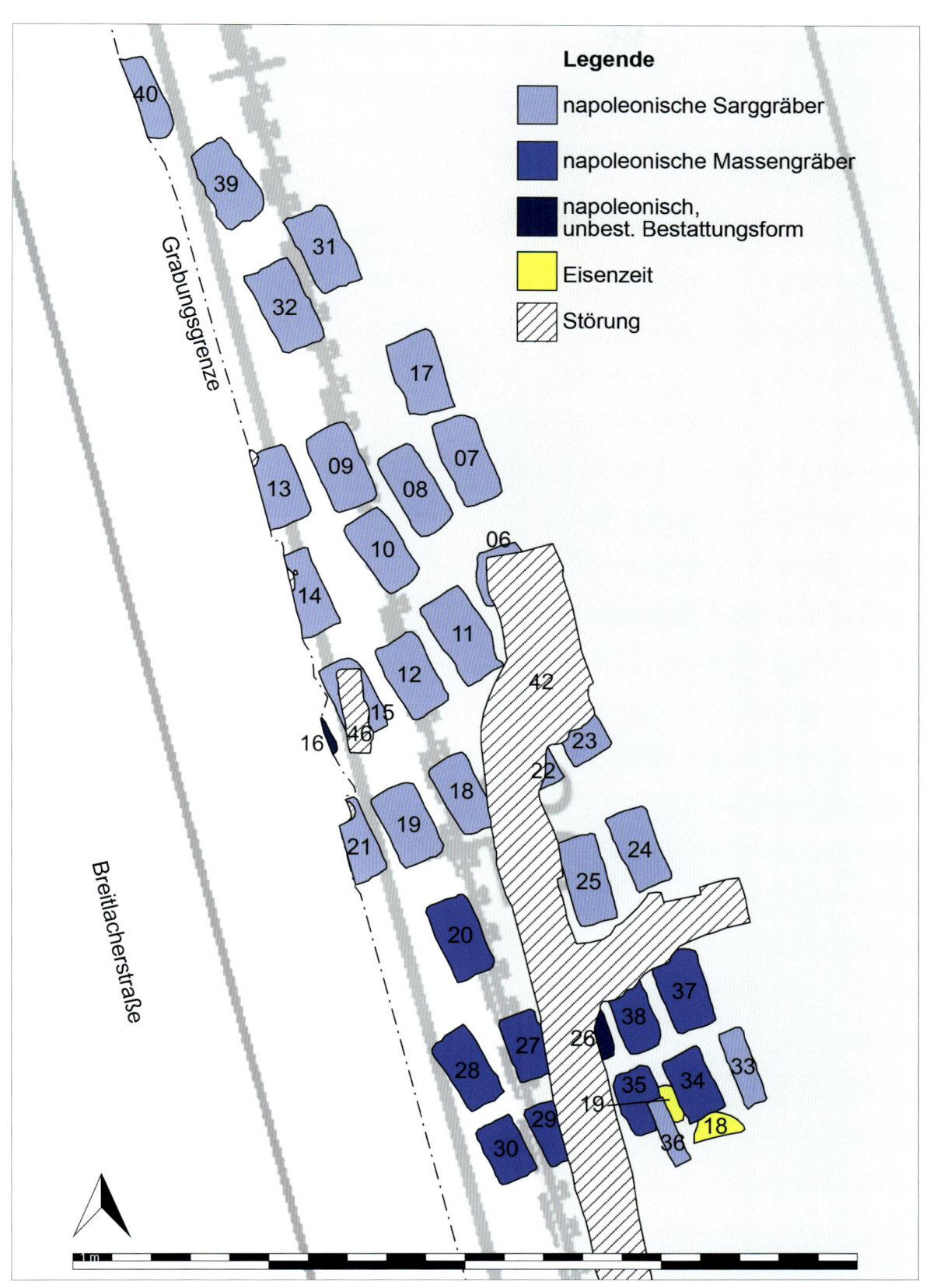

Aktuelle archäologische Forschung in Frankfurt am Main.

Abb. 37 Die Gräber der französischen Soldaten in Rödelheim. Sarggräber sind in Hellblau, Massengräber in Mittelblau gekennzeichnet. | Les tombes des soldats français à Rödelheim. Les tombes avec des cercueils sont indiquées en bleu clair, les tombes collectives en bleu moyen.

Abb. 38 Die rechteckigen Grabgruben zeichnen sich fleckig im anstehenden hellen Löß ab. | Les fosses funéraires rectangulaires se distinguent par des taches dans le lœss clair sur place.

jüngten und an der Sohle unregelmäßig waren (z. B. Grube St. 20).

In den Grabschächten lagen mit zwei Ausnahmen mehrere Tote (**Abb. 40**). Zweimal waren schmale Einzelbestattungen bereits im Planum erkennbar, in allen anderen Fällen lagen in der Mehrzahl der Grabschächte zwischen 2 und 6 Tote. Dabei wurden die Verstorbenen in einem Holzsarg beerdigt, wobei in der Regel eiserne Sargnägel und vereinzelt Holzreste erhalten waren (**Abb. 41**). Aufgrund der zum Teil sehr guten Holzerhaltung konnten verschiedene Sargformen erkannt werden (**Abb. 42 und 43**). Auch die beiden Einzelgräber St. 33 und 36 enthielten Särge.

Die Beerdigung in Särgen war grundsätzlich üblich und die Totengräber hatten auch einen gewissen Vorrat, der jedoch angesichts der vielen Toten schnell erschöpft war.[6]

Die Toten lagen mehrheitlich mit dem Kopf nach Norden, allerdings waren auch Särge mit dem Kopf im Süden abgestellt.

Nach Süden stieg die Zahl der Bestatteten pro Grabgrube bis auf 20 Personen an. In diesen Gräbern fehlen Hinweise auf Särge und auch die Lage der Toten bestätigt eine Bestattung ohne Sarg. Daraus folgt, dass in neun Gräbern keine Särge standen: St. 20, 27–30, 34, 35, 37 und 38.

Während in der Mehrzahl auch hier eine grundsätzliche Ausrichtung und damit sorgfältige Lage der Verstorbenen in Nord-Süd-Richtung vorherrschte, fand sich mit St. 20 ein Massengrab, in dem einige Tote regellos lagen (vgl. **Abb. 137**). Grundsätzlich dienen Massengräber dazu, eine große Zahl von Toten zu beerdigen. Hier wurde der vorhandene Platz in der Grube soweit als möglich ausgenutzt, daher sind Lagen von »Kopf über Füßen« charakteristisch.[7]

Zweimal war abweichend nur eine Einzelperson in einer eigenen Grabgruben und in einem Sarg beerdigt (St. 33 und 36). In St. 36 lag die Tote auf dem Bauch und es ist bemerkenswert, dass St. 36 leicht schräg liegend das Massengrab St. 35 überlagerte.

In den Grabgruben fehlen grundsätzlich Hinweise auf Kalkstreuung[8]; vereinzelt waren in den Gräbern Madenpuppen vorhanden.

Abb. 39 Dokumentation freigelegter Gräber durch Grabungstechniker Michael Obst. | Documentation des tombes mises au jour par le technicien de fouilles Michael Obst.

Il est également frappant de constater que les fosses du secteur nord ont été soigneusement creusées avec des parois abruptes, tandis que celles du sud ont été plutôt négligées, c'est-à-dire qu'elles sont plus étroites vers le bas et que leur fond est irrégulier (p. ex. la fosse Réf. 20).

À deux exceptions près, les puits de sépulture contenaient plusieurs morts (ill. 40). Dans deux cas, des inhumations individuelles étroites étaient déjà visibles sur le plan, dans tous les autres cas, la majorité des puits funéraires contenaient entre 2 et 6 morts. Les corps ont été inhumés dans un cercueil en bois, avec en général des clous de cercueil en fer et quelques restes de bois (ill. 41). Du fait que le bois était en partie très bien conservé, différentes formes de cercueils ont pu être identifiées (ill. 42 et 43). Les deux tombes individuelles Réf. 33 et 36 contenaient également des cercueils.

L'enterrement dans des cercueils était une pratique courante et les fossoyeurs disposaient d'un certain stock, mais celui-ci fut rapidement épuisé en raison du nombre de morts[6].

La plupart des morts étaient couchés avec la tête au nord, mais il y avait aussi des cercueils déposés avec la tête au sud.

Vers le sud, le nombre de personnes inhumées par fosse augmente jusqu'à 20 personnes. Dans ces tombes, il n'y a pas d'indication de cercueils et la position des défunts confirme également une inhumation sans cercueil. Il en dérive que neuf tombes ne contenaient pas de cercueils: Réf. 20, 27–30, 34, 35, 37 et 38.

Alors que dans la plupart des cas, les défunts étaient orientés dans le sens nord-sud et donc soigneusement disposés, on a trouvé dans la Réf. 20 une fosse commune dans laquelle certains morts étaient disposés sans ordre (cf. ill. 137). En principe, les fosses communes servent à enterrer un grand nombre de morts. Ici, l'espace disponible dans la fosse a été utilisé autant que possible, ce qui explique les positions caractéristiques de « tête sur pieds »[7].

Par deux fois, un seul individu a été enterré dans une fosse séparée et dans un cercueil (Réf. 33 et 36).

Abb. 40 Zwei Gräber mit mehreren Sargbestattungen nach der Freilegung. | Deux tombes avec plusieurs inhumations de cercueils après le dégagement.

Die Toten können den Napoleonischen Kriegen und den folgenden Befreiungskriegen zugewiesen werden.[9]

Bereits für den 12. Oktober 1795 ist ein Gefecht nahe Rödelheim belegt[10], trotzdem dürfte die Mehrzahl der Bestatteten aus dem Jahr 1813 stammen. Allerdings wird es bis 1816 weitere Tote gegeben haben, denn erst im Januar diesen Jahres räumten Russen das letzte Frankfurter Lazarett.[11]

Unter der Überschrift: »Merkwürdige Tage des Ortes Rödelheim während des französischen Revolutionskrieges« und in der »Kriegs-Chronik von Rödelheim Nov./Dez. 1813« werden die Geschehnisse im Frankfurter Ortsteil Rödelheim zwischen dem 26. Juni 1792 und Dezember 1813 dargestellt. Demnach waren im Ort allein zwischen Oktober und Dezember 1813 insgesamt 2.545 Offiziere, 33.333 Soldaten und 18.449 Pferde einquartiert. Hierbei handelte es sich um jeweils unterschiedliche Kontingente aus unterschiedlichen Heerscharen. Außer Angehörigen der napoleonischen Armee den »Franzosen«, waren auch alliierte Truppen, also russische und polnische Kosaken, Österreicher, Preußen und bayerische Truppen einquartiert. Die Gruppen variierten stark in Anzahl und Unterbringungsdauer, waren aber offenbar nur kurze Zeit am gleichen Ort.[12]

Für den gesamten Jahreszeitraum 1813 werden für die Etappenorte Hanau, Gelnhausen und Schlüchtern insgesamt über 2 Millionen Soldateneinquartierungen gemeldet. Hierbei ist der Verweis auf die große Zahl von 102.345 Männern in »Hospitälern« bemerkenswert.[13]

Die Fundstelle steht grundsätzlich in Zusammenhang mit den sog. Napoleonischen Kriegen. Dabei ist zunächst der 1. Koalitionskrieg 1792–1797 zu nennen. So war es durchaus eine Provokation, dass als letzter Kaiser des alten Reichs Franz II. in Frankfurt gewählt und am Jahrestag des Sturms auf die Bastille, am 14. Juli 1792 in Frankfurt gekrönt wurde.

Es folgte der 2. Koalitionskrieg 1799–1802; der dritte Koalitionskrieg nach der Krönung Napoleons zum französischen Kaiser am 02. Dezember 1804 ab

■ **Abb. 41** Beispiele für erhaltene Eisennägel der Sargkonstruktion, Maßstab 1:1. | Exemples de clous en fer conservés de la construction du cercueil, échelle 1:1.

■ **Abb. 42** Holzreste des Sarges während der Freilegung. | Restes de bois du cercueil pendant le dégagement.

Dans la Réf. 36, la défunte était couchée sur le ventre et il est à noter que la Réf. 36 était légèrement inclinée et recouvrait la fosse commune Réf. 35.

Dans les fosses funéraires, il n'y a en principe pas d'indices de dispersion de chaux[8]; des larves d'asticots étaient parfois présentes dans les tombes.

Les morts peuvent être attribués aux guerres napoléoniennes et aux guerres de libération qui ont suivi[9].

Un combat près de Rödelheim est déjà attesté le 12 octobre 1795[10], mais la plupart des personnes enterrées remontent probablement à 1813. Cependant, il y aura eu d'autres morts jusqu'en 1816, car ce n'est qu'en janvier de cette année-là que les Russes ont évacué le dernier hôpital militaire de Francfort[11].

Les événements survenus dans le quartier de Rödelheim à Francfort entre le 26 juin 1792 et le mois de décembre 1813 sont présentés sous le titre «Merkwürdige Tage des Ortes Rödelheim während des französischen Revolutionskrieges» (Jours singuliers du village de Rödelheim pendant la guerre de la Révolution française) et dans la «Kriegs-Chronik von Rödelheim Nov./Dec. 1813» («Chronique de guerre de Rödelheim nov./ déc. 1813»). Il en ressort que rien qu'entre octobre et décembre 1813, 2545 officiers, 33333 soldats et 18449 chevaux ont été hébergés dans cette localité. Il s'agissait à chaque fois de contingents différents issus de différentes armées. Outre les membres de l'armée napoléonienne «française», des troupes alliées, c'est-à-dire des cosaques russes et polonais, des troupes autrichiennes, prussiennes et bavaroises étaient également sur place. Les groupes variaient fortement en nombre et en durée d'hébergement, mais ne restaient apparemment que peu de temps au même endroit[12].

Pour l'ensemble de la période de l'année 1813, un total de plus de 2 millions de logements de soldats est signalé pour les villes-étapes de Hanau, Gelnhausen et Schlüchtern. Il est intéressant de noter ici la référence au grand nombre de 102.345 hommes dans les «hôpitaux»[13].

Le site est en principe lié aux guerres dites napoléoniennes. Il faut tout d'abord mentionner la première guerre de coalition de 1792 à 1797. Le fait que le dernier empereur de l'ancien empire, François II, ait été élu à Francfort et couronné le jour anniversaire de la prise de la Bastille, le 14 juillet 1792, toujours à Francfort, était tout à fait provocateur.

Suivirent la 2e guerre de coalition en 1799–1802; la 3e guerre de coalition après le sacre de Napoléon, le 2 décembre 1804, en tant qu'empereur des Français, à partir de 1805; et enfin la 4e guerre de coalition, avec les guerres dites de libération de 1813–1815[14].

Une fête de la paix avait déjà été organisée à Rödelheim pour le 1er mai 1814[15].

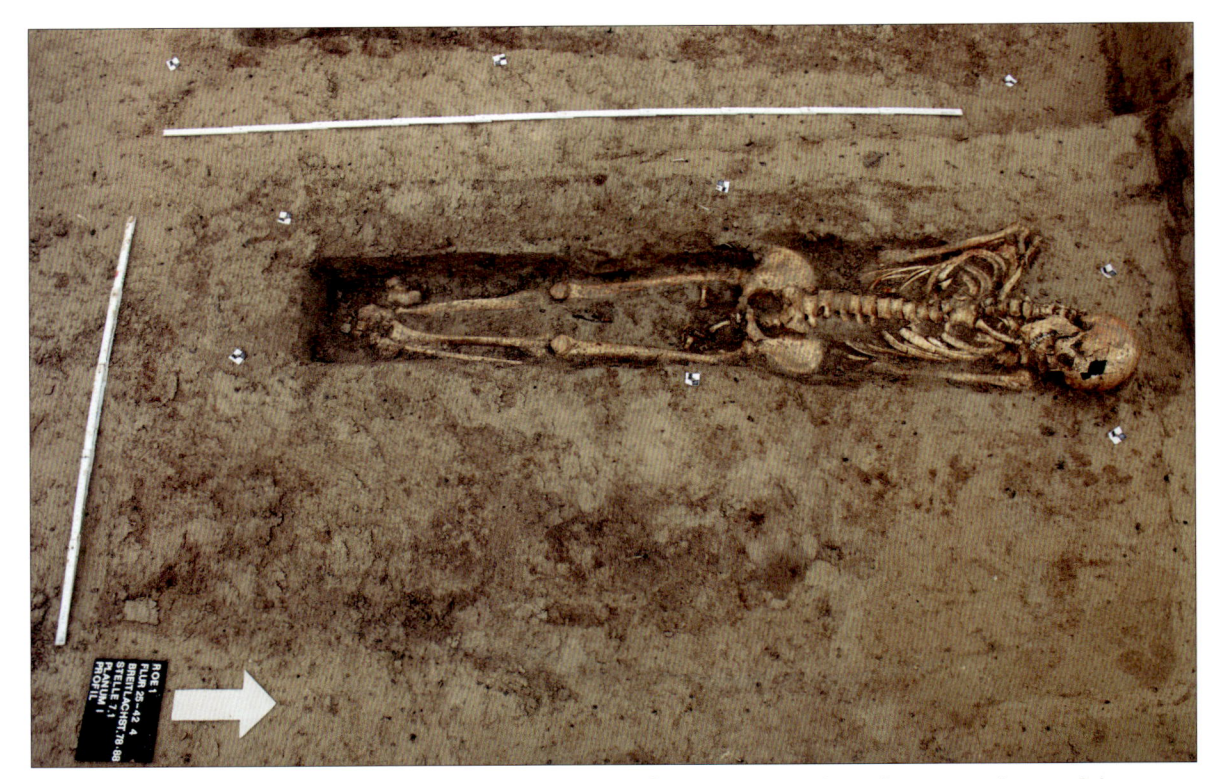

Abb. 43 Die Kontur des Sarges wurde aufgrund der Holzspuren freigelegt. | Le contour du cercueil a été dégagé suivant les traces de bois.

1805. Und schließlich der 4. Koalitionskrieg, mit den sog. Befreiungskriegen von 1813–1815.[14]

Bereits für den 01. Mai 1814 fand in Rödelheim ein Friedensfest statt.[15]

Im Rhein-Main-Gebiet besetzte die Grande Armée die Stadt Frankfurt im Januar 1806. Es kommt zur Gründung des »Rheinbundes« und Franz II. legte die Kaiserwürde nieder. Frankfurt war 1806–1814 unter dem Protektorat Napoleons die Hauptstadt des neuen Großherzogtums mit dem Fürstprimas an der Spitze, dem Erzbischof und Kurfürst von Mainz, Karl von Dalberg.[16]

Am 24. Juli 1807 war Napoleon persönlich in Frankfurt am Main und wurde im v. Bethmann'schen Haus am Hessendenkmal empfangen. Ihm zu Ehren wurde ein Triumphbogen auf der Zeil errichtet (**Abb. 14**).

Im Russlandfeldzug waren auch 1.800 Mann im Regiment Frankfurt beteiligt, nur 60 Mann und 17 Offiziere überlebten.[17]

Im Rahmen der »Retirade« übernachtete Napoleon in der Nacht vom 01. auf den 02. November 1813 im Bolongaropalast in der Stadt Höchst (heute Stadt Frankfurt am Main).

Grundsätzlich sind jedoch schon ab 1792 Kriegshandlungen im Rhein-Main-Gebiet nachweislich. Am 02. Oktober 1792 wurde Frankfurt durch 2.000 französische Soldaten eingenommen und bereits am 02. Dezember d.J. durch königl. Preußische und Hessische Truppen zurückerobert.[18] General Custine zog seine Hauptmacht zwischen Oberursel und Höchst, d.h. also auch im Bereich von Rödelheim, zusammen.[19]

Im Rahmen der Retirade der französischen Armee aus Russland kam es in Hanau zur letzten Schlacht der napoleonischen Befreiungskriege auf deutschem Boden. Zwischen dem 29. und dem 30. Oktober 1813 kam es zur Schlacht im heutigen Lamboyviertel.[20] Sie endete mit einem überraschenden Sieg der Franzosen, die ihren Rückzug am 01. November mit der Garde und der Garde-Kavallerie in Richtung Mainz fortsetzten. Offenbar handelte es sich um das »Letzte Aufgebot«, denn die Soldatenverbände werden als »Trümmer der total aufgelösten Grossen Armee«[21] aus »bleichen, zerlumpten Gestalten der ehemals so stolzen französischen Soldaten«[22] bezeichnet.

Am 31. Oktober 1813 zog Napoleon nach der

■ **Abb. 44** Johann Lorenz Rugendas, »Kampf an der Kinzigbrücke in Hanau am 31. Oktober 1813«. © Historisches Museum Hanau Schloss Philippsruhe / Hanauer Geschichtsverein 1844 e. V. | © Musée historique de Hanau Château Philippsruhe / Association d'histoire de Hanau 1844 e. V.

Dans la région Rhin-Main, la Grande Armée a occupé la ville de Francfort en janvier 1806. Cela a conduit à la création de la « Confédération du Rhin » et François II a renoncé à la dignité impériale. De 1806 à 1814, Francfort fut, sous le protectorat de Napoléon, la capitale du nouveau Grand-Duché avec à sa tête le prince-primat, l'archevêque et prince-électeur de Mayence, Karl von Dalberg[16].

Le 24 juillet 1807, Napoléon s'est rendu en personne à Francfort-sur-le-Main et a été reçu dans la maison de v. Bethmann, près du monument de Hesse. Un arc de triomphe fut érigé en son honneur sur l'allée Zeil (ill. 14).

Lors de la campagne de Russie, 1800 hommes ont également été engagés dans le régiment de Francfort, et seuls 60 hommes et 17 officiers ont survécu[17].

Dans le cadre de la « retraite », Napoléon a passé la nuit du 1er au 2 novembre 1813 au palais de Bolongaro dans la ville de Höchst (aujourd'hui ville de Francfort-sur-le-Main).

Cependant, des actes de guerre dans la région Rhin-Main sont attestés dès 1792. Le 2 octobre 1792, Francfort fut prise par 2000 soldats français et reconquise dès le 2 décembre de cette même année par les troupes royales prussiennes et hessoises[18]. Le général Custine avait rassemblé ses principales forces entre Oberursel et Höchst, c'est-à-dire également dans la région de Rödelheim[19].

Dans le cadre de la retraite de l'armée française de Russie, la dernière bataille des guerres de libération napoléoniennes sur le sol allemand eut lieu à Hanau. La bataille se déroula entre le 29 et le 30 octobre 1813 dans l'actuel quartier de Lamboy[20]. Elle se termina par une victoire surprise des Français, qui poursuivirent leur retraite le 1er novembre avec la Garde et la cavalerie de la Garde en direction de Mayence. Il s'agissait apparemment de la « dernière mobilisation », car les formations de soldats sont décrites comme des « débris de la Grande Armée totalement dissoute »[21] composées de « figures pâles et en haillons des soldats français autrefois si fiers »[22].

Le 31 octobre 1813, après la bataille décisive des Nations à Leipzig du 16 au 19 octobre et la bataille de Hanau, Napoléon est également passé par Franc-

Abb. 45 Zeitzeuge: Auf der Flur »Mainkur« steht eine barocke Zollstation, die 1768 erstmals urkundlich erwähnt wurde. Das Einzelkulturdenkmal steht auf der Hanauer Landstraße 563. | Témoin de l'époque : sur le lieu-dit »Mainkur« se trouve un poste de douane baroque, mentionné pour la première fois dans un document en 1768. Le monument historique lui-même se trouve sur la Hanauer Landstraße 563.

entscheidenden Völkerschlacht bei Leipzig am 16.–19. Oktober und der Schlacht bei Hanau auch durch Frankfurt und es kam zur Schlacht an der Alten Brücke in der Altstadt.

Aus der Richtung Osten, namentlich Bad Vilbel, zogen die Heerscharen auf dem Weg nach Mainz mehrfach durch Frankfurt, bzw. nördlich daran vorbei. Die Heerstraße über Fulda, Hanau, Frankfurt und Höchst verlief auch in Richtung nach Rödelheim. Tatsächlich liegt die Fundstelle jenseits[23], d. h. westlich von Rödelheim im damals unbebauten Gelände.

Nach den Verhandlungen am 31. Oktober 1813 an der Zollstation »Mainkur« an der östlichen Frankfurter Stadtgrenze wurde festgelegt, dass Napoleon auf dem Weg nach Mainz um Frankfurt herumziehen würde (Abb. 45 und 46).[24]

Tatsächlich wurde im Rahmen des Rückzugs die Stadt Frankfurt weitgehend umgangen, so dass die Typhusepidemie in den Dörfern schlimmer wütete.[25]

Eine besondere Rolle im kleinen Ort Rödelheim spielte der Übergang über die Nidda. Schon als 1792 das Eindringen der Franzosen nach Frankfurt verhindert wurde, zogen sich die Eindringlinge nach Höchst über die Nidda zurück.[26]

Hier am Niddaübergang mit der Niddabrücke kam es ebenfalls zu Rückzugsgefechten der Grande Armée in der Folge der Schlacht bei Hanau. Verteilt im Rhein-Main-Gebiet ist in dieser Zeit mit insgesamt über 500.000 Soldaten zu rechnen; Zehntausende kamen ums Leben.

Grundsätzlich war aufgrund der politischen Gegebenheiten das vordringliche Ziel, die Grande Armée über den Rhein nach Mainz zu treiben.[27]

Viele Soldaten waren in schlechtem körperlichem Zustand und krank. Ansteckende Krankheiten wie Krätze und das sog. Fleckfieber waren weit verbreitet.[28] Die Typhusepidemie und andere ansteckende Krankheiten wüteten auch unter der Zivilbevölkerung.

Die meisten Toten werden an Krankheiten, genannt wird Typhus in Verbindung mit Erschöpfung und Mangelernährung, gestorben sein. Einschränkend ist zu berücksichtigen, dass in den Berichten alle Infektions-

fort où s'est déroulée la bataille du Vieux Pont dans la vieille ville.

En provenance de l'est, notamment de Bad Vilbel, les armées en route vers Mayence passaient plusieurs fois par Francfort, à savoir par le nord de la ville. La route militaire passant par Fulda, Hanau, Francfort et Höchst allait également en direction de Rödelheim. En fait, le site se trouve au-delà[23], c'est-à-dire à l'ouest de Rödelheim, dans un terrain qui n'était pas encore édifié à l'époque.

Après les négociations du 31 octobre 1813 au poste de douane « Mainkur » à la limite est de la ville de Francfort, il fut décidé que Napoléon aurait contourné Francfort sur son chemin vers Mayence (ill. 45 et 46).[24]

En fait, dans le cadre de la retraite, la ville de Francfort a été en grande partie évitée, de sorte que l'épidémie de typhus a fait plus de ravages dans les villages[25].

Le passage sur la Nidda a joué un rôle particulier dans la petite ville de Rödelheim. Déjà en 1792, lorsque l'entrée des Français à Francfort a été empêchée, les envahisseurs se sont retirés vers Höchst en traversant la Nidda[26].

C'est également ici, au passage de la rivière sur le pont de la Nidda, que se sont déroulés les combats de retraite de la Grande Armée à la suite de la bataille de Hanau. On estime à plus de 500.000 le nombre de soldats répartis dans la région Rhin-Main à cette époque; des dizaines de milliers de personnes y perdirent la vie.

En principe, en raison des circonstances politiques, l'objectif prioritaire était de pousser la Grande Armée à traverser le Rhin jusqu'à Mayence[27].

De nombreux soldats étaient en mauvaise condition physique et malades, les maladies contagieuses comme la gale et le typhus étaient très répandues[28]. L'épidémie de typhus et d'autres maladies contagieuses ont également fait des ravages parmi la population civile.

La plupart des personnes décédées étaient frappées de maladies telles que la fièvre typhoïde, associée à l'épuisement et à la malnutrition. Il convient de noter que dans les rapports, toutes les maladies infectieuses présentant des symptômes similaires ont été regroupées sous le terme de « fièvre tachetée », bien qu'il puisse également s'agir de différentes maladies qui produisent également des taches sur la peau[29].

■ **Abb. 46** Mit Napoleon persönlich bekannt: Beim Rückzug nach der Völkerschlacht von Leipzig 1813 rastete Napoleon in dem (nicht denkmalgeschützten) Gebäude »Alte Mainkur« auf der Hanauer Landstraße 587. | Connu personnellement de Napoléon : lors de sa retraite après la bataille des Nations de Leipzig en 1813, Napoléon se reposa dans le bâtiment (non classé) »Alte Mainkur« sur la Hanauer Landstraße 587.

Des cas de typhus étaient déjà apparus pendant la Première Guerre de coalition, mais une infection massive n'a été signalée qu'en 1813/1814[30].

Dans les hôpitaux militaires, on soignait beaucoup plus de malades que de blessés[31] et on s'efforçait d'éloigner et de séparer les malades contagieux de leurs camarades et de la population civile[32].

Parmi les nombreux malades, d'autres maladies ont été diagnostiquées et traitées[33]. Les nombreux cas de gale sont explicitement mentionnés, l'acariose étant très contagieuse. De même, le « wahrer Fiesel » (vrai Fiesel)[34] qui fait partie des « maladies de la peau à taches », est également rapporté[35]. En outre, les maladies fébriles que sont la fièvre glaireuse[36] et la fièvre putride[37] sont signalées.

En 1811, la maladie est appelée « vénerie », un terme désuet pour désigner les maladies vénériennes, dont fait partie la syphilis, spécifiquement nommée[38].

Ce n'est qu'à partir de 1851 que les certificats de

krankheiten mit ähnlichen Symptomen unter »Fleckfieber« zusammengefasst wurden, obwohl es sich auch um verschiedene Krankheiten handeln könnte, die ebenfalls Flecken auf der Haut erzeugen.[29]

Bereits während der 1. Koalitionskriege waren Fälle von Typhus aufgetreten, über eine massenhafte Infektion wurde jedoch erst 1813/14 berichtet.[30]

In den Lazaretten wurden sehr viel mehr Kranke als Verwundete gepflegt[31] und man bemühte sich, die Ansteckenden von den Kameraden und der Zivilbevölkerung fernzuhalten und zu separieren.[32]

Unter den zahlreichen Kranken wurden auch andere Krankheiten diagnostiziert und behandelt.[33] Ausdrücklich wird auf die zahlreichen Fälle von Krätze hingewiesen, wobei der Milbenbefall sehr ansteckend ist. Ähnlich macht sich »wahrer Fiesel«[34] bemerkbar, der zu den »Fleckigen Hautkrankheiten« gehört.[35] Weiterhin die fiebrigen Erkrankungen Schleimfieber[36] und Faulfieber.[37]

1811 wird die Erkrankung »Venerie« genannt, eine veraltete Bezeichnung für Geschlechtskrankheiten, zu der auch die besonders genannte Syphilis zählt.[38]

Erst seit 1851 werden Totenscheine mit einer Diagnose ausgestellt[39], deshalb sind die tatsächlichen Todesursachen archivalisch nur bedingt nachweisbar.

Bei den Toten handelt es sich vermutlich auch um Kriegsgefangene, die in nicht unerheblicher Zeit mit dem Tross geführt wurden. So wurden schon 1794 rund 3.000 gefangene Franzosen durch Frankfurt transportiert[40], 1806 sprach man von »kolossalen« Gefangenentransporten.[41]

In nahezu allen Dörfern und Städten wurden Einquartierungen in großer Zahl vorgenommen, was zwangsläufig zur einer Ansteckung der Zivilbevölkerung führte.[42]

So wurden am 17. Oktober 1813 in Rödelheim 300 bereits erkrankte Franzosen einquartiert[43] und die »Kriegs-Chronik« vermerkt neben katastrophalen Zuständen und Versorgungsproblemen epidemieartige Ansteckungen[44], zahlreiche Tote und eine Vielzahl von Beerdigungen bis in die Nacht hinein und schließlich für den 11. November 1813, dass auch die beiden Totengräber erkrankt sind.[45] Noch im Jahr 1813 nahm die Zahl der Typhustoten stark ab, was als Ende der Epidemie bezeichnet wurde.[46]

Den Berichten zufolge wurden die Toten nackt auf den Karren zur Beerdigung gebracht.[47] Keinesfalls sind Soldaten in ihren Uniformen beerdigt worden; zur Eindämmung der Ansteckungsgefahr wurden die Kleidungsstücke verbrannt.[48]

Die zunehmenden Sterbefälle und die beschriebenen chaotischen Zustände werden auch im Grabungsergebnis deutlich.

Während zunächst offensichtlich noch Särge vorgehalten werden konnten, war dies bei der steigenden Zahl von Toten nicht mehr möglich. Die Anlage von Massengräbern zeigt eine steigende Zahl von Beerdigungen.

Das Grabungsergebnis bestätigt mit nur wenigen Fundstücken auch den oben beschriebenen Transport der Verstorbenen.

Trotzdem kamen vereinzelt persönliche Ausstattung, z. B. Finger- oder Ohrringe oder Bekleidungsreste in die Gräber.

Funde von Uniformresten bieten in der Regel die besten Anhaltspunkte zur Identifizierung der militärischen Einheiten. Die Ausstattung wies regulär eine sehr große Anzahl von Knöpfen auf, die in der Regel eine Zuweisung zu den Regimentern ermöglicht.[49]

Zu jeder Uniform gehörte also eine Vielzahl von Knöpfen. So weist das Décret Impérial für Fußtruppen vom 14.10.1792 folgende Regelung aus: Knöpfe aus Messing oder Zinn, pro Uniform 8 große und 22 kleine Knöpfe. 3 große auf jeder Tasche, 2 große unterhalb der Taille, 7 kleine auf jede Rabatte (Revers), 1 kleiner auf jeder Schulterklappe. Auf der Weste 10 kleine Knöpfe, gleichmäßig verteilt.

Für Offiziere sind mehr Knöpfe zu erwarten; und dazu kommen weitere Knöpfe der Unterkleidung.

Offenbar kämpften die Angehörigen der Eliteeinheiten auch in ihrer eigentlich ungeeigneten Paradeuniform.[50]

Leider ist es aufgrund der fehlenden Beigaben und der nur sehr vereinzelten Uniformknöpfe schwierig, die Angehörigen der verschiedenen Heerscharen direkt zu unterscheiden. Nachweislich waren neben Angehörigen der französischen Grande Armée auch Truppenteile der Verbündeten aus Russland, Polen, Österreich, Preußen und Bayern einquartiert. Als Truppenbestandteile werden weiterhin »Kroaten und Panduren« genannt.[51]

Zeitgenössische Berichte beschreiben die Soldaten als zerlumpte Gestalten, für die die Frankfurter Bürger Kleidung spendeten.

décès sont établis avec un diagnostic³⁹, c'est pourquoi les causes réelles de la mort ne peuvent être prouvées que de manière limitée dans les archives.

Parmi les morts, il y a probablement aussi des prisonniers de guerre qui, pendant une période non négligeable, avaient été emmenés avec le convoi. Ainsi, dès 1794, environ 3000 Français capturés ont été transportés en passant par Francfort⁴⁰ et en 1806, on parlait de transports « colossaux » de prisonniers⁴¹.

Un grand nombre de cantonnements ont été effectués dans presque tous les villages et villes, ce qui a inévitablement entraîné une contamination de la population civile⁴².

Ainsi, le 17 octobre 1813, 300 Français déjà malades ont été logés à Rödelheim⁴³ et la « chronique de guerre » note, outre des conditions catastrophiques et des problèmes d'approvisionnement, des contaminations épidémiques⁴⁴, de nombreux décès et une multitude d'enterrements jusque tard dans la nuit et enfin, pour le 11 novembre 1813, que les deux fossoyeurs sont également tombés malades⁴⁵. En 1813 encore, le nombre de morts du typhus a fortement diminué, ce qui a été considéré comme la fin de l'épidémie⁴⁶.

Selon les rapports, les morts ont été transportés nus sur des chariots pour être enterrés⁴⁷. En aucun cas, les soldats n'ont été enterrés avec leur uniforme; les vêtements ont été brûlés pour limiter les risques de contagion⁴⁸.

L'augmentation du nombre de décès et les conditions chaotiques décrites sont également visibles dans le résultat des fouilles.

Alors qu'au début, il était manifestement possible de conserver des cercueils, cela n'a plus été possible en raison du nombre croissant de morts. L'aménagement de fosses communes montre un nombre toujours plus grand d'enterrements.

Le résultat des fouilles confirme également, avec peu d'objets trouvés, le transport des défunts décrit plus haut.

Néanmoins, quelques objets personnels, comme des boucles d'oreille ou des restes de vêtements, ont été retrouvés dans les tombes.

Les découvertes de restes d'uniformes offrent en règle générale les meilleurs indices pour identifier les unités militaires. L'équipement présentait régulièrement un très grand nombre de boutons, ce qui permet normalement de l'attribuer aux régiments.⁴⁹

Chaque uniforme comportait donc un grand nombre de boutons. Ainsi, le décret impérial du 14.10.1792 pour les fantassins indique la réglementation suivante: Boutons en laiton ou en étain, par uniforme 8 gros boutons et 22 petits boutons. Trois grands sur chaque poche, deux grands au-dessous de la taille, sept petits sur chaque rabat (revers), un petit sur chaque épaulette. Sur le gilet, 10 petits boutons, répartis de manière égale.

Pour les officiers, il faut s'attendre à plus de boutons; et à cela s'ajoutent d'autres boutons des sous-vêtements.

Apparemment, les membres des unités d'élite ont combattu également dans leur uniforme de parade, qui n'était pas vraiment adapté⁵⁰.

Malheureusement, l'absence d'objets et les boutons d'uniforme très épars rendent difficile toute distinction directe entre les membres des différentes armées. Il est prouvé qu'en plus des membres de la Grande Armée française, il y avait également des troupes alliées de Russie, Pologne, Autriche, Prusse et Bavière. Les « Croates et les Pandours » sont également mentionnés comme éléments de troupes⁵¹.

Des rapports de l'époque décrivent les soldats comme des personnages en haillons pour lesquels les habitants de Francfort faisaient don de vêtements.

Les Français étaient donc « des petits gars disgracieux et sales, en uniforme bleu à rabats rouges, pour moitié dans des vêtements en haillons qu'ils avaient eux-mêmes choisis »⁵². De même, les Prussiens étaient « tellement dénudés que le maire âgé [de Francfort] leur a fourni des chemises sur ses propres deniers »⁵³; cela valait également pour les conditions dans les hôpitaux militaires (ill. 47).⁵⁴

C'est pourquoi il n'est pas étonnant de découvrir des boutons civils parmi les objets trouvés.

Aucun autre équipement, comme des casques, des sabres ou des munitions, n'est présent dans les tombes. Cependant, un poids d'environ 30 kg pour chaque équipement⁵⁵ peut être déterminé sur le plan anthropologique⁵⁶.

On peut supposer que tous les morts et les blessés étaient récupérés sur le champ de bataille et que les vivants étaient conduits avec le convoi et, si possible, placés dans des hôpitaux sur le lieu de cantonnement (ill. 48). Ainsi, le capitaine de cavalerie (Rittmeister) Heiligenstein, grièvement blessé, est transporté hors du champ de bataille sans son pied gauche⁵⁷.

Abb. 47 Die Lithografie zeigt die kranken Soldaten in ihrem Elend während des Typhusausbruchs in Mainz. Zeichner des gezeigten Werks: Denis-Auguste-Marie Raffet (1804–1860), Lithographie Eugène Le Roux (1807–1863). | La lithographie montre les soldats malades dans leur misère pendant l'épidémie de typhus à Mayence. / Dessinateur de l'œuvre reproduite: Denis-Auguste-Marie Raffet (1804–1860), lithographie Eugène Le Roux (1807–1863) © Bibliothèque nationale de France.

Die Franzosen waren demnach »kleine, unansehnliche, schmutzige Kerle in blauer Uniform mit roten Klappen, zur Hälfte in zerlumpten, selbst gewählten Kleidern.«[52] So waren die Preußen »in der Art entblösst« dass der ältere Bürgermeister [von Frankfurt] sie aus seinen eigenen Mitteln mit Hemden« versorgt hat[53]; dies galt auch für die Zustände in den Lazaretten (Abb. 47).[54]

Aus diesem Grund kann es nicht verwundern, dass unter den Fundstücken auch zivile Knöpfe zu finden sind.

Keinesfalls sind weitere Ausstattungen etwa Helme, dazu Säbel oder Munition in den Gräbern vorhanden. Das Gewicht von rund 30 kg einer jeden Ausrüstung[55] kann allerdings anthropologisch sichtbar sein.[56]

Man kann davon ausgehen, dass alle Toten und Verletzten vom Schlachtfeld geborgen und die Lebenden mit dem Tross geführt und am Ort der Einquartierung möglichst in Lazarette gebracht wurden (Abb. 48). So wird der schwer verletzte Rittmeister Heiligenstein noch ohne seinen linken Fuß vom Schlachtfeld transportiert.[57]

Ein Lazarett oder ein Lager wurde in Rödelheim an der Fundstelle oder in der Nähe nicht errichtet (Abb. 49). Kranke Soldaten waren offenbar zeitweilig im Rödelheimer Schloss im heutigen Solmspark untergebracht[58], mehrheitlich jedoch wurden die Soldaten bei der Rödelheimer Zivilbevölkerung einquartiert. Die schiere Menge dürfte zu entsprechenden Zuständen geführt haben, wie sie für Kriegsgefangene in Frankfurt beschrieben wurden. 1806 »wohnten allda Kriegsgefangene, welche wie Heringe in einer Tonne aufeinander gepackt waren.«[59]

Sieht man von kleineren Auseinandersetzungen ab, dürften die meisten der Toten nicht direkt in der Folge der Schlacht bei Hanau gestorben sein.[60] Letztendlich

Abb. 48 Die Verletzten wurden mit Karren vom Schlachtfeld weg und zur ärztlichen Versorgung gebracht. Lithographie Théodore Géricault (1791–1824). / Chariot chargé de soldats blessés. | Les blessés étaient évacués du champ de bataille en charrette et emmenés pour être soignés © Bibliothèque nationale de France.

Aucun hôpital militaire ou camp n'a été construit à Rödelheim sur le site ou à proximité (ill. 49). Les soldats malades étaient apparemment hébergés temporairement dans le château de Rödelheim, situé dans l'actuel Solmspark[58], mais la plupart d'entre eux étaient logés auprès de la population civile de Rödelheim. La quantité de prisonniers de guerre a probablement conduit à des conditions similaires à celles décrites pour les prisonniers de guerre à Francfort. En 1806, « il y avait là des prisonniers de guerre entassés les uns sur les autres comme des harengs dans un tonneau »[59].

Si l'on fait abstraction d'affrontements mineurs, la plupart des morts ne sont sans doute pas décédés directement à la suite de la bataille de Hanau[60]. En fin de compte, diverses blessures sont toutefois dues à des combats antérieurs. Les blessures ont été causées par des projectiles, c'est-à-dire des coups de fusil, des boulets de canon, mais aussi des grenades et des balles de shrapnel. À cela s'ajoutent les coups de mitrailles, qui sont similaires aux balles de fusil.

Les sabres servaient à « hacher » l'adversaire et à l'embrocher avec une baïonnette ou une lance (ill. 50).[61]

Des blessures aux mains peuvent survenir lors du chargement et du tir avec les armes à chargement par la bouche[62].

À Rödelheim aussi, il se pourrait qu'il y ait eu des noyés parmi les morts, car l'équipement lourd tirait les soldats vers le bas, par exemple dans la Nidda[63].

Étant donné que certains morts restaient parfois une journée sur la route, il faut également s'attendre à ce qu'ils puissent avoir été mangés par des animaux.

Il ne fait aucun doute que la population de Rödelheim n'est pas enterrée ici, car il manque apparemment des femmes, des personnes âgées et des enfants[64]. Le dégagement archéologique avait déjà permis de constater qu'il s'agissait en grande majorité d'hommes jeunes. Cela confirme tout d'abord les constatations faites dans les hôpitaux militaires, selon lesquelles l'âge au décès se situe entre 21 et 40 ans[65].

Abb. 49 Die zeitgenössische Lithografie von Benjamin Zix zeigt eindrücklich eine Lazarettszene. Zeichnung von Benjamin Zix, circa 1805/1811. | La lithographie de l'époque de Benjamin Zix montre de manière impressionnante une scène d'hôpital militaire. Dessin de Benjamin Zix, environ 1805/1811. © Wellcome Collection. Public Domain Mark.

sind jedoch diverse Verletzungen auf vorangegangene Kampfhandlungen zurückzuführen. Verletzungen entstanden durch Geschosse, d. h. einmal Büchsenschüsse, Kanonenkugeln, aber auch Granaten und Schrapnellgeschosse. Dazu Kartätschen, die den Büchsenkugeln ähnlich sind.

Mit den Säbeln wurde der Gegner »zerhackt« und mit einem Bajonett oder der Lanze aufgespießt (**Abb. 50**).[61]

Verletzungen der Hände können durch das Laden und Schießen der Vorderlader entstehen.[62]

Auch in Rödelheim könnten Ertrunkene unter den Toten sein, da die schwere Ausrüstung die Soldaten, etwa in der Nidda, nach unten zog.[63]

Da manche Tote manchmal einen Tag auf der Straße liegen blieben, ist auch mit Tierfraß zu rechnen.

Zweifellos ist hier nicht die Rödelheimer Bevölkerung bestattet, offenbar fehlen Frauen, Alte und Kinder[64]. Bereits im Rahmen der archäologischen Freilegung war erkennbar, dass es sich in der überwiegenden Mehrheit um jüngere Männer handelt. Dies bestätigt zunächst den Befund in Lazaretten, wonach Sterbealter zwischen 21–40 Jahre nachgewiesen sind.[65] Allerdings beschreibt Wilbrand auch bei der Zivilbevölkerung die meisten Toten im Alter zwischen 20 und 45 Jahren.[66]

Weiterhin bestand die Armee keinesfalls ausschließlich aus Soldaten. Diese stellten zwar die weitaus größte Zahl der Männer, es sind jedoch auch nicht kämpfende Beamte und Handwerker dabei. Dazu kommen Frauen, Kinder und sog. Bediente sowie Kriegsgefangene. Wilbrand[67] nennt in Frankfurt im Jahr 1812 die bemerkenswerten Zahlen von 144.625 Soldaten; 5.412 Beamten und Handwerkern; 4.664 Weibern, Kindern und Bedienten als Tross, dazu kommen 908 Kriegsgefangene[68]. Deshalb können auch die drei nachgewiesenen Frauen (Grab 36, 19.4 und 19.5) nicht überraschen und gehören ebenfalls nicht zur Rödelheimer Bevölkerung.

Während etwa für das Frankfurter Stadtgebiet die Lazarette und die Zahl der Kranken und Toten sorgfältig schriftlich festgehalten wurden, fehlen Angaben über den Ort der Bestattung der Verstorbenen regelhaft; es wurden jedoch offenbar stets Militärgräber außerhalb der normalen Friedhöfe angelegt.[69] Bemerkenswert ist die Suche nach einem »schicklichen Platze,« und

Abb. 50 Nachweis einer schweren Hiebverletzung eines Soldaten, die bereits während der Ausgrabungen erkennbar war. | Illustration d'une grave blessure par coup d'un soldat, déjà visible pendant les fouilles.

Cependant, même dans la population civile, Wilbrand décrit la plupart des morts comme étant âgés de 20 à 45 ans[66].

Par ailleurs, l'armée n'était pas exclusivement composée de soldats. Ceux-ci constituaient certes la grande majorité des hommes, mais il y avait aussi des fonctionnaires et des artisans non-combattants. S'y ajoutent les femmes, les enfants et les dénommés « domestiques » ainsi que les prisonniers de guerre. Wilbrand[67] cite à Francfort, en 1812, les chiffres remarquables de 144.625 soldats; 5412 employés et artisans; 4664 femmes, enfants et domestiques, auxquels s'ajoutent 908 prisonniers de guerre[68]. C'est pourquoi les trois femmes attestées (tombes 36, 19.4 et 19.5) peuvent ne pas surprendre et ne font pas non plus forcément partie de la population de Rödelheim.

Alors que pour la zone urbaine de Francfort, par exemple, les hôpitaux militaires et le nombre de malades et de morts ont été soigneusement consignés par écrit, les informations sur le lieu d'inhumation des défunts font régulièrement défaut, mais il semble que des tombes militaires aient toujours été aménagées en dehors des cimetières normaux[69]. Il convient de noter la recherche d'un « endroit convenable » et l'ajout « où ils seraient séparés des Français enterrés »[70]. Les nationalités n'étaient donc pas seulement séparées dans les hôpitaux militaires, mais aussi dans les lieux d'enterrement[71].

Avec un total de 213 morts attestés, ce site illustre parfaitement les conditions et le chaos qui régnaient pendant les guerres napoléoniennes (guerres de coalition) et, par la suite, les guerres dites de libération de 1813 à 1815. Les rapports écrits sur les grandes armées et les pertes énormes se confirment notamment sur ce site. Il semble plutôt surprenant que des sites de cette époque ne soient que rarement attestés.

C'est pourquoi le traitement scientifique des tombes du 19e siècle revêt une grande importance historique.

der Zusatz »wo sie von den begrabenen Franzosen getrennt seien«.[70] Demnach waren die Nationalitäten nicht nur in den Lazaretten getrennt sondern wohl regelhaft auch an den Begräbnisplätzen.[71]

Mit insgesamt 213 nachgewiesenen Toten zeigen sich hier streiflichtartig die Zustände und das Chaos während der Napoleonischen Kriege (Koalitionskriege) und in der Folge der sog. Befreiungskriege 1813–1815.

Die schriftlichen Berichte über große Heerscharen und enorm hohe Verluste bestätigen sich nicht zuletzt an diesem Fundplatz. Es erscheint vielmehr überraschend, dass Fundstellen dieser Zeitstellung nur selten nachgewiesen sind.

Aus diesem Grund kommt der wissenschaftlichen Bearbeitung von Gräbern des 19. Jh. große historische Bedeutung zu.

ANMERKUNGEN | NOTE

1 Dohrn-Ihmig/Hampel 1987, 193.
2 Hampel (2015) 266 ff. | Hampel (2015) 266 et suiv.
3 Erstmals 2006; Brock/Homann (2011) 81. | Pour la première fois 2006; Brock/Homann (2011) 81.
4 Hampel 2016, 295 ff. – Hampel (2027) 287 ff. | Hampel 2016, 295 et suiv. – Hampel (2027) 287 et suiv.
5 Budenz (1979).
6 Wilbrand (1884) 14 und 85. – Brock/Homann (2011) 91 f. | Wilbrand (1884) 14 et 85. – Brock/Homann (2011) 91 et suiv.
7 Brock/Homann (2011) 92.
8 Brock/Homann (2011) 92.
9 Vgl. Beitrag Boudon in diesem Band. | Voir la contribution de Boudon dans ce volume.
10 Reichel 2014, 90.
11 Wilbrand (1884) 187.
12 Reichel 2014, 88.
13 Bus/Häfner/Hoppe 2014, 7.
14 Vgl. Brackman/Fankhauser 2015. | Voir Brackman/Fankhauser 2015.
15 H. D. Schneider 2014.
16 Chronik (1987) 256.
17 Chronik (1987) 268.
18 Ortsarchiv Denkmalamt BOR 2; und Chronik (1987) 239. | Archives locales Service des monuments historiques BOR 2 et Chronik (1987) 239.
19 Chronik (1987) 242.
20 Leonhard (1813). – Kurz/Meise/Merk (1993).
21 Wilbrand (1884) 63.
22 Wilbrand (1884) 107.
23 Reichel 2014, 66.
24 Vgl. S. ###. | Voir p. ###.
25 Wilbrand (1884) 73.
26 Wilbrand (1884) 46. – Heilmann (1857) 288 und 289 f. | Wilbrand (1884) 46. – Heilmann (1857) 288 et 289 et suiv.
27 Meise 1993, bes. 12. | Meise 1993, spéc. 12.
28 Beitrag Flux/Großkopf in diesem Band. | Contribution Flux/Großkopf dans ce volume.
29 Grumbkow u. a. 2011. | Grumbkow et al. 2011.
30 Wilbrand (1884) 1 und 63 ff.; auch Bus 2014, 321–331. | Wilbrand (1884) 1 et 63 et suiv.; également Bus 2014, 321–331.
31 Wilbrand (1884) 33 f. | Wilbrand (1884) 33 et suiv.
32 Wilbrand (1884) 42.
33 Wilbrand (1884) 13, 23 und 30. | Wilbrand (1884) 13, 23 et 30.
34 Schmalz (1816) 242.
35 Schmalz (1816) Kap. 88, 235.
36 Krünitz (1789) 335.
37 Krünitz (1789) 279 f. | Krünitz (1789) 279 et suiv.
38 Wilbrand (1884) 61.
39 Wilbrand (1884) 166.
40 Chronik (1987) 242.
41 Wilbrand (1884) 56.
42 Bus 2014, 87 ff, bes. 103 ff. | Bus 2014, 87 et suiv., spéc. 103 et suiv.
43 Reichel 2014, 90.
44 Reichel 2014, 85. – auch Bus 2014 bes. 324. | Reichel 2014, 85. – aussi Bus 2014 spéc. 324
45 Reichel 2014, 73.
46 Wilbrand (1884) 157.
47 Picard 2014, 248 und Wilbrand (1884) 67, bes. 107. | Picard 2014, 248 et Wilbrand (1884) 67, spéc. 107.
48 Wilbrand (1884) 69.
49 Vgl. auch Merk 1993a, 56, 63. | Voir aussi Merk 1993a, 56, 63.
50 Meise 1993, 13.
51 Wilbrand (1884) 46.
52 Wilbrand (1884) 6, dazu auch Meise 1993, 13. | Wilbrand (1884) 6, à ce sujet également Meise 1993, 13.
53 Wilbrand (1884) 14.
54 Wilbrand (1884) 111.
55 Meise 1993, 19.
56 Flux/Großkopf in diesem Band#. | Flux/Großkopf dans ce volume#.
57 Merk 1993, 52 und Abb. 34. | Merk 1993, 52 et ill. 34.
58 Wilbrand (1884) 165.
59 Wilbrand (1884) 55.
60 Flux/Großkopf ####.
61 Meise 1993, 16.
62 Meise 1993, 14.
63 Meise 1993, 19.
64 Insgesamt sind 3 Frauen nachweisbar (Flux/Großkopf ##). | Au total, 3 femmes sont identifiables (Flux/Großkopf ##).
65 Brock/Homann (2011) 92. – Brackman/Frankhauser 2015, 54.
66 Wilbrand (1884) 170.
67 Wilbrand (1884) 61.
68 Dazu 43916 Pferde und 2029 Ochsen. | Plus 43916 chevaux et 2029 bœufs.
69 Wilbrand (1884) 85.
70 Wilbrand (1884) 14.
71 Wilbrand (1884) 15, 18, 20.

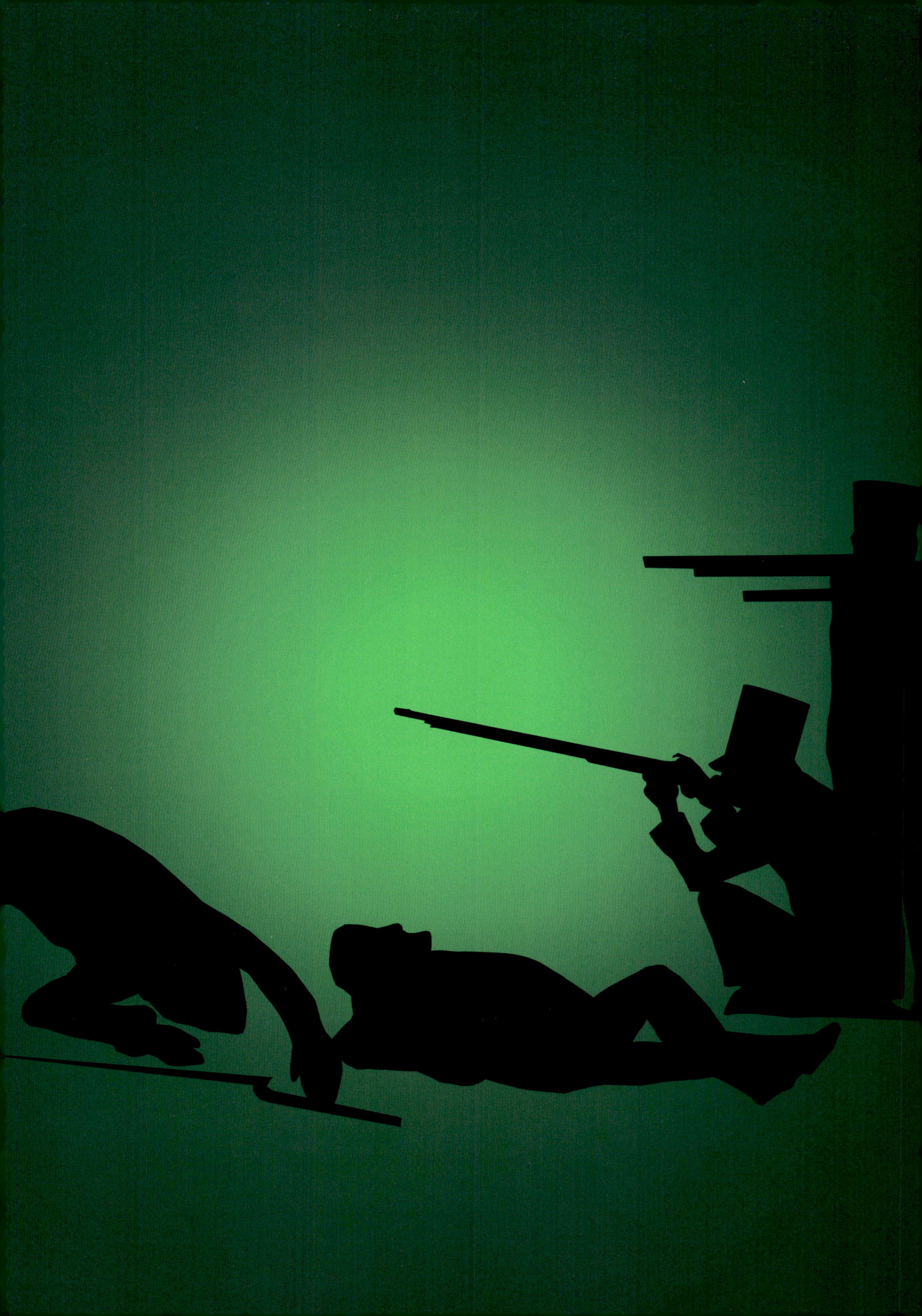

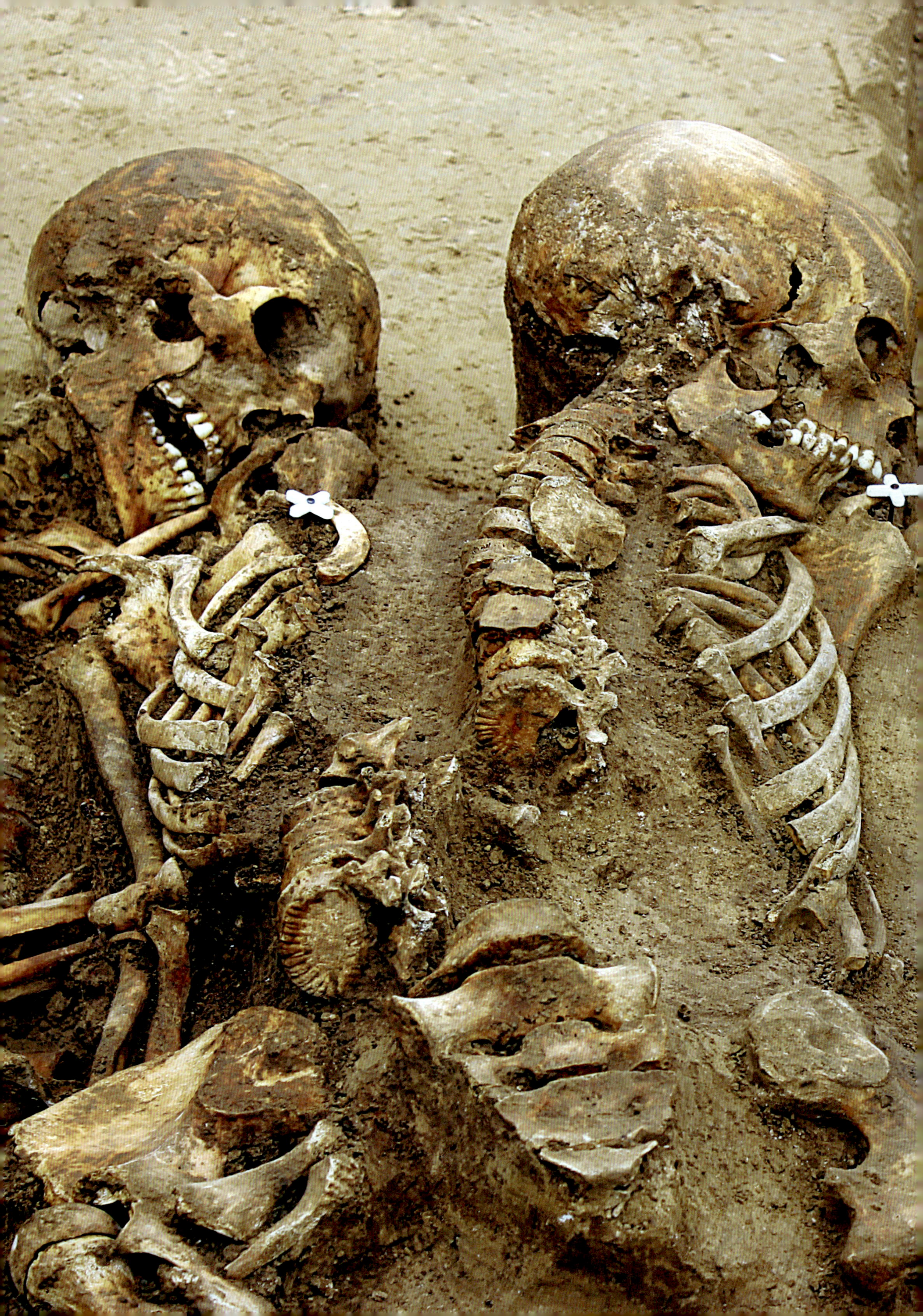

Abb. 51 Drei Skelette aus Grab Stelle 11. | Trois squelettes provenant de la tombe 11.

Der Uniform beraubt – archäologische Funde und Trachtbestandteile aus den Gräbern

ANDREA HAMPEL

Es konnten insgesamt 82 Sargbestattungen und 131 Tote in Massengräbern nachgewiesen werden. Insgesamt 213 Skelette, die in der Regel gut erhalten waren (**Abb. 51**).

Die Grabgruben 6, 22, 23, 26 und 29 wurden durch den Kanalschacht auf dem ehemaligen Parkplatz bereits 1979/1981 stark gestört, die Befunde St. 18, 27, 37 und 38 randlich berührt (**Abb. 52**).

Da der Friedhof unter die Straßentrasse der Breitlacherstraße und damit aus dem Baugrundstück herausragte, waren die Gräber St. 13, 14, 16, 21 und 40 an ihrer Westseite gestört, allein Grab St. 16 lag soweit unter der Straße, dass der Befund nicht bearbeitet werden konnte (**Abb. 130**).

Die Toten lagen mehrheitlich mit dem Kopf nördlich und den Füßen südlich ausgerichtet. Allerdings waren auch Särge umgekehrt abgestellt und in den Massengräbern lagen die Toten chaotisch und auf Menge ausgerichtet. Einige der Toten lagen auf dem Bauch.

Die Grabgruben mit Sarggräbern enthielten in der Regel vier Särge, die in zwei Ebenen je zwei nebeneinander und übereinander abgestellt waren. Abweichend sind auch weniger Tote, d. h. zwei oder drei, oder mehr, d. h. sechs Tote beerdigt. Ausnahmsweise lagen vier Särge in drei Ebenen (z. B. Grab St. 11). Nur zweimal waren Grabgruben für nur einen Sarg nachweisbar (St. 33 und 36).

Insgesamt waren in Särgen in 24 Grabgruben zusammen 80 Tote bestattet und in neun Massengräbern weitere 129 Körper beerdigt. Letztere enthielten zwischen 9 und maximal 19 Tote.

Für die Gräber St. 16 und St. 26 können keine Aussagen getroffen werden, ebenso ist für das stark gestörte Grab St. 22 die Belegung nicht zu ermitteln. Aufgrund der Struktur des Friedhofes könnte es sich bei Grab St. 26 um ein weiteres Massengrab gehandelt haben, während für St. 16 und St. 22 Sargbestattungen wahrscheinlich sind.

Die Struktur St. 46, bei der es sich aufgrund der Form um ein weiteres Einzelgrab hätte handeln können, konnte als moderne Eingrabung identifiziert werden.

Die erfassten Grabgruben liegen in zehn Reihen mit maximal fünf Gräbern in einer Reihe. Sollte es sich dabei um die größte Ausdehnung in der Breite handeln und der Abstand der Grabgruben zueinander einheitlich sein, könnten auf der Westseite unter der Straße im besten Fall nur maximal zwei Gräber nicht erfasst worden sein, die westlich Grab St. 13 und Grab St. 14 ergänzt werden könnten.

An allen anderen Seiten, d. h. nördlich, östlich und südlich wurde die Grenze des Friedhofs erreicht.

Die Toten in Särgen lagen in der Regel mit dem Kopf im Norden, aber in den Massengräbern lagen die Toten auch mit dem Kopf nach Süden. Diese Praxis ist verschiedentlich in anderen Massenbestattungen nachgewiesen, da auf diese Weise mehr Personen in einem Grab bestattet werden können, da der Platz besser ausgenutzt werden kann. Die Toten lagen in der Regel in gestreckter Rückenlage im Sarg, teilweise waren die Hände gefaltet (**Abb. 52**).

Anders in den Massengräbern; hier sind auch Seitenlagen und gehockte Positionen nachgewiesen und hier sind auch zahlreiche Bestattungen in Bauchlage fassbar. Man gewinnt den Eindruck, dass die Toten von oben in die Massengräber hineingeworfen wurden. Bemerkenswerterweise liegt auch die Tote in Sarg St. 36 auf dem Bauch.

Särge ließen sich in den Grabgruben auch anhand von Verfärbungen, seltener durch erhaltene Holzreste nachweisen. In der Regel waren die Särge schmal und am Kopfende breiter als am Fußende (**Abb. 42**).

In Zusammenhang mit den Sargbestattungen sind die Funde von eisernen Nägeln zu sehen.[1]

Privés de leur uniforme – découvertes archéologiques et éléments de vêtements retrouvés dans les tombes

Au total, 82 inhumations en cercueils et 131 morts dans des fosses communes ont pu être identifiés. Il y avait au total 213 squelettes, en général bien conservés (ill. 51).

Les fosses 6, 22, 23, 26 et 29 ont été fortement endommagées par le puits de canalisation sur l'ancien parking dès 1979/1981, les vestiges Réf. 18, 27, 37 et 38 ont été touchés en bordure (ill. 52).

Comme le cimetière se trouvait sous le tracé de la Breitlacherstraße et donc en dehors du terrain à bâtir, les tombes Réf. 13, 14, 16, 21 et 40 ont été touchées sur leur côté ouest, seule la tombe Réf. 16 se trouvait tellement en dessous de la route qu'elle n'a pas pu être traitée (ill. 130).

Les morts étaient pour la plupart allongés, la tête au nord et les pieds au sud. Cependant, certains cercueils ont été déposés à l'envers, et dans les fosses communes, les morts ont été disposés de manière chaotique et entassés. Certains morts étaient allongés sur le ventre.

Les fosses funéraires avec cercueils contenaient généralement quatre cercueils, déposés sur deux niveaux, deux côte à côte et deux l'un au-dessus de l'autre. On a également trouvé, mais rarement, moins de corps, c'est-à-dire deux ou trois, ou plus, à savoir six morts. Exceptionnellement, quatre cercueils étaient disposés sur trois niveaux (par ex. tombe Réf. 11). Des fosses funéraires pour un seul cercueil ne sont attestées que dans deux cas (Réf. 33 et 36).

Au total, 80 morts étaient enterrés dans des cercueils dans 24 fosses et 129 autres corps étaient enterrés dans neuf fosses communes. Ces dernières contenaient entre 9 et 19 morts au maximum.

Il n'est pas possible de se prononcer sur les tombes Réf. 16 et Réf. 26, ni de déterminer l'occupation de la tombe Réf. 22, fortement endommagée. En raison de la structure du cimetière, la tombe Réf. 26 pourrait avoir été une autre fosse commune, tandis que pour Réf. 16 et Réf. 22, des inhumations en cercueil sont probables.

La structure Réf. 46, qui aurait pu être une autre tombe individuelle en raison de sa forme, a pu être identifiée comme une excavation moderne.

Les fosses funéraires recensées sont réparties sur dix rangées, avec un maximum de cinq tombes par rangée. S'il s'agit de la plus grande extension en largeur et que la distance entre les fosses est uniforme, dans le meilleur des cas, seules deux tombes au maximum pourraient ne pas avoir été recensées du côté ouest sous la route, et elles pourraient être complétées à l'ouest par la tombe Réf. 13 et la tombe Réf. 14.

Sur tous les autres côtés, c'est-à-dire au nord, à l'est et au sud, la limite du cimetière a été atteinte.

Les morts en cercueil étaient généralement placés la tête au nord, mais dans les fosses communes, les morts étaient également placés la tête au sud. Cette pratique a été attestée à diverses reprises dans d'autres sépultures collectives, car elle permet d'enterrer plus de personnes dans une même tombe, l'espace étant mieux exploité. Les morts étaient généralement allongés sur le dos dans le cercueil, parfois leurs mains étaient jointes (ill. 52).

La situation est différente dans les fosses communes, où l'on trouve également des positions latérales et accroupies, ainsi que de nombreuses inhumations en position ventrale. On a l'impression que les morts ont été jetés dans les fosses communes par le haut. Il est à noter que la morte du cercueil Réf. 36 soit elle aussi couchée sur le ventre.

Les cercueils ont également pu être identifiés dans les fosses funéraires grâce à des décolorations, plus rarement grâce à des restes de bois conservés. En règle générale, les cercueils étaient étroits et plus larges à la tête qu'aux pieds (ill. 42).

ERDVERBUNDEN BAND 2

Abb. 52 Der Kanaleinbau berührte und zerstörte die Gräber 22 (links) und 23 (rechts) im oberen Körperbereich. | La pose du canal a touché et détruit les tombes 22 (à gauche) et 23 (à droite) dans la partie supérieure du corps.

Auch in fünf Massengräbern sind Eisenreste nachgewiesen, allerdings erreichen die Gewichte nur zwischen 1,7 und 13,7 g. Demgegenüber liegen die Gewichte der Eisennägel aus den übrigen Gräbern regelhaft deutlich über 200 g und in den Einzelbestattungen St. 33 mit 131,9 g und bei Grab St. 36 mit 236,3 g deutlich höher.

Folgerichtig können in den Massengräbern analog zum Skelettbefund keine Särge nachgewiesen werden.

Weitere Sargbeschläge, z. B. Griffe sind nicht vorhanden und bestätigen das Zimmern einfacher, schmuckloser Särge.

In den Gräbern zeigten sich nur ausnahmsweise Reste der Ausstattung, keinesfalls sind die Toten vollständig bekleidet und auch nicht in ihrer Uniform beerdigt worden.

Dies entspricht auch der archivalischen Überlieferung, wonach die Verstorbenen entkleidet und sowohl ihre Kleidung als auch die Strohsäcke der Betten verbrannt wurden.

Kleidung

Allerdings sind in Einzelfällen Reste der Kleidung ins Grab gelangt (z. B. Grab 19.5; **Abb. 53**); es könnte sich grundsätzlich auch um Reste von Leichentüchern oder Verbänden handeln (vgl. Beitrag Martins **Abb. 98–102**).

Aktuelle archäologische Forschung in Frankfurt am Main.

Abb. 53 Stoff und Fellreste in Grab 19. | Des restes de tissu et de fourrure dans la tombe 19.

La découverte de clous en fer est à mettre en relation avec les inhumations en cercueil[1].

Des restes de fer sont également attestés dans cinq tombes collectives, mais leur poids n'atteint qu'entre 1,7 et 13,7 g. En revanche, le poids des clous en fer des autres tombes est généralement nettement supérieur à 200 g; il est nettement plus élevé dans les sépultures individuelles Réf. 33, avec 131,9 g, et dans la tombe Réf. 36, avec 236,3 g.

Logiquement, dans les fosses communes, il a été possible de trouver des squelettes mais pas de cercueils.

D'autres accessoires pour cercueils, par exemple des poignées, ne sont pas présents et confirment la mise en place de cercueils simples et sans ornements.

Les tombes n'ont révélé qu'exceptionnellement des restes d'équipement, en aucun cas les défunts n'ont été enterrés entièrement vêtus, ni même dans leur uniforme.

Cela correspond également à la tradition des archives, selon laquelle les défunts étaient déshabillés et leurs vêtements étaient brûlés, de même que les paillasses des lits.

Vêtements

Cependant, dans certains cas, des restes de vêtements ont été retrouvés dans la tombe (par ex. tombe 19.5; ill. 53); il pourrait en principe aussi s'agir de restes de linceuls ou de bandages (cf. contribution de Martins ill. 98–102).

Stecknadeln

Insgesamt bei 32 Bestattungen konnten Stecknadeln nachgewiesen werden. Die kleinen Bronzenadeln in der Art von Stecknadeln sind rund 3 cm lang und 1–2 mm stark mit einem schmucklosen runden Kopf (Abb. 54).

Dabei handelt es sich in der Regel um Einzelstücke, nur viermal fanden sich zwei Stecknadeln und an Skelett St. 12.3 drei Exemplare. Soweit erkennbar, sind fast alle Stecknadeln im Bereich des Oberkörpers gefunden worden, vorwiegend im Halsbereich (Abb. 55). Diese Nadeln sind entweder den Kleidungsresten zuzuweisen (Abb. 56) oder sie gehören zu Leichentüchern oder Verbänden; eine Zuweisung zu Sargauskleidungen erscheint unwahrscheinlich. Die Soldaten führten offenbar jeder solche Nadeln mit sich; so sind im Massengrab von Vilnius ganze Stecknadel-Sets gefunden worden (Abb. 57).

■ **Abb. 54** Stecknadeln mit rundem Kopf nach der Restaurierung aus Grab 12.3, Maßstab 2:1. | Épingles à tête ronde après la restauration de la tombe 12.3, échelle 2:1.

■ **Abb. 55** Stecknadel während der Ausgrabung im Halsbereich von Grab 15.2 gefunden. | Épingle trouvée lors de la fouille au niveau du cou de la tombe 15.2.

Abb. 56 Stecknadel mit Geweberest aus Grab 31.2, Nadel partiell grafisch rekonstruiert, Vorder- und Rückseite, Maßstab 3:1. | Épingle avec reste de tissu provenant de la tombe 31.2, épingle partiellement reconstituée graphiquement, échelle 3:1.

Épingles

Des épingles ont été trouvées dans 32 sépultures au total. Les petites broches en bronze du type des épingles mesurent environ 3 cm de long et 1 à 2 millimètres d'épaisseur avec une tête ronde sans ornement (ill. 54).

Il s'agit en général de pièces uniques; quatre fois seulement on a trouvé deux épingles et sur le squelette Réf. 12.3 il y en avait trois. Pour autant que l'on puisse en juger, presque toutes les épingles ont été trouvées dans la partie supérieure du corps, principalement au niveau du cou (ill. 55). Ces épingles doivent être attribuées soit à des restes de vêtements (ill. 56), soit à des linceuls ou des bandages; une attribution à des habillages de cercueils semble peu probable. Il semble que les soldats portaient tous de telles épingles sur eux; des jeux entiers d'épingles ont ainsi été retrouvés dans la fosse commune de Vilnius (ill. 57).

Abb. 57 Nadelset aus dem Massengrab von Vilnius. Foto aus der Ausstellung im Nationalmuseum, ohne Maßstab. | Jeu d'épingles provenant de la fosse commune de Vilnius. Photo prise lors de l'exposition au Musée national, sans échelle.

Abb. 58 Knopfreihe in situ in Grab 8.2 mit erhaltenem Gewebe. | Rangée de boutons in situ dans la tombe 8.2 avec tissu conservé.

Knöpfe

15 Grablegen enthielten Bronzeknöpfe. Hier sind die Funde aus Grab 8.2. mit 10 Exemplaren, Grab 24.5. mit neun Knöpfen und Grab 12.2. mit fünf Bronze- und 5 Zinnknöpfen hervorzuheben (**Abb. 58 und 59**). In allen anderen Fällen sind ein, maximal zwei Bronzeknöpfe vorhanden.

In sieben Gräbern 9.3, 17.2., 20.2, 21.2, 30,5, 30,6 und 34.16 konnten französische Revolutions- und Militärknöpfe geborgen werden; in allen anderen Fällen dürfte es sich um Knöpfe von ziviler Kleidung handeln.

Als sog. »Revolutionsknopf« kann der Fund aus Grab 30.6 angesprochen werden (**Abb. 60**). Dieses Knopfmodell wurde am 04. Oktober 1792 per Dekret als Militärknopf im »1. Jahr der Französischen Republik« eingeführt. Der Nationalkonvent bestimmte, dass alle Truppenteile der Republik diese Knöpfe zu verwenden haben. Das Fundstück zeigt mit Randschnur und Umschrift »République francaise« in der Mitte ein Rutenbündel »faisceau« bekrönt mit der Freiheitsmütze »bonnet de la liberté« in einem Lorbeerkranz als Bürgerkrone »couronne civique«.[2]

Aus Grab 30.7 stammt ein weiterer Knopf, auf dem die sorgsame Restaurierung den Schriftzug »REPUBLIQUE [FRA]NCAI[SE]« herausarbeiten konnte. Mittig zieren ihn ebenfalls die parallelen Linien des Rutenbündels, der Rest ist unkenntlich. Mit einem Durchmesser von 1,5 cm ist dieser deutlich kleiner als der Knopf aus Grab 30.6 mit einem Durchmesser von 2,6 cm (**Abb. 60**).

Durch die Aufschrift im Lorbeerkranz »VIVRE LIBRE OU MOURIR« und die Umschrift »VOLONTAIRES DE L'ALLIES« steht der Knopf aus Grab St. 20.2 in enger Verbindung mit der Erstürmung der Bastille am 14. Juli 1789 (**Abb. 61a/b**). Die Herkunftsbenennung der Combatanten, in diesem Fall aus Allies, ist charakteristisch für diese Knöpfe.[3]

Der Knopf aus Grab St. 34.16. nennt in der Umschrift den Distrikt »DISTRICT DE LYON« und im Eichenlaubkranz als Symbol für eine Bürgerkrone das Motto »LE LOI ET LE ROI« (Das Gesetz und der König) (**Abb. 62a/b**). Es handelt sich um das Modell vom 05. September 1790 für die Nationalgarden. Bereits im Dezember, bzw. im Folgejahr 1791 wurde diese Fassung per Dekret verändert in »LA NATION, LE LOI ET LE ROI«.

Abb. 59 Zahlreiche Bronzeknöpfe in Grab 12. | Nombreux boutons en bronze dans la tombe 12.

Boutons

Quinze sépultures contenaient des boutons en bronze. Il faut souligner ici les découvertes de la tombe 8.2, avec 10 exemplaires, de la tombe 24.5, avec neuf boutons et de la tombe 12.2, avec cinq boutons en bronze et cinq boutons en étain (ill. 58 et 59). Dans tous les autres cas, un, voire deux boutons en bronze au maximum sont présents.

Dans sept tombes, 9.3, 17.2, 20.2, 21.2, 30,5, 30,6 et 34.16, des boutons de la Révolution et des boutons militaires français ont pu être récupérés; dans tous les autres cas, il s'agit probablement de boutons de vêtements civils.

La découverte de la tombe 30.6 peut être considérée comme un « bouton de la Révolution » (ill. 60). Ce modèle de bouton a été introduit par décret le 4 octobre 1792 comme bouton militaire en « l'an I de la République française ». La Convention nationale avait décrété que tous les corps de troupe de la République devaient utiliser ces boutons. La pièce présente un cordon de bordure et l'inscription « République française » autour d'un faisceau de licteur coiffé du bonnet phry-

Abb. 60 »République francaise« ziert die beiden Knöpfe, a/b aus Grab 30.6, c/d aus Grab 30.7, jeweils Vorder- und Rückseite, Maßstab 2:1. | « République française » orne les deux boutons, a/b de la tombe 30.6, c/d de la tombe 30.7, échelle 2:1.

gien (« bonnet de la liberté ») dans une couronne de laurier en guise de couronne civique[2].

Un autre bouton provient de la tombe 30.7, sur lequel la restauration minutieuse a permis de faire ressortir l'inscription « REPUBLIQUE [FRA]NCAI[SE] ». Au centre, il est également orné des lignes parallèles du faisceau de cannes, le reste étant méconnaissable. D'un diamètre de 1,5 cm, il est nettement plus petit que

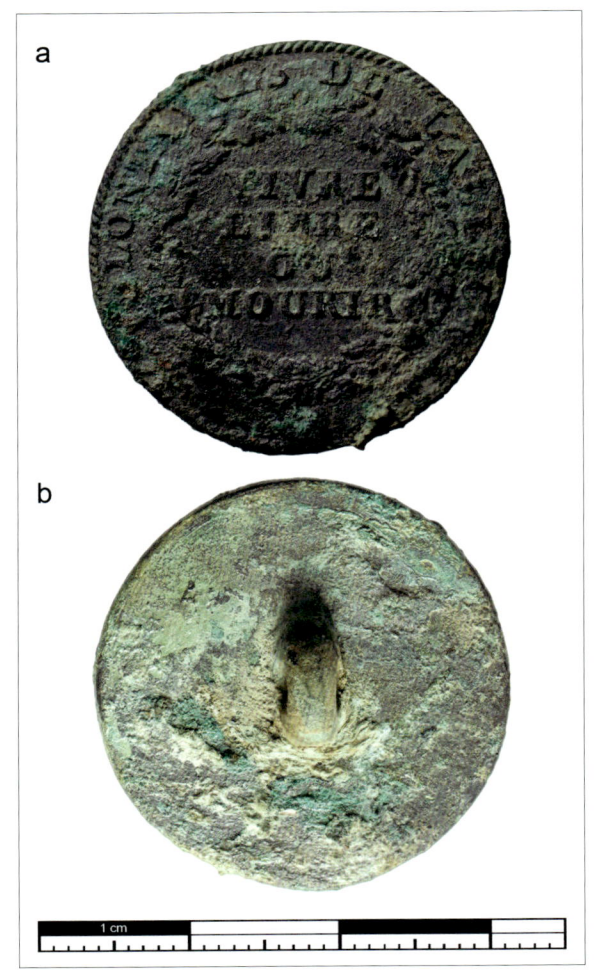

Abb. 61 Bronzeknopf mit Bezug zur Erstürmung der Bastille 1789 aus Grab 20.2, Vorder- und Rückseite, Maßstab 2:1. | Bouton en bronze faisant référence à la prise de la Bastille en 1789 provenant de la tombe 20.2, recto/verso, échelle 2:1.

Abb. 62 Bronzeknopf aus dem Jahr 1790 für die Nationalgarden aus Grab 34.16, Vorder- und Rückseite, Maßstab 2:1. | Bouton en bronze datant de 1790 pour les gardes nationaux, provenant de la tombe 34.16, face et dos, échelle 2:1

Militärisch einer Uniform zugehörig ist auch der Knopf aus Grab 30.5 mit einer Zahl 2 in einer Volute, was sich dem 2. Regiment zuweisen lässt, was nachweislich an der Schlacht von Hanau teilgenommen hat (**Abb. 63a/b**).[4]

Ungewöhnlich ist der bronzene Doppelknopf aus Grab 21.2 mit seiner ovalen Form. Auf der schlecht erhaltenen Vorderseite ist die Umschrift TALLIO lesbar (**Abb. 64**).

Ebenfalls als Uniformknopf kann das profilierte Exemplar aus Grab 17.2 angesprochen werden (**Abb. 65**).

Außerdem sind aus den Gräbern 7.4, 20.9, 25.1, 28.12, und 35.9 weitere Fundstücke aus Bronze zu nennen, die jedoch eine glatte Vorderseite aufweisen (**Abb. 66**).

Zu einer Uniform dürfte auch der halbkugelige Knopf auch Grab 9.3 gehören, bei dem es sich um eine Hälfte eines glatten Doppelknopfes handelt; die Verbindungsöse ist erhalten.[5]

Einige Knöpfe wiesen eingeritzte Verzierungen auf (**Abb. 67**), wobei nichts auf einen militärischen Zusammenhang hindeutete[6]. Dabei ist auf allen 10 Knöpfen aus Grab 8.2 eine Art Blumenkübel erkennbar

le bouton de la tombe 30.6, dont le diamètre est de 2,6 cm (ill. 60).

Par l'inscription dans la couronne de laurier « VIVRE LIBRE OU MOURIR » et la transcription « VOLONTAIRES DE L'ALLIES », le bouton de la tombe Réf. 20.2 est étroitement lié à la prise de la Bastille le 14 juillet 1789 (ill. 61a/b). La désignation de l'origine des combattants, en l'occurrence ceux des Alliés, est caractéristique de ces boutons[3].

Le bouton de la tombe Réf. 34.16. mentionne le district « DISTRICT DE LYON » et, dans la couronne de feuilles de chêne symbolisant une couronne civique, la devise « LE LOI ET LE ROI » (ill. 62a/b). Il s'agit du modèle du 5 septembre 1790 pour la Garde nationale. Dès décembre, ou plutôt l'année suivante, en 1791, cette version fut modifiée par décret en « LA NATION, LA LOI ET LE ROI ».

Le bouton de la tombe 30.5, avec un chiffre 2 dans une volute, appartient lui aussi à un uniforme militaire, ce qui permet de l'attribuer au 2e régiment, dont on sait qu'il a participé à la bataille de Hanau (ill. 63a/b).[4]

Le double bouton en bronze de la tombe 21.2 est inhabituel avec sa forme ovale. Sur la face avant mal conservée, on peut lire l'inscription TALLIO (ill. 64).

L'exemplaire profilé de la tombe 17.2 peut également être considéré comme un bouton d'uniforme (ill. 65).

En outre, d'autres objets en bronze provenant des tombes 7.4, 20.9, 25.2, 28.12, et 35.9 sont à mentionner, mais ils présentent une face avant lisse (ill. 66).

Le bouton hémisphérique de la tombe 9.3, qui est la moitié d'un double bouton lisse, appartient probablement aussi à un uniforme; l'anneau de liaison est conservé[5].

Quelques boutons présentaient des décorations gravées (ill. 67), mais rien n'indiquait un contexte militaire[6]. Sur les dix boutons de la tombe 8.2, on reconnaît une sorte de bac à fleurs (ill. 67), sur les trois boutons de la tombe 24.5, on voit une sorte de moulin à vent (ill. 67) et sur un bouton de la tombe 15.2, un cheval stylisé

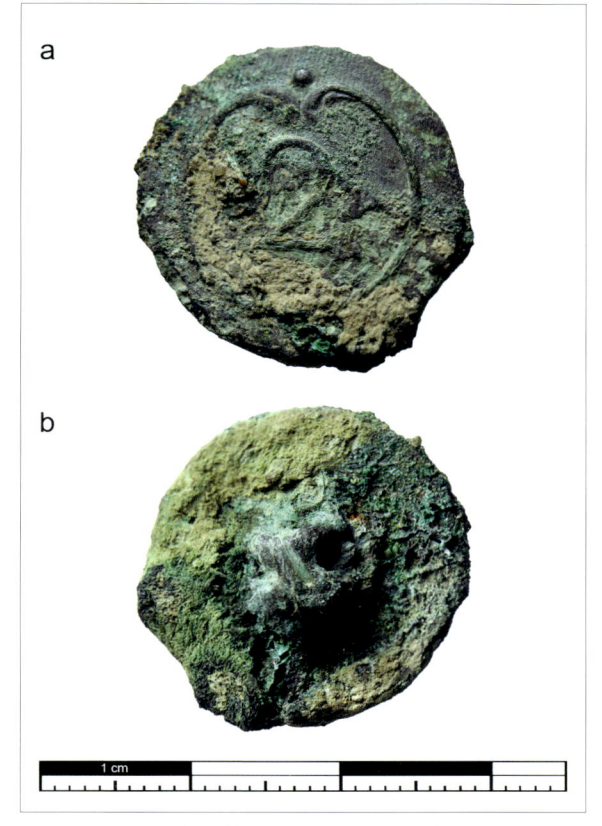

Abb. 63 Bronzeknopf des 2. Regiments, kenntlich durch die Zahl 2 in einer Volute, aus Grab 30.5, Vorder- und Rückseite, Maßstab 2:1. | Bouton en bronze du 2e régiment, reconnaissable au chiffre 2 dans une volute, provenant de la tombe 30.5, recto et verso, échelle 2:1.

avec un cavalier (ill. 67)[7]. Les boutons de ce type sont plutôt connus sur les vêtements civils[8].

Ces objets sont probablement réalisés pour la plupart en tombac.

Les boutons en tombac étaient très populaires aux 18e et 19e siècles et ont une surface brillante et argentée (ill. 67). Le tombac est un alliage de laiton à haute teneur en cuivre et contenant 5 à 20 % de zinc; pour obtenir la coloration souhaitée, on peut y ajouter de l'étain, du plomb ou de l'arsenic. Il en résulte un alliage bon marché et malléable qui, bien que principalement utilisé pour les médailles, les ornements, les décorations et même les munitions, était également bien adapté aux grandes quantités de boutons d'uniforme[9]. Cependant, la mauvaise qualité des boutons en étain et le fait qu'ils se brisent sont déplorés à plusieurs reprises et sont également consignés par écrit dans les plaintes des soldats.

Abb. 64 »Tally ho!« riefen britische Jäger bei der Fuchsjagd, wenn sie einen Fuchs sichteten. Auf den Manschettenknöpfen aus Grab 21.2 ist es mit »Tallio« wiedergegeben. Ein Vergleichsfund aus der Sammlung des Colonial Williamsburg, USA, ist mit dem Frankfurter Fund fast identisch und mit zwei ovalen, je 16 mm breiten Knöpfen ausgestattet. In der Gravur des Fuchses zeigen sich feine Unterschiede. Der Vergleichsfund stammt aus England, datiert um 1775 und kann aus rechtlichen Gründen nicht abgebildet werden (Colonial Williamsburg Foundation 2024, Objektnr. 2007-103). Grafik Denkmalamt FFM. | « Tally ho! » criaient les chasseurs britanniques lorsqu'ils apercevaient un renard. Sur les boutons de manchette de la tombe 21.2, il est reproduit par « Tallio ». Une trouvaille comparable de la collection du Colonial Williamsburg, USA, est presque identique à celle de Francfort et comporte deux boutons ovales de 16 mm de large chacun. De fines différences apparaissent dans la gravure du renard. L'objet de comparaison provient d'Angleterre, date d'environ 1775 et ne peut pas être représenté pour des raisons juridiques (Colonial Williamsburg Foundation 2024, objet n° 2007-103). Graphique Denkmalamt FFM.

(**Abb. 67**), einmal zeigen alle drei Knöpfe aus Grab 24.5 eine Art Windmühle (**Abb. 67**) und auf einem Knopf aus Grab 15.2 ein stilisiertes Pferd mit Reiter (**Abb. 67**).[7] Vielmehr sind solche Knöpfe an Zivilkleidung bekannt.[8]

Bei diesen Fundstücken dürfte es sich in erster Linie um das Material Tombak handeln.

Knöpfe aus Tombak waren im 18./19. Jh. sehr beliebt und haben eine glänzende, silbrige Oberfläche (**Abb. 67**). Tombak ist eine Messinglegierung mit hohem Kupfergehalt und 5–20 % Zinkgehalt; zur gewünschten Färbung können Zinn, Blei oder Arsen zugesetzt werden. Es entstand eine billige, formbare Legierung, die zwar hauptsächlich für Medaillen, Ornamente, Dekorationen und sogar Munition verwendet wurde, jedoch auch gut für die großen Zahlen von Uniformknöpfen geeignet war.[9]

Allerdings wird die schlechte Qualität der Zinnknöpfe und das Zerbrechen derselben mehrfach beklagt und auch schriftlich in Beschwerden der Soldaten festgehalten.

Aufgrund der außerordentlich schlechten Erhaltung kann die Zahl der Zinnknöpfe nicht abschließend bewertet werden. Neben den fünf Nachweisen aus Grab 12.2 (**Abb. 68**) sind in den Gräbern 20.4 und 20.5 wenige Zinnreste dokumentiert, vielleicht auch in Grab 20.2, die die Erhaltung dieser Knöpfe zeigen (**Abb. 69**).

Aus Grab 12.2 stammen neben den genannten Zinnknöpfen auch zwei glatte Bronzeknöpfe. Offenbar zugehörig sind zwei gleich große Unterknöpfe aus Leder/Holz mit insgesamt 5 Durchlochungen. Ein gleichartiges System ist in Grab 30.6 vorhanden, hier ist ein großer Bronzeknopf vorhanden und ein gleich großer gedrechselter, sehr flacher Beinknopf mit 4 Löchern und mittigem, herstellungsbedingtem Kreisauge (**Abb. 70**).

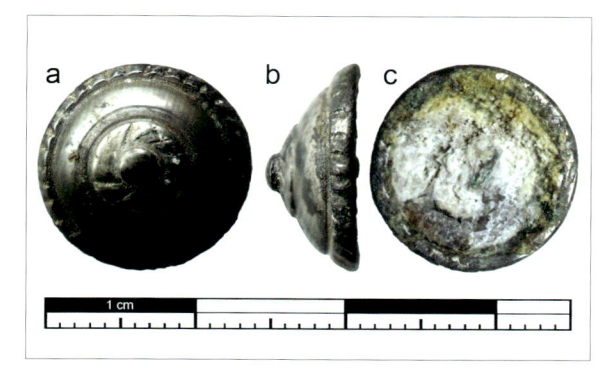

Aktuelle archäologische Forschung in Frankfurt am Main.

■ **Abb. 65** Stark profilierter, runder Knopf aus Grab 17.2, der ebenfalls zur Uniform gehören dürfte, Vorderseite, Seitenansicht und Rückseite, Maßstab 2:1. | Bouton rond très profilé provenant de la tombe 17.2, qui devait également faire partie de l'uniforme, face avant et arrière, échelle 2:1.

En raison de l'état de conservation particulièrement mauvais, le nombre de boutons en étain ne peut pas être évalué de manière définitive. Outre les cinq preuves provenant de la tombe 12.2 (ill. 68), quelques restes d'étain sont documentés dans les tombes 20.4 et 20.5, peut-être aussi dans la tombe 20.2, ce qui atteste de la mauvaise conservation de ces boutons (ill. 69).

Outre les boutons en étain mentionnés, deux boutons en bronze lisse proviennent de la tombe 12.2. Deux contreboutons en cuir/bois de même taille, percés de cinq trous au total, semblent y être associés. Un système similaire est présent dans la tombe 30.6, où l'on trouve un grand bouton en bronze et un bouton en os, tourné, très plat, de même taille, percé de 4 trous et doté d'un œil circulaire central, lié à la fabrication (ill. 70).

Trois tombes contenaient des boutons en os, comme ceux qui étaient utilisés pour les sous-vêtements et les chemises (ill. 71). Les boutons tournés ont deux à quatre, et même parfois cinq trous pour être cousus sur les vêtements (ill. 72). En règle générale, le trou central est dû à la fabrication. Il y en a un dans la tombe 15.2 et un dans la tombe 20, ainsi qu'une découverte fortuite car seule la tombe 7.4 contenant quatre boutons en os[10].

■ **Abb. 66** Unverzierte Bronzeknöpfe aus den Gräbern 7.4, 20.9, 25.1, 28.12, und 35.9, die sich einer Ansprache entziehen, jeweils Vorder- und Rückseite, Maßstab 2:1. | Boutons en bronze non décorés des tombes 7.4, 20.9, 25.1, 28.12 et 35.9, qui ne peuvent pas être classés, tous recto et verso, échelle 2:1.

Der Uniform beraubt | Privés de leur uniforme

Abb. 67 Knöpfe mit glänzender Oberfläche und eingeritzten Verzierungen aus den Gräbern 8.2, 15.2, 24.5, links Umzeichnung, Mitte Vorderseite, Rechts Rückseite, Maßstab 2:1. | Boutons à surface brillante et ornements incisés provenant des tombes 8.2, 15.2, 24.5, dessin à gauche, recto au milieu, verso à droite, échelle 2:1.

Drei Gräber enthielten Beinknöpfe, wie sie als Kleiderknöpfe der Unterwäsche und an Hemden genutzt wurden (**Abb. 71**). Die gedrechselten Knöpfe haben zwei bis vier, manchmal fünf Löcher zum Annähen an die Kleidung (**Abb. 72**). Dabei ist das Mittelloch in der Regel herstellungsbedingt entstanden. Bei den Funden handelt es sich um jeweils ein Exemplar in Grab 15.2. und Grab 20 sowie einen Lesefund, nur Grab 7.4 enthielt insgesamt vier Beinknöpfe.[10]

Ebenfalls aus Bein sind runde Scheibchen mit einem mittig gebohrten Loch vorhanden (**Abb. 73**). Sie fanden sich je einmal in Grab 20 und 20.9; zweimal in Grab 24.1 und einmal als Lesefund (19–25). Diese Objekte können ebenfalls als Knöpfe angesprochen werden; die Knochenscheibchen bilden die Unterlage für eine Stoff- oder Zwirnummantelung, die das Scheibchen schließlich vollständig verdeckte (**Abb. 73**).[11]

Diese Scheibchen sind noch 1825–1875 im Sortiment der Fa. Schloss ebenfalls aus Bein zu finden. Diese Unterlagen gab es auch aus Holz[12] und in jüngerer Form bis heute aus Plastik. Die ehemalige Umwicklung ist nicht erhalten.[13]

Die Bedeutung und große Zahl dieser Knöpfe zeigt sich nicht zuletzt in der ausdrücklichen Aufzählung der Fertigung durch »Knöpfe bespinnen«.[14]

Aktuelle archäologische Forschung in Frankfurt am Main.

Abb. 69 Ein Metallrest aus Zinn aus dem Bereich zwischen Halswirbelsäule und Oberarm von Individuum 19.5, Vorder- und Rückseite, Maßstab 2:1. | Un reste métallique en étain provenant de la zone située entre les vertèbres cervicales et le bras supérieur de l'individu 19.5, échelle 2:1.

Abb. 68 Durch die Bodenlagerung stark angegriffen: Oben sechs noch eher gut erhaltene, gleichartige Zinnknöpfe aus Grab 12.2 mit einer zugehörigen Öse und Fragmenten, darunter zwei Zinnreste von womöglich weiteren Knöpfen aus Grab 20.4 und 20.5. Die Knöpfe von Individuum 12.2 Vorder- und Rückseite, die weiteren Objekte Vorderseite. Maßstab 1:1. | Très endommagés par le stockage au sol: en haut, six boutons en étain de même type, encore plutôt bien conservés, provenant de la tombe 12.2, avec un œillet correspondant et des fragments, en dessous deux restes d'étain de peut-être d'autres boutons provenant des tombes 20.4 et 20.5. Échelle 1:1.

Des disques ronds percés d'un trou central sont également en os (ill. 73). Il en a été trouvé un respectivement dans les tombes 20 et 20.9; deux dans la tombe 24.1 et un comme découverte fortuite (19–25). Ces objets peuvent également être assimilés à des boutons; les rondelles d'os constituent le support d'une enveloppe de tissu ou de fil qui finit par recouvrir complètement la rondelle (ill. 73).[11]

Ces rondelles, également en os, se trouvaient encore dans l'assortiment de la société Schloss entre 1825 et 1875. Ces supports existaient aussi en bois[12] et, par la suite, en plastique, comme ils sont faits encore aujourd'hui. L'ancien enrobage n'a pas été conservé[13].

L'importance et le grand nombre de ces boutons se reflètent notamment dans la mention explicite de la fabrication par « filage de boutons »[14].

Au total, 8 tombes contenaient des boutons en verre. Alors qu'une paire est en verre incolore à facettes (ill. 74) (tombe 11.3), les autres exemples ont une forme en coupole (6.3; 6.4; 18.3.4; 19.3; .39 comme boutons individuels, 11.2, 24.4 et 39 par paire) (ill. 75). Du point de vue de la couleur, outre les boutons en verre incolore à facettes, des exemplaires blanchâtres (11.2 et 18.3) ainsi que des boutons couleur miel (18.4) et un bouton d'un bleu clair très voyant (11.2) peuvent être identifiés comme des boutons en verre. Les boutons sont composés de verre mélangé ordinaire (ill. 76).

12.2 Objekt 1	12.2 Objekt 2	36.6
12.2 Objekt 1 Rückseite	12.2 Objekt 2 Rückseite	36.6 Rückseite
12.2 Objekt 3	12.2 Objekt 4	

■ **Abb. 70** Mehrteilige Knöpfe mit einem Unterknopf aus organischem Material, Maßstab 2:1. | Boutons en plusieurs parties avec un sous-bouton en matière organique, échelle 2:1.

Insgesamt aus 8 Gräbern stammen Glasknöpfe. Während ein Paar aus facettiertem, farblosem Glas besteht (Abb. 74); Grab 11.3), haben die anderen Beispiele muglige Form (6.3; 6.4; 18.3.4; 19.3;.39 als Einzelknöpfe, 11.2 und 24.4 paarweise) (Abb. 75). Farblich lassen sich neben den farblosen facettierten Glasknöpfen auch weißliche Exemplare (11.2 und 18.3) sowie honigfarbene (18.4) und ein auffälliger hellblauer Knopf (11.2) als Glasknöpfe identifizieren. Die Knöpfe bestehen aus dem üblichen Gemengeglas (Abb. 76).

Anders verhält es sich mit den dunklen, fast schwarzen Exemplaren aus vier Gräbern (6.3; 6.4; 11.2 und 24.4) (Abb. 76 und 77). Hierbei dürfte es sich um Knöpfe aus Proterobas handeln. Nur im Fichtelgebirge ist ein rund 7 km langer Gesteinsgang aus diesem Material bekannt. Das seltene Material lässt sich wie Glas schmelzen, benötigt jedoch nicht so hohe Temperaturen und keine Zusätze. Produkte der Knopfglashütten um den sog. Ochsenkopf wurden in die ganze Welt verhandelt.[15]

Das Vorkommen und die Knopfproduktion im Fichtelgebirge waren so bedeutend, dass 1792 Alexander

Aktuelle archäologische Forschung in Frankfurt am Main.

Abb. 71 Zwei Knöpfe aus Bein in Fundlage am Oberkörper in Grab 7.4. | Deux boutons en os trouvés sur le torse dans la tombe 7.4.

Il en va autrement des exemplaires sombres, presque noirs, provenant de quatre tombes (6.3; 6.4, 11.2 et 24.4) (ill. 76 et 77). Il s'agit là vraisemblablement de boutons en « Proterobas ». On ne connaît que dans la chaîne du Fichtelgebirge un couloir rocheux d'environ 7 km de long constitué de ce matériau. Ce matériau rare se fond comme le verre, mais ne nécessite pas de températures aussi élevées ni d'additifs. Les produits des verreries à boutons autour du « Ochsenkopf » étaient commercialisés dans le monde entier[15].

La présence et la production de boutons dans le Fichtelgebirge étaient si importantes qu'en 1792, Alexander von Humboldt visita les verreries de l'Ochsenkopf[16].

Parmi les objets trouvés, figurent également des boutons doubles dont les œillets arrière sont généralement reliés par un fil en forme de huit, pour autant qu'ils soient conservés. En l'absence de cet indice, il peut aussi s'agir de boutons simples.

De ce fait, des boutons doubles sont attestés dans les tombes 11.2; 11.3 et 24.4, 28.8, sinon ils se trouvent individuellement dans le cercueil. Les boutons doubles n'ont pas été explicitement utilisés comme boutons de manchette, surtout lorsqu'ils ne sont pas trouvés par paires, mais en un seul exemplaire. Apparemment, de tels boutons doubles étaient également portés sur le col des chemises.[17]

Cependant, dans les tombes 6.4, 11.3 et dans la Réf. 24.4, les doubles boutons en bronze se trouvaient au niveau du bassin et des avant-bras, ce qui indique une utilisation comme boutons de manchette.

Si l'on tient compte des nombreux boutons qui ornaient en divers endroits et en grand nombre tous les uniformes français (voir ci-dessus), la découverte de boutons militaires isolés ne s'explique pas facilement. En règle générale, il n'y a pas non plus assez de boutons pour des chemises ou des sous-vêtements civils complets.

Les boutons de la Révolution les plus anciens pourraient également être des souvenirs individuels qui n'étaient plus cousus sur les vêtements, mais conservés ailleurs.

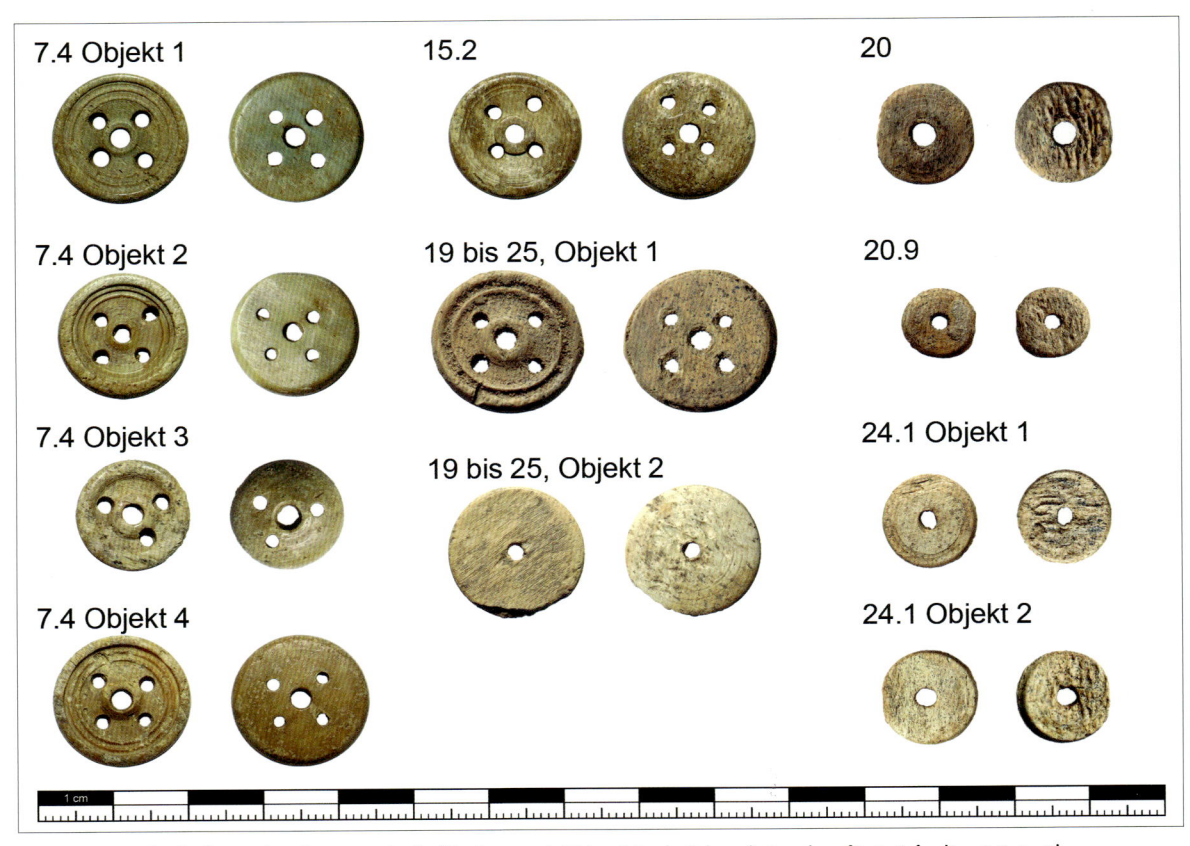

Abb. 72 Gedrechselte Beinknöpfe mit vier bis fünf Löchern sowie kleine Beinscheibchen als Unterlage für Knöpfe, die mit Zwirn überzogen waren, mit je einem Loch. Jeweils Vorder- und Rückseite abgebildet, Maßstab 1:1. | Boutons en os tournés avec quatre à cinq trous, ainsi que des petites tranches d'os avec un trou chacune, servant de support à des boutons recouverts de fil. Représentés respectivement au recto et au verso, échelle 1:1.

von Humboldt die Glashütten am Ochsenkopf besuchte.[16]

Unter dem Fundmaterial sind auch Doppelknöpfe vorhanden, deren rückseitige Ösen in der Regel und soweit erhalten mit einem achtförmigen Draht verbunden sind. Fehlt dieses Indiz, kann es sich auch um Einzelknöpfe handeln.

Dadurch sind in den Gräbern 11.2; 11.3 und 24.4, 28.8 Doppelknöpfe nachgewiesen, sonst liegen sie einzeln im Sarg. Die Doppelknöpfe sind nicht ausdrücklich als Manschettenknöpfe verwendet worden, besonders dann nicht, wenn sie nicht paarweise, sondern nur einzeln gefunden wurden. Offenbar wurden solche Doppelknöpfe auch im Nacken an den Hemden getragen.[17]

Allerdings lagen in den Gräbern 6.4, 11.3 und in St. 24.4 die bronzenen Doppelknöpfe im Bereich des Beckens und der Unterarme und verweisen so auf eine Verwendung als Manschettenknöpfe.

Berücksichtigt man die zahlreichen Knöpfe, die an verschiedenen Stellen und in großer Zahl alle französischen Uniformen zierten (s.o.), so lassen sich die Funde von einzelnen Militärknöpfen nicht einfach erklären. In der Regel sind auch für vollständige zivile Hemden oder Unterwäsche nicht genug Knöpfe nachweisbar.

Bei den älteren Revolutionsknöpfen könnte es sich auch um einzelne Erinnerungsstücke handeln, die nicht mehr auf der Kleidung aufgenäht waren, sonders an anderer Stelle verwahrt wurden.

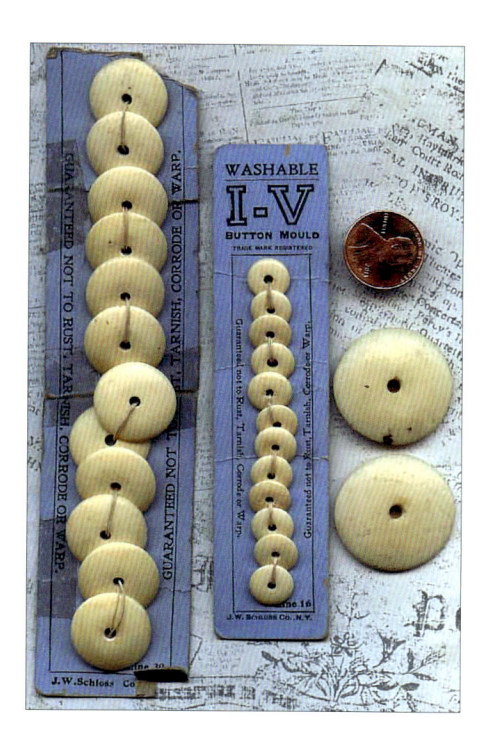

Aktuelle archäologische Forschung in Frankfurt am Main.

■ **Abb. 73** Unterknöpfe aus Bein für »bespinnte Knöpfe« im Angebot der Fa. Joseph W. Schloss Co auf den originalen Pappkarten montiert. Der Sohn deutscher Auswanderer wurde geboren in New York, machte sich wohl um 1896 selbstständig und starb 1932. (Geni, The New York Times, 21.04.1896, S. 8). | Sous-boutons en os pour « boutons filés » dans l'offre de la société Joseph W. Schloss Co, montés sur les cartes en carton originales. Le fils d'émigrants allemands est né à New York, s'est probablement mis à son compte vers 1896 et est mort en 1932 (Geni, The New York Times, 21.04.1896, p. 8). © Shirley Hodges @ sewlybuttons.etsy.com.

■ **Abb. 74** Manschettenknöpfe mit durchsichtigen facettierten Glassteinen in einer runden Fassung. Oben Umzeichnung des Schliffs vom Knopf 1 (links), die drei Knöpfe jeweils in drei Ansichten, darunter zwei 8-förmige Drähte, die die Knöpfe als Doppelknöpfe ausweisen. Mittig unten Metallfassung der Knöpfe. Maßstab 2:1. Schliffzeichnung ohne Maßstab. | Boutons de manchette avec des pierres de verre transparentes à facettes dans une monture ronde. En haut, reproduction de la coupe du bouton 1 (à gauche), les trois boutons chacun en trois vues, en dessous deux fils en forme de 8 qui indiquent que les boutons sont doubles. Au milieu, en bas, la monture métallique des boutons. Échelle 2:1. Dessin de coupe sans échelle.

6.3

11.2 Objekt 4

6.4 Objekt 1

18.3 und 18.4

6.4 Objekt 2

18.4

11.2 Objekt 1

24.4 Objekt 1

11.2 Objekt 2

24.4 Objekt 2

11.2 Objekt 3

11.2 Objekt 5

1 cm

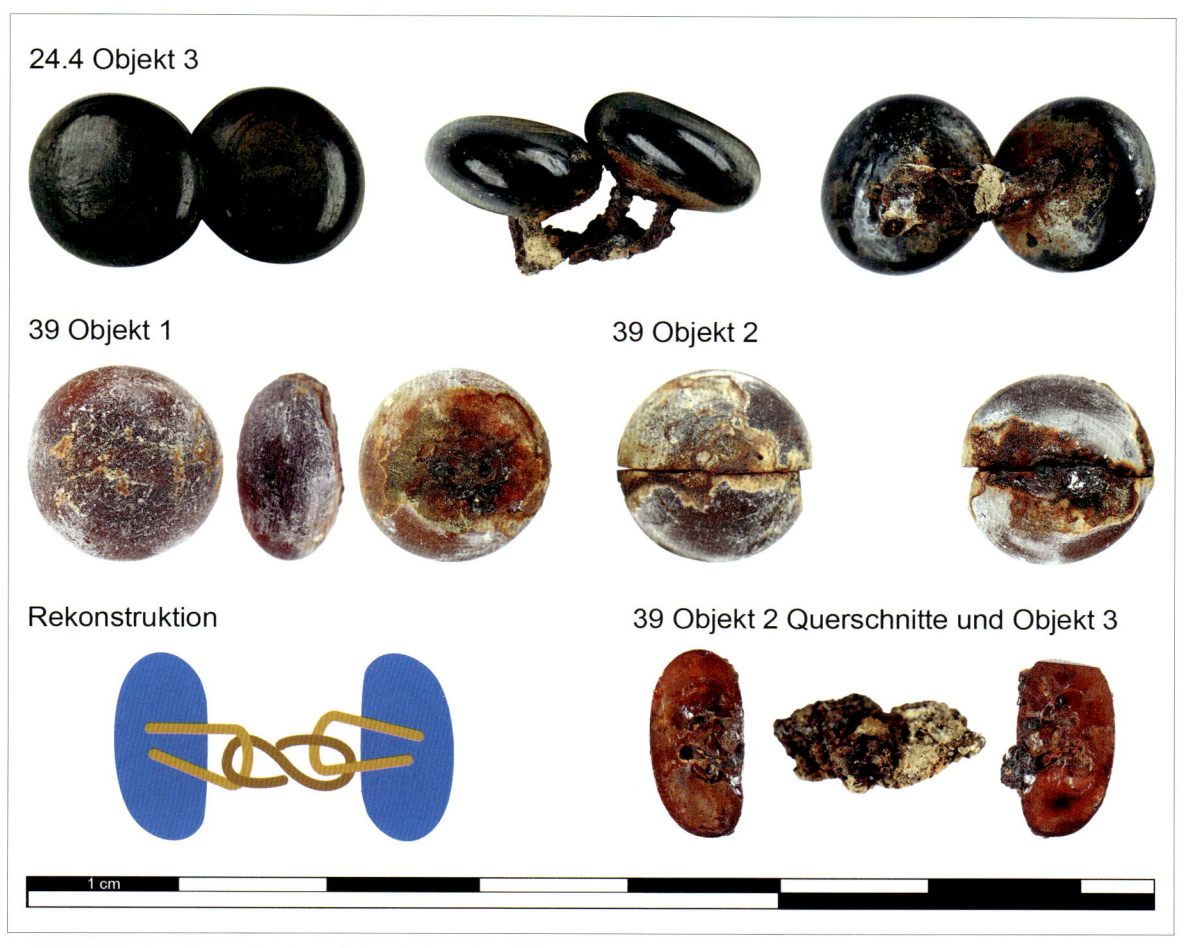

Aktuelle archäologische Forschung in Frankfurt am Main.

24.4 Objekt 3

39 Objekt 1   39 Objekt 2

Rekonstruktion   39 Objekt 2 Querschnitte und Objekt 3

■ **Abb. 77** Muglige Glasknöpfe in Honigfarben als Doppelknopf; die schwarzen Knöpfe bestehen aus dem Gestein Proterobas. Jeweils Vorder- und Rückseite sowie Seitenansicht abgebildet; unten links eine Rekonstruktion des Aufbaus der Doppelknöpfe. Maßstab 2:1. | Boutons de verre malléables en couleur miel utilisés comme boutons doubles; les boutons noirs sont constitués de pierre Proterobas. Représentation de l'avant et de l'arrière ainsi que de la vue latérale; en bas à gauche, une reconstitution de la structure des boutons doubles. Échelle 2:1.

Linke Seite | Côte gauche
■ **Abb. 76** Muglige Glasknöpfe in Weiß, Blau und Honigfarben als Einzel- und Doppelknopf; die schwarzen Knöpfe bestehen aus dem Gestein Proterobas. Jeweils Vorder- und Rückseite sowie Seitenansicht abgebildet, Maßstab 2:1. | Boutons en verre malléable de couleur blanche, bleue et miel, simples ou doubles; les boutons noirs sont constitués de pierre Proterobas. Représentation des faces avant et arrière ainsi que des vues latérales, échelle 2:1.

■ **Abb. 75** Gläserner Doppelknopf am Unterarm in Grab 11.2. | Bouton double en verre sur l'avant-bras dans la tombe 11.2.

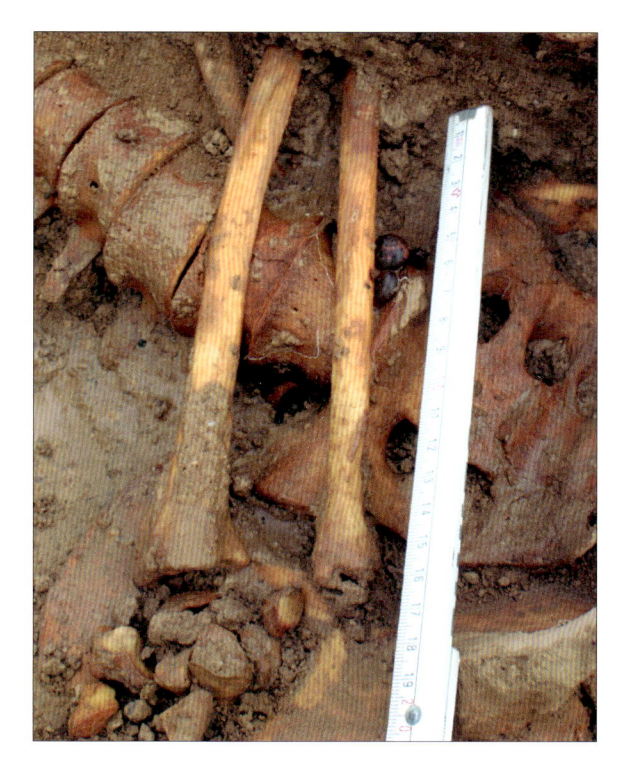

Bronzehäkchen und Ösen

In sechs Gräbern und einmal als Lesefund sind Bronzehäkchen und/oder Bronzeösen aus Draht nachgewiesen worden (Abb. 78). Dabei fanden sich in den Gräbern 17.2; 19.5; 28.6 jeweils ein Exemplar (Abb. 79); in Grab 8.3 vier und in Grab 19.4 und 20.8. zwei, vielleicht einmal drei Fundstücke. Haken und Ösen sind charakteristische Accessoires an Kleidern und an Uniformen und unterscheiden sich in ihrer Ausführung nicht voneinander. Solche Haken und Ösen gehören meist zu Jacken und sind in der Regel unter einer verdeckten Stoffleiste oder am (Leinen)Futter befestigt.[18]

Ohrringe

Zwei Männer trugen bei ihrer Beerdigung Ohrringe (Abb. 80). So stammen aus Grab 11.3. und aus Grab 29.13 jeweils Paare von Bronzeohrringen. Es handelt sich einmal um einfache Drahtohrringe und das andere Paar (Grab 11.3) hat eine kugelförmige Ausschmückung (Abb. 81).

Fingerring

Einmal ist ein Fingerring erhalten. Der Tote in Grab 17.1 trug einen schmalen Bronzebandring ohne Verzierung (Abb. 83 und 84).

■ **Abb. 78** Drei geschlossene Haken-Ösen-Verschlüsse im Halsbereich in Grab 8.3. | Trois fermoirs à crochet et à œillet au niveau du cou dans la tombe 8.3.

Crochets et œillets en bronze

Des crochets et/ou des œillets en fil de bronze ont été découverts dans six tombes et une fois en tant que découverte fortuite (ill. 78). Un exemplaire a été trouvé dans chacune des tombes 17.2, 19.5 et 28.6 (ill. 79), quatre dans la tombe 8.3 et deux, peut-être trois, dans les tombes 19.4 et 20.8. Les crochets et les œillets sont des accessoires caractéristiques des vêtements et des uniformes et ne se distinguent pas les uns des autres dans leur réalisation. Ces crochets et œillets appartiennent le plus souvent à des vestes et sont généralement fixés sous une bande de tissu cachée ou sur la doublure (en lin)[18].

Boucles d'oreilles

Deux hommes portaient des boucles d'oreilles lors de leur enterrement (ill. 80). Ainsi, des paires de boucles d'oreilles en bronze proviennent de la tombe 11.3 et de la tombe 29.13. Il s'agit pour l'une de simples boucles d'oreilles en fil métallique et pour l'autre (tombe 11.3) d'un ornement en forme de boule (ill. 81).

Bague de doigt

Une bague a été retrouvée. Le défunt de la tombe 17.1 portait un anneau étroit en bronze sans ornement (ill. 83 et 84).

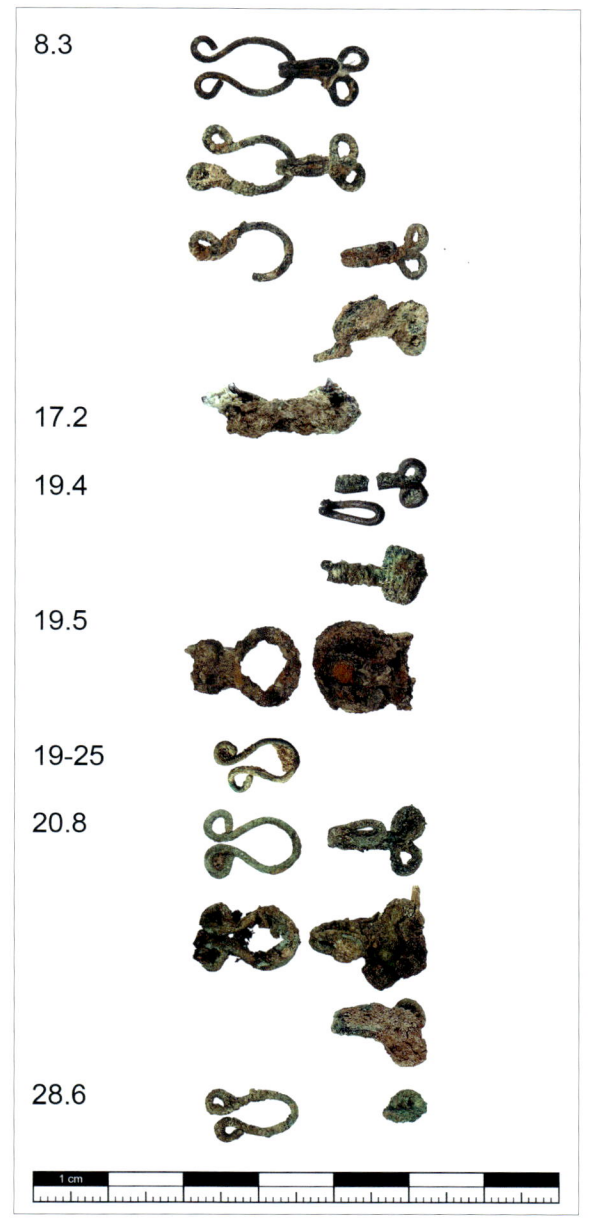

■ **Abb. 79** Haken- und Ösen-Verschlüsse, überwiegend aus Kupferlegierungen, ausnahmsweise bei Grab 19.5 aus Eisen. Teils haften noch Textilreste an. Maßstab 1:1. | Fermoirs à crochets et à œillets, principalement en alliage de cuivre, exceptionnellement en fer dans la tombe 19.5. Des restes de textile y adhèrent encore. Échelle 1:1.

■ **Abb. 80** Die Bronzeohrringe aus Grab 11.3 während der Ausgrabung beiderseits des Kopfes. | Les boucles d'oreilles en bronze de la tombe 11.3, trouvés lors de la fouille des deux côtés de la tête.

■ **Abb. 81** Einfache Bronzeohrringe mit Scharnierverschluss und geborgenen Haarresten aus Grab 11.3, Maßstab 2:1. | Boucles d'oreilles simples en bronze avec fermeture à charnière et restes de cheveux mis au jour dans la tombe 11.3, échelle 2:1.

■ **Abb. 82** »Repräsentant des Volkes mit dreifarbiger Schärpe und Ohrring«, Kohle- und Bleistiftzeichnung, signiert und datiert: Juni 1799. | « Représentant du peuple portant son écharpe tricolore avec boucle d'oreille » Dessin au fusain et crayon signés et datés Juin 1799. © Stiftung Historische Kommission für die Rheinlande 1789–1815.

Aktuelle archäologische Forschung in Frankfurt am Main.

■ **Abb. 83** Schmaler, unverzierter Bronzering mit D-Profil in Grab 17.1 während der Freilegung. | Anneau de bronze étroit et non décoré avec profil en D dans la tombe 17.1 pendant le dégagement.

■ **Abb. 84** Der Ring aus Grab 17.1 in zwei Ansichten. Er hat einen Innendurchmesser von 18,2 mm, entspricht damit der deutschen Ringgröße 57 bzw. der französischen Ringgröße 17. Maßstab 1:1. | L'anneau de la tombe 17.1 en deux vues. Elle a un diamètre intérieur de 18,2 mm, ce qui correspond à la taille de bague allemande 57 ou à la taille de bague française 17. Échelle 1:1.

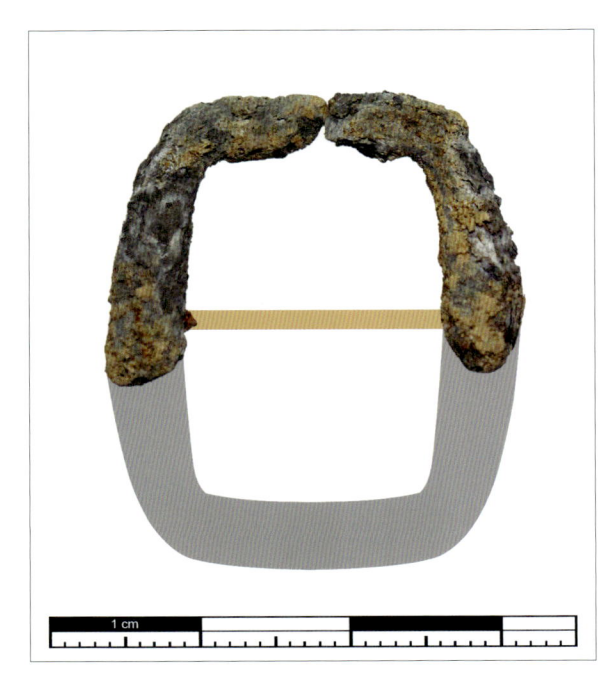

Abb. 85 Metallrest wohl von einer rechteckigen Schnalle; Eisenachse und untere Hälfte rekonstruiert, geborgen im Halswirbelbereich von Grab 20.7. Maßstab 2:1. | Reste de métal provenant probablement d'une boucle rectangulaire; l'axe du fer et la moitié inférieure ont été reconstitués, récupérés dans la zone des vertèbres cervicales de la tombe 20.7. Échelle 2:1.

Abb. 86 Fragmentierte holländische Tonpfeifen. Erhalten ist je ein Stück des charakteristischen Stiels aus weißem Ton. Maßstab 1:1. | Pipe en terre cuite hollandaise fragmentée. Un morceau de chaque tige caractéristique en argile blanche a été conservé. Échelle 1:1.

Schnalle

Bei den Metallresten in Grab 20.7 könnte es sich um den Rest einer rechteckigen Schnalle handeln (**Abb. 85**). Uniformen und Ausstattungen hatten zahlreiche Schnallen unterschiedlicher Größe; über die Verwendung kann hier nichts ausgesagt werden.

Metallreste

Aus Grab 19.5 stammt eine kleine Bronzehülse, die im Rahmen der Restaurierung der Gewebereste gefunden wurde (**Abb. 98–102**).

Bronzereste, die nicht näher angesprochen werden können, stammen aus den Gräbern 19.5 und 34.14. Bei der einzigen Münze[19] handelt es sich um einen Oberflächenlesefund im Bereich der Grabgruben 19 bis 25. Die Münze ist vom Typ der irrtümlich als »Frankfurter Judenpfennige« genannten Münzen, die jedoch nicht in Frankfurt hergestellt wurden. Ob Juden beteiligt waren, ist ebenfalls nicht belegt. Die Umlauf-Datierung liegt bei 1820–1830 (freundliche Mitteilung Dr. Frank Berger, Frankfurt am Main).

Aus Grab 20.7 stammt ein blechartiger Überwurf aus Eisen, möglicherweise ein Scharnier. In Grab 19.5 lag zusätzlich eine kleine, flache Eisenöse in der Art der Korsettösen.

Tabakpfeifen

Charakteristisch war offenbar der »unzertrennliche Pfeifenstummel im Munde«.[20] Die langstieligen Tonpfeifen hatte nur eine beschränkte Lebensdauer und waren sehr zerbrechlich (**Abb. 86**). Trotzdem wurden nur vier Reste von Pfeifen gefunden, wobei es sich um zerbrochene Pfeifenstiele handelt.

In drei Gräbern 23.1, 30 und 35 lagen solche Reste, dazu kommt ein Lesefund. Hierbei könnte es sich um den Besitz der Soldaten handeln, allerdings waren Tonpfeifen auch bei der Zivilbevölkerung beliebt. Es könnte sich auch um Pfeifen der Totengräber handeln. Gelegentlich sind Pfeifenraucher auch durch charakteristische »Pfeifenusuren« nachweisbar, wenn durch das dauerhafte Einklemmen des Pfeifenstiels ein rundes Loch im Zahl entstanden ist.[21]

Aktuelle archäologische Forschung in Frankfurt am Main.

■ **Abb. 87** Zwei Tabakdosen in der Form von Napoleons Zweispitz aus Holz und Metall, 19. Jhdt. Copyright Stiftung Historische Kommission für die Rheinlande 1789–1815. | Deux tabatières en forme de bicorne de Napoléon en bois et métal, 19e siècle. Copyright Fondation Commission historique pour les pays rhénans 1789–1815.

■ **Abb. 87a** Napoleons Ersatzhut aus der Schlacht bei Waterloo 1815, der als Trophäe an den preußischen König Friedrich Wilhelm III. nach Berlin geschickt wurde. | Le chapeau de rechange de Napoléon de la bataille de Waterloo en 1815, envoyé à Berlin comme trophée au rou de Prusse Frédéric-Guillaume III. © bpk / Deutsches Historisches Museum / Sebastian Ahlers.

Der Uniform beraubt | Privés de leur uniforme

Funde aus Grabfüllungen

In den Füllungen der Grabgruben sind zwei Ziegelreste, zwei Schieferreste, eine Glasscherbe, ein Tierzahn und 67 Keramikscherben gefunden worden. Dabei dürfte es sich um sog. »Misthaufenfunde« handeln. Da die Gräber außerhalb des Ortes auf den Ackerflächen ausgehoben wurden, ist damit zu rechnen, dass Abfälle, die mit der Düngung auf den Acker kamen, beim Verfüllen der Grabgruben dort hineingerieten.

■ **Abb. 88** Schnupftabakdose in Sargform aus Papiermaché nach Vorlage von Thomas Rowlandsons Radierung »The two Kings of Terror« (1813). Napoleon und der Tod sitzen sich auf dem Schlachtfeld von Leipzig gegenüber und sehen sich an. Inventarnummer: M1988/131DL. | Tabatière en forme de cercueil en papier mâché d'après la gravure de Thomas Rowlandson « The two Kings of Terror » (1813). Napoléon et la Mort sont assis face à face sur le champ de bataille de Leipzig et se regardent. Numéro d'inventaire: M1988/131DL. © Museum für Sepulkralkultur.

ANMERKUNGEN | NOTE

1 Es handelt sich keinesfalls um Schuhnägel. Ranseder u. a. (2017) 72 und Abb. 78). | Il ne s'agit en aucun cas de clous de chaussures. Ranseder e.a. (2017) 72 et ill. 78).
2 Fallou (1914).
3 Fallou (1914).
4 Pascal (1864).
5 Ranseder u. a. (2017) 79 f. | Ranseder et al. (2017) 79 et suiv.
6 Vgl. Backman/Fankhauser 2015, 57. | Cf. Backman/Fankhauser 2015, 57.
7 Ranseder u. a. (2017) 77 f. | Ranseder et al. (2017) 77 f.
8 Bailey (2016) 40 ff. | Bailey (2016) 40 et suiv.
9 Bailey (2016) 40 ff. | Bailey (2016) 40 et suiv.
10 Soldatenfriedhof Manchettigasse; Binder (2012) 13 Abb. 6. – Backman/Fankhauser 2015, Abb. 4,6,8. – Frankfurt Seehof Hampel (2017) 306 bes. Abb. 539. | Soldatenfriedhof Manchettigasse (Cimetière militaire de la Manchettigasse); Binder (2012) 13 ill. 6. – Backman/Fankhauser 2015, ill. 4, 6, 8. – Frankfurt Seehof Hampel (2017) 306 spéc. ill. 539.
11 Ranseder u. a. (2017) Abb. S. 76 und 79. | Ranseder et al. (2017) Fig. P. 76 et 79.
12 Craft 2013 »wooden button molds«.
13 Barrans 2014, 7.
14 F. Bothe, Geschichte der Stadt Frankfurt am Main (1929) – Kapitel 2. Das Großherzogtum Frankfurt 1810–1813, 260 ff., be-

Boucle

Les restes métalliques de la tombe 20.7 pourraient être le reste d'une boucle rectangulaire (ill. 85). Les uniformes et les équipements comportaient de nombreuses boucles de tailles différentes; il n'est pas possible de se prononcer ici sur leur utilisation.

Restes de métal

Une petite douille en bronze, trouvée lors de la restauration des restes de tissus, provient de la tombe 19.5 (ill. 98–102).

Des restes de bronze, qui ne peuvent pas être décrits plus en détail, proviennent des tombes 19.5 et 34.14. La seule pièce de monnaie[19] est une découverte fortuite de surface dans la zone des fosses 19 à 25. La pièce est du type de celles mentionnées par erreur comme « Frankfurter Judenpfennige », qui n'ont toutefois pas été fabriquées à Francfort. Il n'est pas non plus prouvé que des Juifs y aient participé. La datation de la circulation est de 1820–1830 (aimable communication du Dr Frank Berger, Francfort-sur-le-Main).

La tombe 20.7 contient une couverture métallique en fer, peut-être une charnière. Dans la tombe 19.5 se trouvait en outre un petit œillet plat en fer du type de ceux utilisés pour les corsets.

Pipe à tabac

La caractéristique était apparemment le « bout de pipe indissociable de la bouche »[20]. Les pipes en terre cuite à long manche n'avaient qu'une durée de vie limitée et étaient très fragiles (ill. 86). Malgré cela, seuls quatre restes de pipes ont été retrouvés, et il s'agit de tiges de pipes brisées.

Trois tombes 23.1, 30 et 35 contenaient des restes de ce type, auxquels s'ajoute une découverte fortuite. Il pourrait s'agir d'objets appartenant aux soldats, mais les pipes en terre étaient également appréciées par la population civile. Il pourrait également s'agir de pipes de fossoyeurs. Les fumeurs de pipe sont parfois identifiables par des »usures de pipe« caractéristiques, lorsqu'un trou rond s'est formé suite au pincement permanent du manche de la pipe[21].

Découvertes dans les remplissages de tombes

Deux restes de tuiles, deux restes d'ardoise, un tesson de verre, une dent d'animal et 67 tessons de céramique ont été trouvés dans les remplissages des fosses funéraires. Il s'agit probablement de découvertes de « tas de fumier ». Comme les tombes ont été creusées à l'extérieur du village, sur des terres cultivées, on peut supposer que des déchets apportés dans les champs avec l'engrais s'y sont retrouvés lors du comblement des fosses funéraires.

---

sonders 262–263. | F. Bothe, Geschichte der Stadt Frankfurt am Main (1929) – Chapitre 2. Das Großherzogtum Frankfurt 1810–1813, 260 et suiv., en particulier 262–263.
15 In Terra Veritas, Vom Ochsenkopf nach Chesapeake – Fränkische Perlen für die neue Welt (2021) https://itv-grabungen.de/magazin/vom-ochsenkopf-nach-chesapeak?tm.) – Karklins u. a. 2016 16 ff. mit älterer Literatur. | In Terra Veritas, Vom Ochsenkopf nach Chesapeake – Fränkische Perlen für die neue Welt (2021) https://itv-grabungen.de/magazin/vom-ochsenkopf-nach-chesapeak?tm.) – Karklins et al. 2016 16 et suiv., avec littérature plus ancienne.
16 Hülsenberg 2022, 45.
17 These buttons, linked together in a pair, were used to hold the neck of the shirt closed (1800–1850 VandA, download: JSON (https://api.vam.ac.uk/v2/object/O296112) IIIF Manifest; https://iiif.vam.ac.uk/collections/O296112/manifest.json. | These buttons, linked together in a pair, were used to hold the neck of the shirt closed (1800–1850 VandA, download: JSON (https://api.vam.ac.uk/v2/object/O296112) IIIF Manifest; https://iiif.vam.ac.uk/collections/O296112/manifest.json.
18 Ranseder u. a., (2017) 66. – Backman/Fankhauser 2015, Abb. 4,6,8. | Ranseder et al., (2017) 66. – Backman/Fankhauser 2015, Fig. 4, 6, 8.
19 Wir danken Dr. F. Berger | Merci à Dr. F. Berger.
20 Wilbrand (1884) 7.
21 Flux/Großkopf in diesem Band.

LITERATUR | BIBLIOGRAPHIE

BACKMAN/FANKHAUSER 2015 Y. Backman und A. Fankhauser, Gräber in Welschenrohr aus der Zeit des Franzoseneinfalls. Archäologie und Denkmalpflege im Kanton Solothurn 20, 2015, 54–65.

BAILEY (2016) Gordon Bailey, Buttons Fasteners 500 BC – AD 1840 (2016).

BARRANS 2014 Barbara Barrans, A Broad overview of fabric/textile buttons, WRBA Territorial News, Volume 12, Issue 2 May 2014, 6–17.

BINDER (2012) Michaela Binder, Der Soldatenfriedhof in der Marchettigasse in Wien / Monografien der Stadtarchäologie Wien Bd. 4 (2012). Die Lebensbedingungen einfacher Soldaten in der theresianisch-josephinischen Armee anhand anthropologischer Untersuchungen.

BROCK/HOMANN (2011) Th. Brock und A. Homann, Die Napoleonischen Kriege. In: Schlachtfeldarchäologie. Auf den Spuren des Krieges. AiD Sonderheft 2 (2011) 79–92.

BUDENZ (1979) R. Budenz, Aus der Geschichte Rödelheims. Hrsg. Frankfurter Sparkasse von 1822 (1979³).

BUS 2014 E. Bus, Die Nöte der Bauerndörfer um Hanau während der Epoche Napoleons. In: E. Bus/ M. Häfner/M. Hoppe (Hrsg.), Hanau in der Epoche Napoleons. Hanauer Geschichtsblätter 47. Herausgegeben vom Hanauer Geschichtsverein 1844 e. V. zur Erinnerung an die Schlacht bei Hanau am 30. und 31. Oktober 1813 (2014) 87–121.

BUS 2014 E. Bus, Epidemie und Euphorie – Hanau in den ersten Monaten nach Schlacht vom 30. und 31. Oktober 1813. In: E. Bus/ M. Häfner/M. Hoppe (Hrsg.), Hanau in der Epoche Napoleons. Hanauer Geschichtsblätter 47. Herausgegeben vom Hanauer Geschichtsverein 1844 e. V. zur Erinnerung an die Schlacht bei Hanau am 30. und 31. Oktober 1813 (2014) 321–331.

BUS/HÄFNER/HOPPE (HRSG.) 2014 E. Bus/ M. Häfner/M. Hoppe (Hrsg.), Hanau in der Epoche Napoleons. Hanauer Geschichtsblätter 47. Herausgegeben vom Hanauer Geschichtsverein 1844 e. V. zur Erinnerung an die Schlacht bei Hanau am 30. und 31. Oktober 1813 (2014).

CLAASSEN (1904) H. Claaßen, Die Zuckerindustrie Bd. 1.Teubner's Handbücher für Handel und Industrie (1904). Kalkofen 47.

CRAFT 2013 Susan F. Craft, A History of Buttons 2013.

CHRONIK (1987) Frankfurt-Chronik (1987³).

CROWDY 2015 T.E. Crowdy; Napoleons Infantry Handbook. An essential Guide to Life in the Grand Army (2015).

DER SPIEGEL 2022 Leichenschänderei für die Zuckerindustrie. 26.08.2022, 13.00 Uhr, aus: Der Spiegel 35/2022.

DOHRN-IHMIG/HAMPEL 1987 M. Dohrn-Ihmig/A.Hampel, Frankfurter Fundchronik der Jahre 1980–1986. Schriften des Frankfurter Museums für Vor- und Frühgeschichte XI, 1987, 95–212.

ELTING/KNÖTEL (1993) J.R.Elting/H. Knötel, Napoleonic Uniforms (1993).

ERFINDUNGSPRIVILEGIEN Sammlung der Erfindungsprivilegien im Archiv der TU Wien (Online).

FALLOU (1914) Louis Fllou, Le bouton uniforme français de l'Ancien Régime à fin Juillet 1914 (1914).

FISCHER 1962 U. Fischer, Frankfurter Museumsbericht 1945–1960. Schriften des Museums für Vor- und Frühgeschichte Band 1 (1962) 7 ff.

FISCHER 1963 U. Fischer, Fundchronik des städtischen Museums für Vor- und Frühgeschichte, Frankfurt a. M. für die Zeit vom 1.1.–31.12.1962. Fundberichte aus Hessen, 3, 1963, 172–180.

FISCHER 1967 U. Fischer, Fundchronik des städtischen Museums für Vor- und Frühgeschichte, Frankfurt a. M. für die Zeit vom 1.1.–31.12.1966. Fundberichte aus Hessen, 7, 1967, 190–202.

FISCHER 1968 U. Fischer, Fundchronik des städtischen Museums für Vor- und Frühgeschichte, Frankfurt a. M. für die Zeit vom 1.1.–31.12.1967. Fundberichte aus Hessen, 8, 1968, 116–128.

GRUMBKOW U. A. (2011) Philipp von Grumbkow, Brief Communication: Evidence of Bartonella quintana Infections in Skeletons of a Historical Mass Grave in Kassel, Germany. American journal of physical anthropology (2011) 1–4.

GRUMBKOW (2013) Philipp von Grumbkow, Das Leben in der napoleonischen Armee – interdisziplinäres Untersuchung eines Massengrabs aus Kassel, Hessen. Dissertation Universität Göttingen (2013).

HAMPEL 2015 A.Hampel, Archäologie in Frankfurt am Main. Fund- und Grabungsberichte für die Jahre 2007 bis Ende 2011. Beiträge zum Denkmalschutz 21 (2015) 266–268.

HAMPEL 2016 A.Hampel, Gräber der napoleonischen Befreiungskriege in Frankfurt a. M. – Rödelheim. HessenArchäologie 2015 (2016) 195–199.

HAMPEL 2017 A.Hampel, Archäologie in Frankfurt am Main. Fund- und Grabungsberichte für die Jahre 2012 bis Ende 2016. Beiträge zum Denkmalschutz 24 (2017) 287–292.

HARTMANN/SCHUBERT (1921) E. Hartmann und P. Schubert, Alt-Rödelheim in Wort und Bild. Ein Heimatbuch (1921).

HEILMANN 1857 Johann Heilmann, Feldzug von 1813: Antheil der Bayern seit dem Rieder-Vertrage. Mit einem Plane des Schlachtfeldes bei Hanau 1857.

HOMANN/SCHÄFER/WILKIN 2023 A.Homann/R. Schäfer/B. Wilkin, Aus dem Massengrab in der Zuckerfabrik. Die Toten von Waterloo. Archäologie in Deutschland 3, 2023, 44–45.

DAGMAR HÜLSENBERG, Anwendung naturwissenschaftlicher und kameralistischer Erkenntnisse auf die Verarbeitung von Rohstoffen durch den jungen Alexander von Humboldt. In: HiN Internationale Zeitschrift für Humboldtstudien HiN XXIII, 44, 2022, 33–58

HUMBURG 2012/2013 Martin Humburg, »Hülfe in der Not« »Aus der Franzosenzeit von Anno 1813«. Erinnerungen des Pfarrers Anton Calaminus in Hanau. Gelnhäuser Geschichtsblätter 2012/2013, 59–74.

JUNGHANS 1996 Lotte Junghans, Die Mainkur und ihre 4 Gasthäuser. Hrsg. Heimat- und Geschichtsverein Fechenheim e.V. Band 9, 1996.

KARKLINS U. A. 2016 K. Karklins, S. Jargstorf, G. Zeh, L. Dussubieux, The Fichtelgebirge bead and button industry of Bavaria. Journal of the Society of Bead Researchers 28, 2016, 16–37.

KRÜNITZ (1789) J.G. Krünitz, Oeconomische Encyclopädie oder allgemeines System der Staats-, Stadt-; Haus- und Landwirtschaft (1773–1858, 242 Bände) (1789) Stichwort »Schleimkrankheit« (335) und Fieber-Faulfieber (279 f.).

J. G. KRÜNITZ, Oeconomische Encyclopädie. Stichwort »Zuckerkohle« (1773–1858) (242 Bände !!).

KURZ 1993 Werner Kurz, Die Rolle der Hess. Staaten im Vorfeld der Schlacht bei Hanau. Die Schlacht bei Hanau 1813. Hrsg. Museum Hanau und Hanauer Geschichtsverein 1993, 27–30.

KURZ/MEISE/MERK (1993) Werner Kurz/ Eckhard Meise/ Anton Merk, Die Schlacht bei Hanau 1813. Hrsg. Museum Hanau und Hanauer Geschichtsverein (1993).

LEONHARD (1813) Karl Caesar von Leonhard, Geschichtliche Darstellung der Schlacht bei Hanau am 30. Oktober 1813 (1813 Nachdruck 1988).

MEISE 1993 Eckhard Meise, Die Schlacht bei Hanau am 30. und 31. Oktober 1813 und ihr historisch-politisches Umfeld. In: Die Schlacht bei Hanau 1813. Hrsg. Museum Hanau und Hanauer Geschichtsverein 1993, 7–25.

MERK 1993 Anton Merk, Chronik der Ereignisse. Die Schlacht bei Hanau 1813. Hrsg. Museum Hanau und Hanauer Geschichtsverein 1993, 31–60.

MERK 1993A Anton Merk, Das Bild der Schlacht. Die Schlacht bei Hanau 1813. Hrsg. Museum Hanau und Hanauer Geschichtsverein 1993, 61–63.

PASCAL 1864 Adrien Pascal, Histoire de l'Armée et de tous le Régiment depuis les premiers temps de la monarchie française jusqu'à nos jours (Paris 1864).

PICARD 2014 T. Picard, Die Schlacht bei Hanau und Bayerns Ausdehnung bis an Main und Kinzig. In: E. Bus/ M. Häfner/M. Hoppe (Hrsg.), Hanau in der Epoche Napoleons. Herausgegeben vom Hanauer Geschichtsverein 1844 e.V. zur Erinnerung an die Schlacht bei Hanau am 30. und 31. Oktober 1813 (2014) 203–277.

RANSEDER U. A. (2017) Ch. Ranseder/S. Sakl-Oberthaler/M. Prenz/M. Binder/S. Czeika, Napoleon in Aspern. Archäologische Spuren der Schlacht 1809. Wien Archäologisch Bd. 13 (2017).

REICHEL 2014 B. Reichel, Die Kriegschronik von Rödelheim Okt./ Dez. 1813. Einführung und Transkription des Hofmann'schen Tagebuchs. »Merkwürdige Tage des Ortes Rödelheim während des französischen Revolutionskrieges« Beiträge zur Rödelheimer Geschichte 3, 2014, 63–90.

RIMPAU 1859 Wilhelm Rimpau: Düngungsversuche mit Zuckerrüben, insbesondere unter Anwendung von phosphorreichen Düngemitteln. In: Adolph Stöckhardt (Hrsg.), Der chemische Ackersmann. Band 5, Leipzig 1859, 102–110.

RÖDEL (1984) Volker Rödel, Fabrikarchitektur in Frankfurt am Main 1774–1929 (1984). Zuckerproduktion in Frankfurt – Regularien 52f.

SCHMALZ (1816) Carl Gustav Schmalz, Versuch einer medizinisch-chirurgischen Diagnostik in Tabellen oder Erkenntniß und Unterscheidung der innern und äußern Krankheiten mittelst Nebeneinanderstellung der ähnlichen Formen (1816).

H.-D. SCHNEIDER 2014 Hans-Dieter-Schneider; Das Rödelheimer Friedensfest von 1814. Das Leben und Wirken des Justizrats Dr. Karl Hoffmann (1770–1829). Beiträge zur Rödelheimer Geschichte 3, 2014, 29–60.

K. SCHNEIDER 2016 Konrad Schneider, Zucker aus dem Rhein-Main-Gebiet. Zeitschrift des Vereins für hess. Geschichte und Landeskunde ZHG 121, 2016, 93–112.

SCHOPPER (HRSG.) (2014) F. Schopper (Hrsg.), Schlachtfeld und Massengrab. Spektren interdisziplinärer Auswertung von Orten der Gewalt. Fachtagung 21.–24.11.2011. Forschungen zur Archäologie im Land Brandenburg 15 (2014).

SCHWELLNUS 2015 F. Schwellnus, Geheimnisvolle Gruben und bunte Scherben – zweite Kampagne im Baugebiet »Südwest D« in Hattersheim am Main. Hessenarchäologie 2014 (2015) 191–195 Abb. 2.

SCHWELLNUS/BECKER 2015 F. Schwellnus, Th. Becker, Knochenfunde aus der Grabung »Südwest D« in Hattersheim am Main. Hessenarchäologie 2014 (2015) 195–200. Grube 9 × 17 m und 2 m tief (198).

SCHWELLNUS/OBST/KÖNIG 2014 F. Schwellnus, M. Obst, A. König, Napoleon in Hessen? – Ausgrabungen in Hattersheim am Main. Hessenarchäologie 2013 (2014) 198–201. Großgruben Abb. 5.

SCHWELLNUS/SÜSSE (2016) F. Schwellnus/R. Süße, Neuzeitliche Lehmentnahmegruben in Hattersheim a.M. Vorindustrielle Tongewinnung im Main-Taunus-Kreis. Hessenarchäologie 2015 (2016) 199–202.

Abb. 89 Mitarbeiter:innen des Denkmalamtes legen sorgsam zwei Skelette frei. | Les collaborateurs·trices du service des monuments historiques dégagent soigneusement deux squelettes.

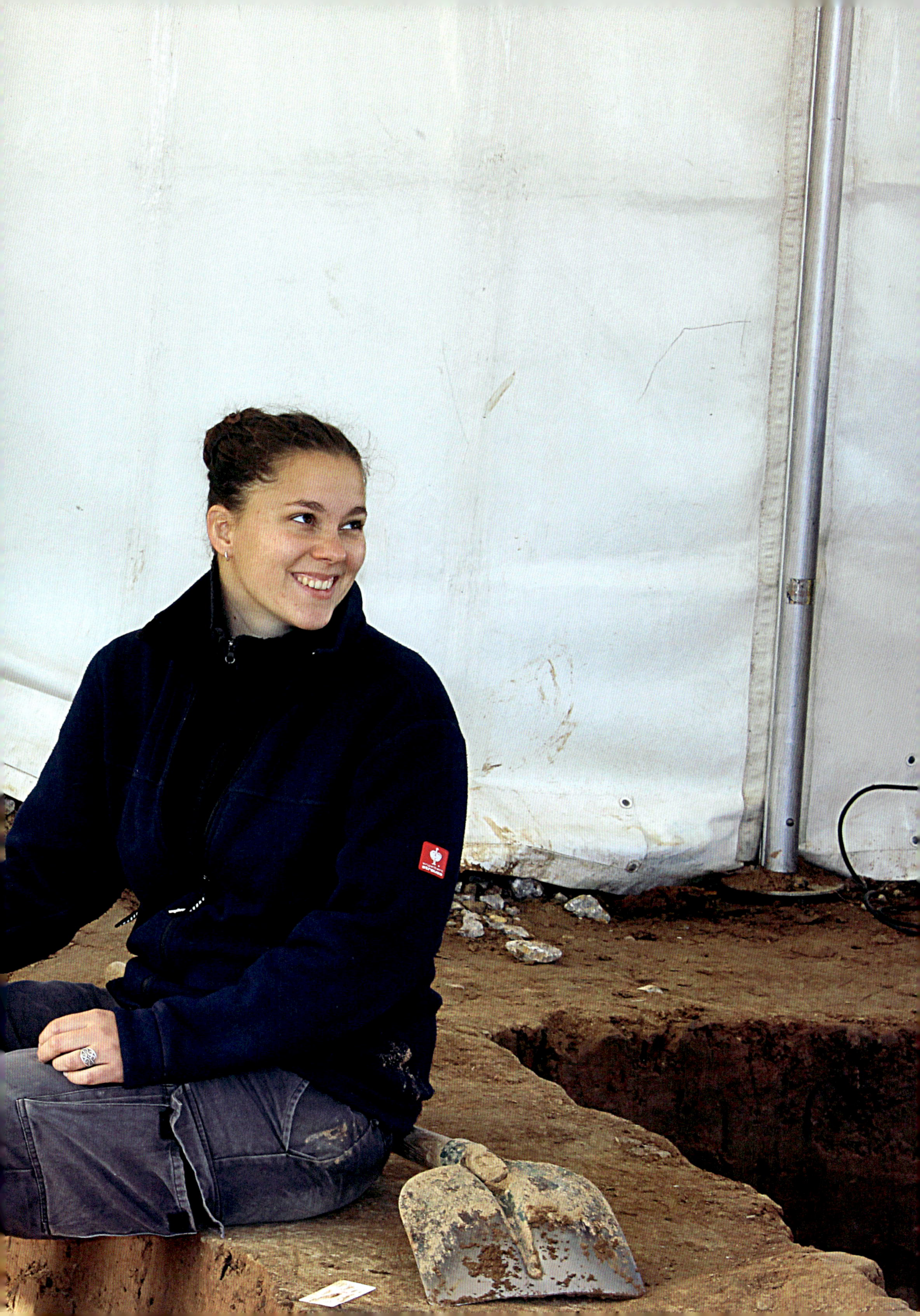

Heimlich in Hosen: Als Frau zwischen den Soldaten Napoleons

ELKE SICHERT

Die Ausgrabung in Frankfurt-Rödelheim bildete den Start der Erforschung der Menschen, die dort bestattet wurden. Zahlreiche anthropologische Abschlussarbeiten entstanden, um möglichst viel über die Bestatteten, ihre Lebensverhältnisse und ihre Todesumstände zu erfahren (Christina Lucas 2016, Annika Frye 2018, Katharina Benkhoff 2019, Jonas Asghar Langenstein 2019, Madlin Michehl 2020, Leonard Altfelix 2020, Anna Lena Karolin Flux 2023).

Das Individuum 19.5 sticht dabei besonders heraus – in diesem Grab haben sich Textilien erhalten, und bei der Bestatteten handelt es sich um eine Frau.

Das Rollenbild des 19. Jahrhunderts trennt »Mann« und »Frau« durch Kleidung, Aufgaben und Verhaltenskodex klar voneinander ab, ohne nach der Geschlechtsidentifikation der betreffenden Person zu fragen. Dass auch im Jahre 1813 schon Grenzgänge entlang der vermeintlich scharf gezogenen Linie zwischen Mann und Frau möglich waren, wird im Beitrag deutlich.

Sag mir, wo die Mädchen sind …

Armeen werden als klassisch-männlicher Bereich verstanden. Auch die glorifizierenden Gemälde der Grande-Armée zeigen, als man sich noch des Sieges sicher wähnte, Männer in Uniform in heldenhaften Posen. Dagegen sind auf den Gemälden, die den Rückzug darstellen, unter den zerlumpten Gestalten auch solche mit Röcken, Schürzen und Kopftüchern (**Abb. 90**).

Obgleich wenig bekannt, ist es überlieferte Realität, dass mehrere tausend Frauen die Grande Armée 1812 auf ihrem Weg nach Russland begleiteten. Sie waren mit Soldaten liiert oder gingen als Kleinhändlerinnen, Krankenschwestern oder Prostituierte[1], oder in Kombination als Marketenderinnen ihrem Gewerbe nach. Die Händlerinnen konnten sich mit einem »Patente de Vivandière« ausweisen, verpflichteten sich, den militärischen Vorschriften zu folgen und die von Soldaten benötigten Artikel (z. B. Briefpapier, Schnaps/Eau de vie) zu angemessenen Preisen zu verkaufen (**Abb. 91**). Wäscherinnen (»blanchisseuses«) waren ebenfalls mit Lizenz tätig. Die Cantinière ist entweder Ehefrau des Lebensmittelhändlers und/oder ebenfalls als solche tätig, wenn auch häufig nicht namentlich überliefert[2].

Neben diesen bekannteren Karrierewegen gab es jedoch auch einen, der überwiegend im Geheimen stattfand: Frauen konnten sich auch als Soldaten (in Männerkleidung) oder – wesentlich seltener – als Soldatinnen in Frauenkleidung direkt an den Kämpfen beteiligen.

Unter falschem Namen

Im Rahmen einer Mobilmachung im Frühjahr 1813 forderte das Russisch-Deutsche Volksblatt dazu auf, ein »Amazonencorps« zu bilden, um so dem Vaterland zu dienen – die gleichberechtigte Bewaffnung und Partizipation von Frauen war jedoch sowohl in Preußen, dem restlichen Deutschland als auch in Frankreich undenkbar und unschicklich[3]. Die gesellschaftliche und politische Mehrheit sah die patriotischen Pflichten der Frauen in den Bereichen Versorgung mit Ausrüstung und Lebensmitteln sowie Krankenpflege[4], als »Heldenmutter«, »Kriegerbraut« oder »hochherzige Pflegerin«[5].

Die Frauen indes bedurften der Erlaubnis nicht, waren Frauen doch längst schon Teil der Armeen, auch als Soldatinnen: Einige Frauen kämpften in Frauenkleidern, deutlich mehr gaben sich jedoch als Mann aus und kämpften unter falschem Namen. Bislang konnten 30 Frauen namentlich identifiziert[6] werden, die als Kämpferinnen auf der Seite Preußens am Kriegsgeschehen teilnahmen.

Secrètement, en pantalon: être femme parmi les soldats de Napoléon

La fouille de Francfort-Rödelheim a marqué le début des recherches sur les personnes qui y ont été enterrées. De nombreux travaux anthropologiques de fin d'études ont été réalisés afin d'en apprendre le plus possible sur les personnes enterrées, leurs conditions de vie et les circonstances de leur mort (Christina Lucas 2016, Annika Frye 2018, Katharina Benkhoff 2019, Jonas Asghar Langenstein 2019, Madlin Michehl 2020, Leonard Altfelix 2020, Anna Lena Karolin Flux 2023).

L'individu 19.5 se distingue tout particulièrement – des textiles ont été conservés dans cette tombe et la personne inhumée est une femme.

L'image des rôles du XIXe siècle sépare clairement l'« homme » et la « femme » par l'habillement, les tâches et le code de conduite, sans s'interroger sur l'identification sexuelle de la personne concernée. Il ressort clairement de l'article qu'en 1813 il était déjà possible de franchir les frontières le long de la ligne prétendument bien tracée entre l'homme et la femme.

■ **Abb. 90** Menschen sowohl in Uniform als auch Frauenkleidung in schneebedeckter Landschaft an Lagerfeuern. Die Strapazen sind ihnen deutlich anzusehen, einige sind wohl krank, andere tot. Der französische Rückzug aus Russland 1812, gemalt mit zeitlichem Abstand von Illarion Mikhailovich Pryanishnikov 1874. | Personnes en uniforme et en vêtements féminins dans un paysage enneigé autour de feux de camp. La fatigue est clairement visible sur leur visage, certains doivent être malades, d'autres morts. La retraite française de Russie en 1812, peinte avec un certain décalage dans le temps par Illarion Mikhailovich Pryanishnikov en 1874. © British Museum.

ERDVERBUNDEN BAND 2

■ **Abb. 91** Vier Frauen in der Armee: Links oben die pflegende, beschützende Marketenderin, rechts oben die versorgende Marketenderin, links unten, Frau mit Waffe neben verletztem Soldat, rechts unten fiktive Darstellung der Auszeichnung der Maria Schellinck durch Napoleon. | Quatre femmes dans l'armée: en haut à gauche, la maréchale qui soigne et protège, en haut à droite, la maréchale qui soigne, en bas à gauche, femme avec une arme à côté d'un soldat blessé, en bas à droite, représentation fictive de la décoration de Maria Schellinck par Napoléon.
Quellen | Sources: Links oben französischer Druck von Hippolyte Bellangé 1824, Museum number 1869,0410.2022 | En haut à gauche, estampe française d'Hippolyte Bellangé 1824, Museum number 1869,0410.2022 © The Trustees of the British Museum. All rights reserved. Rechts oben französischer Druck von Nicolas Toussaint Charlet 1834, Museum number 1855,0414.44 | En haut à droite, impression française de Nicolas Toussaint Charlet 1834, Museum number 1855,0414.44 © The Trustees of the British Museum. All rights reserved. Links unten französischer Druck von Nicolas Toussaint Charlet 1824, Museum number 1869,0410.39 | En bas à gauche, impression française de Nicolas Toussaint Charlet 1824, Museum number 1869,0410.39 © The Trustees of the British Museum. All rights reserved. Rechts unten Illustration von Lionel Royer 1894 für »Le Petit Journal«, CC0 | En bas à droite, illustration de Lionel Royer en 1894 pour « Le Petit Journal », CC0.

Dis-moi où sont les filles …

Les armées sont considérées comme un domaine classiquement masculin. Même les peintures glorifiantes de la Grande-Armée montrent, à l'époque où la victoire était encore envisagée avec certitude, des hommes en uniforme dans des poses héroïques. En revanche, sur les tableaux représentant la retraite, parmi les personnages en haillons, il y en a qui portent des jupes, des tabliers et des châles (Ill. 90).

Bien que peu connue, la réalité est que plusieurs milliers de femmes ont accompagné la Grande Armée en 1812 sur le chemin de la Russie. Elles étaient liées à des soldats ou les accompagnaient comme petites commerçantes, infirmières ou prostituées[1], ou en tant que cantinières avec tous ces rôles en même temps. Les commerçantes pouvaient être identifiées avec un « brevet de vivandière », elles s'engageaient à suivre les prescriptions militaires et à vendre les articles dont les soldats avaient besoin (p. ex. papier à lettres, eau-de-vie) à des prix raisonnables (Ill. 91). Les blanchisseuses travaillaient également sous licence. La cantinière était soit l'épouse de l'épicier et/ou elle travaillait en tant que telle, même si son nom n'était souvent pas mentionné[2].

Outre ces carrières plus connues, il en existait toutefois une qui se déroulait principalement en secret: les femmes pouvaient également participer directement aux combats en tant que soldats (habillés en hommes) ou – beaucoup plus rarement – en tant que femmes soldats habillées en femmes.

Sous un faux nom

Dans le cadre d'une mobilisation au printemps 1813, le journal populaire russo-allemand invitait à former un « corps d'amazones » pour servir ainsi la patrie; l'armement et la participation des femmes sur un pied d'égalité étaient toutefois impensables et inconvenants, tant en Prusse que dans le reste de l'Allemagne qu'en France[3]. La majorité sociale et politique considérait que les devoirs patriotiques des femmes concernaient l'approvisionnement en équipement et en nourriture ainsi que les soins aux malades[4], dans un rôle de « mère héroïque », « épouse de guerrier » ou « soignante au grand cœur »[5].

Les femmes, quant à elles, n'avaient pas besoin de cette permission, car elles faisaient déjà partie des armées depuis longtemps, même en tant que soldates: certaines femmes ont combattu sous des vêtements féminins, mais beaucoup plus se sont fait passer pour des hommes et ont combattu sous un faux nom. Jusqu'à présent, 30 femmes qui ont participé à la guerre du côté de la Prusse ont pu être identifiées par leur nom[6]. Elles étaient issues de toutes les classes sociales, de la servitude à la noblesse[7]. Vingt-quatre autres femmes ont pu également être identifiées par leur nom; elles étaient du côté de la France, mais la plupart ne combattaient pas, elles accompagnaient les troupes à d'autres titres[8]; deux combattantes d'autres nations ont également été identifiées (Ill. 92).

Du côté français comme du côté prussien, des femmes ont donc également combattu. Outre celles qui ont réussi à entrer dans l'armée sans être reconnues, il existe également des informations sur celles qui ont été démasquées lors de l'enrôlement et ont donc été refusées[9].

Qu'elles participent directement aux combats ou qu'elles fassent partie de l'armée dans une fonction de service, le risque de blessure était élevé. Certaines cantinières distribuaient de l'alcool aux combattants sur le front. Il n'était pas rare qu'elles soient blessées ou qu'elles meurent[10].

■ **Folgende Seiten | Pages suivantes:**
Abb. 92 Tabelle der namentlich bekannten Frauen im preußischen und französischen Militär. | Tableau des femmes dont le nom est connu dans l'armée prussienne et française. Quellen | Sources: A = Hagemann 2002, B = Hagemann 2007, C = Keil 2022, D = Legrais 2022, E = Ouvrard 2017, F = Spittka 2014, G = Stark 2021, H = Arndt 1867, I = Schneider 2015.

Auf preußischer Seite | Du côté prussien

Name	Stand & Familie	vor dem Krieg	als Mann/ als Frau	Deckname	im Krieg
Rosalie von Bonin[A]	Adel[F]		Mann[F] / Frau[F]		Kämpferin[A]
Marie Elisabeth Buchholtz[A]					Kämpferin[A]
Luise B. aus Breslau[F]	Aus Breslau[F], Vater Pfarrer[F]				Kämpferin[F]
Louise Grafemus[A] / Esther Manuel[A]					Kämpferin[A]
Frau Gronert[A]					Kämpferin[A]
Charlotta Wilhelmine[F] Karoline Grothen[A]			Mann[F]		Kämpferin[A]
Freifrau von Hallberg[A]					Kämpferin[A]
Friederike Wilhelmine Hartpfeil[A]					Kämpferin[A]
Elisabeth Holstein[A]					Kämpferin[A]
Fernandine Ilse Hornborstel[A]					Kämpferin[A]
Sophia Dorothea Auguste[F] Friederike Krüger[A]	Aus Friedland[C], Vater: Bauer[A] oder Leibeigener[C]	Dienstmagd[F], Schneiderin[C] o. angefangene Schneider-Ausbildung[F]	Mann[A]	August Lübeck[A], später August Krüger[C]	Kämpferin[A], Schneiderin[B]
Karoline Krüger[F]					Kämpferin[F]
Lotte Krüger[F]					Kämpferin[F]
Katharina Lanz[G]	Aus Tirol[G]	Bauernmagd[G]	Frau[G]		Kämpferin[G]
Anna Lühring[A] / nach Heirat: Lucks[F]	Aus Bremen[A], Vater: Zimmermann[A] und Wittwer[F]		Mann[A]	Eduard Krause[A] / Eduard Kruse[F]	Kämpferin[A]
Frau Patschinska[A]					Kämpferin[A]
Lina Petersen[A]	Aus Leipzig[C]		Mann[F]	Identisch mit Carl Petersen?[F]	Kämpferin[A]
Marie Christiane Eleonore Prochaska[A]	aus Potsdam[B], Vater: verarmter invalider Unteroffizier[A] und Musiklehrer[F], nach Tod der Mutter E.P. im Militär-Waisenhaus[G]	Hausangestellte[G], Angestellte im Waisenhaus[F], angefangene Schneider-Ausbildung[F]	Mann[A]	August Renz[A]	Kämpferin[A], Schneiderin[C]
Herzogin von Retz[F]					Kämpferin[F]
Frau Riebert[A]					Kämpferin[A]

188 Elke Sichert

Truppenzugehörigkeit	nach dem Krieg	* ca.	†	im Alter von	Motivation, Auszeichnungen und Weiteres
Preußisch[A], freiwilliges Jäger-detachement[F]					
Preußisch[A], Jäger[F]	Stirbt in der Leipziger Völkerschlacht[F]		16.–19.10. 1813[F]		Mutter starb bei französ. Plünderungen[F], folgte ihrem Bruder in die Armee[F], liebte einen Mann, der in den Krieg ziehen wollte[F]
Preußisch[A]					Auszeichnungen: Eisernes Kreuz, russischer St.-Georgs-Orden[F]
Preußisch[A], freiwilliges Jägerdetachement[F]					Kämpfte gemeinsam mit ihrem Bräutigam in der Leipziger Völkerschlacht[F]
Preußisch[A]					
Preußisch[A]					
Preußisch[A]					
Preußisch[A]					
Preußisch, Infanterie-Regiment Kolberg[A], Unteroffizier[A]	Armeeaustritt 1815 nach Kriegsende[C], heiratet Unteroffizier Karl Köhler[F], bekommt vier Kinder[B]	1794[A]	31.05.1848[B]	54	wurde enttarnt[A], König Friedrich Wilhelm III. gestattet Soldatendasein als Mann unter echten Nachnamen[C], Auszeichnungen: Eisernes Kreuz 2. Klasse[G], russischer St.-Georgs-Orden[A], Ehrengrab[G], jährliche Pension, König und Großherzog werden Paten ihrer Kinder[C]
Landsturm[G]					»Jeanne d'Arc« von Tirol[G]
Preußisch, Lützower Freikorps[A], 5. Kompanie des 3. Infanteriebataillons[E]	heiratet, wird Witwe, verarmt, Näherin[E].	1796 oder 1797[A]	1866[E]	69	Patriotin, wurde enttarnt[A], ihre Vorgesetzten deckten sie[A], Auszeichnungen: persönliche Denkmünze von General von Tauentzien geschenkt[F]
Preußisch[A]					
Preußisch[A], freiwilliges Jägerdetachement[F], Wachtmeister[F]					Auszeichnungen: Eisernes Kreuz, russischer St.-Georgs-Orden[F]
Preußisch, Trommler, dann Jäger[A]/ Infanterist im 1. Jägerbataillon des Lützower Freikorps[G]	tödlich verletzt bei einem Gefecht an der Göhrde[F], an Kriegsverwundung gestorben[A]	1785	05.10. 1813[A]	28[A]	Patriotin[F], enttarnt bei Behandlung einer Verwundung, begraben mit dreimaliger Gewehrsalve[C]
Preußisch[A]					

Name	Stand & Familie	vor dem Krieg	als Mann/ als Frau	Deckname	im Krieg
Frau Röding[A]					Kämpferin[A]
Dora Sawosch[A] oder Sabosch[F]	Aus Gumbinnen[C]		Mann[F]		Kämpferin[F]
Frau Scheinemann[A]	Aus Lübben, Ehemann: Polizeisergeant[F]				Kämpferin[A]
Louise Dorothee Schultz[A]					Kämpferin[A]
Beta Seebeck[A]					Kämpferin[A]
Francina Gunningh Sloet[F]					Kämpferin[F]
Johanna Stegen[F]	Vater: Salzsieder[G]		Frau[F]		Munitions- beschafferin[F]
E. S. aus Berlin[F]					Kämpferin[F]
Anna Unger[A]	Aus Bayreuth[C], Witwe[F]	Studentin der Geburtshilfe[F]	Mann[F]	August Unger[C]	Kämpferin[A]
Maria Friedericke[F] Werder[A]	Aus Schlesien[C], Ehemann: Offizier und Gutsbesitzer[A]		Mann[C]		Kämpferin[A]

Auf französischer Seite | Du côté français

Name	Stand & Familie	vor dem Krieg	als Mann/ als Frau	Deckname	im Krieg
Catherine Balland[E]			Frau[E]		Cantinière[E] Alkohol- ausschank[E]
Catherine Béguin[E]	Ehemann: Soldat				
Madame Cazajus[E]			Frau[E]		Cantinière[E] Alkohol- ausschank[E]
Marie Dauranne[E]			Frau[E]		Wäscherin[E]
Marie-Angélique- Joséphine Duchemin[E]	Aus Dinan[E], Ehemann: Soldat[E]				
Madame Ducoud-Laborde, später verheiratete Poncet[E]	Aus Angoulême[E]				
Regula Engel[F] / Regula Engel-Egli[E]	Ehemann & Söhne: Soldaten[E]				Kämpferin[F], Cantinère[E]

Truppenzugehörigkeit	nach dem Krieg	* ca.	†	im Alter von	Motivation, Auszeichnungen und Weiteres
Preußisch[A]					
Preußisch[A]	trägt Männerkleidung[F] als Pferdeknecht[F] und Kellner[F], dann Ehefrau und Mutter[F]				
Preußisch[A], Husaren[F]					
Preußisch[A]					
Preußisch[A]					
Preußisch, Lützower Freikorps[F]	Dienstmädchen[I], heiratet in Berlin[F] dann Ehefrau und Mutter[I]	1793[H]	12.01.1842[I]	49[I]	versorgte preußische Truppen mit französischer Munition; französische Armee setzte ein Kopfgeld auf sie aus[G]
Preußisch, Lützower Freikorps[F]	Studentin der Geburtshilfe[F]				
Preußisch, 2. schlesisches Husaren-Regiment[A], Rekruten-Ausbilderin, Wachtmeister[F] (Unteroffiziersrang)	Witwe in »stiller Ruhe« und »tiefer Trauer«[A]				kinderlos[A], Patriotin[A], enttarnt bei Behandlung einer Verwundung[H], durfte weiterkämpfen[F] / enttarnte sich selbst, um den Militärdienst zu quittieren[A]

Truppenzugehörigkeit	nach dem Krieg	* ca.	†	im Alter von	Motivation, Auszeichnungen und Weiteres
95e de ligne[E]					Auszeichnung: légion d'honneur[E]
14e léger[E]					
57e de ligne[E]					Auszeichnung: Goldkette von Napoleon[E]
51e demi-brigade de bataille[E]					Rettete Solda vor dem Ertrinken, Auszeichnung: Goldkette verziert mit einer Bürgerkrone (»couronne civique«)[E]
42e de ligne als caporal-fourier[E]		1772[E]	1859[E]	87	Auszeichnungen: admise aux Invalides, Légion d'honneur erst mit Verspätung erhalten[E].
6e hussards[E]		1773[E]	bis nach 1830[E]	mind. 57	gerät in Waterloo in englische Kriegsgefangenschaft[E]
Grande Armée[E]		1761	1853[E]	92[E]	Schweizerin[E]

Name	Stand & Familie	vor dem Krieg	als Mann/ als Frau	Deckname	im Krieg
Félicité Fernig[E]	Vater: capitaine des Guides au service du général Dumouriez[E]		Mann[E] Frau ?		
Théophile Fernig[E]	Vater: capitaine des Guides au service du général Dumouriez[E]		Mann[E] Frau ?		
Thérèse Figueur[E]	Aus Talmay bei Dijon[E], Waise mit 9 Jahren[D], Onkel (Soldat) zieht sie auf[E]		Frau[E]	Spitzname »dragon Sans Gêne«[D]	Kämpferin, später auch Wohltäterin & Krankenpflegerin[E]
Virginie Ghesquire[E]			Mann[E]		Kämpferin[E]
Lucile Girault	Aus La Rochelle[E], Ehemann: Miltiärmusiker[E]		Frau		Cantinère[E]
Marie Pierrette[E]	Aus Avignon[E]		Frau		Wäscherin[E]
Madame Poncet[E]	Ehemann: Soldat		Frau[E]		Kämpferin[E]
Catherine Rohmer[E]	Aus Colmar[E], Ehemann: Militärmusiker[E]		Frau[E]		Vivandière[E]
Maria Schellinck, später verheiratete Desaegher, dann Decarnin[E]	Aus Gent, Vater: stirbt früh, wächst beim Onkel auf, Mutter zwingt sie zur Prostitution, Ehemann 1: Soldat, Ehemann 2: Soldat[E]	Gasthaus-Angestellte[E], Prostituierte[E]	Mann[E]		Kämpferin[E]
Eugénie[E] XXX				Spitzname »la Mère Eugénie«[E]	
Marie[E] XXX	aus Namur, Ehemann 1: Soldat[E] Ehemann 2: Soldat[E]				Cantinière?[E] Kämpferin[E]
Marie[E] XXX	Vater: Soldat, Ehemann: Soldat[E]		Frau[E]	Spitzname »Marie Tête-de-Bois«[E]	Cantinière[E]
Thérèse[E] XXX					
XXX XXX			Frau[E]	Spitzname »une jeune Allemande«[E] / eine junge Deutsche[E]	Cantinière[E]
XXX XXX	Ehemann: Dragoner-Offizier[E]		Frau[E]	Spitzname »la poule à Masséna«[E]	

Truppenzugehörigkeit	nach dem Krieg	* ca.	†	im Alter von	Motivation, Auszeichnungen und Weiteres
ordonnance du duc de Chartres[E]	Lebt nach dem Armeedienst in vielen Ländern, heiratet einen belgischen Offizier, dem sie das Leben gerettet hat[E]				
Nachrichtenübermittlung für général Ferrand[E]	Lebt nach dem Armeedienst in vielen Ländern, studiert Musik und Poesie[E]		1818[E]		
Freiwillige in der Armée royale[D], dann 15. Dragonerregiment, 9. Dragonerregiment[D]	um 1815 Restaurantbetreiberin[E], heiratet 1818 einen Veteranen namens Clément Sutter[E]	1774[E]	04.01.1861[E]	85	Wird enttarnt[D], Offiziere sprechen sich für sie aus[E], Auszeichnungen und militärische Bestattung im Invalidendom blieben ihr verwehrt[D], stirbt verarmt[E].
27e de ligne[E]					trat anstelle ihres Bruders in die Armee ein, 1806–1812 Soldat, wurde dann enttarnt und nach Hause geschickt[E].
58e de ligne[E]		1757[E]			
6e hussards[E]					
62e[E]	Folgt Napoleon und ihrem Mann auf die Insel Elba[E]	1783[E]			Hatte 8 Kinder, wovon 4 im Kampf starben[E]
2e bataillon belge, zunächst caporal, dann sergent, dann sous-lieutenant, dann 8e régiment d'infanterie légère[E]		1756[E]	1839	83[E]	folgt ihrem Mann in die Armee, Auszeichnungen: durch Napoléon Légion d'Honneur, Pension, Rang eines chevalier de la Légion d'Honneur[E]
10. Dragonerregiment, dieses u.a. in Russland und Deutschland[E]					
					War auf dem Russlandfeldzug und in der Schlacht bei Lützen dabei, gerät in Waterloo in englische Kriegsgefangenschaft[E]
		vor 1805	1815[E]		Sohn ebenfalls Soldat, fällt vor ihr im Kampf[E]
					wechselnde teils toxische Beziehungen zu Soldaten[E]
		1788			wird vom französischen Soldaten Maubert »gerettet«, sexueller Missbrauch im Austausch für Rettung vor anderen Soldaten[E]. Ihre Geschichte wird von dem Musiker Petit-Louis, der in der Grande Armée war, erzählt. Unklar ist, wie viel der Tatsache entspricht und wie viel erdichtet ist[E].

Name	Stand & Familie	vor dem Krieg	als Mann/ als Frau	Deckname	im Krieg
XXX XXX			Frau[E]	Spitzname »La Mère la joie«[E]	Lieferwagenbesitzerin, Händlerin?[E]
XXX XXX	Ehemann: brigadier des boulangers de la 3e division du 1e corps d'armée[E]		Frau[E]		Cantinière?[E]

Soldatinnen anderer Nationen | Femmes soldats d'autres nations

Name	Stand & Familie	vor dem Krieg	als Mann/ als Frau	Deckname	im Krieg
Nadeschda Andrejewna Durowa[G] / Nadescha Durova[B]	Vater: russischer Offizier[G], Zwangsehe mit Beamtem[B]		Mann[B]	Alexander Vassilievich Durov[B]	Kämpferin[B]
Sarah Taylor[E]	Aus Manchester[E]		Als Mann, dann Frau[E]		Kämpferin, dann Soldatenehefrau im Tross[E]

Sie entstammten allen Ständen zwischen Dienstmädchen und Adel[7]. Weitere 24 Frauen konnten namentlich identifiziert werden, die auf Seiten Frankreichs standen, jedoch meist nicht kämpften, sondern die Truppen in anderer Funktion begleiteten[8], sowie zwei Kämpferinnen anderer Nationen (Abb. 92).

Auf französischer wie preußischer Seite kämpften also auch Frauen. Neben denen, die es unerkannt ins Militär schafften, gibt es auch Berichte über solche, die bereits bei der Musterung enttarnt und daraufhin abgewiesen wurden[9].

Unabhängig davon, ob sie sich direkt an den Kämpfen beteiligten oder in Service-Funktion Teil der Armée waren, war das Verletzungsrisiko hoch. Manche Cantinières verteilten an der Front Schnaps unter den Kämpfenden. Nicht selten erlitten Sie dabei Verletzungen und starben[10].

Gründe für den freiwilligen Beitritt zur Armee

Als Motivation für den Eintritt in die Armee nennt S. Spittka unter anderem die geringen Möglichkeiten für Ausbindung und Verdienst von Frauen sowie die Tatsache, dass sie häufiger von Armut betroffen waren. Die Armee bot monatliche Besoldung, dazu teils Verpflegung und/oder Quartier, sowie Sicherheit vor sexuellen Übergriffen. Einige der Soldatinnen lernten die Lebenswirklichkeit der Männer zu schätzen, sodass sie sich noch nach dem Krieg in Männerkleidung bewegten und als Mann in zivilen Jobs arbeiteten[11].

Ein weiteres Motiv ist Patriotismus. In Zeitungen, Kunst und Literatur allgegenwärtig erreichten die patriotischen Gedanken, die Ideale von »Freiheit, Gleichheit, Brüderlichkeit« auch Frauen. Neben der Liebe zum

Truppenzugehörigkeit	nach dem Krieg	* ca.	†	im Alter von	Motivation, Auszeichnungen und Weiteres
36e de ligne[E]					Führt während Schlachten mit ihrem Wagen Krankentransporte durch[E]

Truppenzugehörigkeit	nach dem Krieg	* ca.	†	im Alter von	Motivation, Auszeichnungen und Weiteres
Russisch, Kosakenregiment, Offizier[G], (Stabs-[G]) Rittmeisterin der russischen Kavallerie[B]	Armeeaustritt 1815 nach Kriegsende, heiratet nicht erneut, trägt Männerkleidung[B]	1783[B]	1866[B]	83	Ukrainerin[B], flieht aus fam. und gesellschaftl. Zwängen[B], wird enttarnt, Zar Alexander I. gestattet Soldatendasein als »Mann« mit Männernamen[B] und verleiht Offizierspatent[G], russischer St.-Georgs-Orden[B]
Englisch, 15e Light Dragoons[E], caporal, dann sergent, dann 37th Regiment of Foot[E]	Ehefrau und Mutter[E]	vor 1779[E]	nach 1800[E]		Engländerin. Enttarnt sich selbst während einer Krankheit, kann sich fortan nicht mehr als Mann kleiden, trägt wieder Frauenkleidung und passt ihr Verhalten an. Erhält eine Rente[E].

Raisons de l'adhésion volontaire à l'armée

Parmi les motivations qui poussaient les femmes à s'enrôler dans l'armée, S. Spittka cite notamment les faibles possibilités qu'elles avaient de s'engager et de gagner leur vie, ainsi que le fait qu'elles étaient plus souvent touchées par la pauvreté. L'armée offrait un salaire mensuel, en plus parfois de la nourriture et/ou du logement, ainsi que la sécurité contre les agressions sexuelles. Certaines femmes soldats ont appris à apprécier la réalité de la vie des hommes, si bien qu'après la guerre, elles continuaient à porter des vêtements masculins et à travailler comme les hommes dans des emplois civils[11].

Un autre motif est le patriotisme. Omniprésents dans les journaux, l'art et la littérature, les pensées patriotiques, les idéaux de «liberté, égalité, fraternité» ont également atteint les femmes. Outre l'amour de la patrie, l'amour des autres était également une raison de partir à la guerre. Certaines femmes ont suivi leur mari, d'autres leurs frères[12]. La stylisation de la «vierge héroïne» ou de l'«héroïne nationale» sont des conceptions que les femmes, qui opéraient principalement sous couverture, n'ont pas revendiquées pour elles-mêmes, mais qui leur ont été imposées de l'extérieur – et a posteriori, après leur départ de l'armée ou leur mort. (Ill. 93 et 94)[13].

Abb. 93 Verklärt zum »Heldenmädchen aus Lüneburg«: Johanna Stegen in einer heroisierenden Darstellung, wie sie französische Munition an preußische Truppen überbringt. Dargestellt ist der Kampf um Lüneburg 1813, gemalt mit zeitlichem Abstand von Ludwig Herterich 1887. | Transformée en « Héroïne de Lüneburg »: Johanna Stegen dans une représentation héroïsée, apportant des munitions françaises aux troupes prussiennes. Représentation de la bataille de Lüneburg en 1813, peinte avec un certain recul par Ludwig Herterich en 1887. © akg-images.

Vaterland war auch die Liebe zu anderen Menschen ein Grund, in den Krieg zu ziehen. Manche der Frauen folgten ihren Ehemännern, manche ihren Brüdern[12]. Die Stilisierung zur »Heldenjungfrau« oder »Nationalheldin« sind dabei Konstrukte, die die überwiegend verdeckt operierenden Frauen nicht für sich selbst einforderten, sondern ihnen von außen – und im Nachhinein, nach ihrem Armeeaustritt oder Tod – übergestülpt wurden (Abb. 93 und 94)[13].

Frauen auf dem Gräberfeld Frankfurt-Rödelheim

Für den Teil der französischen Armee, der 1812 in Frankfurt ankommt, sind »4664 Weiber, Kinder und Bediente« als Troß überliefert, was 3 % ausmacht[14]. Auch auf dem Rödelheimer Gräberfeld konnten durch die anthropologischen Untersuchungen Frauen nachgewiesen werden. Insgesamt wurden 213 Individuen ausgegraben. Nach anthropologischen Analysen sind 98,1 % männlich, 0,9 % undefiniert und 1,4 % weiblich[15]. Dies entspricht drei Individuen (ROE 19.4, ROE 19.5, ROE 36).

Grab 19

In Befund 19 lagen fünf Individuen in Särgen, darunter zwei Frauen. Beide wurden in gestreckter Rückenlage bestattet[16], wie es für diese Epoche typisch war.

Abb. 94 Andere Armee, identisches Frauenbild bis hin zum rotem Rock: Catherine Balland, Marketenderin des 95. Regiments, bietet Grenadieren mitten im Kampfgeschehen Cognac an. Dargestellt ist die Schlacht von Chiclana, Spanien, am 05.03.1811. Gemälde von Louis-François Lejeune 1822. | Autre armée, même image de la femme, jusqu'à la jupe rouge: Catherine Balland, vivandière du 95e régiment, offre du cognac à des grenadiers. Bataille de Chiclana, Espagne, le 5 mars 1811, peinture de Louis-François Lejeune 1822. © akg-images.

Les femmes sur le site funéraire de Francfort-Rödelheim

Pour la partie de l'armée française qui arrive à Francfort en 1812, il y a « 4664 femmes, enfants et domestiques » qui forment le cortège, ce qui représente 3 %[14]. Sur le site funéraire de Rödelheim également, les études anthropologiques ont permis d'identifier des femmes. Au total, 213 individus ont été mis au jour. Selon les analyses anthropologiques, 98,1 % sont des hommes, 0,9 % sont indéfinis et 1,4 % sont des femmes[15]. Cela représente trois personnes (ROE 19.4, ROE 19.5, ROE 36).

Tombe 19

Dans la fouille 19, cinq individus ont été placés dans des cercueils, dont deux femmes. Toutes deux ont été enterrées en position allongée sur le dos[16], comme c'était typiquement le cas à cette époque.

Individu 19.4

La sépulture 19.4 est celle d'une femme d'environ 156 cm de haut[17] et de corpulence mince. Le sexe a été déterminé morphologiquement et par génétique moléculaire[18]. Au moment de son décès, elle était mature, avec une tendance au stade intermédiaire, à savoir âgée de 46 à 52 ans[19].

Elle avait un retard de croissance au niveau du sacrum et des dommages partiels aux os des orteils[20].

■ **Abb. 95** Das Markenzeichen: Das Fässchen der Marketenderin Madame Bellamie ist erhalten. Vorn prangt der kaiserliche Adler mit Krone im Lorbeerkranz zusammen mit der Nummer 1. Die Dame war Marketenderin im französischen »1er Bataillon des chasseurs à pied de la Garde Impériale«, allerdings im zweiten Kaiserreich (1852–1870). | La marque de fabrique: Le tonneau de la maréchale Madame Bellamie est conservé. À l'avant, l'aigle impérial avec la couronne dans un anneau de lauriers se dresse avec le numéro 1. La dame était maréchale dans le « 1er bataillon des chasseurs à pied de la Garde Impériale » français, mais sous le Second Empire (1852–1870). © akg-images / Interfoto / Hermann Historica GmbH.

Individuum 19.4

Bei der Bestatteten 19.4 handelt es sich um eine Frau von circa 156 cm Körpergröße[17] von graziler Statur. Die Geschlechtsbestimmung erfolgte morphologisch und molekulargenetisch[18]. Sie war zum Todeszeitpunkt matur, mit Tendenz zur mittleren Phase, also 46–52 Jahre alt[19].

Sie hatte eine Wachstumsstörung am Kreuzbein und teils Schäden an den Zehenknochen[20]. In den Augenhöhlen lassen sich Knochenveränderungen beobachten (Cribra orbitalia Stadium 0–3[21]).

Individuum 19.5

Bei der Bestatteten 19.5 handelt es sich um eine Frau, die mit 163±3–4 cm deutlich größer ist als der Durchschnitt[22]. Eine rein morphologische Geschlechtsbestimmung hatte Individuum 19,5 aufgrund des Körperbaus zunächst als männlich eingestuft (vgl. hierzu Flux/Großkopf, **Abb. 203**, der 2. Knochen von links stammt von Individuum 19.5). Die molekulargenetische Geschlechtsbestimmung identifizierte sie zweifelsfrei als weiblich[23].

Sie war zum Zeitpunkt ihres Todes spätmatur, also etwa 53–59 Jahre alt[24]. Ihre Altersgruppe bildete in Rödelheim eine Minderheit – nur 8,3 % der Bestatteten waren so alt, nur 2,9 % noch älter[25].

Die Bestatteten des Rödelheimer Gräberfeldes wurden auf Traumata hin untersucht, darunter auch Traumata von scharfen Klingen. Während diese bei anderen Bestattungen nachgewiesen werden konnten, ist dies bei Individuum 19.5 nicht der Fall[26]. Sie hatte keine Verletzung, die anthropologisch zu ermitteln gewesen wäre.

Das Alter und auch die Belastungen, denen sie im Laufe ihres Lebens ausgesetzt war, gingen jedoch nicht spurlos an ihr vorüber. In den Augenhöhlen lassen sich

Abb. 96 Individuum 19.4 und 19.5 liegen im Grab nebeneinander. In der gleichen Grabgrube unmittelbar darüber waren drei weitere Individuen bestattet. | Les individus 19.4 et 19.5 se trouvent côte à côte dans la tombe. Trois autres individus étaient enterrés dans la même fosse, juste au-dessus.

Des modifications osseuses peuvent être observées dans les orbites (cribra orbitalia stade 0-3[21]).

Individu 19.5

L'inhumée 19.5 est une femme qui, avec 163 ±3-4 cm, est nettement plus grande que la moyenne[22]. Une détermination purement morphologique du sexe avait d'abord classé l'individu 19,5 comme mâle en raison de sa morphologie (voir à ce sujet la **ill. 203** chez Flux/Großkopf, le 2e os en partant de la gauche provient de l'individu 19.5). La détermination du sexe par génétique moléculaire l'a identifié sans aucun doute comme femelle[23].

Elle avait une maturité tardive au moment de sa mort, c'est-à-dire entre 53 et 59 ans[24]. Cette tranche d'âge était minoritaire à Rödelheim: seulement 8,3 % des personnes enterrées avaient cet âge, et seulement 2,9 % étaient encore plus âgées[25].

Les personnes inhumées dans le champ de tombes de Rödelheim ont été examinées pour détecter des traumatismes, notamment des traumatismes causés par des lames tranchantes. Alors que ceux-ci ont pu être mis en évidence dans d'autres inhumations, ce n'est pas le cas pour l'individu 19.5[26]. Elle n'avait pas de blessure qui aurait pu être détectée anthropologiquement.

L'âge et les contraintes auxquelles elle a été soumise au cours de sa vie ont toutefois laissé des traces. On peut observer des modifications osseuses dans les orbites (Cribra orbitalia stade 2-3[27]). Elles sont généralement dues à une carence en fer, qui peut survenir à la suite d'hémorragies importantes ou de malnutrition[28]. Elle avait des fractures de stress au niveau du 3ème métatarsien de son pied gauche[29], également connues sous le nom de fractures de marche, ainsi que des fractures des deux os scaphoïdes tarsiens. L'éburnation a été documentée sur le premier métatarsien des pieds, résultant de la régression du cartilage et du frottement direct des os les uns contre les autres. L'os sésamoïde était enflammé. Les insertions des tendons sur les os des jambes étaient très marquées. Elle souffrait d'une arthrose sévère[30].

Des fragments de textiles ont été retrouvés dans cette sépulture et sont présentés en détail dans le chapitre suivant (**Ill. 96**)[31].

Knochenveränderungen beobachten (Cribra orbitalia Stadium 2–3[27]). Sie entstehen meist infolge von Eisenmangel, welcher infolge von starken Blutungen oder Mangelernährung auftreten kann[28]. Sie hatte Stressfrakturen im 3. Metatarsus ihres linken Fußes[29], auch bekannt als Marschfrakturen, sowie Brüche in beiden Kahnbeinen der Fußwurzelknochen. Am 1. Metatarsus der Füße wurde Eburnisation dokumentiert, die dadurch entsteht, dass der Knorpel zurückgeht und die Knochen unmittelbar aneinander reiben. Das Sesambein war entzündet. Die Sehnenansätze an den Beinknochen waren stark ausgeprägt. Sie litt an starker Arthrose[30].

Aus dieser Bestattung konnten Textilfragmente geborgen werden, die im nachfolgenden Kapitel ausführlich dargestellt werden (**Abb. 96**)[31].

Grab 36

Auf dem sonst von Mehrfachbestattungen und Massengräbern geprägten Gräberfeld sticht Grab 36 heraus, da es sich um eine von zwei Einzelbestattungen handelt. Zudem überlagert Grab 36 das Massengrab 35 partiell. Auch dieses Individuum ist anthropologisch als Frau bestimmt und wurde im Sarg bestattet. Sie liegt als einzige des Gräberfeldes in Bauchlage in einem Einzelsarg, während die anderen 30 Bauchlagen in Massengräbern dokumentiert sind[32] (**Abb. 97**).

Individuum 36

Bei der Bestatteten 36 handelt es sich um eine Frau von circa 158 cm Körpergröße[33] von graziler Statur. Die Geschlechtsbestimmung erfolgte morphologisch und molekulargenetisch[34]. Sie war zum Todeszeitpunkt frühadult, also 21–24 Jahre alt[35] und damit mit Abstand die jüngste Frau im Gräberfeld.

Sie hatte einen Defekt im Beckenbereich am Acetabulum[36], jedoch keine Fraktur[37]. In den Augenhöhlen lassen sich Knochenveränderungen beobachten (Cribra orbitalia Stadium 0-4[38]).

Frauen archäologisch nachweisbar?

Die drei Frauen aus dem Gräberfeld von Frankfurt-Rödelheim haben keine Verletzungen, die auf ihre Todesart hindeuten. Sie haben gesundheitliche Beeinträchtigungen – was angesichts der massiven körperlichen Belastung und der Entbehrungen auf dem Marsch und Rückzug nicht überrascht. Scharfe Traumata und Verletzungen durch Waffen konnten bei ihnen nicht nachgewiesen werden. Die Bestattungen scheinen durch die Einzelsärge fürsorglicher ausgeführt, was im Falle von Grab 36 dadurch entwertet wird, dass die Frau in Bauchlage niedergelegt wurde, was nicht dem üblichen Totenritus entspricht. Die Einzelsärge können jedoch auch eine zeitliche Komponente haben, in dem Sinne, dass die Bestattung in Särgen nur in der Frühphase der Epidemie und/oder bis zum 11.11.1813, bevor die Totengräber erkrankten, möglich waren[39].

Die Gräber enthielten keine Beigaben und nur wenig Hinweise auf Bekleidung. In Grab 19.4 fanden sich zwei Bronzehäkchen. Grab 19.5 ist reich an Kleinfunden, namentlich Textilreste, eine kleine Bronzehülse und nicht nähe ansprechbare Bronzereste, ein Bronzehäkchen und eine kleine flache Eisenöse sowie Metallreste aus Zinn als Nachweis vergangener Knöpfe. In Stelle 36 konnten lediglich Eisennägel der Särge geborgen werden.

Weitere Hinweise auf Kleidung, und damit auch auf Truppenzugehörigkeit und Funktion fehlen. Die eingangs thematisierten möglichen Betätigungsfelder der Frauen – Händlerinnen, Prostituierte, Kämpferinnen – bleiben somit offen. Ihre letzte Station im Leben scheint dagegen gesichert. Ebenso wie die weiteren 210 Toten des Gräberfeldes sind die Frauen in Frankfurt-Rödelheim verstorben.

Tombe 36

Dans le champ de sépultures habituellement caractérisé par des inhumations multiples et des fosses communes, la tombe 36 se distingue, car il s'agit de l'une des deux inhumations individuelles. De plus, la tombe 36 recouvre partiellement la fosse commune 35. Cet individu, lui aussi anthropologiquement déterminé comme femme, a été enterré dans un cercueil. Elle est la seule de la nécropole à reposer en position ventrale dans un cercueil individuel, alors que les 30 autres positions ventrales sont documentées dans des fosses communes[32] (Ill. 97).

Individu 36

La personne inhumée 36 est une femme d'environ 158 cm de taille[33] et de corpulence mince. La détermination du sexe s'est faite morphologiquement et par génétique moléculaire[34]. Au moment de sa mort, elle était une adulte précoce, c'est-à-dire âgée de 21 à 24 ans[35], ce qui en fait de loin la plus jeune femme du cimetière. Elle avait un défaut dans la région pelvienne au niveau de l'acétabulum[36], mais pas de fracture[37]. Des modifications osseuses peuvent être observées dans les orbites. (*Cribra orbitalia* stade 0-4[38]).

Des femmes attestées archéologiquement?

Les trois femmes de la sépulture de Francfort-Rödelheim ne présentent pas de blessures pouvant indiquer la manière dont elles sont mortes. Elles ont des problèmes de santé – ce qui n'est pas surprenant étant donné les efforts physiques massifs et les privations subies pendant la marche et la retraite. Il n'a pas été possible de prouver chez elles des traumatismes aigus ou des blessures par armes. Les enterrements semblent avoir été réalisés avec plus de soin en raison des cercueils individuels, ce qui, dans le cas de la tombe 36, est toutefois invalidé par le fait que la femme a été déposée sur le ventre, ce qui ne correspond pas au rite funéraire habituel. Les cercueils individuels peuvent toutefois aussi avoir une composante temporelle, dans le sens où l'inhumation dans des cercueils n'était possible que dans la phase précoce de l'épidémie et/ou jusqu'au 11.11.1813, avant que les fossoyeurs ne tombent malades[39].

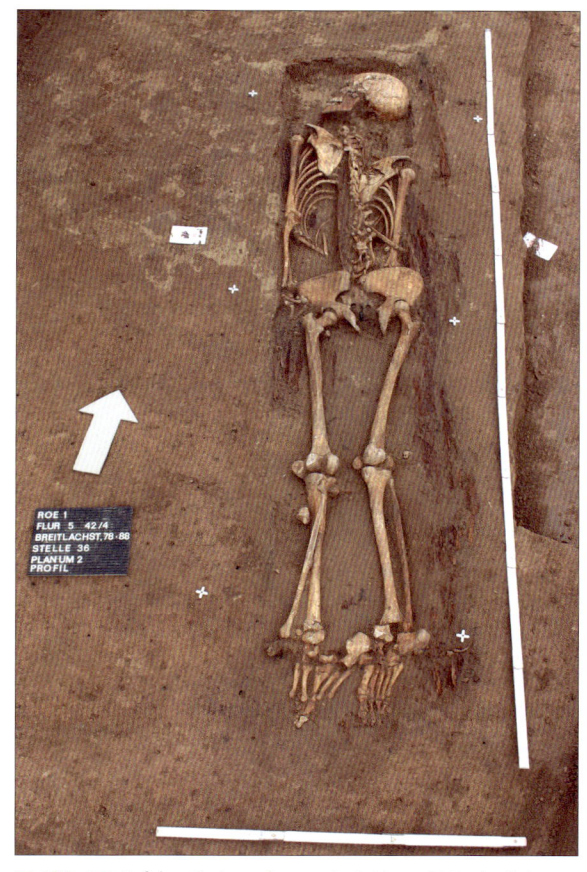

■ **Abb. 97** Auf dem Grabungsfoto von Individuum 36 ist deutlich zu erkennen, dass sie auf dem Bauch liegend bestattet wurde. | La photo de fouille de l'individu 36 montre clairement qu'il a été enterré sur le ventre.

Les tombes ne contenaient pas d'objets funéraires et peu d'indices de vêtements. Dans la tombe 19.4, on a trouvé deux petits crochets en bronze. La tombe 19.5 est riche en petits objets, notamment des restes de textiles, une petite bague en bronze et des restes de bronze non identifiables de près, un crochet en bronze et un petit anneau plat en fer ainsi que des restes métalliques d'étain qui pourraient appartenir à des boutons du passé. Dans le site 36, seuls les clous en fer des cercueils ont pu être récupérés.

Il n'y a pas d'autres indications sur les vêtements, et donc pas non plus sur l'appartenance à une troupe et sur la fonction. Les domaines d'activité possibles des femmes thématisés au début – commerçantes, prostituées, combattantes – restent donc ouverts. Leur dernière étape de vie semble en revanche assez sûre. Tout comme les 210 autres morts de la sépulture, les femmes sont décédées à Francfort-Rödelheim.

ANMERKUNGEN | NOTE

1. Stark 2021.
2. Ouvrard 2017.
3. Hagemann 2002, S. 390f. | Hagemann 2002, S. 390 et suiv.
4. Hagemann 2007, S. 521.
5. Hagemann 2002, S. 383.
6. Rosalie von Bonin, Marie Elisabeth Buchholtz, Regula Engel, Louise Grafemus/ Esther Manuel, Frau Gronert, Charlotta Wilhelmine Karoline Grothen, Freifrau von Hallberg, Friederike Wilhelmine Hartpfeil, Elisabeth Holstein, Fernandine Ilse Hornborstel, Sophia Dorothea Auguste Friederike Krüger, Karoline Krüger, Lotte Krüger, Anna Lühring/ Lucks, Frau Patschinska, Lina Petersen, Eleonore Prochaska, Herzogin von Retz, Frau Riebert, Frau Röding, Dora Sawosch oder Sabosch, Frau Scheinemann, Louise Dorothee Schultz, Beta Seebeck, Francina Gunningh Sloet, Johanna Stegen (als Munitionsbotin), E. S. aus Berlin, Anna Unger, Maria Werder (Quellen siehe Tabelle). | Rosalie von Bonin, Marie Elisabeth Buchholtz, Regula Engel, Louise Grafemus/ Esther Manuel, Madame Gronert, Charlotta Wilhelmine Karoline Grothen, la baronne von Hallberg, Friederike Wilhelmine Hartpfeil, Elisabeth Holstein, Fernandine Ilse Hornborstel, Sophia Dorothea Auguste Friederike Krüger, Karoline Krüger, Lotte Krüger, Anna Lühring/ Lucks, Madame Patschinska, Lina Petersen, Eleonore Prochaska, la duchesse von Retz, Madame Riebert, Madame Röding, Dora Sawosch ou Sabosch, Madame Scheinemann, Louise Dorothee Schultz, Beta Seebeck, Francina Gunningh Sloet, Johanna Stegen (en tant que munitionnaire), E. S. de Berlin, Anna Unger, Maria Werder (voir tableau pour les sources).
7. Spittka 2014, S. 14f. | Spittka 2014, p. 14 et suiv.
8. Ouvrard 2017.
9. Hagemann 2002, S. 384.
10. Ouvrard 2017.
11. Spittka 2014, S. 19f. | Spittka 2014, p. 19 et suiv.
12. Spittka 2014, S. 20f. | Spittka 2014, p. 20 et suiv.
13. Spittka 2014, S. 30.
14. Siehe Hampel in diesem Band, S. 146. | Voir Hampel dans ce recueil, p. 146
15. Flux 2023, S. 101.
16. s. Hampel, S. 254. | voir Hampel, p. 254.
17. Flux 2023, S. 255, Anhang A, XXIII. | Flux 2023, p. 255, Ann. A, XXIII.
18. Flux 2023, S. 255, Anhang A, XV. | Flux 2023, p. 255, Ann. A, XV.
19. Flux 2023, S. 255, Anhang A, XVII. | Flux 2023, p. 255, Ann. A, XVII.
20. growth defect sacrum/ Hallux / defect 2MT/cuneiform 2, Michehl 2020, S. 77.
21. Langenstein unpubl., S. 43.
22. s. Flux 2023, S. 108 | Voir Flux 2023, p. 108.
23. Lucas unpubl., S. 38.
24. Michehl unpubl., S. 77.
25. Flux 2023, Tab. A8.
26. Michehl unpubl., S. 91.
27. Langenstein unpubl., S. 43.
28. Freundliche Mitteilung B. Großkopf/L. Flux | Message amical B. Großkopf/L. Flux.
29. Michehl unpubl., S. 34.
30. Michehl unpubl., S. 77
31. Martins, S. 204–211.
32. Hampel/Obst, S. 329.
33. Flux 2023, S. 255, Anhang A, XXVI.
34. Flux 2023, S. 255, Anhang A, XV.
35. Flux 2023, S. 255, Anhang A, XX.
36. Michehl unpubl., S. 105.
37. Michehl unpubl., S. 92, Tab. 13.
38. Langenstein unpubl., S. 46.
39. Hampel, S. 142.

LITERATUR

FANNY ARNDT Die deutschen Frauen in den Befreiungskriegen (Halle 1867), S. 173–192.

KAREN HAGEMANN »Männlicher Muth und teutsche Ehre«: Nation, Militär und Geschlecht zur Zeit der antinapoleonischen Kriege Preußens (Paderborn/München 2002).

KAREN HAGEMANN ›Heroic Virgins‹ and ›Bellicose Amazons‹: Armed Women, the Gender Order and the German Public during and after the Anti-Napoleonic Wars. In: European History Quaterly Vol. 37(4), 507–527.

LARS-BRODER KEIL Preußische Amazonen im Kampf gegen Napoleon. 18.03.2022, online abrufbar unter https://www.welt.de/geschichte/article121019920/Frauenbilder-Preussische-Amazonen-im-Kampf-gegen-Napoleon.html

HÉLÈNE LEGRAIS Qui était cette femme militaire remarquable surnommée »Dragon Sans Gêne« ? 08.03.2022, online abrufbar unter https://www.francebleu.fr/emissions/histoire-des-po/roussillon/therese-figueur-femme-dans-l-armee-au-temps-de-napoleon

SUSANNE SPITTKA Grenzgängerinnen. Kämpfende Frauen in den Napoleonischen Befreiungskriegen, in: Zum Stand der biografischen Forschungen in der Frauenbewegung. Berichte vom 21. Louise-Otto-Peters-Tag 2012, hg. v. der Louise-Otto-Peters-Gesellschaft e. V. von Gerlinde Kämmerer und Susanne Schötz [= LOUISEum 34. Sammlungen und Veröffentlichungen der Louise-Otto-Peters-Gesellschaft e. V. Leipzig], Leipzig 2014, S. 11–35, abrufbar unter: L34_04-Susanne_Spittka_Grenzgängerinnen._Kämpfende_Frauen_in_den_Napoleonischen_Befreiungskriegen.pdf (louiseottopeters-gesellschaft.de)

ROBERT OUVRARD Les femmes dans les armées de Napoléon. 11.12.2017, online abrufbar unter https://www.napoleon-histoire.com/les-femmes-dans-les-armees-de-napoleon/

FLORIAN STARK Frauen kämpften ganz vorn gegen Napoleon. 11.11.2021, online abrufbar unter https://www.welt.de/geschichte/article119663943/Befreiungskriege-Frauen-kaempften-ganz-vorn-gegen-Napoleon.html

BIBLIOGRAPHIE

FANNY ARNDT Die deutschen Frauen in den Befreiungskriegen (Halle 1867), p. 173–192.

KAREN HAGEMANN « Männlicher Muth und teutsche Ehre » : Nation, Militär und Geschlecht zur Zeit der antinapoleonischen Kriege Preußens (Paderborn/München 2002).

KAREN HAGEMANN ›Heroic Virgins‹ and ›Bellicose Amazons‹: Armed Women, the Gender Order and the German Public during and after the Anti-Napoleonic Wars. In: European History Quaterly Vol. 37(4), 507–527.

LARS-BRODER KEI Preußische Amazonen im Kampf gegen Napoleon. 18.03.2022, online abrufbar unter https://www.welt.de/geschichte/article121019920/Frauenbilder-Preussische-Amazonen-im-Kampf-gegen-Napoleon.html

HÉLÈNE LEGRAIS Qui était cette femme militaire remarquable surnommée « Dragon Sans Gêne » ? 08.03.2022, disponible en ligne sur https://www.francebleu.fr/emissions/histoire-des-po/roussillon/therese-figueur-femme-dans-l-armee-au-temps-de-napoleon

SUSANNE SPITTKA Grenzgängerinnen. Kämpfende Frauen in den Napoleonischen Befreiungskriegen, in: Zum Stand der biografischen Forschungen in der Frauenbewegung. Berichte vom 21. Louise-Otto-Peters-Tag 2012, hg. v. der Louise-Otto-Peters-Gesellschaft e. V. von Gerlinde Kämmerer und Susanne Schötz [= LOUISEum 34. Sammlungen und Veröffentlichungen der Louise-Otto-Peters-Gesellschaft e. V. Leipzig], Leipzig 2014, p. 11–35, disponible sur: L34_04-Susanne_Spittka_Grenzgängerinnen._Kämpfende_Frauen_in_den_Napoleonischen_Befreiungskriegen.pdf (louiseottopeters-gesellschaft.de)

ROBERT OUVRARD Les femmes dans les armées de Napoléon. 11.12.2017, disponible en ligne sur https://www.napoleon-histoire.com/les-femmes-dans-les-armees-de-napoleon/

FLORIAN STARK Frauen kämpften ganz vorn gegen Napoleon. 11.11.2021, disponible en ligne sur https://www.welt.de/geschichte/article119663943/Befreiungskriege-Frauen-kaempften-ganz-vorn-gegen-Napoleon.html

Abb. 98 Ein Glücksfall für die Forschung: Textilerhaltung ist selten in den Böden Frankfurts. | Une aubaine pour la recherche: la conservation des textiles est rare dans les sols de Francfort.

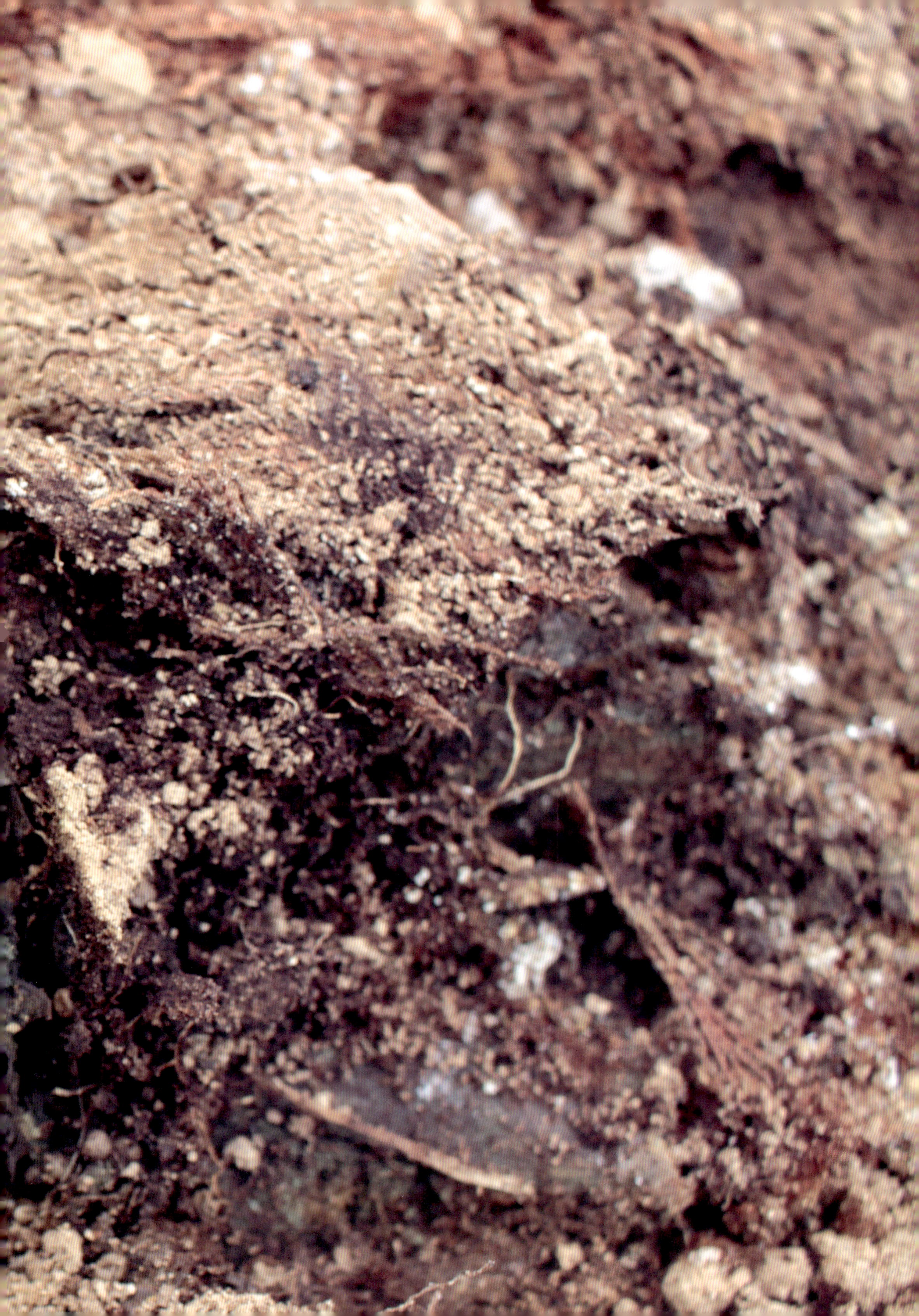

Textilien eines napoleonischen Grabes aus Frankfurt-Rödelheim

SIGRUN MARTINS

Aus den verschiedenen Gräbern der Napoleonischen Kriege aus Frankfurt-Rödelheim zeichnen sich in der Regel kleine textile Anhaftungen in Leinwandbindung ab, seltener gibt es kleine Fellreste. Aus St. 19,5 konnte ein Konglomerat aus dem Armknochen, einer dünnen Holzauflage, einer lederartigen Schicht sowie verschiedenen textilen Auflagerungen in mehreren Schichten geborgen werden, deren Untersuchung lohnenswert erschien. Es handelt sich um 4–5 verschiedene Textilien, die begutachtet wurden und deren textiltechnologische Ergebnisse hier dargestellt werden. Es konnten keine Untersuchungen zur Materialität der Fasern gemacht werden, da dies in der Kürze der Zeit nicht möglich war.

Bei Textil Nummer 1 handelt es sich um ein leinwandbindiges Gewebe mit den Maßen längs 13 x 8 cm quer. Es liegt seitlich des Holzes und Textilbündels mehrfach übereinander. Das Tuch ist locker gewebt, es wirkt teils leicht verfilzt und erscheint einfarbig orange. Beide Fäden sind z-gedreht. Die Fadenstärke beträgt längs zwischen 1,01 bis 1,5 mm und quer 0,72–1,04 mm. Auf 1 cm liegen längs 8–9 Fäden, quer sind es 10 Fäden, d. h. auf 1 cm² kommen 8–9 x 10 Fäden.

Textil N. 2a erscheint dunkler als Textil N. 1 und 3. Es ist sehr dünn und locker gewebt. Wie alle hier vorkommenden Gewebe ist es in Leinwandbindung gefertigt. Beide Fäden sind leicht z-gedreht. Die Fadenstärke beträgt längs zwischen 0,13–23 mm, quer sind es zwischen 0,2–0,22 mm. Auf 5 mm kommen 6 Fäden, bzw. 5–6 Fäden, d. h. auf 1 cm² laufen 10 x 12 Fäden.

Ein weiteres Gewebe, Textil 2b, das ebenfalls zwischen den bunten Geweben liegt, wirkt sehr locker gewebt und könnte eventuell eine Art Mull sein oder eine Füllung von Gewebe 3. es ist ähnlich wie Gewebe 2, nur flockiger. Es ist leicht z-gedreht und erscheint hellgelblich. Die Fadenstärke beträgt längs zwischen 0,42–0,65–mm, quer zwischen 0,31–0,69 mm. Auf 1 cm kommen in einer Richtung 11–12 Fäden, in der anderen Richtung 14 Fäden also 11 x 14 Fäden auf 1 cm².

Bei Textil N. 3 handelt es sich um ein Konglomerat aus verschiedenen Bändern und Stoff mit den Maßen 22 x 16 cm, es ist mehrfach übereinandergelegt. Die Höhe des Konglomerats beträgt bis zu 5 cm. An einer Stelle ist das Band 7 cm lang und dann umgeschlagen, es erscheinen in der Mitte Einschnitte[1]. Die Breite des Bandes beträgt 2–2,5 cm. Auch hier handelt es sich um ein Leinwandgewebe. Die Längsfäden sind z-gedreht, quer sind sie eher gerade bis z-gedreht. Man erkennt ein dichtes Gewebe, wesentlich feiner als Gewebe 1. Auf 1 cm kommen bis zu 21 Fäden längs und 13 Fäden quer. Die Fadenstärke beträgt quer zwischen 0,14–0,24 mm, längs zwischen 0,21–0,59 mm. Dieses Gewebe ist farbig gestaltet, die hellbraunen und rötlichen Fäden bilden längs ein Streifenmuster, quer werden sie von dünneren dunklen Fäden gehalten. Die rötlichen Fäden haben sich wohl häufig entfärbt, sodass das Muster nicht immer gut dokumentiert werden kann. Es scheint so, dass das Muster wohl aus wechselweise 4 dunklen und 4 rötlichen Fäden gebildet wird. An einigen Stellen scheint es aus 2 rötlichen, 8 hellbraunen, 2 rötlichen, 4 dunkelbraunen gebildet zu sein, dieser Eindruck kann aber auch durch eine Entfärbung der Fasern entstanden sein. Auf der Rückseite dieses Gewebefragments erscheint es sogar 6,5 cm breit. Es liegt dort mehrlagig übereinander, dazwischen liegt das Gewebe 2. Die Abfolge erscheint folgendermaßen: zuunterst liegt das dünne Holzbrettchen, längs dazu die 1. Lage des farbigen Gewebes 3, dem folgt Gewebe 2, dann quer zur 1. Lage des Gewebes 3 eine weitere Lage des Gewebes 3.

Das zweite und dritte Gewebe sind zusammengeknüllt. Beim 3. Gewebe sind viele Querfäden gebro-

Textiles d'une tombe napoléonienne de Francfort-Rödelheim

Les différentes tombes des guerres napoléoniennes de Francfort-Rödelheim révèlent en général de petites adhérences textiles en armure toile et, plus rarement, de petits restes de fourrure. Le site 19,5 a permis de dégager un conglomérat composé de l'os du bras, d'une fine couche de bois, d'une couche ressemblant à du cuir ainsi que différentes applications textiles en plusieurs couches, dont l'examen semblait valoir la peine. Il s'agit de 4 à 5 textiles différents qui ont été expertisés et dont les résultats relatifs à la technologie textile sont présentés ici. Il n'a pas été possible de faire des recherches sur l'aspect matériel des fibres, en raison du court laps de temps à disposition.

Le textile numéro 1 est un tissu en toile mesurant 13 cm de longueur et 8 cm de largeur. Il est situé latéralement par rapport à l'ensemble de bois et de textile et est superposé en plusieurs couches. La toile est tissée de manière lâche, elle semble en partie légèrement feutrée et apparaît de couleur orange unie. Les deux fils sont torsadés en Z. L'épaisseur des fils est de 1,01 à 1,5 mm dans le sens de la longueur et de 0,72 à 1,04 mm dans le sens de la largeur. Sur 1 cm, il y a 8 à 9 fils dans le sens de la longueur et 10 dans le sens de la largeur, ce qui signifie que sur 1 cm², il y a 8 à 9 x 10 fils.

Le textile numéro 2a semble plus sombre que les textiles N.1 et 3. Il est très fin et son tissage est lâche. Comme tous les tissus présentés ici, il est en armure toile. Les deux fils sont légèrement torsadés en Z. L'épaisseur des fils est comprise entre 0,13 et 23 mm dans le sens de la longueur, et entre 0,2 et 0,22 mm dans le sens de la largeur. Sur 5 mm, il y a 6 fils, ou 5-6 fils, c'est-à-dire que sur 1 cm², il y a 10 x 12 fils.

Un autre tissu, le textile 2b, qui se trouve également parmi les tissus colorés, semble tissé de manière très lâche et pourrait éventuellement être une sorte d'étamine ou un remplissage du tissu 3. Il est semblable au tissu 2, mais floconneux. Il est légèrement torsadé en Z et apparaît de couleur jaune clair. L'épaisseur du fil est comprise entre 0,42 et 0,65 mm dans le sens de la longueur et entre 0,31 et 0,69 mm dans le sens de la largeur. Sur 1 cm, il y a 11 à 12 fils dans un sens et 14 fils dans l'autre sens, soit 11 x 14 fils sur 1 cm².

Le textile numéro 3 est un conglomérat de différentes bandes et tissus mesurant 22 x 16 cm, il est superposé plusieurs fois. La hauteur du conglomérat peut atteindre 5 cm. À un endroit, le ruban mesure 7 cm de long, puis il est rabattu et des entailles apparaissent au milieu[1]. La largeur de la bande est de 2 à 2,5 cm. Il s'agit ici aussi d'un tissu en armure toile. Les fils longitudinaux sont torsadés en Z, les fils transversaux sont plutôt entre droits à torsadés en Z. L'aspect est celui d'un tissu dense, beaucoup plus fin que le tissu 1. Sur 1 cm, on compte jusqu'à 21 fils dans le sens de la longueur et 13 fils dans le sens de la largeur. L'épaisseur des fils est comprise entre 0,14 et 0,24 mm dans le sens de la largeur et entre 0,21 et 0,59 mm dans le sens de la longueur. Ce tissu est coloré, les fils brun clair et rouges forment un motif à rayures dans le sens de la longueur, tandis que dans le sens de la largeur, ils sont maintenus par des fils plus fins et plus sombres. Les fils rougeâtres se sont probablement souvent décolorés, de sorte que le motif ne peut pas toujours être bien déterminé. Il semble que le motif soit formé d'une alternance de 4 fils sombres et de 4 fils rougeâtres. À certains endroits, il semble être formé de 2 fils rouges, 8 bruns clairs, 2 rouges, 4 bruns foncés, mais cette impression peut aussi être due à une décoloration des fibres. Au dos de ce fragment de tissu, il apparaît une même largeur de 6,5 cm. Il y a plusieurs couches superposées, entre lesquelles se trouve le tissu 2. La succession est la suivante: tout en bas se trouve la fine planche de bois, le long de laquelle il y a la première couche de tissu coloré 3, suivie du tissu 2, puis, perpendiculairement à la première couche de tissu 3, une autre couche de tissu 3.

■ **Abb. 99** Textil Nr. 3, links darunter Textil Nr. 2 a. | Textile n° 3, à gauche en dessous du textile n° 2 a. © Sigrun Martins.

■ **Abb. 100** Die Bändchen von Textil Nr. 3, darunter Textil Nr. 2 a. | Les bandelettes du textile n° 3, en dessous du textile n° 2 a. © Sigrun Martins.

Aktuelle archäologische Forschung in Frankfurt am Main.

■ **Abb. 101** Die Bändchen von Textil Nr. 3. | Les bandelettes du textile n° 3. © Sigrun Martins.

■ **Abb. 102** Die Bändchen von Textil Nr. 4 rechts das gelb verfärbte leinwandbindige Gewebe. | Les bandelettes du textile n° 4, à droite, le tissu en lin décoloré en jaune. © Sigrun Martins.

chen. Bei dem Teil mit den vielfältig erhaltenen Textilien ist das 2. Gewebe sehr dünn und verfilzt. Links vom Holz gibt es eine Webkante, oben über dem Holz ebenso.

Ein viertes Gewebe erscheint an 2 Stellen als Auflage quer über den anderen Geweben und sieht wie ein schmales Band aus. Es wirkt wollig, zu den seitlichen Kanten rollt es sich etwas ein. Es hat eine Breite von 1,5 mm und Länge von 11 und 14 cm. Die Fadenstärke beträgt zwischen 0,5–0,87 mm. Auf 1 cm kommen 8 Fäden. Die Funktion ist unklar, evtl. ist es ein Band für die Fixierung des Verbandes.

Als fünftes Gewebe kann man eine leinwandbindige orange Textilschicht ansprechen, die seitlich des Komplexes aus Knochen, Holz, Leder und Textil liegt. Die Fadenstärke beträgt ca. 0,75 mm. Auf 1 cm² kommen 11 x 13 Fäden. Es wirkt sehr dicht gewebt.

Insgesamt lässt sich vermuten, dass es sich bei dem Konglomerat aus Holz und Textil um einen ruhig stellenden Verband handelt. Die Fixierung mit der hölzernen Wundauflage mit den Maßen 24 x 12 cm und einer Dicke von 5 mm kann in dieser Stärke wohl eher als eine Spanunterlage angesprochen werden. Schon früher erfolgte ein Verband fast ausschließlich mit Mull- oder Leinenbinden sowie darüber mit dem eigentlichen Verbandsmaterial. Irritierend ist bei diesem Befund jedoch die farbige Gestaltung des Verbandmaterials. Es kann keine Aussage getroffen werden, ob hier ein Bruch des Armes versorgt werden sollte oder ob der Verband aus anderen Gründen gefertigt wurde.

ANMERKUNGEN | NOTE

1 Evtl. sind es auch lediglich Bruchstellen, dies ist nicht genau zu erkennen. Ich neige aber zu der Ansicht, dass es sich um Einschnitte handelt, da sie mittig und sehr gerade sind. | Il est possible qu'il s'agisse simplement de cassures, ce qui n'est pas très visible, mais j'ai tendance à penser qu'il s'agit d'entailles, car elles sont centrées et très droites.

Les deuxième et troisième tissus sont enchevêtrés. Sur le 3e tissu, de nombreux fils transversaux sont cassés. Dans la partie où les textiles sont conservés de manière variée, le 2e tissu est très fin et feutré. À gauche du bois, il y a une lisière de tissage, de même qu'en haut au-dessus du bois.

Un quatrième tissu apparaît à deux endroits comme support en travers des autres tissus et ressemble à une bande étroite. Il semble laineux et s'enroule légèrement vers les bords latéraux. Il a une largeur de 1,5 mm et une longueur de 11 et 14 cm. L'épaisseur des fils est comprise entre 0,5 et 0,87 mm. Il y a 8 fils sur 1 cm. Sa fonction n'est pas claire, il s'agit peut-être d'une bande pour la fixation du pansement.

Comme cinquième tissu, on peut mentionner une couche de textile orange en armure toile, qui se trouve sur le côté du complexe d'os, bois, cuir et textile. L'épaisseur des fils est d'environ 0,75 mm. Sur 1 cm^2, on compte 11 x 13 fils. Le tissage semble très dense.

Dans l'ensemble, on peut supposer que le conglomérat de bois et de textile est un pansement d'immobilisation. La fixation avec l'attelle en bois, qui mesure 24 x 12 cm et a une épaisseur de 5 mm, peut plutôt être considérée comme un support de cette épaisseur. Autrefois déjà, les pansements étaient presque exclusivement réalisés avec des bandes de gaze ou de lin et, par-dessus, avec le matériel de pansement proprement dit. La couleur du matériel de pansement est toutefois inattendue. Il n'est pas possible de déterminer si le bandage était destiné à soigner une fracture du bras ou s'il a été confectionné pour d'autres raisons.

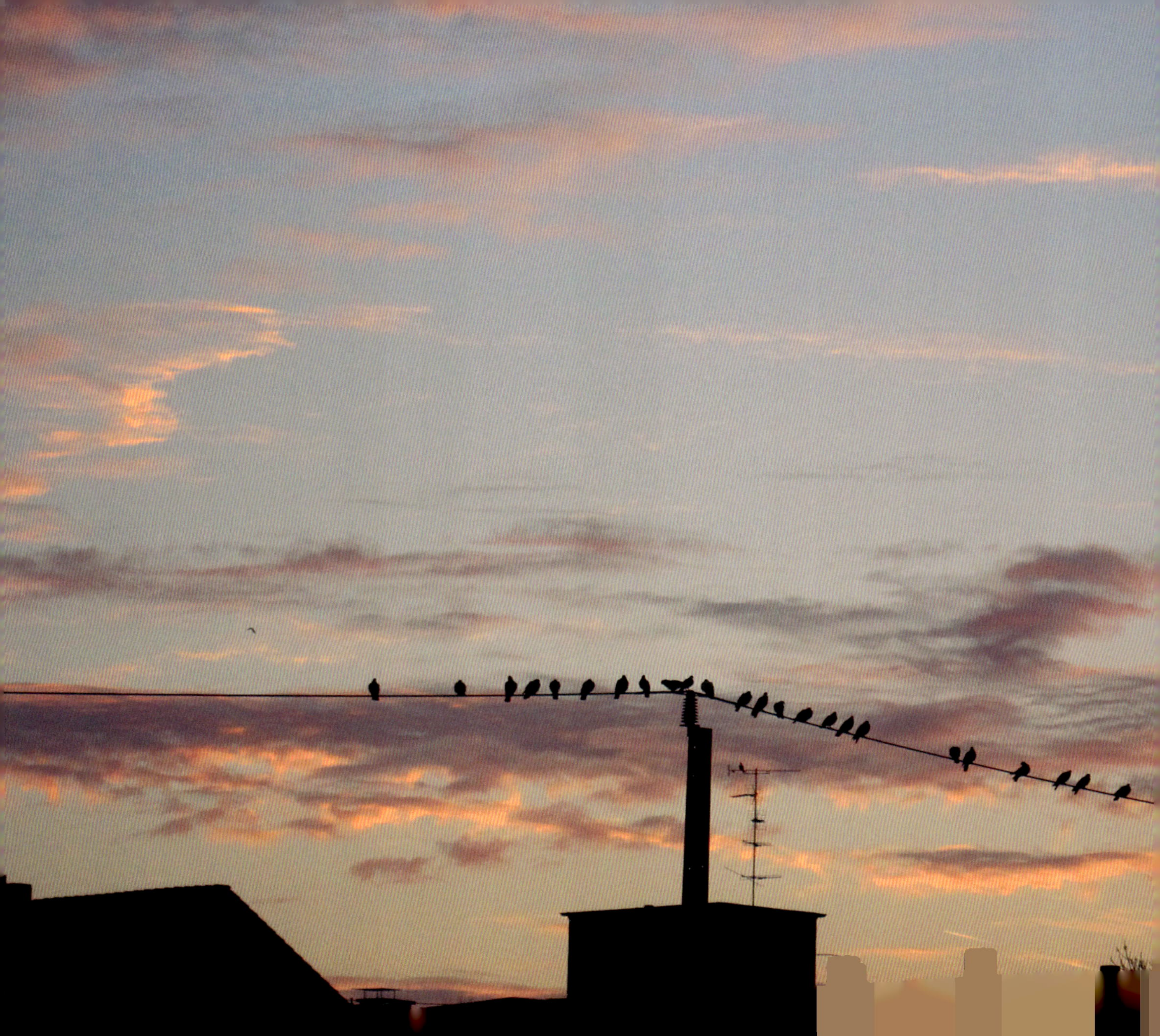

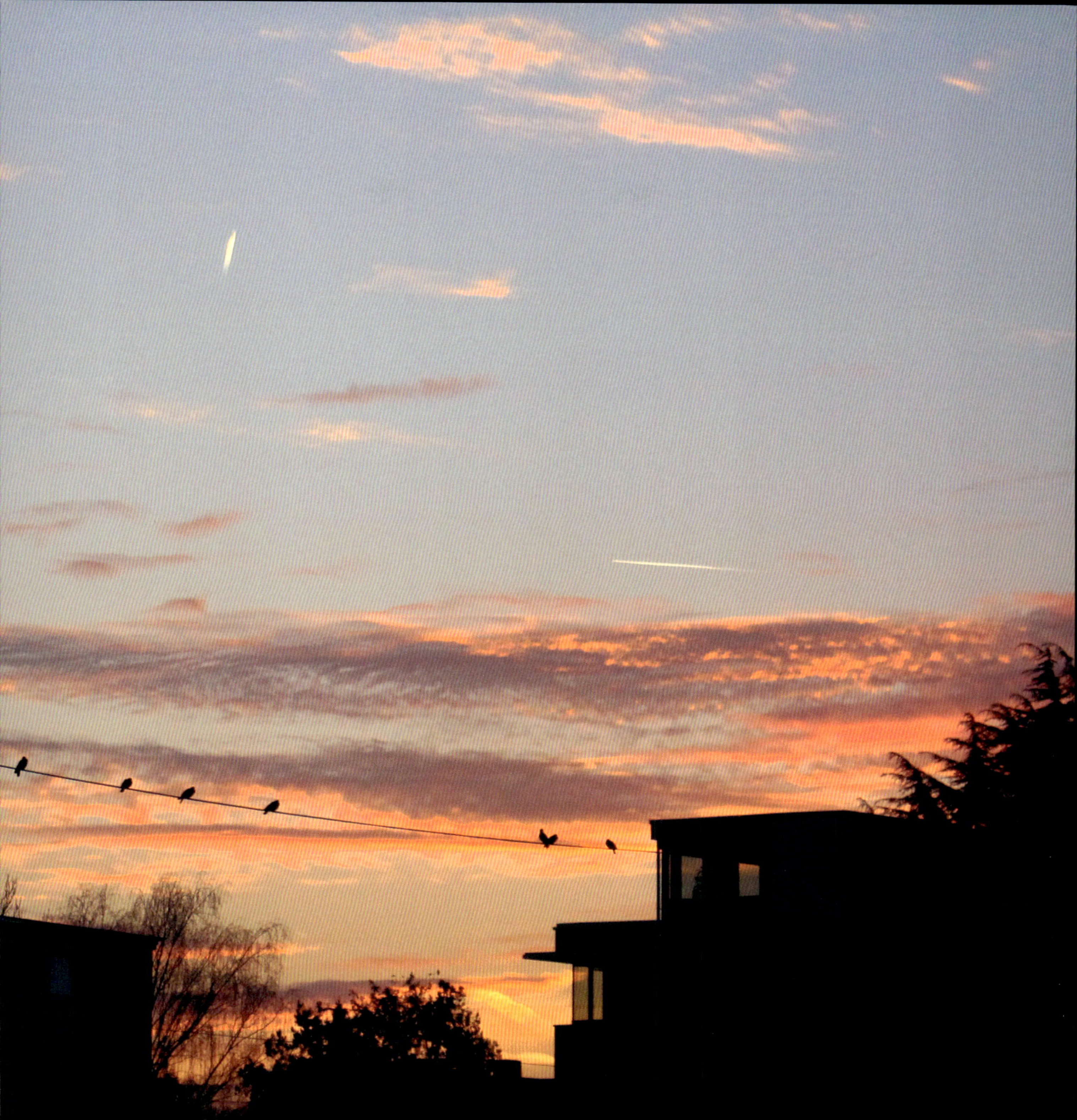

Massengräber im Rhein-Main-Gebiet. Eine archäologische Spurensuche

ANDREA HAMPEL

Vergleicht man die zeitgenössischen und historischen Berichte zu den Verlusten an Mensch, Tier und Material mit den tatsächlichen Fundüberlieferungen, so ergibt sich ein deutliches Missverhältnis. Grundsätzlich sollten Grabfunde aus der Zeit der Koalitionskriege und dem Rückzug nach Mainz, der durch das Rhein-Main-Gebiet führte, häufig nachzuweisen sein. Im heutigen Frankfurter Stadtgebiet sind zusammen mit dem Fundplatz Rödelheim weniger als 300 Gräber der Napoleonischen Kriege fassbar[1].

Die Anwesenheit von Soldaten in Frankfurt, bzw. im Rhein-Main-Gebiet wird nicht nur durch Berichte von Zeitgenossen oder durch Chronisten und Beschreibungen von kriegerischen Ereignissen nachgewiesen, sondern es gibt auch eine große Zahl charakteristischer Fundstücke die archäologisch erfasst werden. Dies ist zunächst für Rödelheim und somit den Fundort selbst möglich[2], aber auch an anderen Stellen in der Stadt.

Nahezu im gesamten Stadtgebiet werden Bleimunition und Ausrüstungsteile bei Begehungen gesammelt. Dabei geben sorgfältig dokumentierte Feldbegehungen Hinweise zu den bekannten Schlachten bei Bergen (BEN 32) oder Höchst (HOE 68) und zeigen im Einzelfall aber auch ein Kampfgeschehen, das keinen Niederschlag in den zeitgenössischen Berichten gefunden hat (BON 12). Allerdings sind die großen Mengen von Munitionskugeln allein nicht eindeutig zeitlich ansprechbar. Auch wenn die französische Gewehrmunition auf 24,5 g festgelegt war, gab es doch mehr oder weniger ungenaue Kaliber.[3]

Musketenkugeln gehören mit zu den häufigsten archäologischen Oberflächenfunden und wurden bis zum Ende der Koalitionskriege benutzt. Grundsätzlich ist auch zu bedenken, dass Bleikugeln auch bei der Jagd verschossen wurden. Von der Fundstelle Rödelheim ist kein einziges Exemplar bekannt, was am Beerdigungsort von Verstorbenen aus Lazaretten auch nicht überraschen kann.

Nicht so häufig, aber auch flächig verteilt sind sogenannte Flintensteine, manchmal in einer Bleifassung.[4] Die honigfarbenen Flintensteine stammen mehrheitlich aus Meusnes (Dép. Loir-et-Cher), allerdings war die Lieferkette während des Krieges unterbrochen und es mussten andere Produzenten gesucht werden. Es gab jedoch wohl einen größeren nutzbaren Vorrat, da andere Silexvarietäten nur selten gefunden wurden.[5]

Auch durch entsprechende Ausstattungsstücke, die bei Feldbegehungen gefunden werden, z. B. Militärknöpfe, kann die Anwesenheit von Soldaten und Einheiten, auch der Grande Armée mit unterschiedlichen Regimentern nachgewiesen werden[6]. Durch entsprechende Auflistungen sind in der Regel die Einsatzorte bekannt. Für das Rhein-Main-Gebiet charakteristisch sind Nachweise der Teilnahme an der Schlacht bei Hanau. Dies trifft unter anderem für die durch Knopffunde nachgewiesenen Regimenter 2 und 153 zu (NES 73) (**Abb. 105**).

Ebenfalls in den militärischen Zusammenhang gehört der Nachweis eines Trommelhakens (**Abb. 104**). Das gut erhaltene Fundstück zeigt einen rückwärtsgewandten, gekrönten Adler, der ein Blitzbündel in den Krallen hält.[7] Diese Referenz an die römischen Kaiser ist charakteristisch für die Zeit nach Napoleons Kaiserkrönung am 02. Dezember 1804. Beide Trommelhalter sind leicht verbogen und einer abgebrochen. Ebenfalls abgebrochen ist das stützende Bronzeblech zwischen den Haltern. Mindestens ein gleichartiger Trommelhaken stammt vom Schlachtfeld vom Dezember 1812 in litauischen Vilnius und ist dort im Museum ausgestellt.

Trommler waren als Signalgeber in der ersten Reihe neben dem Anführer zu finden und entsprechend gefährdet.

Fosses communes dans la région Rhin-Main. Une recherche de traces archéologiques

Si l'on compare les rapports contemporains et historiques sur les pertes humaines, animales et matérielles avec les découvertes réelles qui nous sont parvenues, on constate une nette disproportion. En principe, les découvertes de tombes datant de l'époque des guerres de coalition et de la retraite vers Mayence, qui passait par la région Rhin-Main, devraient être couramment attestées. Dans la zone urbaine actuelle de Francfort, on compte, avec le site de Rödelheim, moins de 300 tombes des guerres napoléoniennes[1].

La présence de soldats à Francfort, ou dans la région Rhin-Main, n'est pas seulement documentée par des récits de contemporains ou par des chroniqueurs et des descriptions d'événements guerriers, mais il existe également un grand nombre d'objets caractéristiques qui sont répertoriés sur le plan archéologique. Cela est avant tout possible pour Rödelheim et donc pour le lieu de découverte lui-même[2], mais aussi pour d'autres endroits de la ville.

Dans presque toutes les zones de la ville, il est possible de retrouver des munitions en plomb et des pièces d'équipement lors de visites sur le terrain. Les visites de terrain soigneusement documentées donnent des indications sur les batailles connues de Bergen (BEN 32) ou de Höchst (HOE 68), mais montrent aussi, dans certains cas, des combats qui n'ont pas trouvé d'écho dans les récits contemporains (BON 12). Toutefois, les grandes quantités de balles de munitions ne permettent pas à elles seules d'établir une chronologie claire. Même si les munitions de fusil françaises étaient fixées à 24,5 g, il existait tout de même des calibres plus ou moins imprécis[3].

Les balles de mousquet font partie des découvertes archéologiques de surface les plus fréquentes et ont été utilisées jusqu'à la fin des guerres de coalition. En principe, il faut également tenir compte du fait que les balles de plomb étaient également utilisées pour la chasse. Aucun exemplaire n'est connu du site de Rödelheim, ce qui ne saurait surprendre sur le lieu d'inhumation de défunts provenant d'hôpitaux militaires.

Moins fréquentes, mais également réparties sur une grande surface, il y a des pierres à fusil, parfois montées en plomb[4]. Les pierres à fusil de couleur miel proviennent en majorité de Meusnes (Loir-et-Cher), mais la chaîne d'approvisionnement a été interrompue pendant la guerre et il a fallu chercher d'autres producteurs. Il y avait cependant probablement un stock utilisable plus important, car les autres variétés de silex n'ont été que rarement trouvées[5].

La présence de soldats et d'unités, y compris de la Grande Armée avec différents régiments, peut également être attestée par des pièces d'équipement correspondantes trouvées lors de

■ **Abb. 106** Bleikugeln als Munition in Schlachten des 16.–19. Jahrhunderts, 9–26 Gramm. Lesefunde von Hr. Schultz, Fundstelle BEN 56 in Frankfurt-Bergen-Enkheim. | Balles de plomb utilisées comme munitions dans les batailles du 16e au 19e siècle, 9–26 grammes. Découverte de M. Schultz, site BEN 56 à Francfort-Bergen-Enkheim.

Abb. 104 Trommelhaken eines Militärmusikers. Die Rückbesinnung Kaiser Napoleons auf die römischen Kaiser wird sichtbar im Adler mit Blitzbündel, der auf den Gott Jupiter verweist. Bei preußischen Funden fehlt dieses Blitzbündel. Der Haken ist deshalb ein Fundstück der napoleonischen Armee und datiert um 1813. Lesefund von Hr. Patino, Fundstelle SOS 18 in Frankfurt-Sossenheim. | Crochet de tambour d'un musicien militaire. Le retour de l'empereur Napoléon aux empereurs romains est reconnaissable dans l'aigle avec faisceau de foudres, qui se réfère au dieu Jupiter. Ce faisceau de foudres manque dans les découvertes prussiennes. Le crochet est donc une pièce trouvée de l'armée napoléonienne et date d'environ 1813. Découverte faite par M. Patino, lieu de la découverte SOS 18 à Francfort-Sossenheim.

Derartige Funde ergänzen jedoch nur das Offensichtliche und bestätigen die archivalischen Nachrichten. Keinesfalls sind sie geeignet, die Fundlücke von Gräbern für die Zeit vom Ende des 18. Jh. bis 1813 zu schließen.

Als Folge der Kontinentalsperre durch Napoleon war seit 1806 das Thema Zucker in Europa virulent. Aufgrund der verhängten Wirtschaftsblockade von Großbritannien und seinen Kolonien, gelangten die überseeischen Produkte aus Zuckerrohr nicht oder nicht mehr in ausreichender Menge nach Europa. Deshalb wurde aller Orten die Zuckerrübenproduktion angekurbelt.[8] Die Produktion versprach zudem hohe Renditen.

Zum Raffinieren des Zuckers werden große Mengen Kalk benötigt. Dieser Kalk wird als »Spodium« verwendet, d. h. es handelt sich um Knochenasche, ein aus Tierknochen gewonnenes Salzgemisch. »Spodium« und Knochenkohle sind ursprünglich aus Tierknochen hergestellt worden, jedoch hat sich der Bedarf in Europa im Rahmen der Zuckerproduktion im 19. Jh. stark erhöht.

Knochenmehl hat jedoch eine vielseitige Verwendung. Gewinnbringend war auch die Verwendung von Knochenmehl bei der Düngerproduktion, denn durch die fortschreitende Industrialisierung gewannen Düngemittel an Bedeutung. Künstlicher Dünger, sog. »Superphosphat«, wurde durch den bekannten Chemiker und Entwickler Justus von Liebig bei Felddüngungsversuchen, bezeichnenderweise an Zuckerrüben (sic!) erfolgreich durchgeführt[9].

Offenbar wurden in Europa bereits ab 1830 bis um das Jahr 1860 zahlreiche Massengräber exhumiert, um die Knochen zu »Knochenmehl« zu verarbeiten.

Ob dies auch im Rhein-Main-Gebiet geschah, ist nicht eindeutig nachgewiesen, aber durchaus wahrscheinlich[10].

Abb. 105 Knopf des 153. Infanterieregiments, das 1813 an der Schlacht bei Hanau teilgenommen hat. Lesefund von Hr. Schultz, Fundstelle NES 73 in Frankfurt-Nieder-Eschbach. | Bouton du 153e régiment d'infanterie qui a participé à la bataille de Hanau en 1813. Découverte de M. Schultz, site NES 73 à Frankfurt-Nieder-Eschbach.

ANMERKUNGEN | NOTE

1 Hampel (in Druck). | Hampel (en cours d'impression).
2 Reichel 2014.
3 Ranseder u. a. (2017) 82 14,5 oder 17,5.
4 Ranseder u. a. (2017) Massenfunde 86.
5 Ranseder u. a. (2017) 85, 87.
6 Zuletzt BEN 98 und ULI 00; Hampel/Sichert (2022) 33; 449.
7 Ortsarchiv Denkmalamt SOS 18 und Hampel/Sichert (2022) 438.

visites sur le terrain, comme par exemple des boutons militaires[6]. Les lieux d'engagement sont généralement connus grâce à des listes pertinentes. Les preuves de la participation à la bataille de Hanau sont caractéristiques de la région Rhin-Main. C'est le cas, entre autres, des régiments 2 et 153 (NES 73), attestés par la découverte de boutons (ill. 105).

De même, la preuve d'un crochet de tambour appartient au contexte militaire (ill. 104). L'objet trouvé, bien conservé, montre un aigle couronné tourné vers l'arrière et tenant un faisceau de foudre dans ses griffes[7]. Cette référence aux empereurs romains est caractéristique de la période qui suivit le couronnement impérial de Napoléon le 02 décembre 1804. Les deux supports de tambour sont légèrement tordus et l'un d'eux est cassé. La plaque de bronze de soutien entre les supports est également cassée. Au moins un crochet de tambour similaire a été trouvé sur le champ de bataille de décembre 1812 à Vilnius, en Lituanie, où il est exposé au musée.

Les joueurs de tambour ayant le rôle de signaleurs, ils se trouvaient au premier rang, à côté du chef, ce qui les mettait en danger.

De telles découvertes ne font cependant que confirmer l'évidence et les informations archivées. Elles ne permettent en aucun cas de combler le manque de tombes pour la période allant de la fin du 18e siècle à 1813.

Suite au blocus continental de Napoléon, la question du sucre devint virulente en Europe depuis 1806. En raison du blocus économique imposé par la Grande-Bretagne et ses colonies, les produits d'outre-mer à base de canne à sucre ne parvenaient pas ou plus en quantité suffisante en Europe. C'est pourquoi la production de betteraves sucrières est stimulée un peu partout[8]. La production promet en outre des rendements élevés.

Pour raffiner le sucre, de grandes quantités de chaux sont nécessaires. Cette chaux est utilisée comme »spodium« (cendre minérale), c'est-à-dire un mélange de sel obtenu à partir d'os d'animaux. Le «spodium» et le charbon d'os ont été fabriqués à l'origine à partir d'os d'animaux, mais la demande a fortement augmenté en Europe dans le cadre de la production de sucre au 19e siècle.

La farine d'os a cependant de nombreuses utilisations. L'utilisation de la farine d'os dans la production d'engrais était également rentable, car l'industrialisation croissante a donné de l'importance aux engrais. L'engrais artificiel, appelé «superphosphate», a été utilisé avec succès par le célèbre chimiste et développeur Justus von Liebig lors d'essais de fertilisation des champs, notamment sur des betteraves à sucre (sic!)[9].

Apparemment, de nombreuses fosses communes ont été exhumées en Europe dès 1830 et jusqu'en 1860 environ, afin de transformer les os en «farine d'os».

Il n'est pas clairement établi si cela s'est également produit dans la région Rhin-Main, mais c'est tout à fait probable[10].

---

8 K. Schneider 2016.
9 Rimpau 1859, 102–110. – Weitz 1909, 108 mit älterer Lit. | Rimpau 1859, 102–110. – Weitz 1909, 108 avec littérature plus ancienne.
10 Schwellnus u. a. (2014). – Hampel (im Druck). | Schwellnus et al. (2014). – Hampel (en cours d'impression).

■ **Abb. 107** Mit feinem Werkzeug legen Mitarbeiter: innen des Denkmalamtes sorgsam zwei Skelette frei. | Les collaborateurs‑ trices du service des monuments historiques dégagent soigneusement deux squelettes à l'aide d'outils fins.

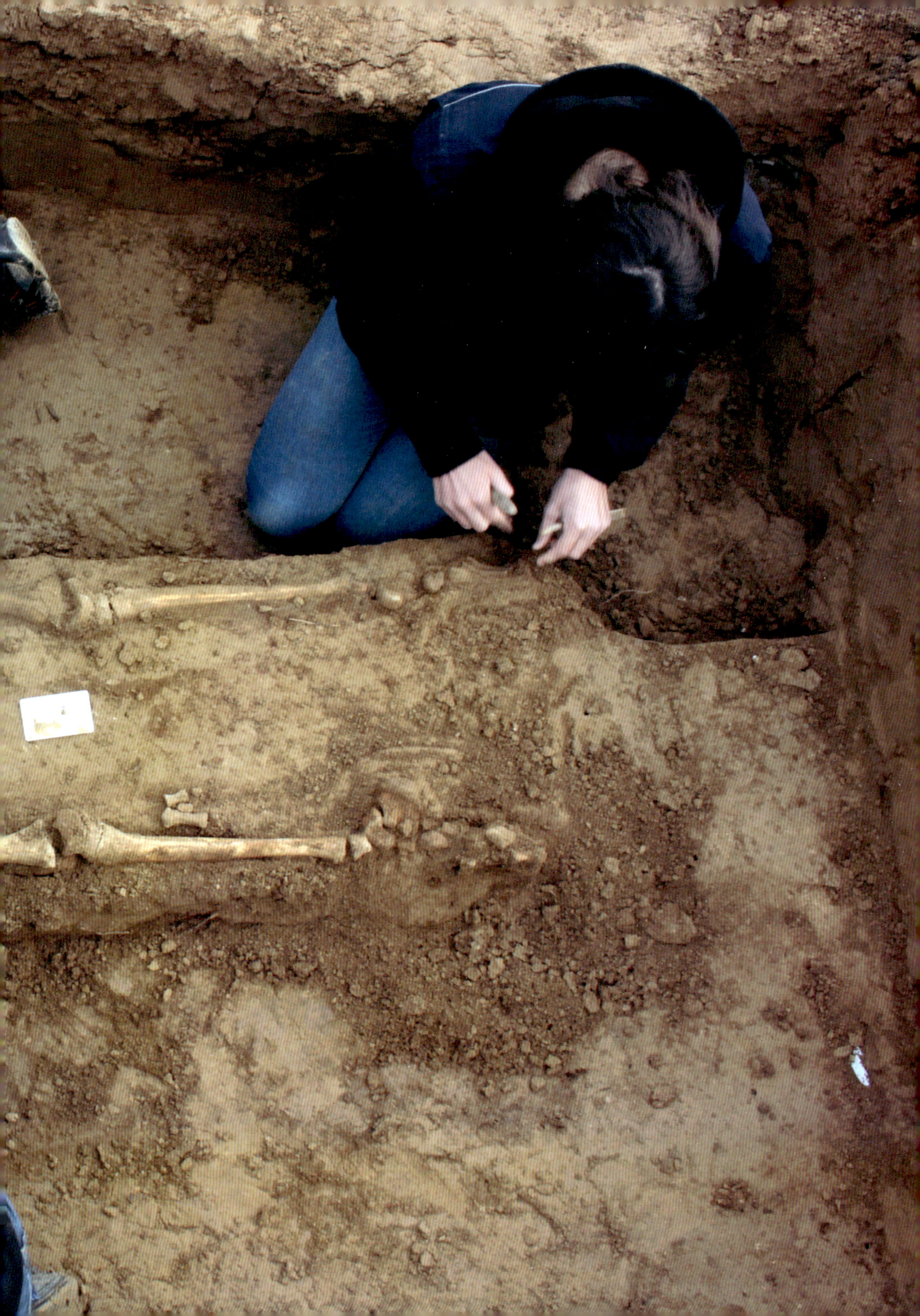

Katalog | Catalogue

ANDREA HAMPEL · MICHAEL OBST

Grab St. 6

Grab St. 6 war rechteckig aber in den Maßen durch jüngere Eingriffe gestört. Die Grabgrube enthielt vier Skelette, die nordwest-südöstlich ausgerichtet und ursprünglich in Einzelsärgen beerdigt waren. Jeweils zwei Särge waren nebeneinander und übereinander abgestellt. Die Bestattung St. 42 war in Teilen stark gestört durch die Kanalarbeiten auf dem ehemaligen Parkplatz bereits 1985 (**Abb. 108–109**).

St. 6.1. Der Tote lag in gestreckter Rückenlage, die Arme eng am Körper und die Hände im Beckenbereich, ursprünglich wohl gefaltet.

St. 6.2. Die Bestattung war durch Baggerarbeiten gestört, eine Lage gestreckt auf dem Rücken war erkennbar. Beim Bergen der Wirbelsäule wurden sehr viele Insektenlarven entdeckt.

St. 6.3. Der Tote lag in gestreckter Rückenlage unter 6.1. in einem schmalen Sarg, dessen Holzreste sich als schwarze Linien im Boden erhalten haben. Während der rechte Arm im Bereich des Beckens lag, befand sich der linke gestreckt neben dem Körper.

St. 6.4. Das Skelett unter 6.2 war durch Baggerarbeiten gestört. Der Tote lag in gestreckter Rückenlage in dem schmalen Sarg leicht nach Westen verschoben. Der rechte Arm lag gestreckt neben dem Körper, der linke im Bereich des Beckens.

La tombe Réf. 6

La tombe Réf. 6 était rectangulaire, mais ses dimensions ont été altérées par des interventions plus récentes. La fosse funéraire contenait quatre squelettes orientés nord-ouest/sud-est, à l'origine enterrés dans des cercueils individuels. Deux cercueils étaient déposés l'un à côté de l'autre et l'un sur l'autre respectivement. L'inhumation avait été en partie fortement perturbée par les travaux de canalisation Réf. 42 sur l'ancien parking déjà en 1985. (**Ill. 108–109**).

Réf. 6.1. Le mort était allongé sur le dos, les bras près du corps et les mains au niveau du bassin, probablement replié à l'origine.

Réf. 6.2. L'inhumation a été perturbée par des travaux de dragage, mais une position allongée sur le dos était reconnaissable. Lors de la récupération de la colonne vertébrale, de très nombreuses larves d'insectes ont été découvertes.

Réf. 6.3. Le mort était couché sur le dos en position étendue sous 6.1 dans un cercueil étroit dont les restes de bois ont laissé des traces sous la forme de lignes noires dans le sol. Alors que le bras droit se trouvait dans la zone du bassin, le bras gauche était étendu à côté du corps.

Réf. 6.4. Le squelette sous 6.2 avait été altéré par des travaux de dragage. Le mort était allongé sur le dos dans le cercueil étroit, légèrement décalé vers l'ouest. Le bras droit était tendu à côté du corps, le bras gauche au niveau du bassin.

■ **Abb. 108** Gräber 6.1 und 6.2 während der Ausgrabung. | Tombes 6.1 et 6.2 pendant les fouilles.

■ **Abb. 109** Gräber 6.3 und 6.4 während der Ausgrabung. | Tombes 6.3 et 6.4 pendant la fouille.

Grab St. 7

Grab St. 7 war rechteckig mit den Maßen 2,20 x 1,20 m. Die Grabgrube enthielt vier Skelette, die nordwest-südöstlich ausgerichtet und ursprünglich in Einzelsärgen beerdigt waren. Jeweils zwei Särge waren nebeneinander und übereinander abgestellt (Abb. 110–112).

St. 7.1 Der Tote lag in gestreckter Rückenlage, die Arme eng am Körper und die Hände unter dem Becken.

St. 7.2. Der Tote lag in gestreckter Rückenlage in dem schmalen Sarg. Der rechte Arm lag gestreckt neben dem Körper, der linke im Bereich des Beckens.

St. 7.3. Der Tote lag in gestreckter Rückenlage unter 7.1. in einem schmalen Sarg. Während der rechte Arm gestreckt am Körper lag, befand sich der linke angewinkelt auf dem Körper. Am rechten Schienbein lagen einige Insektenlarven.

St. 7.4. Der Tote lag in gestreckter Rückenlage unter 7.2. in einem schmalen Sarg. Während der linke Arm gestreckt am Körper lag, befand sich der rechte angewinkelt auf dem Körper.

La tombe Réf. 7

La tombe Réf. 7 était rectangulaire et mesurait 2,20 x 1,20 m. La fosse funéraire contenait quatre squelettes orientés nord-ouest/sud-est et enterrés à l'origine dans des cercueils individuels. Deux cercueils étaient placés l'un à côté de l'autre et deux l'un au-dessus de l'autre (ill. 110–112).

Réf. 7.1 Le mort était allongé sur le dos, les bras serrés contre le corps et les mains sous le bassin.

Réf. 7.2 Le mort était allongé sur le dos, dans le cercueil étroit. Le bras droit était tendu le long du corps, le bras gauche au niveau du bassin.

Réf. 7.3 Le mort était couché allongé sur le dos, sous 7.1 dans un cercueil étroit. Alors que le bras droit était tendu le long du corps, le bras gauche était replié sur le corps. Quelques larves d'insectes se trouvaient sur le tibia droit.

Réf. 7.4 Le mort était allongé sur le dos dans un cercueil étroit sous 7.2. Le bras gauche était tendu contre le corps, alors que le bras droit était plié sur le corps.

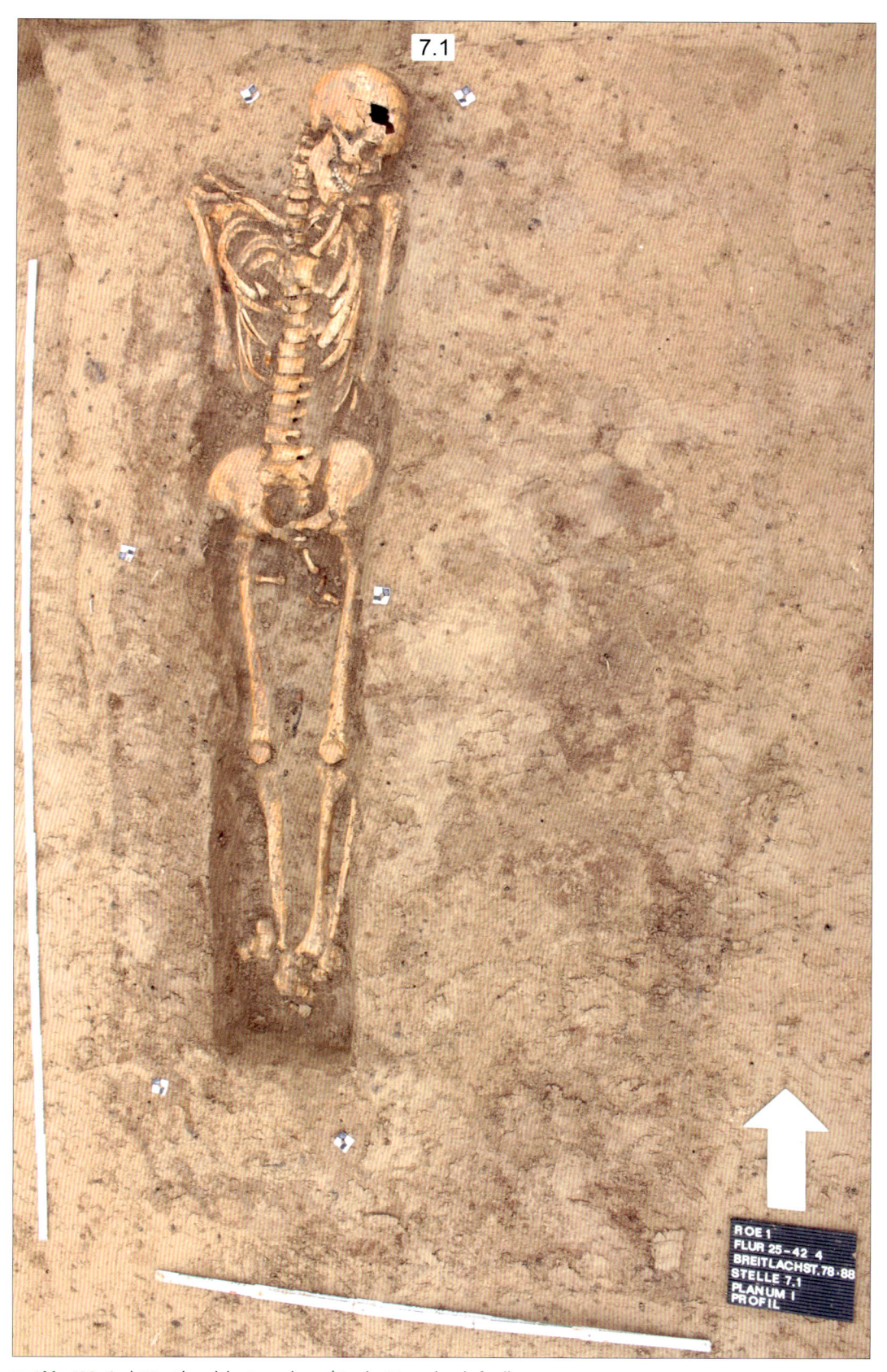

Aktuelle archäologische Forschung in Frankfurt am Main.

■ **Abb. 110** Grab 7.1 während der Ausgrabung. | Tombe 7.1 pendant la fouille.

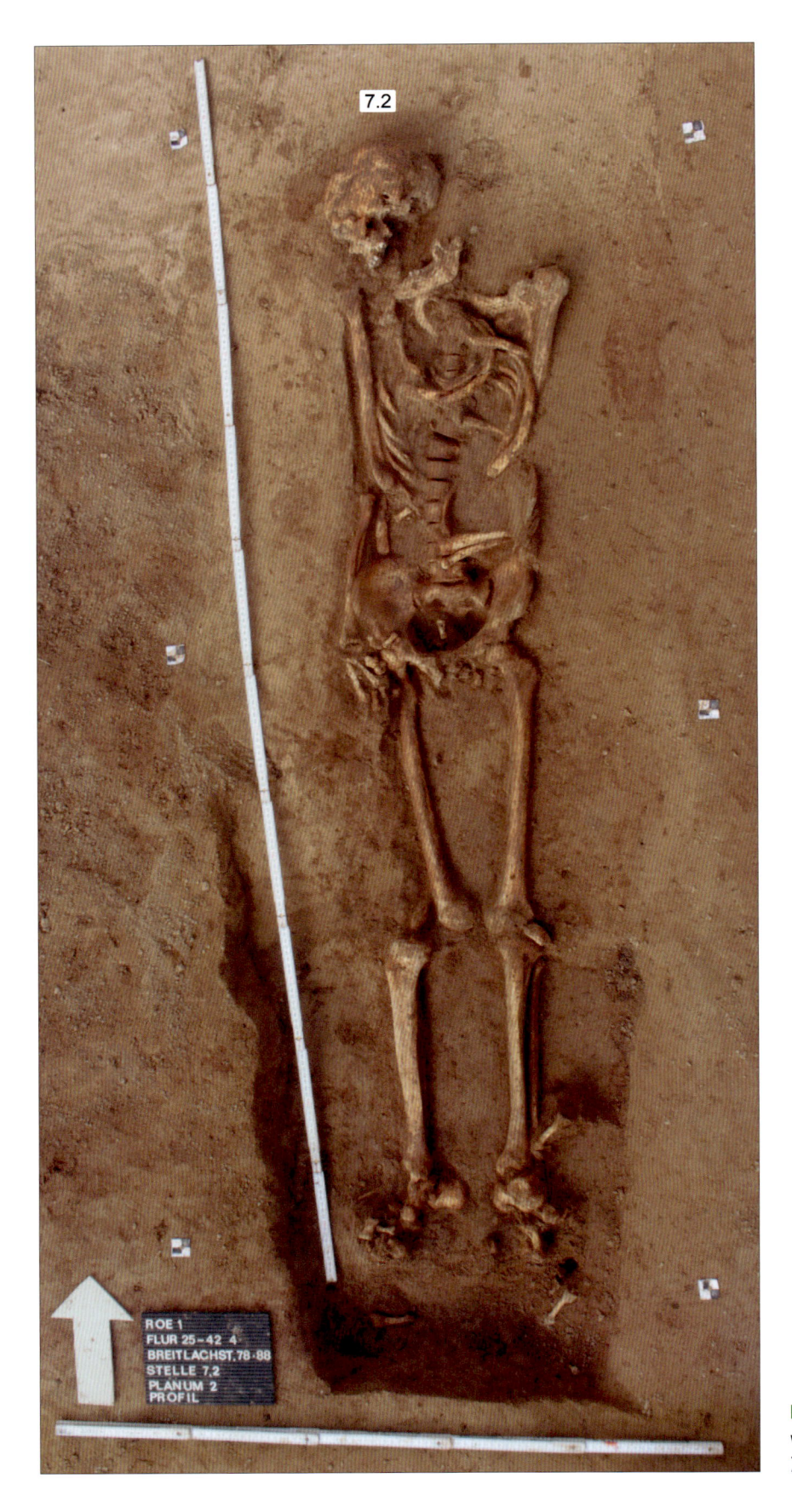

Abb. 111 Grab 7.2 während der Ausgrabung. | Tombe 7.2 pendant la fouille.

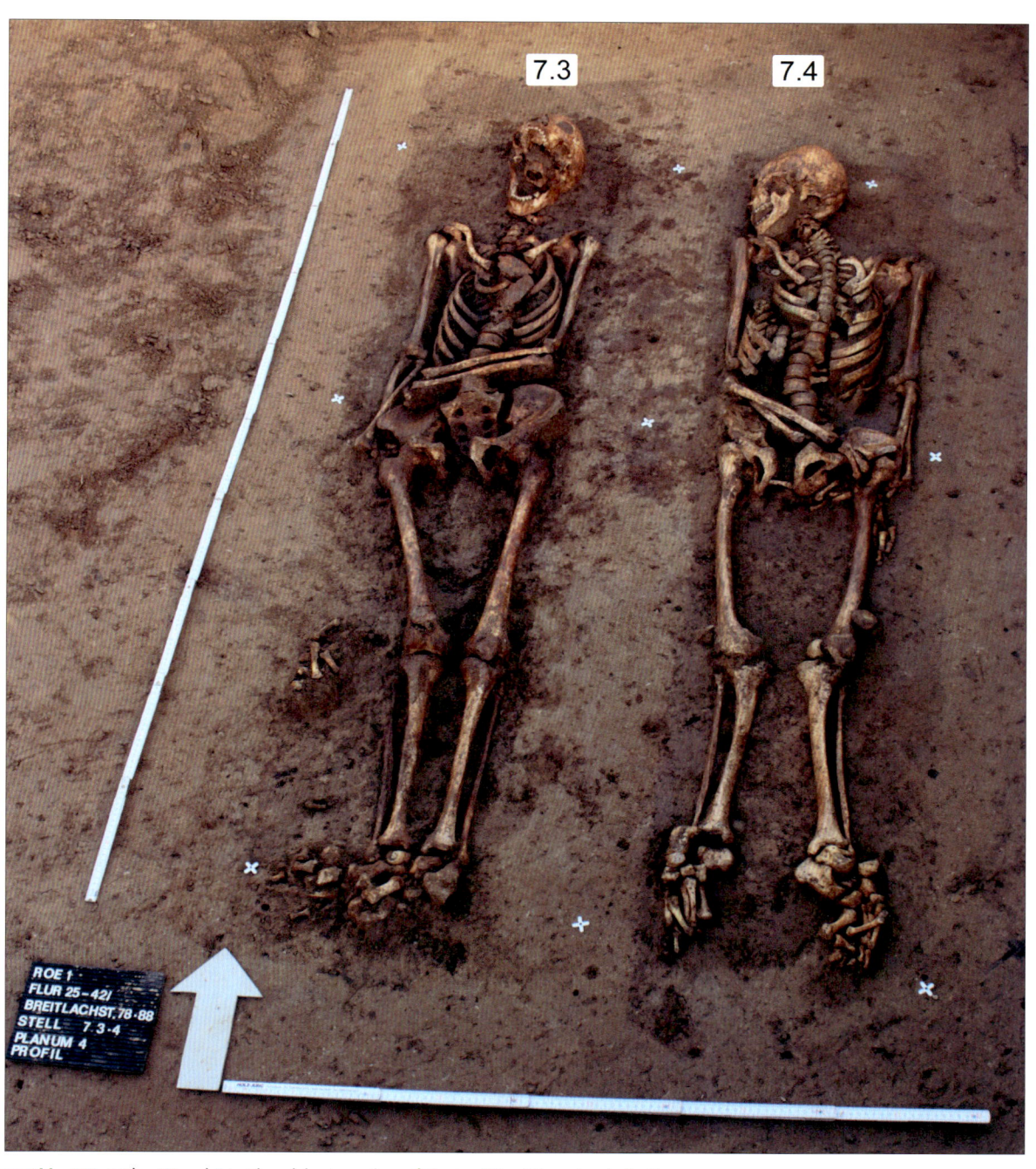

Abb. 112 Gräber 7.3 und 7.4 während der Ausgrabung. | Tombes 7.3 et 7.4 pendant la fouille.

Grab St. 8

Grab St. 8 war rechteckig mit den Maßen 2,40 x 1,25 m. Die Grabgrube enthielt vier Skelette, die nordwest-südöstlich ausgerichtet und ursprünglich in Einzelsärgen beerdigt waren. Jeweils zwei Särge waren übereinander abgestellt (**Abb. 113–114**).

St. 8.1 Der Tote lag in gestreckter Rückenlage, die Arme eng am Körper und die Hände im Beckenbereich, ursprünglich wohl gefaltet.

St. 8.2. Der Tote lag in gestreckter Rückenlage in einem schmalen Sarg. Während der linke Arm gestreckt am Körper leicht unter dem Becken lag, befand sich der rechte im Bereich des Beckens. Das linke Schienbein ist postmortal verlagert.

St. 8.3. Der Tote lag in gestreckter Rückenlage unter 8.1. in einem schmalen Sarg, linker Arm lag parallel zum Körper, die Hand unter dem Becken; der rechte Arm auf dem Becken.

St. 8.4. Der Tote lag in gestreckter Rückenlage unter 8.2, der rechte Arm stark abgewinkelt, der linke und die Hände im Beckenbereich.

La tombe Réf. 8

La tombe Réf. 8 était rectangulaire et mesurait 2,40 x 1,25 m. La fosse funéraire contenait quatre squelettes orientés nord-ouest/sud-est et enterrés à l'origine dans des cercueils individuels. Les cercueils étaient placés deux par deux, l'un au-dessus de l'autre (ill. 113–114).

Réf. 8.1 Le mort était allongé sur le dos, les bras près du corps et les mains au niveau du bassin, probablement repliées à l'origine.

Réf. 8.2 Le mort était allongé sur le dos dans un cercueil étroit. Alors que le bras gauche était tendu contre le corps, légèrement sous le bassin, le bras droit se trouvait dans la zone du bassin. Le tibia gauche a été déplacé post-mortem.

Réf. 8.3. Le mort était couché sur le dos en extension sous 8.1, dans un cercueil étroit, le bras gauche était parallèle au corps, la main sous le bassin; le bras droit sur le bassin.

Réf. 8.4. Le mort était allongé sur le dos en extension sous 8.2, le bras droit fortement plié, le bras gauche et les mains au niveau du bassin.

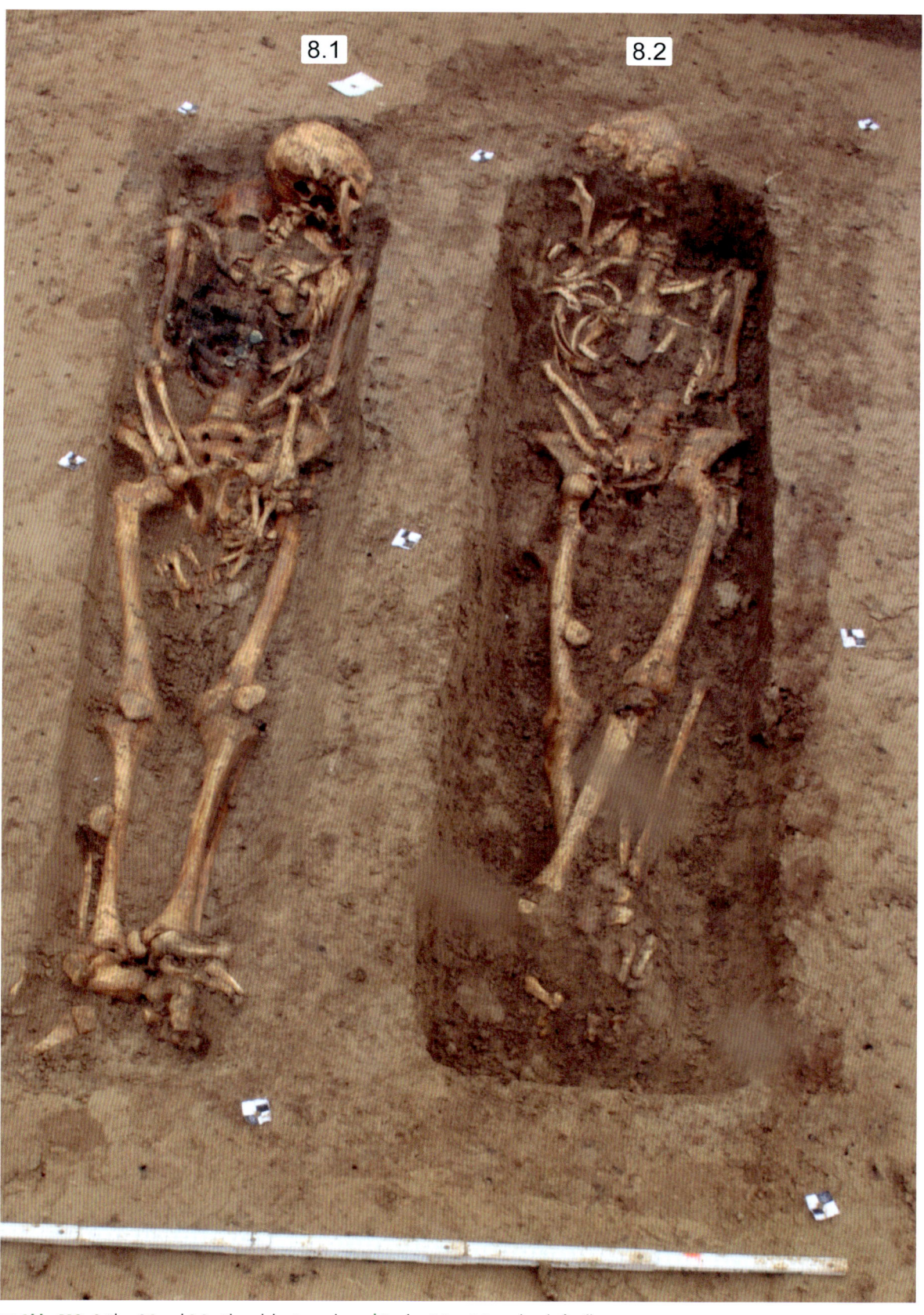

Aktuelle archäologische Forschung in Frankfurt am Main.

■ **Abb. 113** Gräber 8.1 und 8.2 während der Ausgrabung. | Tombes 8.1 et 8.2 pendant la fouille.

Abb. 114 Gräber 8.3 und 8.4 während der Ausgrabung. | Tombes 8.3 et 8.4 pendant la fouille.

Grab St. 9

Grab St. 9 war rechteckig mit den Maßen 2,25 x 1,20 m. Die Grabgrube enthielt drei Skelette, die zweimal nordwest-südöstlich und einmal umgekehrt ausgerichtet und ursprünglich in Einzelsärgen beerdigt waren. Zwei Särge waren über einem Einzelsarg abgestellt (Abb. 115–116).

St. 9.1 Der Tote lag nordwest-südöstlich ausgerichtet in gestreckter Rückenlage, die Arme gestreckt eng am Körper.

St. 9.2. Der Tote lag in gestreckter Rückenlage südost-nordwestlich ausgerichtet, der linke Arm stark abgewinkelt, der rechte gestreckt neben dem Körper. Der Sarg stand höher als St. 9.1.

St. 9.3. Der Tote lag in gestreckter Rückenlage unter 9.1. und 9.2. in einem schmalen Sarg nordwest-südöstlich ausgerichtet, die Arme eng am Körper und die rechte Hand im Beckenbereich, die linke gestreckt leicht unter dem Becken.

La tombe Réf. 9

La tombe Réf. 9 était rectangulaire et mesurait 2,25 x 1,20 m. La fosse funéraire contenait trois squelettes, dont deux orientés nord-ouest/sud-est et un inversé, et ils étaient à l'origine enterrés dans des cercueils individuels. Deux cercueils étaient placés au-dessus d'un cercueil individuel (ill. 115–116).

Réf. 9.1 Le mort était orienté nord-ouest/sud-est, en position allongée sur le dos, les bras tendus près du corps.

Réf. 9.2 Le mort était allongé sur le dos, orienté sud-est/nord-ouest, le bras gauche fortement plié, le bras droit tendu le long du corps. Le cercueil était plus haut que le Réf. 9.1.

Réf. 9.3. Le mort reposait en position allongée sur le dos sous 9.1 et 9.2, dans un cercueil étroit orienté nord-ouest/sud-est, les bras serrés contre le corps, avec la main droite au niveau du bassin et la main gauche tendue légèrement sous le bassin.

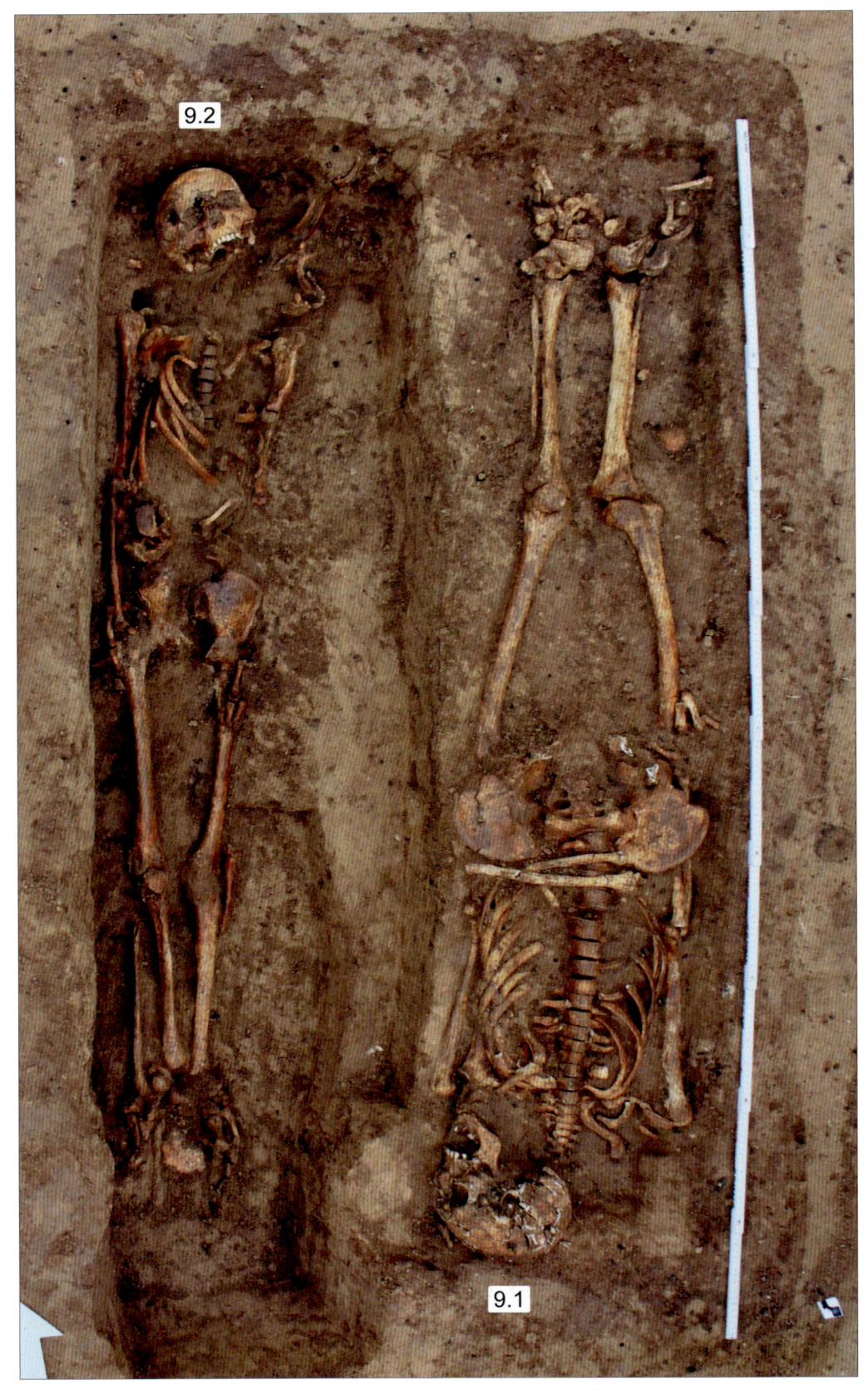

Abb. 115 Gräber 9.1 und 9.2 während der Ausgrabung. | Tombes 9.1 et 9.2 pendant la fouille.

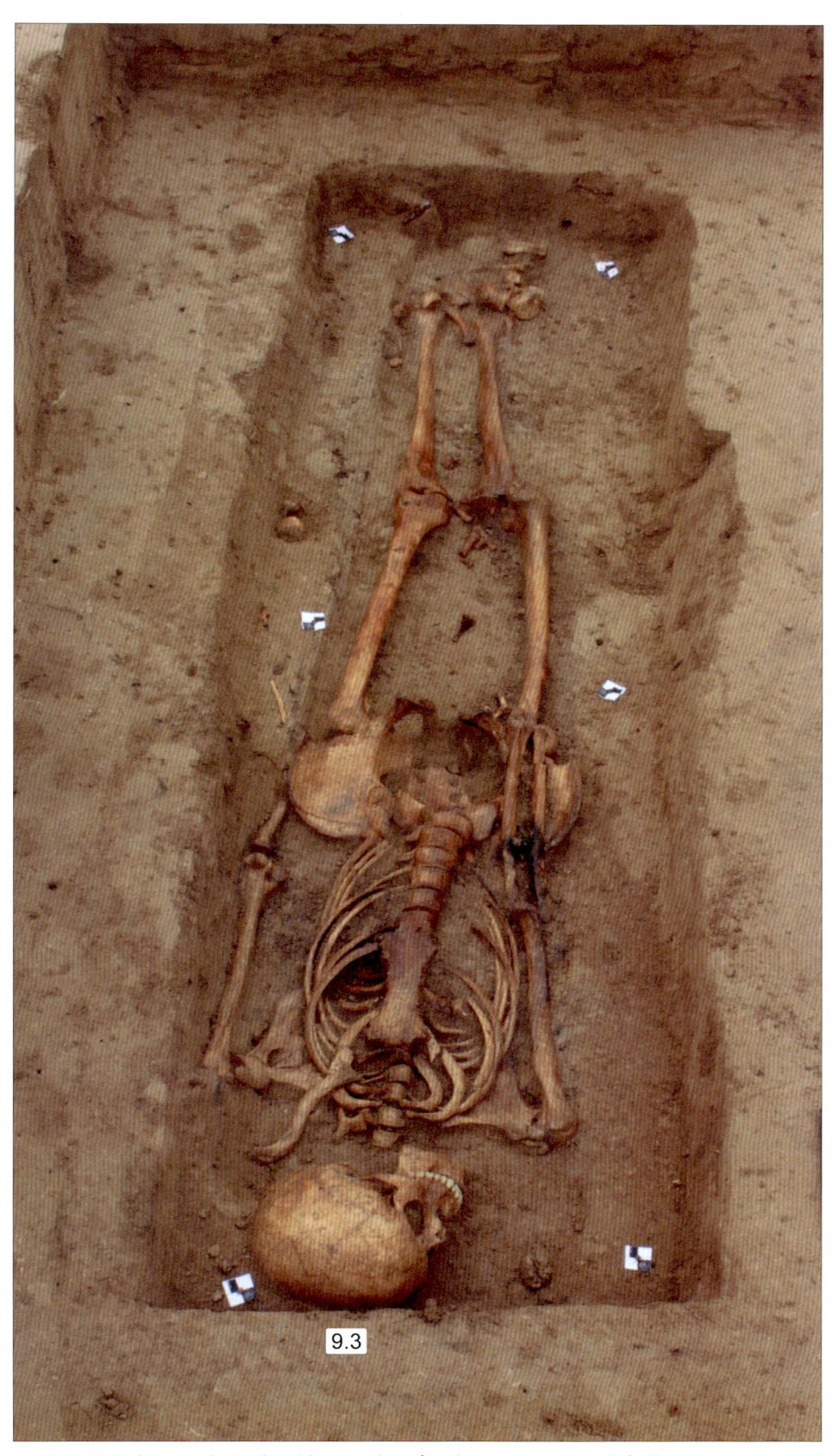

Aktuelle archäologische Forschung in Frankfurt am Main.

■ **Abb. 116** Gräber 9.3 und 9.4 während der Ausgrabung. | Tombes 9.3 et 9.4 pendant la fouille.

Grab St. 10

Grab St. 10 war rechteckig mit den Maßen 2,10 x 1,10 m. Die Grabgrube enthielt vier Skelette, die nordwest-südöstlich ausgerichtet und ursprünglich in Einzelsärgen beerdigt waren. Jeweils zwei Särge waren nebeneinander und übereinander abgestellt (**Abb. 117–118**).

St. 10.1. Der Tote lag in gestreckter Rückenlage, die Arme gestreckt eng am Körper, die Hände leicht unter dem Becken.

St. 10.2. Der Tote lag in gestreckter Rückenlage, der rechte Arm gestreckt neben dem Körper, der linke leicht abgewinkelt und die Hand im Beckenbereich.

St. 10.3. Der Tote lag in gestreckter Rückenlage unter 10.1., die Arme gestreckt eng am Körper, leicht unter dem Becken.

St. 10.4. Der Tote lag in gestreckter Rückenlage unter 10.2., die Arme eng am Körper und die Hände im Beckenbereich. Skelett leicht gestört durch Tiergänge.

La tombe Réf. 10

La tombe Réf. 10 était rectangulaire et mesurait 2,10 x 1,10 m. La fosse funéraire contenait quatre squelettes orientés nord-ouest/sud-est et enterrés à l'origine dans des cercueils individuels. Les cercueils étaient placés deux par deux, l'un à côté de l'autre et l'un au-dessus de l'autre (**ill. 117–118**).

Réf. 10.1 Le mort était allongé sur le dos, les bras tendus près du corps, les mains légèrement sous le bassin.

Réf. 10.2 Le mort était allongé sur le dos, le bras droit tendu le long du corps, le gauche légèrement plié, avec la main au niveau du bassin.

Réf. 10.3 Le mort était allongé sur le dos sous le 10.1, les bras tendus près du corps, légèrement sous le bassin.

Réf. 10.4 Le mort était couché sur le dos en extension sous le 10.2, les bras près du corps et les mains au niveau du bassin. Squelette légèrement perturbé par des passages d'animaux.

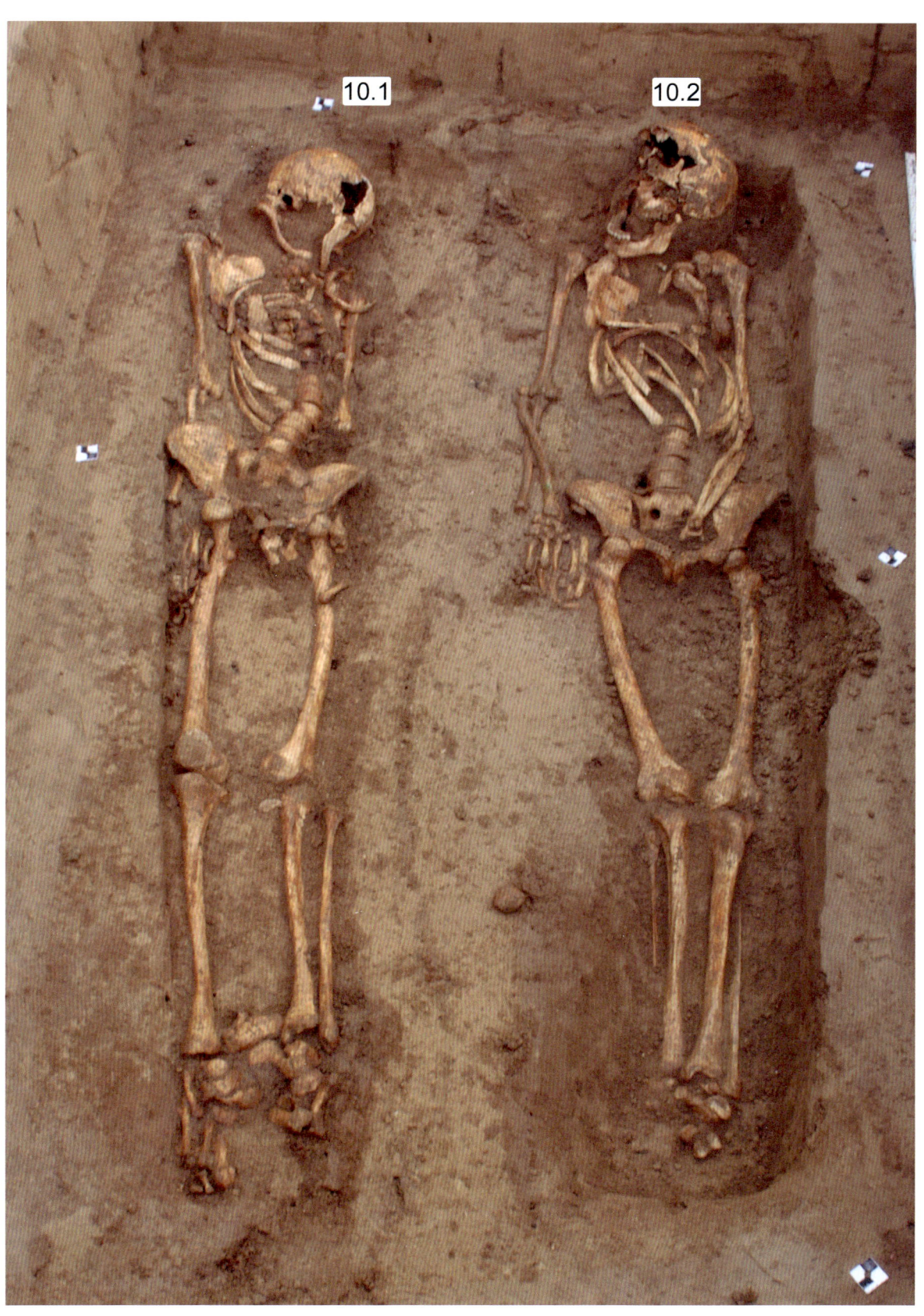

Abb. 117 Gräber 10.1 und 10.2 während der Ausgrabung. | Tombes 10.1 et 10.2 pendant la fouille.

ERDVERBUNDEN BAND 2

■ **Abb. 118** Gräber 10.3 und 10.4 während der Ausgrabung. | Tombes 10.3 et 10.4 pendant la fouille.

Andrea Hampel · Michael Obst

Grab St. 11

Grab St. 11 war rechteckig mit den Maßen 2,40 × 1,20 m. Die Grabgrube enthielt vier Skelette, die nordwest-südöstlich ausgerichtet und ursprünglich in Einzelsärgen beerdigt waren. Zunächst wurde mittig ein Sarg abgestellt, darüber zwei weitere, darüber erneut ein einzelner (Abb. 119–120).

St. 11.1. Der Tote lag in gestreckter Rückenlage mittig in der Grabgrube, die Arme gestreckt am Körper; die Hände leicht unter dem Becken. Durch das Verkippen der Knochen entstand der Eindruck eines in der Mitte auseinandergeklappten Skelettes.

St. 11.2. Der Tote lag in gestreckter Rückenlage unter 11.1, der rechte Arm gestreckt am Körper, die Hand im Beckenbereich, der linke abgewinkelt und die Hand auf dem rechten Unterarm.

St. 11.3. Der Tote lag in gestreckter Rückenlage unter 11.1., die Arme gestreckt am Körper, die Hände im Beckenbereich. Auf der Höhe des rechten Oberschenkels wurde die Sargstandspur gestört; hier ist der Sarg im Laufe der Zeit eingebrochen.

St. 11.4. Der Tote lag in gestreckter Rückenlage unter 11.2. und 11.3., die Arme gestreckt eng am Körper, die Hände leicht unter dem Becken.

La tombe Réf. 11

La tombe Réf. 11 était rectangulaire et mesurait 2,40 × 1,20 m. La fosse funéraire contenait quatre squelettes orientés nord-ouest/sud-est, à l'origine enterrés dans des cercueils individuels. Un cercueil a d'abord été déposé au centre, puis deux autres par-dessus, et à nouveau un seul par-dessus (ill. 119–120).

Réf. 11.1 Le mort était allongé sur le dos, au milieu de la fosse, les bras tendus le long du corps; les mains légèrement sous le bassin. Le basculement des os donnait l'impression d'un squelette replié en son milieu.

Réf. 11.2 Le mort était allongé sur le dos en position étirée sous le 11.1, le bras droit tendu le long du corps, la main au niveau du bassin, le bras gauche plié et la main sur l'avant-bras droit.

Réf. 11.3 Le mort était couché sur le dos en extension sous le 11.1, les bras tendus le long du corps, les mains au niveau du bassin. À la hauteur de la cuisse droite, la trace du cercueil a été altérée; le cercueil s'est effondré à cet endroit avec le temps.

Réf. 11.4 Le mort était couché sur le dos en extension sous les 11.2 et 11.3, les bras tendus près du corps, les mains légèrement sous le bassin.

■ **Abb. 119** Gräber 11.1, 11.2 und 11.3 während der Ausgrabung. | Tombes 11.1, 11.2 et 11.3 pendant la fouille.

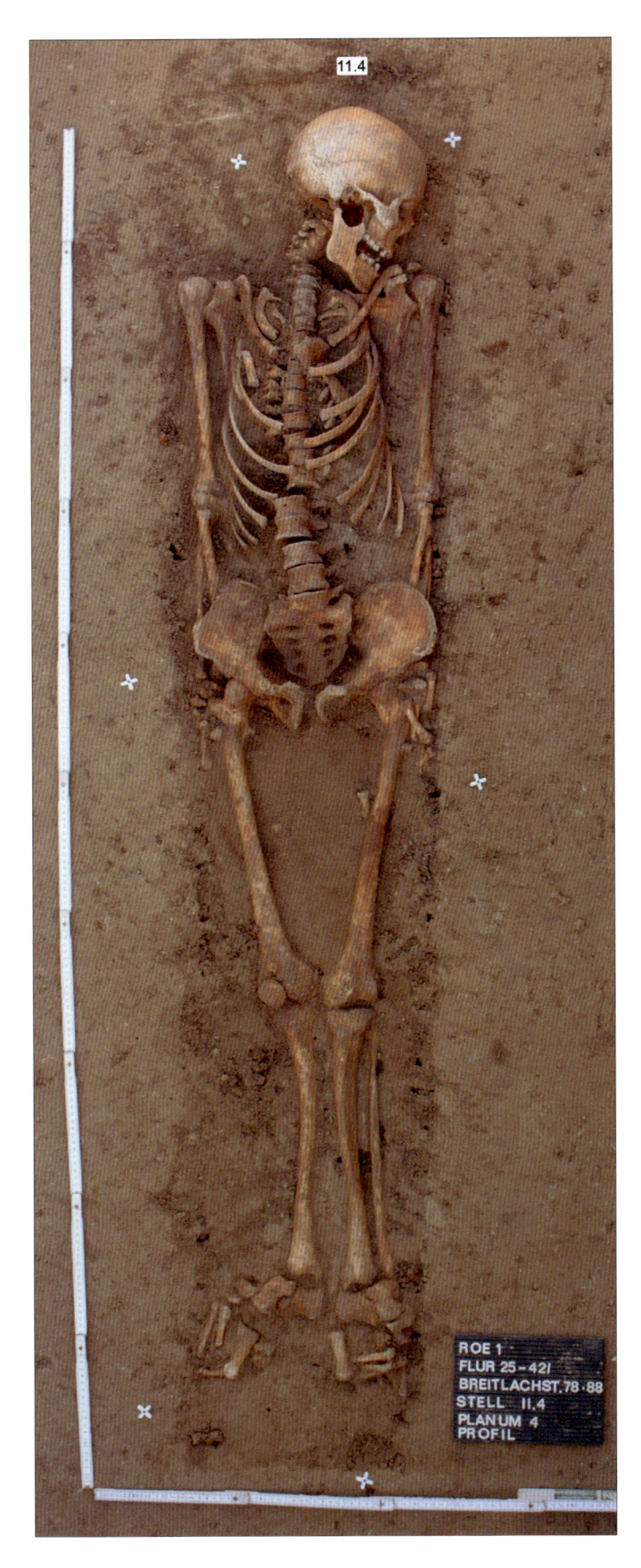

Abb. 120 Grab 11.4 während der Ausgrabung. | Tombe 11.4 pendant la fouille.

Grab St. 12

Grab St. 12 war rechteckig mit den Maßen 2,10 x 1,20 m. Die Grabgrube enthielt vier Skelette, die nordwest-südost ausgerichtet und ursprünglich in Einzelsärgen beerdigt waren. Jeweils zwei Särge wurden nebeneinander und übereinander abgestellt (**Abb. 121–122**).

St. 12.1. Der Tote lag in gestreckter Rückenlage, der rechte Arm lag gestreckt eng am Körper, der linke abgewinkelt auf dem Körper.

St. 12.2. Der Tote lag in gestreckter Rückenlage, der rechte Arm gestreckt eng am Körper, der linke abgewinkelt auf dem Körper.

St. 12.3. Der Tote lag in gestreckter Rückenlage unter 12.1., die Arme gestreckt eng am Körper.

St. 12.4. Der Tote lag in gestreckter Rückenlage unter 12.2., der rechte Arm gestreckt eng am Körper, der linke abgewinkelt auf dem Körper im Beckenbereich.

La tombe Réf. 12

La tombe Réf. 12 était rectangulaire et mesurait 2,10 x 1,20 m. La fosse funéraire contenait quatre squelettes orientés nord-ouest/sud-est et enterrés à l'origine dans des cercueils individuels. Les cercueils étaient placés deux par deux, l'un à côté de l'autre et l'un au-dessus de l'autre (**ill. 121–122**).

Réf. 12.1 Le mort était allongé sur le dos, le bras droit tendu près du corps, le bras gauche plié sur le corps.

Réf. 12.2 Le mort était allongé sur le dos, le bras droit tendu près du corps, le bras gauche plié sur le corps.

Réf. 12.3 Le mort était couché sur le dos en extension sous le 12.1, les bras tendus et serrés contre le corps.

Réf. 12.4 Le mort était couché sur le dos en extension sous le 12.2, le bras droit tendu près du corps, le bras gauche plié sur le corps au niveau du bassin.

Abb. 121 Gräber 12.1 und 12.2 während der Ausgrabung. | Tombes 12.1 et 12.2 pendant la fouille.

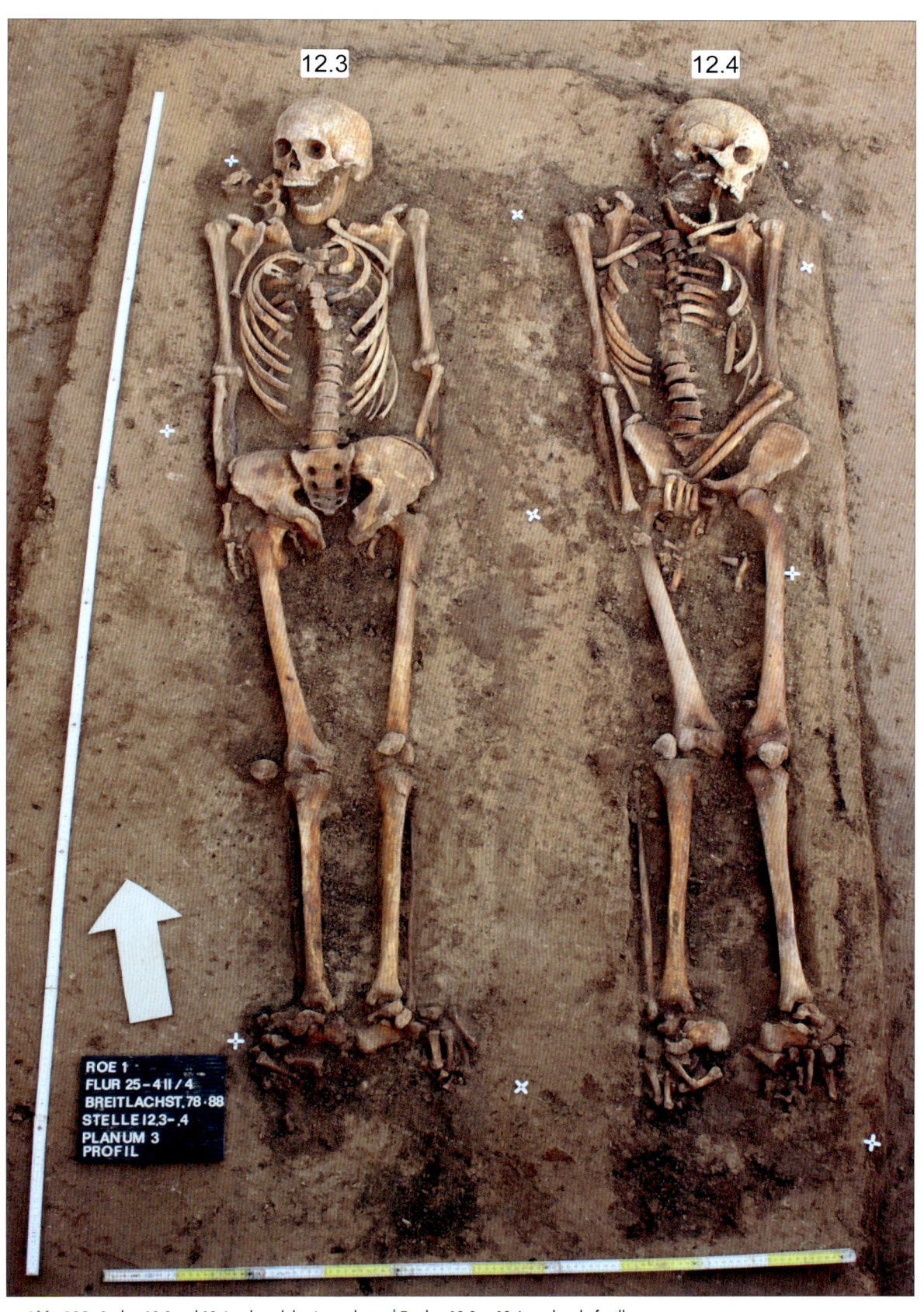

Aktuelle archäologische Forschung in Frankfurt am Main.

■ **Abb. 122** Gräber 12.3 und 12.4 während der Ausgrabung. | Tombes 12.3 et 12.4 pendant la fouille.

Grab St. 13

Grab St. 13 war rechteckig mit den Maßen 2,10 x 0,80 m; jedoch an der Westseite gestört. Die Grabgrube enthielt zwei Skelette, die nordwest-südost ausgerichtet und ursprünglich in Einzelsärgen nebeneinander beerdigt waren (**Abb. 123–124**).

St. 13.1. Der Tote lag in gestreckter Rückenlage, der linke Arm lag gestreckt eng am Körper, der linke abgewinkelt mit der Hand auf dem linken Unterarm.

St. 13.2. Der Tote lag in gestreckter Rückenlage, der rechte Arm stark angewinkelt auf dem Körper unter dem linken Arm, der ebenfalls angewinkelt war, mit der Hand im Beckenbereich.

La tombe Réf. 13

La tombe Réf. 13 était rectangulaire et mesurait 2,10 x 0,80 m; elle était cependant endommagée sur le côté ouest. La fosse contenait deux squelettes orientés nord-ouest/sud-est, à l'origine enterrés côte à côte dans des cercueils individuels (**ill. 123–124**).

Réf. 13.1 Le mort était couché allongé sur le dos, le bras gauche tendu très près du corps, le bras gauche plié, avec la main sur l'avant-bras gauche.

Réf. 13.2 Le mort était allongé sur le dos en extension, le bras droit fortement plié sur le corps sous le bras gauche, également plié, avec la main au niveau du bassin.

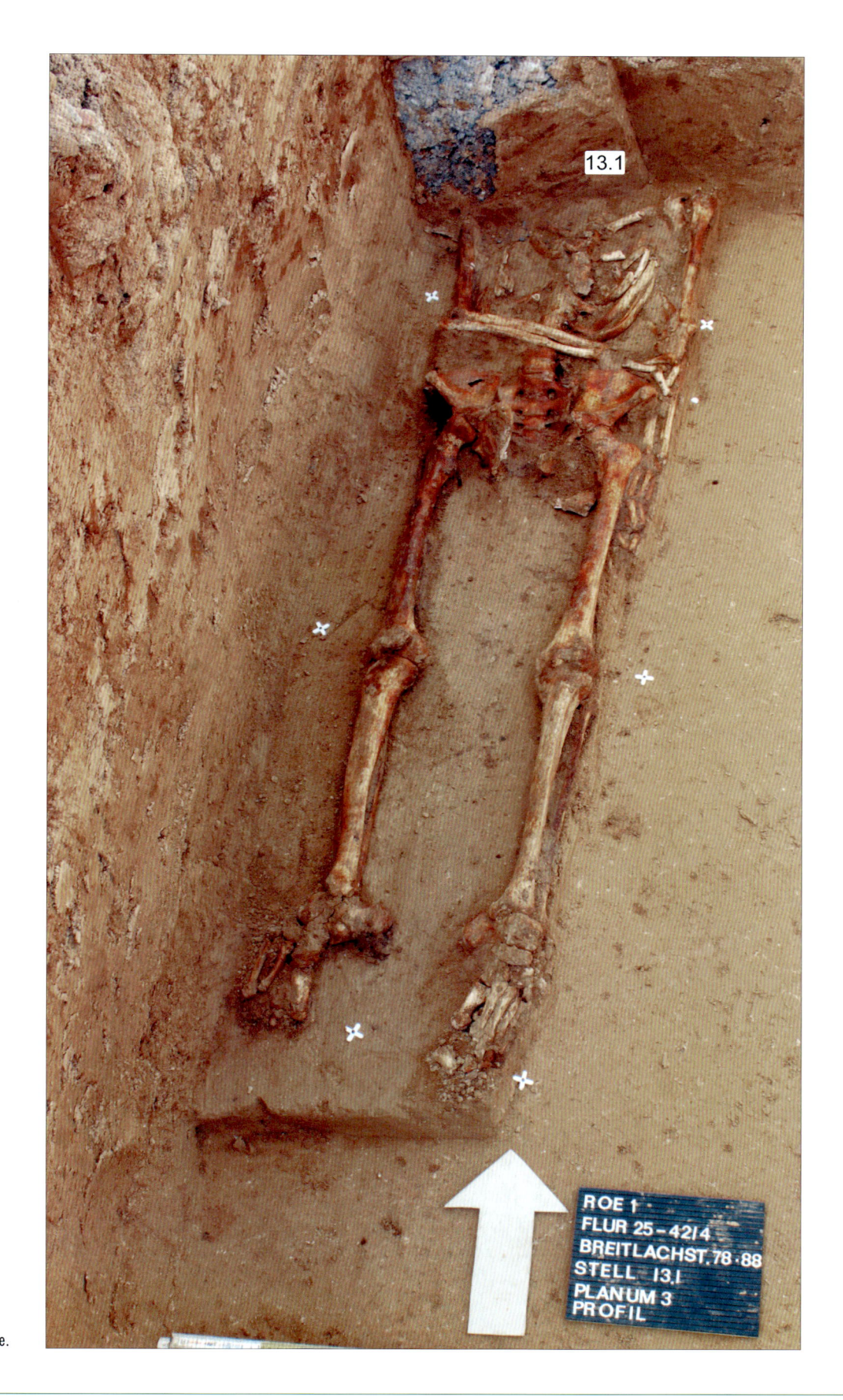

Aktuelle archäologische Forschung in Frankfurt am Main.

■ **Abb. 123**
Grab 13.1 während der Ausgrabung. | Tombe 13.1 pendant la fouille.

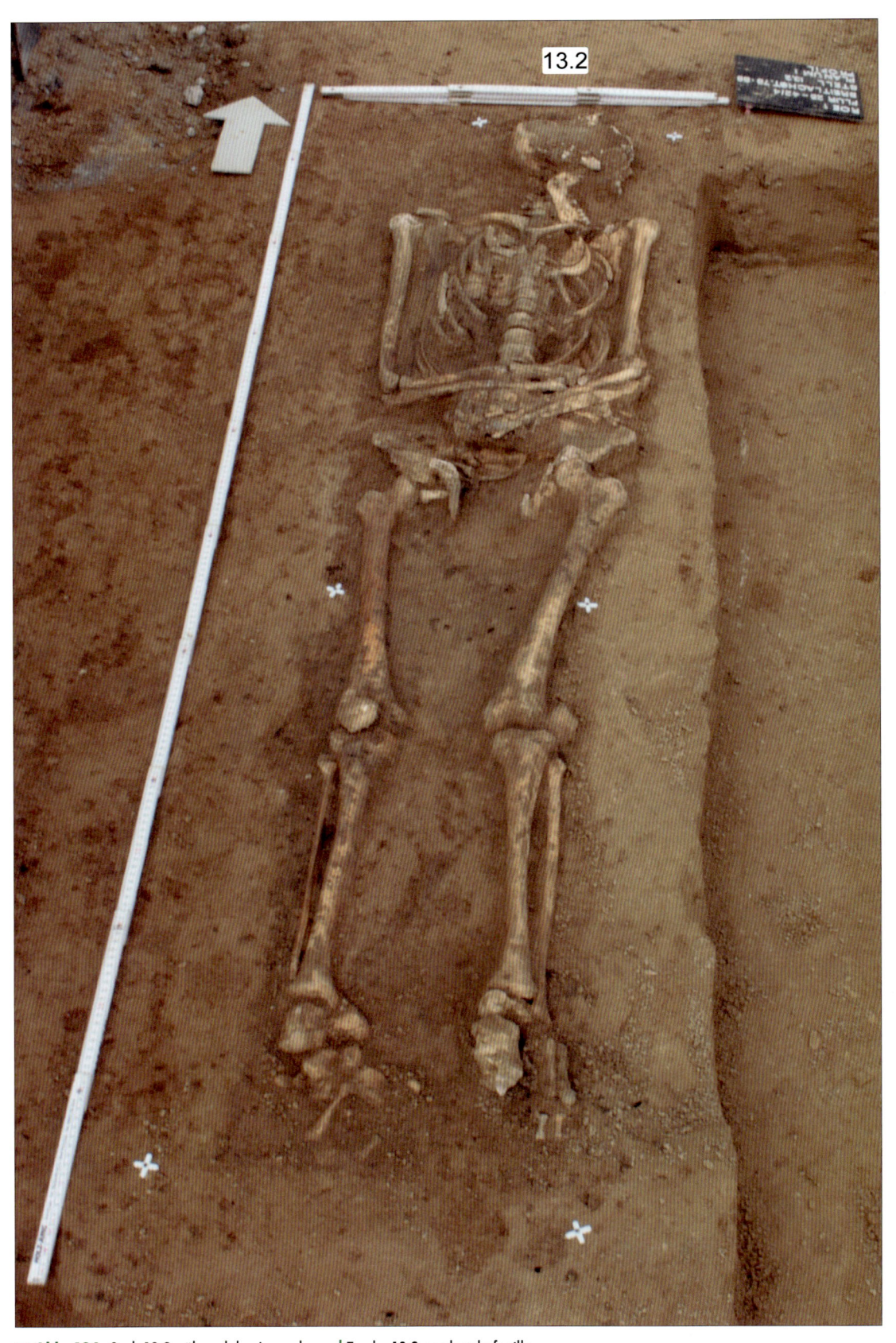

Abb. 124 Grab 13.2 während der Ausgrabung. | Tombe 13.2 pendant la fouille.

Grab St. 14

Grab St. 14 war rechteckig mit den Maßen 2,10 x 1,00 m; jedoch an der Westseite gestört. Die Grabgrube enthielt vier Skelette, die nordwest-südöstlich ausgerichtet und ursprünglich in Einzelsärgen beerdigt waren. Jeweils zwei Särge wurden nebeneinander und übereinander abgestellt (**Abb. 125–126**).

St. 14.1. Der Tote lag in gestreckter Rückenlage, der Oberkörper ist durch den Straßenbau gestört, die Beine liegen in situ.

St. 14.2. Der Tote lag in gestreckter Rückenlage, der linke Arm gestreckt eng am Körper, der rechte abgewinkelt auf dem Körper mit der Hand im Beckenbereich.

St. 14.3. Der Tote lag in gestreckter Rückenlage unter 14.1., der Oberkörper ist durch den Straßenbau zerstört, die Beine liegen in situ.

St. 14.4. Der Tote lag in gestreckter Rückenlage unter 14.2., der rechte Arm gestreckt am Körper mit der Hand im Beckenbereich, der linke gestreckt eng am Körper.

La tombe Réf. 14

La tombe Réf. 14 était rectangulaire et mesurait 2,10 x 1,00 m ; elle était cependant endommagée sur le côté ouest. La fosse funéraire contenait quatre squelettes, orientés nord-ouest/sud-est, qui étaient à l'origine enterrés dans des cercueils individuels. Les cercueils étaient placés deux par deux, l'un à côté de l'autre et l'un au-dessus de l'autre (**ill. 125–126**).

Réf. 14.1 Le mort était couché allongé sur le dos, le haut du corps a été altéré par la construction de la route, les jambes sont in situ.

Réf. 14.2 Le mort était allongé sur le dos, le bras gauche tendu près du corps, le bras droit plié sur le corps, la main au niveau du bassin.

Réf. 14.3 Le mort était couché allongé sur le dos sous le 14.1, le haut du corps a été détruit lors de la construction de la route, les jambes sont in situ.

Réf. 14.4 Le mort était couché sur le dos en extension sous le 14.2, le bras droit tendu contre le corps avec la main dans la zone du bassin, le bras gauche tendu tout près du corps.

Abb. 125 Gräber 14.1 und 14.2 während der Ausgrabung. | Tombes 14.1 et 14.2 pendant la fouille.

Aktuelle archäologische Forschung in Frankfurt am Main.

■ **Abb. 126** Gräber 14.3 und 14.4 während der Ausgrabung. | Tombes 14.3 et 14.4 pendant la fouille.

Grab St. 15

Grab St. 15 war rechteckig mit den Maßen 2,00 x 1,10 m. Die Grabgrube enthielt drei Skelette, die nordwest-südöstlich ausgerichtet und ursprünglich in Einzelsärgen beerdigt waren. Zwei Särge wurden nebeneinander über einem weiteren abgestellt. Auf der gelbbraun lehmig verfüllten Grabgrube befand sich ein langrechteckiger Befund mit dunkler Füllung und schwarzen Holzresten (St. 46). Es handelt sich um eine moderne Eingrabung (**Abb. 127–129**).

St. 15.1. Der Tote lag in gestreckter Rückenlage, die Arme lagen gestreckt eng am Körper.

St. 15.2. Der Tote lag in gestreckter Rückenlage, die Arme gestreckt eng am Körper; die linke Hand leicht unter dem Becken.

St. 15.3. Der Tote lag in gestreckter Rückenlage unter 15.1. und 15.2., die Arme gestreckt eng am Körper, die rechte Hand unter dem Oberschenkel, die linke im Beckenbereich.

La tombe Réf. 15

La tombe Réf. 15 était rectangulaire et mesurait 2 x 1,10 m. La fosse funéraire contenait trois squelettes orientés nord-ouest/sud-est, à l'origine enterrés dans des cercueils individuels. Deux cercueils ont été déposés côte à côte au-dessus d'un autre. Sur la fosse funéraire remplie d'argile jaune-brun se trouvait une pièce de forme rectangulaire allongée avec un remplissage sombre et des restes de bois noir (Réf. 46). Il s'agit d'une excavation moderne (**ill. 127–129**).

Réf. 15.1 Le mort était allongé sur le dos, les bras tendus près du corps.

Réf. 15.2 Le mort était allongé sur le dos, les bras tendus près du corps, la main gauche légèrement sous le bassin.

Réf. 15.3. Le mort était couché sur le dos en position allongée sous les 15.1 et 15.2, les bras tendus le long du corps, la main droite sous la cuisse, la main gauche au niveau du bassin.

Abb. 127 Moderne Störung St. 46 auf Grab 15 während der Ausgrabung. | Perturbation moderne Pc. 46 sur la tombe 15 pendant la fouille.

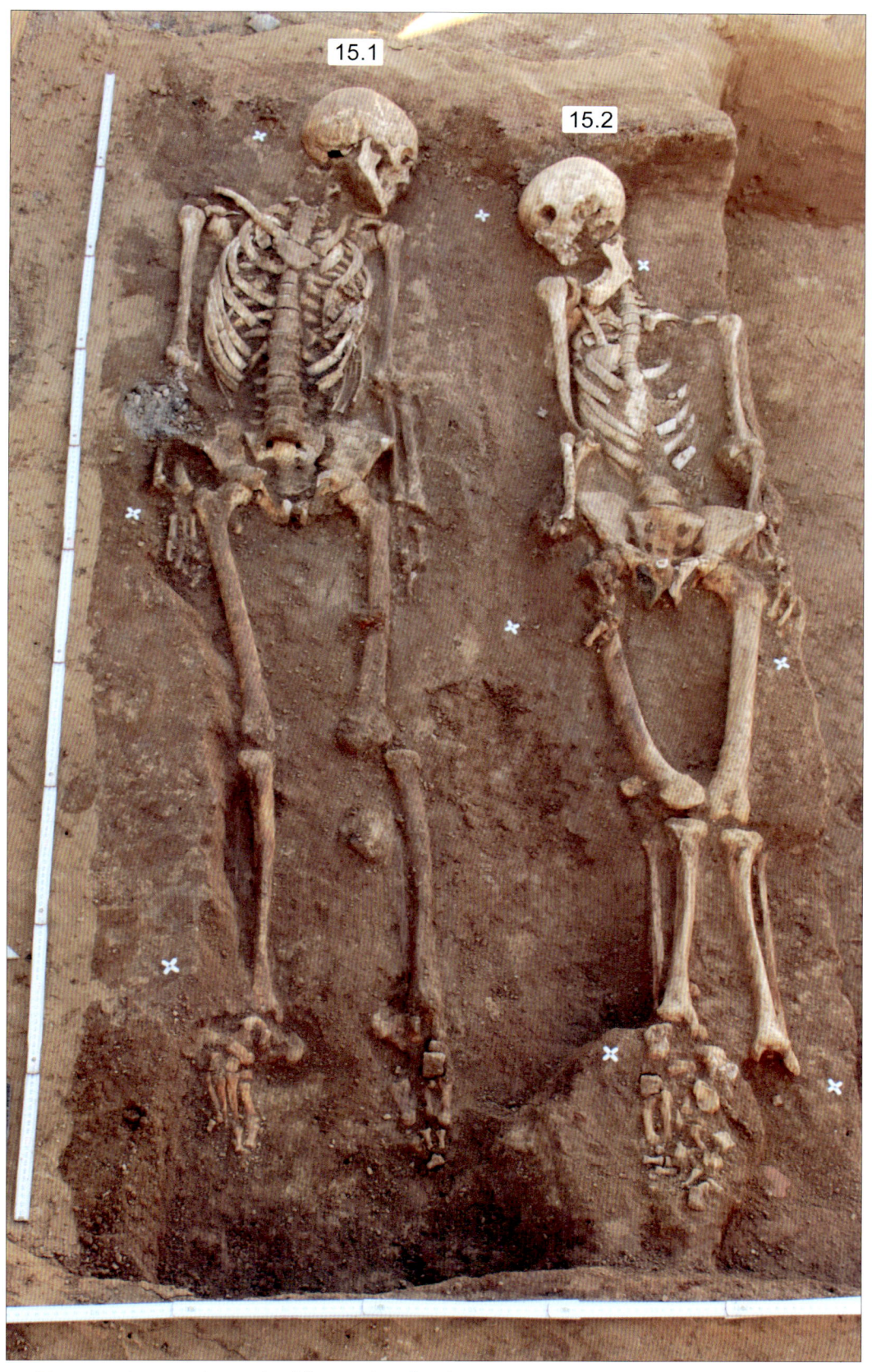

Abb. 128 Gräber 15.1 und 15.2 während der Ausgrabung. | Tombes 15.1 et 15.2 pendant la fouille.

ERDVERBUNDEN BAND 2

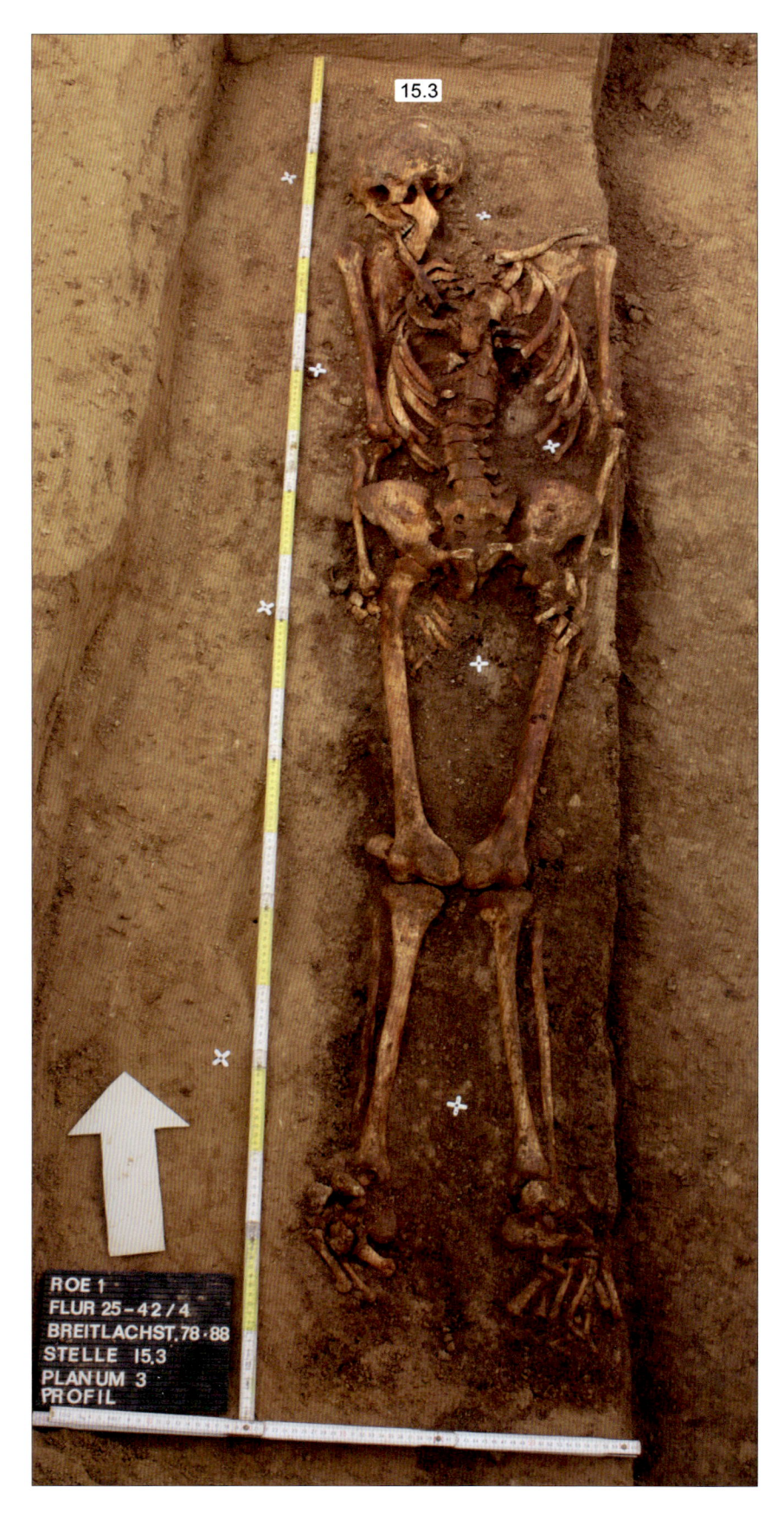

Abb. 129 Grab 15.3 während der Ausgrabung. | Tombe 15.3 pendant la fouille.

Grab St. 16

Grab St. 16 wurde randlich und westlich von Grab St. 15 nachgewiesen. Der Befund entsprach den anderen Grabgruben in Begrenzung und Einfüllung, sodass eine Ansprache als Grabgrube zweifellos möglich ist; aufgrund der Lage an der Baugrubengrenze konnte der Befund nicht bearbeitet werden (**Abb. 130**).

La tombe Réf. 16

La tombe Réf. 16 a été identifiée en bordure et à l'ouest de la tombe Réf. 15. Les limites et le remplissage de la fosse correspondaient à ceux des autres fosses, ce qui permet de l'assimiler sans aucun doute à une fosse funéraire; en raison de sa situation en limite de fouille, elle n'a pas pu être examinée (**ill. 130**).

■ Abb. 130 Grab 16 während der Ausgrabung. | Tombe 16 pendant la fouille.

Grab St. 17

Grab St. 17 war rechteckig mit den Maßen 2,20 x 1,30 m. Die Grabgrube enthielt nebeneinander zwei Skelette, die nordwest-südöstlich ausgerichtet und ursprünglich in Einzelsärgen beerdigt waren (Abb. 131).

St. 17.1. Der Tote lag in gestreckter Rückenlage, der rechte Arm liegt angewinkelt über dem Körper, der linke stark angewinkelt mit der Hand auf der Brust.

St. 17.2. Der Tote lag in gestreckter Rückenlage, die Arme leicht angewinkelt auf dem Becken; die Hände waren möglicherweise ursprünglich gefaltet.

La tombe Réf. 17

La tombe Réf. 17 était rectangulaire et mesurait 2,20 x 1,30 m. La fosse contenait deux squelettes côte à côte, orientés nord-ouest/sud-est et à l'origine enterrés dans des cercueils individuels (ill. 131).

Réf. 17.1 Le mort était allongé sur le dos, le bras droit replié sur le corps, le bras gauche fortement replié avec la main sur la poitrine.

Réf. 17.2 Le mort était allongé sur le dos, les bras légèrement repliés sur le bassin; les mains étaient peut-être jointes à l'origine.

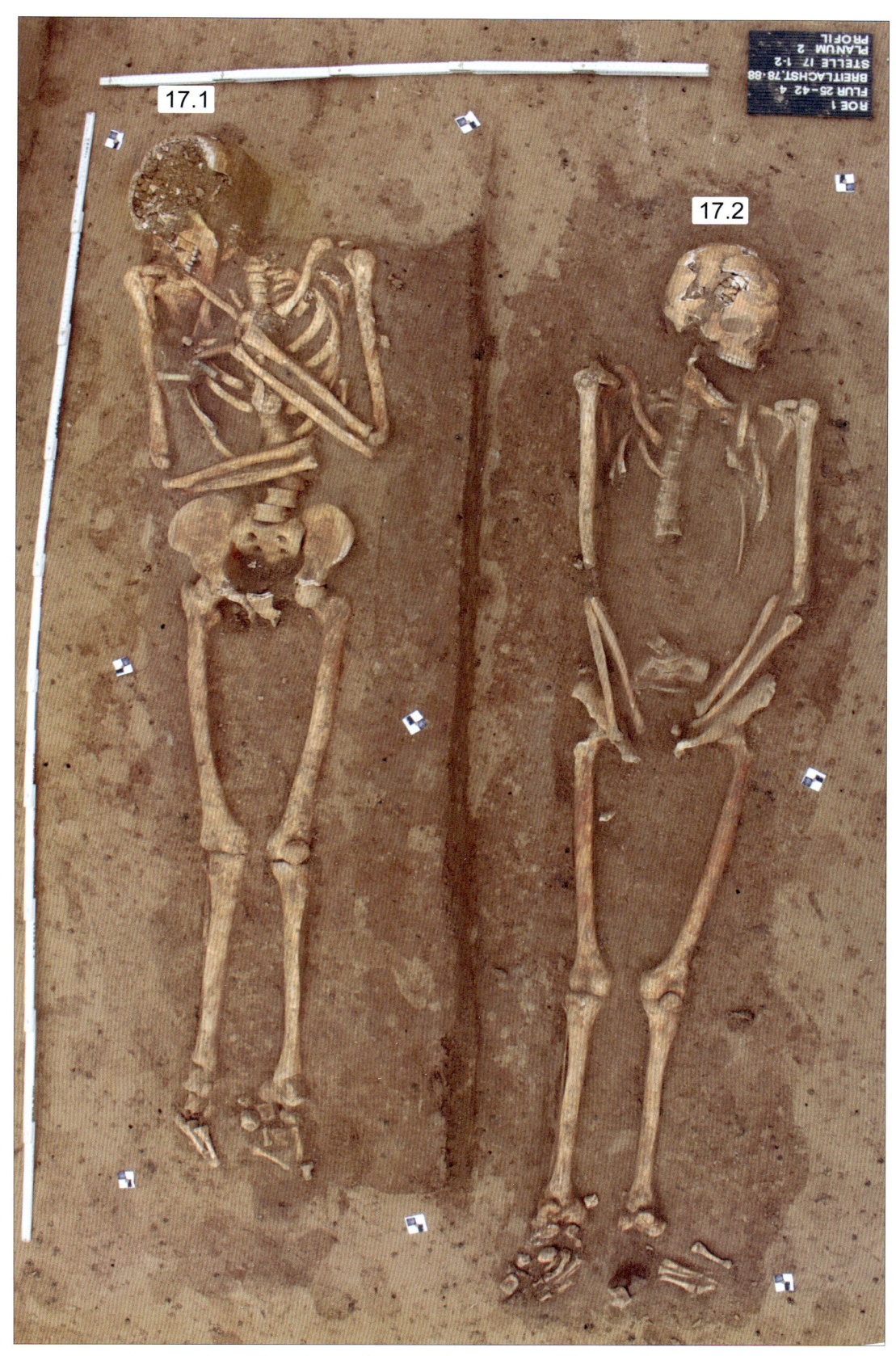

Aktuelle archäologische Forschung in Frankfurt am Main.

■ **Abb. 131** Gräber 17.1 und 17.2 während der Ausgrabung. | Tombes 17.1 et 17.2 pendant la fouille.

Grab St. 18

Grab St. 18 war rechteckig mit den Maßen 2,20 x 1,10 m. Die Grabgrube enthielt vier Skelette, die nordwest-südöstlich ausgerichtet und ursprünglich in Einzelsärgen beerdigt waren. Jeweils zwei Särge wurden nebeneinander und übereinander abgestellt (Abb. 132–133).

St. 18.1. Der Tote lag in gestreckter Rückenlage sehr eng an und leicht unterhalb 18.2., beide Arme gestreckt eng am Körper, die Hände unter dem Becken.

St. 18.2. Der Tote lag in gestreckter Rückenlage, das linke Bein wurde beim Bau des Kanals für den Parkplatz zerstört. Der rechte Arm lag gestreckt eng am Körper, der linke Arm leicht angewinkelt mit der Hand auf dem Becken.

St. 18.3. Der Tote lag in gestreckter Rückenlage unter 18.1., der rechte Unterarm lag auf dem Oberarm und die Hand auf der Schulter. Der linke Arm lag auf dem Bauch, die Hand auf der rechten Seite.

St. 18.4. Der Tote lag in gestreckter Rückenlage unter 18.2., der rechte Arm lag gestreckt eng am Körper, die Hand unter dem Beckenbereich; der linke lag gestreckt am Körper mit der Hand im Beckenbereich. Der Unterkörper war durch den Kanalbau zerstört.

La tombe Réf. 18

La tombe Réf. 18 était rectangulaire et mesurait 2,20 x 1,10 m. La fosse funéraire contenait quatre squelettes orientés nord-ouest/sud-est et enterrés à l'origine dans des cercueils individuels. Les cercueils étaient placés deux par deux, l'un à côté de l'autre et l'un au-dessus de l'autre (ill. 132–133).

Réf. 18.1 Le mort était allongé sur le dos, très près et légèrement en dessous de 18.2, les deux bras tendus près du corps, les mains sous le bassin.

Réf. 18.2 Le mort était allongé sur le dos, la jambe gauche a été détruite lors de la construction du canal pour le parking. Le bras droit était tendu, près du corps, le bras gauche légèrement plié, la main sur le bassin.

Réf. 18.3 Le mort était couché sur le dos allongé sous le 18.1, l'avant-bras droit reposait sur le bras et la main sur l'épaule. Le bras gauche reposait sur le ventre, la main sur le côté droit.

Réf. 18.4 Le mort était allongé sur le dos sous le 18.2, le bras droit était tendu et proche du corps, la main sous la région du bassin; le bras gauche était tendu et proche du corps, la main sous la région du bassin. La partie inférieure du corps avait été détruite lors de la construction du canal.

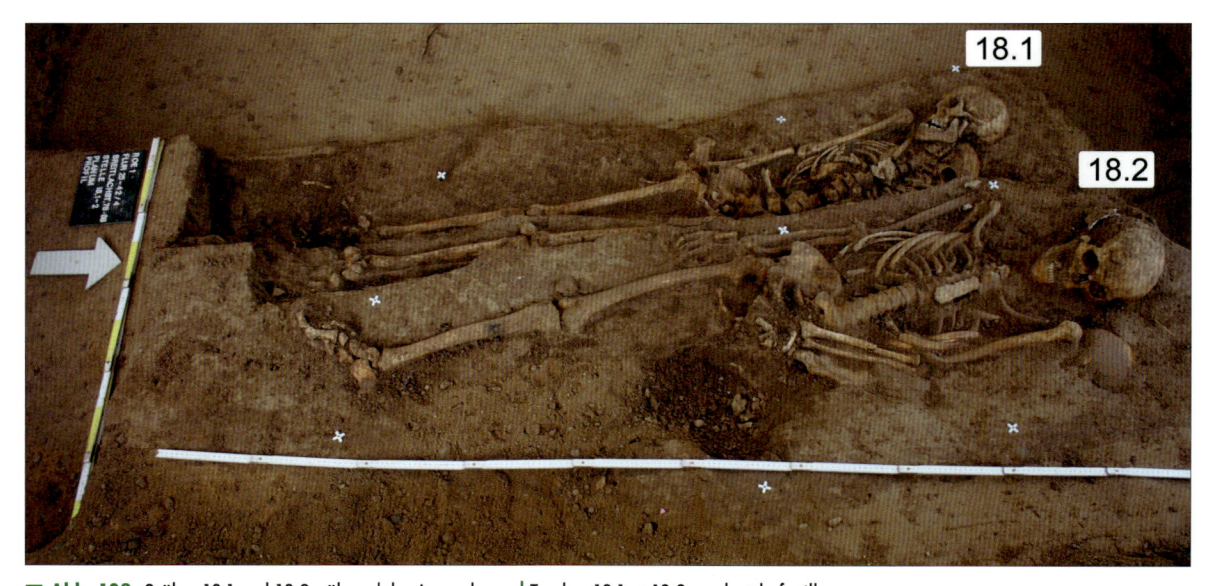

■ **Abb. 132** Gräber 18.1 und 18.2 während der Ausgrabung. | Tombes 18.1 et 18.2 pendant la fouille.

Aktuelle archäologische Forschung in Frankfurt am Main.

■ **Abb. 133** Gräber 18.3 und 18.4 während der Ausgrabung. | Tombes 18.3 et 18.4 pendant la fouille.

Grab St. 19

Grab St. 19 war rechteckig mit den Maßen 2,16 x 1,20 m. Die Grabgrube enthielt fünf Skelette, die nordwest-südöstlich ausgerichtet und ursprünglich in Einzelsärgen beerdigt waren. Zwei Särge standen nebeneinander, darunter ein einzelner Sarg an der westlichen Kammerseite, darunter zwei weitere Särge nebeneinander (**Abb. 134–136**).

St. 19.1. Der Tote lag in gestreckter Rückenlage, beide Arme liegen angewinkelt mit den Händen im Beckenbereich.

St. 19.2. Der Tote lag in gestreckter Rückenlage. Der rechte Arm lag stark angewinkelt auf dem Becken, der linke stark angewinkelt mit der Hand auf der Brust.

St. 19.3. Der Tote lag in gestreckter Rückenlage unter 19.1., die Arme lagen gestreckt am Körper, die linke Hand auf und die rechte unter dem Becken.

St. 19.4. Die Tote lag in gestreckter Rückenlage unter 19.3., die Arme lagen gestreckt am Körper, die Hände unter dem Becken.

St. 19.5. Die Tote lag in gestreckter Rückenlage unter 19.2., der rechte Arm lag gestreckt eng am Körper, der linke leicht abgewinkelt mit der Hand im Beckenbereich.

La tombe Réf. 19

La tombe Réf. 19 était rectangulaire et mesurait 2,16 x 1,20 m. La fosse funéraire contenait cinq squelettes orientés nord-ouest/sud-est, à l'origine enterrés dans des cercueils individuels. Deux cercueils étaient placés l'un à côté de l'autre, dont un seul sur le côté ouest de la cavité, et deux autres cercueils l'un à côté de l'autre (**ill. 134–136**).

Réf. 19.1 Le corps était allongé sur le dos, les deux bras pliés avec les mains au niveau du bassin.

Réf. 19.2 Le mort était allongé sur le dos. Le bras droit est fortement plié sur le bassin, le bras gauche est fortement plié avec la main sur la poitrine.

Réf. 19.3. Le mort était allongé sur le dos sous le 19.1, les bras tendus le long du corps, la main gauche sur le bassin et la main droite sous le bassin.

Réf. 19.4 La morte était allongée sur le dos en dessous de 19.3, les bras tendus le long du corps, les mains sous le bassin.

Réf. 19.5. La morte était allongée sur le dos sous le 19.2, le bras droit était tendu le long du corps, le bras gauche légèrement plié avec la main au niveau du bassin.

Aktuelle archäologische Forschung in Frankfurt am Main.

■ **Abb. 134** Gräber 19.1 und 19.2 während der Ausgrabung. | Tombes 19.1 et 19.2 pendant la fouille.

ERDVERBUNDEN BAND 2

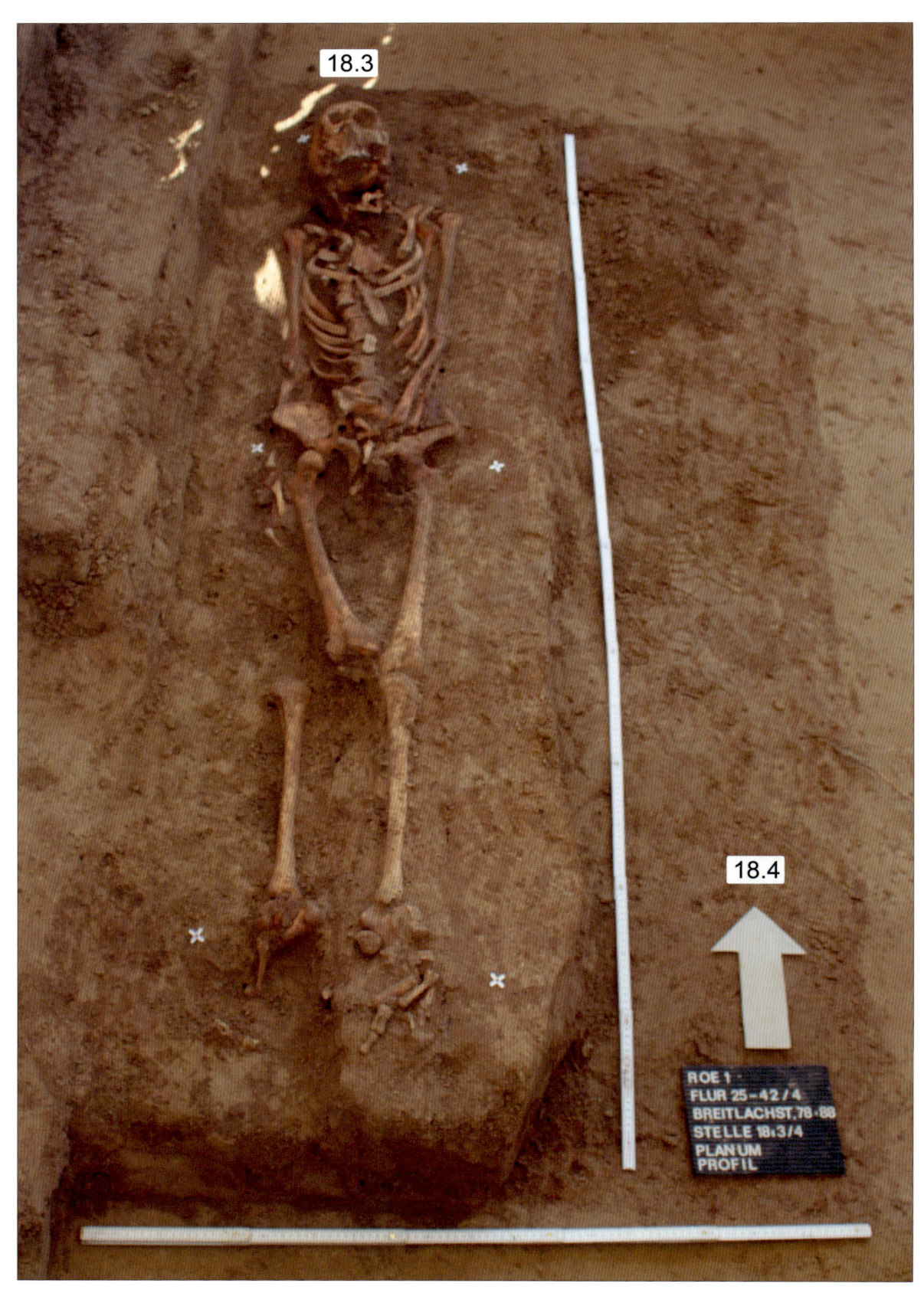

Abb. 135 Grab 19.3 während der Ausgrabung. | Tombe 19.3 pendant la fouille.

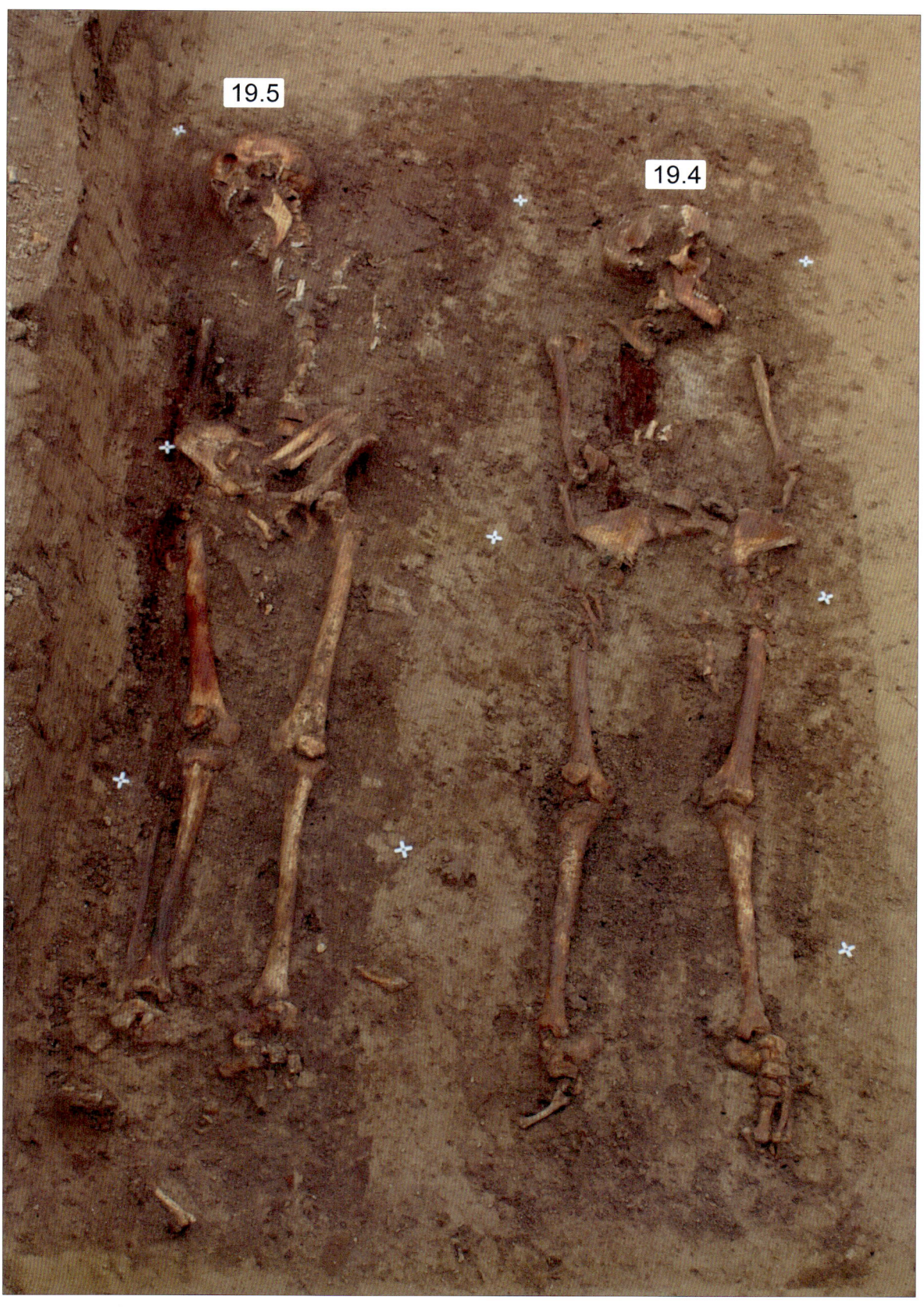

Aktuelle archäologische Forschung in Frankfurt am Main.

■ **Abb. 136** Gräber 19.4 und 19.5 während der Ausgrabung. | Tombes 19.4 et 19.5 pendant la fouille.

Grab St. 20

Grab St. 20 war rechteckig und nach unten nachlässig mit den Maßen 2,12 x 1,10 m ausgehoben. Die Grabgrube enthielt neun Skelette, alle auf der Grubensohle regellos angeordnet. An der Südseite ragt ein Bein nach oben, sonst bedecken die Toten den Grubenboden. Hinweise auf Särge gibt es nicht (**Abb. 137**).

St. 20.1. Der Tote lag auf der linken Seite ostwestlich am Südende der Grube, der rechte Arm ist angewinkelt auf dem Körper, der linke abgespreizt und nach hinten abgewinkelt.

St. 20.2. Der Tote lag auf dem Rücken mit dem Kopf im Süden, die Beine sind gekreuzt. Der linke Arm liegt gestreckt auf dem Körper, der rechte abgespreizt.

St. 20.3. Der Tote lag mit dem Kopf im Süden in der Südwestecke der Grube. Das Skelett hatte eine Bauchlage mit dem rechten Bein angewinkelt und dem linken gestreckt. Die Lage der Arme war nicht erkennbar, da sie sich unter 20–1 und 20–2 befanden.

St. 20.4. Der Tote lag schräg auf dem Rücken mit dem Kopf im Südosten, die Beine waren angehockt und nach rechts gedreht, beide Arme angewinkelt vor dem Körper und Becken.

St. 20.5. Der Tote lag auf dem Bauch am östlichen Grubenrand mit dem Kopf im Süden. Die Beine waren gestreckt, der rechte Arm lag angewinkelt unter dem Körper; der linke war vermutlich gestreckt.

St. 20.6. Der Tote lag in auf dem Rücken mit dem Kopf in der Nordostecke. Es füllte fast die gesamte Breite der Grube aus. und lag auf der linken Gesichtshälfte mit Blickrichtung nach Osten. Die Arme waren Ausgebreitet fast rechtwinkelig zum Skelett. Das rechte Bein war stark angehockt, das linke war nicht erkennbar.

St. 20.7. Der Tote lag von Nord nach Süd mit dem Schädel mittig in der Grube. Der Tote war verdreht und lag in Bauchlage auf dem Gesicht. Die Position der Arme war bei der Freilegung nicht erkennbar; die Beine am Grubenrand nach oben gerichtet.

St. 20.8. Der Tote lag als Hocker auf der linken Seite mit dem Kopf im Norden, entlang der westlichen Grubengrenze. Das rechte Bein war angewinkelt, das linke Bein war im Planum nicht zu erkennen. Der linke Arm befand sich angewinkelt auf der rechten Seite. Der rechte Arm war stark angewinkelt und lag auf der rechten Schulter.

St. 20.9. Der Tote lag schräg an der nördlichen Grubenwand mit dem Kopf nach Nordwesten. Der Oberkörper war leicht aufgerichtet, der rechte Arm lag gesteckt am Körper, die Hand darunter. Der linke Arm stand angewinkelt ab. das linke Bein war angehockt, das rechte Bein gestreckt.

La tombe Réf. 20

La tombe Réf. 20 était rectangulaire et légèrement creusée vers le bas, avec des dimensions de 2,12 × 1,10 mètres. La fosse contenait neuf squelettes, tous disposés de manière aléatoire sur le fond de la fosse. Sur le côté sud, une jambe dépassait, sinon les morts recouvraient le fond de la fosse. Il n'y avait pas de traces de cercueils (ill. 137).

Réf. 20.1 Le mort est couché sur le côté gauche, orienté est-ouest, à l'extrémité sud de la fosse, le bras droit est replié sur le corps, le bras gauche est écarté et replié vers l'arrière.

Réf. 20.2 Le mort est couché sur le dos, la tête au sud, les jambes croisées. Le bras gauche est tendu sur le corps, le droit est écarté.

Réf. 20.3. Le mort était couché, la tête au sud, dans le coin sud-ouest de la fosse. Le squelette avait une position ventrale avec la jambe droite repliée et la jambe gauche tendue. La position des bras n'était pas identifiable, car ils se trouvaient sous les 20-1 et 20-2.

Réf. 20.4 Le mort était couché en oblique sur le dos, la tête au sud-est, les jambes accroupies et tournées vers la droite, les deux bras pliés devant le corps et le bassin.

Réf. 20.5 Le mort était couché sur le ventre au bord est de la fosse, la tête au sud. Les jambes étaient tendues, le bras droit était plié sous le corps; le bras gauche était probablement tendu.

Réf. 20.6. Le mort était couché sur le dos, la tête dans le coin nord-est. Il remplissait presque toute la largeur de la fosse et reposait sur le côté gauche du visage, la face tournée vers l'est. Les bras étaient étendus presque perpendiculairement au squelette. La jambe droite était fortement repliée, la gauche n'était pas visible.

Réf. 20.7 Le mort était placé en direction nord-sud, le crâne au milieu de la fosse. L'ensemble de l'inhumation était tourné et il reposait en position ventrale sur le visage. La position des bras n'était pas visible lors du dégagement; les jambes étaient orientées vers le haut au bord de la fosse.

Réf. 20.8 Le mort était placé accroupi sur le côté gauche, la tête au nord, le long de la limite ouest de la fosse. La jambe droite était repliée, la jambe gauche n'était pas visible sur le plan. Le bras gauche était plié sur le côté droit. Le bras droit était fortement plié et reposait sur l'épaule droite.

Réf. 20.9 Le mort était couché en biais contre la paroi nord de la fosse, la tête orientée vers le nord-ouest. Le torse était légèrement redressé, le bras droit appuyé contre le corps, la main en dessous. Le bras gauche était replié. La jambe gauche était repliée, la jambe droite tendue.

ERDVERBUNDEN BAND 2

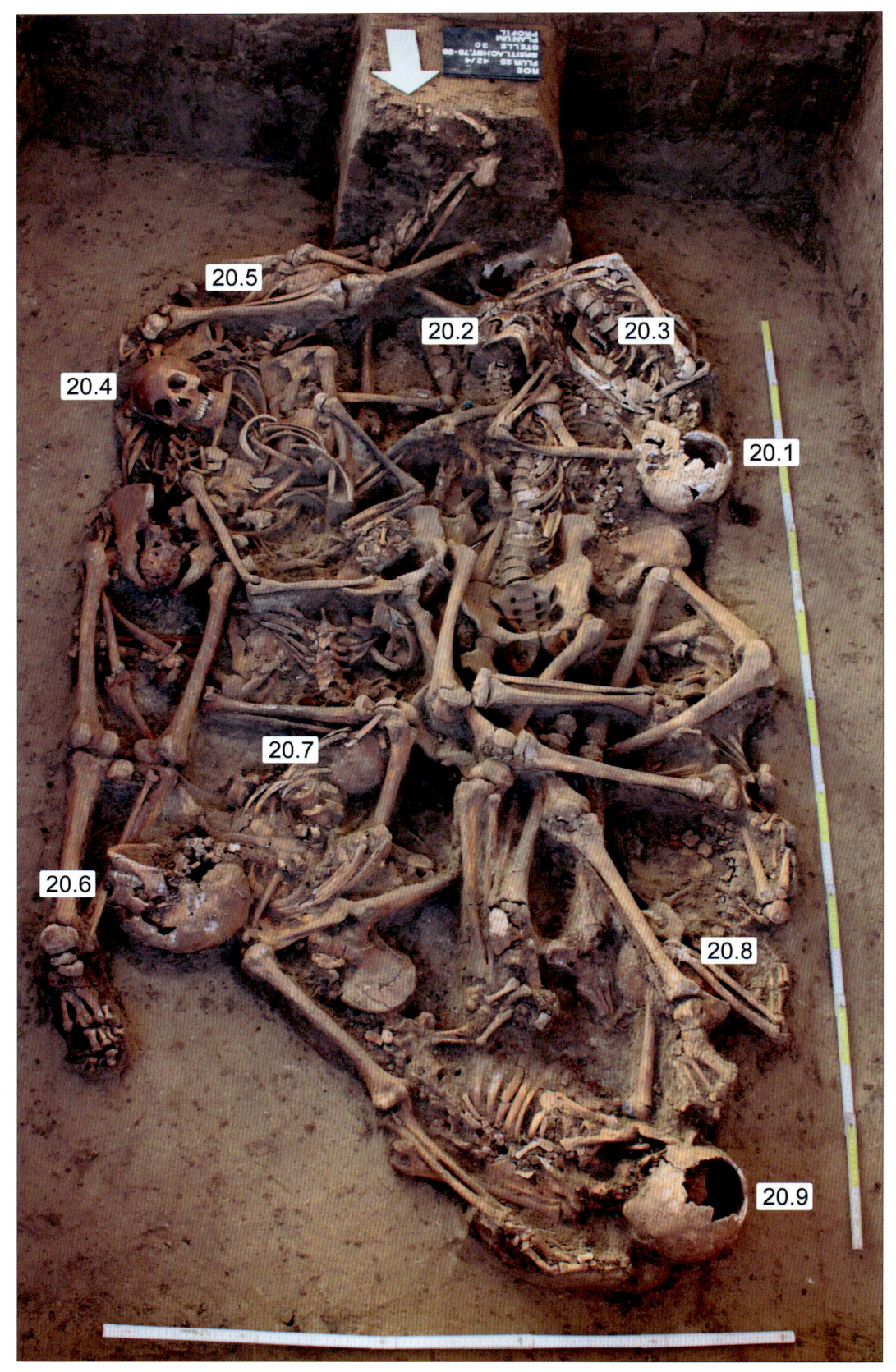

Abb. 137 Grab 20 während der Ausgrabung. | Tombe 20 pendant la fouille.

Grab St. 21

Grab St. 21 war rechteckig mit den Maßen 2,10 x 0,90 m; jedoch an der Westseite nur zum Teil erfasst. Die Grabgrube enthielt zwei Skelette, die nordwest-südöstlich ausgerichtet und ursprünglich in Einzelsärgen nebeneinander beerdigt waren (**Abb. 138**).

St. 21.1. Der Tote lag in gestreckter Rückenlage an der westlichen Baugrubengrenze. Erhalten ist nur ein Rest des linken Beins, das in situ vorhanden war.

St. 21.2. Der Tote lag in gestreckter Rückenlage, der Oberkörper war am Rand der Baugrube zerstört. Reste der gestreckten Arme mit den Händen im Beckenbereich sind vorhanden, die Beine liegen in situ.

La tombe Réf. 21

La tombe Réf. 21 était rectangulaire et mesurait 2,10 x 0,90 m; cependant, le côté ouest n'était que partiellement couvert. La fosse funéraire contenait deux squelettes orientés nord-ouest/sud-est, à l'origine enterrés côte à côte dans des cercueils individuels (**ill. 138**).

Réf. 21.1 Le mort gisait en position allongée sur le dos, à la limite ouest de la fouille. Seul un reste de la jambe gauche, qui était in situ, a été conservé.

Réf. 21.2 Le mort était allongé sur le dos, le haut du corps était détérioré au bord de la fouille. Des restes de bras tendus avec les mains au niveau du bassin sont présents, les jambes sont in situ.

ERDVERBUNDEN BAND 2

Abb. 138 Gräber 21.1 und 21.2 während der Ausgrabung. | Tombes 21.1 et 21.2 pendant la fouille.

Grab St. 22

Grab St. 22 war rechteckig und gestört noch rund 0,85 m lang und 0,65 m breit. Die Grabgrube enthielt Reste von mindestens zwei Skeletten, eines nachweislich nordwest-südöstlich ausgerichtet und ursprünglich in einem Einzelsarg beerdigt. Die Grabgrube war durch ein Kanalrohr stark gestört. Kanal und Rohr hätten auch eventuell höher liegende Gräber zerstört (**Abb. 139**).

St. 22.0. Die Bestattung kann nur durch verlagerte, eingesammelte Knochen nachgewiesen werden, wahrscheinlich handelt es sich um mehrere Bestattungen, die an der südlichen Grubengrenze von den Kanalarbeitern hinterlegt waren.

St. 22.1. Der Tote lag in gestreckter Rückenlage, beide Beine sind in situ erhalten; der Rest zerstört.

La tombe Réf. 22

La tombe Réf. 22 était rectangulaire et en mauvais état et elle mesurait encore environ 0,85 m de long et 0,65 m de large. La fosse funéraire contenait les restes d'au moins deux squelettes, dont l'un était orienté nord-ouest/sud-est et enterré à l'origine dans un cercueil individuel. La fosse funéraire avait été fortement endommagée par un tuyau de canalisation. Le canal et le tuyau auraient également détruit des tombes éventuellement situées plus haut (**ill. 139**).

Réf. 22.0 L'inhumation ne peut être attestée que par des os déplacés et collectés; il s'agit probablement de plusieurs sépultures déposées par les ouvriers du canal à la limite sud de la fosse.

Réf. 22.1 Le corps était allongé sur le dos, les deux jambes sont conservées in situ; le reste a été détruit.

Abb. 139 Grab 22.1 während der Ausgrabung. | Tombe 22.1 pendant la fouille.

Grab St. 23

Grab St. 23 war rechteckig mit den Maßen gestört 1,0 m Länge und 1,20 m Breite. Die Grabgrube enthielt vier Skelette, die nordwest-südöstlich ausgerichtet und ursprünglich in Einzelsärgen beerdigt waren. Jeweils zwei Särge waren nebeneinander und übereinander abgestellt. Der Nordteil der Grabgrube war durch die Anlage eines Kanales stark gestört (**Abb. 140–141**).

St. 23.1. Der Tote lag in gestreckter Rückenlage, erhalten sind die beiden Beine unterhalb der Knie in situ. Oberhalb der Knie ist das Skelett durch die Anlage des Kanals vollständig zerstört.

St. 23.2. Der Tote lag in gestreckter Rückenlage, nur ein Bein unterhalb des Knies ist erhalten und liegt in situ. Der Rest des Skeletts wurde beim Bau des Kanals für den Parkplatz zerstört.

St. 23.3. Der Tote lag in gestreckter Rückenlage unter 23.1. Während vom Oberkörper nur wenige verworfene Knochen vorhanden sind, liegen beide Beine mit einem Rest der Oberschenkel in situ. Das Grab ist bei der Anlage des Kanals stark gestört worden.

St. 23.4. Der Tote lag in gestreckter Rückenlage unter 23.2. Nur die Unterschenkel und Füße sowie Teile der Knie und der Oberschenkel lagen in situ. Der Oberkörper war durch den Kanalbau zerstört.

La tombe Réf. 23

La tombe Réf. 23 était rectangulaire et mesurait 1,0 m de long sur 1,20 m de large. La fosse funéraire contenait quatre squelettes orientés nord-ouest/sud-est et enterrés à l'origine dans des cercueils individuels. Les cercueils étaient placés deux par deux, l'un à côté de l'autre et l'un au-dessus de l'autre. La partie nord de la fosse funéraire avait été fortement endommagée par l'aménagement d'un canal (**ill. 140–141**).

Réf. 23.1 Le mort était allongé sur le dos, les deux jambes sont conservées in situ en dessous des genoux. Au-dessus des genoux, le squelette a été entièrement détruit par l'aménagement du canal.

Réf. 23.2 Le mort était allongé sur le dos, seule la partie en dessous du genou d'une jambe est conservée et se trouve in situ. Le reste du squelette a été détruit lors de la construction du canal pour le parking.

Réf. 23.3 Le mort reposait allongé sur le dos sous le 23.1. Alors qu'il ne reste que quelques os disloqués du torse, les deux jambes sont in situ avec un reste de cuisse. La tombe a été fortement endommagée lors de l'aménagement du canal.

Réf. 23.4 Le mort était allongé sur le dos en dessous de 23.2. Seuls les membres inférieurs et les pieds ainsi que des parties des genoux et des cuisses étaient in situ. Le haut du corps avait été détruit lors de la construction du canal.

■ **Abb. 140** Gräber 23.1 und 23.2 während der Ausgrabung. | Tombes 23.1 et 23.2 pendant la fouille.

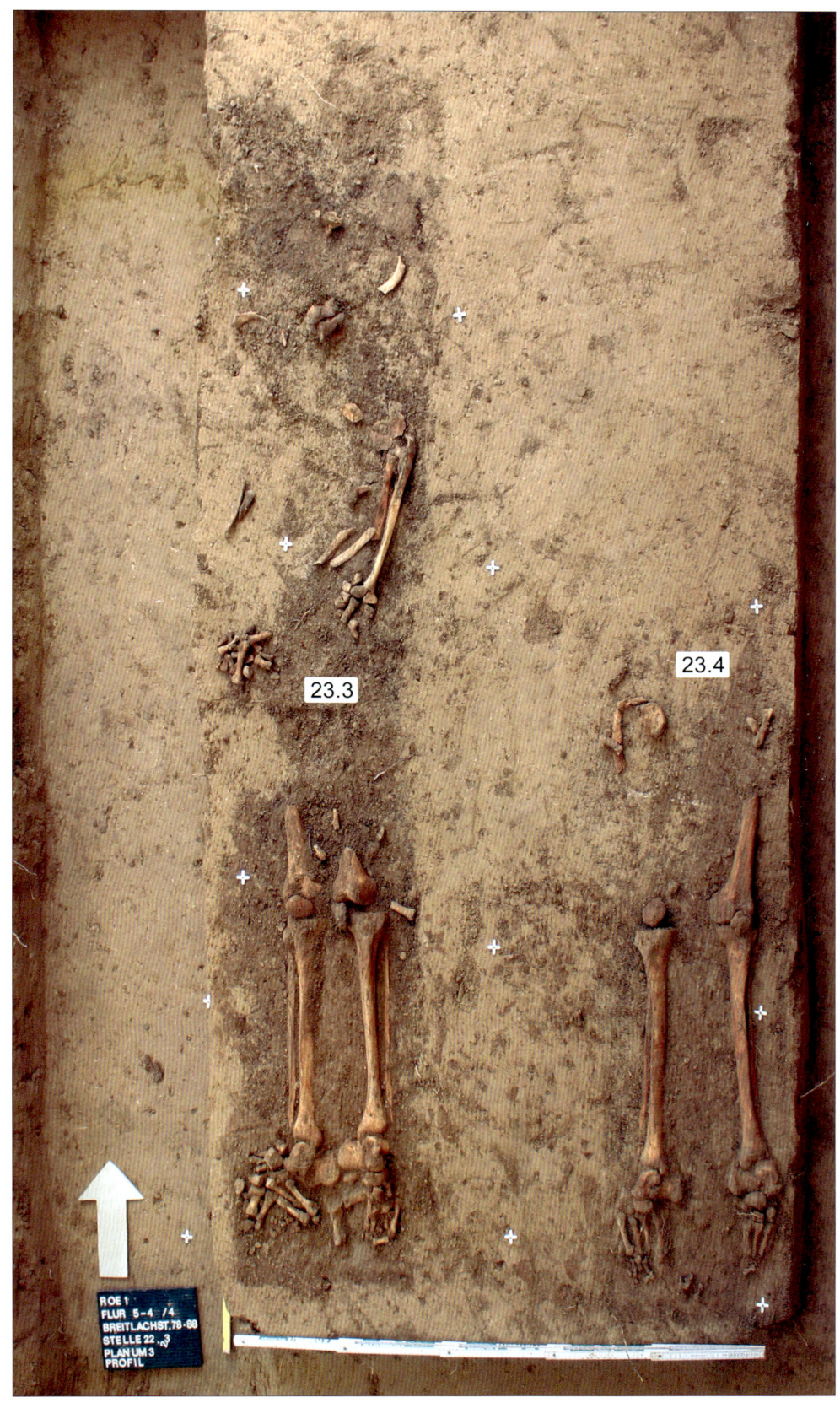

■ **Abb. 141** Gräber 23.3 und 23.4 während der Ausgrabung. | Tombes 23.3 et 23.4 pendant la fouille.

Grab St. 24

Grab St. 24 war rechteckig mit den Maßen 2,10 x 1,10 m. Die Grabgrube enthielt fünf Skelette, die nordwest-südost ausgerichtet und ursprünglich in Einzelsärgen beerdigt waren. Ein Sarg stand mittig oberhalb von zwei weiteren Särgen, diese wurden nebeneinander und übereinander abgestellt (**Abb. 142–145**).

St. 24.1. Der Tote lag in gestreckter Rückenlage. Der rechte Arm lag gestreckt eng am Körper, der linke abgewinkelt auf dem Körper mit der Hand im Beckenbereich.

St. 24.2. Der Tote lag in gestreckter Rückenlage. Der rechte Arm lag gestreckt am Körper, die Hand im Beckenbereich. Der linke Arm lag angewinkelt auf dem Körper, die Hand unter dem rechten Unterarm.

St. 24.3. Der Tote lag in gestreckter Rückenlage unter 24.1., die Arme lagen gestreckt am Körper mit den Händen unter dem Becken.

St. 24.4. Der Tote lag in gestreckter Rückenlage unter 24.2., der rechte Arm lag gestreckt eng am Körper, die Hand im Beckenbereich; der linke lag gestreckt am Körper mit der Hand unter dem Becken.

St. 24.5. Der Tote lag in gestreckter Rückenlage unter 24.3., der rechte Arm lag leicht angewinkelt auf dem Becken, die Hand im Beckenbereich; der linke lag gestreckt am Körper mit der Hand im Beckenbereich.

La tombe Réf. 24

La tombe Réf. 24 était rectangulaire et mesurait 2,10 x 1,10 m. La fosse funéraire contenait cinq squelettes orientés nord-ouest/sud-est et enterrés à l'origine dans des cercueils individuels. Un cercueil était placé au centre, au-dessus des autres cercueils déposés l'un à côté de l'autre et l'un au-dessus de l'autre (**ill. 142–145**).

Réf. 24.1 Le mort était allongé sur le dos. Le bras droit était tendu et près du corps, le bras gauche était plié sur le corps avec la main au niveau du bassin.

Réf. 24.2 Le mort était allongé sur le dos. Le bras droit était tendu contre le corps, la main dans la région du bassin. Le bras gauche était plié sur le corps, la main sous l'avant-bras droit.

Réf. 24.3 Le mort était couché sur le dos sous le 24.1, les bras étaient tendus le long du corps avec les mains sous le bassin.

Réf. 24.4 Le mort était couché sur le dos sous le 24.2, le bras droit était tendu près du corps, la main au niveau du bassin; le bras gauche était tendu près du corps, la main sous le bassin.

Réf. 24.5 Le mort était couché sur le dos sous le 24.3, le bras droit était légèrement plié sur le bassin, la main dans la zone du bassin; le bras gauche était allongé contre le corps, avec la main dans la zone du bassin.

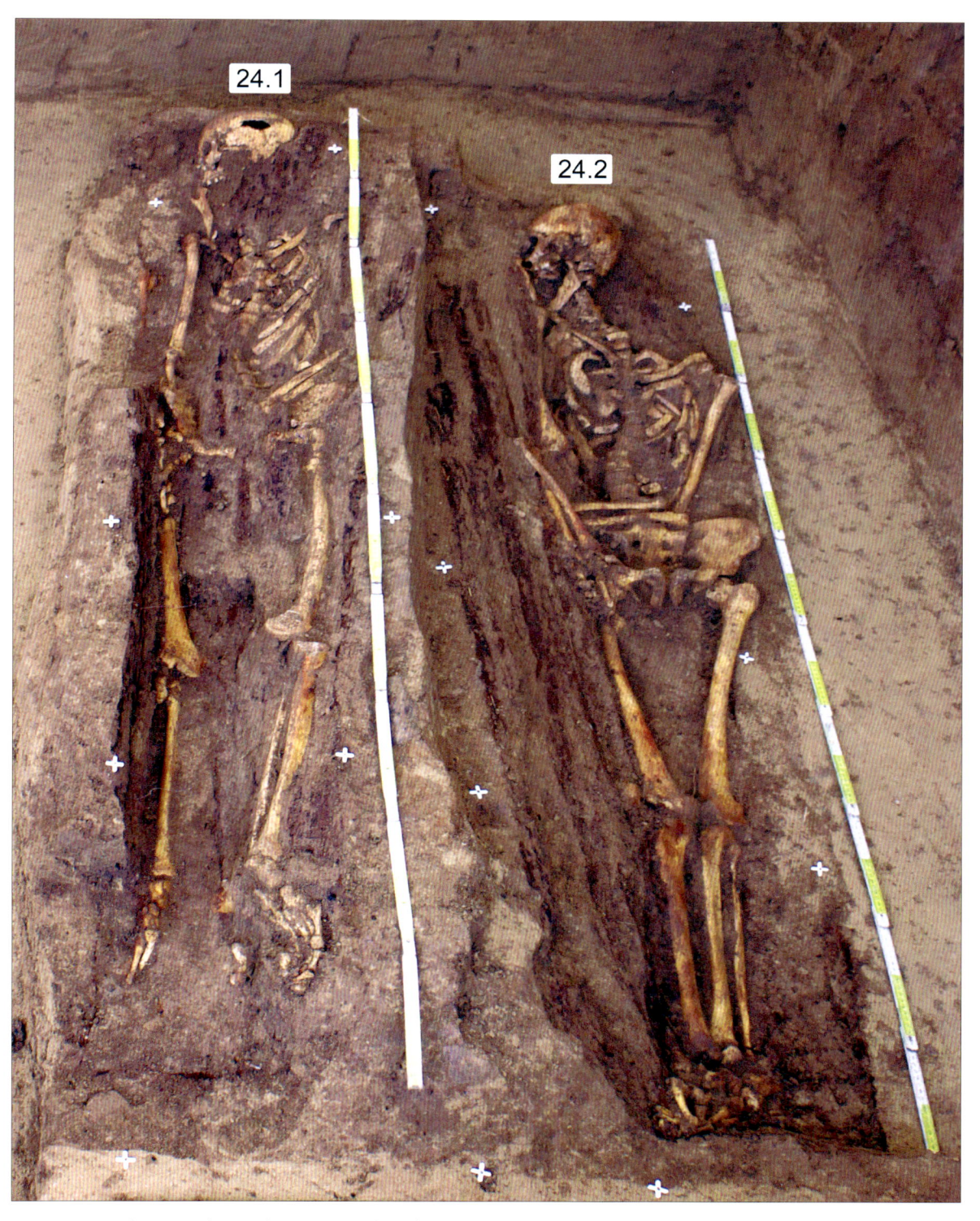

Abb. 142 Gräber 24.1 und 24.2 während der Ausgrabung. | Tombes 24.1 et 24.2 pendant la fouille.

ERDVERBUNDEN BAND 2

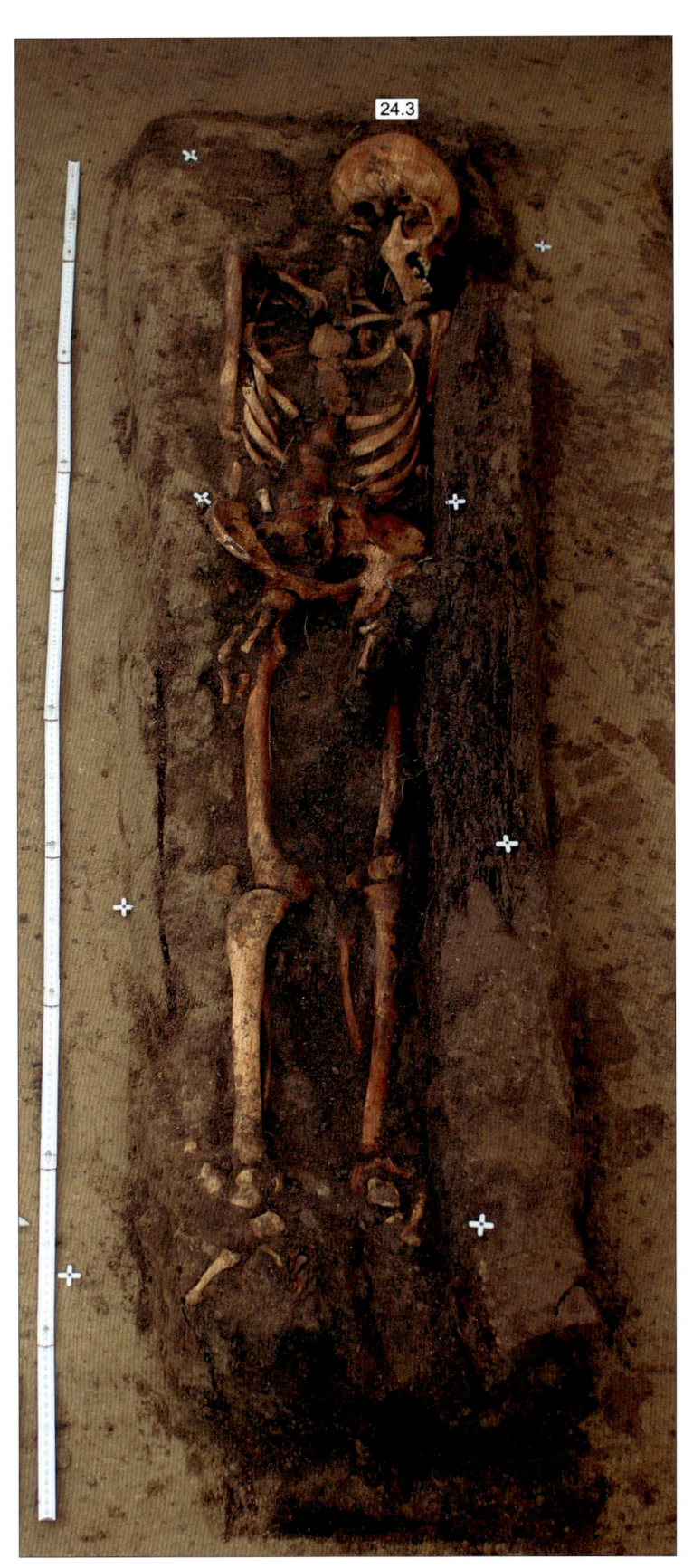

■ **Abb. 143** Grab 24.3 während der Ausgrabung. | Tombe 24.3 pendant la fouille.

Rechte Seite | Côté droit:

■ **Abb. 144** Grab 24.4 während der Ausgrabung. | Tombe 24.4 pendant la fouille.

■ **Abb. 145** Grab 24.5 während der Ausgrabung. | Tombe 24.5 pendant la fouille.

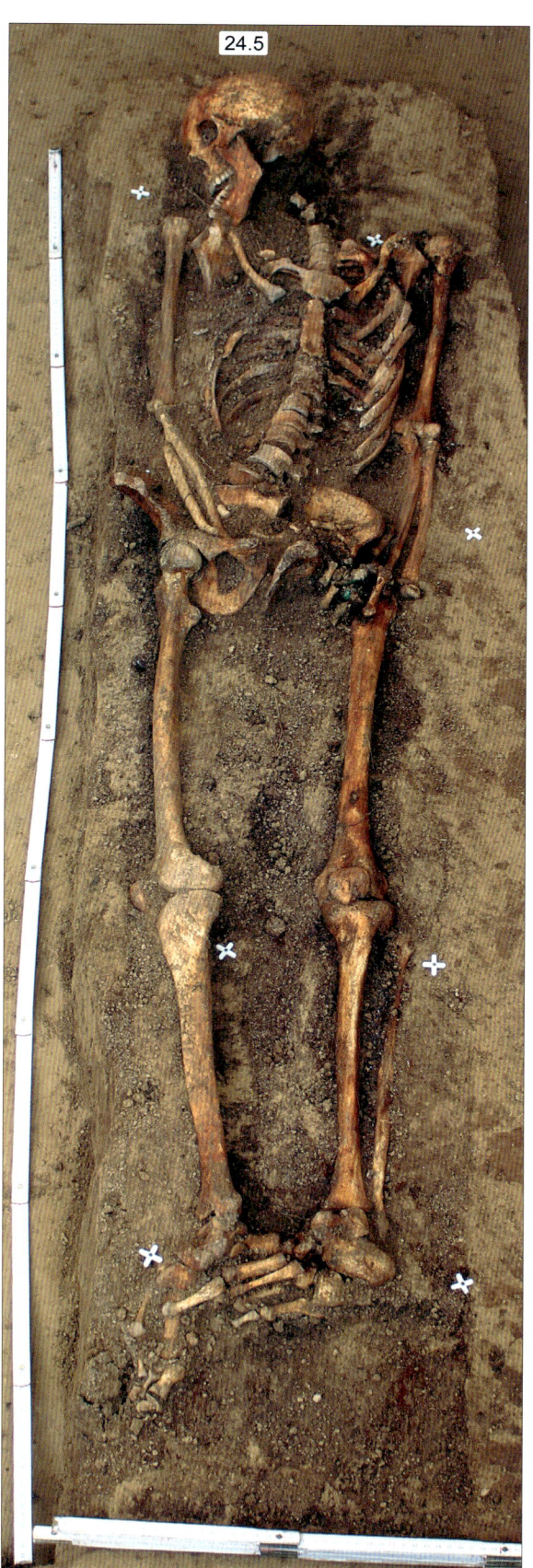

Aktuelle archäologische Forschung in Frankfurt am Main.

24.4

24.5

Grab St. 25

Grab St. 25 war rechteckig mit den Maßen 2,12 x 1,15 m. Die Grabgrube enthielt sechs Skelette, die nordwest-südöstlich ausgerichtet und ursprünglich in Einzelsärgen beerdigt waren. Jeweils zwei Särge standen nebeneinander und jeweils drei Särge übereinander (**Abb. 146–149**).

St. 25.1. Der Tote lag in gestreckter Rückenlage. Der linke Arm lag gestreckt eng am und unter dem Körper, der rechte bogenförmig nach außen abgewinkelt mit der Hand an der Sargwand.

St. 25.2. Der Tote lag in gestreckter Rückenlage. Beide Arme lagen gestreckt eng am Körper, die Hände unter dem Becken.

St. 25.3. Der Tote lag in gestreckter Rückenlage unter 25.1., der rechte Arme lag gestreckt eng am Körper, der linke leicht abgewinkelt mit den Händen im Beckenbereich. Die Sargstandspur war bei dem Schulter 34 cm breit, an den Füßen nur 17 cm.

St. 25.4. Der Tote lag in gestreckter Rückenlage unter 25.2., der rechte Arm lag gestreckt am Körper und leicht darunter, die Hand im Beckenbereich; der linke abgewinkelt mit der Hand auf dem rechten Unterarm.

St. 25.5. Der Tote lag in gestreckter Rückenlage unter 25.3., beide Arme lagen leicht angewinkelt auf dem Becken, die Hände im Beckenbereich; möglicherweise ursprünglich gefaltet.

St. 25.6. Der Tote lag in gestreckter Rückenlage unter 25.4., der rechte Arm lag gestreckt am Körper; der linke gestreckt mit der Hand im Beckenbereich.

La tombe Réf. 25

La tombe Réf. 25 était rectangulaire et mesurait 2,12 x 1,15 m. La fosse funéraire contenait six squelettes orientés nord-ouest/sud-est et enterrés à l'origine dans des cercueils individuels. Deux cercueils étaient placés l'un à côté de l'autre et trois cercueils l'un au-dessus de l'autre (**ill. 146–149**).

Réf. 25.1 Le mort était allongé sur le dos. Le bras gauche était tendu, près du corps et en dessous de celui-ci, le bras droit était plié vers l'extérieur en forme d'arc, la main contre la paroi du cercueil.

Réf. 25.2 Le mort était allongé sur le dos. Les deux bras étaient tendus et près du corps, les mains sous le bassin.

Réf. 25.3 Le mort était allongé sur le dos sous le 25.1, le bras droit était tendu près du corps, le bras gauche légèrement plié avec les mains dans la zone du bassin. La trace du cercueil avait 34 cm de large au niveau de l'épaule et 17 cm seulement au niveau des pieds.

Réf. 25.4 Le mort était allongé sur le dos sous le 25.2, le bras droit était tendu contre le corps et légèrement en dessous, la main dans la zone du bassin; le bras gauche était plié avec la main sur l'avant-bras droit.

Réf. 25.5 Le corps était allongé sur le dos en dessous du 25.3, les deux bras légèrement pliés sur le bassin, les mains au niveau du bassin; peut-être replié à l'origine.

Réf. 25.6 Le mort était allongé sur le dos en dessous du 25.4, le bras droit était tendu le long du corps; le bras gauche était tendu avec la main au niveau du bassin.

Aktuelle archäologische Forschung in Frankfurt am Main.

■ **Abb. 146** Gräber 25.1 und 25.2 während der Ausgrabung. | Tombes 25.1 et 25.2 pendant la fouille.

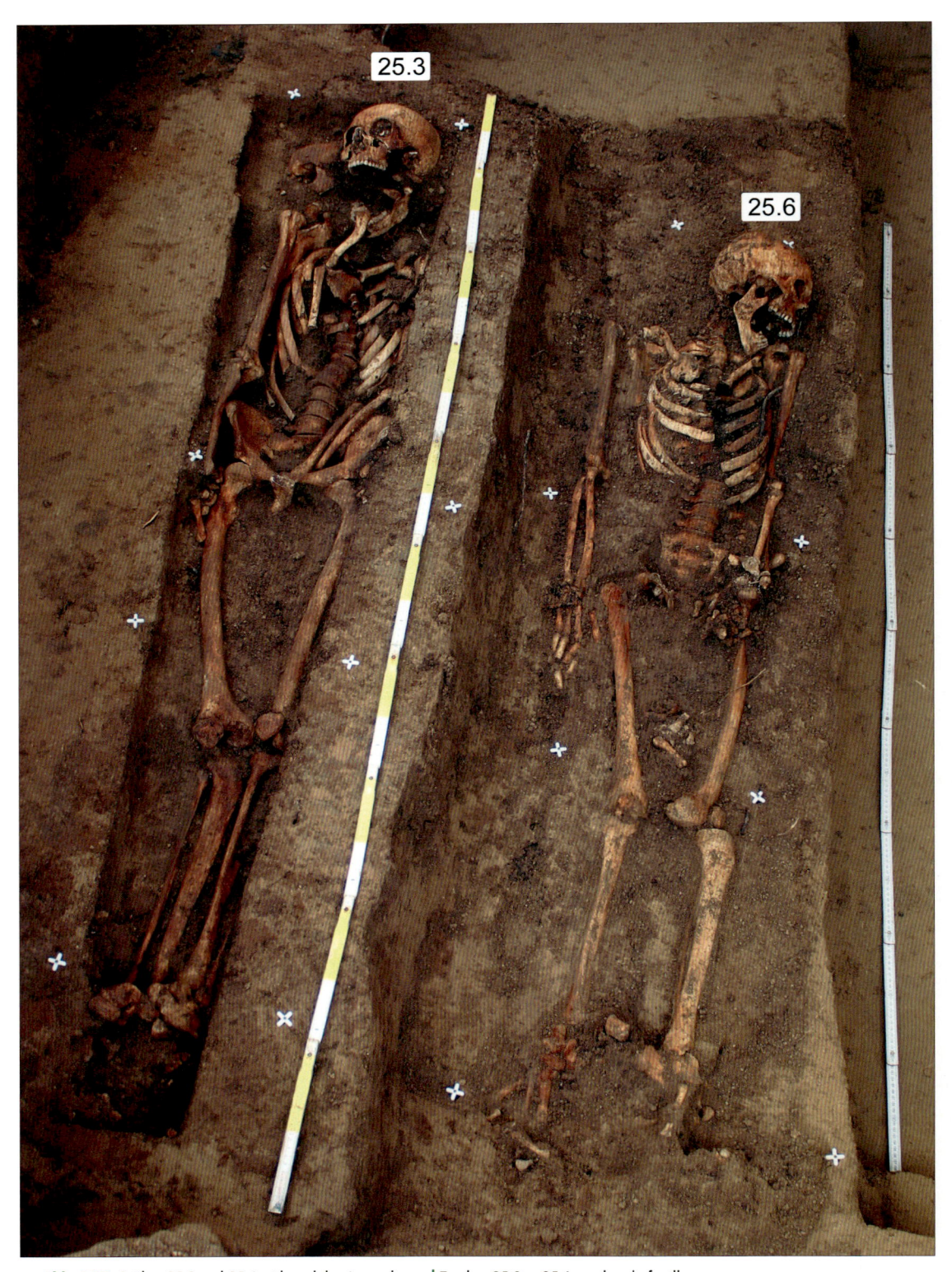

Abb. 147 Gräber 25.3 und 25.6 während der Ausgrabung. | Tombes 25.3 et 25.6 pendant la fouille.

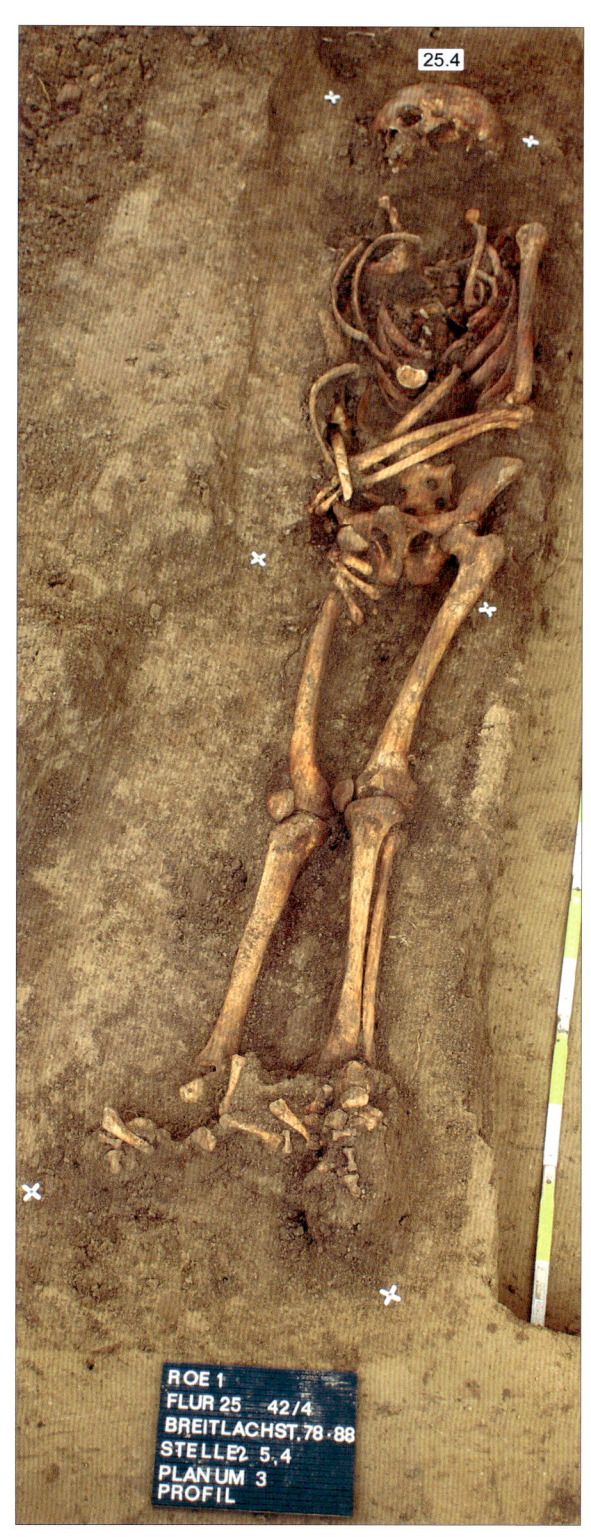

■ **Abb. 148** Grab 25.4 während der Ausgrabung. | Tombe 25.4 pendant la fouille.

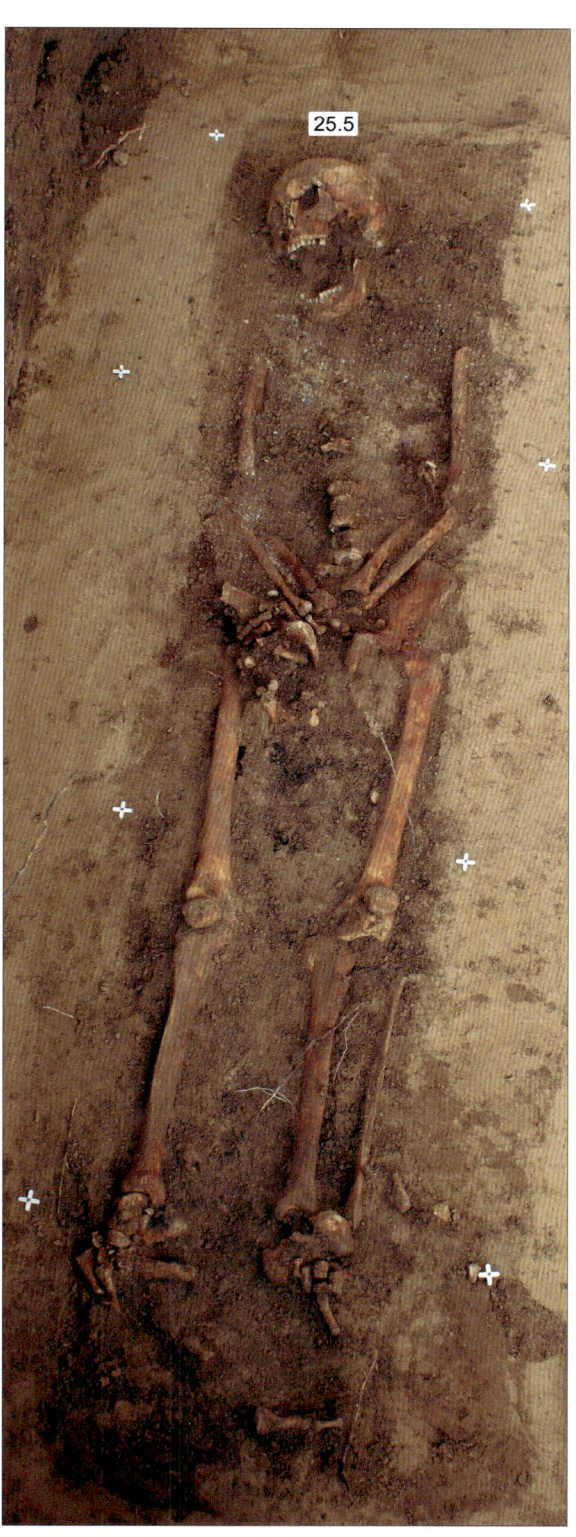

■ **Abb. 149** Grab 25.5 während der Ausgrabung. | Tombe 25.5 pendant la fouille.

Grab St. 26

Grab St. 26 ist fast vollständig beim Kanalbau zerstört worden, nur die südöstliche Ecke ist erhalten. Es lassen sich keine Aussagen über die ursprüngliche Belegung der Grabgrube treffen. Bei den beiden benachbarten Befunden 27 und 38 handelt es sich um Massengräber (Abb. 150).

La tombe Réf. 26

La tombe Réf. 26 a été presque entièrement détruite lors de la construction du canal, seul le coin sud-est ayant été conservé. Il n'est pas possible de se prononcer sur l'occupation initiale de la fosse funéraire. Les deux découvertes voisines 27 et 38 sont des fosses communes (ill. 150).

Abb. 150 Gräber 26 und 38 während der Ausgrabung. | Tombes 26 et 38 pendant la fouille.

Grab St. 27

Grab St. 27 war rechteckig mit den Maßen 1,80 x 1,00 m. Die Grabgrube enthielt 13 Skelette, die unterschiedlich ausgerichtet waren, fünf Skelette lagen mit dem Kopf im Südosten, acht Tote umgekehrt mit dem Kopf im Nordwesten. Neun Tote lagen in Bauchlage und vier in Rückenlage, Särge waren nicht vorhanden (Abb. 151–155).

St. 27.1. Der Tote lag nordwest-südöstlich in gestreckter Bauchlage. Die Arme leicht abgewinkelt neben dem Körper.

St. 27.2. Der Tote lag südost-nordwestlich in gestreckter Rückenlage. Der rechte Arm war durch den Kanalbau zerstört, der linke angewinkelt auf dem Körper.

St. 27.3. Der Tote lag nordwest-südöstlich in gestreckter Rückenlage unter 27.3., dicht neben 27.5. dicht an der Grubenwand, der linke Arm lag angewinkelt auf dem Bauch die rechte Hand auf dem Kopf.

St. 27.4. Der Tote lag südost-nordwestlich mittig auf 27.4.–27.6. in Bauchlage mit stark angewinkelten Armen und gehockten Beinen.

St. 27.5. Der Tote lag und in nordwest-südöstlich auf dem Bauch unter 27.3., der rechte Arm lag gestreckt am Körper, der linke Arm, die Hand angewinkelt vor der Brust.

St. 27.6. Der Tote lag leicht gedreht nordwest-südöstlich in gestreckter Rückenlage dicht an der östlichen Grubenwand und war durch den Kanalgraben gestört, weshalb das linke Bein und Teile des rechten Arms fehlten.

St. 27.7. Der Tote lag nordwest-südöstlich auf dem Bauch mit stark angewinkelten Beinen, der linke Arm unter dem Körper, der rechte gestreckt am Rücken

St. 27.8. Der Tote lag nordwest-südöstlich in gestreckter Bauchlage. Das rechte Bein war stark angewinkelt. Der linke Arm lag teilweise unter dem Skelett, der rechte nach hinten abgewinkelt

La tombe Réf. 27

La tombe Réf. 27 était rectangulaire et mesurait 1,80 x 1,00 m. La fosse contenait 13 squelettes, orientés différemment, cinq squelettes étaient placés avec la tête au sud-est, huit morts inversement avec la tête au nord-ouest. Neuf corps étaient couchés sur le ventre et quatre sur le dos, il n'y avait pas de cercueils (ill. 151–155).

Réf. 27.1 Le mort gisait au nord-ouest/sud-est, allongé sur le ventre, les bras légèrement pliés le long du corps.

Réf. 27.2 Le mort gisait au sud-est/nord-ouest allongé sur le dos. Le bras droit avait été détruit lors de la construction du canal, le bras gauche était plié et posé sur le corps.

Réf. 27.3 Le corps gisait au nord-ouest/sud-est en position allongée sur le dos sous le 27.3, tout près du 27.5, près de la paroi de la fosse, le bras gauche était replié sur le ventre, la main droite sur la tête.

Réf. 27.4 Le corps était couché au sud-est/nord-ouest, entre le 27.4 et le 27.6, sur le ventre, les bras fortement pliés et les jambes accroupies.

Réf. 27.5 Le mort était couché sur le ventre, orienté au nord-ouest/sud-est sous le 27.3, le bras droit tendu le long du corps, le bras gauche avec la main pliée devant la poitrine.

Réf. 27.6 Le mort était légèrement tourné vers le nord-ouest/sud-est, allongé sur le dos, près de la paroi orientale de la fosse et avait été déplacé lors du creusement du canal, ce qui explique l'absence de la jambe gauche et d'une partie du bras droit.

Réf. 27.7 Le mort était couché sur le ventre avec orientation nord-ouest/sud-est, les jambes fortement repliées, le bras gauche sous le corps, le bras droit tendu dans le dos.

Réf. 27.8 Le corps était couché en direction nord-ouest/sud-est, allongé sur le ventre. La jambe droite était fortement pliée. Le bras gauche était partiellement sous le squelette, le bras droit était plié vers l'arrière.

St. 27.9. Der Tote lag südost-nordwestlich ausgerichtet auf dem Bauch mit angewinkelten Beinen und stark angewinkelten Armen, die unter dem Brustkorb lagen

St. 27.10 Der Tote lag an der östlichen Kammerwand mit dem Kopf nach Süden, in leicht gedrehter Rückenlage mit angewinkelten Beinen, der linke Arm angewinkelt auf dem Körper, der rechte abgespreizt und abgewinkelt.

St. 27.11. Der Tote lag mittig in gestreckter Bauchlage, die Arme am Körper, nordwest-südöstlich ausgerichtet an der Kammerwand unter 27.9. und 27.10.

St. 27.12. Der Tote lag in gestreckter Bauchlage, die Arme am Körper auf dem Kammerboden nordwest-südöstlich ausgerichtet dicht an 27.11. Die Beine waren leicht nach Westen angewinkelt.

St. 27.13. Der Tote lag bogenförmig in gestreckter Bauchlage südost-nordwestlich ausgerichtet auf dem Grubenboden, der rechte Arm lag gestreckt am Körper, der linke war an der Grubenwand abgespreizt und stark angewinkelt.

Réf. 27.9 Le mort était orienté sud-est/nord-ouest, couché sur le ventre, les jambes repliées et les bras fortement pliés sous le thorax.

Réf. 27.10 Le mort était couché contre la paroi est de la chambre, la tête vers le sud, en position dorsale légèrement tournée, les jambes repliées, le bras gauche replié sur le corps, le bras droit écarté et plié.

Réf. 27.11 Le mort gisait au milieu, allongé sur le ventre, les bras le long du corps, orienté nord-ouest/sud-est, contre la paroi de la chambre sous les 27.9 et 27.10.

Réf. 27.12 Le mort était allongé sur le ventre, les bras le long du corps sur le sol de la cavité, orienté nord-ouest/sud-est, près du 27.11. Les jambes étaient légèrement pliées vers l'ouest.

Réf. 27.13 Le mort était couché en arc de cercle sur le ventre, orienté sud-est/nord-ouest, sur le sol de la fosse, le bras droit était tendu le long du corps, le bras gauche était écarté et fortement plié contre la paroi de la fosse.

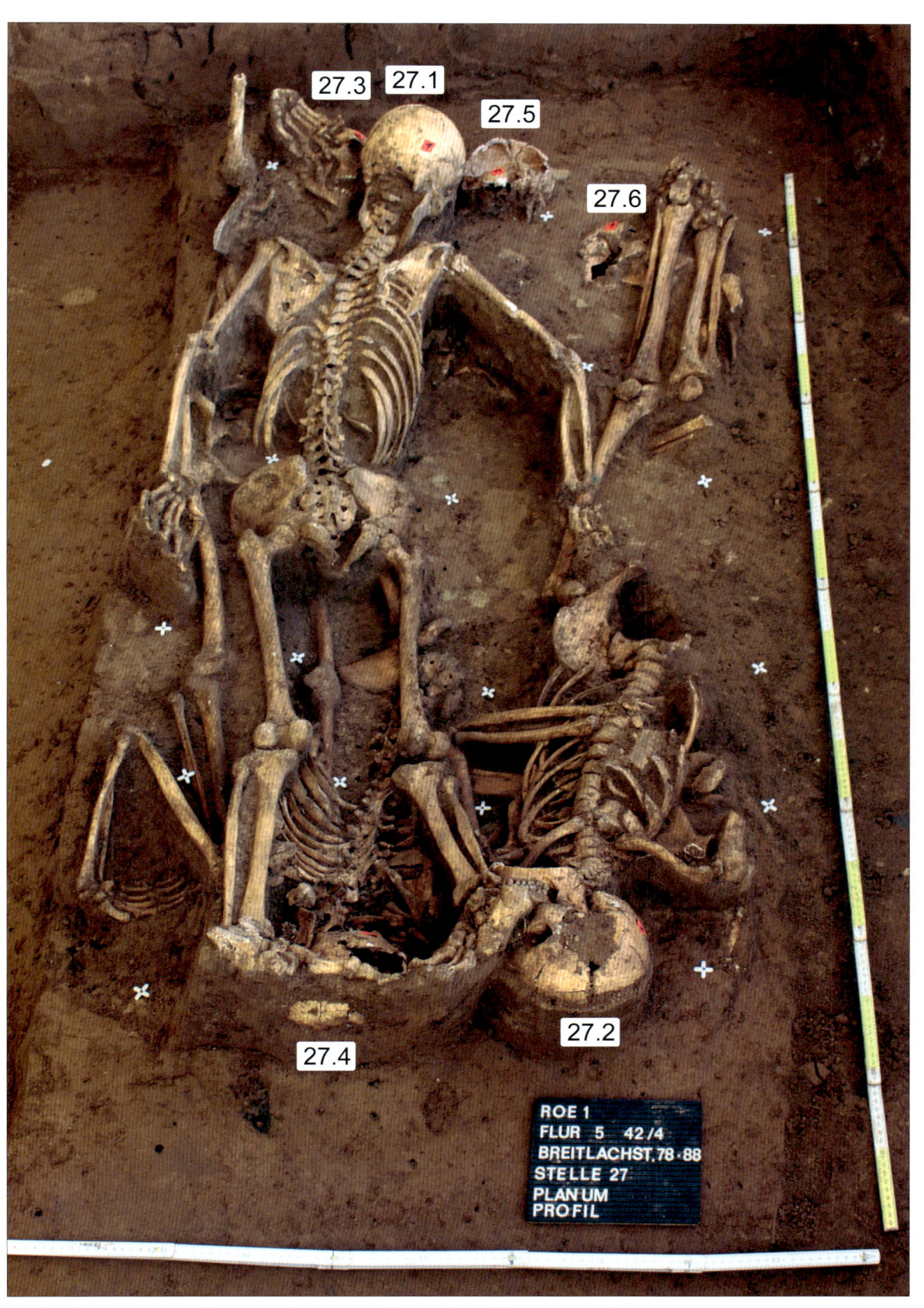

Aktuelle archäologische Forschung in Frankfurt am Main.

■ **Abb. 151** Gräber 27.1 und 27.2 während der Ausgrabung. | Tombes 27.1 et 27.2 pendant la fouille.

Abb. 152 Gräber 27.3 bis 27.6 während der Ausgrabung. | Tombes 27.3 à 27.6 pendant la fouille.

Aktuelle archäologische Forschung in Frankfurt am Main.

■ **Abb. 153** Gräber 27.7 und 27.8 während der Ausgrabung. | Tombes 27.7 et 27.8 pendant la fouille.

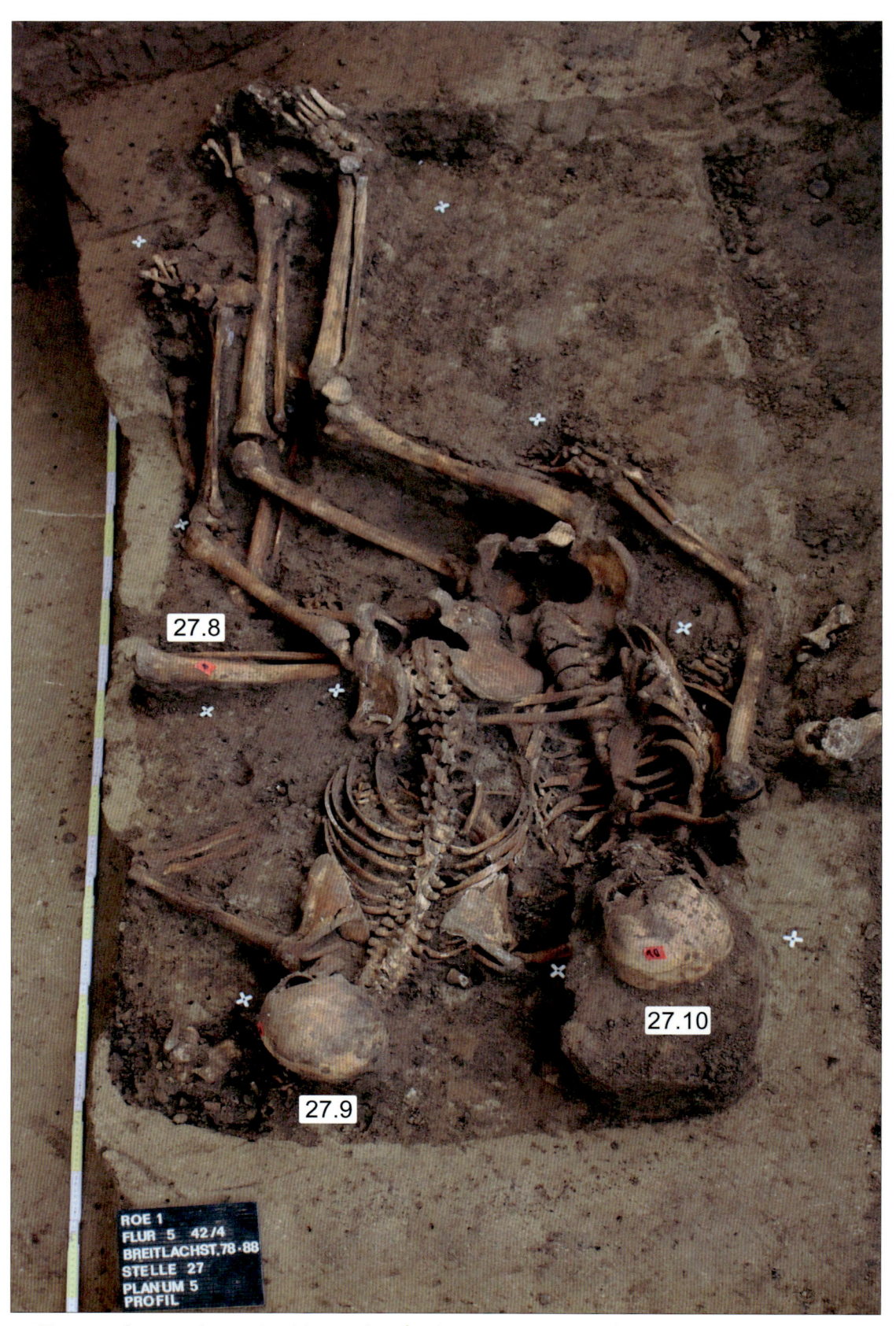

Abb. 154 Gräber 27.9 und 27.10 während der Ausgrabung. | Tombes 27.9 et 27.10 pendant la fouille.

Aktuelle archäologische Forschung in Frankfurt am Main.

■ **Abb. 155** Gräber 27.11 bis 27.13 während der Ausgrabung. | Tombes 27.11 à 27.13 pendant la fouille.

Grab St. 28

Grab St. 28 war rechteckig mit den Maßen 1,90 x 1,10 m. Die Grabgrube enthielt 12 Skelette in vier Schichten, die unterschiedlich ausgerichtet waren, 7 Skelette lagen mit dem Kopf im Nordwesten, vier Tote umgekehrt mit dem Kopf im Südosten, einer fast ostwestlich. Die Toten lagen in Rücken- und Seitenlage, der Tote 28.6. auf dem Bauch, Särge waren nicht vorhanden (**Abb. 156–159**).

St. 28.1. Der Tote lag in nordwest-südöstlich gestreckter Rückenlage an der östlichen Grubengrenze. Arme angewinkelt vor dem Bauch, die Hände gekreuzt

St. 28.2. Der Tote lag nordwest-südöstlich neben 28.1. mit angehockten Beinen auf dem Rücken. Der rechte Arm lag erhoben vor dem Gesicht, der linke gestreckt am Körper.

St. 28.3. Der Tote lag südost-nordwestlich dicht neben 28.2. angehockt auf der linken Seite. Der linke Arm lag gestreckt unter dem Körper, der rechte lag leicht angewinkelt auf 28.5, die rechte Hand unter 28.2.

St. 28.5. Der Tote lag unterhalb zwischen 28.1. und 28.2. nordwest-südöstlich auf der linken Seite mit angehockten Beinen. Der linke Arm lag angewinkelt unter dem Körper, die Hand unter dem Kopf am Kinn; der rechte abgespreizt vom Oberkörper.

St. 28.4. Der Tote lag nordwest-südöstlich in gestreckter Rückenlage unter 28.3., der linke Arm gestreckt am Körper, der rechte erhoben und stark abgewinkelt.

St. 28.6. Der Tote lag nordwest-südöstlich in einer gestreckten Bauchlage. Die Arme waren neben dem Körper stark angewinkelt, die Hände lagen unter dem Becken.

St. 28.7. Der Tote lag südost-nordwestlich in gestreckter Rückenlage. Der rechte Arm lag stark abgewinkelt neben dem Körper, der linke lag gestreckt nach rechts auf dem Hals und unter dem Kinn.

La tombe Réf. 28

La tombe Réf. 28 était rectangulaire et mesurait 1,90 x 1,10 m. La fosse funéraire contenait 12 squelettes répartis en quatre couches, orientés différemment, 7 squelettes avaient la tête au nord-ouest, quatre morts étaient inversés avec la tête au sud-est, un était presque orienté est-ouest. Les corps étaient couchés sur le dos et sur le côté, le corps 28.6 était sur le ventre, il n'y avait pas de cercueils (**ill. 156–159**).

Réf. 28.1 Le mort gisait allongé sur le dos en direction nord-ouest/sud-est, à la limite est de la fosse, les bras repliés sur le ventre, les mains croisées.

Réf. 28.2 Le corps était couché sur le dos, jambes fléchies, au nord-ouest/sud-est à côté du 28.1 Le bras droit était levé devant le visage, le bras gauche tendu le long du corps.

Réf. 28.3 Le mort gisait au sud-est/nord-ouest, tout près du 28.2, accroupi sur le côté gauche. Le bras gauche était tendu sous le corps, le bras droit était légèrement plié sur le 28.5, la main droite sous le 28.2.

Réf. 28.5 Le mort se trouvait en dessous, entre le 28.1 et le 28.2, orienté nord-ouest/sud-est, sur le côté gauche, les jambes accroupies. Le bras gauche était replié sous le corps, la main sous la tête au niveau du menton; le bras droit était écarté du torse.

Réf. 28.4. Le mort gisait au nord-ouest/sud-est en position allongée sur le dos sous le 28.3, le bras gauche tendu le long du corps, le bras droit levé et fortement plié.

Réf. 28.6 Le mort gisait en direction nord-ouest/sud-est, allongé sur le ventre. Les bras étaient fortement pliés à côté du corps, les mains étaient placées sous le bassin.

Réf. 28.7 Le mort gisait au sud-est/nord-ouest, en position allongée sur le dos. Le bras droit était fortement plié le long du corps, le bras gauche était tendu vers la droite en dessus du cou et en dessous du menton.

St. 28.8. Der Tote lag in gestreckter Rückenlage südost-nordwestlich ausgerichtet. Der rechte Arm war stark angewinkelt mit der Hand neben dem Kopf; der linke unter 28.9.

St. 28.9. Der Tote lag nordwest-südöstlich in gestreckter Rückenlage. Beide Arme lagen abgespreizt und angewinkelt an der Seite, die Beine sind etwas angewinkelt und abgesunken.

St. 28.10. Der Tote lag südost-nordwestlich in gestreckter Rückenlage leicht auf der rechten Seite an der östlichen Grubenwand unter dem rechten Arm von 28.9. Der linke Arm ist stark angewinkelt, der rechte Arm unter dem Körper.

St. 28.11. Der Tote lag fast ost-westlich ausgerichtet auf dem Rücken mit angewinkelten Beinen zwischen 28.9. und 28.11., beide Arme lagen leicht angewinkelt im Beckenbereich in der nördlichen Kammerhälfte.

St. 28.12. Der Tote lag nordwest-südöstlich in gestreckter Rückenlage. Die Arme waren angewinkelt, sodass die Hände gefaltet über dem Becken lagen.

Réf. 28.8 Le mort était allongé sur le dos, orienté sud-est/nord-ouest. Le bras droit était fortement plié avec la main près de la tête; le bras gauche sous le 28.9.

Réf. 28.9 Le mort gisait allongé sur le dos, orienté nord-ouest/sud-est. Les deux bras étaient écartés et pliés sur le côté, les jambes légèrement pliées et abaissées.

Réf. 28.10 Le mort gisait au sud-est/nord-ouest en position allongée sur le dos, légèrement sur le côté droit, contre la paroi est de la fosse, sous le bras droit du 28.9. Le bras gauche était fortement plié, le bras droit sous le corps.

Réf. 28.11 Le mort était orienté presque est-ouest, allongé sur le dos avec les jambes pliées entre le 28.9 et le 28.11, les deux bras légèrement pliés au niveau du bassin, dans la moitié nord de la fosse.

Réf. 28.12 Le mort était allongé sur le dos, en position nord-ouest/sud-est. Les bras étaient pliés, de sorte que les mains étaient jointes au-dessus du bassin.

Abb. 156 Gräber 28.1 bis 28.3 und 28.5 während der Ausgrabung. | Tombes 28.1 à 28.3 et 28.5 pendant la fouille.

Aktuelle archäologische Forschung in Frankfurt am Main.

■ **Abb. 157** Gräber 28.4, 28.6 und 28.7 während der Ausgrabung. | Tombes 28.4, 28.6 et 28.7 pendant la fouille.

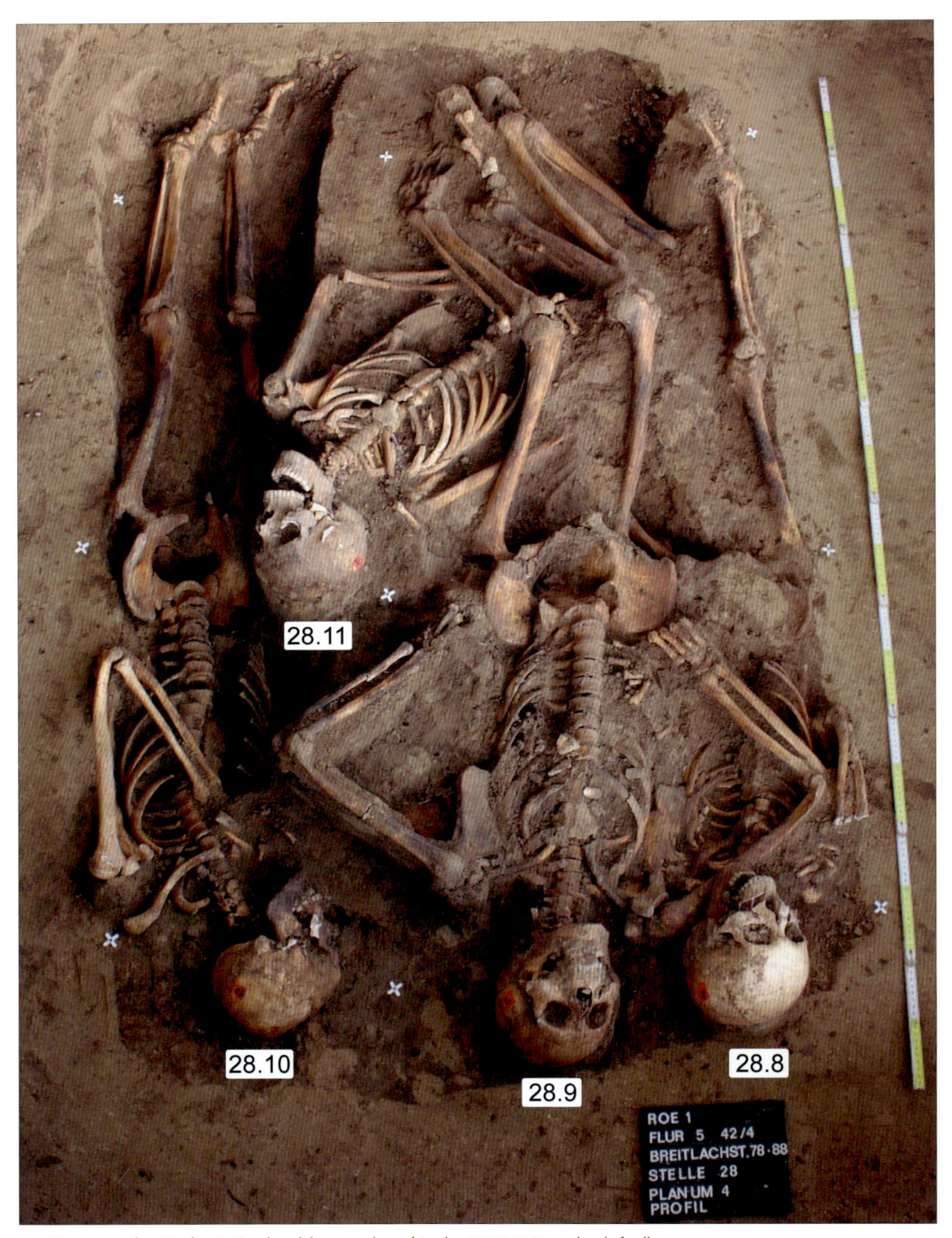

Abb. 158 Gräber 28.8 bis 28.11 während der Ausgrabung. | Tombes 28.8 à 28.11 pendant la fouille.

Aktuelle archäologische Forschung in Frankfurt am Main.

■ **Abb. 159** Grab 28.12 während der Ausgrabung. | Tombe 28.12 pendant la fouille.

Grab St. 29

Grab St. 29 war rechteckig mit den Maßen 1,70 x 0,80 m. Die vollständige Breite konnte nicht mehr erfasst werde, da die Grube im Osten durch den Kanal gestört wird. Die Grabgrube enthielt 15 Skelette, die unterschiedlich ausgerichtet waren, 13 Skelette lagen mit dem Kopf im Nordwesten, drei Tote umgekehrt mit dem Kopf im Südosten. Die Toten lagen in Rückenlage, zweimal auf dem Bauch, Särge waren nicht vorhanden (**Abb. 160–164**).

St. 29.1. Der Tote lag nordwest-südöstlich in gestreckter Bauchlage, die Arme gestreckt unter dem Körper. Die Beine wurden von den Beinen von 29.04 überlagert. Der rechte Arm lag schräg vom Schulterblatt bis in die nordwestliche Grabgrubenecke. Der linke Arm lag unter dem Körper.

St. 29.2. Die Bestattung lag nordwest-südöstlich in Rückenlage an der östlichen Grabgrubengrenze. Beide Arme lagen parallel zum Körper; unterhalb des Beckens war das Skelett fast vollständig durch den Leitungsgraben gestört.

St. 29.3. Der Tote lag dicht neben 29.2. nordwest-südöstlich in gestreckter Rückenlage. Der rechte Arm sowie Teile des Brustkorbes wurden durch den Leitungsbau zerstört. Der linke Arm lag gestreckt am Körper.

St. 29.4. Der Tote lag nordwest-südöstlich ausgerichtet auf der linken Seite mit angehockten Beinen an der westlichen Grubenwand. Der rechte Arm lag angewinkelt vor dem Körper dicht an 29.2., die Beine darüber.

St. 29.5. Der Tote lag nordwest-südöstlich in gestreckter Rückenlage, der linke Arm parallel zum Körper, der rechte extrem gebeugt mit der Hand auf der Schulter.

St. 29.06. Der Tote lag nordwest-südöstlich in gestreckter Rückenlag an der östlichen Grenze der Grabgrube. Der rechte Unterarm, Teile des Beckens und das linke Bein wurden beim Anlegen des Leitungsgraben entfernt beziehungsweise zerstört. Das rechte Bein liegt gestreckt leicht schräg. Der rechte Arm war extrem angewinkelt, die Hand auf der Schulter.

La tombe Réf. 29

La tombe Réf. 29 était rectangulaire et mesurait 1,70 x 0,80 m. La largeur complète n'a pas pu être relevée, car la fosse a été endommagée à l'est par le canal. La fosse contenait 15 squelettes orientés différemment, 12 squelettes étaient placés avec la tête au nord-ouest, trois morts inversement avec la tête au sud-est. Les morts étaient couchés sur le dos, sauf deux sur le ventre, il n'y avait pas de cercueils (**ill. 160–164**).

Réf. 29.1 Le mort gisait en direction nord-ouest/sud-est, allongé sur le ventre, les bras tendus sous le corps. Les jambes étaient superposées à celles de 29-04. Le bras droit était incliné depuis l'omoplate jusqu'au coin nord-ouest de la fosse funéraire. Le bras gauche était placé sous le corps.

Réf. 29.2 Le corps inhumé était situé au nord-ouest/sud-est, en position dorsale, à la limite est de la fosse. Les deux bras étaient parallèles au corps; en dessous du bassin, le squelette avait été presque entièrement détruit par la tranchée de la conduite.

Réf. 29.3 Le mort gisait tout près de 29.2, au nord-ouest/sud-est, en position allongée sur le dos. Le bras droit ainsi qu'une partie de la cage thoracique ont été détruits par la construction de la canalisation. Le bras gauche était tendu le long du corps.

Réf. 29.4 Le mort gisait sur le côté gauche, orienté nord-ouest/sud-est, les jambes accroupies contre le mur ouest de la fosse. Le bras droit était plié devant le corps, près de 29.2, les jambes au-dessus.

Réf. 29.5. Le mort gisait au nord-ouest/sud-est en position allongée sur le dos, le bras gauche parallèle au corps, le bras droit extrêmement fléchi avec la main sur l'épaule.

Réf. 29.06 Le mort gisait en direction nord-ouest/sud-est, en position allongée sur le dos, à la limite orientale de la fosse. L'avant-bras droit, une partie du bassin et la jambe gauche ont été enlevés ou détruits lors de la mise en place de la tranchée. La jambe droite est tendue et légèrement en biais. Le bras droit était extrêmement plié, la main sur l'épaule.

St. 29.7. Der Tote lag südost-nordwestlich in gestreckter Rückenlage an der westlichen Kammerwand. Der linke Arm stark abgewinkelt auf der Brust, der rechte leicht abgewinkelt mit der Hand im Beckenbereich. Der Tote hatte eine großflächige Verletzung durch eine scharfe Klinge am rechten Oberschädel.

St. 29.8. Der Tote lag nordwest-südöstlich in gestreckter Rückenlage, der rechte Arm war angewinkelt mit der Hand auf dem Becken, der linke lag gestreckt an der Seite.

St. 29.9. Der Tote lag auf der linken Seite mit angehockten Beinen, nordwest-südöstlich ausgerichtet. Das stark angewinkelte rechte Bein wurde ab dem Knie durch den Leitungsgraben zerstört Der rechte Arm ist abgespreizt und nach unten abgewinkelt, der linke unter dem Körper.

St. 29.10. Der Tote lag nordwest-südöstlich in gestreckter, rechter Seitenlage. Der rechte Oberarm lag gestreckt am Körper, der linke Arm angewinkelt mit der Hand im Beckenbereich. Das Skelett ist gestört und gehört zu Befund 29.15.

St. 29.11. Der Tote lag stark verdreht und verkippt auf der linken Seite an der östlichen Grubenwand südost-nordwestlich ausgerichtet. Bei den Kanalarbeiten wurde der linke Oberschenkel, Schien- und Wadenbein entfernt, das Becken wurde beschädigt. Das rechte Bein lag gestreckt an der östlichen Grabgrubenhälfte. Der rechte Arm ist vor dem Körper stark angewinkelt, der linke unter dem Körper.

St. 29.12. Der Tote lag südost-nordwestlich ausgerichtet auf der linken Seite in gestreckter Lage. Der linke Arm lag unter der Bestattung; der rechte angewinkelt auf dem Bauch mit der Hand auf der linken Seite.

St. 29.13. Der Tote lag mit dem Kopf im Norden an der östlichen Grubengrenze in Seitenlage rechts und ist auf den Brustkorb verkippt. Der rechte Arm war vor der Brust angewinkelt, der linke gestreckt am Körper.

Réf. 29.7 Le mort gisait au sud-est/nord-ouest, en position allongée sur le dos, contre la paroi ouest de la pièce. Le bras gauche fortement replié sur la poitrine, le bras droit légèrement replié avec la main au niveau du bassin. Le mort présentait une large blessure par une lame tranchante au niveau du crâne à droite.

Réf. 29.8 Le mort était allongé sur le dos en direction nord-ouest/sud-est, le bras droit était plié avec la main sur le bassin, le bras gauche était allongé sur le côté.

Réf. 29.9 Le corps était couché sur le côté gauche, jambes accroupies, orienté nord-ouest/sud-est. La jambe droite fortement pliée a été détruite à partir du genou lors de l'excavation de la conduite. Le bras droit est écarté et plié vers le bas, le bras gauche se trouve sous le corps.

Réf. 29.10. Le mort était allongé dans le sens nord-ouest/sud-est, en position latérale droite. Le bras droit était tendu le long du corps, le bras gauche plié avec la main au niveau du bassin. Le squelette a été endommagé et fait partie de la découverte 29.15.

Réf. 29.11 Le mort gisait fortement tourné et incliné sur le côté gauche contre le mur est de la fosse, orienté sud-est/nord-ouest. Lors des travaux de canalisation, le fémur gauche, le tibia et le péroné ont été enlevés, le bassin a été endommagé. La jambe droite était tendue contre la moitié est de la fosse. Le bras droit est fortement replié devant le corps, le bras gauche sous le corps.

Réf. 29.12 Le mort était orienté sud-est/nord-ouest et reposait sur le côté gauche en position allongée. Le bras gauche était sous l'inhumation; le bras droit plié sur le ventre avec la main sur le côté gauche.

Réf. 29.13. Le mort était couché avec la tête au nord, à la limite est de la fosse, en position latérale droite, et avait le thorax incliné. Le bras droit était replié devant la poitrine, le bras gauche tendu le long du corps.

St. 29.14. Der Tote lag nordwest-südöstlich das linke Bein war gestreckt und das rechte angehockt abgewinkelt. Der linke Arm lag stark angewinkelt auf dem linken Schlüsselbein, der rechte Arm lag ebenfalls stark angewinkelt neben dem Körper.

St. 29.15. Der Tote lag ursprünglich nordwest-südöstlich in gestreckter Rückenlage; durch die Kanalarbeiten ist der Befund gestört. Gehört zu 29.10.

St. 29.16. Der Tote lag südost-nordwestlich in der Grubenmitte in gestreckter Bauchlage. Der rechte Arm war angewinkelt neben dem Körper; der linke angewinkelt unter dem Bauch.

Réf. 29.14 Le mort était allongé en direction nord-ouest/sud-est, la jambe gauche était tendue et la droite pliée en position accroupie. Le bras gauche était fortement replié sur la clavicule gauche, le bras droit était également fortement replié à côté du corps.

Réf. 29.15. Le corps était à l'origine allongé sur le dos, orienté nord-ouest/sud-est; les travaux de canalisation ont compromis la fouille. Il appartient au 29.10.

Réf. 29.16 Le mort était couché en direction sud-est/nord-ouest, au milieu de la fosse, allongé sur le ventre. Le bras droit était plié à côté du corps; le bras gauche était plié sous le ventre.

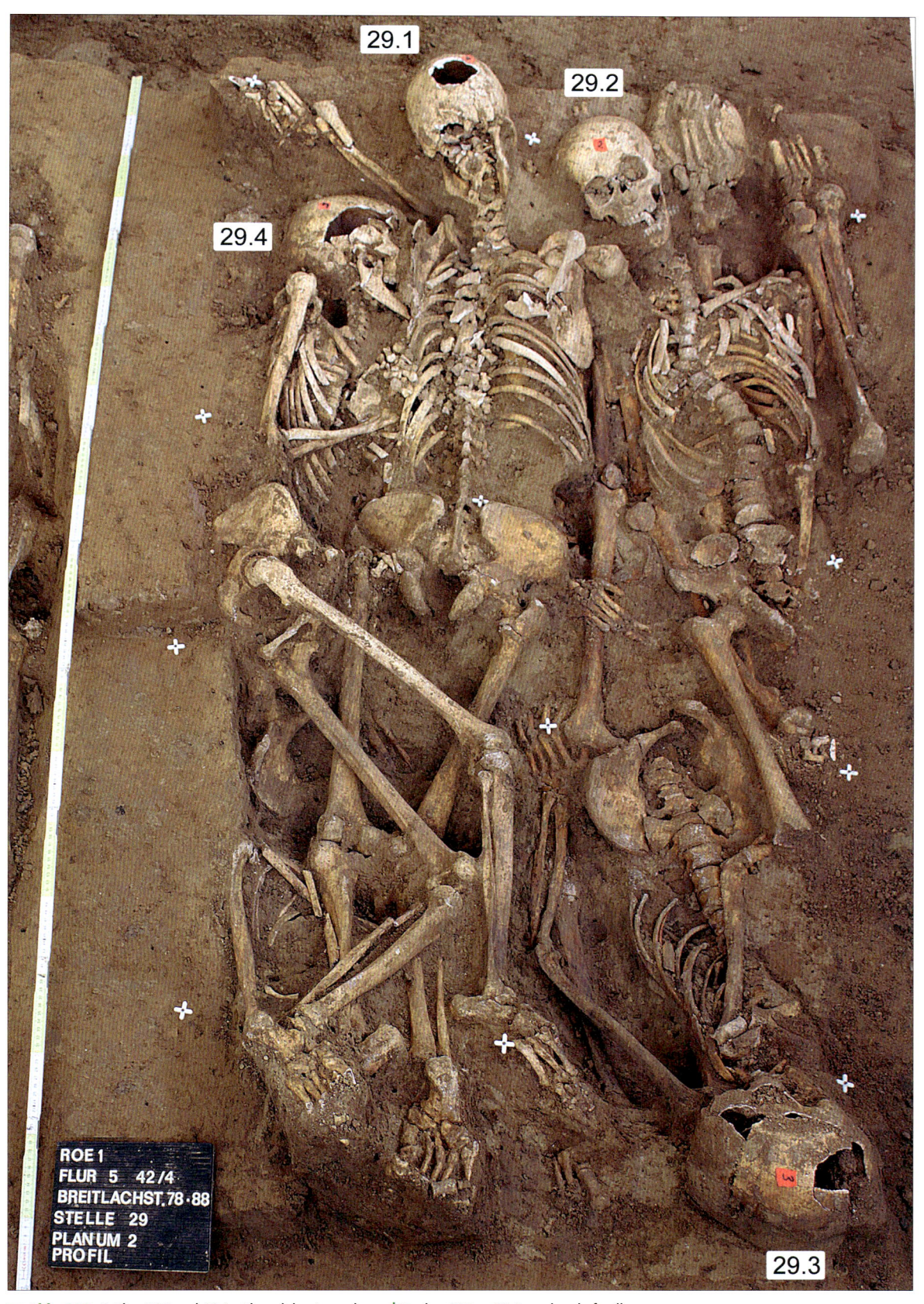

Aktuelle archäologische Forschung in Frankfurt am Main.

■ **Abb. 160** Gräber 29.1 und 29.4 während der Ausgrabung. | Tombes 29.1 et 29.4 pendant la fouille.

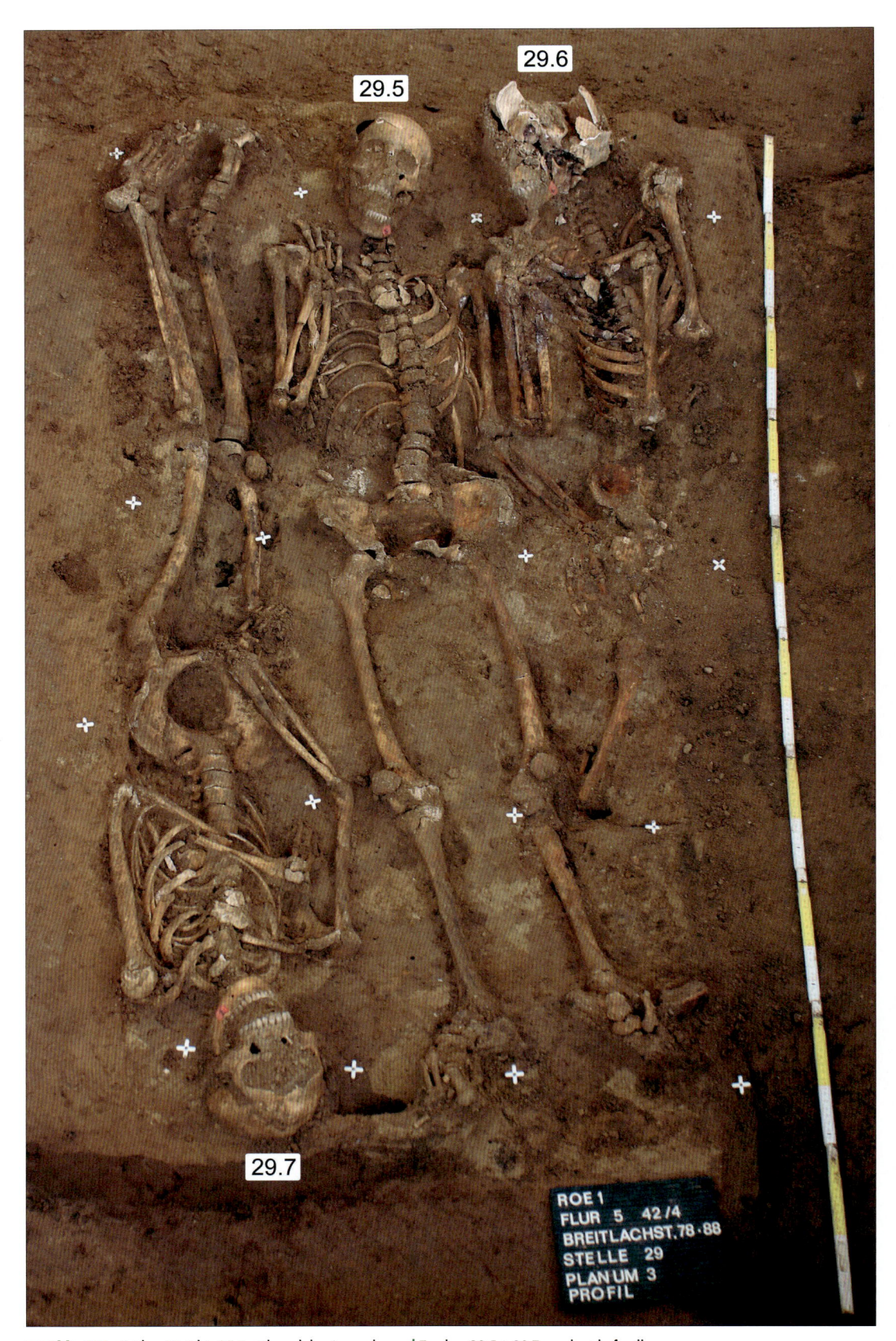

Abb. 161 Gräber 29.5 bis 29.7 während der Ausgrabung. | Tombes 29.5 à 29.7 pendant la fouille.

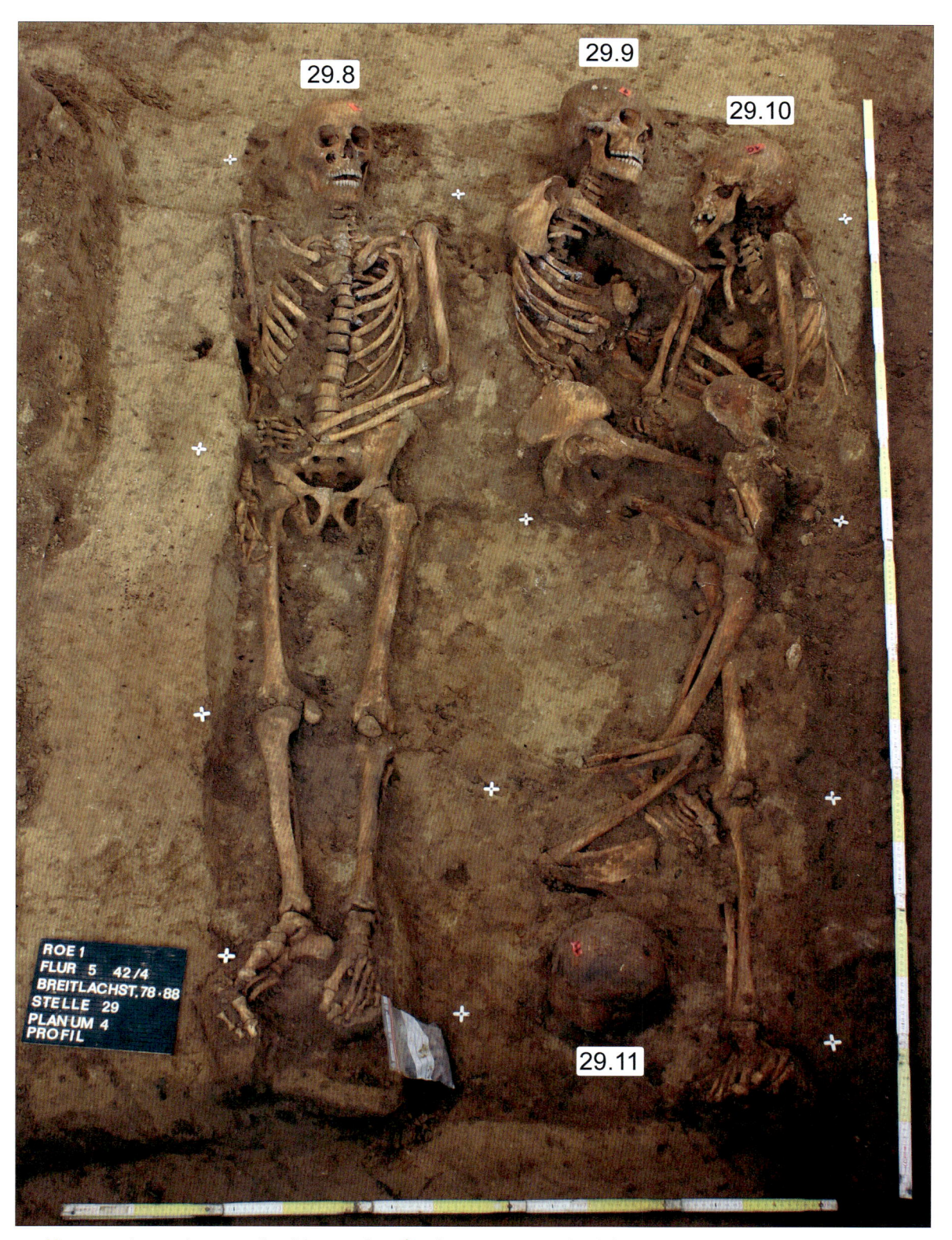

Aktuelle archäologische Forschung in Frankfurt am Main.

■ **Abb. 162** Gräber 29.8 bis 29.10 während der Ausgrabung. | Tombes 29.8 à 29.10 pendant la fouille.

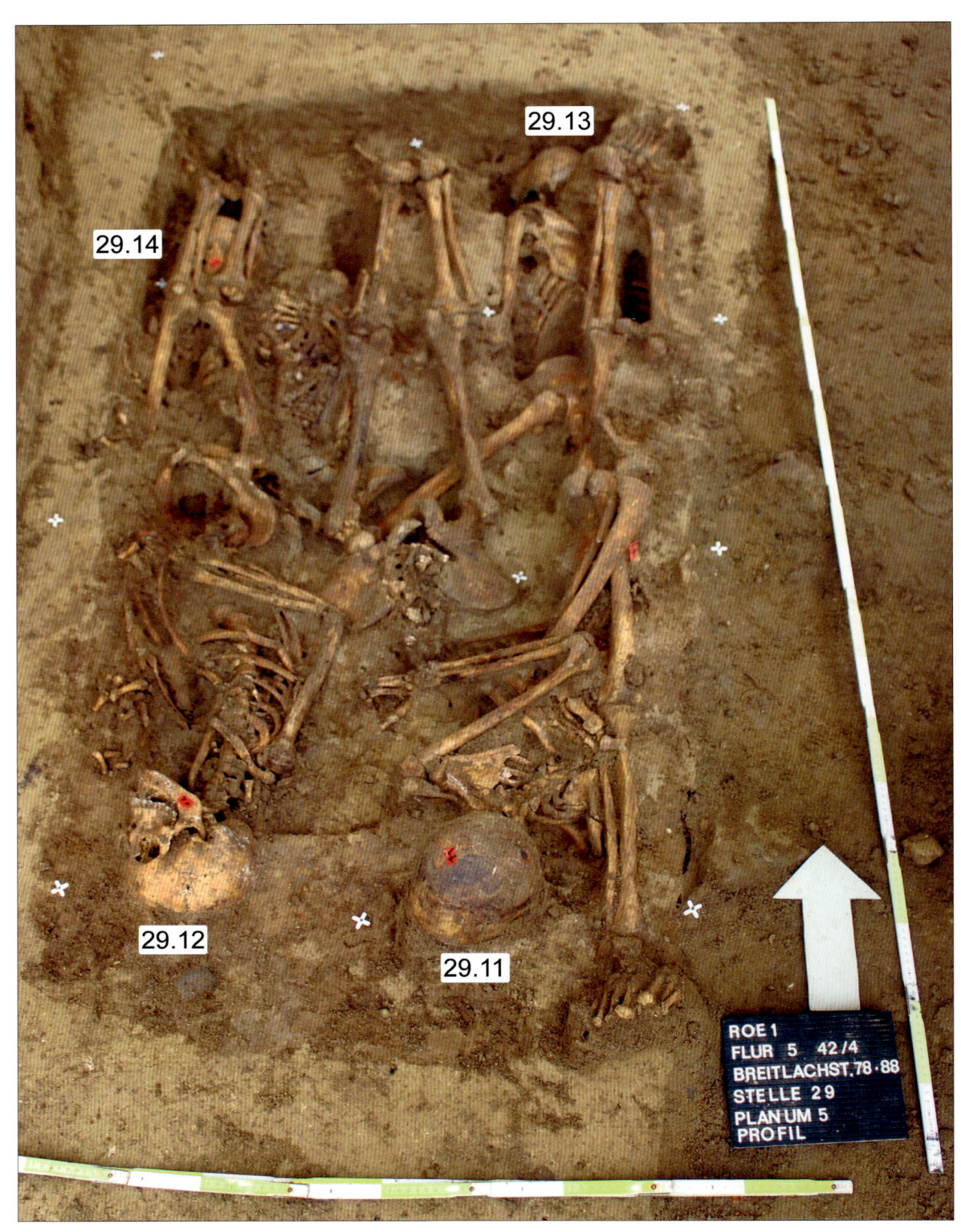

Abb. 163 Gräber 29.11, 29.12 und 29.15 während der Ausgrabung. | Tombes 29.11, 29.12 et 29.15 pendant la fouille.

Aktuelle archäologische Forschung in Frankfurt am Main.

■ **Abb. 164** Gräber 29.13 und 29.14 und 29.16 während der Ausgrabung. | Tombes 29.13 et 29.14, et 29.16 pendant la fouille.

Grab St. 30

Grab St. 30 war rechteckig mit den Maßen 1,70 x 1,00 m. Die Grabgrube enthielt 19 Skelette, die unterschiedlich ausgerichtet waren, 12 Skelette lagen mit dem Kopf im Nordwesten, acht Tote umgekehrt mit dem Kopf im Südosten. Die Toten lagen in Rücken- und Seitenlage, vier auf dem Bauch, Särge waren nicht vorhanden (**Abb. 165–168**).

St. 30.1. Der Tote lag nordwest-südöstlich ausgerichtet in gestreckter Bauchlage, der rechte Arm leicht abgewinkelt neben und unter dem Körper, der linke Arm lag stark abgewinkelt neben dem Körper, die Hand unter dem Becken.

St. 30.2. Der Tote lag nordwest-südöstlich ausgerichtet in gestreckter Rückenlage und beschrieb mit den Halswirbeln eine starke Biegung nach Westen. Das linke Bein war stark angewinkelt, das rechte Bein war gestreckt. Die Position der Arme konnte nicht genau festgestellt werden

St. 30.3. Der Tote lag nordwest-südöstlich ausgerichtet, die Beine leicht gehockt nach links, der linke Arm lag gestreckt am Körper, der rechte angewinkelt auf der Brust mit der Hand links neben dem Körper.

St. 30.4. Der Tote lag südost-nordwestlich ausgerichtet, gestreckt auf der linken Seite, die Oberarme gestreckt am Körper, die Unterarme nach vorne abgewinkelt.

St. 30.5. Der Tote lag südost-nordwestlich ausgerichtet in gestreckter Rückenlage, der rechte Arm stark abgewinkelt neben dem Körper, der linke abgespreizt leicht angewinkelt am Körper mit der Hand auf dem rechten Bein von 30.3.

St. 30.6. Der Tote lag südost-nordwestlich ausgerichtet in gestreckter Rückenlage, beide Arme sind abgewinkelt auf dem Bauch, die Hände wohl ursprünglich gefaltet.

La tombe Réf. 30

La tombe Réf. 30 était rectangulaire et mesurait 1,70 x 1,00 m. La fosse contenait 19 squelettes orientés différemment, 11 squelettes étaient placés avec la tête au nord-ouest, huit morts, à l'inverse, avec la tête au sud-est. Les corps étaient couchés sur le dos et sur le côté, quatre sur le ventre, il n'y avait pas de cercueils (**ill. 165–168**).

Réf. 30.1 Le mort était orienté nord-ouest/sud-est, allongé sur le ventre, le bras droit légèrement replié le long et sous le corps, le bras gauche fortement replié à côté du corps, la main sous le bassin.

Réf. 30.2 Le mort était orienté nord-ouest/sud-est, allongé sur le dos et décrivait avec les vertèbres cervicales une forte courbure vers l'ouest. La jambe gauche était fortement pliée, la jambe droite était tendue. La position des bras n'a pas pu être déterminée avec précision

Réf. 30.3 Le mort gisait orienté nord-ouest/sud-est, les jambes légèrement fléchies vers la gauche, le bras gauche tendu le long du corps, le bras droit replié sur la poitrine avec la main à gauche du corps.

Réf. 30.4 Le mort était orienté sud-est/nord-ouest, allongé sur le côté gauche, les bras supérieurs tendus le long du corps, les avant-bras pliés vers l'avant.

Réf. 30.5 Le mort était orienté sud-est/nord-ouest, allongé sur le dos, le bras droit fortement plié le long du corps, le bras gauche légèrement écarté et plié le long du corps avec la main sur la jambe droite de 30.3.

Réf. 30.6 Le corps était orienté sud-est/nord-ouest, en position allongée sur le dos, les deux bras pliés sur le ventre, les mains probablement jointes à l'origine.

St. 30.7. Der Tote lag nordwest-südöstlich ausgerichtet in gestreckter Rückenlage, die Beine teilweise auf der Brust von 30.6., der rechte Arm war leicht angewinkelt, die Hand im Beckenbereich, der linke war stark abgewinkelt auf der Brust mit der Hand auf dem rechten Oberarm.

St. 30.8. Der Schädel lag im Nordwesten auf der linken Seite. Dieser Schädel konnte keiner Bestattung sicher zugeordnet werden. Die Skelette 30.12, 30.13 und 30.14 hatten keinen Schädel und lagen alle mit ihren Enden der Wirbelsäule in unmittelbarer Nähe. Beim Abbau zeigte sich, dass das Skelett 30.13 zu dem Schädel gehört.

St. 30.9. Der Tote lag nordwest-südöstlich ausgerichtet in gestreckter Rückenlage. Der linke Arm war stark angewinkelt über dem Bauch mit der Hand auf der rechten Seite des Skeletts liegend; der rechte stark angewinkelt auf dem Brustkorb.

St. 30.10. Der Tote lag südost-nordwestlich ausgerichtet in gestreckter Rückenlage. Das rechte Bein lag gestreckt, das linke leicht angewinkelt. Der linke Arm lag angewinkelt auf dem Bauch mit der Hand auf der rechten Seite. Der rechte Arm lag leicht angewinkelt auf der rechten Seite.

St. 30.11. Der Tote lag südost-nordwestlich ausgerichtet in gestreckter Bauchlage, beide Arme waren angewinkelt unter dem Körper.

St. 30.12. Der Tote lag nordwest-südöstlich ausgerichtet auf der rechten Seite. Der linke Arm lag stark angewinkelt vor dem Brustkorb. Durch die Seitenlage und die Überlagerung durch 30.13 konnte die Lage des rechten Arms nicht erkannt werden.

St. 30.13. Der Tote lag nordwest-südöstlich ausgerichtet in gestreckter Bauchlage, Zugehörig ist Schädel 30.8. Der rechte Arm lag angewinkelt; ein linker Arm konnte dem Skelett grabungstechnisch nicht zugeordnet werden.

Réf. 30.7. Le mort était orienté nord-ouest/sud-est, allongé sur le dos, les jambes en partie sur la poitrine de 30.6., le bras droit légèrement plié, la main au niveau du bassin, le bras gauche fortement plié sur la poitrine avec la main sur la partie supérieure du bras droit.

Réf. 30.8. Le crâne se trouvait au nord-ouest sur le côté gauche. Ce crâne n'a pu être attribué avec certitude à aucune sépulture. Les squelettes 30.12, 30.13 et 30.14 n'avaient pas de crâne et se trouvaient tous avec les extrémités de leur colonne vertébrale à proximité immédiate. Lors du dégagement, il s'est avéré que le crâne appartenait au squelette 30.13.

Réf. 30.9 Le mort était orienté nord-ouest/sud-est et reposait en position allongée sur le dos. Le bras gauche était fortement replié sur l'abdomen, la main reposant sur le côté droit du squelette; le bras droit était fortement replié sur le thorax.

Réf. 30.10 Le corps était orienté sud-est/nord-ouest et était allongé sur le dos. La jambe droite était tendue, la gauche légèrement pliée. Le bras gauche était plié sur le ventre avec la main sur le côté droit. Le bras droit était légèrement plié sur le côté droit.

Réf. 30.11 Le mort était orienté sud-est/nord-ouest, couché sur le ventre en extension, les deux bras étaient pliés sous le corps.

Réf. 30.12 Le mort était allongé sur le côté droit, orienté nord-ouest/sud-est. Le bras gauche était fortement plié devant la cage thoracique. En raison de la position latérale et de la superposition de 30.13, la position du bras droit n'a pas pu être établie.

Réf. 30.13 Le mort était orienté nord-ouest/sud-est, allongé sur le ventre, et il correspond au crâne 30.8. Le bras droit était replié; les techniques de fouille n'ont pas permis d'attribuer un bras gauche au squelette.

St. 30.14. Der Tote lag nordwest-südöstlich ausgerichtet in gestreckter Bauchlage. Der linke Arm lag stark angewinkelt über der linken Schulter, der rechte gestreckt. Dem Skelett konnte grabungstechnisch kein Schädel zugeordnet werden.

St. 30.15. Der Tote lag nordwest-südöstlich ausgerichtet in gestreckter linker Seitenlage. Der linke Arm lag gerade neben Körper mit der Hand auf dem linken Oberschenkelknochen, der rechte lag angewinkelt vor dem Brustkorb.

St. 30.16. Der Tote lag südost-nordwestlich ausgerichtet in gestreckter Seiten-Rückenlage, die Beine gekreuzt. Der rechte Arm lag stark angewinkelt über dem Brustkorb, der linke unter dem Skelett.

St. 30.17. Der Tote lag südost-nordwestlich in gestreckter Rückenlage, das rechte Bein leicht angewinkelt. Der rechte Arm lag gestreckt, der linke Arm war stark nach oben angewinkelt und lag unter dem eigenen Schädel.

St. 30.18. Der Tote lag nordwest-südöstlich ausgerichtet in gestreckter Rückenlage, Der rechte Arm lag stark angewinkelt mit der Hand auf dem Brustkorb, der linke wohl gestreckt.

St. 30.19. Der Tote lag südost-nordwestlich ausgerichtet in gestreckter Rückenlage, beide Arme wohl gestreckt.

St. 30.20. Der Tote lag nordwest-südöstlich ausgerichtet in gestreckter Rückenlage. Der rechte Arm lag stark angewinkelt auf dem Brustkorb, der linke angewinkelt auf dem Bauch.

Réf. 30.14 Le corps était orienté nord-ouest/sud-est et reposait sur le ventre en position allongée. Le bras gauche était fortement replié sur l'épaule gauche, le bras droit était tendu. Aucun crâne n'a pu être attribué au squelette sur la base de la technique de fouille.

Réf. 30.15 Le mort était orienté nord-ouest/sud-est, allongé sur le côté gauche. Le bras gauche était droit le long du corps avec la main sur le fémur gauche, le bras droit était plié devant le thorax.

Réf. 30.16 Le corps était orienté sud-est/nord-ouest, allongé sur le côté, les jambes croisées. Le bras droit était fortement plié au-dessus de la cage thoracique, le bras gauche sous le squelette.

Réf. 30.17 Le mort était positionné au sud-est-nord-ouest, allongé sur le dos, la jambe droite légèrement pliée. Le bras droit était tendu, le bras gauche était fortement replié vers le haut et se trouvait sous son propre crâne.

Réf. 30.18 Le mort était orienté nord-ouest/sud-est, en position allongée sur le dos. Le bras droit était fortement plié avec la main sur le thorax, le bras gauche était probablement tendu.

Réf. 30.19 Le corps était orienté sud-est/nord-ouest, en position allongée sur le dos, les deux bras bien tendus.

Réf. 30.20 Le mort était orienté nord-ouest/sud-est, allongé sur le dos. Le bras droit était fortement plié sur le thorax, le bras gauche était plié sur l'abdomen.

Aktuelle archäologische Forschung in Frankfurt am Main.

■ **Abb. 165** Gräber 30.1 bis 30.3 und 30.5 während der Ausgrabung. | Tombes 30.1 à 30.3 et 30.5 pendant la fouille.

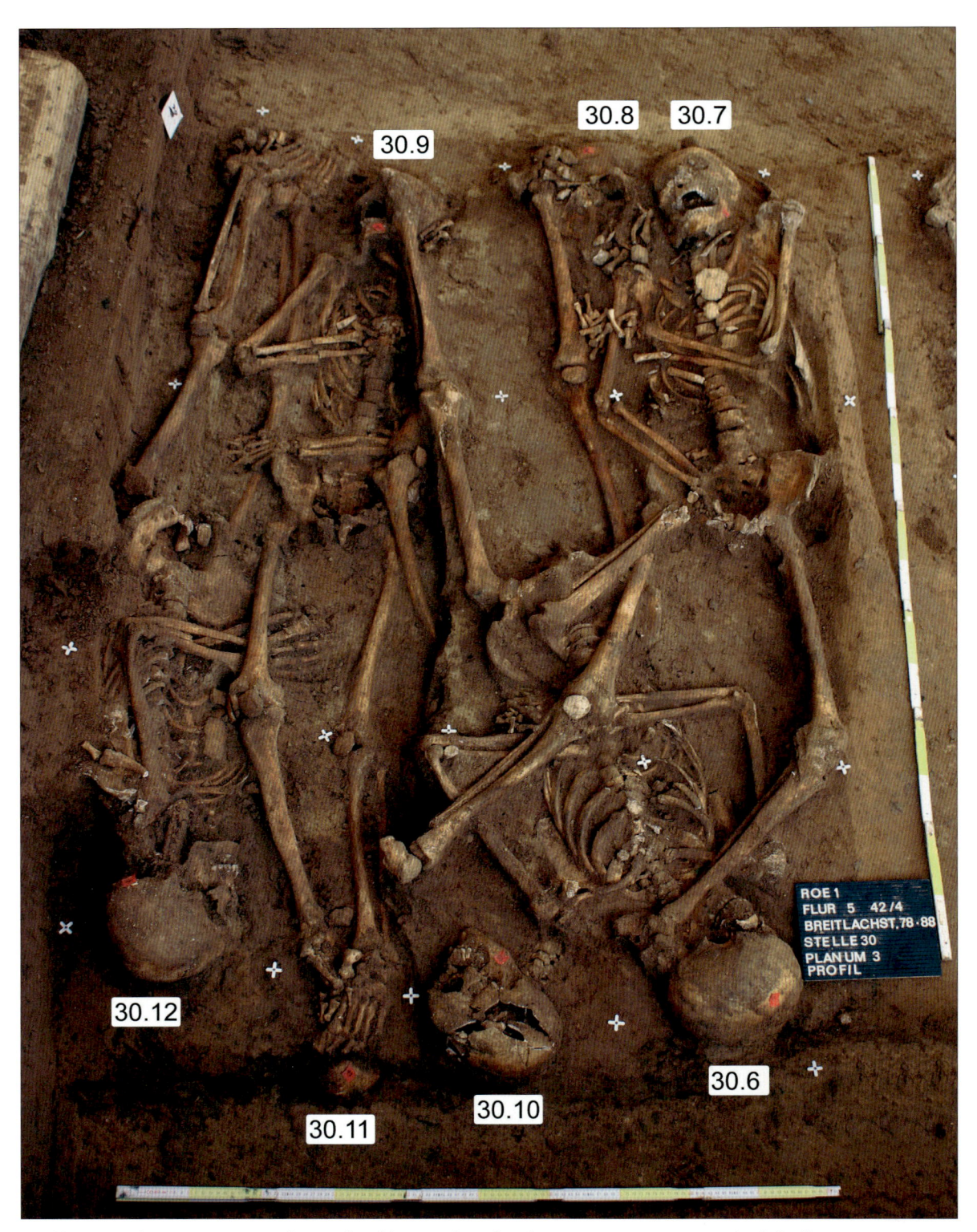

Abb. 166 Gräber 30.4, 30.6, 30.7 und 30.9 während der Ausgrabung. | Tombes 30.4, 30.6, 30.7 et 30.9 pendant la fouille.

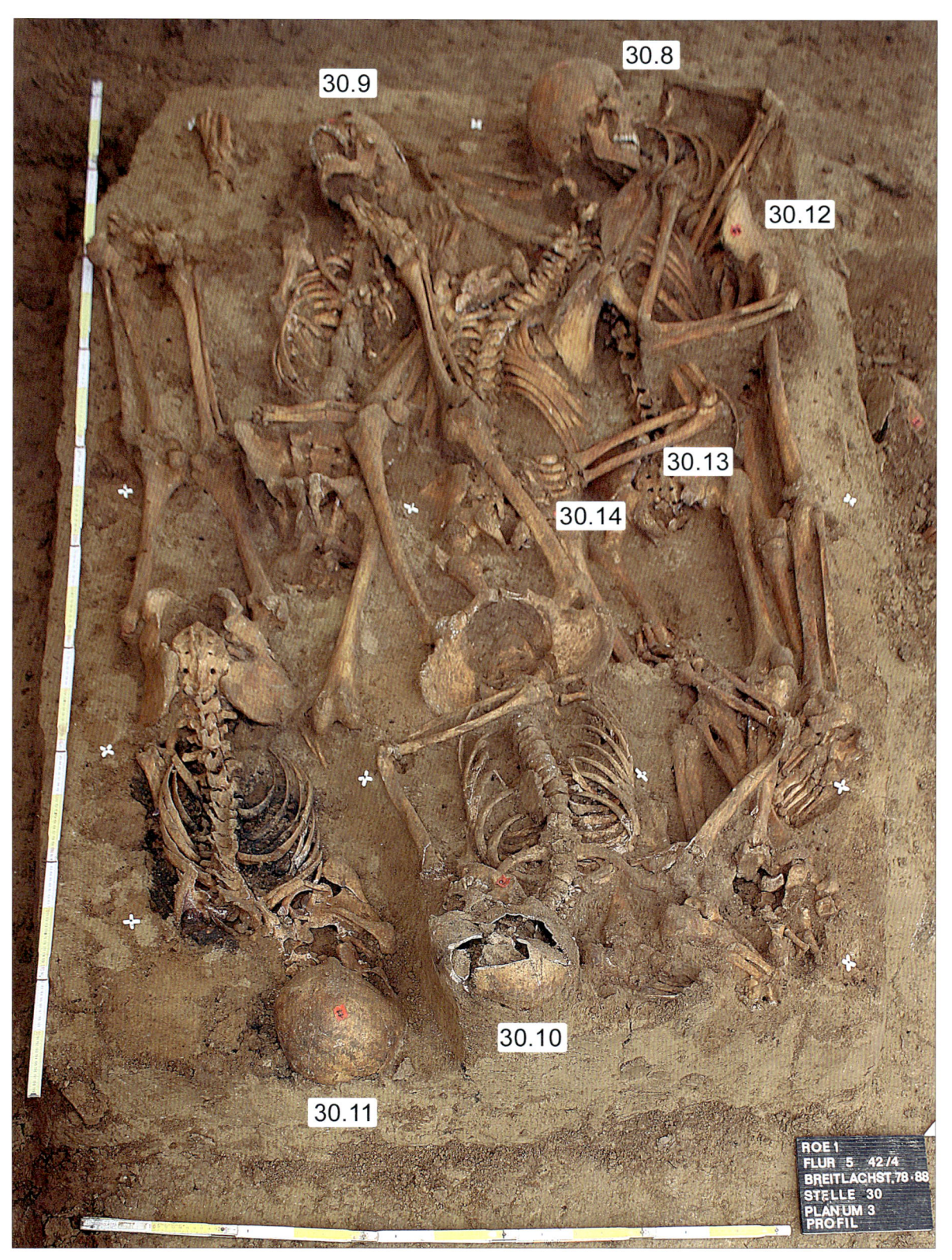

Aktuelle archäologische Forschung in Frankfurt am Main.

■ **Abb. 167** Gräber 30.10 bis 30.14 während der Ausgrabung. | Tombes 30.10 à 30.14 pendant la fouille.

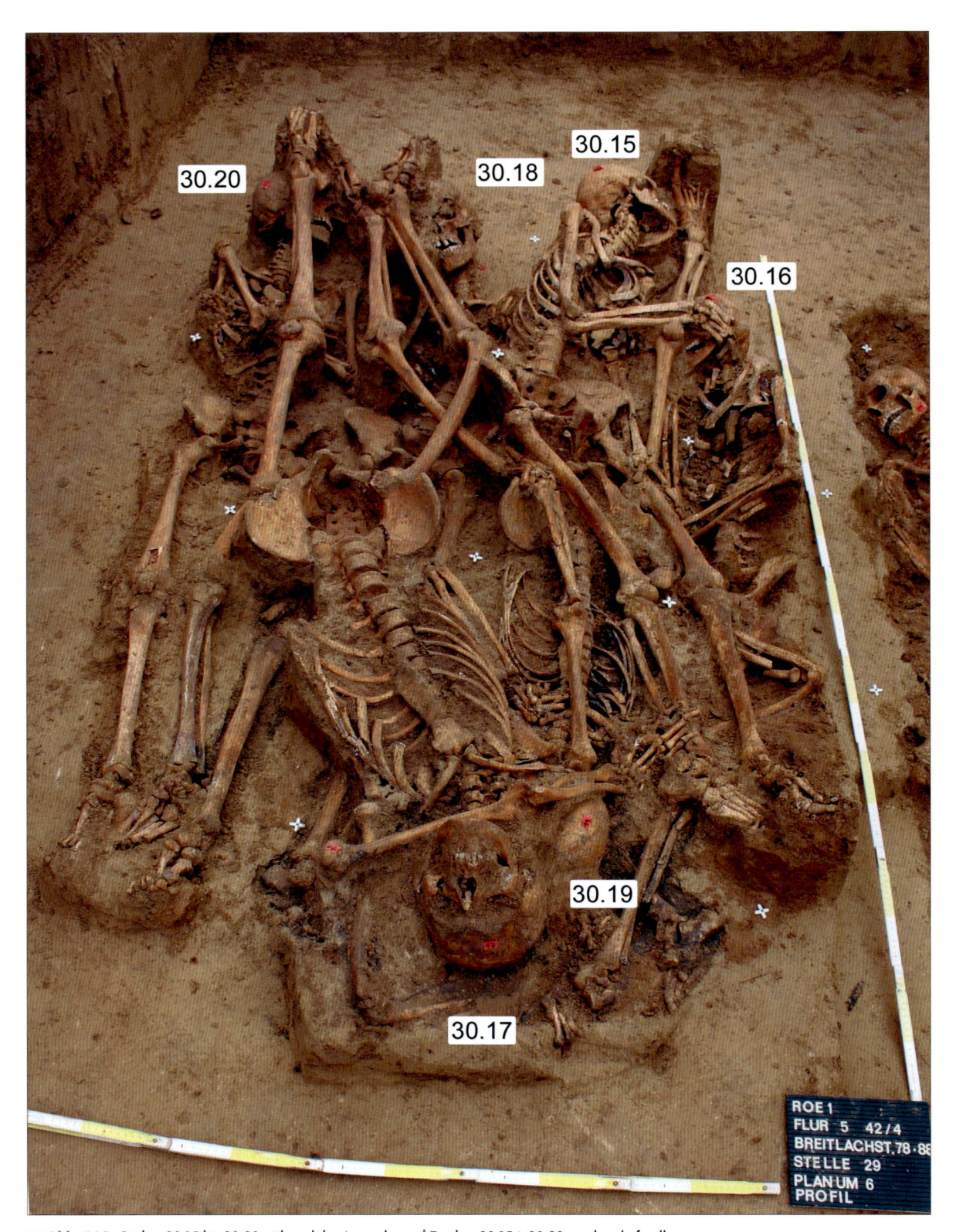

Abb. 168 Gräber 30.15 bis 30.20 während der Ausgrabung. | Tombes 30.15 à 30.20 pendant la fouille.

Grab St. 31

Grab St. 31 war rechteckig mit den Maßen 2,18 × 1,10 m. Die Grabgrube enthielt vier Tote, jeweils zwei Särge waren nebeneinander und übereinander aufgestellt (**Abb. 169–170**)

St. 31.1. Der Tote lag nordwest-südöstlich ausgerichtet in gestreckter Rückenlage, die Arme gestreckt am Körper, die Hände unter dem Becken.

St. 31.2. Der Tote lag nordwest-südöstlich ausgerichtet in gestreckter Rückenlage, die rechte Arm gestreckt am Körper, die Hand unter dem Becken, der linke Arm lag leicht angewinkelt mit der Hand im Beckenbereich.

St. 31.3. Der Tote lag unter 31.1. nordwest-südöstlich ausgerichtet in gestreckter Rückenlage, der rechte Arm abgewinkelt auf dem Becken mit der Hand im Beckenbereich, der linke Arm lag gestreckt am Körper, die Hand unter dem Becken.

St. 31.4. Der Tote lag unter 31.2. nordwest-südöstlich ausgerichtet in gestreckter Rückenlage, die Arme gestreckt am Körper, die Hände im Beckenbereich.

La tombe Réf. 31

La tombe Réf. 31 était rectangulaire et mesurait 2,18 × 1,10 mètres. La fosse contenait quatre corps, les cercueils étaient placés deux par deux, l'un à côté de l'autre et l'un au-dessus de l'autre (**ill. 169–170**).

Réf. 31.1 Le mort était orienté nord-ouest/sud-est, allongé sur le dos, les bras tendus le long du corps, les mains sous le bassin.

Réf. 31.2 Le mort était orienté nord-ouest/sud-est, en position allongée sur le dos, le bras droit tendu le long du corps, la main sous le bassin, le bras gauche légèrement plié avec la main dans la région du bassin.

Réf. 31.3 Le mort gisait sous le 31.1, orienté nord-ouest/sud-est en position allongée sur le dos, le bras droit plié sur le bassin avec la main dans la zone du bassin, le bras gauche tendu le long du corps, la main sous le bassin.

Réf. 31.4 Le mort se trouvait sous le 31.2, orienté nord-ouest/sud-est, en position allongée sur le dos, les bras tendus le long du corps, les mains dans la zone du bassin.

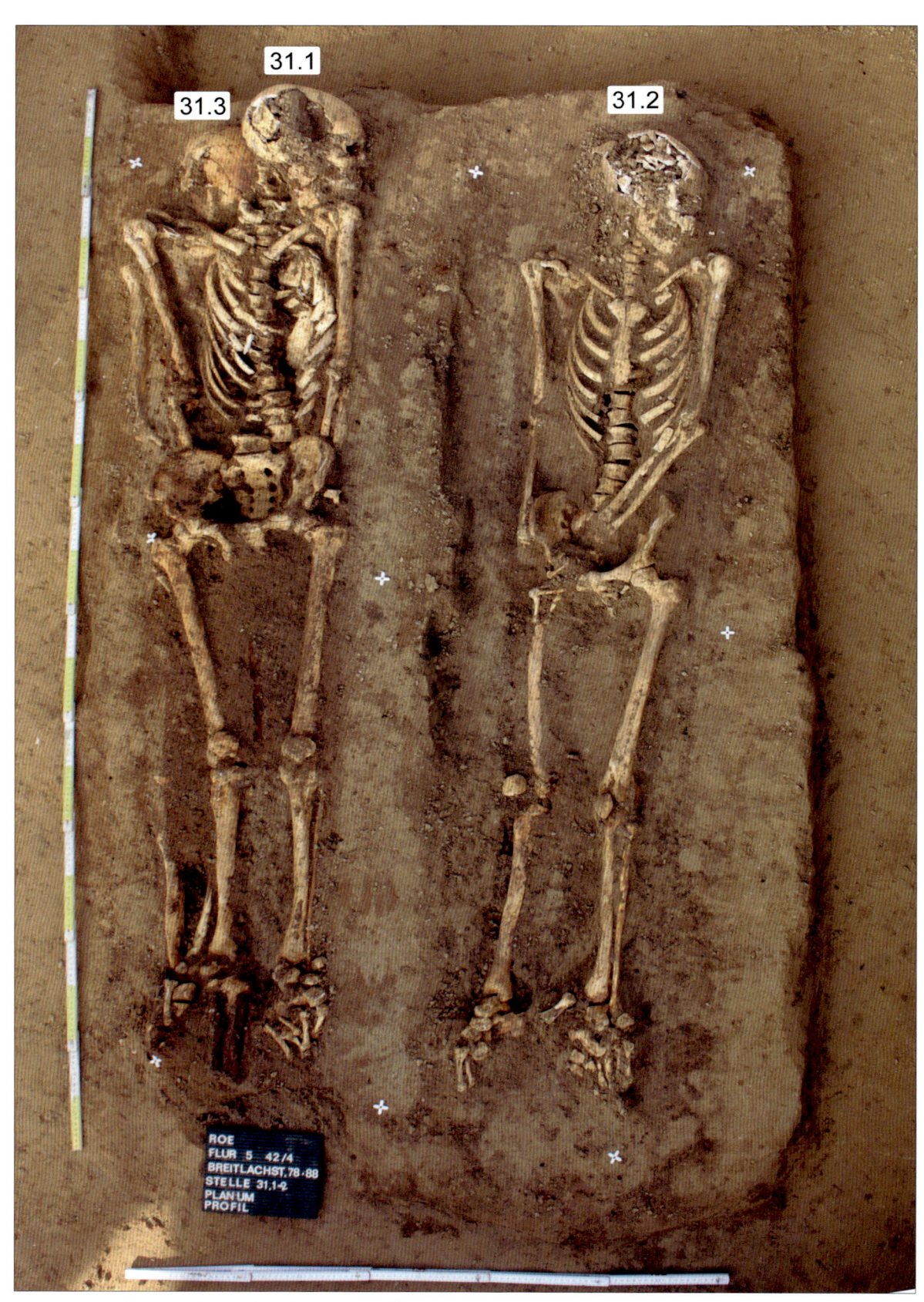

Abb. 169 Gräber 31.1 und 31.2 während der Ausgrabung. | Tombes 31.1 et 31.2 pendant la fouille.

Aktuelle archäologische Forschung in Frankfurt am Main.

■ **Abb. 170** Gräber 31.3 und 31.4 während der Ausgrabung. | Tombes 31.3 et 31.4 pendant la fouille.

Grab St. 32

Grab St. 32 war rechteckig mit den Maßen 2,20 x 1,20 m. Die Grabgrube enthielt vier Tote, jeweils zwei Särge waren nebeneinander und übereinander aufgestellt (**Abb. 171–174**).

St. 32.1. Der Tote lag nordwest-südöstlich ausgerichtet in gestreckter Rückenlage, die Arme gestreckt am Körper, die Hände im Beckenbereich.

St. 32.2. Der Tote lag nordwest-südöstlich ausgerichtet in gestreckter Rückenlage, die Arme gestreckt am Körper, die Hände im Beckenbereich.

St. 32.3. Der Tote lag unter 32.1. nordwest-südöstlich ausgerichtet in gestreckter Rückenlage, der rechte Arm lag gestreckt am Körper, der linke stark abgewinkelt auf dem Körper, die Hand auf dem rechten Unterarm.

St. 32.4. Der Tote lag unter 32.2. nordwest-südöstlich ausgerichtet in gestreckter Rückenlage, das linke Bein gestreckt über dem leicht angewinkelten rechten. Der rechte Arm lag angewinkelt auf dem Körper, der linke leicht angewinkelt mit der Hand im Beckenbereich.

La tombe Réf. 32

La tombe Réf. 32 était rectangulaire et mesurait 2,20 x 1,20 mètres. La fosse contenait quatre corps, les cercueils étaient placés deux par deux, l'un à côté de l'autre et l'un au-dessus de l'autre (**ill. 171–174**).

Réf. 32.1 Le mort était orienté nord-ouest/sud-est, allongé sur le dos, les bras tendus le long du corps, les mains au niveau du bassin.

Réf. 32.2 Le mort était orienté nord-ouest/sud-est, allongé sur le dos, les bras tendus le long du corps, les mains au niveau du bassin.

Réf. 32.3 Le mort se trouvait sous le 32.1, orienté nord-ouest/sud-est, en position allongée sur le dos, le bras droit tendu le long du corps, le bras gauche fortement plié sur le corps, la main sur l'avant-bras droit.

Réf. 32.4 Le corps gisait sous le 32.2, orienté nord-ouest/sud-est, en position allongée sur le dos, la jambe gauche tendue au-dessus de la jambe droite légèrement pliée. Le bras droit était replié sur le corps, le bras gauche légèrement replié avec la main au niveau du bassin.

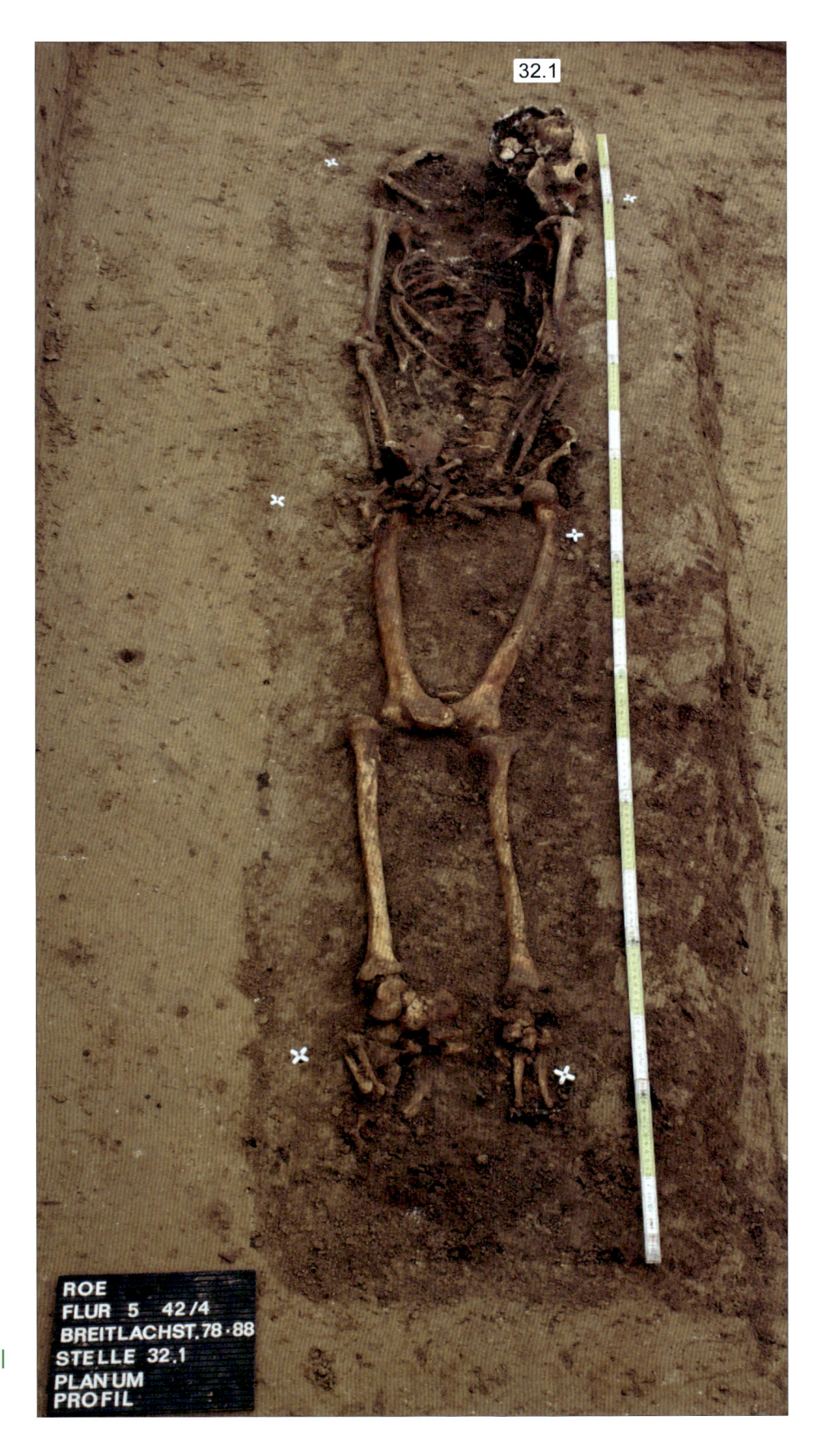

Abb. 171 Grab 32.1 während der Ausgrabung. | Tombe 32.1 pendant la fouille.

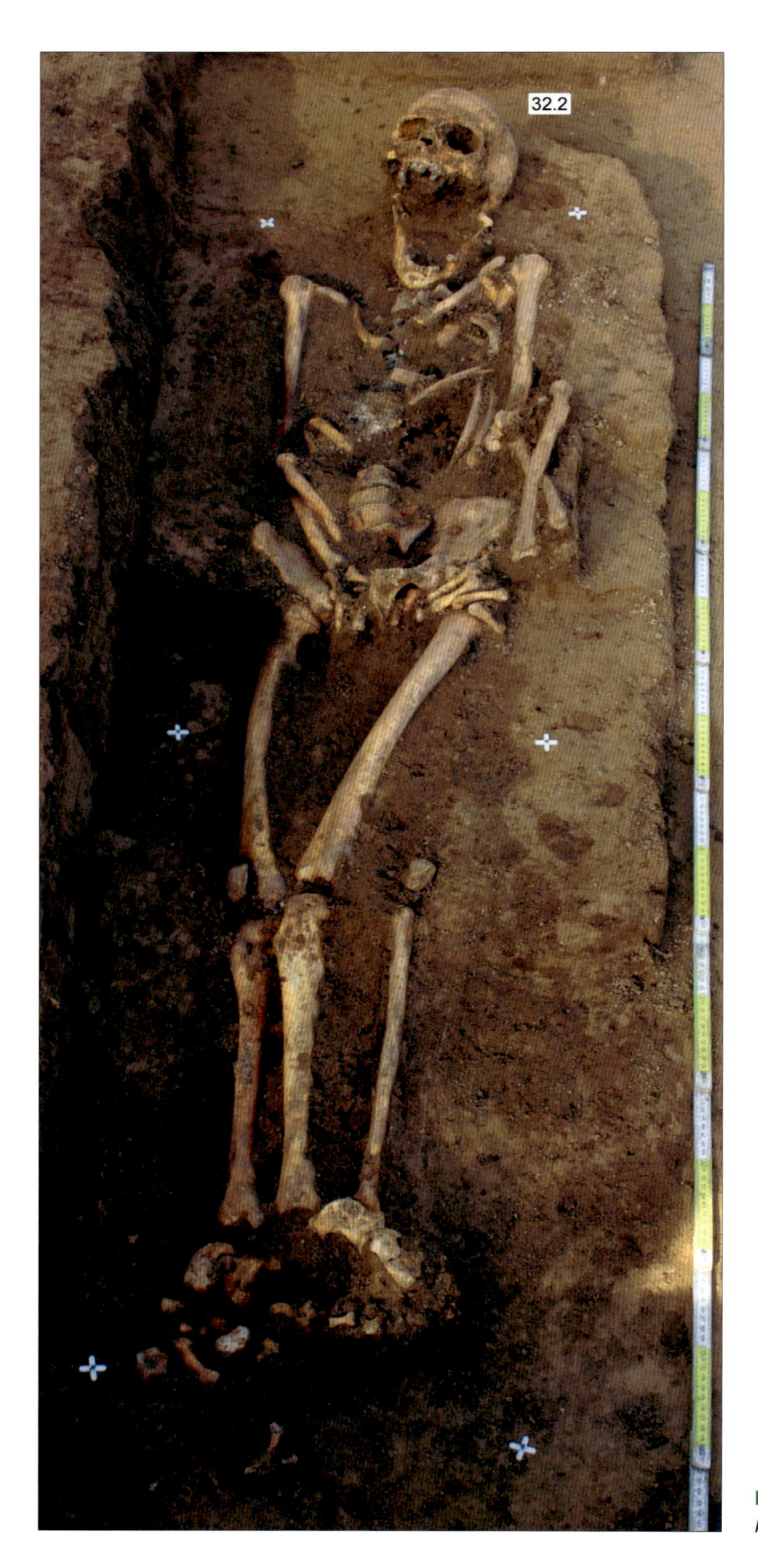

Abb. 172 Grab 32.2 während der Ausgrabung. | Tombe 32.2 pendant la fouille.

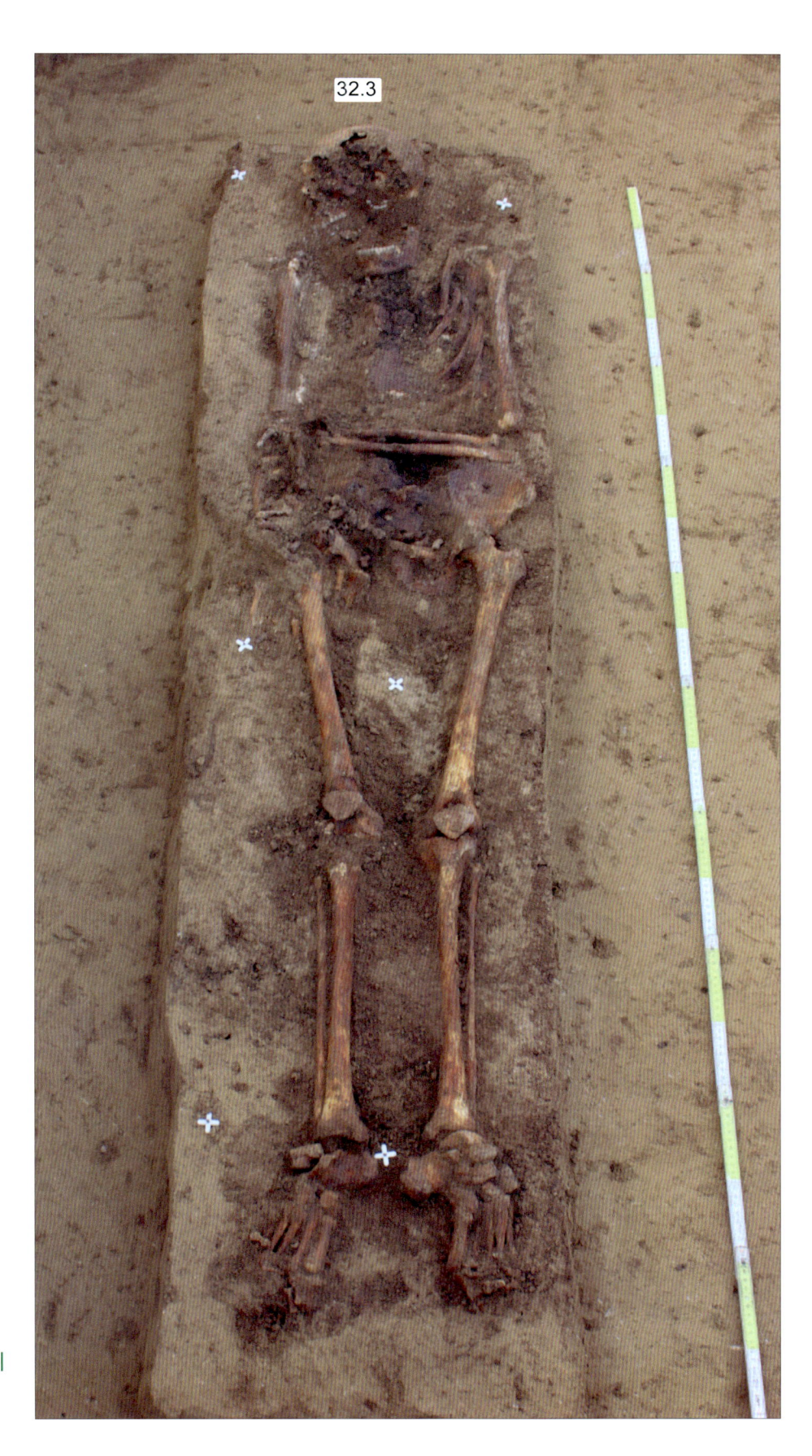

Aktuelle archäologische Forschung in Frankfurt am Main.

Abb. 173 Grab 32.3 während der Ausgrabung. | Tombe 32.3 pendant la fouille.

Abb. 174 Grab 32.4 während der Ausgrabung. | Tombe 32.4 pendant la fouille.

Grab St. 33

Grab St. 33 war rechteckig mit den Maßen 2,12 x 0,60 m. Die Grabgrube enthielt einen Toten, der in einem Sarg bestattet war (Abb. 175).

St. 33.1. Der Tote lag nordwest-südöstlich ausgerichtet in gestreckter Rückenlage, der rechte Arm lag gestreckt am Körper, die Hand unter dem Beckenbereich, die linke war leicht angewinkelt mit der Hand im Beckenbereich.

La tombe Réf. 33

La tombe Réf. 33 était rectangulaire et mesurait 2,12 x 0,60 m. La fosse contenait un corps enterré dans un cercueil (ill. 175).

Réf. 33.1 Le mort était orienté nord-ouest/sud-est, allongé sur le dos, le bras droit tendu le long du corps, la main sous la région du bassin, le bras gauche légèrement plié avec la main dans la région du bassin.

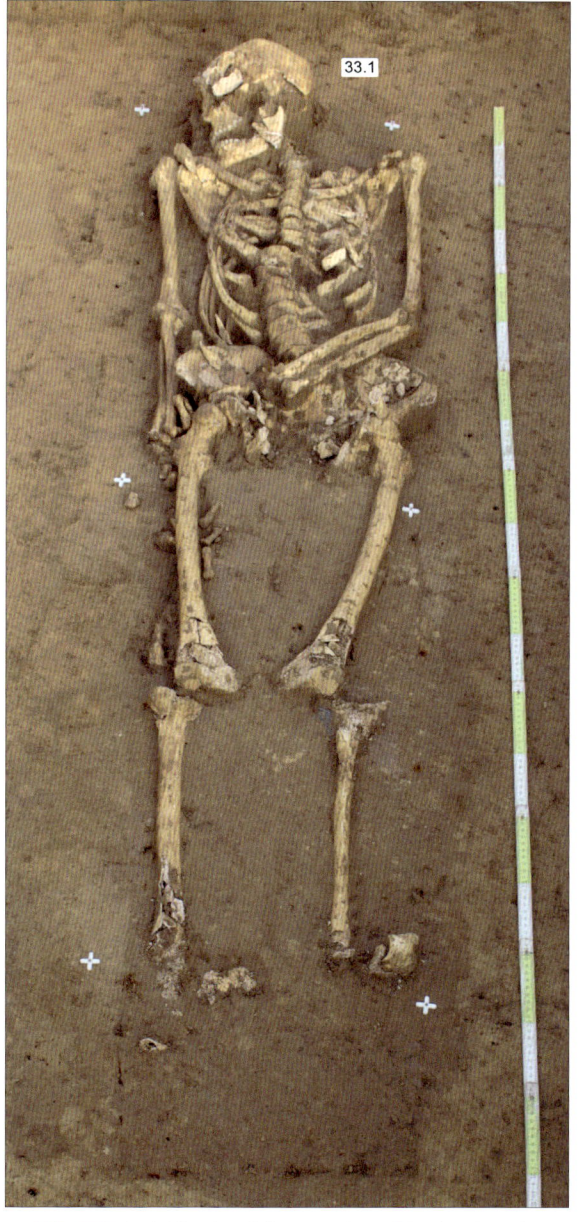

■ **Abb. 175** Grab 33 während der Ausgrabung. | Tombe 33 pendant la fouille.

Grab St. 34

Grab St. 34 war rechteckig mit den Maßen 1,80 x 1,05 m. Die Grabgrube enthielt 17 Tote, vier lagen mit dem Kopf im Süden, 13 mit dem Kopf im Norden. Drei Tote lagen auf dem Bauch, Särge waren nicht vorhanden (Abb. 176–181).

St. 34.1. Der Tote lag nordwest-südöstlich ausgerichtet in gestreckter Rückenlage, der rechte Arm angewinkelt über dem Kopf, die linke Hand lag angewinkelt auf dem Körper mit der Hand im Beckenbereich.

St. 34.2. Der Tote lag nordwest-südöstlich auf der linken Seite, mit angehockten Beinen. Beide Arme lagen stark angewinkelt vor dem Körper.

St. 34.3. Der Tote lag nordwest-südöstlich ausgerichtet in gestreckter Rückenlage, der linke Arm lag gestreckt am Körper, die Hand unter dem Beckenbereich, der rechte lag quer über dem Oberkörper, der Unterarm nach unten abgewinkelt.

St. 34.4. Der Tote lag südost-nordwestlich ausgerichtet in gestreckter Rückenlage unter 34.3., beide Arme leicht abgewinkelt beiderseits des Körpers, der linke Oberarm liegt auf dem linken Bein von 34.5.

St. 34.5. Der Tote lag nordwest-südöstlich ausgerichtet leicht gebeugt in gestreckter Rückenlage unter 34.2., die Beine auf 34.4., der linke Arm gestreckt am Körper, die rechte war stark angewinkelt mit der Hand an der linken Schulter.

St. 34.6. Der Tote lag nordwest-südöstlich ausgerichtet in Rückenlage, leicht nach links gekippt. Der linke Arm lag gestreckt am Körper, der rechte war stark angewinkelt vor der Brust mit der Hand an der linken Schulter.

St. 34.7. Der Tote lag nordwest-südöstlich ausgerichtet in gestreckter Bauchlage. Der linke Arm lag stark angewinkelt auf Höhe des Schulterblattes, der rechte ebenfalls stark angewinkelt mit dem Unterarm unter dem eigenen Schädel.

La tombe Réf. 34

La tombe Réf. 34 était rectangulaire et mesurait 1,80 x 1,05 m. La fosse contenait 17 morts, quatre étaient couchés avec la tête au sud, 13 avec la tête au nord. Trois corps étaient couchés sur le ventre, il n'y avait pas de cercueils (ill. 176–181).

Réf. 34.1 Le mort gisait orienté nord-ouest/sud-est, allongé sur le dos, le bras droit replié au-dessus de la tête, la main gauche repliée sur le corps avec la main au niveau du bassin.

Réf. 34.2 Le mort était allongé sur le côté gauche, orienté nord-ouest/sud-est, les jambes repliées. Les deux bras étaient fortement pliés devant le corps.

Réf. 34.3 Le mort était orienté nord-ouest/sud-est, allongé sur le dos, le bras gauche tendu le long du corps, la main sous le bassin, le bras droit en travers du torse, l'avant-bras plié vers le bas.

Réf. 34.4 Le mort gisait orienté sud-est/nord-ouest, allongé sur le dos sous le 34.3, les deux bras légèrement pliés de part et d'autre du corps, le bras supérieur gauche reposant sur la jambe gauche de 34.5.

Réf. 34.5 Le mort était orienté nord-ouest/sud-est, légèrement courbé, allongé sur le dos sous le 34.2, les jambes sur le 34.4, le bras gauche tendu le long du corps, le droit était fortement plié avec la main sur l'épaule gauche.

Réf. 34.6 Le mort était orienté nord-ouest/sud-est, allongé sur le dos, légèrement tourné vers la gauche. Le bras gauche était tendu le long du corps, le droit était fortement plié devant la poitrine avec la main sur l'épaule gauche.

Réf. 34.7 Le corps était orienté nord-ouest/sud-est, allongé sur le ventre. Le bras gauche était fortement plié à la hauteur de l'omoplate, le bras droit également fortement plié avec l'avant-bras sous le crâne.

St. 34.8. Der Tote lag südost-nordwestlich ausgerichtet in gestreckter Rückenlage mit gekreuzten Beinen. Der rechte Arm lag leicht schräg, der linke parallel neben dem Skelett.

St. 34.9. Der Tote lag nordwest-südöstlich ausgerichtet in gestreckter Rückenlage Der linke Arm lag leicht schräg, der rechte parallel zum Körper.

St. 34.10. Der Tote lag südost-nordwestlich in gestreckter Rückenlage. Der linke Arm lag gestreckt neben dem Skelett, der rechte ebenfalls, mit der Hand unter dem Becken.

St. 34.11. Der Tote lag nordwest-südöstlich ausgerichtet auf der linken Seite an der westlichen Grabgrubengrenze. Der linke Arm lag gestreckt am Körper, der rechte war stark angewinkelt über den Kopf gehoben.

St. 34.12. Der Tote lag nordwest-südöstlich ausgerichtet in gestreckter Rückenlage, die Beine leicht gebogen. Beide Arme waren angewinkelt mit beiden Händen im Beckenbereich, vielleicht gefaltet.

St. 34.13. Der Tote lag nordwest-südöstlich ausgerichtet in gestreckter Rückenlage, beide Arme lagen stark angewinkelt auf dem Brustkorb, mit den Händen im Bereich der Schlüsselbeine.

St. 34.14. Der Tote lag nordwest-südöstlich ausgerichtet in gehockter Lage, die Beine liegen auf der rechten Seite, der Oberkörper war in Bauchlage gedreht. Der rechte Arm lag angewinkelt nach hinten, der linke abgewinkelt nach vorne gestreckt.

St. 34.15. Der Tote lag nordwest-südöstlich ausgerichtet in gestreckter Rückenlage nach rechts geneigt. Der rechte Arm lag gestreckt am Körper, der linke weit abgewinkelt auf den Beinen von 34.16.

St. 34.16. Der Tote lag südost-nordwestlich ausgerichtet in einer gebogen rechten Seitenlage. Der linke Arm lag abgespreizt und stark angewinkelt vor dem Brustkorb. Der rechte Arm lag gestreckt unter dem Körper.

St. 34.17. Der Tote lag südost-nordwestlich ausgerichtet in gestreckter Bauchlage, beide Arme lagen gestreckt am Körper.

Réf. 34.8 Le corps était orienté sud-est/nord-ouest, allongé sur le dos, les jambes croisées. Le bras droit était légèrement incliné, le bras gauche parallèle sur le côté du squelette.

Réf. 34.9 Le mort était orienté nord-ouest/sud-est, en position allongée sur le dos, le bras gauche légèrement incliné, le bras droit parallèle au corps.

Réf. 34.10. Le mort était allongé sur le dos en position étirée, orienté sud-est/nord-ouest. Le bras gauche était tendu à côté du squelette, le bras droit également, avec la main sous le bassin.

Réf. 34.11 Le mort gisait sur le côté gauche, orienté nord-ouest/sud-est, à la limite ouest de la fosse. Le bras gauche était tendu le long du corps, le bras droit était fortement plié et levé au-dessus de la tête.

Réf. 34.12 Le mort était orienté nord-ouest/sud-est, allongé sur le dos, les jambes légèrement repliées. Les deux bras étaient pliés avec les deux mains au niveau du bassin, peut-être pliées.

Réf. 34.13. Le mort était orienté nord-ouest/sud-est, en position allongée sur le dos, les deux bras étaient fortement pliés sur le thorax, avec les mains au niveau des clavicules.

Réf. 34.14 Le mort était orienté nord-ouest/sud-est, en position accroupie, les jambes reposant sur le côté droit, le haut du corps étant tourné en position ventrale. Le bras droit était plié vers l'arrière, le bras gauche était tourné et tendu vers l'avant.

Réf. 34.15 Le mort était orienté nord-ouest/sud-est, allongé sur le dos et incliné vers la droite. Le bras droit était tendu le long du corps, le bras gauche largement plié sur les jambes de 34.16.

Réf. 34.16 Le mort était orienté sud-est/nord-ouest et reposait sur le côté, courbé vers la droite. Le bras gauche était écarté et fortement plié devant la cage thoracique. Le bras droit était tendu sous le corps.

Réf. 34.17 Le mort était orienté sud-est/nord-ouest, couché sur le ventre, les deux bras tendus le long du corps.

ERDVERBUNDEN BAND 2

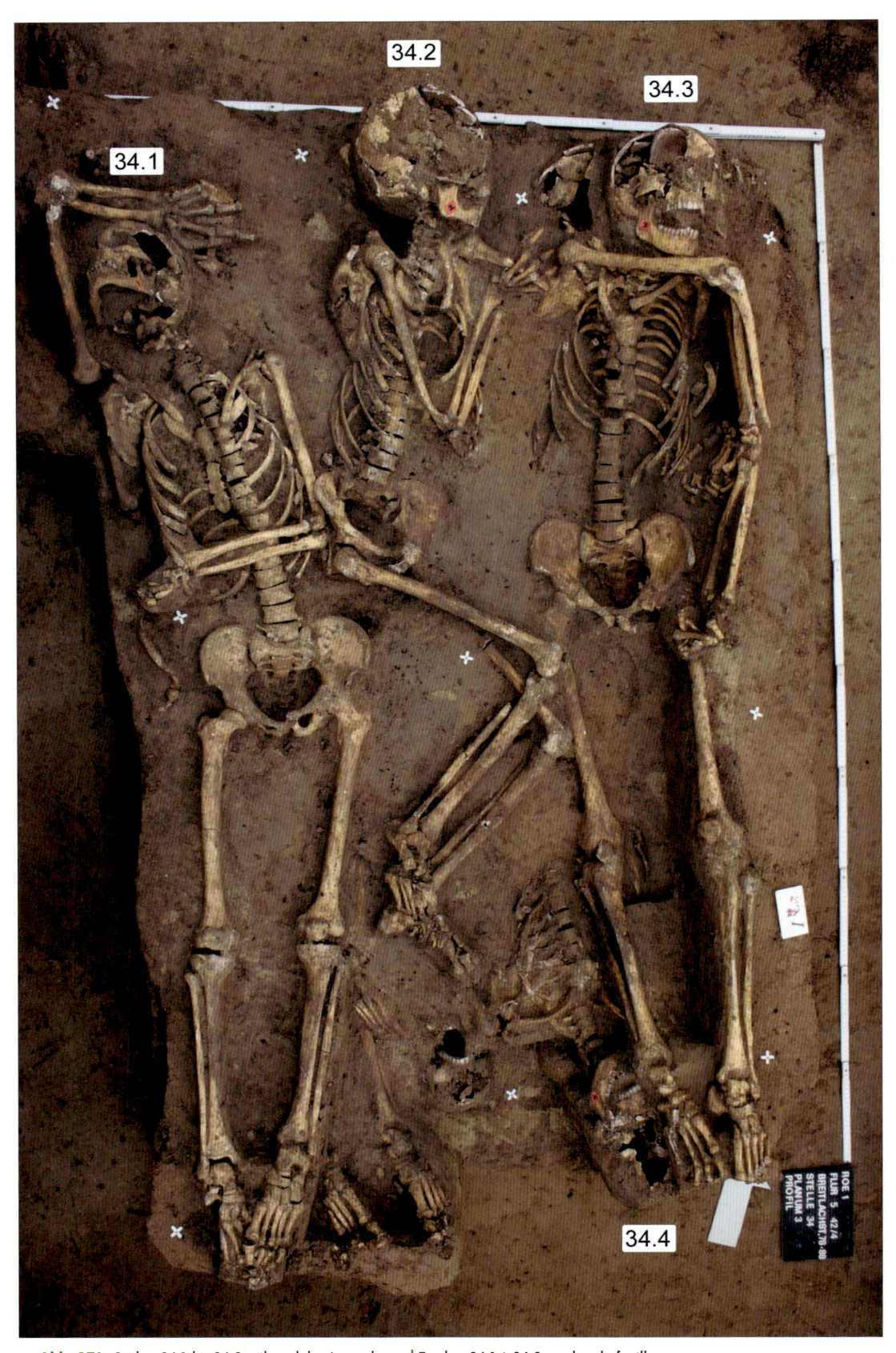

Abb. 176 Gräber 34.1 bis 34.3 während der Ausgrabung. | Tombes 34.1 à 34.3 pendant la fouille.

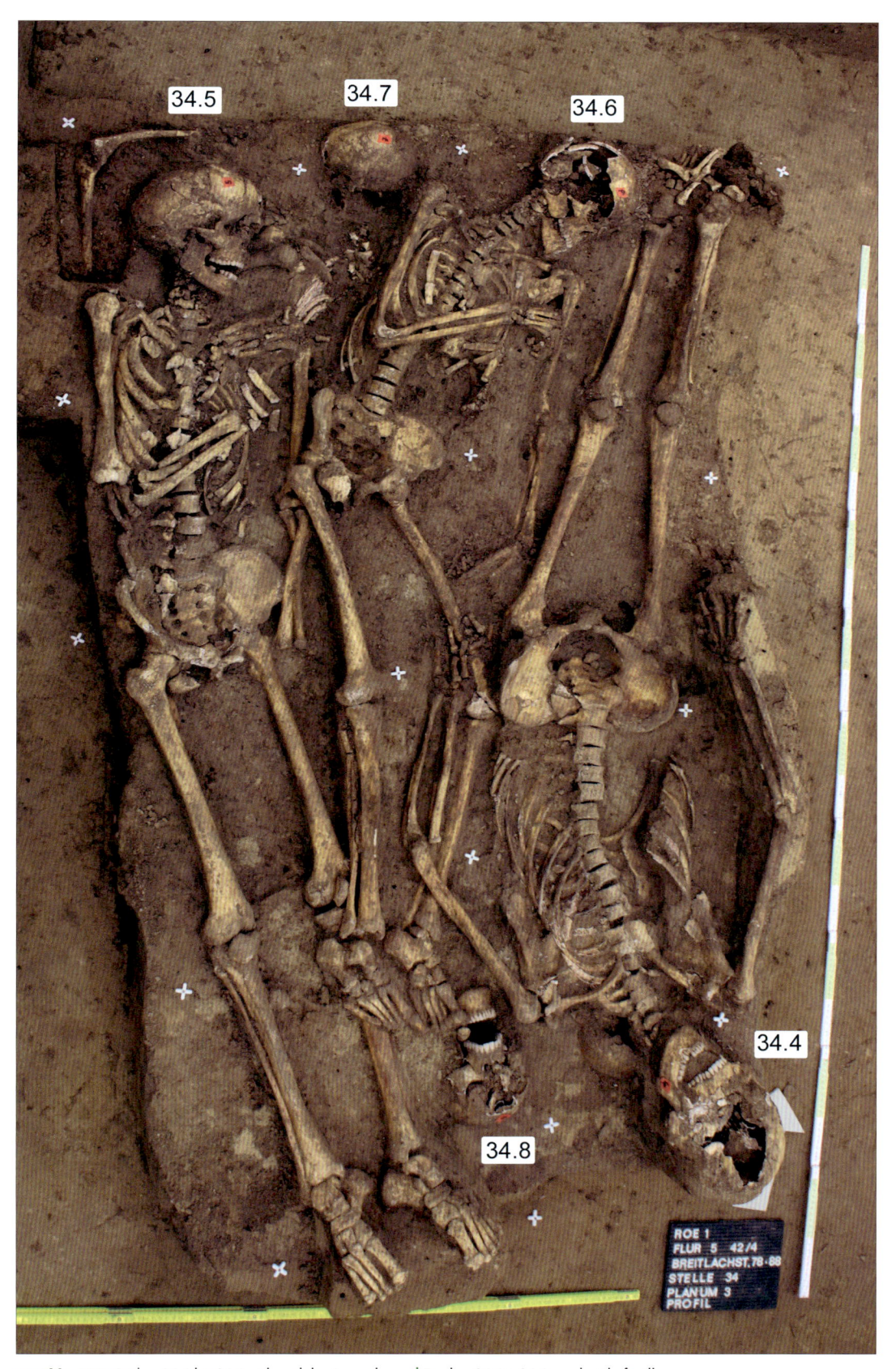

Aktuelle archäologische Forschung in Frankfurt am Main.

■ **Abb. 177** Gräber 34.4 bis 34.6 während der Ausgrabung. | Tombes 34.4 à 34.6 pendant la fouille.

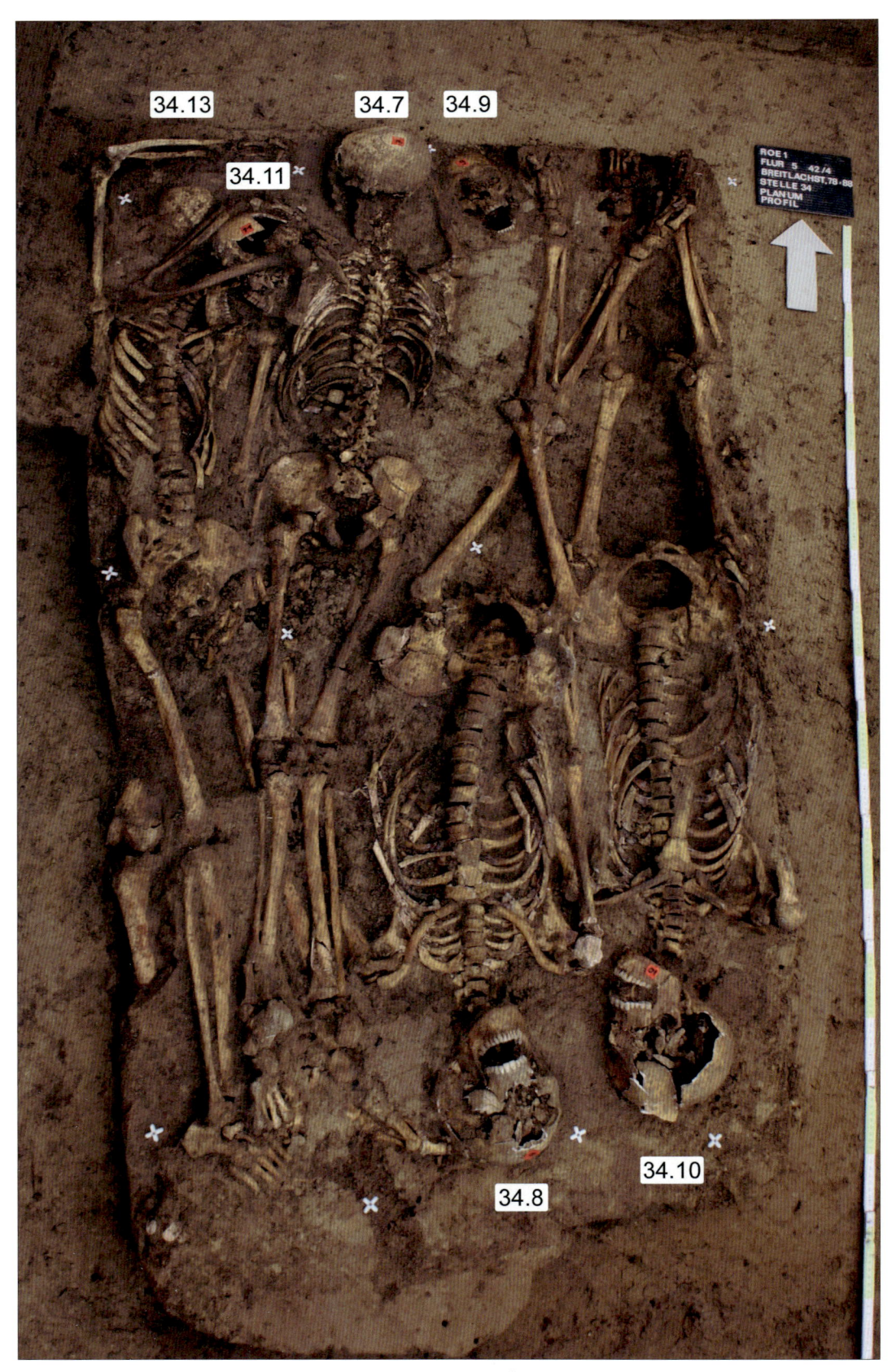

Abb. 178 Gräber 34.7, 34.8, 34.10 und 34.11 während der Ausgrabung. | Tombes 34.7, 34.8, 34.10 et 34.11 pendant la fouille.

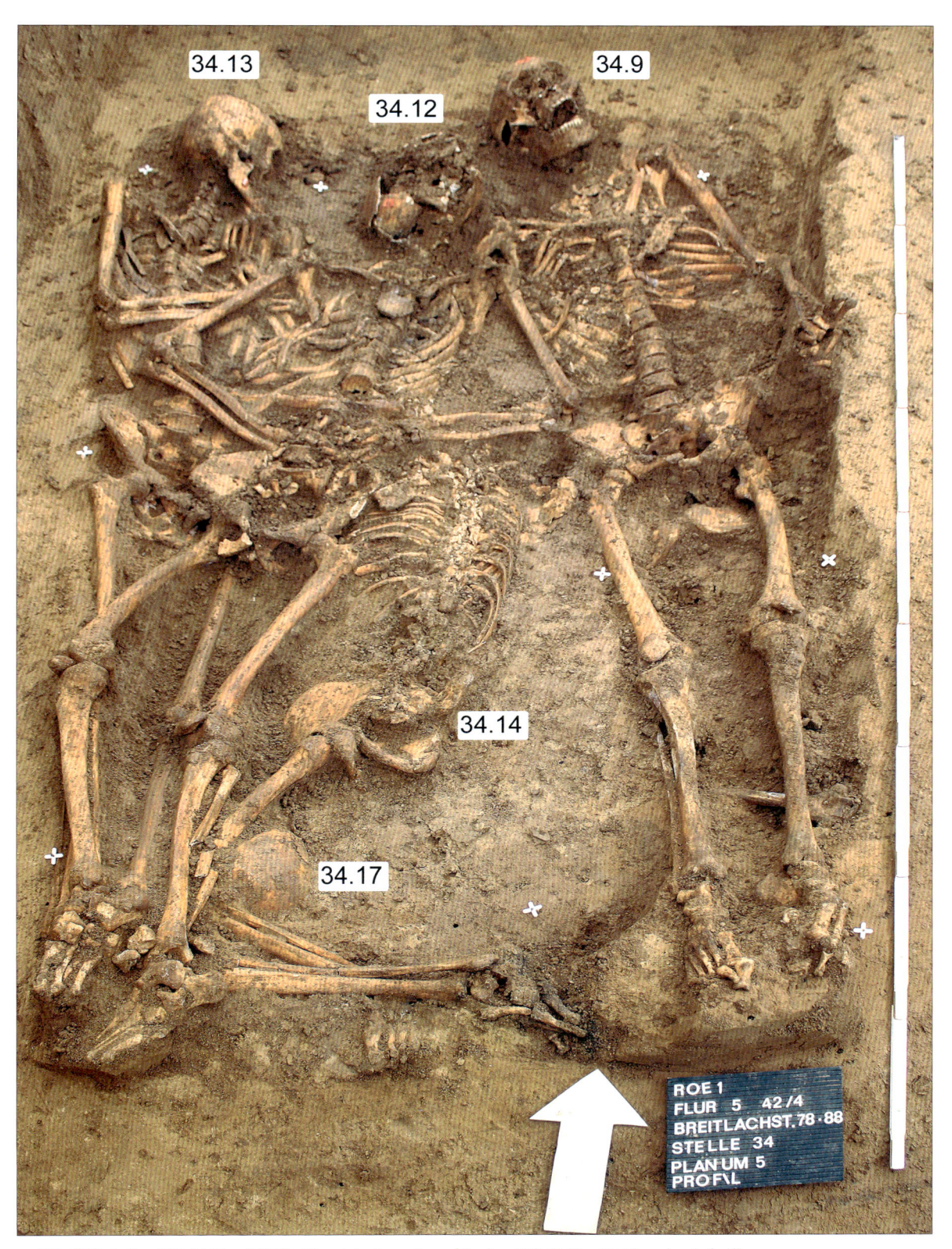

Aktuelle archäologische Forschung in Frankfurt am Main.

■ **Abb. 179** Gräber 34.9, 34.12 und 34.13 während der Ausgrabung. | Tombes 34.9, 34.12 et 34.13 pendant la fouille.

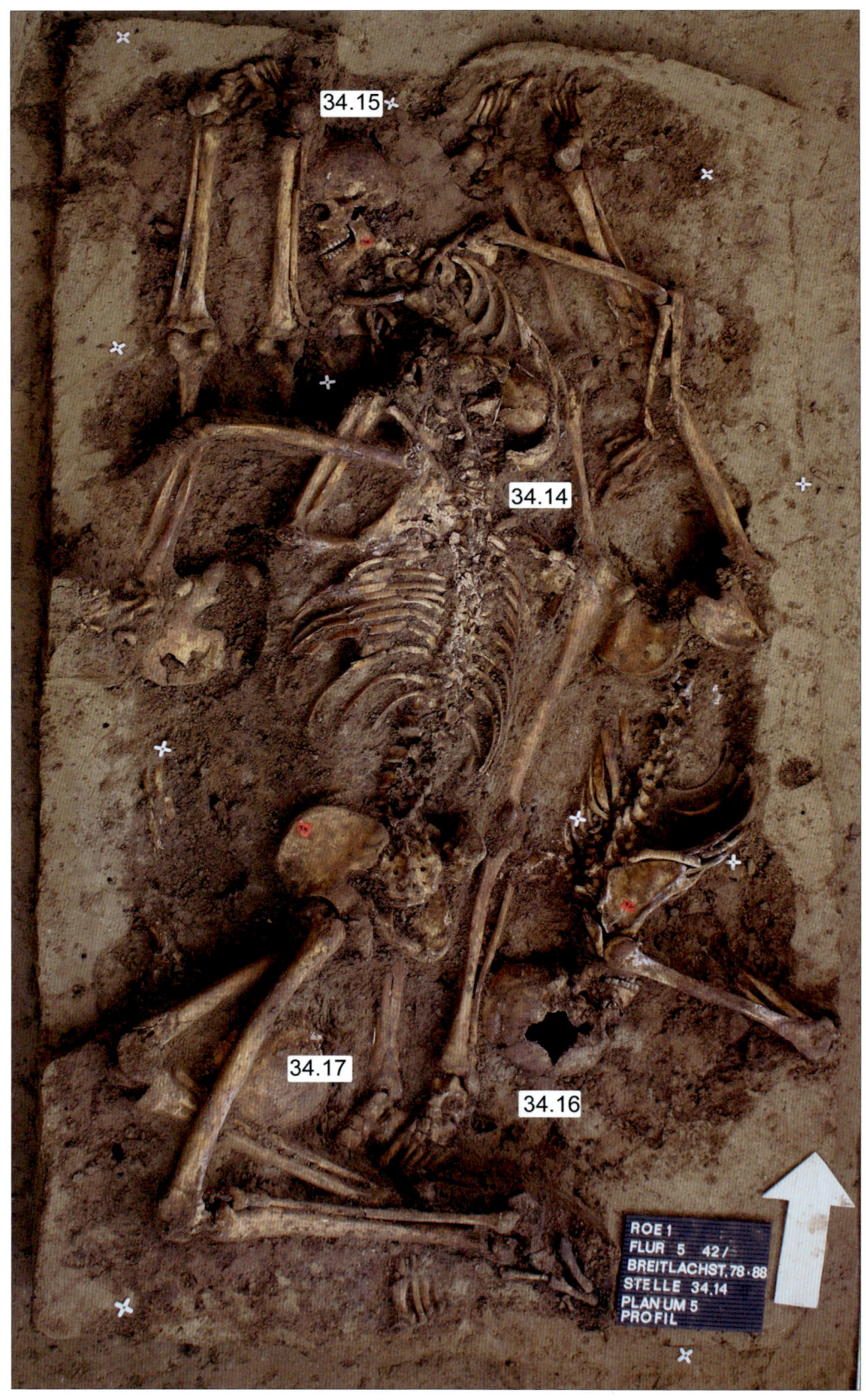

Abb. 180 Grab 34.14 während der Ausgrabung. | Tombe 34.14 pendant la fouille.

Aktuelle archäologische Forschung in Frankfurt am Main.

Abb. 181 Gräber 34.15 bis 34.17 während der Ausgrabung. | Tombes 34.15 à 34.17 pendant la fouille.

Grab St. 35

Grab St. 35 war rechteckig mit den Maßen 1,75 × 1,05 m. Die Grabgrube enthielt 18 Tote, 9 lagen mit dem Kopf im Süden, 9 mit dem Kopf im Norden. 6 Tote lagen auf dem Bauch, Särge waren nicht vorhanden (**Abb. 182–186**).

Oberhalb war im Südosten die Einzelbestattung St. 36 eingegraben.

St. 35.1. Der Tote lag südost-nordwestlich ausgerichtet in gestreckter Bauchlage, beide Arme lagen etwas seitlich vom Körper.

St. 35.2. Der Tote lag nordwest-südöstlich ausgerichtet in gestreckter Bauchlage, der rechte Arm gestreckt am Körper, der linke abgespreizt und stark abgewinkelt.

St. 35.3. Der Tote lag südost-nordwestlich ausgerichtet in gestreckter Rückenlage, der linke Arm lag gestreckt am Körper, der rechte war abgespreizt und stark angewinkelt mit der Hand auf der Brust.

St. 35.4. Der Tote lag nordwest-südöstlich ausgerichtet in gestreckter Rückenlage leicht nach links geneigt. Der rechte Arm lag angewinkelt neben dem Skelett und auf 35.08. Der linke Arm lag gestreckt neben dem Körper.

St. 35.5. Der Tote lag nordwest-südöstlich ausgerichtet, gestreckt auf der linken Seite. Beide Arme lagen extrem angewinkelt vor dem Brustkorb.

St. 35.6. Der Tote lag südost-nordwestlich ausgerichtet in gestreckter Rückenlage leicht verkippt. Der rechte Arm lag gestreckt neben dem Körper, der linke leicht angewinkelt.

St. 35.7. Der Tote lag südost-nordwestlich ausgerichtet in gestreckter Rückenlage, die Arme leicht abgewinkelt gestreckt neben dem Körper. Der linke Arm lag extrem angewinkelt, die Hand bei der Schulter, der rechte lag angewinkelt neben dem Körper.

St. 35.8. Der Tote lag südost-nordwestlich ausgerichtet in gestreckter Rückenlage der rechte Arm war nicht erkennbar, der linke lag angewinkelt am Körper.

La tombe Réf. 35

La tombe Réf. 35 était rectangulaire et mesurait 1,75 × 1,05 m. La fosse contenait 18 morts, 9 étaient couchés avec la tête au sud, 9 avec la tête au nord. 6 morts étaient couchés sur le ventre, il n'y avait pas de cercueils (**ill. 182–186**).

Au-dessus, au sud-est, il y avait la sépulture individuelle Réf. 36.

Réf. 35.1 Le mort était orienté sud-est/nord-ouest, allongé sur le ventre, les deux bras légèrement de côté par rapport au corps.

Réf. 35.2 Le mort était orienté nord-ouest/sud-est, allongé sur le ventre, le bras droit tendu le long du corps, le bras gauche écarté et fortement plié.

Réf. 35.3 Le mort était orienté sud-est/nord-ouest, en position allongée sur le dos, le bras gauche tendu le long du corps, le bras droit écarté et fortement plié avec la main sur la poitrine.

Réf. 35.4 Le mort était orienté nord-ouest/sud-est, allongé sur le dos, légèrement incliné vers la gauche. Le bras droit était plié à côté du squelette et de 35.08. Le bras gauche était tendu à côté du corps.

Réf. 35.5 Le mort était orienté nord-ouest/sud-est, allongé sur le côté gauche. Les deux bras étaient pliés à l'extrême devant la cage thoracique.

Réf. 35.6 Le mort était orienté sud-est/nord-ouest, allongé sur le dos, légèrement incliné. Le bras droit était tendu le long du corps, le bras gauche légèrement plié.

Réf. 35.7 Le mort était orienté sud-est/nord-ouest, allongé sur le dos, les bras légèrement pliés tendus le long du corps. Le bras gauche était extrêmement replié, la main près de l'épaule, le bras droit était replié à côté du corps.

Réf. 35.8 Le mort était orienté sud-est/nord-ouest, allongé sur le dos, le bras droit n'était pas visible, le bras gauche était plié contre le corps.

St. 35.9. Der Tote lag nordwest-südöstlich ausgerichtet in gestreckter Rückenlage leicht nach rechts gedreht. Beide Arme lagen gestreckt beiderseits des Körpers.

St. 35.10. Der Tote lag nordwest-südöstlich ausgerichtet in gestreckter Bauchlage, beide Arme angewinkelt seitlich am Körper.

St. 35.11. Der Tote lag südost-nordwestlich ausgerichtet in gestreckter Bauchlage beide Arme gestreckt leicht abgewinkelt beiderseits des Körpers.

St. 35.12. Der Tote lag südost-nordwestlich gestreckt ausgerichtet, leicht auf die rechte Seite gedreht, das linke Bein abgewinkelt. Der linke Arm lag abgewinkelt auf, der rechte gestreckt unter dem Körper.

St. 35.13. Der Tote lag nordwest-südöstlich ausgerichtet in gestreckter Rückenlage, Der rechte Arm lag stark angewinkelt auf dem Brustkorb mit der Hand unter dem Unterkiefer. der linke Arm abgewinkelt auf dem Körper, der linke Arm lag stark abgewinkelt auf der Brust mit der Hand am rechten Oberarm.

St. 35.14. Der Tote lag in gestreckter Bauchlage nordwest-südöstlich ausgerichtet. Ein Schädel konnte grabungstechnisch nicht zugewiesen werden. Beide Arme lagen wohl gestreckt am Körper.

St. 35.15. Der Tote lag nordwest-südöstlich ausgerichtet in gestreckter Rückenlage, beide Arme abgespreizt und nach oben abgewinkelt beiderseits des Körpers.

St. 35.16. Der Tote lag südost-nordwestlich ausgerichtet in gestreckter Rückenlage. Der linke Arm lag angewinkelt über dem Bauch die Hand auf der linken Seite, der rechte ausgestreckt neben dem Körper.

St. 35.17. Der Tote lag südost-nordwestlich ausgerichtet in gestreckter Rückenlage. Der linke Arm lag angewinkelt vor dem Bauch mit der Hand auf der rechten Seite. Der stark angewinkelte rechte Arm lag über dem Brustkorb mit der Hand an der linken Schulter.

St. 35.18. Der Tote lag nordwest-südöstlich ausgerichtet in gestreckter Bauchlage. Der linke Arm lag angewinkelt vor der Brust, der rechte war nicht erkennbar.

Réf. 35.9 Le mort était orienté nord-ouest/sud-est, en position allongée sur le dos, légèrement tourné vers la droite. Les deux bras étaient tendus de part et d'autre du corps.

Réf. 35.10. Le mort était orienté nord-ouest/sud-est, allongé sur le ventre, les deux bras pliés de chaque côté du corps.

Réf. 35.11 Le mort était orienté sud-est/nord-ouest, allongé sur le ventre, les deux bras tendus mais légèrement pliés de chaque côté du corps.

Réf. 35.12 Le mort était allongé en position sud-est/nord-ouest, légèrement tourné sur le côté droit, la jambe gauche pliée. Le bras gauche était plié sur le corps, le bras droit tendu sous le corps.

Réf. 35.13 Le mort gisait orienté nord-ouest/sud-est, en position allongée sur le dos, le bras droit fortement plié sur la poitrine avec la main sous la mâchoire inférieure, le bras gauche fortement plié sur la poitrine avec la main sur la partie supérieure du bras droit.

Réf. 35.14 Le mort gisait allongé sur le ventre, orienté nord-ouest/sud-est. Les techniques de fouille n'ont pas permis de lui attribuer un crâne. Les deux bras étaient probablement tendus le long du corps.

Réf. 35.15 Le mort était orienté nord-ouest/sud-est, en position allongée sur le dos, les deux bras écartés et pliés vers le haut de chaque côté du corps.

Réf. 35.16. Le mort était orienté sud-est/nord-ouest, en position allongée sur le dos. Le bras gauche était replié sur l'abdomen, la main sur le côté gauche, le bras droit tendu le long du corps.

Réf. 35.17 Le mort était orienté sud-est/nord-ouest, en position allongée sur le dos. Le bras gauche était plié devant l'abdomen avec la main sur le côté droit. Le bras droit fortement plié reposait sur le thorax avec la main sur l'épaule gauche.

Réf. 35.18 Le mort était orienté nord-ouest/sud-est, allongé sur le ventre. Le bras gauche était replié sur la poitrine, le bras droit n'était pas visible.

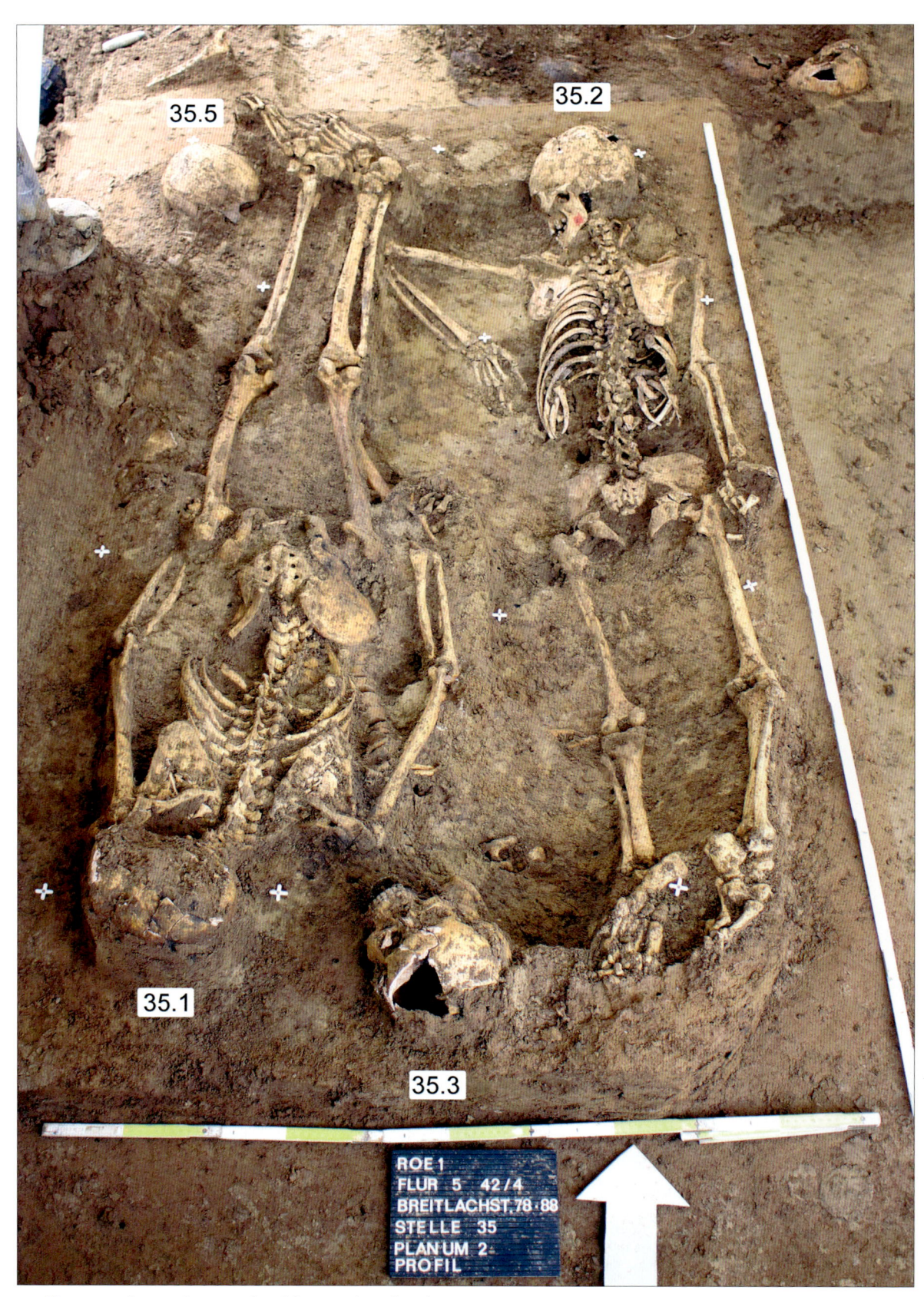

Abb. 182 Gräber 35.1 bis 35.2 während der Ausgrabung. | Tombes 35.1 à 35.2 pendant la fouille.

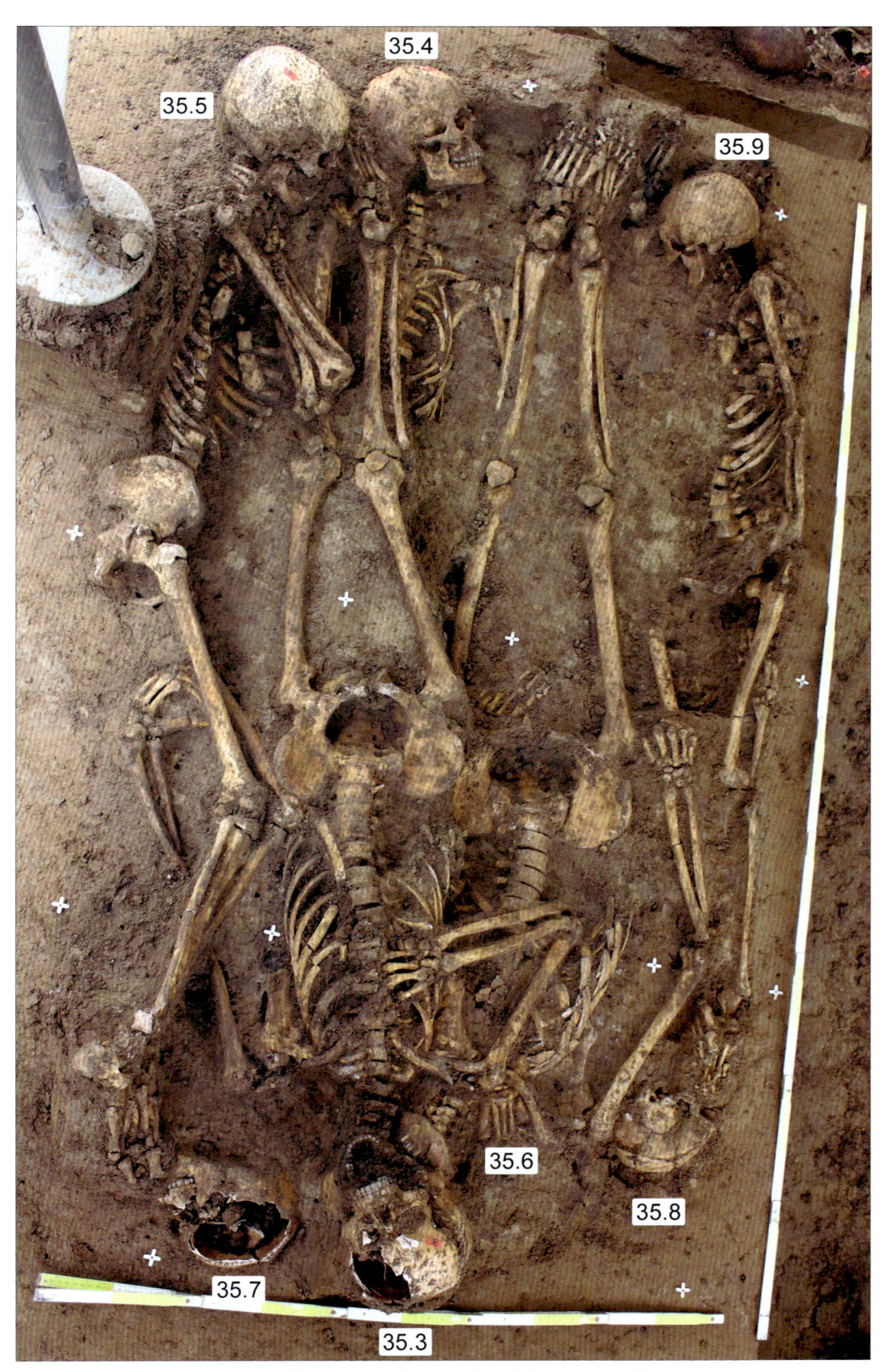

Aktuelle archäologische Forschung in Frankfurt am Main.

■ **Abb. 183** Grab 35.3 bis 35.5 während der Ausgrabung. | Tombes 35.3 à 35.5 pendant la fouille.

Abb. 184 Gräber 35.5 bis 35.9 während der Ausgrabung. | Tombes 35.5 à 35.9 pendant la fouille.

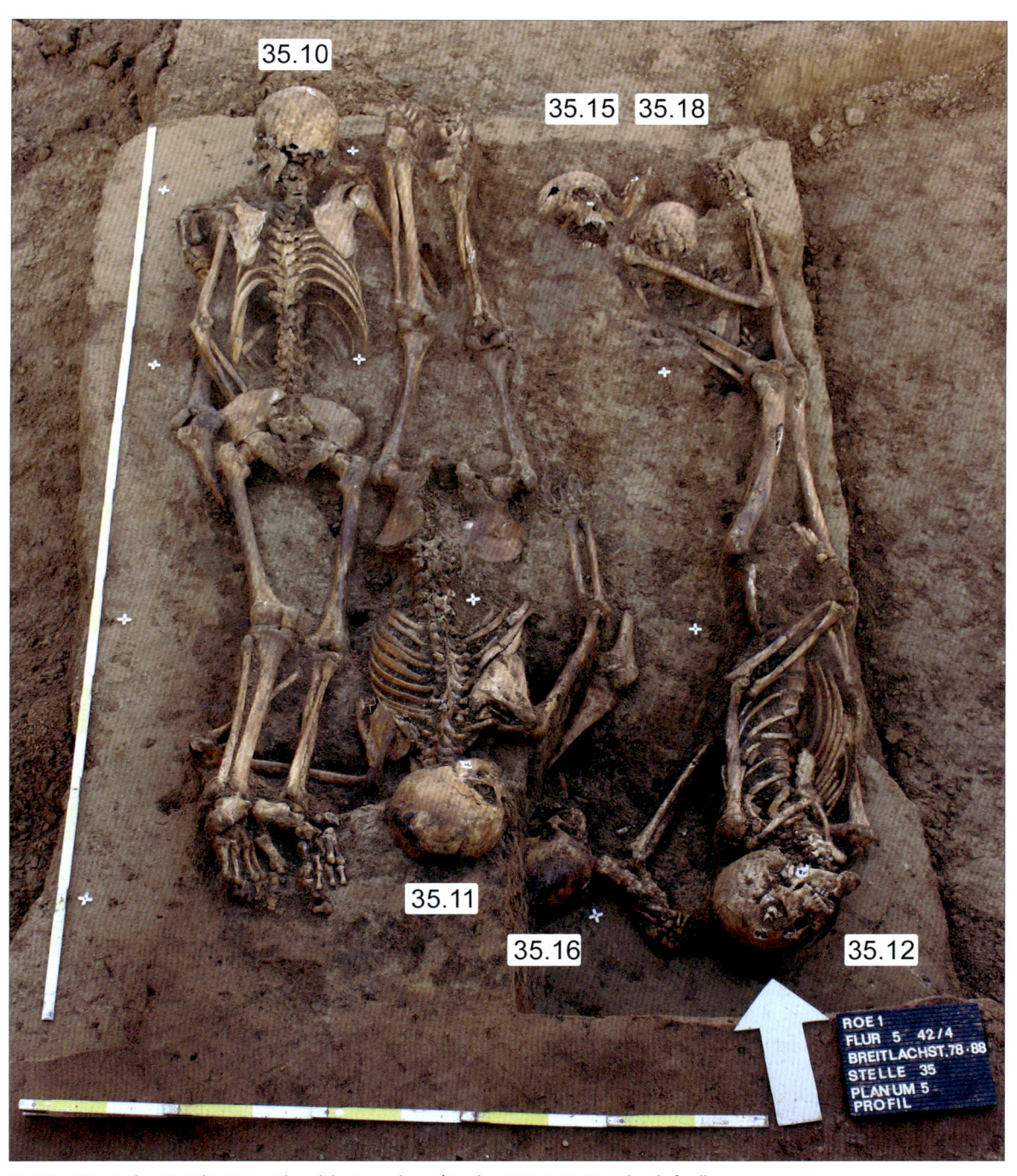

■ **Abb. 185** Gräber 35.10 bis 35.12 während der Ausgrabung. | Tombes 35.10 à 35.12 pendant la fouille.

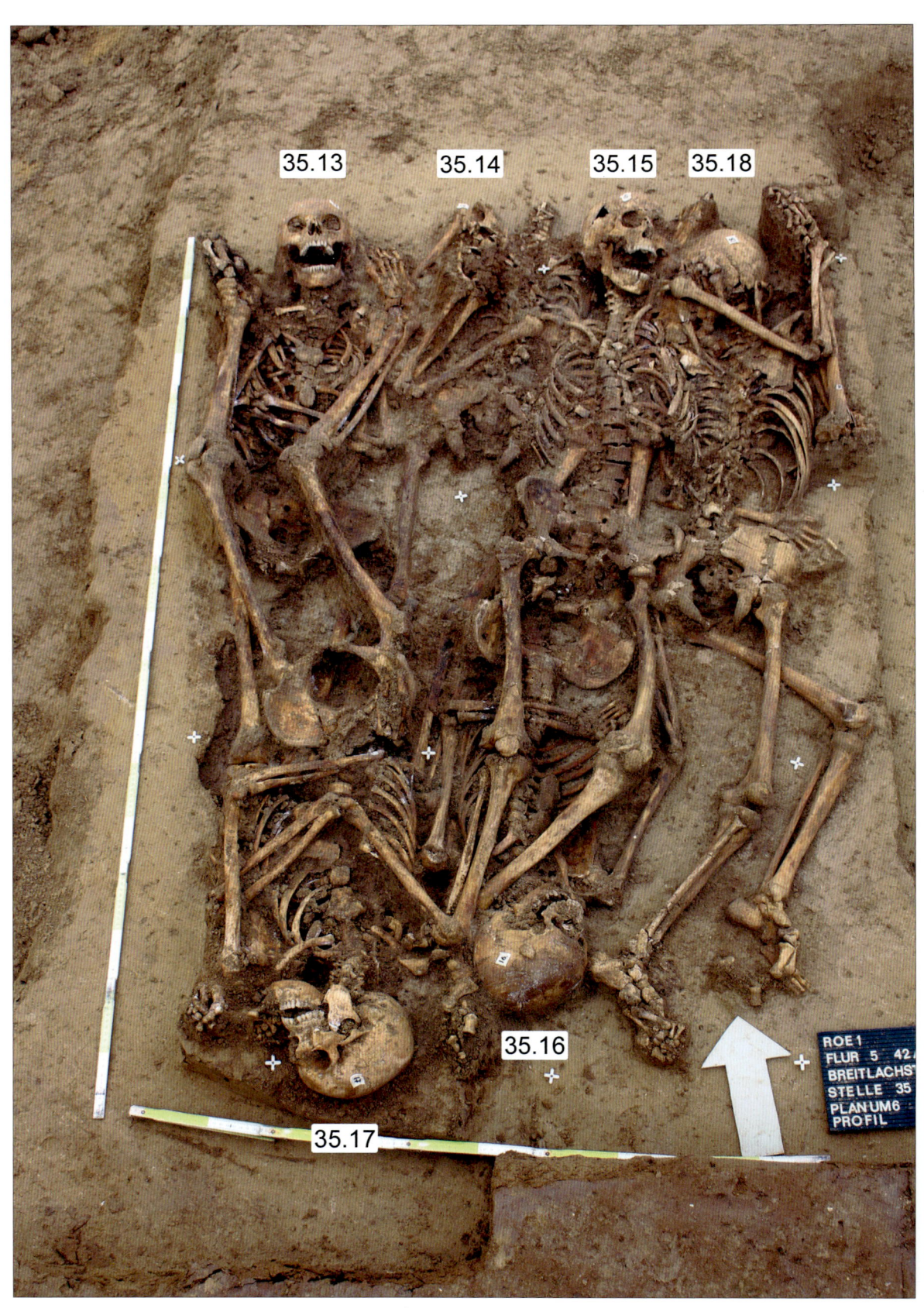

Abb. 186 Gräber 35.13 bis 35.18 während der Ausgrabung. | Tombes 35.13 à 35.18 pendant la fouille.

Grab St. 36

Grab St. 36 war rechteckig mit den Maßen 1,80 x 0,50 m. Die Grabgrube enthielt einen Toten, der in einem Sarg beigesetzt wurde.

St. 36.1. Der Tote lag nordwest-südöstlich ausgerichtet in gestreckter Bauchlage, die Arme gestreckt neben und unter dem Körper (**Abb. 187**).

La tombe Réf. 36

La tombe Réf. 36 était rectangulaire et mesurait 1,80 x 0,50 m. La fosse funéraire contenait un corps enterré dans un cercueil.

Réf. 36.1 Le mort était orienté nord-ouest/sud-est, allongé sur le ventre, les bras tendus le long du corps et en dessous de celui-ci (**ill. 187**).

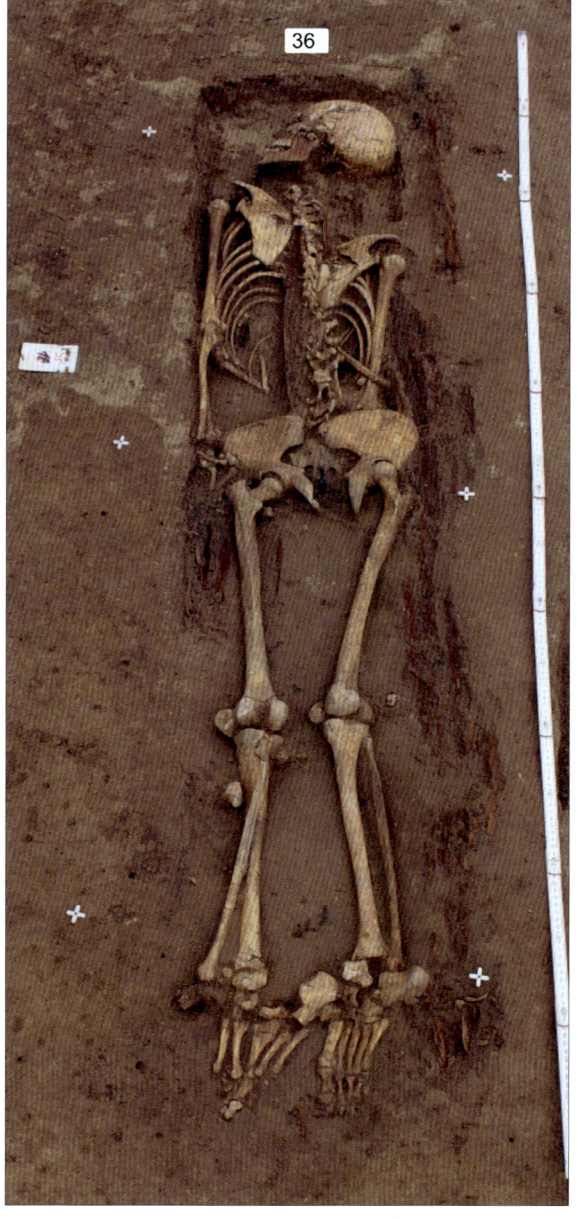

■ **Abb. 187** Grab 36 während der Ausgrabung. | Tombe 36 pendant la fouille.

Grab St. 37

Grab St. 37 war rechteckig mit den Maßen 2,10 x 1,10 m. Die Grabgrube enthielt 12 Tote, 4 lagen mit dem Kopf im Süden, 8 mit dem Kopf im Norden. 5 Tote lagen auf dem Bauch, Särge waren nicht vorhanden (**Abb. 188–192**).

St. 37.1. Der Tote lag südost-nordwestlich mit dem Oberkörper auf der linken Seite, aber mit gestreckten Beinen. Der rechte Arm lag angewinkelt vor dem Körper, der linke ausgestreckt unter dem Körper.

St. 37.2. Der Tote lag nordwest-südöstlich ausgerichtet in gestreckter Rückenlage, die Füße fehlten, da hier St. 42 in die Grabgrube eingegriffen hatte. Der linke Arm lag gestreckt am Körper, der rechte abgespreizt und abgewinkelt neben dem Körper.

St. 37.3. Der Tote lag nordwest-südöstlich ausgerichtet in gestreckter Rückenlage, Schädel und Teile des Brustkorbes wurden beim Eingraben von St. 42 entfernt. Beide Arme lagen abgespreizt und abgewinkelt neben dem Körper.

St. 37.4. Der Tote lag nordwest-südöstlich ausgerichtet in Bauchlage, die Beine seitlich überkreuzt. Der rechte Arm lag parallel zum Körper, der linken Arm war nicht erkennbar.

St. 37.5. Der Tote lag nordwest-südöstlich ausgerichtet in gestreckter Rückenlage, der rechte Arm lag gestreckt unter, der linke am Körper.

St. 37.6. Der Tote lag südost-nordwestlich ausgerichtet, stark verdreht in Bauchlage, der rechte Arm extrem abgewinkelt, erhoben vom Körper abgespreizt, der linke gestreckt am Körper.

St. 37.7. Der Tote lag südost-nordwestlich ausgerichtet auf der linken Seite, Arme und Beine angehockt. Der linke Arm wohl gestreckt unter, der rechte lag leicht abgewinkelt vor dem Körper.

La tombe Réf. 37

La tombe Réf. 37 était rectangulaire et mesurait 2,10 x 1,10 mètres. La fosse contenait 12 corps, 4 étaient couchés avec la tête au sud, 8 avec la tête au nord. Cinq morts étaient couchés sur le ventre, il n'y avait pas de cercueils (**ill. 188–192**).

Réf. 37.1 Le mort était allongé en direction sud-est/nord-ouest, le haut du corps sur le côté gauche, mais les jambes tendues. Le bras droit était plié devant le corps, le bras gauche tendu sous le corps.

Réf. 37.2 Le mort était orienté nord-ouest/sud-est, couché sur le dos, les pieds manquaient, en raison de la présence de Réf. 42 dans la fosse funéraire. Le bras gauche était tendu le long du corps, le bras droit était écarté et plié à côté du corps.

Réf. 37.3 Le mort était orienté nord-ouest/sud-est, allongé sur le dos, le crâne et une partie de la cage thoracique ont été retirés lors de l'enfouissement de Réf. 42. Les deux bras étaient écartés et pliés à côté du corps.

Réf. 37.4 Le mort était orienté nord-ouest/sud-est, couché sur le ventre, les jambes croisées de côté. Le bras droit était parallèle au corps, le bras gauche n'était pas identifiable.

Réf. 37.5 Le mort était orienté nord-ouest/sud-est, en position allongée sur le dos, le bras droit tendu en dessous, le bras gauche le long du corps.

Réf. 37.6 Le mort était orienté sud-est/nord-ouest, fortement tourné, couché sur le ventre, le bras droit extrêmement plié, levé et écarté du corps, le bras gauche tendu le long du corps.

Réf. 37.7 Le mort était allongé sur le côté gauche, orienté sud-est/nord-ouest, bras et jambes repliés. Le bras gauche était probablement tendu sous le corps, le bras droit était légèrement plié devant le corps.

St. 37.8. Der Tote lag nordwest-südöstlich ausgerichtet in gestreckter Bauchlage, der rechte Arm gestreckt am Körper, die linke Hand, Teile der Rippen und auch ein Teil des Beckens fehlten.

St. 37.9. Der Tote lag nordwest-südöstlich ausgerichtet in gestreckter Bauchlage, der Schädel durch den Leitungsgraben am Nordende der Grube zerstört. Der rechte Arm fehlte, der linke lag angewinkelt neben dem Körper.

St. 37.10. Der Tote lag nordwest-südöstlich ausgerichtet auf dem Bauch, das rechte Bein auf dem linken Unterschenkel gekreuzt. Der rechte Arm lag abgewinkelt neben dem Körper, die Hand unter dem Beckenbereich, der linke neben dem Körper, die Hand unter dem Becken.

St. 37.11. Der Tote lag südost-nordwestlich ausgerichtet, in der Ecke der Grabgrube, gebeugt auf dem Rücken und linker Seite mit gestreckten Beinen. Der rechte Arm lag leicht abgewinkelt am und auf dem Körper, der linke unter dem Körper.

St. 37.12. Der Tote lag nordwest-südöstlich ausgerichtet mit dem Oberkörper in Rückenlage, die Beine angehockt auf der rechten Seite. Der rechte Arm lag extrem angewinkelt neben dem Körper, der linke angewinkelt auf dem Körper.

Réf. 37.8 Le mort était orienté nord-ouest/sud-est, couché sur le ventre, le bras droit tendu le long du corps, la main gauche, une partie des côtes et une partie du bassin manquaient.

Réf. 37.9 Le mort était orienté nord-ouest/sud-est, allongé sur le ventre, le crâne détruit lors du creusement de la conduite à l'extrémité nord de la fosse. Le bras droit manquait, le bras gauche était plié le long du corps.

Réf. 37.10 Le mort était orienté nord-ouest/sud-est, couché sur le ventre, la jambe droite croisée sur la partie inférieure de la jambe gauche. Le bras droit était plié le long du corps, la main sous le bassin, le bras gauche le long du corps, la main sous le bassin.

Réf. 37.11 Le mort était orienté sud-est/nord-ouest, courbé dans le coin de la fosse, sur le dos et le côté gauche, les jambes tendues. Le bras droit était légèrement plié le long du corps et en dessus de celui-ci, le bras gauche sous le corps.

Réf. 37.12 Le mort était orienté nord-ouest/sud-est, le haut du corps sur le dos, les jambes repliées sur le côté droit. Le bras droit était très fortement fléchi le long du corps, le bras gauche était plié sur le corps.

ERDVERBUNDEN BAND 2

Abb. 188 Gräber 37.1 bis 37.4 während der Ausgrabung. | Tombes 37.1 à 37.4 pendant la fouille.

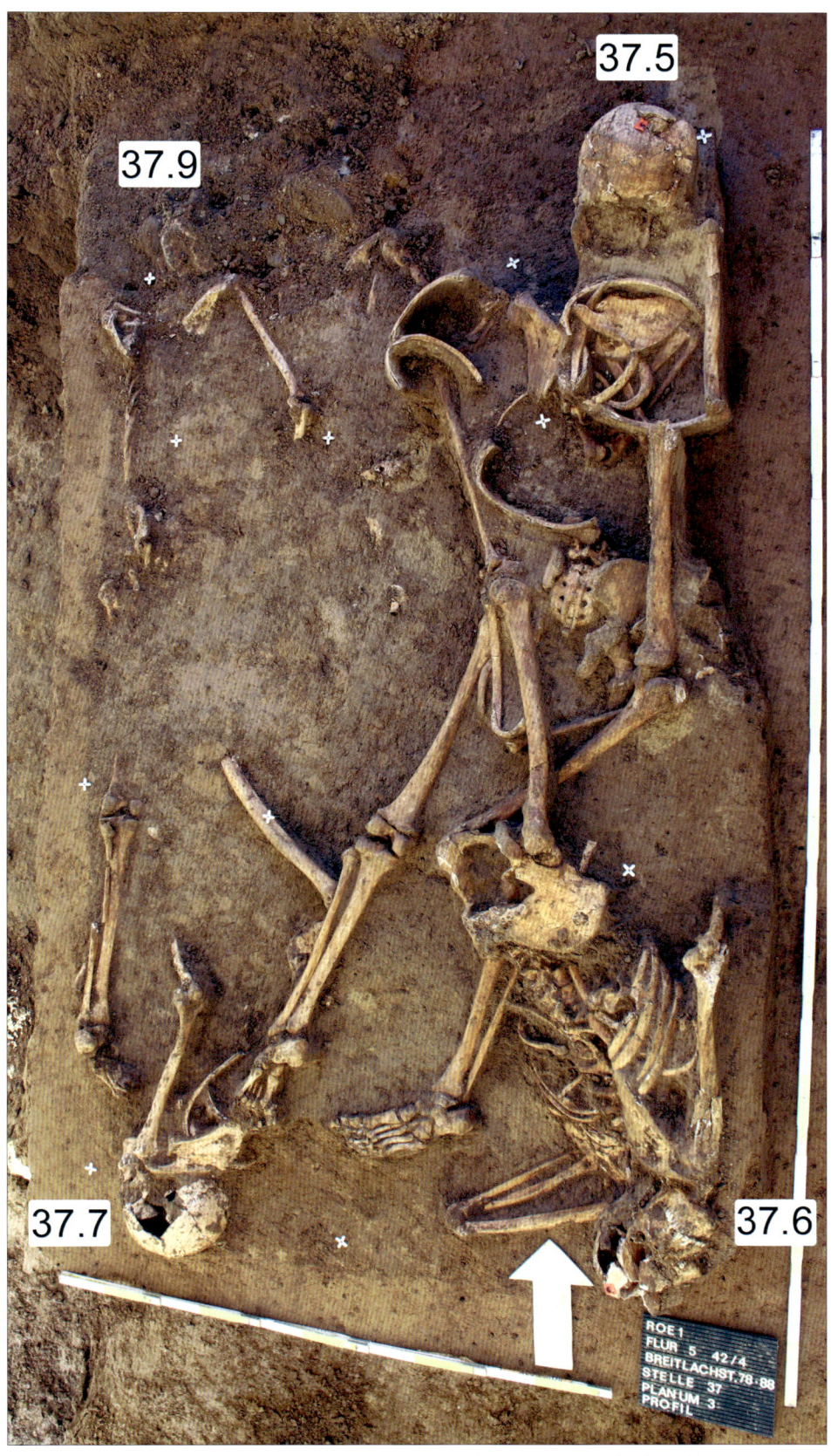

Aktuelle archäologische Forschung in Frankfurt am Main.

■ **Abb. 189** Gräber 37.5 und 37.6 während der Ausgrabung. | Tombes 37.5 et 37.6 pendant la fouille.

Abb. 190 Gräber 37.7 bis 37.9 während der Ausgrabung. | Tombes 37.7 à 37.9 pendant la fouille.

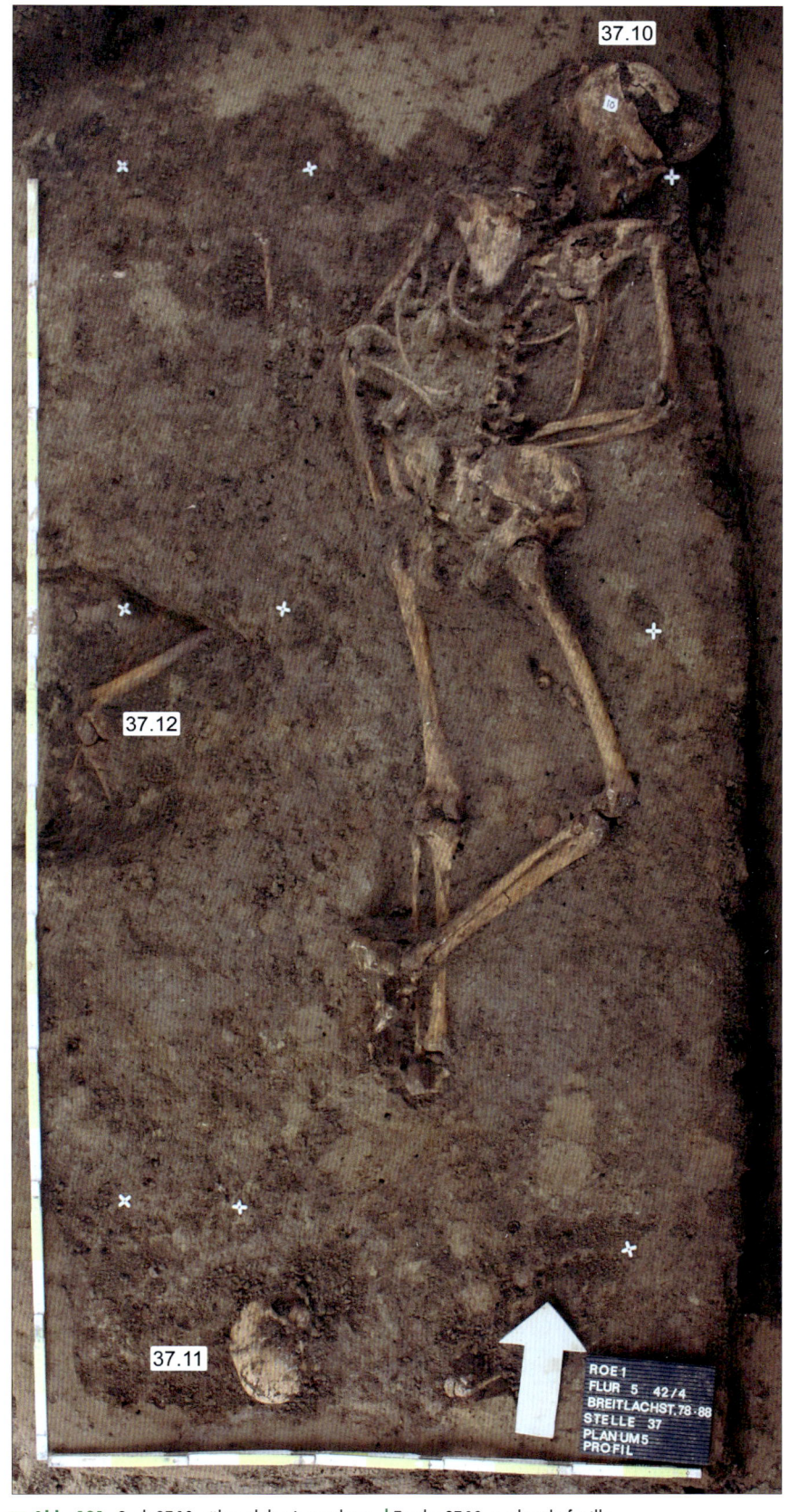

Aktuelle archäologische Forschung in Frankfurt am Main.

■ **Abb. 191** Grab 37.10 während der Ausgrabung. | Tombe 37.10 pendant la fouille.

ERDVERBUNDEN BAND 2

■ Abb. 192 Gräber 37.11 und 37.12 während der Ausgrabung. | Tombes 37.11 et 37.12 pendant la fouille.

Grab St. 38

Grab St. 38 war rechteckig mit den Maßen 1,60 x 1,10 m, aber im unteren Bereich im Nordteil stark verschmälert und nicht mehr rechteckig. Die Grabgrube enthielt 12 Tote, 11 lagen mit dem Kopf im Süden, einer mit dem Kopf im Norden. Kein Toter lag auf dem Bauch, Särge waren nicht vorhanden. Die Bestattungen lagen so dicht nebeneinander, dass es nicht immer möglich war, die Skelette eindeutig zu trennen (Abb. 193–195).

St. 38.1. Der Tote lag südost-nordwestlich ausgerichtet in gestreckter Rückenlage, der Oberkörper leicht nach links gedreht, beide Arme liegen stark angewinkelt vor der Brust.

St. 38.2. Der Tote lag nordwest-südöstlich ausgerichtet auf der linken Seite, der rechte Arm nach oben angewinkelt senkrecht nach oben an der Grubenwandung, der linke unter dem Körper.

St. 38.3. Der Tote lag südost-nordwestlich ausgerichtet in gestreckter Rückenlage, der linke Arm lag angewinkelt auf der Brust am Körper, die rechte extrem angewinkelt mit der Hand auf der Schulter.

St. 38.4. Der Tote lag südost-nordwestlich ausgerichtet in gestreckter Rückenlage. Der linke Arm lag angewinkelt der rechte gestreckt neben dem Körper, die Hand auf dem Becken.

St. 38.5. Der Tote lag südost-nordwestlich ausgerichtet in gestreckter Rückenlage, die Arme gestreckt am Körper.

St. 38.6. Der Tote lag südost-nordwestlich ausgerichtet in gestreckter Rückenlage, die Arme gestreckt am Körper.

St. 38.7. Der Tote lag südost-nordwestlich ausgerichtet in gestreckter Rückenlage, die Arme gestreckt am Körper.

La tombe Réf. 38

La tombe Réf. 38 était rectangulaire avec des dimensions de 1,60 x 1,10 m, mais en raison d'un fort rétrécissement de la partie inférieure du côté nord, elle avait perdu sa forme rectangulaire. La fosse funéraire contenait 12 corps, 11 reposaient la tête au sud, un au nord. Aucun mort ne reposait sur le ventre, il n'y avait pas de cercueils. Les inhumations étaient si proches les unes des autres qu'il n'a pas toujours été possible de séparer clairement les squelettes (ill. 193–195).

Réf. 38.1 Le mort était orienté sud-est/nord-ouest, allongé sur le dos, le torse légèrement tourné vers la gauche, les deux bras fortement pliés devant la poitrine.

Réf. 38.2 Le mort gisait sur le côté gauche, orienté nord-ouest/sud-est, le bras droit plié vers le haut, à la verticale, contre la paroi de la fosse, le bras gauche sous le corps.

Réf. 38.3 Le mort était orienté sud-est/nord-ouest, en position allongée sur le dos, le bras gauche replié sur la poitrine le long du corps, le bras droit extrêmement replié avec la main sur l'épaule.

Réf. 38.4 Le mort était orienté sud-est/nord-ouest, allongé sur le dos. Le bras gauche était plié et le bras droit tendu le long du corps, la main sur le bassin.

Réf. 38.5 Le mort était orienté sud-est/nord-ouest, allongé sur le dos, les bras tendus le long du corps.

Réf. 38.6 Le mort était orienté sud-est/nord-ouest, allongé sur le dos, les bras tendus le long du corps.

Réf. 38.7 Le mort était orienté sud-est/nord-ouest, allongé sur le dos, les bras tendus le long du corps.

St. 38.8. Der Tote lag südost-nordwestlich in gestreckter Rückenlage, die Arme gestreckt am Körper. Der Brustkorb war so sehr vergangen, dass er nicht mehr geboren werden konnte.

St. 38.9. Der Tote lag südost-nordwestlich ausgerichtet in gestreckter, linker Seitenlage, der rechte Arm angewinkelt vor dem Körper, der linke wohl gestreckt am Körper.

St. 38.10. Der Tote lag südost-nordwestlich schräg ausgerichtet in gestreckter Rückenlage, die Arme gestreckt am Körper.

St. 38.11. Der Tote lag südost-nordwestlich ausgerichtet wohl in gestreckter Rückenlage.

St. 38.12. Der Tote lag südost-nordwestlich ausgerichtet mit angehockten Beinen auf der rechten Seite, der Schädel war sehr stark vergangen und konnte nicht geborgen werden; beide Arme vor dem Körper.

Réf. 38.8 Le mort gisait au sud-est/nord-ouest, allongé sur le dos, les bras tendus le long du corps. Il restait tellement peu de la cage thoracique qu'elle ne pouvait plus être récupérée.

Réf. 38.9 Le mort était orienté sud-est/nord-ouest, allongé sur le côté gauche, le bras droit plié devant le corps, le bras gauche probablement tendu à côté du corps. Position ventrale ?

Réf. 38.10 Le mort était orienté sud-est/nord-ouest, en biais, en position allongée sur le dos, les bras tendus le long du corps.

Réf. 38.11 Le corps était orienté sud-est/nord-ouest, probablement en position allongée sur le dos.

Réf. 38.12 Le mort était orienté sud-est/nord-ouest, les jambes repliées sur le côté droit, le crâne avait été fortement endommagé et n'a pas pu être récupéré; les deux bras se trouvaient devant le corps.

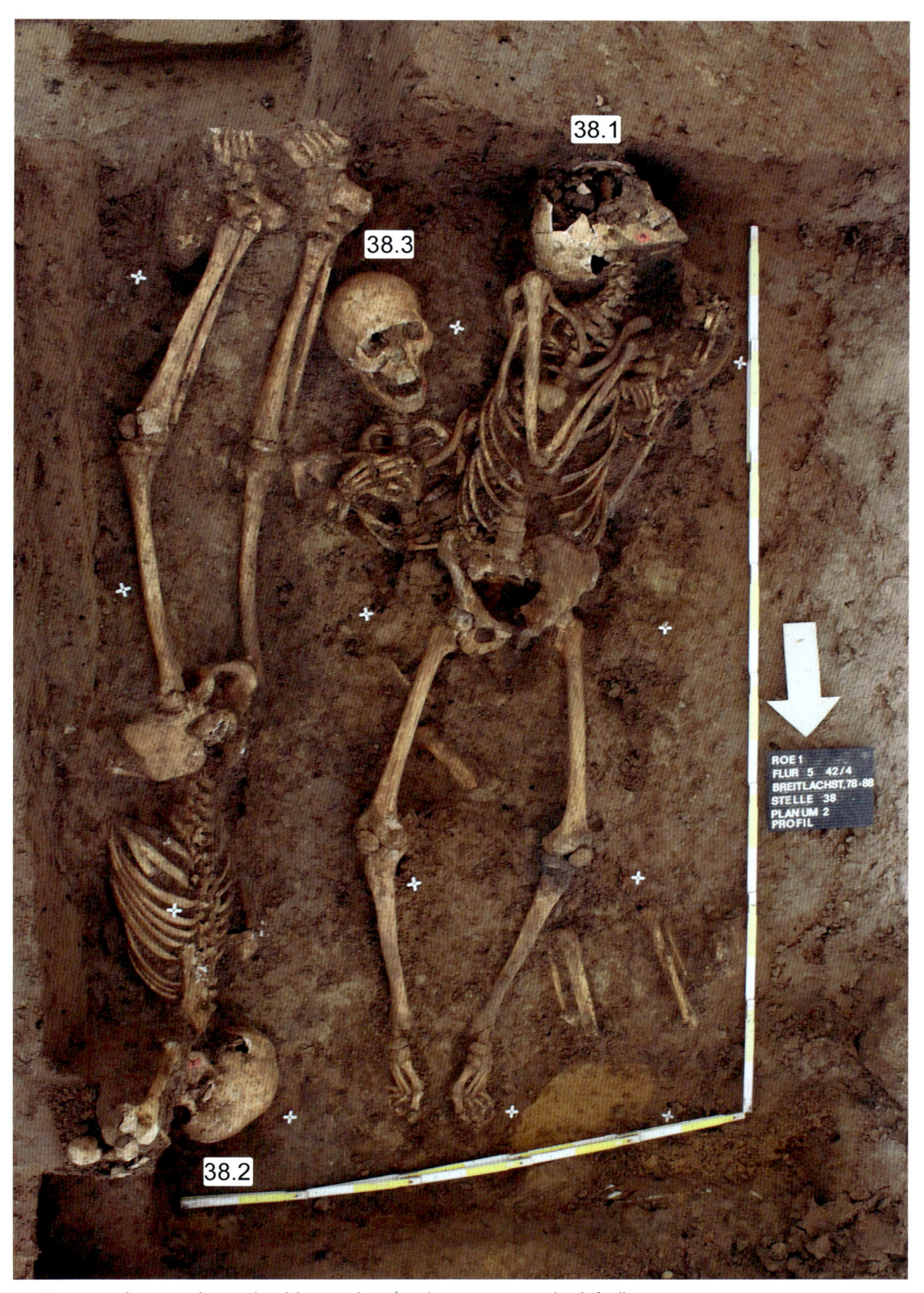

Aktuelle archäologische Forschung in Frankfurt am Main.

■ **Abb. 193** Gräber 38.1 und 38.2 während der Ausgrabung. | Tombes 38.1 et 38.2 pendant la fouille.

Abb. 194 Grab 38.3 während der Ausgrabung. | Tombe 38.3 pendant la fouille.

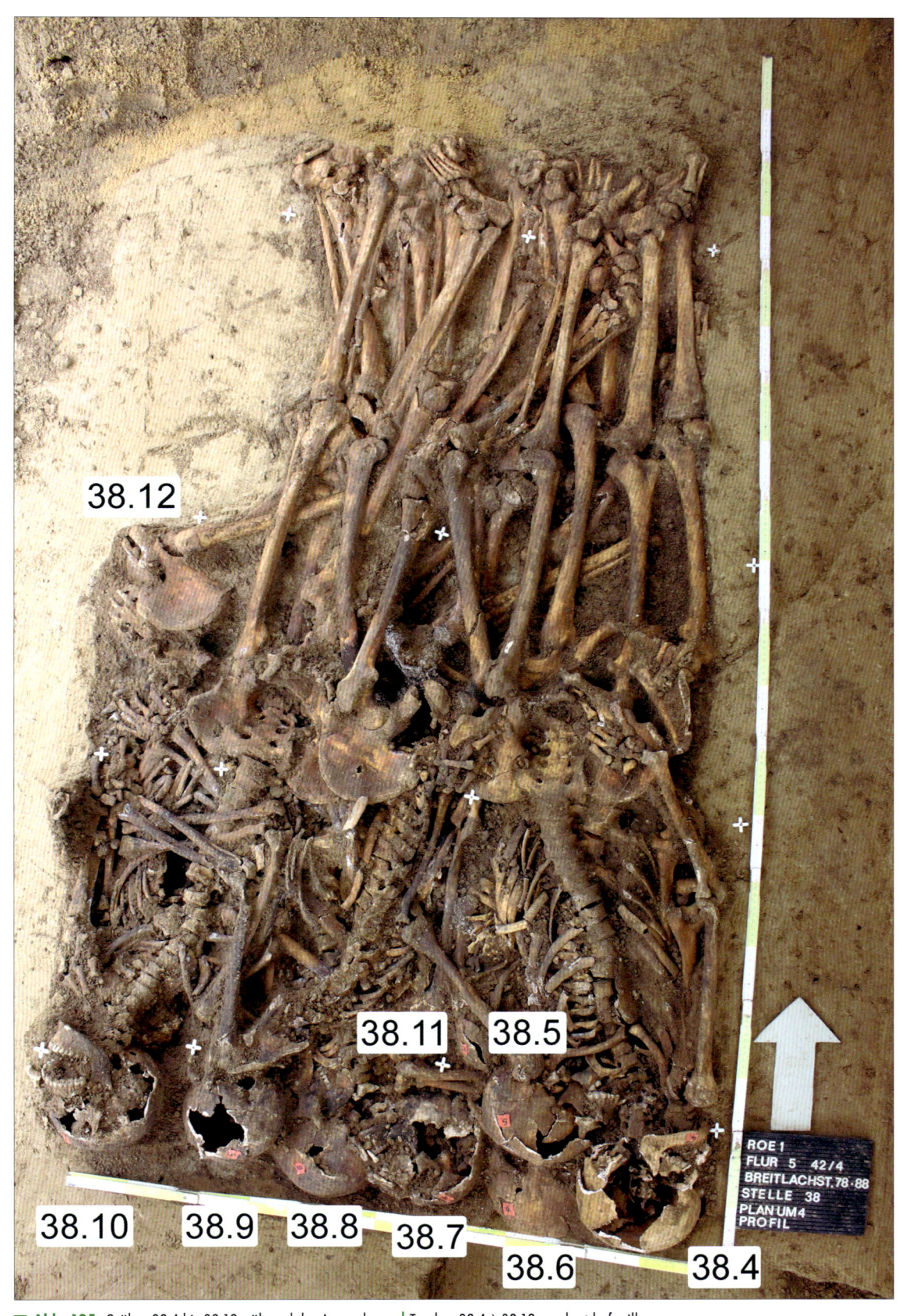

Aktuelle archäologische Forschung in Frankfurt am Main.

■ **Abb. 195** Gräber 38.4 bis 38.12 während der Ausgrabung. | Tombes 38.4 à 38.12 pendant la fouille.

Grab St. 39

Grab St. 39 war rechteckig mit den Maßen 2,10 x 1,10 m. Die Grabgrube enthielt 4 Tote, ursprünglich in Särgen.

St. 39.1. Das Skelett wurde durch die Bauarbeiten zerstört.

St. 39.2. Das Skelett wurde durch die Bauarbeiten zerstört.

La tombe Réf. 39

La tombe Réf. 39 était rectangulaire et mesurait 2,10 x 1,10 mètres. La fosse funéraire contenait 4 corps, à l'origine dans des cercueils.

Réf. 39.1 Le squelette a été détruit par les travaux de construction.

Réf. 39.2 Le squelette a été détruit par les travaux de construction.

Grab St. 40

Grab St. 40 war rechteckig mit den Maßen 2,20 × mindestens 1,00 m. Die Grabgrube enthielt mindestens zwei Tote, die in Särgen bestattet übereinander abgestellt waren. Die Westseite der Grabgrube lag in der Baugrubengrenze und konnte nicht bearbeitet werden (Abb. 196).

St. 40.1. Der Tote lag südost-nordwestlich ausgerichtet in gestreckter Rückenlage, die Arme waren durch die Verbauarbeiten zerstört, bzw. lagen außerhalb des Baufeldes.

St. 40.2. Der Tote lag nordwest-südöstlich ausgerichtet in gestreckter Rückenlage. Die Bestattung lag in einer gestreckten Rückenlag mit dem Kopf im Norden auf der rechten Gesichtshälfte. Der linke Oberarm lag neben dem Körper, Unterarm und Hand waren durch die Verbauarbeiten zerstört. Der rechte Arm lag außerhalb des Baufeldes und konnte nicht dokumentiert werden.

La tombe Réf. 40

La tombe Réf. 40 était rectangulaire et mesurait 2,20 × 1 m au moins. La fosse funéraire contenait au moins deux morts, enterrés dans des cercueils et placés les uns au-dessus des autres. Le côté ouest de la fosse se trouvait à la limite de l'excavation et n'a pas pu être examiné (ill. 196).

Réf. 40.1 Le corps était orienté sud-est/nord-ouest, en position allongée sur le dos, les bras avaient été détruits par les travaux de construction ou se trouvaient en dehors de la zone des travaux.

Réf. 40.2 Le mort reposait en position allongée sur le dos, orienté nord-ouest/sud-est. L'inhumation avait eu lieu avec le corps allongé sur le dos, la tête au nord, tournée vers la partie droite du visage. Le bras gauche se trouvait à côté du corps, l'avant-bras et la main avaient été détruits par les travaux de construction. Le bras droit se trouvait en dehors de la zone de construction et n'a pas pu être identifié.

■ **Abb. 196** Grab 40 während der Ausgrabung. | Tombe 40 pendant la fouille.

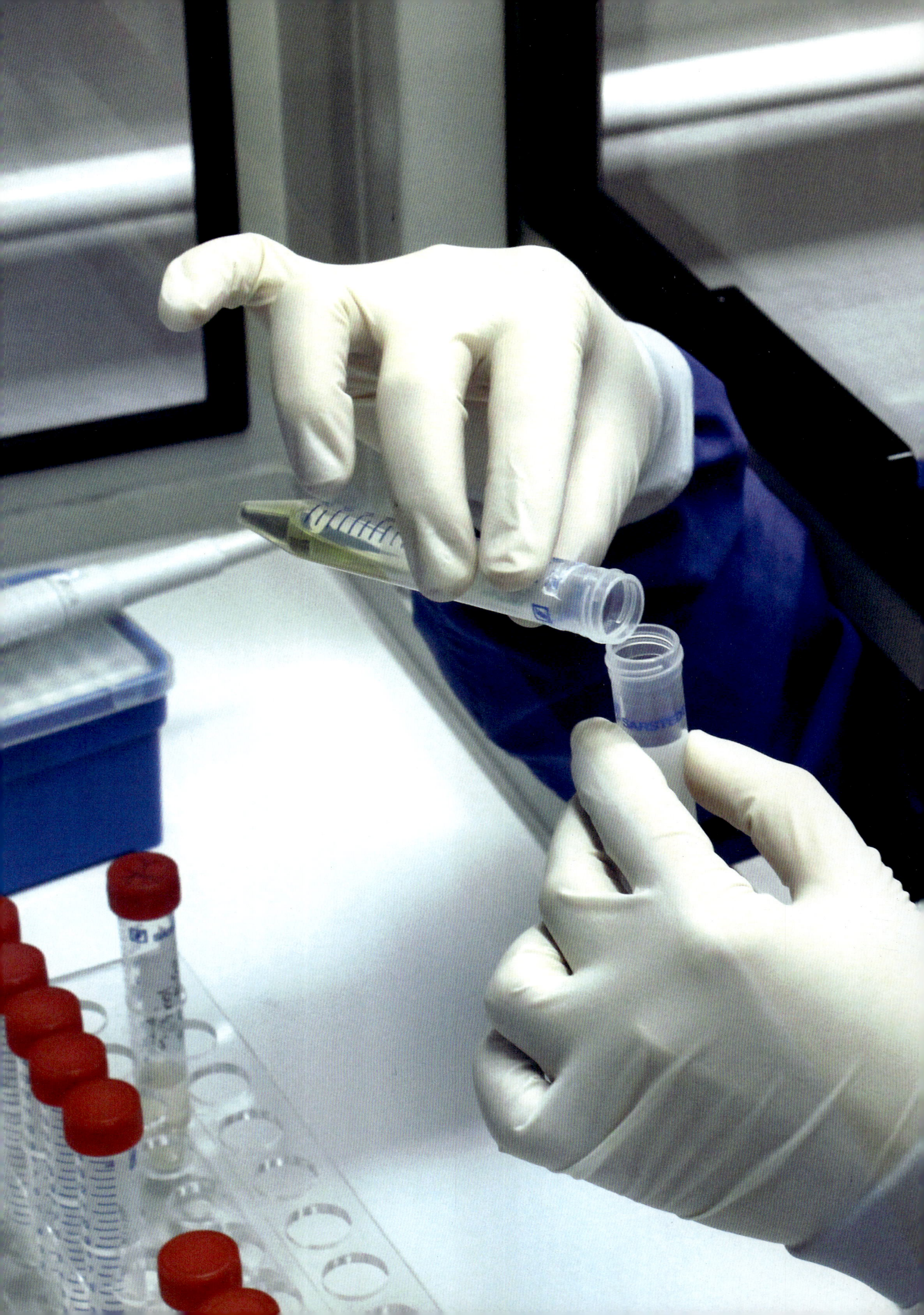

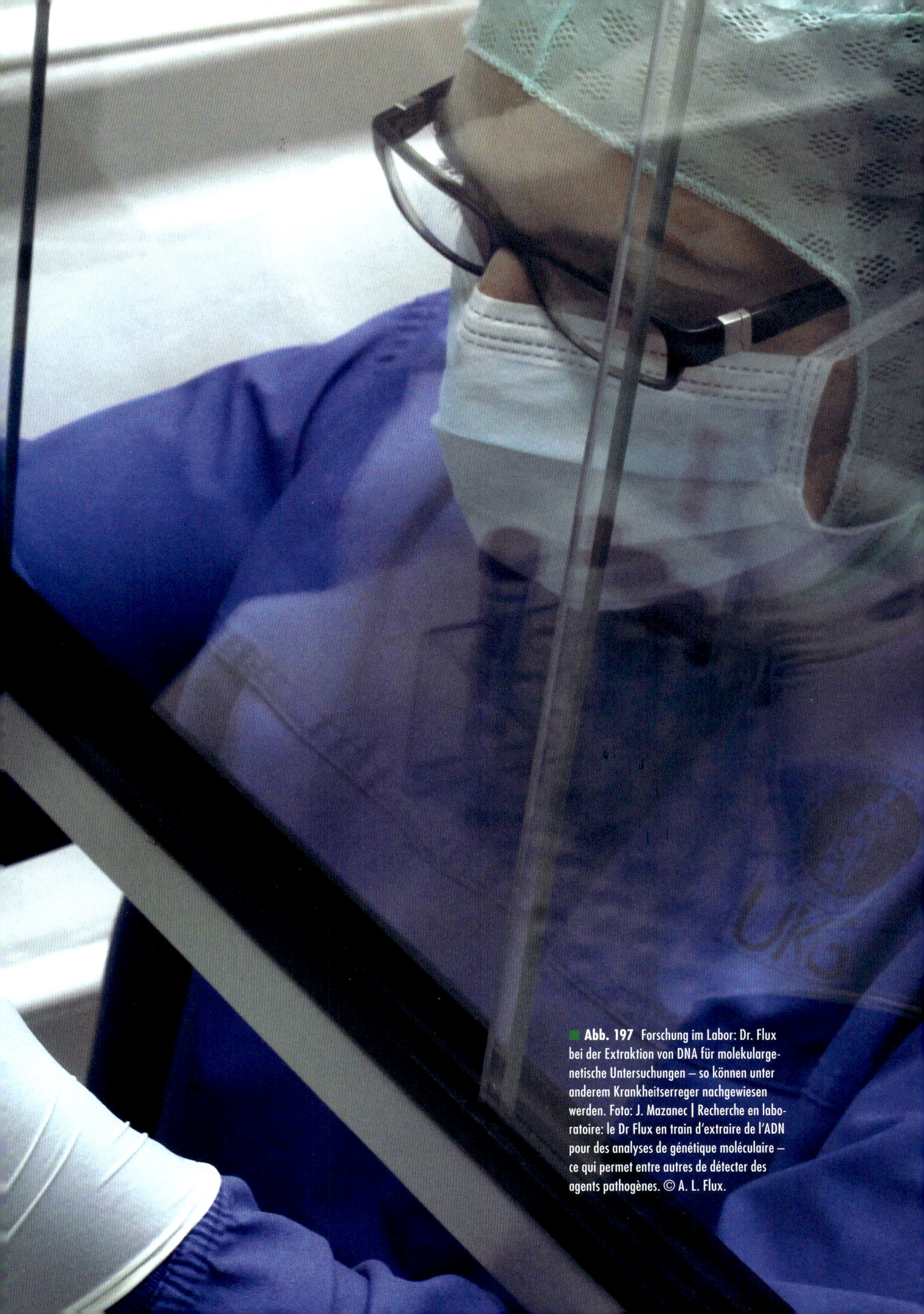

Abb. 197 Forschung im Labor: Dr. Flux bei der Extraktion von DNA für molekulargenetische Untersuchungen – so können unter anderem Krankheitserreger nachgewiesen werden. Foto: J. Mazanec | Recherche en laboratoire: le Dr Flux en train d'extraire de l'ADN pour des analyses de génétique moléculaire – ce qui permet entre autres de détecter des agents pathogènes. © A. L. Flux.

Das Leid marschiert mit – Anthropologische Ergebnisse und Interpretationen zur Skelettserie Rödelheim

ANNA LENA FLUX · BIRGIT GROSSKOPF

Einleitung und Fragestellungen

Die (Prä-)Historische Anthropologie ist ein Teilbereich der biologischen Anthropologie, die durch die Untersuchung menschlicher Überreste, bspw. Skelettfunde, Leichenbrände oder auch Moorleichen, Erkenntnisse über Menschen vergangener Zeit gewinnt[1] [2]. Das anthropologische Methodenrepertoire umfasst dabei morphologische, mikroskopische und osteometrische Methoden sowie molekulargenetische Analysen, die die Untersuchungen unterstützen bzw. auch entscheidend ergänzen können. Durch die Anwendung des gesamten Methodenkanons werden individuelle Daten, bzw. biologische Parameter jedes Individuums erhoben und Aussagen zum biologischen Geschlecht, zum Sterbealter, zur Körperhöhe und Robustizität, zur biogeografischen Herkunft sowie zu pathologischen Veränderungen der Individuen ermöglicht. Aus den erhobenen Individualdaten lassen sich dann Hinweise auf Charakteristika der gesamten Gruppe ermitteln.

In Rödelheim wurden im Jahr 2015 die Überreste von mehr als 200 Individuen ergraben, bei denen recht schnell feststand, dass es sich um Soldatenbestattungen aus der Zeit der napoleonischen Befreiungskriege handelt (s. Beitrag Hampel). Im Johann-Friedrich-Blumenbach Institut für Zoologie und Anthropologie der Universität Göttingen waren zu dem Zeitpunkt bereits die Überreste napoleonischer Soldaten aus einem Massengrab aus Kassel intensiv untersucht worden und Skelette napoleonischer Soldaten aus Hanau waren ebenfalls für vergleichende Untersuchungen vorgesehen. Daher erfolgte nach den ersten überregionalen Presseberichten über die Ausgrabungen eine zügige Kontaktaufnahme zum Denkmalamt der Stadt Frankfurt am Main, um die anthropologischen Untersuchungen der Skelettfunde aus Rödelheim in Göttingen durchzuführen.

Bei den Skelettfunden aus Rödelheim war durch die historischen Quellen überliefert, dass es sich bei den Bestatteten um die Opfer einer Typhusepidemie handelte[3]. Die Soldaten wurden auf dem Rückzug nach der Völkerschlacht bei Leipzig bei der Zivilbevölkerung von Rödelheim einquartiert und fielen im Spätherbst des Jahres 1813 einem epidemischen Geschehen zum Opfer. Die historischen Quellen beschreiben jedoch nur einen Teilaspekt des Geschehens und Aspekte der individuellen Biografie bleiben dabei in der Regel unberücksichtigt. Mit Hilfe der anthropologischen Untersuchungen können zwar in diesem Kontext auch keine Identifikationen von Individuen vorgenommen werden, aber es lassen sich doch anhand verschiedener individueller Skelettmerkmale, bspw. anhand von speziellen Belastungsspuren am Skelett, Aussagen treffen, die sich auf das Leben, bzw. die Bedingungen innerhalb der Armee zurückführen lassen. Dadurch kann den Verstorbenen, die anonym und fern ihrer Heimat ihren Tod gefunden haben, wieder ein Stück ihrer Individualität zurückgeben werden.

Details zur Grabung Rödelheim

Die Fundstelle in Rödelheim wird als Massengrab bezeichnet, jedoch sind die mehr als 200 Individuen nicht alle zeitgleich in einem Grab beigesetzt worden, sondern in unterschiedlich großen Gruben bestattet. Die insgesamt 35 ergrabenen Gruben weisen jeweils eine variable Anzahl und Anordnung von Bestattungen auf. Während bei einigen Bestattungen sogar noch Sargreste erkennbar waren (s. Beitrag Hampel), ließen sich z. B. in Grube 30 Überreste von insgesamt 19 Individuen nachweisen. Die große Anzahl an Individuen in einer Grube ist jedoch nicht gleichbedeutend mit einem kompletten Durcheinander von Skelettele-

La souffrance en marche – Résultats anthropologiques et interprétations de la série de squelettes de Rödelheim

Introduction et questions

L'anthropologie (pré)historique est une branche de l'anthropologie biologique qui, par l'étude de restes humains, par exemple de squelettes, de cadavres brûlés ou de cadavres de tourbières, permet d'acquérir des connaissances sur les hommes des temps passés[1] [2]. Le répertoire des méthodes anthropologiques comprend des méthodes morphologiques, microscopiques et ostéométriques ainsi que des analyses génétiques moléculaires qui peuvent soutenir les recherches ou les compléter de manière déterminante. L'application de l'ensemble des méthodes permet de collecter des données individuelles ou des paramètres biologiques de chaque individu et de tirer des conclusions sur le sexe biologique, l'âge de la mort, la taille et la robustesse, l'origine biogéographique ainsi que les modifications pathologiques des individus. Les données individuelles collectées permettent ensuite d'obtenir des indications sur les caractéristiques de l'ensemble du groupe.

En 2015, les restes de plus de 200 individus ont été mis au jour à Rödelheim. Il est apparu assez rapidement qu'il s'agissait de sépultures de soldats de l'époque des guerres de libération napoléoniennes (voir l'article de Hampel). À l'Institut de zoologie et d'anthropologie Johann-Friedrich Blumenbach de l'Université de Göttingen, les restes de soldats napoléoniens provenant d'une fosse commune de Kassel avaient déjà été étudiés de manière intensive à cette époque et il était également prévu d'analyser des squelettes de soldats napoléoniens de Hanau pour des études comparatives. C'est pourquoi, après les premiers articles de presse sur les fouilles au niveau national, un contact rapide a été établi avec le service des monuments historiques de la ville de Francfort-sur-le-Main afin de réaliser les analyses anthropologiques des squelettes de Rödelheim à Göttingen.

Des sources historiques nous apprennent que les squelettes découverts à Rödelheim appartenaient à des victimes d'une épidémie de typhus[3]. Les soldats, lors de leur retraite après la bataille de Leipzig, avaient été logés auprès de la population civile de Rödelheim et ont été victimes d'un événement épidémique à la fin de l'automne 1813. Les sources historiques ne décrivent cependant qu'un aspect partiel des événements et les éléments de la biographie individuelle ne sont généralement pas pris en compte. Les études anthropologiques ne permettent certes pas d'identifier les individus dans ce contexte, mais, sur la base des caractéristiques individuelles du squelette, par exemple des traces spéciales de stress, il est possible de tirer des conclusions sur la vie ou les conditions de la personne au sein de l'armée. Il est ainsi possible de rendre une partie des caractéristiques individuelles aux défunts qui ont trouvé la mort dans l'anonymat et loin de leur patrie.

Détails de la fouille de Rödelheim

Le site de Rödelheim est considéré comme une fosse commune, même si les plus de 200 individus n'ont pas tous été enterrés en même temps dans la même fosse, mais dans des fosses de tailles différentes. Les 35 fosses fouillées au total présentent chacune un nombre et une disposition variables d'inhumations. Alors que dans certaines sépultures, des restes de cercueils étaient encore visibles (voir l'article de Hampel), dans la fosse 30, par exemple, on a retrouvé les restes de 19 individus au total. Le grand nombre d'individus dans une fosse n'est cependant pas synonyme de totale confusion des éléments squelettiques. Comme les défunts ont été enterrés dans la fosse en tant que corps, les os se trouvent encore respectivement dans la disposition anatomique du corps après la décomposition

Abb. 198 Erster Besuch von Birgit Großkopf am 6.10.2015 auf der Grabung. | Première visite de Birgit Großkopf sur la fouille le 6.10.2015.

menten. Da die Verstorbenen als Leiche in der Grube beigesetzt worden sind, befinden sich die Knochen nach dem Vergehen der Weichteile jeweils noch in anatomischer Anordnung. Bei gutem Knochenerhalt und sorgfältiger Ausgrabung, lassen sich also die einzelnen Skelette gut gegeneinander abgrenzen und die Knochen können individuenweise geborgen werden (Abb. 201)

Ein Besuch der Grabung fand am 06. Oktober 2015 statt (Abb. 198) und ist wichtig, da z. B. die Gesamtsituation mit eigenen Augen beurteilt werden kann, was nachfolgende Interpretationen teils erheblich erleichtern kann. Ein erstes Skelett wurde mit nach Göttingen genommen, um den Erhalt der DNA prüfen zu können, da neben morphologischen und osteometrischen auch molekulargenetische Analysen durchgeführt werden sollten.

Das geborgene Skelettmaterial[4] wurde im Jahr 2016 nach Göttingen geliefert. Nach der Übergabe wurden die Skelette über einem Sieb unter fließendem Wasser von anhaftender Erde befreit und im Anschluss bei Raumtemperatur getrocknet. Sehr spongiöse Knochen wurden nur vorsichtig mit einem Pinsel gereinigt, um einer Beschädigung vorzubeugen. Anschließend konnten die Individuen anthropologisch untersucht werden.

Fragestellungen

Von Beginn an war vorgesehen, dass das Skelettmaterial im Rahmen von verschiedenen Abschlussarbeiten untersucht und ausgewertet werden sollte. In der Arbeitsgruppe des Johann-Friedrich-Blumenbach Institutes gibt es in jedem Jahr zahlreiche Studierende, die eine Bachelor- oder Masterarbeit mit einem morphologischen, osteometrischen oder molekulargenetischen Schwerpunkt anfertigen. Teils sind auch mehrere Aspekte im Rahmen einer Arbeit verknüpft. Parallel zu den Bachelor- und Masterarbeiten wurde auch die Dissertation von einer der Autorinnen (A. L. Flux) angefertigt.

Werden Untersuchungen von vielen verschiedenen Absolvent:innen durchgeführt, so muss besonders stark darauf geachtet werden, dass die Ergebnisse miteinan-

des parties molles. Si les os sont bien conservés et que les fouilles sont effectuées avec soin, les différents squelettes peuvent donc être bien différenciés les uns des autres et les os peuvent être récupérés individuellement (ill. 201)

Une visite de la fouille a eu lieu le 6 octobre 2015 (ill. 198) et elle est importante, car elle permet par exemple d'évaluer *de visu* la situation globale, ce qui peut parfois faciliter considérablement les interprétations ultérieures. Un premier squelette a été emporté à Göttingen afin de pouvoir vérifier l'état de conservation de l'ADN, car il est nécessaire d'effectuer des analyses de génétique moléculaire en plus des analyses morphologiques et ostéométriques.

Les squelettes récupérés[4] ont été livrés à Göttingen en 2016. Après la livraison, les squelettes ont été passés au tamis sous l'eau courante pour éliminer la terre qui y adhérait, puis séchés à température ambiante. Les os très spongieux ont été nettoyés avec précaution à l'aide d'un pinceau afin d'éviter tout dommage. Les individus ont ensuite pu être examinés anthropologiquement.

Questions posées

Dès le début, il était prévu que le matériel squelettique soit examiné et évalué dans le cadre de différents travaux de fin d'études. Dans le groupe de travail de l'Institut Johann-Friedrich-Blumenbach, il y a chaque année de nombreux étudiants qui réalisent un travail de licence ou de master portant sur un thème morphologique, ostéométrique ou de génétique moléculaire. Plusieurs aspects sont parfois associés à l'intérieur d'un même travail. L'un des auteurs (A. L. Flux) a également rédigé une thèse de doctorat parallèlement à ses travaux de licence et de master.

Si les études sont menées par plusieurs cherch·eurs·euses différent·e·s, il faut veiller tout particulièrement à ce que les résultats soient comparables entre eux, raison pour laquelle il faut garantir la continuité du personnel pour l'encadrement. Ce n'est qu'ainsi qu'il est possible de développer de nouvelles hypothèses sur la base des observations ou des résultats obtenus et de les vérifier dans d'autres travaux. Afin de garantir que toutes les données soient collectées de manière fiable sur le plan qualitatif, le suivi a toujours été effectué de manière très stricte par les deux auteures.

La série de squelettes représente un cas particulier en raison de la situation de sa découverte et de sa composition. La plupart des séries de squelettes provenant de cimetières présentent une composition totalement différente en ce qui concerne la structure des sexes et des âges, mais aussi la biographie et les causes de décès des personnes inhumées. L'étude anthropologique de cette série de soldats napoléoniens décédés ouvre donc de multiples possibilités.

Outre la détermination des données de base (âge au décès, sexe et taille), il s'agit avant tout d'obtenir des informations sur la vie ou les contraintes physiques des soldats de l'armée napoléonienne. Cela comprend également des indications sur les blessures et les modifications pathologiques spécifiques ou les infections. Les examens détaillés de différents aspects permettent ensuite de tirer des conclusions sur l'état de santé et les conditions physiques des soldats, pour que cette dénommée « ostéobiographie » permette éventuellement d'obtenir des indications sur la composition des troupes ou des informations sur les stratégies de recrutement.

Chez les individus de sexe masculin, les adolescents et les jeunes adultes constituent généralement un groupe présentant un faible risque de mortalité. Les communautés funéraires ne présentent donc généralement qu'un faible pourcentage de squelettes de jeunes hommes, ce qui rend difficile toute recherche approfondie et tout examen d'hypothèses, étant donné que la taille des échantillons pour cette tranche d'âge est généralement très faible. En revanche, la série de squelettes de Rödelheim offre la possibilité d'étudier, entre autres, différentes étapes du développement squelettique sur un plus grand nombre de squelettes de jeunes hommes décédés, afin de déterminer, par exemple, des indices de régularité ou des modifications liées aux contraintes.

Un autre aspect essentiel est de fournir des données anthropologiques sur une communauté funéraire « inhabituelle » comme base pour des recherches ultérieures. Même si de nombreuses batailles avec un nombre très élevé de victimes ont été décrites dans l'histoire, le matériel squelettique n'a généralement été conservé que dans une faible mesure et/ou n'a pas fait l'objet d'une étude anthropologique complète et de résultats publiés. Les découvertes de l'époque des guerres napoléoniennes ne constituent pas une excep-

der vergleichbar sind, weshalb die personelle Kontinuität für die Betreuung gewährleistet sein muss. Nur so ist es möglich aufgrund von Beobachtungen oder erzielten Ergebnissen neue Hypothesen zu entwickeln und diese in weiteren Arbeiten zu prüfen. Um zu gewährleisten, dass alle Daten qualitativ zuverlässig erhoben werden, erfolgte die Betreuung stets sehr engmaschig durch die beiden Autorinnen.

Die Skelettserie stellt durch ihre Fundsituation und Zusammensetzung einen Sonderfall dar. Die meisten Skelettserien, die von Gräberfeldern stammen, weisen eine gänzlich andere Zusammensetzung in Bezug auf die Geschlechts- und Altersstruktur auf, aber auch auf die Biografie und die Todesursachen der Bestatteten. Die anthropologische Untersuchung dieser Serie von verstorbenen napoleonischen Soldaten bietet somit vielfältige Optionen.

Neben der Ermittlung der Basisdaten (Sterbealter, Geschlecht und Körperhöhe) steht vor allem im Fokus, Informationen über das Leben bzw. die körperlichen Belastungen von Soldaten in der napoleonischen Armee zu ermitteln. Dazu gehören auch Hinweise auf Verletzungen und spezifische pathologische Veränderungen bzw. Infektionen. Durch die detaillierten Untersuchungen verschiedener Aspekte können dann Rückschlüsse auf die gesundheitlichen Verfassungen und körperlichen Voraussetzungen der Soldaten ermittelt werden, so dass sich aus dieser sogenannten »Osteobiografie« dann möglicherweise Hinweise zur Zusammensetzung der Truppen oder auch Informationen zu Rekrutierungsstrategien ableiten lassen.

Bei männlichen Individuen stellen Jugendliche und Jungerwachsene üblicherweise die Gruppe mit einem geringen Sterberisiko dar. Bestattungsgemeinschaften weisen daher in der Regel nur geringe Anteile von Skeletten junger Männer auf, wodurch diverse Grundlagenforschungen und Prüfungen von Hypothesen erschwert sind, da üblicherweise der Umfang der Stichproben für diese Altersklasse nur sehr gering ist. Die Skelettserie aus Rödelheim bietet hingegen das Potential unter anderem verschiedene skelettale Entwicklungsschritte an einer größeren Anzahl von Skeletten jung verstorbener Männer zu untersuchen, um z. B. Hinweise auf Regelhaftigkeiten oder auch belastungsabhängige Modifikationen zu ermitteln.

Ein wesentlicher Aspekt ist es zudem, anthropologische Daten einer »ungewöhnlichen« Bestattungsgemeinschaft als Grundlage für weitere Forschungen bereitzustellen. Auch wenn zahlreiche Schlachten mit sehr hohen Opferzahlen in der Geschichte beschrieben sind, so ist doch Skelettmaterial in der Regel nur in geringem Maße überliefert und/oder vollumfassend anthropologisch untersucht und Ergebnisse publiziert worden. Funde aus der Zeit der Napoleonischen Kriege stellen dabei keine Ausnahme dar. Obwohl es während der gesamten napoleonischen Ära zahllose, in vielen Fällen auch sehr große Schlachten gab, denen mehrere hunderttausende Soldaten zum Opfer fielen, sind die archäologischen Überlieferungen und umfassend anthropologisch aufgearbeiteten Funde überschaubar. Die Gründe dafür sind vielfältig und reichen von mangelnder Überlieferung[5][6] bis hin zu fehlender archäologischer Befundung, um beispielsweise einen Baufortschritt nicht zu stören[7]. Dennoch sind aus unterschiedlichen Phasen der Herrschaft Napoleons verschiedene Skelettfunde dokumentiert. Diese stammen entweder aus Massengräbern, die direkt mit Schlachtfeldern assoziiert werden, bspw. Aspern[8] und Wagram[9] oder stehen im Zusammenhang mit epidemischen Ereignissen, wie die Funde aus dem Massengrab Kassel[10] und Vilnius[11], welche somit direkte Rückschlüsse auf Lebensumstände bzw. Todesursachen ermöglichen. Darüber hinaus gibt es weitere Fundplätze von Skeletten aus der napoleonischen Zeit, die bislang (noch) nicht vollumfassend anthropologisch aufgearbeiteten wurden oder deren Untersuchungsergebnisse der breiten Öffentlichkeit (noch) nicht zugänglich gemacht wurden (z. B. Borodino, Kaliningrad und Leipzig). Eine möglichst breite Datenbasis stellt jedoch eine wichtige Grundlage dar, denn erst durch vergleichende Forschungen können Ergebnisse im Kontext eingeordnet werden und Interpretationen erfolgen.

Methodische Herangehensweise

Morphologische Untersuchungen

Bei der anthropologischen Bearbeitung wird unter anderem die **Mindestindividuenzahl** bestimmt. Bei Friedhofsbestattungen kommt es häufig vor, dass bei Anlage eines neuen Grabes noch Reste vorheriger Bestattungen vorliegen, aber es können sich auch Tierknochen in der Grube befinden, die dann bei der archäologischen Grabung unter einer gemeinsamen Fundnummer geführt

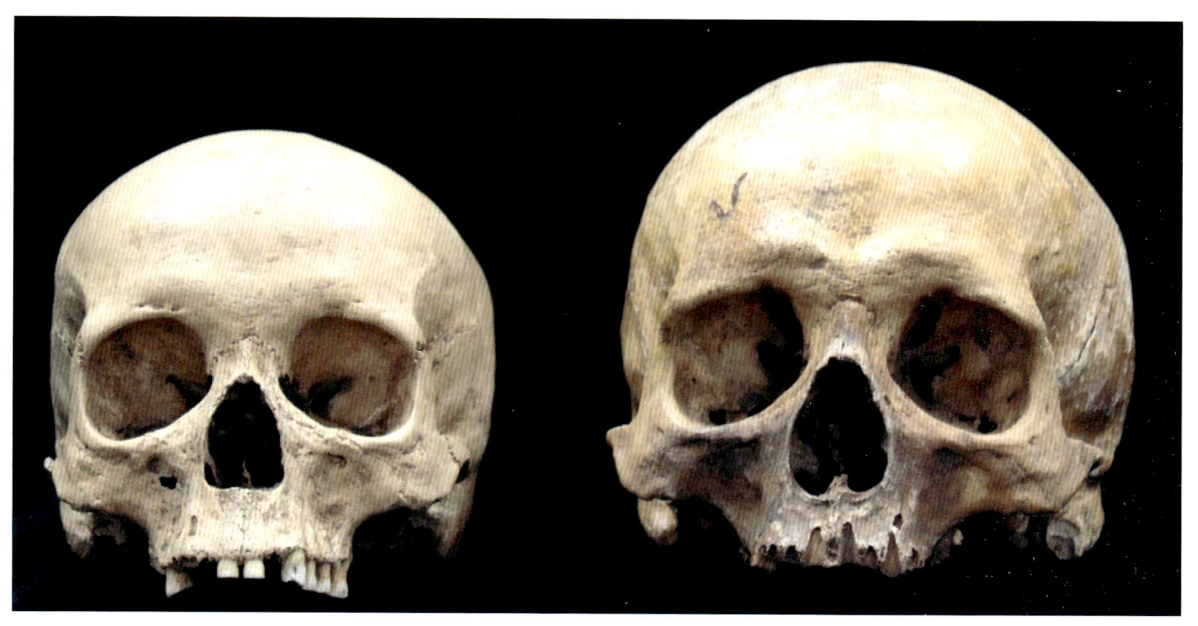

Abb. 199 Geschlechtsdimorphismus am Beispiel eines weiblichen (links) und männlichen (rechts) Schädel. Deutlich zu erkennen ist der Robustizitätsunterschied beider Schädel, bspw. im Bereich der Überaugenwülste. | Dimorphisme sexuel à l'exemple d'un crâne féminin (à gauche) et d'un crâne masculin (à droite). On voit clairement la différence de robustesse entre les deux crânes, par exemple au niveau des bourrelets supra-oculaires.

tion. Bien que d'innombrables batailles, souvent de très grande ampleur, aient eu lieu pendant toute l'ère napoléonienne et que plusieurs centaines de milliers de soldats en aient été victimes, les archives archéologiques et les découvertes ayant fait l'objet d'une étude anthropologique approfondie sont peu nombreuses. Les raisons en sont multiples et vont du manque de renseignements[5, 6] à l'absence de diagnostic archéologique, par exemple pour ne pas perturber l'avancement d'un chantier[7]. Néanmoins, plusieurs découvertes de squelettes datant de différentes phases du régime napoléonien ont été documentées. Ceux-ci proviennent soit de fosses communes directement associées à des champs de bataille, par exemple Aspern[8] et Wagram[9], soit sont liés à des événements épidémiques, comme les découvertes des fosses communes de Kassel[10] et Vilnius[11], qui permettent ainsi de tirer des conclusions directes sur les conditions de vie ou les causes de décès. En outre, il existe d'autres sites de découverte de squelettes de l'époque napoléonienne qui n'ont pas (encore) fait l'objet d'études anthropologiques complètes ou dont les résultats d'analyse n'ont pas (encore) été rendus accessibles au grand public (par ex. Borodino, Kaliningrad et Leipzig). Une base de données aussi large que possible constitue cependant une condition importante, car seules des recherches comparatives permettent de situer les résultats dans leur contexte et de procéder à des interprétations.

Approche méthodologique

Examens morphologiques

Lors du traitement anthropologique, on détermine entre autres le **nombre minimal d'individus**. Dans les cas d'inhumations dans un cimetière, il arrive souvent que, lors de la création d'une nouvelle tombe, des restes d'inhumations précédentes soient encore présents, mais il peut aussi y avoir des os d'animaux dans la fosse, qui sont alors répertoriés sous un numéro de découverte commun lors de la fouille archéologique. En revanche, la fosse commune de Rödelheim ne se trouve pas sur le terrain d'un cimetière régulier. Néanmoins, il est fort probable que des ossements surnuméraires puissent être trouvés dans les vestiges, car des inhumations multiples étaient souvent documentées sur le site. En règle générale, un nombre différent d'individus était enterré par fosse, de sorte qu'une situation de fouille peu claire aurait pu conduire à une mauvaise attribution des os. En outre, il y avait encore des caisses contenant des

werden. Das Massengrab aus Rödelheim hingegen befindet sich nicht auf einem regulären Friedhofsgelände. Dennoch ist die Wahrscheinlichkeit groß, dass überzählige Knochen im Befund gefunden werden können, da auf dem Gelände häufig Mehrfachbestattungen dokumentiert waren. In der Regel waren unterschiedlich viele Individuen pro Grube beigesetzt, so dass eine unklare Grabungssituation zur falschen Zuordnung der Knochen geführt haben könnte. Außerdem gab es noch Fundkisten mit Sammelfunden, bei denen es sich in der Regel um Knochen handelt, die nicht sicher einzelnen Bestattungen zugeordnet werden können. So können bspw. Störungen infolge baulicher Tätigkeiten, wie das Verlegen eines Kabels oder einer Leitung, zur Verlagerung einzelner Skelettelemente führen. Nicht in jedem Fall kann eine Bestattung komplett geborgen werden, da die Grenzen der Baugrube oder die rezente Bebauung dies verhindern. Offensichtlich haben auch zu früheren Zeiten Baumaßnahmen zu Skelettfunden geführt (s. Beitrag Hampel) wodurch möglicherweise auch Skelette nicht mehr vollständig überliefert vorliegen. Bei der Bergung waren ursprünglich 209 Skelette erfasst worden. Bei der anthropologischen Bearbeitung werden die Knochen jeder Fundnummer nach anatomischer Lage ausgelegt und geprüft, ob überzählige Knochen vorliegen. Da in einigen Gruben Mehrfachbestattungen vorlagen, kann es insbesondere bei den kleinen Hand- und Fußknochen zu einer Durchmischung kommen. Bei den Langknochen ist dies in der Regel nicht der Fall, auch wenn es nicht auszuschließen ist. Sollten überzählige Knochen vorliegen, wird anhand der Grabungsdokumentation geprüft, welche Skelette unmittelbar benachbart gelegen haben. Sollten bei einer der benachbarten Bestattungen diese Skelettelemente fehlen, so wird morphologisch sorgfältig geprüft, ob sich aufgrund morphologischer Übereinstimmungen die überzähligen Knochen dort zuordnen lassen. Sollte das nicht der Fall sein, so werden die Knochen als Überreste einer weiteren Bestattung erfasst.

Mit Hilfe der anthropologischen Untersuchungen wird das biologische Geschlecht der bestatteten Individuen bestimmt. Vorrangig erfolgt die **Geschlechtsdiagnose** durch die Beurteilung morphologischer Merkmale, teilweise lassen sich diese auch osteometrisch erfassen. Zudem kann das Geschlecht auch durch eine molekulargenetische Untersuchung bestimmt werden. Die morphologische Diagnose beruht auf dem Geschlechtsdimorphismus zwischen Frauen und Männern, der sich auch am Skelett nachweisen lässt. Männer sind in der Regel größer und robuster als Frauen, da es jedoch auch kleine und grazile Männer ebenso wie große und robuste Frauen gibt, werden weitere Merkmale am Skelett beurteilt. Die Einschätzung von Merkmalen am Becken gilt als besonders sicher. Die Winkel und Bögen am knöchernen Becken weiblicher Individuen sind weiter und breiter als bei männlichen Individuen ausgeprägt, was aus der funktionell bedingten anatomischen Anpassung an Schwangerschaft und Geburt resultiert. Die Merkmale am Schädel unterliegen keinem funktionellem Selektionsdruck, dennoch ermöglichen sie ebenfalls eine recht sichere Geschlechtsdiagnose. So unterscheiden sich z. B. die Stirnneigung oder der Bereich der Überaugenwülste, wie auch die Ausprägung des Kinns deutlich bei Schädeln männlicher und weiblicher Individuen (**Abb. 199**)

Bei Jugendlichen und sehr jungen Männern kann es sein, dass sowohl die Merkmale am Schädel, wie auch die Robustizität des Skelettes, noch nicht vollständig ausgeprägt sind, da sie sich bis ca. 30 Jahre noch entwickeln können[12]. Am postcranialen Skelett lassen sich vor allem Unterschiede in der Robustizität und der Ausprägung der Muskelmarken beurteilen. Diese Merkmale sind jedoch im hohen Maße mit der Körperhöhe und der physischen Belastung korreliert und daher weniger zuverlässig für die Bestimmung des Geschlechtes. Ein gutes Beispiel zeigt die **Abb. 200**, bei der die Femora von einem sehr großen und sehr kleinen männlichen sowie zwei weiblichen Individuen abgebildet sind.

Grundsätzlich gilt, je mehr Merkmale beurteilt werden können, desto sicherer ist eine Geschlechtsdiagnose. Merkmale können jedoch auch widersprüchlich ausgeprägt sein, aufgrund von Dekompositionsphänomenen nicht sicher beurteilt werden oder sie fehlen komplett, weil ein Skelett unvollständig überliefert ist. In solchen Fällen wird das Geschlecht in der abgeschwächten Form als »eher weiblich (ew)« bzw. als »eher männlich (em)« angeben. Bei wenigen beurteilbaren Merkmalen lässt es sich sogar nur als »Tendenz weiblich (tw)« bzw. »Tendenz männlich (tm)« angeben. Die Angabe »unbestimmbar« (nicht zu determinieren – nd) erfolgt, wenn zu wenig Merkmale beurteilbar sind oder diese im Widerspruch zueinanderstehen.

Grundsätzlich ist das Ergebnis einer molekulargenetischen Geschlechtsbestimmung sicherer, da mit ihr

restes rassemblés, qui sont généralement des os qui ne peuvent pas être attribués avec certitude à des inhumations individuelles. Ainsi, des perturbations dues à des activités de construction, comme la pose d'un câble ou d'une conduite, peuvent entraîner le déplacement de certains éléments du squelette. Il n'est pas toujours possible de récupérer une sépulture dans son intégralité, car les limites de la fouille ou les constructions récentes l'empêchent. Il est évident que des travaux de construction antérieurs ont également conduit à la découverte de squelettes (voir l'article de Hampel), ce qui fait qu'il est possible que des squelettes ne nous soient plus parvenus dans leur intégralité. Au moment de la récupération, 209 squelettes avaient été initialement recensés. Lors du traitement anthropologique, les os de chaque exemplaire trouvé sont disposés selon leur position anatomique et l'absence d'os surnuméraires est vérifiée. Comme certaines fosses comportaient des inhumations multiples, il est possible qu'il y ait un mélange, en particulier pour les petits os de la main et du pied. Ce n'est généralement pas le cas pour les os longs, même si cela ne peut pas être exclu. Si des os surnuméraires sont présents, on vérifie, à l'aide de la documentation de fouille, quels squelettes ont été placés directement à proximité. Si ces éléments de squelette manquent dans l'une des inhumations voisines, on vérifie soigneusement sur le plan morphologique si des concordances permettent de lui attribuer les os surnuméraires. Si ce n'est pas le cas, les os sont enregistrés comme restes d'une autre inhumation.

Les examens anthropologiques permettent de déterminer le sexe biologique des individus inhumés. Le **diagnostic du sexe** s'effectue en priorité par l'évaluation des caractéristiques morphologiques, parfois aussi par ostéométrie. En outre, le sexe peut également être déterminé par une analyse génétique moléculaire. Le diagnostic morphologique repose sur le dimorphisme sexuel entre les femmes et les hommes, qui peut également être observé sur le squelette. Les hommes sont généralement plus grands et plus robustes que les femmes, mais comme il existe aussi des hommes petits et graciles et des femmes grandes et robustes, d'autres caractéristiques sont évaluées sur le squelette. L'évaluation des caractéristiques du bassin est considérée comme particulièrement fiable. Les angles et les arcs du bassin osseux des individus féminins sont plus larges et plus prononcés que ceux des individus masculins, ce

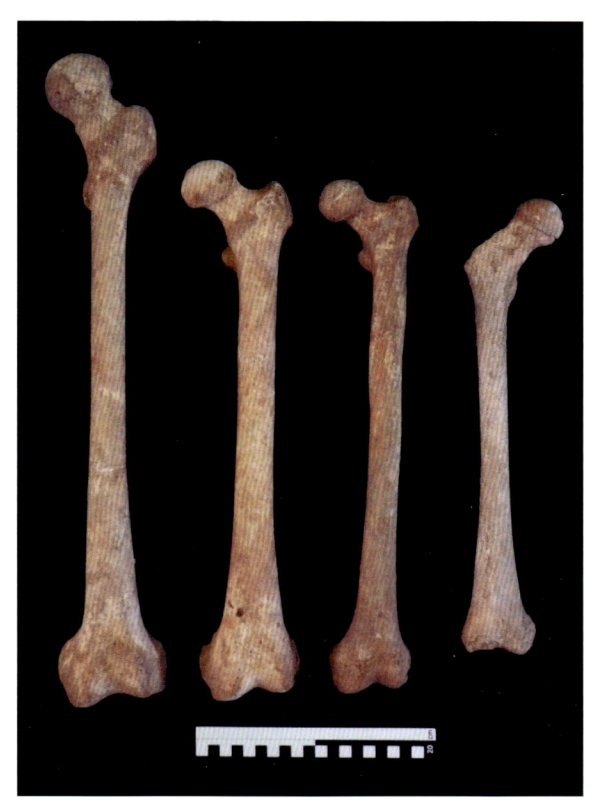

■ **Abb. 200** Je ein Femur der Individuen Rö 14,2 (morphologisch, morphometrisch und molekulargenetisch männlich), Rö 19,5 (morphologisch, morphometrisch männlich, molekulargenetisch weiblich), Rö 36 (morphologisch, morphometrisch und molekulargenetisch weiblich) und Rö 20,9 (morphologisch, morphometrisch weiblich, molekulargenetisch männlich). | Un fémur de chacun des individus Rö 14,2 (morphologiquement, morphométriquement et génétiquement moléculairement mâle), Rö 19,5 (morphologiquement, morphométriquement mâle, génétiquement moléculairement femelle), Rö 36 (morphologiquement, morphométriquement et génétiquement moléculairement femelle) et Rö 20,9 (morphologiquement, morphométriquement femelle, génétiquement moléculairement mâle). Foto: © Lucas

qui est dû à l'adaptation anatomique fonctionnelle à la grossesse et à l'accouchement. Les caractéristiques crâniennes ne sont pas soumises à une sélection fonctionnelle, mais elles permettent également de diagnostiquer le sexe avec une certaine fiabilité. Ainsi, l'inclinaison du front ou la zone des bourrelets supra-oculaires, tout comme le développement du menton, diffèrent nettement sur les crânes des sujets masculins et féminins (ill. 199).

Chez les adolescents et les hommes très jeunes, il se peut que les caractéristiques du crâne, tout comme la robustesse du squelette, ne soient pas encore complètement développées, car elles peuvent encore se développer jusqu'à l'âge de 30 ans environ[12]. Sur le

das biologische Geschlecht, also der Genotyp eines Individuums bestimmt wird. Bei der morphologischen Geschlechtsbestimmung wird hingegen der Phänotyp bestimmt. Die äußeren Merkmale eines Individuums können in Einzelfällen jedoch von der geschlechtstypischen Ausprägung abweichen und somit zu einer Fehldiagnose führen (s. **Abb. 200**).

Die **Bestimmung des Sterbealters** ist ein weiteres essenzielles Kriterium bei der Bearbeitung von Skelettfunden. Das Skelettalter kann jedoch von endogenen und exogenen Faktoren wie dem Gesundheitszustand, der Lebensweise und der Ernährung beeinflusst werden, weshalb mit anthropologischen Methoden das biologische Alter eines Individuums bestimmt wird, welches vom kalendarischen Alter unter Umständen deutlich abweichen kann. Das Sterbealter wird daher in anthropologischen Altersklassen angegeben. Die Altersklasse »Juvenis« beschreibt Individuen im Alter von 13–20 Jahren. Die Altersklassen der erwachsenen Individuen »Adultas« (20–40 Jahre) und »Maturitas« (40–60 Jahre) lassen sich jeweils noch in die Subklassen früh- mittel- und spätadult, bzw. -matur unterteilen. In der Altersklasse »Senilis« werden Individuen > 60 Jahren erfasst.

Bei Skeletten subadulter Individuen lassen sich zahlreiche entwicklungsbedingte Veränderungen beurteilen, z. B. die Knochenreifung, die Körpergröße, die Zahnentwicklung oder der knöcherne Anschluss der Gelenkenden mit dem Schaft nach Abschluss des Längenwachstums. Dieser Epiphysenverschluss erfolgt knochenspezifisch zu verschiedenen Zeitpunkten, wodurch eine recht genaue Eingrenzung des Sterbealters möglich ist. Der altersabhängige Verschluss der Apophysen, den Ansatzstellen von Sehnen und Bändern an den Knochen, lässt sich ebenfalls beurteilen. Die Obliteration einiger Epi- und Apophysen findet erst in der frühadulten Altersklasse statt, weshalb auch bei diesen Individuen noch eine recht genaue Bestimmung des Sterbealters möglich ist.

Bei erwachsenen Individuen jenseits der Altersklasse frühadult sind die Modifikationen am Skelett nur noch graduell. Vorrangig wird das Sterbealter über die morphologische Beurteilung des Oberflächenreliefs der Schambeinsymphyse und des ektocranialen Schädelnahtverschlusses bestimmt[13]. Im Bereich der Schambeinfuge verändert sich die Oberfläche des Schambeines (Facies symphysialis) kontinuierlich im Altersgang. Das zunächst wellenförmige Relief verstreicht im Laufe des Lebens bis hin zu einer konkav eingewölbten Oberfläche. Die Obliteration der einzelnen Schädelnahtabschnitte der großen Nähte, *Sutura coronalis*, *S. sagittalis* und *S. lambdoidea* setzt zu verschiedenen Zeitpunkten ein. Die Nahtobliteration stellt ein Merkmal dar, welches jedoch erheblichen individuellen Schwankungen unterliegen kann (z. B.[14] und [15]) und daher oft nicht mehr als einen ungefähren Hinweis auf das Alter liefert. Die Obliteration der Gaumennähte kann ebenfalls für die Bestimmung des Sterbealters genutzt werden[16][17].

Ergänzend wird die Abrasion der Zahnkronen beurteilt. Auch wenn es zu individuellen Abweichungen z. B. durch differentielle Zusammensetzung der Nahrung oder ihrer Zubereitung, Zahnverluste sowie Zahnfehlstellungen kommen kann, so lässt sich eine generelle Einschätzung zur altersabhängigen Zahnabrasion treffen.

Ebenso werden (alters-)degenerative Veränderungen am Skelett, wie z. B. Randleistenbildung an den Wirbeln oder Verknöcherungen von Knorpeln, bei der Bestimmung des Sterbealters berücksichtigt. Gerade bei den deutlich stärkeren physiologischen Belastungen, denen Soldaten ausgesetzt sind, können solche Veränderungen jedoch im Hinblick darauf nur zurückhaltend beurteilt werden. Daher ist es wichtig möglichst alle erfassbaren Merkmale in Kombination zu beurteilen.

Neben der morphologischen Diagnose kann auch die Beurteilung der Knochenbinnenstruktur hilfreich für die Altersbestimmung sein[18]. Die Binnenstruktur von diversen untersuchten Skeletten aus Rödelheim wies jedoch eine fortgeschrittene Dekomposition auf, so dass eine zuverlässige Beurteilung der Strukturelemente histologisch nicht möglich war. In Abhängigkeit vom Liegemilieu ist dies oft zu beobachten, auch wenn die Knochen makroskopisch sehr gut erhalten sind.

Osteometrische Untersuchungen

Merkmale, die sich morphologisch beurteilen lassen, sind teilweise auch osteometrisch zu erfassen, wie z. B. Maße am Schädel [19], das Maß des Oberschenkelkopfes (Caput femoris)[20] oder der Ischio-Pubis-Index (Länge des Os pubis x 100 / Höhe des Os ischium)[21]. Die Problematik bei Messungen und der Verwendung von Diskriminanzfunktionen zur Geschlechtsdiagnose ist, dass sie streng genommen immer nur für die Popula-

squelette postcrânien, on peut surtout évaluer les différences en termes de robustesse et de développement des marques de la musculature. Ces caractéristiques sont toutefois fortement liées à la taille et à la charge physique et sont donc moins fiables pour la détermination du sexe. Un bon exemple est donné par **l'illustration 200**, où sont représentés les fémurs de deux individus mâles, un très grand et un très petit, ainsi que de deux individus femelles.

En principe, plus le nombre de caractères pouvant être évalués est élevé, plus le diagnostic du sexe est sûr. Toutefois, les caractères peuvent aussi être exprimés de manière contradictoire, ne pas être évalués avec certitude en raison de phénomènes de décomposition ou manquer complètement parce qu'un squelette nous est parvenu de manière incomplète. Dans de tels cas, le sexe est indiqué sous une forme atténuée comme « plutôt femelle (pf) » ou « plutôt mâle (pm) ». S'il y a peu de caractéristiques évaluables, il peut même être indiqué uniquement comme « tendance féminine (tf) » ou « tendance masculine (tm) ». L'indication « indéterminable » (non déterminable – nd) est donnée lorsque trop peu de caractères peuvent être évalués ou que ceux-ci sont en contradiction les uns avec les autres.

En général, le résultat d'une détermination du sexe par la génétique moléculaire est plus sûr, car elle permet de déterminer le sexe biologique, c'est-à-dire le génotype d'un individu. En revanche, la détermination morphologique du sexe permet de déterminer le phénotype. Les caractéristiques externes d'un individu peuvent toutefois, dans certains cas, s'écarter de l'expression typique du sexe et conduire ainsi à un diagnostic erroné (**voir ill. 200**).

La **détermination de l'âge au décès** est un autre critère essentiel dans le traitement des squelettes retrouvés. L'âge du squelette peut toutefois être influencé par des facteurs endogènes et exogènes tels que l'état de santé, le mode de vie et l'alimentation, raison pour laquelle les méthodes anthropologiques permettent de déterminer l'âge biologique d'un individu, qui peut dans certains cas différer sensiblement de l'âge chronologique. L'âge au décès est donc exprimé en classes d'âge anthropologiques. La classe d'âge « Juvenis » décrit les individus âgés de 13 à 20 ans. Les classes d'âge des adultes « Adultas » (20-40 ans) et « Maturitas » (40 à 60 ans) peuvent être subdivisées en sous-classes d'adultes jeunes, moyens et avancés, ou mûrs. La classe d'âge « Senilis » comprend les individus âgés de plus de 60 ans.

Les squelettes d'individus subadultes permettent d'évaluer de nombreux changements liés au développement, par exemple la maturation osseuse, la taille, le développement dentaire ou la connexion osseuse des extrémités articulaires avec la tige après la fin de la croissance en hauteur. Cette fermeture de l'épiphyse se produit à différents moments en fonction de l'os, ce qui permet de délimiter assez précisément l'âge de la mort. La fermeture des apophyses, les points d'attache des tendons et des ligaments sur les os, en fonction de l'âge, peut également être évaluée. L'oblitération de certaines épiphyses et apophyses n'a lieu qu'au début de la classe d'âge adulte, ce qui permet de déterminer l'âge de la mort de manière assez précise chez ces individus également.

Chez les individus adultes dépassant la classe d'âge des adultes précoces, les modifications du squelette ne sont plus que graduelles. L'âge de la mort est principalement déterminé par l'évaluation morphologique du relief superficiel de la symphyse pubienne et de la fermeture de l'oblitération suturale ectocrânienne[13]. Dans la région de la symphyse pubienne, la surface du pubis (faciès symphysaire) se modifie continuellement avec l'âge. Le relief d'abord ondulé s'estompe au cours de la vie jusqu'à devenir une surface concave et bombée. L'oblitération des différentes sections de suture crânienne des grandes sutures, suture coronale, suture sagittale et suture lambdoïde, débute à différents moments. L'oblitération des sutures constitue une caractéristique qui peut toutefois être soumise à des variations individuelles considérables (p. ex. [14] et [15]) et ne fournit donc souvent rien de plus qu'une indication approximative de l'âge. L'oblitération des sutures palatines peut également être utilisée pour déterminer l'âge de la mort[16] [17].

L'abrasion des couronnes dentaires est également évaluée. Même s'il peut y avoir des différences individuelles, par exemple en raison d'une composition différente de la nourriture ou de sa préparation, de la perte de dents ainsi que des malpositions dentaires, il est possible de faire une estimation générale de l'usure des dents en fonction de l'âge.

De même, les modifications dégénératives du squelette (liées à l'âge), telles que la formation de crêtes marginales sur les vertèbres ou l'ossification des car-

tion Gültigkeit haben, an der sie entwickelt wurden. Eine Übertragbarkeit auf andere Populationen ist nicht immer möglich und die Eignung für die Ermittlung des Geschlechts sollte daher für jede Skelettserie geprüft werden.

Für die Individualdiagnose wird auch die Körperhöhe eines Individuums rekonstruiert. Basis dafür ist die Korrelation zwischen der Länge der Knochen und der Körperhöhe. Die Maße der Oberschenkel- und Schienbeinknochen (Femur und Tibia) und der Oberarm- und Speichenknochen (Humerus und Radius) werden erfasst und die Körperhöhe mit Hilfe einer Regressionsformel von Pearson[22] berechnet. Diese Formel wird bei der Bearbeitung von historischem Skelettmaterial bevorzugt angewendet, da sie vor der säkularen Akzeleration[23] entwickelt worden ist. Grundsätzlich ist zu berücksichtigen, dass es sich eher um eine Körperhöhenschätzung handelt. Zum einen verändert sich die Körperhöhe nicht nur im Laufe des Tages geringfügig, sondern auch im Laufe des Lebens durch die nachlassende Elastizität der Bandscheiben, zudem liegt der Standardfehler bei den Formeln von Pearson je nach Knochen zwischen 3 und 4 Zentimeter.

Für die Berechnung der Körperhöhe subadulter Individuen werden ebenfalls die Maße der oben aufgeführten Langknochen, jedoch ohne die noch nicht angewachsenen Gelenke (Epiphysen) erfasst und die Formel für subadulte Individuen[24] verwendet. Die Körperhöhe ist im hohen Maße genetisch determiniert. Darüber hinaus ist sie aber auch im hohen Maße durch die Ernährungssituation während der Wachstumsphase beeinflusst, weshalb sie oftmals auch als Indikator für den sozialen Status eines Individuums genutzt wird[25]. Im diachronen Vergleich von Körperhöhen lassen sich deutliche Schwankungsbreiten erkennen[26].

Erfassung pathologischer Veränderungen

Bei den Untersuchungen des Skelettmaterials werden auch pathologische Veränderungen erfasst, da sie neben der Bestimmung des Sterbealters und des Geschlechts eine grundlegende biologische Information zu einem Individuum darstellen. Bei den Skeletten aus Rödelheim stehen insbesondere Anzeichen im Fokus, die auf Mangelernährung, physischen oder psychischen Stress sowie weitere im Kontext des soldatischen Lebens in der Armee stehende Veränderungen bspw. Verletzungsspuren hinweisen.

Die reale Krankheitsbelastung der Individuen kann anthropologisch nicht beurteilt werden, da Weichteilverletzungen und die meisten Infektionen, die schnell zum Tode führen, nicht nachweisbar sind. Langfristige Krankheitsverläufe oder chronische Erkrankungen, die Veränderungen am Skelettsystem hervorrufen, können hingegen gut erfasst werden. Dabei werden die Modifikationen beurteilt, welche einen An-, Ab- oder Umbau des Knochens kennzeichnen. Je nach Ausprägung und Intensität können Aussagen zur Ätiologie mit unterschiedlicher Sicherheit getroffen werden, da die Art der Veränderungen nicht immer so charakteristisch ist, als dass sie sich ausschließlich einer Krankheit zuordnen lässt und oft ein größeres Spektrum an möglichen auslösenden Faktoren oder Infektionen in Frage kommt. Die Unterscheidung zwischen altersdegenerativen und belastungsabhängigen Veränderungen am Skelett ist somit auch nicht immer sicher möglich. Während altersdegenerative Veränderungen infolge einer langandauernden Belastung auftreten, entstehen vergleichbare Modifikationen am Skelett jüngerer Individuen aufgrund einer übermäßig starken Belastung. Die Folgen bspw. in Form eines »Gelenkverschleißes« sind in beiden Fällen gleich und lassen sich erst in Kombination mit weiteren Erkenntnissen zum Skelett interpretieren wie dem Sterbealter oder weiteren Charakteristika wie etwa starke Muskelansatzstellen oder Verletzungsspuren. Kenntnisse über den historischen Hintergrund sind hilfreich und werden bei der Interpretation mitberücksichtigt.

Während der Liegezeit im Boden kommt es zu einer Vielzahl von taphonomischen Prozessen, welche die Form und Oberfläche von Knochen beeinflussen und verändern können. Der Bodendruck kann zu Fragmentierungen führen oder auch zu Verformungen z. B. der Schädelkalotte. Zudem können auch Teile des Skelettes bereits komplett abgebaut sein. Insbesondere Knochen mit einem geringen Anteil an kompaktem Knochenmaterial, wie Rippen, Schulterblatt und die Gelenkenden, aber auch Becken oder Brustbein, sind oftmals beschädigt oder unvollständig überliefert. Beschädigungen, die im Zuge der Ausgrabung, Bergung oder dem Transport des Skelettmateriales entstehen, sind in der Regel gut durch die deutlich heller gefärbten Bruchkanten zu identifizieren. Erosionsspuren, die durch biogenen oder biochemischen Abbau des Knochenminerals entstehen, können normalerweise durch die Beurteilung

tilages, sont prises en compte dans la détermination de l'âge au décès. Toutefois, en raison des contraintes physiologiques nettement plus fortes auxquelles les soldats sont soumis, de telles modifications ne peuvent être évaluées qu'avec réserve. C'est pourquoi il est important de considérer, dans la mesure du possible, toutes les caractéristiques détectables dans leur ensemble.

Outre le diagnostic morphologique, l'évaluation de la structure interne de l'os peut également être utile pour déterminer l'âge[18]. La structure interne de divers squelettes examinés provenant de Rödelheim présentait cependant un état de décomposition avancée, de sorte qu'une évaluation fiable des éléments structurels n'était pas possible sur le plan histologique. Ce phénomène est souvent observé en fonction du milieu de positionnement, même si les os sont macroscopiquement très bien conservés.

Examens ostéométriques

Les caractéristiques qui peuvent être évaluées morphologiquement peuvent parfois être mesurées par ostéométrie, comme par exemple les mesures du crâne[19], la mesure de la tête du fémur (caput femoris)[20] ou l'indice ischio-pubien (longueur de l'os pubis x 100 / hauteur de l'os ischium)[21]. Le problème des mesures et de l'utilisation de fonctions discriminantes pour le diagnostic du sexe est qu'elles ne sont valables, *stricto sensu*, que pour la population sur laquelle elles ont été développées. Il n'est pas toujours possible de les transposer à d'autres populations et il convient donc de vérifier leur adéquation pour la détermination du sexe pour chaque série de squelettes.

Pour le diagnostic individuel, la hauteur d'un individu est également reconstituée. La base de ce calcul est la corrélation entre la longueur des os et la hauteur du corps. Les dimensions des os des jambes (fémurs et tibias) et des bras (humérus et radius) sont enregistrées et la hauteur du corps est calculée à l'aide d'une formule de régression de Pearson[22]. Cette formule est utilisée de préférence lors du traitement de matériel squelettique historique, car elle a été développée avant l'accélération séculaire[23]. En principe, il faut tenir compte du fait qu'il s'agit plutôt d'une estimation de la stature car d'une part, la hauteur du corps ne change pas seulement légèrement au cours de la journée, mais aussi au cours de la vie en raison de la diminution de l'élasticité des disques intervertébraux et d'autre part, l'erreur standard des formules de Pearson se situe entre 3 et 4 centimètres selon les os.

Pour calculer la hauteur des individus subadultes, on relève également les dimensions des os longs mentionnés ci-dessus, mais sans les articulations (épiphyses) qui ne sont pas encore formées, et on utilise la formule pour les individus subadultes de[24]. La hauteur du corps est en grande partie déterminée par la génétique. Elle est également fortement influencée par la situation nutritionnelle pendant la phase de croissance, ce qui explique qu'elle soit souvent utilisée comme indicateur du statut social d'un individu[25]. La comparaison diachronique des hauteurs de corps permet de constater de nettes marges de variation[26].

Détection des changements pathologiques

Lors de l'examen du matériel squelettique, les modifications pathologiques sont également enregistrées, car elles représentent, outre la détermination de l'âge de la mort et du sexe, une information biologique fondamentale concernant un individu. Dans le cas des squelettes de Rödelheim, l'accent est mis en particulier sur les signes indiquant une malnutrition, un stress physique ou psychique ainsi que d'autres modifications liées au contexte de la vie de soldat dans l'armée, comme par exemple des traces de blessures.

La charge pathologique réelle des individus ne peut pas être évaluée anthropologiquement, car les blessures des tissus mous et la plupart des infections qui entraînent rapidement la mort ne sont pas détectables. En revanche, l'évolution à long terme des maladies ou les maladies chroniques qui provoquent des modifications du système squelettique peuvent être bien détectées. Il s'agit d'évaluer les modifications qui caractérisent une augmentation, une diminution ou une transformation de l'os. Selon l'ampleur et l'intensité, il est possible de tirer des conclusions sur l'étiologie avec plus ou moins de certitude, car le type de modifications n'est pas toujours caractéristique au point de pouvoir être attribué exclusivement à une maladie et un éventail plus large de facteurs déclencheurs possibles ou d'infections entre souvent en ligne de compte. Il n'est donc pas toujours possible de distinguer avec certitude les modifications du squelette liées à l'âge de celles liées à l'effort. Alors que les modifications dégénératives liées à l'âge apparaissent à la suite d'un stress prolongé, des modifications comparables apparaissent sur le squelette d'individus plus

der Oberfläche bei starker Vergrößerung gegenüber pathologisch bedingten Läsionen abgegrenzt werden.

Molekulargenetische Untersuchungen

An den Individuen der Skelettserie aus Rödelheim wurden ebenfalls umfangreiche molekulargenetische Untersuchungen durchgeführt[27]. Bei der Untersuchung des biologischen Geschlechts wurden die Ergebnisse der morphologischen und metrischen Untersuchungen durch die Molekulargenetik abgesichert bzw. ergänzt. Hierzu wird der geschlechtsspezifische Amelogeninmarker untersucht, der auf beiden Geschlechtschromosomen (X- und Y-Chromosom) lokalisiert ist. Amelogenin weist auf dem X-Chromosom eine 6 Basenpaar (Bp) Deletion auf und ermöglicht somit eine Unterscheidung zwischen den beiden Geschlechtschromosomen (weibliche Individuen mit zwei X-Chromosomen= zwei kürzere Fragmente von 87 Bp; männliche Individuen mit X- und Y-Chromosom= ein kürzeres Fragment von 87 Bp und ein längeres von 93 Bp). Darüber hinaus wurden an einigen Individuen, bei denen der Verdacht bestand, dass sie zu Lebzeiten an einer Infektionskrankheit wie dem Typhus bzw. einer typhusähnlichen Erkrankung, der Tuberkulose oder der Osteomyelitis erkrankt waren, mit Hilfe der molekulargenetischen Untersuchungen ein Erregernachweis durchgeführt.

Im Zentrum der genetischen Analysen stand jedoch die Rekonstruktion der biogeografischen Herkunft der Individuen. Grundsätzlich gibt es verschiedene genetische Möglichkeiten, sich der Herkunftspopulation bzw. -region von Individuen zu nähern. Neben der Untersuchung von mitochondrialen Familienlinien[28] und autosomalen Allelfrequenzen sind es bei männlichen Individuen insbesondere die Y-Haplogruppen, die für eine regionale Herkunftsanalyse genutzt werden, da sie weltweit in unterschiedlichen Verteilungen vorliegen[29]. Die Haplogruppenverteilungen besitzen dabei eine relative Stabilität gegenüber der initialen Besiedlung Europas[30][31][32] und können somit auch für die geografische Einordnung historischer Populationen genutzt werden (z. B.[33][34]). In Europa sind es insbesondere die Haplogruppen R1a, R1b, I, J und N, die in hohen Frequenzen auftreten, wobei die Haplogruppe R1a eher in Osteuropa, seltener in Westeuropa zu finden ist[35]. Die Bestimmung der Haplogruppen erfolgt auf der Basis von Single Nucleotide Polymorphisms (SNP), die außerhalb der pseudoautosomalen Regionen (PAR1 bzw. PAR2) des Y-Chromosoms liegen. Ein Zusammenhang zwischen Y-Haplogruppen und den STR-basierten Y-Haplotypen wurden für europäische Populationen belegt[36]. Y-Haplogruppenprädiktoren[37] ermöglichen eine Einordnung von Y-STR-Profilen zu Y-Haplogruppen, bei der ähnliche YHaplotypen zu einer gemeinsamen Haplogruppe zusammengefasst werden. Über einen Vergleich mit Y-Haplogruppenverteilungen von Referenzpopulationen kann eine Einordnung der Individuen in eine Region ermöglicht werden. Eine regionale Einordnung von Individuen über ihre Y-STR-Profile ist über die Datenbank YHRD (Y-Chromosome Haplotype Reference Database) und die integrierte AMOVA-Analyse ebenfalls möglich (*analysis of molecular variance*,[38][39]).

Grundsätzlich besteht bei der Analyse von alter DNA (ancient DNA, aDNA) ein erhöhtes Kontaminationsrisiko durch den Eintrag von rezenter Fremd-DNA durch bspw. die Bearbeiter:innen. Um dem entgegenzuwirken, werden die gesamten Untersuchungen nach etablierten Laborstandards durchgeführt[40], die das Kontaminationsrisiko während der Bearbeitung von alter DNA minimieren. Die Außenflächen des Probenmaterials werden zusätzlich chemisch dekontaminiert, um möglich anhaftende Fremd-DNA zu zerstören. Weiterhin wird auch das Reproduzierbarkeitskriterium genutzt, wofür alle Analysegänge im Doppelansatz durchgeführt werden, sodass eventuelle Analysefehler erkennbar werden würden. Die Validität der Ergebnisse wird vorrangig durch die genetischen Fingerabdrücke (autosomale STRs) selbst sichergestellt. Die Individualität der genetischen Fingerabdrücke eines jeden zu untersuchenden historischen Individuums werden nicht nur untereinander, sondern auch mit denen des in die Analyse involvierten Laborpersonals verglichen. Als authentisch gilt ein aDNA-Ergebnis genau dann, wenn die Einmaligkeit des Musters festgestellt wird.

Den gesamten Analysen geht eine DNA-Gewinnung aus unterschiedlichem Probenmaterial voraus. Bei den Individuen der Skelettserie aus Rödelheim wurde die DNA vorranging aus Zahnwurzeln gewonnen. Die Zahnkronen wurden von den Zahnwurzeln getrennt und die Wurzeln zunächst durch eine Inkubation in Bleiche dekontaminiert. In Einzelfällen wurden auch Knochenproben aus unterschiedlichen Skelettelementen entnommen. Nach dem Trocknen wurde das Probenmaterial mechanisch pulverisiert, um die Oberfläche des Probenmaterials zu vergrößern. Um die Knochen-

jeunes en raison d'un effort excessivement important. Les conséquences, par exemple sous la forme d'une « usure articulaire », sont les mêmes dans les deux cas et ne peuvent être interprétées qu'en combinaison avec d'autres connaissances sur le squelette, comme l'âge de la mort, ou d'autres caractéristiques, comme des points d'attache musculaires importants ou des traces de blessures. Des connaissances sur le contexte historique sont utiles et seront prises en compte lors de l'interprétation.

Pendant la période de permanence dans le sol, il se produit une multitude de processus taphonomiques qui peuvent influencer et modifier la forme et la surface des os. La pression du sol peut entraîner des fragmentations ou des déformations, par exemple de la calotte crânienne. En outre, certaines parties du squelette peuvent déjà être complètement dégradées. C'est notamment le cas des os contenant une faible proportion de matériau osseux compact, comme les côtes, les omoplates et les extrémités des articulations, mais aussi le bassin ou le sternum, qui sont souvent endommagés ou incomplets. Les dommages survenus au cours de l'excavation, de la récupération ou du transport du matériel squelettique sont généralement bien identifiables grâce aux bords de fracture de couleur nettement plus claire. Les traces d'érosion résultant d'une dégradation biogène ou biochimique du minéral osseux peuvent normalement être distinguées des lésions d'origine pathologique, en évaluant la surface, par un fort grossissement.

Analyse génétique moléculaire

Des analyses génétiques moléculaires approfondies ont également été effectuées sur les individus de la série de squelettes de Rödelheim[27]. Lors de l'étude du sexe biologique, les résultats des examens morphologiques et métriques ont été confirmés ou complétés par la génétique moléculaire. Pour ce faire, on a étudié le marqueur spécifique du sexe, l'amélogénine, qui est localisé sur les deux chromosomes sexuels (X et Y). L'amélogénine présente une délétion de 6 paires de bases (pb) sur le chromosome X et permet ainsi de distinguer les deux chromosomes sexuels (individus femelles avec deux chromosomes X= deux fragments plus courts de 87 pb; individus mâles avec les chromosomes X et Y= un fragment plus court de 87 pb et un plus long de 93 pb). En outre, certains individus suspectés d'avoir contracté de leur vivant une maladie infectieuse telle que le typhus ou une maladie ressemblant au typhus, la tuberculose ou l'ostéomyélite, ont été soumis à une détection de l'agent pathogène à l'aide des analyses de génétique moléculaire.

La reconstruction de l'origine biogéographique des individus était cependant au centre des analyses génétiques. En principe, il existe différentes possibilités génétiques pour estimer la population ou la région d'origine des individus. Outre l'étude des lignées familiales mitochondriales[28] et des fréquences alléliques autosomiques, ce sont surtout les groupes d'haplotypes Y qui sont utilisés pour une analyse de l'origine régionale chez les individus masculins, car ils sont présents dans le monde entier avec des répartitions différentes[29].

Les répartitions des haplogroupes présentent une relative stabilité par rapport à la colonisation initiale de l'Europe[30][31][32] et peuvent donc être utilisées pour la classification géographique des populations historiques (par ex.[33][34]). En Europe, ce sont surtout les haplogroupes R1a, R1b, I, J et N qui apparaissent à des fréquences élevées, l'haplogroupe R1a se trouvant plutôt en Europe de l'Est, plus rarement en Europe de l'Ouest[35]. La détermination des haplogroupes se fait sur la base de polymorphismes nucléotidiques simples (PSN) situés en dehors des régions pseudo-autosomiques (PAR1 ou PAR2) du chromosome Y. Un lien entre les haplogroupes Y et les haplotypes Y basés sur les STR a été démontré pour les populations européennes[36]. Les prédicteurs d'haplogroupe Y[37] permettent de classer les profils Y STR en haplogroupes Y, en rassemblant les haplotypes Y similaires en un haplogroupe commun. Une comparaison avec les répartitions des haplogroupes Y de populations de référence permet de classer les individus dans une région. Une classification régionale des individus par leur profil Y STR est également possible via la base de données YHRD (Y Chromosome Haplotype Reference Database) et l'analyse AMOVA intégrée (*analysis of molecular variance*,[38][39]).

En principe, l'analyse de l'ADN ancien (ADNa) comporte un risque accru de contamination par l'introduction d'ADN étranger récent, par exemple de la part des manipula·teurs·trices. Pour y remédier, l'ensemble des analyses est effectué selon des normes de laboratoire établies[40], qui minimisent le risque de contamination lors du traitement de l'ADN ancien. Les surfaces extérieures de l'échantillon sont en outre décontaminées chimiquement afin de détruire l'ADN étranger qui pourrait y adhérer. En outre, le critère de reproductibilité est

bzw. Zahnmatrix vollständig zu lysieren, wurde Ethylendiamintetraazetat (EDTA) eingesetzt. EDTA ist ein Chelatkomplex-Bildner, der Calcium-Ionen aus der Knochen- bzw. Zahnmatrix bindet und somit eine Auflösung der Struktur bewirkt. Durch die Zugabe des Enzyms Proteinase K und des anionischen Tensids Natriumdodecylsulfat (SDS) wurden organische Zellbestandteile wie Proteine und Fette abgebaut. Durch eine zusätzliche, relativ aggressive organische Aufreinigung mit Phenol und Chloroform wurden mögliche Inhibitoren, wie bspw. aus dem Boden stammende Huminsäuren, aber auch andere organische Bestandteile aus den Knochen selbst (Fette, Proteine), aus dem Lysat entfernt. Im Anschluss wurde die DNA vorrangig manuell extrahiert (für die vollständigen DNA-Extraktionsprotokolle siehe auch[41] und[42]): Bei der manuellen DNA-Extraktion wird die gelöste DNA im Lysat bei niedrigen pH-Werten adsorptiv an eine silica-beschichtete Membran in Zentrifugationsröhrchen gebunden, gewaschen und anschließend mit Wasser von dieser wieder gelöst. Alle Flüssigkeiten werden dabei unter Verwendung eines Vakuums durch die Membran gezogen, was eine besonders schonende Behandlung der DNA darstellt[43].

Im Vergleich zu moderner DNA weist alte DNA einige Besonderheiten auf, die eine Anpassung der Analyse erforderlich macht (z. B. [44]). Grundsätzlich ist bei der Analyse von aDNA mit einer geringen Größe der Zielsequenzen zu rechnen, da die DNA durch die autolytischen Prozesse nach dem Versterben eines Individuums stark fragmentiert vorliegt. Bevor die genetischen Fingerabdrücke, Y-STRs sowie die Erregersequenzen analysiert werden können, müssen die kleinen DNA-Fragmente mit Hilfe der Polymerasekettenreaktion (polymerase chain reaction, PCR) vervielfältigt werden. In der Regel liegen die Zielsequenzen auch häufig in nur sehr geringer Anzahl im DNA-Extrakt vor, was eine Erhöhung der Amplifikationszyklen der PCR erforderlich macht. Nach jeder durchgeführten PCR wurde der Amplifikationserfolg mittels Agarosegelelektrophoresen überprüft. In horizontalen Elektrophoresekammern wurde ein Spannungsfeld angelegt, entlang dessen die PCR-Produkte gemäß ihrer negativen Ladung durch ein Agarosegel gezogen und ihrer Länge nach aufgetrennt wurden (Protokolldetails finden sich z. B. bei[45]). Nach Ablauf der Elektrophorese konnte anhand der Bandenintensität eine Produktmengenabschätzung für die nachfolgenden Analysen durchgeführt werden, da die Signalstärke direkt mit der Menge an erzeugtem PCR-Produkt korreliert[46]. Die Bestimmung der genetischen Fingerabdrücke sowie der Y-STRs erfordert eine exakte Fragmentlängenanalyse. Zu diesem Zweck werden hochauflösende Kapillarelektrophoresen eingesetzt. Bei der Analyse der Erregersequenzen müssen die Amplifikationsprodukte zunächst in einer weiteren PCR sequenziert werden. Im Anschluss kann die genaue Basenabfolge der Sequenz ebenfalls mit Hilfe der Kapillarelektrophorese bestimmt werden (Protokolldetails finden sich z. B. bei[47]).

Ergebnisse

Bestimmung der Mindestindividuenzahl

Die Untersuchung der Skelette und die Bestimmung der Mindestindividuenzahl erfolgte jeweils grubenweise. So konnte geprüft werden, ob sich überzählig vorliegende Skelettelemente unmittelbar benachbart bestatteten Individuen zuordnen lassen. Es wurden dabei nur Skelettelemente berücksichtigt, welche sich eindeutig zuordnen lassen, da bei sehr stark fragmentiertem Skelettmaterial, Rippenfragmenten oder kleinen Finger- und Fußgliedern die morphologischen Merkmale oft nicht charakteristisch genug sind, um eine sichere Zuordnung vornehmen zu können. In einem Fall ergab erst die genetische Untersuchung, dass Skelettelemente, die ursprünglich unter zwei verschiedenen Fundnummern auf der Grabung erfasst worden waren, zu einem Individuum gehörten. Unter Berücksichtigung aller Funde inklusive der Streufunde konnte durch die intensive anthropologische Bearbeitung die auf der Grabung erfasste Anzahl von mindestens 209 Individuen auf 213 erhöht werden. Dabei sind nicht alle Individuen als komplettes Skelett überliefert. Wie in **Abb. 201** (= Zeichnung von Grabgruben) erkennbar, waren aufgrund vorheriger Störungen nicht alle Grabgruben mehr intakt überliefert, so dass es Funde sogenannter Streuknochen gab, die sich keinem der geborgenen Skelette zuordnen ließen und somit Überreste weiterer Individuen repräsentieren. Die Überprüfung nach zusätzlichen Skelettelementen erfolgte jeweils grubenweise, konnte bei der Überprüfung kein Individuum gefunden werden, dem ein überzähliger Knochen aus dem Befund zugeordnet werden konnte bzw. war das Skelettelement tatsächlich überzählig, weil alle Befunde den entsprechenden

également utilisé, ce qui signifie que tous les examens sont effectués en double, de manière à détecter les éventuelles erreurs d'analyse. La validité des résultats est assurée en premier lieu par les empreintes génétiques (STR autosomiques) elles-mêmes. Les empreintes génétiques de chaque individu historique à analyser sont comparées non seulement entre elles, mais aussi avec celles du personnel de laboratoire impliqué dans l'analyse. Un résultat d'ADNa est considéré comme authentique précisément lorsque l'unicité de l'échantillon est établie.

L'ensemble des analyses est précédé d'un prélèvement d'ADN à partir de différents échantillons. Pour les individus de la série de squelettes de Rödelheim, l'ADN a été obtenu principalement à partir des racines des dents. Les couronnes dentaires ont été séparées des racines, et celles-ci ont d'abord été décontaminées par une immersion dans de l'eau de Javel. Dans certains cas, des échantillons d'os ont également été prélevés sur différents éléments du squelette. Après séchage, les échantillons ont été pulvérisés mécaniquement afin d'en amplifier la surface. De l'acide éthylène diamine tétra acétique (EDTA) a été utilisé pour lyser complètement la matrice osseuse ou dentaire. L'EDTA est un agent chélateur qui lie les ions calcium de la matrice osseuse ou dentaire et provoque ainsi une dissolution de la structure. L'ajout de l'enzyme protéinase K et du tensioactif anionique dodécylsulfate de sodium (SDS) a permis de dégrader les composants cellulaires organiques tels que les protéines et les graisses. Une purification organique supplémentaire relativement agressive avec du phénol et du chloroforme a permis d'éliminer du lysat les inhibiteurs potentiels, tels que les acides humiques provenant du sol, mais aussi d'autres composants organiques provenant des os eux-mêmes (graisses, protéines). Ensuite, l'ADN a été extrait manuellement en priorité (pour les protocoles complets d'extraction d'ADN, voir aussi[41] et[42]): lors de l'extraction manuelle de l'ADN, l'ADN dissous dans le lysat est lié par adsorption à une membrane recouverte de silice dans des tubes de centrifugation à des valeurs de pH basses, lavé et ensuite détaché de celle-ci avec de l'eau. Tous les liquides sont aspirés à travers la membrane en utilisant un système de sous vide, ce qui constitue un traitement particulièrement doux pour l'ADN[43].

Par rapport à l'ADN moderne, l'ADN ancien présente certaines particularités qui nécessitent une adaptation de l'analyse (par ex.[44]). En principe, il faut s'attendre à ce que les séquences cibles soient de petite taille lors de l'analyse de l'ADNa, car l'ADN est fortement fragmenté par les processus autolytiques après la mort d'un individu. Avant de pouvoir analyser les empreintes génétiques, les Y-STR ainsi que les séquences de l'agent pathogène, les petits fragments d'ADN doivent être amplifiés à l'aide de la réaction en chaîne par polymérase (ACP). En règle générale, les séquences cibles sont, elles aussi, souvent présentes en très petit nombre dans l'extrait d'ADN, ce qui nécessite d'augmenter le nombre de cycles d'amplification de l'ACP. Après chaque ACP effectuée, le succès de l'amplification a été vérifié par électrophorèse sur gel d'agarose. Dans des chambres d'électrophorèse horizontales, un champ de tension a été appliqué, le long duquel les produits ACP ont été tirés à travers un gel d'agarose en fonction de leur charge négative et séparés dans le sens de la longueur (les détails du protocole peuvent être trouvés par exemple dans[45]). Après l'électrophorèse, l'intensité des bandes a permis d'estimer la quantité de produit pour les analyses suivantes, car l'intensité du signal est directement corrélée à la quantité de produit ACP généré[46]. La détermination des empreintes génétiques et des Y-STR nécessite une analyse précise de la longueur des fragments. Des électrophorèses capillaires à haute résolution sont utilisées à cette fin. Lors de l'analyse des séquences de l'agent pathogène, les produits d'amplification doivent d'abord être séquencés dans une autre ACP. Ensuite, l'ordre exact des bases de la séquence peut également être déterminé à l'aide de l'électrophorèse capillaire (les détails du protocole se trouvent par exemple dans[47]).

Résultats

Détermination du nombre minimal d'individus

L'examen des squelettes et la détermination du nombre minimal d'individus ont été effectués fosse par fosse. Il a ainsi été possible de vérifier si des éléments de squelette surnuméraires pouvaient être attribués à des individus enterrés à proximité immédiate. Seuls les éléments du squelette pouvant être clairement attribués ont été pris en compte car, en cas de matériel squelettique très fragmenté, de fragments de côtes ou de petites phalanges de mains et de pieds, les traits morpholo-

Knochen aufwiesen, so wurde die Mindestindividuenzahl der Serie erhöht. Skelettelemente, bei denen nicht zweifelsfrei geklärt werden konnte, ob diese nach morphologischen Kriterien einem anderen Befund zugeordnet werden können (vor allem Rippen, Hand- und Fußknochen), wurden bei der Ermittlung der Mindestindividuenzahl nicht berücksichtigt. Als weitere Absicherung wurden die Knochen ebenfalls molekulargenetisch untersucht und die genetischen Profile mit den anderen Befunden verglichen.

Altersbestimmung

Bei 204 Individuen konnte das biologische Alter ermittelt werden (**Abb. 202**). Bei einigen Individuen, die sehr unvollständig überliefert waren und bei welchen nur wenige Merkmale für eine genaue Sterbealtersdiagnose zur Verfügung standen, wie bspw. nur einige Knochen der unteren Extremität, wurde das Sterbealter sehr grob, teilweise auch altersklassenübergreifend, bestimmt. Die Überreste von neun Individuen, deren Knochen entweder als Konglomerat geborgen wurden (Individuen Rö 39,1 bis Rö 39,4 und Rö 40,1 bis Rö 40,2) oder in einem sehr schlechten Überlieferungszustand vorlagen (Individuen Rö 26,2, Rö 38,X und Rö 38,6 II) konnten nicht altersbestimmt werden.

Die Sterbealtersverteilung ist nicht gleichmäßig und zeigt, dass etwa 75 % der Individuen im (spät-)juvenilen (ca. 20 %) bis adulten (ca. 55 %) Alter verstorben sind (16 bis 40 Jahre), mit den meisten Verstorbenen (ca. 40 %) in der Altersklasse früh-adult (20 bis 27 Jahre). Die jüngsten Individuen (Rö 11,1 und Rö 30,20) sind bereits im frühen Juvenis, mit ca. 14 Jahren, verstorben. Die übrigen Individuen verstarben im fortgeschrittenen Alter (älter als 40 Jahre), die ältesten Individuen im Senilis (60+ Jahre).

Geschlechtsdiagnose

Da die Soldaten in der Grand Armée aus verschiedenen Regionen Frankreichs und auch aus anderen Ländern rekrutiert worden sind[48], muss dies bei der morphologischen Geschlechtsbestimmung und insbesondere bei der Anwendung diskriminanzanalytischer Methoden berücksichtigt werden. Dies wird bei den Resultaten der ersten Untersuchung von Überresten von 153 Individuen zum Geschlecht im Rahmen der Masterarbeit von Lucas[49] deutlich. Insbesondere das Maß des Oberschenkelkopfes (Caput femoris) weist in 14 Fällen auf das Vorliegen eines weiblichen (bzw. Tendenz oder eher weiblichen) Individuums hin (**Tab. 1**). Anhand der Beckenmaße wurden vier Individuen als weiblich bestimmt, morphologisch wurde hingegen nur eines als Tendenz weiblich bestimmt. Auch bei verschiedenen Schädelmerkmalen wurden morphologisch und osteometrisch häufig Individuen als weiblich, eher weiblich oder Tendenz weiblich bestimmt (**Tab. 1**).

Letztendlich lässt sich mit den morphologischen und osteometrischen Methoden zur Geschlechtsdiagnose jeweils nur den Phänotyp eines Individuums bestimmen. Mit Hilfe der molekulargenetischen Untersuchung lässt sich der Genotyp und somit das biologische Geschlecht eines Individuums ermitteln. Alle Skelette aus Rödelheim wurden molekulargenetisch untersucht. Mit Ausnahme der Überreste von zwei Individuen, weisen alle einen ausreichend guten Erhalt der DNA auf, so dass sich alle geschlechtsbestimmen ließen. Von den 213 Individuen sind 208 männlich, drei weiblich und zwei nicht bestimmbar.

Die Soldaten aus Rödelheim wurden bei der Zivilbevölkerung einquartiert, wodurch der Ausbruch der Typhusepidemie auch zu zahlreichen Opfern unter der Zivilbevölkerung führte[50]. Dennoch ist es eher unwahrscheinlich, dass sich diese unter den Bestatteten befinden, da es sich um ein separat angelegtes Massengrab abseits des regulären Friedhofsareales handelt. Es ist anzunehmen, dass die Einwohner Rödelheims auf dem regulären Friedhof bestattet worden sind. Unter anderem weist auch der geringe Anteil weiblicher Individuen auf dem Areal darauf hin. Die Tatsache, dass sich überhaupt weibliche Individuen unter den bestatteten napoleonischen Soldaten befinden, ist nicht ungewöhnlich, da Frauen ein fester Bestandteil in Armeen waren. So folgte ein großer Tross an Frauen und Kindern sowie Fuhrwagen mit Lebensmitteln und Gebrauchsgütern der Armee. Die Frauen begleiteten die Soldaten und übernahmen alltägliche Aufgaben wie das Waschen und Flicken von Kleidung, das Beschaffen und Verkochen von Nahrungsmitteln sowie das Pflegen von Kranken und Verwundeten. In der napoleonischen Armee wurde ein so großer Tross abgeschafft bzw. nur bei großen Feldzügen, wie bspw. dem Russlandfeldzug mitgeführt, da die Familien nicht nur die Beweglichkeit der Soldaten einschränkten, sondern auch die für die Soldaten bestimmten Lebensmittel aufbrauchten (z. B.[51,52,53]). Daher wurde ab 1793 genau

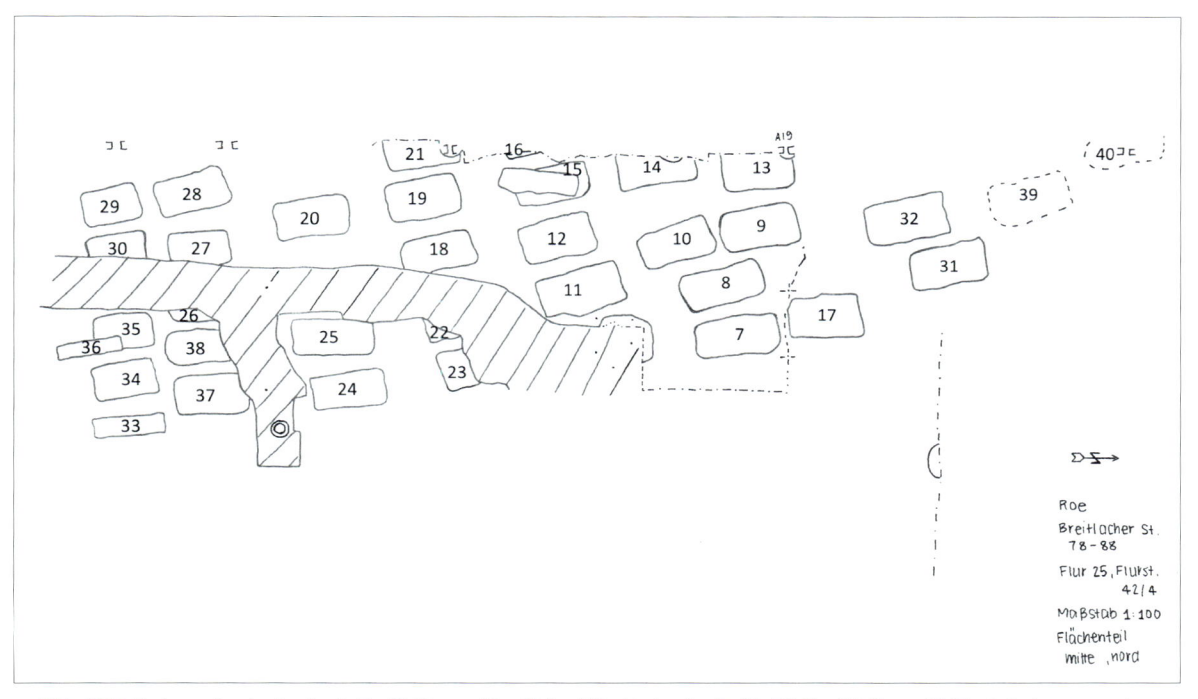

■ **Abb. 201** Grabungsplan der Fundstelle Roe01 Mitte und Roe01 Nord (Breitlacher Straße 78–88, Flur 25, Flurst. 42/4) mit Grubennummerierung. Maßstab 1:100. Plan: © Denkmalamt Frankfurt am Main, abgezeichnet von Benkhoff (2019). | Plan de fouille des sites Roe01 Mitte et Roe01 Nord (Breitlacher Straße 78–88, Flur 25, Flurst. 42/4) avec numérotation des fosses. Échelle 1:100. Plan: © Denkmalamt Frankfurt am Main, signé par Benkhoff (2019).

giques ne sont souvent pas assez caractéristiques pour pouvoir procéder à une attribution sûre. Dans un cas, seule l'analyse génétique a révélé que des éléments du squelette, initialement enregistrés sous deux numéros de découverte différents sur la fouille, appartenaient à un seul et même individu. En tenant compte de toutes les découvertes, y compris les trouvailles éparses, le traitement anthropologique intensif a permis d'augmenter le nombre d'individus recensés sur la fouille d'au moins 209 à 213. Tous les individus ne sont pas conservés sous forme de squelette complet. Comme le montre **l'illustration 201** (= dessin des fosses funéraires), toutes les fosses funéraires n'ont pas été conservées intactes en raison de perturbations antérieures, de sorte qu'il y a eu des découvertes d'os épars qui n'ont pu être attribués à aucun des squelettes mis au jour et qui représentent donc les restes d'autres individus. La recherche d'éléments squelettiques supplémentaires s'effectuait à chaque fois fosse par fosse. Si, lors de la vérification, on ne trouvait pas d'individu auquel on pouvait attribuer un os surnuméraire issu de la découverte ou si l'élément squelettique était effectivement surnuméraire parce que toutes les découvertes présentaient l'os correspondant, le nombre minimum d'individus de la série était augmenté. Les éléments du squelette pour lesquels il n'a pas été possible de déterminer avec certitude s'ils pouvaient être attribués à un autre spécimen selon des critères morphologiques (notamment les côtes, les os de la main et du pied) n'ont pas été pris en compte lors de la détermination du nombre minimal d'individus. Pour plus de sécurité, les os ont également été analysés par génétique moléculaire et les profils génétiques ont été comparés avec les autres résultats.

Détermination de l'âge

L'âge biologique de 204 individus a pu être déterminé (**ill. 202**). Pour certains individus, dont la conservation était très incomplète et pour lesquels on ne disposait que de peu de caractéristiques permettant un diagnostic précis de l'âge de la mort, comme par exemple seulement quelques os du membre inférieur, l'âge de la mort a été déterminé de manière très approximative, parfois même de manière transversale sur plusieurs classes d'âge. Pour les restes de neuf individus, dont les os ont été récupérés soit sous forme de conglomérat (individus Rö 39,1 à Rö 39,4 et Rö 40,1 à Rö 40,2),

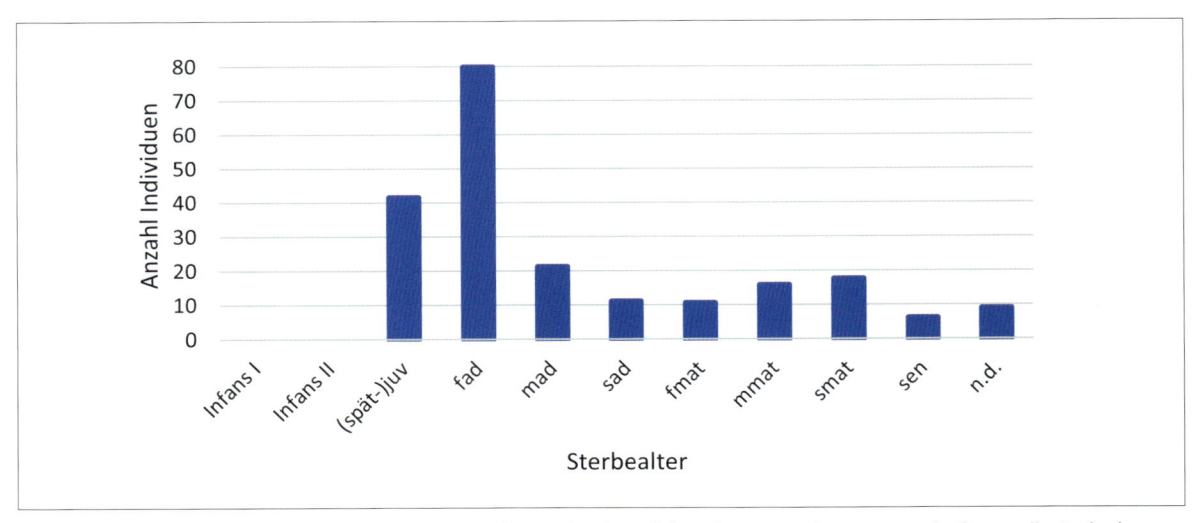

Abb. 202 Sterbealtersverteilung der Individuen aus Rödelheim anhand morphologischer Untersuchungen. Wenn das festgestellte Sterbealter eines Individuums mehrere Altersklassen umfasst, so wurde das Individuum rechnerisch auf mehrere Altersklassen aufgeteilt (bspw. wurde ein Individuum »matur« bestimmt, wurden je 0,25 auf die Altersklassen »frühmatur« und »spätmatur« und 0,5 auf die Altersklasse »mittelmatur« addiert), daher ist die Individuenzahl nicht immer ganzzahlig. Legende: juv= juvenil, ad= adult, mat= matur; f= früh, m= mittel, s= spät, n.d.=nicht determiniert. | Répartition des âges de mortalité des individus de Rödelheim sur la base des analyses morphologiques. Lorsque l'âge de mortalité constaté pour un individu comprend plusieurs classes d'âge, l'individu a été réparti par calcul sur plusieurs classes d'âge (par exemple, si un individu a été déterminé « mature », on a ajouté 0,25 à chacune des classes d'âge « maturité précoce » et « maturité tardive » et 0,5 à la classe d'âge « maturité moyenne »), c'est pourquoi le nombre d'individus n'est pas toujours un nombre entier. Légende: juv= juvénile, ad= adulte, mat= mature; f= précoce, m= moyen, s= tardif, n.d.=non déterminé.

festgelegt, dass pro Bataillon vier Wäscherinnen und zwei Marketenderinnen erlaubt sind[54].

Auch in anderen Gräbern napoleonischer Soldaten sind immer wieder Überreste weniger weiblicher Individuen nachgewiesen worden, wie z. B. in den Massengräbern von Kassel[55] und Vilnius[56] oder in Austerlitz[57] und Leipzig [58,59].

Ergebnisse der Körperhöhenrekonstruktion

Für 171 Individuen konnte die Körperhöhe rekonstruiert werden, wobei die beiden frühjuvenilen Individuen bei der Berechnung der durchschnittlichen Körperhöhe nicht berücksichtigt wurden. Für die übrigen männlichen Individuen im Skelettkollektiv konnte eine durchschnittliche Körperhöhe von 166 ± 3–4 cm ermittelt werden. Wobei der Größenunterschied zwischen dem kleinsten (153 cm) und größten Individuum (183 cm) 30 Zentimeter beträgt (**Abb. 203** zeigt exemplarisch die Spannweite am Beispiel der Femora des größten und eines der kleinsten Individuen im Kollektiv). Für die drei weiblichen Individuen konnte eine durchschnittliche Körperhöhe von 159 ± 3–4 cm ermittelt werden. Die für das Skelettkollektiv ermittelte durchschnittliche Körpergröße entspricht den Erwartungen für eine mitteleuropäische Population männlicher Individuen des 19. Jahrhunderts[60]. Und auch in einer Zusammenfassung von Rekrutierungsdaten des frühen 19. Jahrhunderts in Europa wird bspw. für Frankreich eine Körperhöhe von 166 cm angegeben[61]. Für weibliche Individuen gibt [62] eine durchschnittliche Größe von ca. 155 cm an, damit liegt die Körperhöhe der Frauen im Skelettkollektiv über dem Referenzwert. Insbesondere eine der Frauen (Rö 19,5) liegt mit einer Körperhöhe von 163 ± 3–4 cm deutlich über dem Durchschnittswert.

Pathologische Veränderungen

Es lassen sich bei vielen Skeletten pathologische Veränderungen finden, die bei historischen Populationen praktisch regelhaft auftreten. Dazu gehören vor allem Zahnerkrankungen, die im Kontext mangelnder Mundhygiene stehen aber auch periostale Reaktionen auf Knochenoberflächen, die eine Vielfalt von Ursachen haben können, sich aber oft auf Entzündungsreaktionen des Weichteilgewebes oder eine mangelnde Versorgungssituation zurückführen lassen. Aber vor allem sind es degenerative Veränderungen am Skelett, die in der Regel in Folge von zunehmendem Alter, also altersdegenerativ bedingt sind, aber auch bei jüngeren

	männlich	Eher männlich	Tendenz männlich	Nicht bestimmbar	Tendenz weiblich	Eher weiblich	weiblich
Beckenmerkmale morphologisch N = 151	23	86	31	10	1	0	0
Beckenmerkmale osteometrisch N = 115	94			17			4
Schädelmerkmale morphologisch N = 143	16	64	47	7	9	0	0
Schädelmerkmale craniometrisch N = 60	26	17	9	0	4	1	3
Unterkiefer morphologisch N = 140	35	69	22	7	6	1	0
Unterkiefer diskriminanzanalytisch N = 108	59	17	19	0	9	4	0
Maß des Caput femoris N = 151	47	14	13	7	5	4	5

■ **Tab. 1** Vergleich der Resultate der Geschlechtsbestimmungen mit verschiedenen Methoden zusammengestellt aus Daten von Lucas | Comparaison des résultats de la détermination du sexe par différentes méthodes, à partir des données de Lucas

soit dans un très mauvais état de conservation (individus Rö 26,2, Rö 38,X et Rö 38,6 II), il n'a pas été possible de déterminer l'âge.

La répartition des âges de mortalité n'est pas uniforme et montre qu'environ 75 % des individus sont décédés entre les âges (tard) juvénile (env. 20 %) et adulte (env. 55 %) (16 à 40 ans), avec la plupart des décès (env. 40 %) dans la classe d'âge jeune-adulte (20 à 27 ans). Les individus les plus jeunes (Rö 11,1 et Rö 30,20) sont décédés à un âge juvénile précoce, soit vers 14 ans. Les autres individus sont décédés à un âge avancé (plus de 40 ans), les plus âgés dans la catégorie sénile (60 ans et plus).

Diagnostic du sexe

Comme les soldats de la Grande Armée ont été recrutés dans différentes régions de France et aussi dans d'autres pays[48], il faut en tenir compte lors de la détermination morphologique du sexe et surtout lors de l'application de méthodes d'analyse discriminatoire. C'est ce qui ressort des résultats de la première analyse du sexe des restes de 153 individus dans le cadre du travail de maîtrise de Lucas[49]. En particulier, la mesure de la tête du fémur (caput femoris) indique dans 14 cas la présence d'un individu femelle (ou à tendance ou plutôt femelle) (**tab. 1**). Sur la base des dimensions du bassin, quatre individus ont été déterminés comme étant de sexe féminin, alors que morphologiquement, un seul a été déterminé comme ayant une tendance féminine. En ce qui concerne également les différentes caractéristiques crâniennes, les individus ont souvent été déterminés morphologiquement et ostéométriquement comme de sexe féminin, plutôt de sexe féminin ou à tendance féminine (tab. 1).

En fin de compte, les méthodes morphologiques et ostéométriques de diagnostic du sexe ne permettent de déterminer que le phénotype d'un individu. L'analyse génétique moléculaire permet de déterminer le génotype et donc le sexe biologique d'un individu. Tous les squelettes de Rödelheim ont fait l'objet d'une analyse génétique moléculaire. À l'exception des restes de deux individus, tous présentent une conservation de l'ADN suffisamment bonne pour que leur sexe puisse être déterminé. Sur les 213 individus, 208 sont de sexe masculin, trois de sexe féminin et deux ne sont pas identifiables.

Les soldats de Rödelheim étant logés auprès de la population locale, l'épidémie de typhus a fait également de nombreuses victimes au sein de la population civile[50]. Néanmoins, il est peu probable qu'ils se trouvent parmi les personnes inhumées, car il s'agit d'une fosse commune aménagée séparément, à l'écart

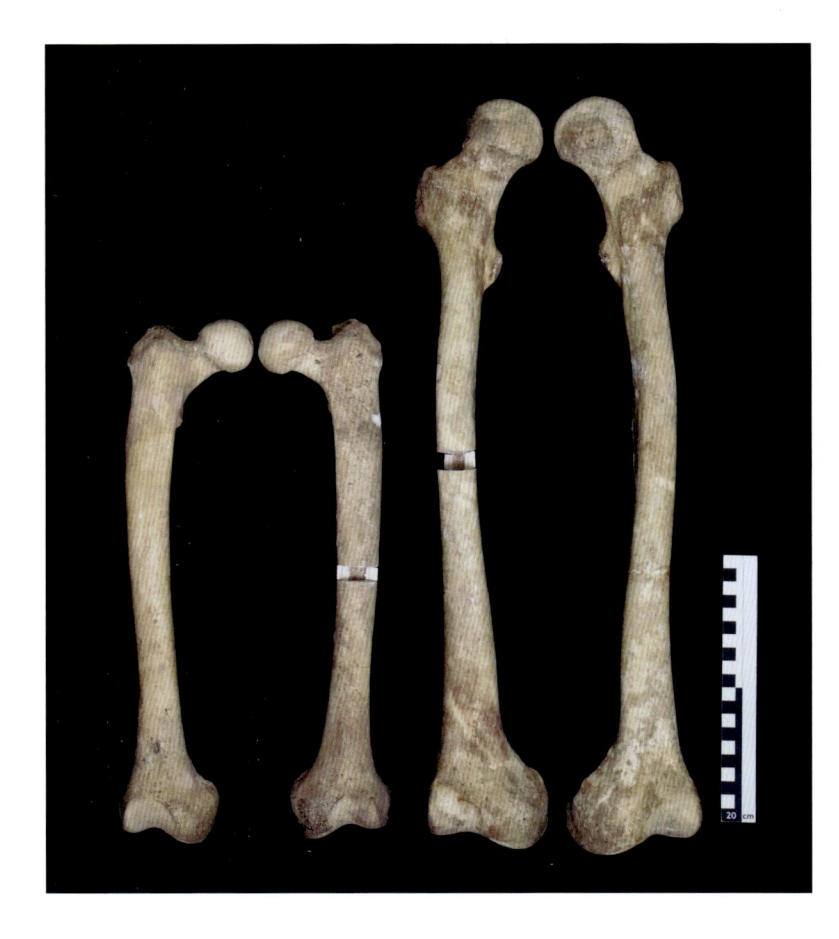

■ **Abb. 203** Gegenübergestellt sind die beiden Oberschenkelknochen des größten Individuums im Skelettkollektiv (rechts: Rö 14,2 mit einer rekonstruierten Körperhöhe von 183 ± 3–4 cm, F1-Maß = 557 mm) im Vergleich zu denen eines der kleinsten Individuen (links: Rö 35,9 mit einer rekonstruierten Körperhöhe von 155 ± 3–4 cm, F1-Maß = 388 mm). | Les deux fémurs du plus grand individu du collectif de squelettes (à droite: Rö 14,2 avec une hauteur de corps reconstituée de 183 ± 3–4 cm, mesure F1= 557 mm) sont comparés à ceux d'un des plus petits individus (à gauche : Rö 35,9 avec une hauteur de corps reconstituée de 155 ± 3–4 cm, mesure F1= 388 mm).

■ **Abb. 204** Periostale Reaktion an den Tibiae von zwei Individuen aus dem Rödelheimer Skelettkollektiv. Oben: aktive Periostitis mit porösem Geflechtknochen, der sich farblich deutlich von der Knochenoberfläche abhebt, unten: inaktive bzw. abgeheilte Periostitis mit eher verdickter, grob porösen bzw. streifigem Lamellenknochen, der sich farblich nicht von der Knochenoberfläche unterscheidet. | Réaction périostée au niveau des tibias de deux individus du collectif de squelettes de Rödelheim. En haut: périostite active avec un os tressé poreux dont la couleur se distingue nettement de la surface osseuse, en bas: périostite inactive ou guérie avec un os lamellaire plutôt épaissi, grossièrement poreux ou strié, dont la couleur ne se distingue pas de la surface osseuse.

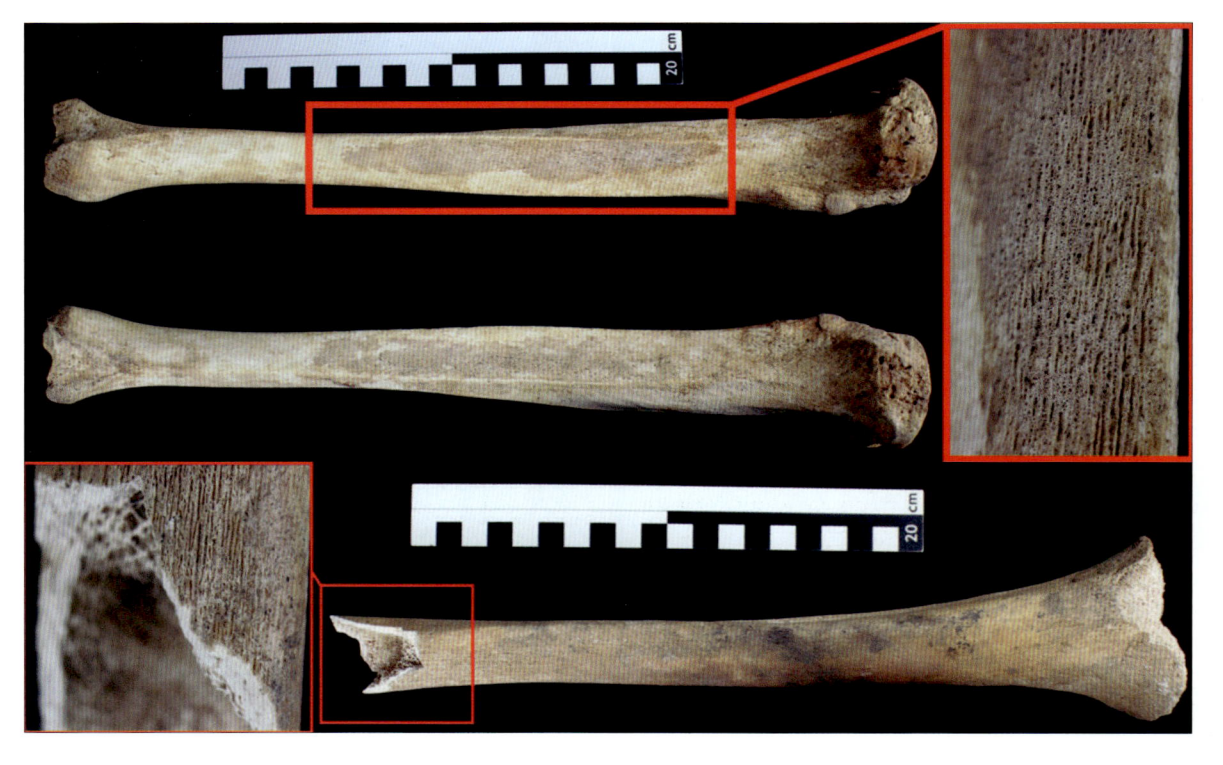

de l'enceinte régulière du cimetière. On peut supposer que les habitants de Rödelheim ont été enterrés dans le cimetière régulier. La faible proportion d'individus féminins sur le site le prouverait également. La présence d'individus féminins parmi les soldats napoléoniens enterrés n'est pas inhabituelle, car les femmes faisaient partie intégrante des armées. Ainsi, un grand cortège de femmes et d'enfants, de même que des charrettes chargées de denrées alimentaires et de biens de consommation suivaient l'armée. Les femmes accompagnaient les soldats et se chargeaient des tâches quotidiennes telles que le lavage et le raccommodage des vêtements, l'approvisionnement et la cuisson des aliments, les soins aux malades et aux blessés. Dans l'armée napoléonienne, une troupe aussi nombreuse aurait été supprimée ou n'aurait été emmenée que lors de grandes campagnes, comme la campagne de Russie, car les familles limitaient non seulement la mobilité des soldats, mais consommaient également les denrées alimentaires destinées aux soldats (par ex.[51] [52] [53]). C'est pourquoi, à partir de 1793, il a été précisé que seulement quatre blanchisseuses et deux maréchaux-ferrants auraient été autorisés par bataillon[54].

Dans d'autres tombes de soldats napoléoniens, des restes de quelques individus féminins ont également été régulièrement retrouvés, comme par exemple dans les fosses communes de Kassel[55] et Vilnius[56] ou à Austerlitz[57] et Leipzig[58] [59].

Résultats de la reconstruction de la hauteur du corps

La hauteur du corps a pu être reconstituée pour 171 individus; les deux individus très jeunes n'ont pas été pris en compte dans le calcul de la hauteur moyenne. Pour les autres individus mâles du collectif squelettique, une hauteur moyenne de 166 ± 3–4 cm a pu être déterminée. La différence de taille entre le plus petit (153 cm) et le plus grand (183 cm) est de 30 centimètres (la **ill. 203** illustre à titre d'exemple la longueur des fémurs du plus grand et d'un des plus petits individus du collectif). Pour les trois individus femelles, une hauteur moyenne de 159 ± 3–4 cm a pu être déterminée. La taille moyenne calculée pour le collectif de squelettes correspond aux attentes pour une population d'individus masculins d'Europe centrale du 19e siècle[60]. Et également dans un résumé des données de recrutement du début du 19e siècle en Europe, on indique[61] par exemple une hauteur de 166 cm pour la France[62]. Pour les individus féminins, on indique une taille moyenne d'environ 155 cm; la hauteur des femmes du collectif squelettique est donc supérieure à la valeur de référence. En particulier, l'une des femmes (Rö 19,5), avec une hauteur de 163 ± 3–4 cm, se situe nettement au-dessus de la valeur moyenne.

Modifications pathologiques

Il est possible de trouver dans de nombreux squelettes des modifications pathologiques qui se présentent de manière pratiquement régulière dans les populations historiques. Il s'agit principalement de maladies dentaires liées à une hygiène orale insuffisante, mais aussi de réactions périostées sur les surfaces osseuses, qui peuvent avoir des causes diverses, mais qui sont souvent dues à des réactions inflammatoires des tissus mous ou à une situation de soins insuffisante. Mais ce sont surtout des modifications dégénératives du squelette, qui sont généralement dues à l'âge, donc au vieillissement, mais qui peuvent également être observées chez des individus plus jeunes, chez lesquels elles peuvent survenir à la suite d'un effort physique important ou d'une surcharge.

Au début, tous les changements sont enregistrés individuellement afin de déterminer l'ostéobiographie de chaque individu. L'objectif est cependant de déterminer quelles modifications doivent être interprétées en fonction des contraintes de nature physique et psychique dans le contexte de la vie dans l'armée napoléonienne. C'est pourquoi les modifications pathologiques sont résumées ci-après sous des aspects spécifiques. L'accent est mis sur les signes de stress physique élevé et sur les traces de blessures caractéristiques ainsi que sur les modifications du squelette qui donnent des indications sur la situation en matière d'approvisionnement et d'alimentation, sur les conditions d'hygiène et sur l'état de santé des individus.

Signes de stress physique élevé

Afin d'obtenir des indications sur la charge physique élevée des individus, par exemple en raison des contraintes dues aux longues marches avec des bagages lourds, les modifications pathologiques qui suivent ont été systématiquement enregistrées sur les squelettes. Il s'agit de réactions périostées sur les surfaces des os longs d'un membre inférieur, de fractures

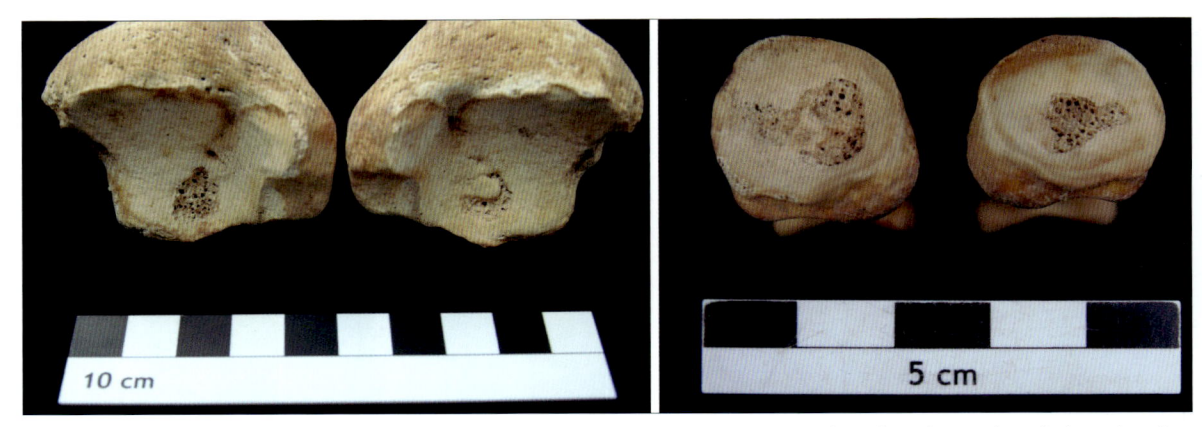

■ **Abb. 205** Bilateral diagnostizierte *Osteochondrosis dissecans* vermutlich als Resultat erhöhter mechanischer Belastung der Gelenke an den Tibiae des Individuums Rö 31,1 (links) und den Metatarsalia des Individuums Rö 25,6 (rechts). | Ostéochondrite disséquante diagnostiquée bilatéralement, probablement comme résultat d'une sollicitation mécanique accrue des articulations au niveau des tibias de l'individu Rö 31,1 (à gauche) et des métatarses de l'individu Rö 25,6 (à droite). Foto / Photo: © Michehl.

Individuen zu beobachten sein können, bei denen sie infolge starker physischer Belastung bzw. Überlastung entstehen können.

Anfangs werden alle Veränderungen individuell erfasst, um die Osteobiographie jedes Individuums zu ermitteln. Ziel ist es jedoch zu ermitteln, welche Veränderungen mit den Belastungen physischer und psychischer Art im Kontext zum Leben in der napoleonischen Armee zu interpretieren sind. Daher werden die pathologischen Veränderungen im Folgenden jeweils unter spezifischen Aspekten zusammengefasst. Schwerpunkte bilden dabei die Anzeichen hoher physischer Belastung und charakteristische Verletzungsspuren sowie Veränderungen am Skelett, die Hinweise auf die Versorgungs- und Ernährungssituation, die hygienischen Bedingungen sowie den Gesundheitszustand der Individuen geben.

Anzeichen hoher physischer Belastung

Um Hinweise auf die hohe physische Belastung der Individuen zu erhalten, bspw. durch die Belastungen infolge langer Märsche mit schwerem Gepäck, wurden folgende pathologische Veränderungen an den Skeletten systematisch erfasst. Dabei handelt es sich um periostale Reaktionen auf den Oberflächen der Langknochen der unteren Extremität, Stressfrakturen an den Fußknochen, Knorpeldefekte (*Osteochondrosis dissecans*) insbesondere im Sprung- und Kniegelenk und Eburnisationen an den Knochen der unteren Extremität. Darüber hinaus wurden degenerative Veränderungen der großen Gelenke, Veränderungen an den Wirbelkörpern und Wirbelbögen sowie das Auftreten von Enthesiopathien an den sternalen Enden der Claviculae dokumentiert.

Das Auftreten einer **periostalen Reaktion bzw. Periostitis** tritt in Folge einer Entzündung der Knochenhaut auf. Infektionen, Traumata, Vitamin-C-Mangel aber auch Autoimmunerkrankungen sowie hoher physischer Stress und Dauerbelastung können Auslöser sein [63] [64]. Entzündungen der Knochenhaut führen häufig zu einer Einblutung unter die Knochenhaut, woraufhin der Organismus zur Knochenneubildung angeregt wird. Diese Neubildungen können auf der knöchernen Oberfläche ganz unterschiedlich in Erscheinung treten. So kann eine aktive Periostitis am Vorhandensein von porösem Geflechtknochen erkannt werden, der sich farblich deutlich von der Knochenoberfläche abhebt (**Abb. 204**). Bei einer inaktiven oder abgeheilten Periostitis liegt hingegen eher verdickter, grob poröser oder streifiger Lamellenknochen vor, der sich farblich nicht von der Knochenoberfläche unterscheidet und auch breite Gefäßabdrücke aufweisen kann (**Abb. 204**) [65] [66].

Von 192 Individuen konnten die Langknochen der unteren Extremität auf periostale Veränderungen untersucht werden. Insgesamt 122 bzw. 63,5 % der Individuen wiesen unspezifische streifige periostale Reaktionen auf. Statistisch signifikant wiesen die 146 erwachsenen Individuen durchschnittlich schwerere Ausprägungen der periostalen Reaktionen auf als die 46 juvenilen Individuen [67].

Häufige Ausübungen einer Aktivität können wiederholte Mikrotraumata am Knochen verursachen, die

de stress sur les os du pied, de défauts du cartilage (ostéochondrite disséquante), en particulier dans l'articulation de la cheville et du genou, et d'éburnations sur les os d'un membre inférieur. En outre, des modifications dégénératives des grandes articulations, des modifications au niveau des corps vertébraux et des arcs vertébraux ainsi que l'apparition d'enthésopathies au niveau des extrémités sternales des clavicules ont été documentées.

L'apparition d'une **réaction périostée ou d'une périostite** fait suite à une inflammation du périoste. Des infections, des traumatismes, une carence en vitamine C, mais aussi des maladies auto-immunes ainsi qu'un stress physique élevé et une charge permanente peuvent être des facteurs déclenchants[63][64]. Les inflammations du périoste entraînent souvent une hémorragie sous le périoste, ce qui incite l'organisme à former de nouveaux os. Ces néoformations peuvent se manifester de manière très différente à la surface de l'os. Ainsi, une périostite active peut être identifiée par la présence d'un os fibreux poreux dont la couleur se distingue nettement de la surface osseuse (ill. 204). En revanche, une périostite inactive ou guérie se caractérise plutôt par la présence d'un os lamellaire épaissi, grossièrement poreux ou strié, dont la couleur ne se distingue pas de celle de la surface osseuse et qui peut également présenter de larges empreintes vasculaires (ill. 204)[65][66].

Sur 192 individus, les os longs du membre inférieur ont pu être examinés pour détecter des modifications périostées. Au total, 122 individus, soit 63,5 %, présentaient des réactions périostées striées non spécifiques. De manière statistiquement significative, les 146 individus adultes présentaient en moyenne des réactions périostées plus sévères que les 46 individus juvéniles[67].

La pratique fréquente d'une activité peut provoquer des microtraumatismes répétés sur l'os, qui peuvent ensuite conduire à ce que l'on appelle une **fracture de stress** de l'os. Pour les squelettes de Rödelheim, les fractures des os métatarsiens et naviculaires du squelette du pied ont été particulièrement étudiées, car l'apparition de ces fractures est associée à de longues marches[68][69][70]. Les analyses ont porté sur des individus dont au moins la moitié des os du pied étaient présents (juvéniles: Nb. 45, adultes: Nb. 144). Chez les juvéniles, des fractures de stress ont été détectées chez 8 des 45 individus, alors que chez les adultes, 27 des 144 individus examinés présentaient des fractures de stress,

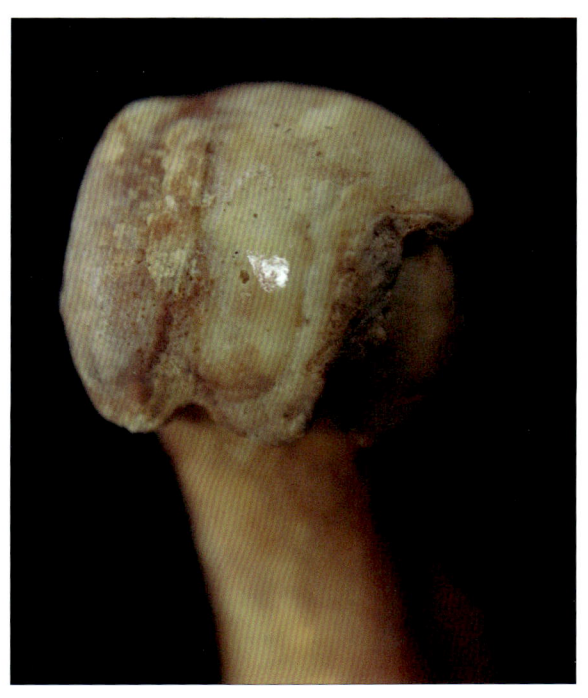

■ **Abb. 206** Distale Epiphyse am ersten Metatarsus des Individuums Rö 32,2. Deutlich zu erkennen ist die glänzende, eburnisierte Oberfläche. | Épiphyse distale sur le premier métatarsien de l'individu Rö 32,2. On distingue clairement la surface brillante et éburnéenne. Foto / Photo: © Michehl.

ce qui signifie que près de 20 % des individus des deux groupes d'âge étaient concernés[71].

Les **défauts du cartilage** (ostéochondrite disséquante) sont des effacements de la structure dans la surface articulaire (ill. 205) après la dégradation des cellules osseuses dans la zone suite à des troubles de la circulation sanguine. Même si la cause n'est pas encore entièrement élucidée, il existe manifestement un lien avec des sollicitations élevées de l'appareil locomoteur (p. ex.[72][73]).

Chez 75 des 200 individus dont les surfaces articulaires ont pu être examinées, au moins un défaut de cartilage a été diagnostiqué sur les os du membre inférieur[74]. Trente-six individus présentaient des défauts multiples, de sorte qu'au total, 122 défauts cartilagineux ont été observés sur les 200 individus. La fréquence des défauts cartilagineux variait selon les cohortes d'âge: 34,7 % des individus juvéniles présentaient des défauts cartilagineux, contre 38,4 % des individus adultes[75].

L'**éburnation** (apparence de l'ivoire) d'une surface articulaire se produit après la perte du tissu cartila-

dann im Weiteren zu einer sogenannten **Stressfraktur** des Knochens führen können. Für die Skelette aus Rödelheim wurden insbesondere die Frakturen der Metatarsalia und der Naviculare des Fußskeletts betrachtet, da das Auftreten der Frakturen im Zusammenhang mit langem Marschieren steht[68 69 70]. In die Untersuchungen wurden Individuen einbezogen, bei denen mindestens die Hälfte aller Fußknochen vorlagen (juvenil: N=45, erwachsen: N=144). Bei den juvenilen Individuen konnten bei 8 von 45 Individuen Stressfrakturen nachgewiesen werden, bei den erwachsenen Individuen wiesen von den 144 untersuchten Individuen 27 Stressfrakturen auf, so dass in beiden Altersgruppen knapp 20 % der Individuen betroffen waren[71].

Bei den **Knorpeldefekten** (*Osteochondrosis dissecans*) handelt es sich um Strukturauslöschungen in der Gelenkfläche (**Abb. 205**) nachdem in dem Areal infolge von Durchblutungsstörungen Knochenzellen abgebaut werden. Auch wenn die Ursache noch nicht vollständig geklärt ist, besteht offensichtlich ein Zusammenhang zu hohen Belastungen des Bewegungsapparates (z. B.[72 73]).

Bei 75 von 200 Individuen, deren Gelenkflächen untersucht werden konnten, wurde mindestens ein Knorpeldefekt an den Knochen der unteren Extremität diagnostiziert[74]. 36 Individuen wiesen dabei multiple Defekte auf, so dass insgesamt 122 Knorpeldefekte bei den 200 Individuen beobachtet wurden. Dabei zeigten sich unterschiedliche Häufigkeiten in den Alterskohorten, die juvenilen Individuen wiesen in 34,7 % der Fälle Knorpeldefekte auf, bei den erwachsenen Individuen waren es 38,4 %[75].

Die **Eburnisation** (»Verelfenbeinung«) einer Gelenkoberfläche entsteht nach dem Verlust des Knorpelgewebes im betroffenen Areal des Gelenks. Infolgedessen reiben die knöchernen Gelenkflächen aufeinander, weshalb der Knochen zum Schutz eine glatte, glänzende, von der Konsistenz an Elfenbein erinnernde Oberfläche bildet, welche deutlich härter als die von Knochen ist. Bei zwei Individuen ließen sich Eburnisationen im Bereich der distalen Epiphysen des ersten Metatarsus beobachten (**Abb. 206**).

Um weitere Hinweise auf ein belastungsintensives Aktivitätsmuster der Individuen zu bekommen, wurden die **degenerativen Veränderungen** von 24 spät-juvenil bis früh-adulten Individuen aufgenommen[76]. Degenerative Gelenkerkrankungen beschreiben Abnutzungserscheinungen der Gelenke, die durch einen Rückgang von Knorpel am Knochen des artikulierenden Gelenks ausgelöst wird und zu charakteristischen Knochenveränderungen, wie der Bildung von Randleisten und zackigen Knochenneubildungen (Osteophyten) sowie bei fortschreitender Degeneration zur vollständigen Zerstörung des Gelenks führen kann. Degenerative Veränderungen sind im fortgeschrittenen Alter sehr häufig und somit als »altersregelgerecht« anzusehen, bei Individuen der Altersklasse Adultas und jünger kommen sie jedoch eher selten vor und können daher Hinweise auf erhöhte mechanische Belastung der Gelenke geben. Die degenerativen Veränderungen an den Gelenken der jungen Individuen aus Rödelheim wurden mit Befunden männlicher Individuen gleichen Alters und ähnlicher Zeitstellung verglichen. Bei der Untersuchung der großen Gelenke der Individuen aus Rödelheim konnten die ausgeprägtesten Zeichen physischen Stresses im Bereich des distalen Sprunggelenks und des Hüftgelenks gefunden werden. Darüber hinaus konnte gezeigt werden, dass im Vergleich mit den Individuen der Referenzserien, die Individuen des Skelettkollektivs Rödelheim signifikant stärkere degenerative Veränderungen im Bereich des Ellenbogen-, Handgelenks sowie des Schultergelenks und Sprunggelenks aufwiesen. Ebenfalls zeigen die Wirbelbögen und Wirbelkörper, insbesondere im Bereich der unteren Brust- und der gesamten Lendenwirbelsäule, ausgeprägtere degenerative Veränderungen mit signifikanten Unterschieden im Vergleich zu den Individuen der Referenzserien.

Die **Abdrücke Schmorlscher Knorpelknötchen** in den Wirbelkörperdeckplatten wurden systematisch im Rahmen der Arbeit von Michehl[77] aufgenommen. Schmorlsche Knorpelknötchen resultieren aus einer Schädigung der Endplatten der Wirbelkörper, die sowohl durch eine genetische Disposition[78] oder auch schwere physische Kompressions- oder Torsionsbelastung insbesondere im Bereich der unteren Wirbelsäule[79 80] hervorgerufen werden können. Das Bandscheibenmaterial bildet die Schmorlschen Knorpelknötchen, welche sich punktuell in die Endplatte des Wirbelkörpers ausdehnen und am Skelett gut sichtbare punktförmig bis rinnenartige Impressionen hinterlassen, die gelegentlich auch in den Wirbelkanal münden können. Bei über der Hälfte der Individuen (89 von 158 Individuen) konnten Abdrücke Schmorlscher Knorpelknötchen unterschiedlicher Schweregrade diagnostiziert werden

gineux dans la zone concernée de l'articulation. En conséquence, les surfaces articulaires osseuses se frottent l'une contre l'autre et l'os se protège en formant une surface lisse et brillante, dont la consistance rappelle celle de l'ivoire et qui est nettement plus dure que celle de l'os. Chez deux individus, on a observé des éburnations dans la zone de l'épiphyse distale du premier métatarse (ill. 206).

Afin d'obtenir des indications supplémentaires sur un modèle d'activité intense des individus, les **modifications dégénératives** de 24 individus juvéniles tardifs à adultes précoces ont été enregistrées[76]. Les maladies dégénératives des articulations décrivent des phénomènes d'usure des articulations qui sont déclenchés par une diminution du cartilage sur l'os de l'articulation et qui peuvent conduire à des modifications osseuses caractéristiques, telles que la constitution de rebords et de néoformations osseuses en forme de dents (ostéophytes) et, en cas de dégénérescence progressive, à la destruction complète de l'articulation. Les modifications dégénératives sont très fréquentes à un âge avancé et doivent donc être considérées comme « conformes aux règles de l'âge », mais elles sont plutôt rares chez les individus de la classe d'âge *Adultas* et plus jeunes et peuvent donc donner des indications sur une sollicitation mécanique accrue des articulations. Les modifications dégénératives des articulations des jeunes individus de Rödelheim ont été comparées avec les résultats d'individus masculins du même âge et de la même époque. Lors de l'examen des grandes articulations des individus de Rödelheim, les signes de stress physique les plus prononcés ont été identifiés au niveau de l'articulation distale de la cheville et de l'articulation de la hanche. En outre, il a été démontré que, par rapport aux individus des séries de référence, les individus du collectif squelettique de Rödelheim présentaient des modifications dégénératives significativement plus importantes au niveau de l'articulation du coude, du poignet, de l'épaule et de la cheville. De même, les arcs et les corps vertébraux, en particulier au niveau de la partie inférieure de la colonne thoracique et de l'ensemble de la colonne lombaire, présentent des changements dégénératifs plus prononcés avec des différences marquantes par rapport aux individus des séries de référence.

Les **empreintes de nodules cartilagineux de Schmorl** dans les plateaux vertébraux ont été systématiquement enregistrées dans le cadre du travail de Michehl[77]. Les nodules cartilagineux de Schmorl sont le résultat d'une lésion des plaques terminales des corps vertébraux, qui peut être due à une prédisposition génétique[78] ou à des contraintes physiques sévères de compression ou de torsion, notamment au niveau de la colonne vertébrale inférieure[79] [80]. Le matériau du disque intervertébral forme des nodules cartilagineux de Schmorl qui s'étendent ponctuellement dans le plateau terminal du corps vertébral et laissent des marques bien visibles sur le squelette, sous forme de points ou de gouttières, qui peuvent parfois déboucher dans le canal rachidien. Chez plus de la moitié des individus (89 sur 158), des empreintes de nodules cartilagineux de Schmorl de différents degrés de gravité ont pu être diagnostiquées (ill. 207). Chez au moins 13 individus, les nodules cartilagineux de Schmorl étaient si développés de leur vivant qu'ils ont percé le bord dorsal du corps vertébral et provoqué une hernie discale.

Les **enthésopathies** au niveau des clavicules peuvent également être interprétées comme des signes possibles d'un stress physique accru. Les modifications au niveau des points d'attache des muscles sur les os peuvent se présenter sous la forme d'une néoformation osseuse (enthésiophytes) ou d'une densification osseuse, mais les lésions sur les os sont également une forme d'expression possible (ill. 208). Le degré d'altération de l'os, combiné à la localisation et à l'âge de l'individu, peut constituer, dans une certaine mesure, un indicateur des états de stress ou de surcharge prédominants d'un organisme (p. ex.[81]). Chez 148 individus, les clavicules ont été conservées pour l'évaluation des enthésopathies. Pour à peine un quart des individus (Nb. 38), aucune enthèse n'a pu être documentée. Les autres individus présentaient des altérations plus ou moins prononcées au niveau des insertions musculaires, en moyenne plus faibles chez les individus juvéniles que chez les individus adultes[82].

L'ossification du ligament jaune au niveau des arcs vertébraux se traduit par des néoformations osseuses plus ou moins importantes en forme de cônes dans la zone crânienne et/ou caudale des arcs vertébraux (ill. 209). L'ossification du ligament jaune a pu être diagnostiquée chez environ un tiers des individus examinés (54 sur 157[83]). Les individus jeunes présentaient nettement moins souvent des ossifications du ligament jaune que les individus plus âgés[84].

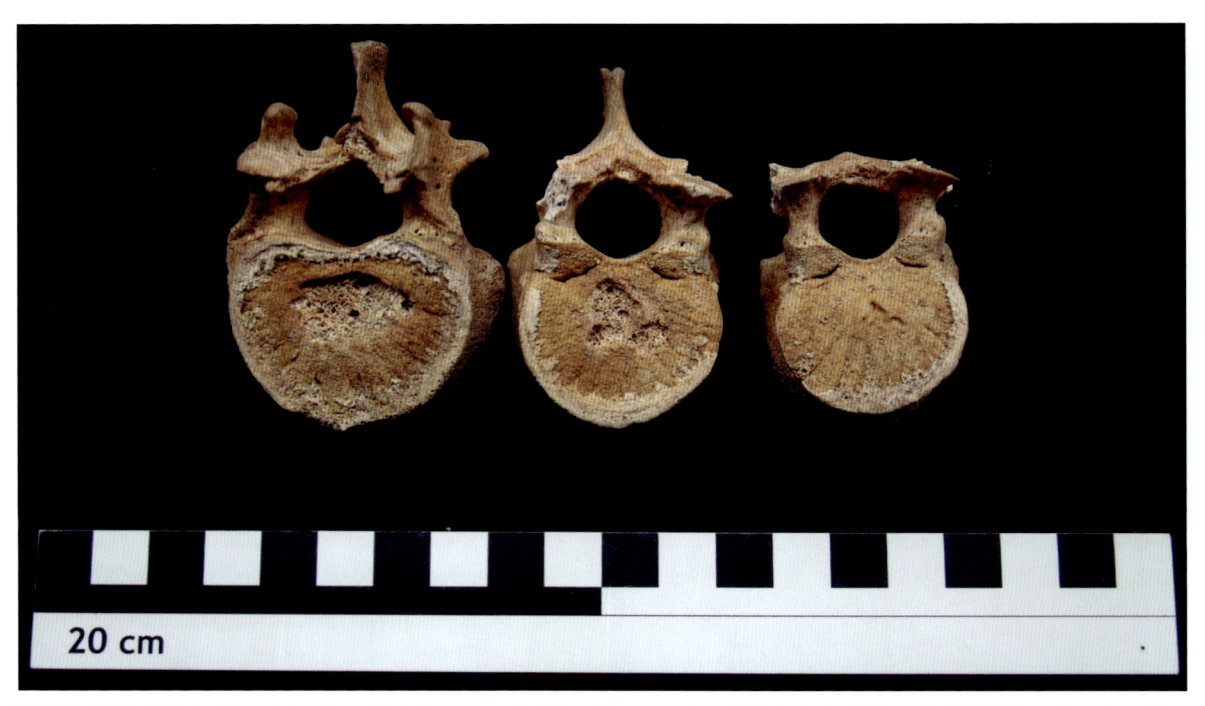

Abb. 207 Abdrücke Schmorlscher Knorpelknötchen unterschiedlicher Schweregrade an Wirbeln des Individuums Rö 34,6. | Empreintes de nodules cartilagineux de Schmorl de différents degrés de gravité sur les vertèbres de l'individu Rö 34,6. Foto / Photo: © Michehl.

(**Abb. 207**). Bei mindestens 13 Individuen waren die Schmorlschen Knorpelknötchen zu Lebzeiten so weit ausgeprägt, dass diese am dorsalen Rand des Wirbelkörpers durchbrachen und einen Bandscheibenvorfall hervorgerufen haben.

Die **Enthesiopathien** an den Claviculae können ebenfalls als mögliche Anzeichen von erhöhtem physischem Stress interpretiert werden. Veränderungen an den Muskelansatzstellen der Knochen können sich als Knochenneubildung (Enthesiophyten) oder Knochenverdichtung zeigen, aber auch Läsionen am Knochen sind eine mögliche Ausprägungsform (**Abb. 208**). Der Ausprägungsgrad der Veränderung am Knochen in Kombination mit der Lokalisation und dem Alter des Individuums kann bis zu einem gewissen Maß ein Indikator für vorherrschende Be- bzw. Überlastungszustände eines Organismus sein (z. B.[81]). Bei 148 Individuen waren die Claviculae für die Beurteilung der Enthesiopathien überliefert. Nur bei knapp einem Viertel der Individuen (N=38) konnten keine Enthesen dokumentiert werden. Bei den übrigen Individuen zeigten sich mehr oder weniger stark ausgeprägte Veränderungen an den Muskelansatzstellen, die bei den juvenilen Individuen durchschnittlich schwächer ausgeprägt waren als bei den erwachsenen Individuen[82].

Die **Ossifikationen** des *Ligamentum flavum* an den Wirbelbögen zeigt sich in mehr oder weniger stark ausgebildeten zapfenartigen Knochenneubildungen am cranialen und/oder caudalen Bereich der Wirbelbögen (**Abb. 209**). Bei ca. einem Drittel der untersuchten Individuen konnte die Ossifikation des *Ligamentum flavum* diagnostiziert werden (54 von 157 Individuen[83]). Die juvenilen Individuen zeigten im Vergleich zu den älteren Individuen signifikant seltener die Ossifikationen des *Ligamentum* flavum[84].

Die hier aufgeführten Veränderungen am Skelett geben eindeutige Hinweise auf eine starke physische Belastung zu Lebzeiten der Individuen. Durch historische Schilderungen des Armeelebens, die bspw. durch Briefe der Soldaten an ihre Freunde und Familienmitglieder überliefert sind, wird die hohe physische Belastung bestätigt. Das Marschieren gehörte zum Alltag der Soldaten. Dabei legte die Armee große Distanzen von nicht selten 40 Kilometern am Tag zurück[85]. Die hohe körperliche Belastung wurde durch die schlechtsitzenden Uniformen und Schuhe noch verstärkt. So berichte-

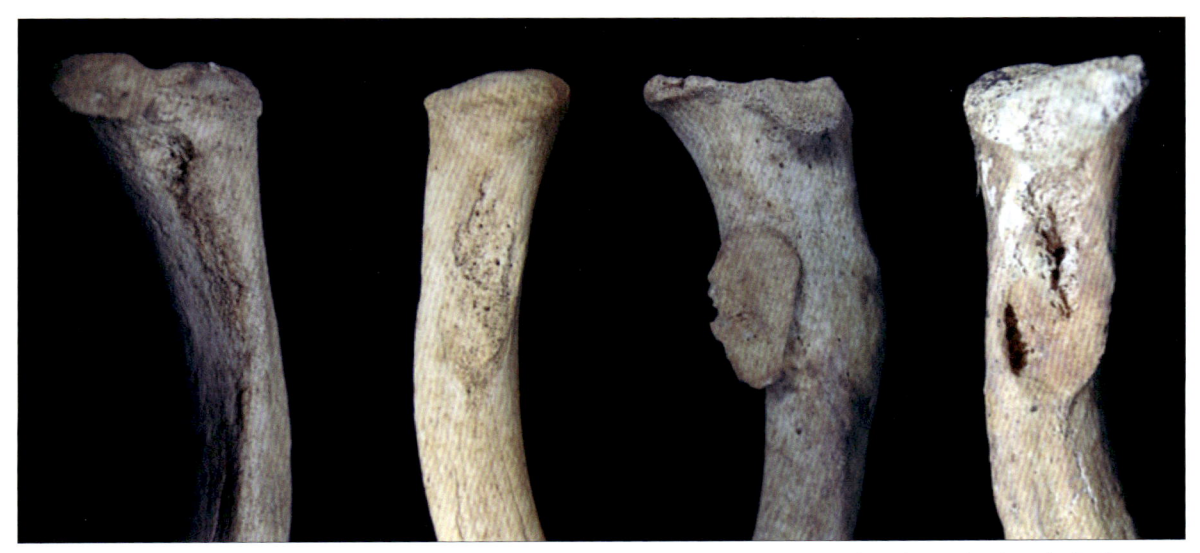

Abb. 208 Verschiedene Schweregrade von Enthesiopathien an der Ansatzstelle des *Ligamentum costaclaviculare* an der Clavicula. | Différents degrés de gravité des enthésiopathies au point d'insertion du ligament costaclaviculaire sur la clavicule. Foto / Photo: © Michehl.

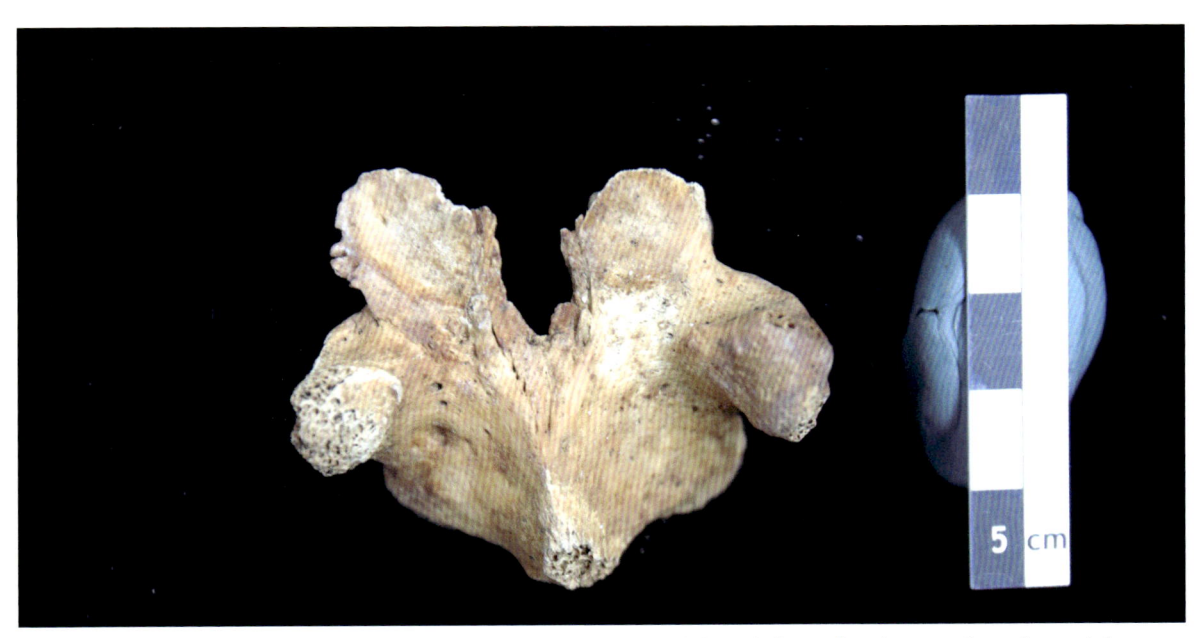

Abb. 209 Zapfenartige Ossifikation des *Ligamentum flavum* im cranialen Bereich der Wirbelbögen. | Ossification en forme de cône du ligament jaune dans la partie crâniale des arcs vertébraux. Foto / Photo: © Michehl.

Les modifications du squelette énumérées ici indiquent clairement que les individus étaient soumis à un stress physique important de leur vivant. Les descriptions historiques de la vie à l'armée, telles que les lettres des soldats à leurs amis et à leur famille, confirment la charge physique élevée. La marche faisait partie du quotidien des soldats. L'armée parcourait de grandes distances, souvent jusqu'à 40 kilomètres par jour[85]. La charge physique élevée était encore renforcée par les uniformes et les chaussures mal ajustés. Ainsi, les soldats Pierre Bux (en 1806) et Joseph-Martin Launoy (en 1811) ont raconté à leurs familles qu'ils étaient si mal habillés qu'ils devaient marcher pieds nus et affronter l'hiver pratiquement nus. Et même sur les dessins, les

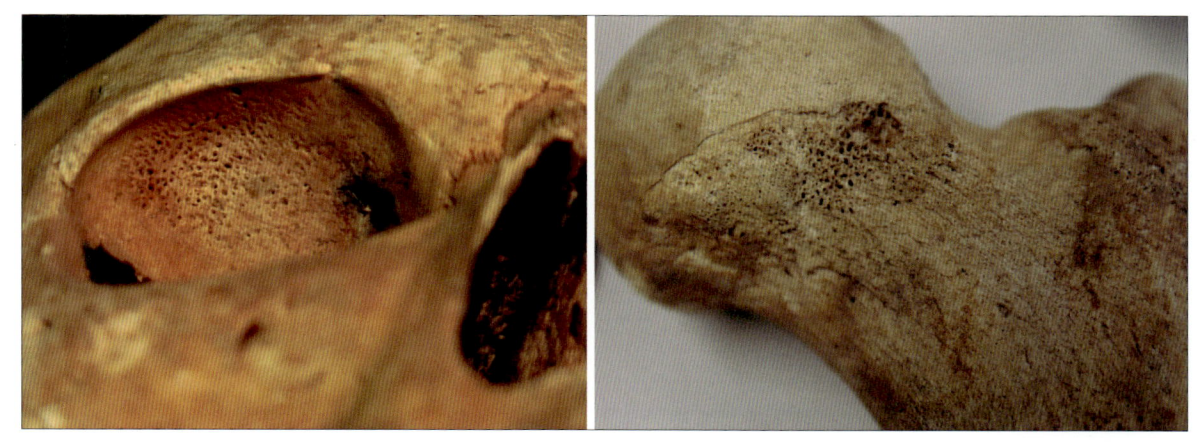

Abb. 210 Morphologisches Auftreten einer klassischen Cribra orbitalia (links, Individuum Rö 12,3) und Cribra femoris (rechts, ohne Schweregrad, Individuum Rö 30,3). | Apparition morphologique d'une cribra orbitalia classique (à gauche, individu Rö 12,3) et d'une cribra femoris (à droite, sans degré de gravité, individu Rö 30,3). Photo cribra femoris Foto Cribra femoris: Foto / Photo: © Michehl.

ten die Soldaten Pierre Bux (1806) und Joseph-Martin Launoy (1811) ihren Familien, dass sie so schlecht gekleidet sind, dass sie Barfuß marschieren müssen und nahezu nackt in den Winter ziehen. Und auch auf Zeichnungen werden die einfachen Fußsoldaten häufig in zerlumpten Uniformen barfüßig abgebildet, da die Schuhe sich zuerst abnutzten[86]. Hinzu kamen regelmäßige Klagen der Soldaten in ihren Briefen über die Erschöpfung vom Marschieren und Schmerzen in den Füßen, die häufig zu Verletzungen führten (Brief von Jean-Guillaume Cordier 1811 in[87]). Darüber hinaus gibt es ebenfalls Berichte über einen Diskurs zwischen Dominique-Jean Larrey, Chefchirurg und Leibarzt Napoleons, und Napoleon selbst bezüglich dessen Frage, warum es so viele Hinkende in der Armee gäbe. Larrey soll geantwortet haben, dass die Knochen der jungen Männer noch nicht ausgereift seien und deshalb für Gewaltmärsche noch nicht geeignet wären. Diesen Märschen schrieb Larrey auch die nun vielfältig auftretenden Frakturen der Fußknochen zu, die er Rekrutenbrüche nannte[88] und nach heutiger Auffassung die Marsch- bzw. Stressfrakturen darstellen, die bei den Individuen aus Rödelheim vielfach nachgewiesen werden konnten. Die hohe körperliche Belastung durch die langen Märsche wurde durch das mitgeführte Gepäck noch verstärkt, da jeder einfache Fußsoldat seine gesamte Ausrüstung auf dem Rücken mitführte. Die Tornister konnten im Schnitt 17 kg wiegen[89], da in ihnen unter anderem Nahrungsmittel, Wechselkleidung sowie Reservemunition transportiert wurden. Zusätzlich trugen die Soldaten noch ihr Bajonett, die Trinkflasche und einen Topf auf dem Rücken, sodass sie im Schnitt mit 30 kg zusätzlichem Gewicht marschierten[90]. Somit ist mit hohen Belastungen der unteren Extremität und der Wirbelsäule zu rechnen.

Ernährung, Hygiene und Gesundheit

Die Versorgung mit Lebensmitteln in der napoleonischen Armee wurde vorrangig nach dem Wallensteiner Grundsatz organisiert[91]. Das Nahrungsangebot war also stark vom Angebot des Aufenthaltsortes abhängig. Insbesondere in ärmeren Regionen war eine vollwertige **Ernährung** selten und die Soldaten aßen eher einseitig Brot und Fleisch, was aus ernährungsphysiologischer Sicht als mangelhaft beschrieben werden kann und in Anbetracht der körperlichen Belastung der Männer vollkommen unzureichend war (z. B.[92][93][94]). Der in der Armee wütende Hunger und die teils desolaten hygienischen Zustände auf zahlreichen Etappen der napoleonischen Feldzüge werden in zeitgenössischen Schilderungen deutlich[95]. Länger währender Hunger und Mangel an wichtigen Nährstoffen lassen sich am Skelett diagnostizieren. Die Untersuchung der Skelette auf poröse Veränderungen am Knochen als Zeichen von *Cribra orbitalia* und *Cribra femoris* soll Rückschlüsse auf mögliche Mangelzustände in den erst kurz zurückliegenden Lebensphasen geben. Darüber hinaus sollen die Zähne der Soldaten auf auffällige Verfärbungen und das Auftreten von habituellen Zahnabnutzungen bspw. das Vorhandensein von Pfeifenlücken unter-

simples fantassins sont souvent représentés dans des uniformes en haillons et pieds nus, car les chaussures sont les premières à s'user[86]. À cela s'ajoutaient les plaintes régulières des soldats dans leurs lettres concernant l'épuisement dû à la marche et les douleurs aux pieds, qui entraînaient souvent des blessures (lettre de Jean-Guillaume Cordier en 1811 dans[87]). De plus, il existe également des rapports sur une discussion entre Dominique-Jean Larrey, chirurgien en chef et médecin personnel de Napoléon, et Napoléon lui-même sur la question de savoir pourquoi il y avait tant de boiteux dans l'armée. Larrey aurait répondu que les os des jeunes hommes n'étaient pas encore mûrs et qu'ils n'étaient donc pas encore aptes aux marches forcées. C'est à ces marches que Larrey attribuait également les multiples fractures des os du pied qui apparaissaient alors, qu'il appelait les fractures des recrues[88] et qui, selon l'opinion actuelle, représentent les fractures de marche ou de stress, dont on a pu prouver la présence à de nombreuses reprises chez les individus de Rödelheim. La charge physique élevée due aux longues marches était encore renforcée par les bagages transportés, car chaque simple fantassin portait tout son équipement sur son dos. Les havresacs pouvaient peser en moyenne 17 kg[89], car ils contenaient entre autres de la nourriture, des vêtements de rechange et des munitions de réserve. Les soldats portaient en outre sur le dos leur baïonnette, leur gourde et une marmite, si bien qu'ils marchaient en moyenne avec 30 kg supplémentaires[90]. Il fallait donc s'attendre à des contraintes importantes au niveau des membres inférieurs et de la colonne vertébrale.

Alimentation, hygiène et santé

L'approvisionnement en denrées alimentaires de l'armée napoléonienne a été organisé principalement selon le principe de Wallenstein[91].

L'offre alimentaire dépendait donc fortement de l'offre du lieu de stationnement. Dans les régions pauvres en particulier, une **alimentation** complète était rare et les soldats mangeaient plutôt uniquement du pain et de la viande, ce qui peut être considéré comme médiocre d'un point de vue nutritionnel et totalement insuffisant compte tenu de la charge physique des hommes (par ex.[92] [93] [94]). La famine qui sévissait dans l'armée et les conditions d'hygiène parfois déplorables lors de nombreuses étapes des campagnes napoléoniennes apparaissent clairement dans les descriptions de l'époque[95]. La faim prolongée et les carences en nutriments essentiels peuvent être diagnostiquées au niveau des squelettes. L'examen des squelettes à la recherche de modifications poreuses sur les os, signes de *cribra orbitalia* et de *cribra femoralis*, devrait permettre de tirer des conclusions sur les éventuelles carences survenues lors des dernières phases de vie. En outre, il conviendrait d'examiner les dents des soldats afin de déceler des décolorations frappantes et l'apparition d'usures dentaires habituelles, comme par exemple la présence de trous dus à la pipe, afin de trouver des indices sur la consommation de tabac, largement répandue parmi les soldats.

Des modifications poreuses de l'os peuvent apparaître sur divers éléments du squelette. Différents termes sont utilisés en fonction de la localisation des porosités, par exemple *cribra orbitalia* pour les lésions du toit osseux de l'œil, ou *cribra femoralis* (ou fémorale) pour les lésions du col du fémur.

Une anémie chronique due à une carence en fer est souvent citée comme cause des modifications poreuses (par exemple[96]), mais d'autres facteurs dus à diverses causes, tels que des processus hémorragiques sous-périostés, des réactions inflammatoires, des tumeurs ainsi que d'autres maladies carentielles liées à l'alimentation et une prédisposition génétique, peuvent également jouer un rôle[97] [98]. Sans un examen microscopique pré-

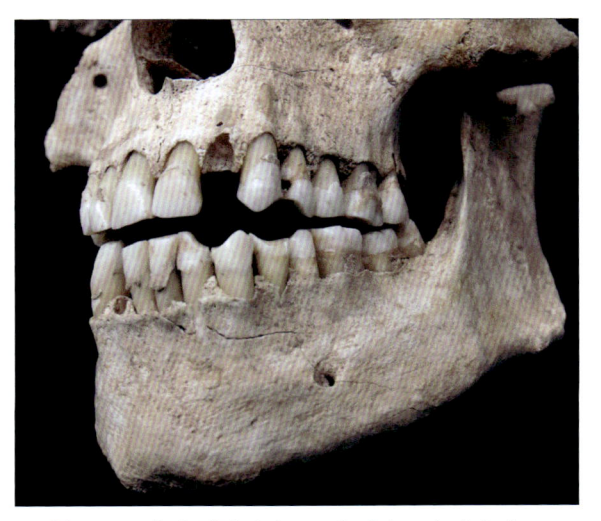

Abb. 211 Multiple Pfeifenlücken an den Zähnen des Individuums Rö 18,1. | Multiples lacunes dues à la pipe sur les dents de l'individu Rö 18,1. Foto / Photo: © Michehl.

sucht werden, um Hinweise auf den unter den Soldaten weit verbreiteten Konsum von Tabak zu finden.

Poröse Veränderungen am Knochen können an diversen Skelettelementen auftreten. In Abhängigkeit von der Lokalisation der Porositäten werden unterschiedliche Begriffe verwendet, so *Cribra orbitalia* für Läsionen im knöchernen Augendach, oder *Cribra femoris* für Defekte am Collum des Femurs. Als Ursache für die porotischen Veränderungen wird häufig eine chronische, durch Eisenmangel hervorgerufene Anämie genannt (z. B.[96]), jedoch können auch andere, auf diverse Ursachen zurückzuführende Faktoren wie subperiostale, hämorrhagische Prozesse, Entzündungsreaktionen, Tumore sowie andere ernährungsbedingte Mangelerkrankungen und eine genetische Disposition einflussnehmend sein[97][98]. Ohne eine genaue mikroskopische Untersuchung des von Cribra betroffenen Knochens kann die Ursache nicht zuverlässig bestimmt werden und die porösen Veränderungen lediglich als unspezifischer Stressmarker gewertet werden[99]. Im Rahmen der Arbeit von Langenstein[100] wurden bei nahezu jedem der untersuchten Individuen (N=162) poröse Veränderungen im knöchernen Augendach diagnostiziert, wobei eine klassische *Cribra orbitalia* bei ca. einem Viertel der Individuen ausgeprägt war. Um einen weiteren Proxy für mögliche Mangelzustände in den kürzlich zurückliegenden Lebensumständen zu erhalten, wurde das Auftreten von *Cribra femoris* dokumentiert[101]. Bei fast einem Drittel der Individuen (57 von 187) konnte eine *Cribra femoris* diagnostiziert werden, dabei waren die juvenilen Individuen häufiger als die erwachsenen Individuen betroffen (**Abb. 210**).

Bei 36 Individuen konnten habituelle Zahnabnutzungen in Form von Pfeifenlücken identifiziert werden. Bei den betroffenen Individuen der Serie Rödelheim konnten zwischen einer und vier Pfeifenlücken diagnostiziert werden, die insgesamt 175 Zähne (3,44 %) betroffen haben (**Abb. 211**). Als zusätzlichen Hinweis auf möglichen Tabakkonsum wurden bei zahlreichen Individuen Verfärbungen an den Zähnen diagnostiziert, die durch das Einlagern von Pigmenten aus Nikotin und Teer in die verschiedenen Zahnbestandteile auftreten (z. B.[102][103][104]).

Die **hygienischen Bedingungen** waren innerhalb der Armee teils katastrophal. Die Soldaten berichteten regelmäßig in Briefen, dass sie wochenlang ihre Uniformen nicht ablegen durften[105][106]. Die tägliche Körperpflege war quasi unmöglich, da es weder Zugang zu Hygieneartikeln und sauberer Kleidung gab, noch stand Wasser für die Reinigung, Rasur oder das Waschen der Kleidung zur Verfügung[107][108][109]. Durch die schlechten Lebensbedingungen innerhalb der Armee fanden Parasiten und Bakterien einen geeigneten Nährboden, um sich rasant zwischen den Soldaten auszubreiten und Krankheiten auszulösen.

Im Hinblick auf die schlechten hygienischen Bedingungen in der Armee sollen entzündliche Veränderungen auf der Schädelkalotte untersucht werden, die einen Hinweis auf einen vorherrschenden Lausbefall der Soldaten geben können. Darüber hinaus sollen die ermittelten Karieshäufigkeiten sowie die Ergebnisse der systematischen Aufnahmen anderer Dentalpathologien (bspw. Zahnstein, Parodontitis und Stomatitis) bei der Bewertung der hygienischen Bedingungen in der Armee mit einfließen.

Bereits bei der Untersuchung der Schädel der Individuen aus Rödelheim nach porösen Veränderungen wurde festgestellt, dass die Läsionen wahrscheinlich durch eine Entzündung der Kopfschwarte verursacht wurden. Als mögliche Ursache ist hier ein Lausbefall zu nennen, der zu einem starken Juckreiz auf der Kopfhaut führt. Durch das vermehrte Kratzen entstehen Läsionen der Haut, über die entzündungsauslösende Bakterien in die Wunde eintreten können und zu den porösen Veränderungen der ektocranialen Schädelkalotte führen. Im Rahmen der Arbeit von Weiher[110] konnten bei der Untersuchung der Individuen der Serien Rödelheim (N=114) auf fast jedem Schädel zumindest vereinzelte poröse Veränderungen auf der Kalotte beobachtet werden. Die schwerwiegenderen Stadien wurden bei zwei Drittel der Individuen (67,33 %) diagnostiziert (**Abb. 212**), wobei die erwachsenen Individuen deutlich häufiger hiervon betroffen waren.

Das Auftreten und die Frequenzen von Dentalpathologien, bspw. Karies, periapikale Läsionen, Zahnstein, Parodontitis und Stomatitis, wurden im Rahmen der Arbeit von Rachel[111] dokumentiert. Die Entstehung von Karies wird durch die Aufnahme von kariogener Nahrung begünstigt, da durch die bakterielle Verstoffwechslung von Kohlenhydraten organische Säuren freigesetzt werden, die eine Demineralisation am Zahn bewirken. Grundsätzlich ist jedoch zu sagen, dass das Auftreten von Karies durch weitere Faktoren, bspw. eine schlechte Zahn- und Mundhygiene, begünstigt wird[112][113][114][115].

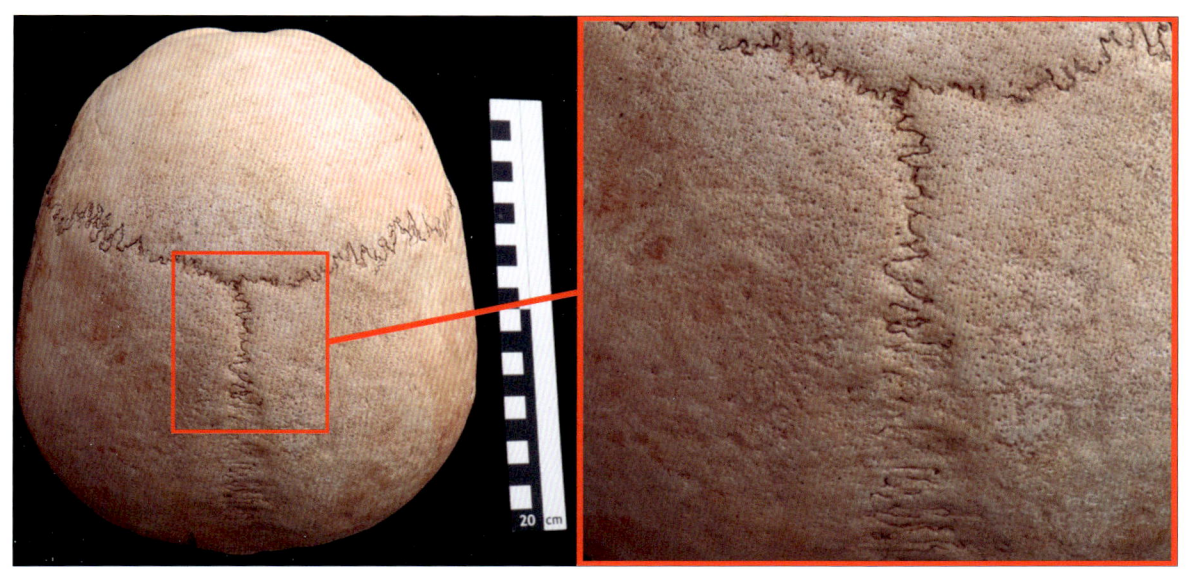

■ **Abb. 212** Porositäten mit maximalem Ausprägungsstadium 3 auf der Schädelkalotte des Individuums Rö 25,3 (rechts in der Vergrößerung). | Porosités avec stade d'expression maximal 3 sur la calotte crânienne de l'individu Rö 25,3 (à droite sur l'agrandissement). Foto / Photo: © Weiher.

cis de l'os affecté par le cribra, la cause ne peut pas être déterminée de manière fiable et les modifications poreuses ne peuvent être considérées que comme un marqueur de stress non spécifique[99]. Dans le cadre du travail de Langenstein[100], des modifications poreuses du toit osseux de l'œil ont été diagnostiquées chez presque tous les individus examinés (Nb. 162), un *cribra orbitalia* classique étant identifié chez environ un quart des individus. L'apparition de *cribra femoralis* a été recherchée afin d'obtenir un autre indicateur de carences possibles dans les conditions de vie immédiatement précédentes[101]. Une *cribra femoralis* a pu être diagnostiquée chez près d'un tiers des individus (57 sur 187), les individus juvéniles étant plus souvent atteints que les individus adultes (ill. 210).

Chez 36 individus, des usures dentaires habituelles ont pu être identifiées sous la forme d'espaces interdentaires. Chez les individus concernés de la série Rödelheim, on a pu diagnostiquer entre une et quatre lacunes dentaires dues à la pipe, qui ont touché au total 175 dents (3,44 %) (ill. 211). Comme indice supplémentaire d'une éventuelle consommation de tabac, on a constaté chez de nombreux individus des jaunissements des dents dus à l'incorporation de pigments provenant de la nicotine et du goudron dans les différents composants de la dent (par ex.[102] [103] [104]).

Les **conditions d'hygiène** étaient parfois catastrophiques au sein de l'armée. Les soldats rapportaient régulièrement dans des lettres qu'ils n'avaient pas le droit d'enlever leurs uniformes pendant des semaines[105] [106]. L'hygiène corporelle quotidienne était quasiment impossible, car il n'y avait pas d'accès aux produits d'hygiène et aux vêtements propres, ni d'eau pour se nettoyer, se raser ou laver ses vêtements[107] [108] [109]. En raison des mauvaises conditions de vie au sein de l'armée, les parasites et les bactéries ont trouvé un terrain propice pour se propager rapidement parmi les soldats et déclencher des maladies.

En ce qui concerne les mauvaises conditions d'hygiène dans l'armée, il convient d'examiner les modifications inflammatoires sur la calotte crânienne, qui peuvent donner une indication sur la prévalence de l'infestation par les poux chez les soldats. En outre, les fréquences des caries ainsi que les résultats des enregistrements systématiques d'autres pathologies dentaires (par ex. tartre, parodontite et stomatite) doivent être pris en compte dans l'évaluation des conditions d'hygiène dans l'armée.

Dès l'examen des crânes des individus de Rödelheim à la recherche de modifications poreuses, il a été constaté que les lésions étaient probablement dues à une inflammation de la calotte crânienne. La cause possible est ici une infestation de poux qui provoque de fortes démangeaisons sur le cuir chevelu. Le grat-

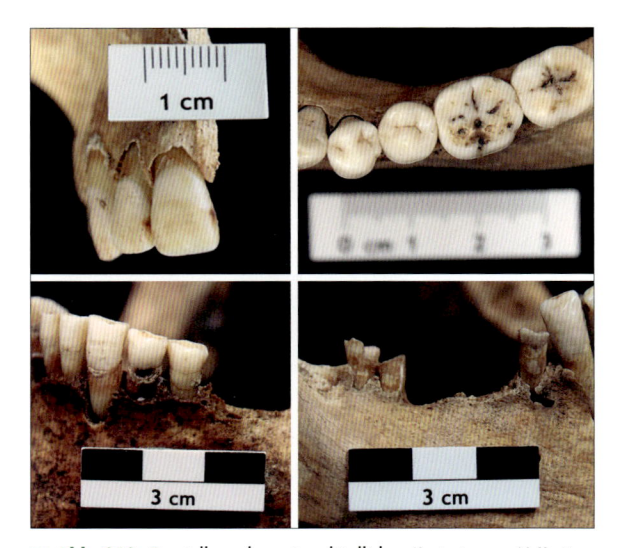

Abb. 213 Darstellung der unterschiedlichen Kariestypen. A) Karies im Zahnzwischenraum, der durch die bräunliche Verfärbung an den Kontaktstellen zwischen den Zähnen 11 und 12 zu erkennen ist (Rö 18,2). B) Fissurenkaries auf der okklusalen Oberfläche der Zähne 36 und 37 (Rö 30,4). C) Wurzelkaries im bukkalen Bereich des Zahns 34 (KS-44). D) Ausgeprägte Karies an den Zähnen 44 und 48 (Rö 30,14), bei dem die Zahnkrone durch die Karies bereits vollständig zerstört wurde und nur noch Reste der Zahnwurzel im Kiefer sitzen. | Représentation des différents types de caries. A) Carie dans l'espace interdentaire, reconnaissable à la coloration brunâtre au niveau des points de contact entre les dents 11 et 12 (Rö 18,2). B) Carie de fissure sur la surface occlusale des dents 36 et 37 (Rö 30,4). C) Carie radiculaire dans la zone vestibulaire de la dent 34 (KS-44). D) Carie prononcée sur les dents 44 et 48 (Rö 30,14), où la couronne de la dent a déjà été complètement détruite par la carie et où il ne reste que des restes de la racine de la dent dans la mâchoire. Fotos / Photos: © Rachel.

Das Auftreten und die Häufigkeit von Kariesläsionen an den Zähnen der Individuen (N=192) wurden im Rahmen der Arbeit von Rachel[116] aufgenommen. Bei fast jedem Individuum konnte an mindestens einem Zahn eine Kariesläsion (N=190, 99,48%) diagnostiziert werden (**Abb. 213**), wobei die Läsionen am Häufigsten im Bereich der Zahnkrone auftraten (92,85%). Ein statistisch signifikanter Zusammenhang (p<0,001) zwischen zunehmendem Alter der Individuen und der Anzahl diagnostizierter Kariesläsionen konnte bewiesen werden[117]. Bei einem Viertel der Individuen (24,48%) war die Karies scheinbar so weit ausgeprägt, dass es in dessen Folge zu einer bakteriellen Entzündung im Bereich der Zahnwurzel gekommen ist und sich diese als periapikale Läsion darstellte. Nach der Eröffnung der Pulpahöhle können Bakterien über den Wurzelkanal bis in den Alveolarknochen vordringen und dort zur Eiterbildung und zum Nekrotisieren des Alveolarknochens führen, was zu einem Durchbruch in Form einer Kloake im Kiefer führen kann[118][119][120]. Weitere Dentalpathologien wurden ebenfalls vermehrt bei den Individuen diagnostiziert. Fast alle Individuen (98,95%) wiesen mehr oder weniger stark ausgeprägten Zahnstein auf. Entzündliche Veränderungen im Bereich der Alveolen des Kieferknochens, eine sog. Periodontitis konnte bei 171 Individuen und des knöchernen Gaumens, einer sog. Stomatitis bei 59 Individuen diagnostiziert werden. Aus den hohen Frequenzen von Dentalpathologien können direkte Rückschlüsse auf die hygienischen Bedingungen innerhalb der Armee gezogen werden, da bei der Entstehung dieser Pathologien und die Häufigkeiten, in denen sie auftreten, die hygienischen Bedingungen, insbesondere die Mundhygiene, maßgeblich Einfluss nehmen[121]. Die Soldaten hatten während der Feldzüge keinen dauerhaften Zugang zu Wasser, aber auch wenn den Soldaten Wasser zur Verfügung stand, war der Zugang zu Hygieneartikel, bspw. auch zur Zahnreinigung, stark begrenzt[122][123]. Zwar gab es bereits Zahnbürsten, diese waren aber nur für die wenigsten finanziell erschwinglich[124] und daher wurde die Mundhygiene im 18. Jahrhundert allgemein eher vernachlässigt[125][126].

Die Mangelernährung, die physische Belastung und die desaströsen hygienischen Bedingungen innerhalb der Armee führten zu einer hohen psychischen Belastung und einem allgemein schlechten **Gesundheitszustand** der Soldaten, welcher einen Nährboden für eine Vielzahl von Parasiten und Krankheitserregern bot. Um einen Eindruck über den allgemeinen Gesundheitszustand der Soldaten zu erhalten, wurden Skelette auf Anzeichen verschiedener Infektionskrankheiten sowie auf skelettmanifeste Anzeichen hoher psychischer Belastung untersucht. Darüber hinaus sollte die Untersuchung von Spuren kürzlich erlittener Gewalteinwirkung, bspw. Schädeltraumata, Hinweise auf eine Teilnahme der Individuen in einer Schlacht geben.

Bei der morphologischen Untersuchung von Infektionskrankheiten können nur die untersucht werden, die sich auch am Knochen abbilden. Hier zu nennen sind bspw. die respiratorischen Erkrankungen der oberen und unteren Atemwege, die sich durch entzündliche Veränderungen in den Nasennebenhöhlen sowie auf den Innenseiten der Rippenoberflächen darstellen kön-

tage accru provoque des lésions de la peau qui permettent aux bactéries responsables de l'inflammation de pénétrer dans la plaie et d'entraîner les modifications poreuses de la calotte ectocrânienne. Dans le cadre du travail de Weiher[110], l'examen des individus de la série de Rödelheim (Nb. 114) a permis d'observer sur presque chaque crâne au moins des modifications poreuses isolées sur la calotte. Les stades les plus graves ont été diagnostiqués chez deux tiers des individus (67,33 %) (ill. 212), les individus adultes étant nettement plus souvent concernés par ce phénomène.

L'apparition et la fréquence des pathologies dentaires, telles que les caries, les lésions périapicales, le tartre, la parodontite et la stomatite, ont été documentées dans le cadre du travail de Rachel[111]. L'apparition de caries est favorisée par l'absorption d'aliments cariogènes, car la métabolisation bactérienne des hydrates de carbone libère des acides organiques qui provoquent une déminéralisation de la dent. En principe, il faut toutefois dire que l'apparition de caries est également favorisée par d'autres facteurs, par exemple une mauvaise hygiène dentaire et buccale[112,113,114,115]. L'apparition et la fréquence des lésions carieuses sur les dents des individus (Nb. 192) ont été enregistrées dans le cadre du travail de Rachel[116]. Chez presque chaque individu, une lésion carieuse (Nb. 190, 99,48 %) a pu être diagnostiquée sur au moins une dent (ill. 213), les lésions apparaissant le plus souvent dans la zone de la couronne dentaire (92,85 %). Il a été possible d'établir une relation statistiquement significative ($p<0,001$) entre l'âge croissant des individus et le nombre de lésions carieuses diagnostiquées[117]. Chez un quart des individus (24,48 %), la carie était apparemment si étendue qu'elle a entraîné une inflammation bactérienne au niveau de la racine de la dent, se présentant sous la forme d'une lésion périapicale. Après l'ouverture de la chambre pulpaire, les bactéries peuvent pénétrer par le canal radiculaire jusque dans l'os alvéolaire et provoquer la formation de pus et la nécrose de l'os alvéolaire, ce qui peut entraîner une perforation sous forme de cloaque dans la mâchoire[118,119,120]. D'autres pathologies dentaires ont également été diagnostiquées en grand nombre chez les individus. Presque tous les individus (98,95 %) présentaient du tartre dans une mesure plus ou moins prononcée. Des modifications inflammatoires au niveau des alvéoles de l'os maxillaire, des dénommées périodontites, ont été diagnostiquées chez 171 individus et des stomatites osseuses chez 59 individus. La fréquence élevée des pathologies dentaires permet de tirer des conclusions directes sur les conditions d'hygiène au sein de l'armée, car l'apparition de ces pathologies et leur fréquence sont influencées de manière déterminante par les conditions d'hygiène, notamment l'hygiène buccale[121]. Les soldats n'avaient pas d'accès permanent à l'eau pendant les campagnes, et même quand ils avaient de l'eau à disposition, l'accès aux produits d'hygiène, par exemple pour le nettoyage des dents, était très limité[122,123]. Certes, il existait déjà des brosses à dents, mais elles n'étaient financièrement accessibles qu'à une minorité[124] et l'hygiène buccale était donc généralement négligée au 18e siècle[125,126].

La malnutrition, le stress physique et les conditions d'hygiène désastreuses au sein de l'armée entraînaient une pression psychique élevée et un mauvais état de santé général des soldats, ce qui constituait un terrain propice à l'apparition d'une multitude de parasites et d'agents pathogènes. Afin de se faire une idée de l'état de santé général des soldats, les squelettes ont été examinés à la recherche de signes de différentes maladies infectieuses ainsi que de signes manifestes de stress psychologique élevé. En outre, l'examen des traces de violence récente, par exemple de traumatismes crâniens, devait fournir des indications sur la participation des individus à des combats.

Lors de l'examen morphologique des maladies infectieuses, seules celles qui se manifestent également sur l'os peuvent être examinées. Il s'agit par exemple des maladies des voies respiratoires supérieures et inférieures, qui peuvent se manifester par des modifications inflammatoires dans les sinus ainsi que sur les faces internes des côtes. Sur un total de 73 individus du collectif de squelettes de Rödelheim, des modifications typiques du squelette, par exemple de petites plaques, des points ou des modifications poreuses[127], ont pu être diagnostiquées sur la surface osseuse des sinus paranasaux (sinus maxillaire)[128]. En outre, des néoformations osseuses périostées ont été identifiées du côté des surfaces des côtes faisant face aux poumons chez 26 autres individus[129]. Deux individus présentaient des modifications morphologiques importantes sous la forme de nombreux effacements de structures lytiques, parfois graves, et de néoformations osseuses au niveau des vertèbres et des côtes (ill. 214), ce qui indiquait une maladie bactérienne de type tuberculose ou brucellose

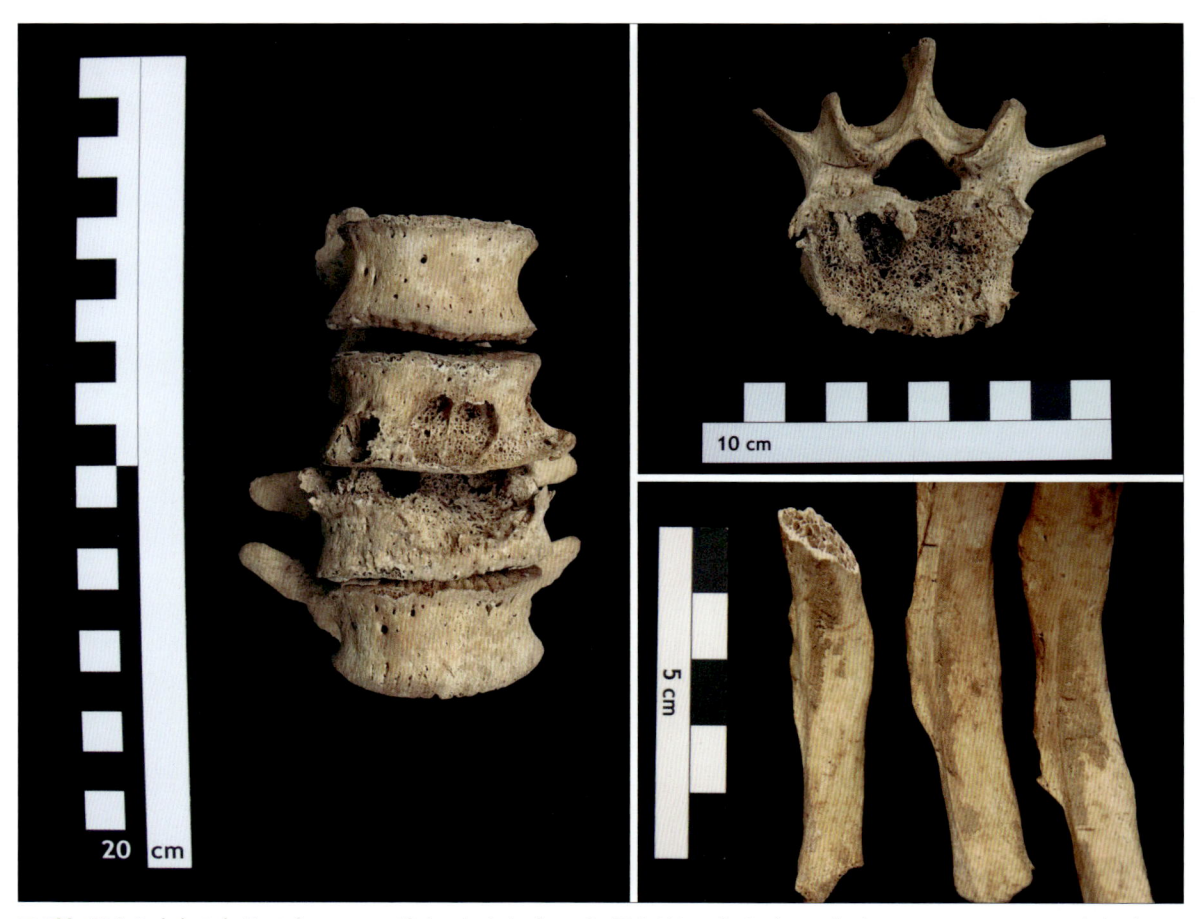

■ **Abb. 214** Pathologische Veränderungen am Skelett des Individuums Rö 10,4. A) Lytische Strukturauslöschungen im anterioren Bereich des dritten und vierten Lendenwirbels. B) Blick auf die kraniale Deckplatte des vierten Lendenwirbels. C) periostale Knochenneubildungen an den der Lunge zugewandten Rippenoberflächen. | Modifications pathologiques du squelette de l'individu Rö 10,4. A) Effacement lytique de la structure dans la zone antérieure de la troisième et de la quatrième vertèbre lombaire. B) vue du plateau crânien de la quatrième vertèbre lombaire. C) néoformations osseuses périostées sur les surfaces des côtes tournées vers les poumons. Fotos / Photos: © Michehl.

nen. Bei insgesamt 73 Individuen des Skelettkollektivs Rödelheim konnten typische skelettmanifeste Veränderungen, bspw. kleine Platten, Stippchen oder poröse Veränderungen[127], auf der Knochenoberfläche der Nasennebenhöhlen (Kieferhöhle) diagnostiziert werden[128]. Darüber hinaus konnten periostale Knochenneubildungen an der der Lunge zugewandten Seite der Rippenoberflächen bei 26 weiteren Individuen identifiziert werden[129]. Zwei Individuen zeigten deutliche morphologische Veränderungen in Form von zahlreichen, teils gravierenden lytischen Strukturauslöschungen und Knochenneubildungen an den Wirbeln und Rippen (**Abb. 214**), was auf eine bakterielle Erkrankung von Tuberkulose oder Brucellose zu Lebzeiten der Individuen hindeutete. Mit Hilfe der molekulargenetischen Untersuchungen konnte über den Nachweis erregerspezifischer DNA-Sequenzen bei einem Individuum aus dem Skelettkollektiv die Tuberkuloseerkrankung bestätigt werden[130].

Eine weitere Krankheit, die am Skelett in Erscheinung treten kann und an der nach den historischen Überlieferungen zahlreiche Soldaten der napoleonischen Armee litten, ist die Geschlechtskrankheit Syphilis. Im Rahmen der Arbeiten von Michehl[131] und Rachel[132] wurden die Skelette auf Anzeichen der Erkrankung hin untersucht. An zwei Individuen konnten Schmelzdefekte an den Zähnen nachgewiesen werden, darunter auch an den ersten Molaren die für kongenitale Syphilis typischen Zahnschmelzbildungsstörungen, sog. *Mulberry molars* (**Abb. 215**,[133] [134] [135]). Da diese Syphilis-Variante von der Mutter auf ihr ungeborenes Kind übertragen wird, hat diese jedoch nichts mit der militärischen Lebens-

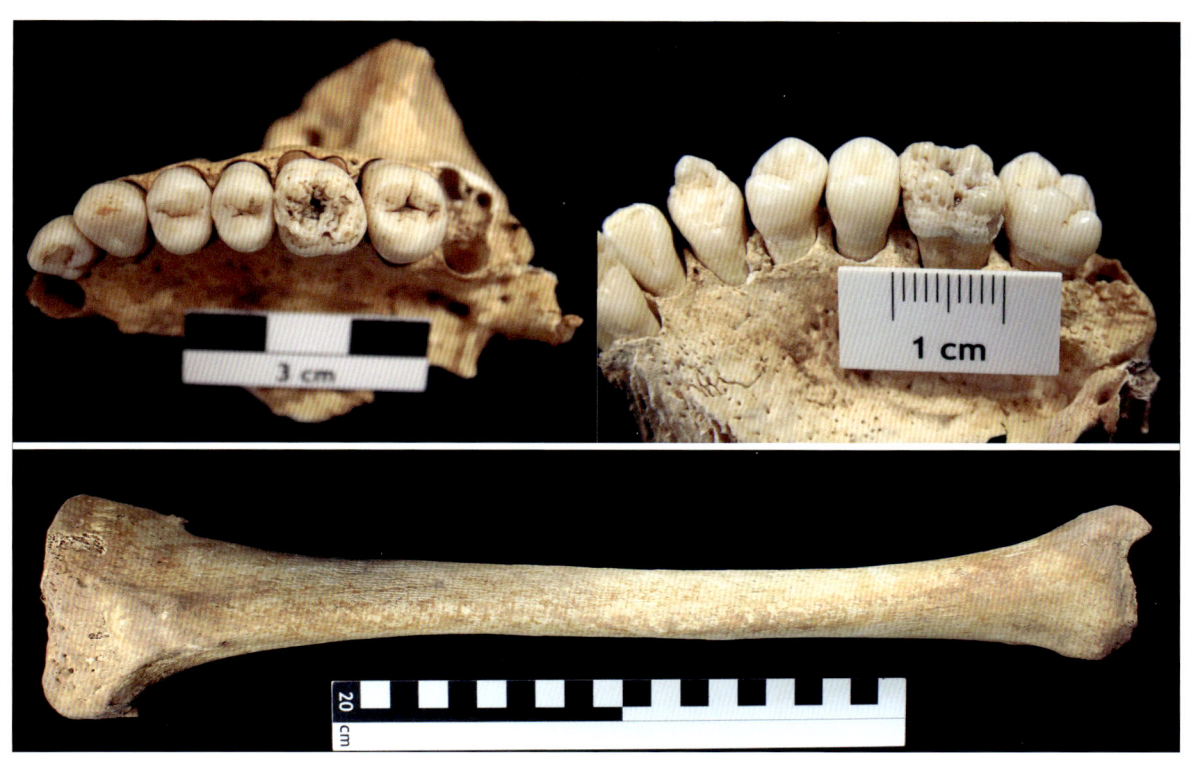

■ **Abb. 215** Beispiele von möglichen morphologischen Merkmalen, die für eine Syphiliserkrankung sprechen. A) Individuen Rö 6,1 (links) und Rö 20,1 (rechts) mit deutlichen Schmelzbildungsstörungen (u.a. sog. Mulberry molars), die Anzeichen einer kongenitalen Syphilis sind. B) Tibia des Individuums Rö 8,4 mit unspezifischen periostalen Reaktionen und bilateraler Verdickung der Diaphyse. | Exemples de caractéristiques morphologiques possibles en faveur d'une maladie syphilitique. A) Individus Rö 6,1 (à gauche) et Rö 20,1 (à droite) présentant des troubles évidents de la formation de l'émail (notamment ce que l'on appelle les molaires mûriformes), qui sont des signes de syphilis congénitale. B) Tibia de l'individu Rö 8,4 avec des réactions périostées non spécifiques et un épaississement bilatéral de la diaphyse. Foto / Photo A: © Rachel.

du vivant de ces individus. Les analyses génétiques moléculaires ont permis de confirmer la tuberculose par la mise en évidence de séquences d'ADN spécifiques de l'agent pathogène chez un individu du collectif du squelette[130].

Une autre maladie qui peut se manifester sur le squelette et dont souffraient, selon les récits historiques, de nombreux soldats de l'armée napoléonienne, est la syphilis, une maladie vénérienne. Dans le cadre des travaux de Michehl[131] et Rachel[132], les squelettes ont été examinés pour déceler des signes de la maladie. Des défauts de l'émail des dents ont été mis en évidence chez deux individus, dont les premières molaires présentent des troubles de la formation de l'émail typiques de la syphilis congénitale, dénommés molaires mûriformes (ill. 215,[133] [134] [135]). Comme cette variante de la syphilis est transmise par la mère à son enfant avant la naissance, elle n'a rien à voir avec le mode de vie militaire. Il en va autrement des modifications morphologiques qui se manifestent suite à l'infection de la syphilis à transmission vénérienne. La maladie se manifeste souvent sur le squelette par une périostite des os longs, en particulier du tibia[136] [137], qu'il est cependant difficile de distinguer morphologiquement des modifications non spécifiques de la surface osseuse dues à une (sur)charge prolongée. Pour cinq individus, on a néanmoins soupçonné que les modifications morphologiques étaient en faveur d'une maladie de syphilis à transmission vénérienne. Chez deux de ces individus, l'examen en coupes fines réalisées à partir de l'os morphologiquement modifié a permis de diagnostiquer au microscope des modifications caractéristiques qui laissent penser à la possibilité d'une maladie syphilitique[138].

Parmi les autres maladies infectieuses, on compte également le typhus ou les maladies du même type; les sources historiques permettent de supposer de manière plausible que les individus de la série de squelettes de Rödelheim aient pu décéder des suites de l'une de ces maladies. Le typhus ou les maladies typhiques ne

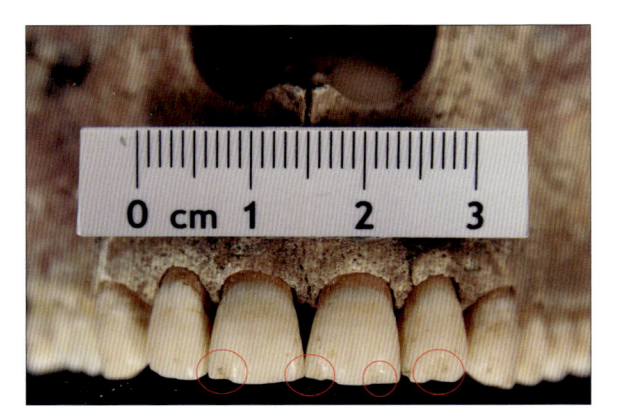

Abb. 216 Die Incisivi des Oberkiefers mit Anzeichen eines Bruxismus beim Individuum Rö 28,10. Deutlich zu erkennen sind kleine Frakturen in Form von Absplitterungen am Zahnschmelz (rote Kreise). | Les incisives de la mâchoire supérieure avec des signes de bruxisme chez l'individu Rö 28,10. On voit clairement de petites fractures sous forme d'éclats sur l'émail (cercles rouges). Foto / Photo: © Rachel, Maßstab 180° gedreht / Échelle tournée à 180°.

weise zu tun. Anders verhält es sich mit den morphologischen Veränderungen, die sich durch die Infektion der venerischen Syphilis manifestieren. Die Krankheit äußert sich am Skelett häufig in Form einer Periostitis an den Langknochen, insbesondere an der Tibia[136][137], welche jedoch morphologisch nur schwer gegen unspezifische Veränderungen der Knochenoberfläche in Folge einer andauernden (Über-)Belastung abzugrenzen sind. Bei fünf Individuen bestand dennoch der Verdacht, dass die morphologischen Veränderungen für eine Erkrankung an der venerischen Syphilis sprechen. Bei zwei dieser Individuen konnte bei der Untersuchung von Dünnschnittpräparaten, die aus dem morphologisch veränderten Knochen angefertigt wurden, im mikroskopischen Bild charakteristische Veränderungen diagnostiziert werden, die eine Syphiliserkrankung für möglich erscheinen ließen[138].

Als weitere Infektionserkrankung zählt auch der Typhus bzw. die typhusähnlichen Erkrankungen, bei denen durch die historischen Quellen plausibel anzunehmen ist, dass die Individuen der Skelettserie Rödelheim an den Folgen einer dieser Krankheiten verstarben. Der Typhus bzw. die typhusähnlichen Erkrankungen hinterlassen keine direkten Spuren am Skelett, einer Erkrankung kann sich dennoch genähert werden, indem morphologische Anzeichen eines möglichen vorherrschenden Lausbefalls untersucht werden, da die Kleiderlaus Vektor für einige der krankheitsauslösenden Pathogene der Krankheiten ist. Bei den Individuen wurden die porösen Veränderungen auf den Schädelkalotten zahlreicher Individuen nachgewiesen, was zumindest plausibel vermuten lässt, dass die Individuen unter einem Lausbefall litten. Ein Beweis für eine Erkrankung am Typhus oder einer typhusähnlichen Erkrankung konnte nicht gefunden werden, da der molekulargenetischen Nachweis spezifischer DNA-Sequenzen der krankheitsauslösenden Pathogene (*Bartonella* quintana und *Rickettsia* prowazekii, *Salmonella* typhi und *S.* paratyphi A, *S.* enterica ohne *S. paratyphi* A und *Borellia* recurrentis) nicht möglich war. Das bedeutet jedoch nicht, dass die Individuen nicht infiziert waren, da das Ausbleiben positiver Signale trotz Anwesenheit humanpathogener DNA unterschiedliche Ursachen haben kann, bspw. dass die Menge an Erreger-DNA im DNA-Extrakt zu gering war[139].

Ein hohes Maß an psychischem Stress kann sich am Skelett durch einen sog. Bruxismus, allgemein als Zähneknirschen bekannt, abzeichnen, da allgemein angenommen wird, dass durch das Knirschen der Zähne unwillkürlich Stress abgeleitet wird[140][141]. Der Bruxismus zeigt sich durch Absplitterungen des Zahnschmelzes, vor allem im Bereich der Schneidezähne (**Abb. 216**). Bei über einem Viertel der Individuen (27,22 %) konnten diese Veränderungen an den Zähnen nachgewiesen werden[142].

Darüber hinaus stehen bei der Untersuchung von Skeletten aus dem militärischen Kontext vor allem Hinweise auf Verletzungsspuren im Fokus. Frische Verletzungsspuren sind nicht zu erwarten, da aus dem historischen Kontext bekannt ist, dass es sich bei den Individuen aus Rödelheim um Opfer einer Typhusepidemie und nicht einer Schlacht handelt. Allerdings starben die Individuen während der Befreiungskriege, in denen sie gekämpft haben könnten z. B. in der Schlacht von Hanau, die am 30. und 31. Oktober 1813 nahe Rödelheim stattgefunden hat. Somit ist es möglich, dass Verletzungsspuren mit offensichtlichen Heilungsspuren diagnostizierbar sind. Allerdings müssen nicht alle Verletzungen unmittelbar durch Kampfhandlungen während einer Schlacht entstanden sein. Gerade ein enges und meist unfreiwilliges Zusammenleben verschiedenster Menschen, wie es das Leben in der Armee mit sich bringt, kann ein erhebliches Konfliktpotential darstellen, infolgedessen interpersonelle Aggressionen zu körper-

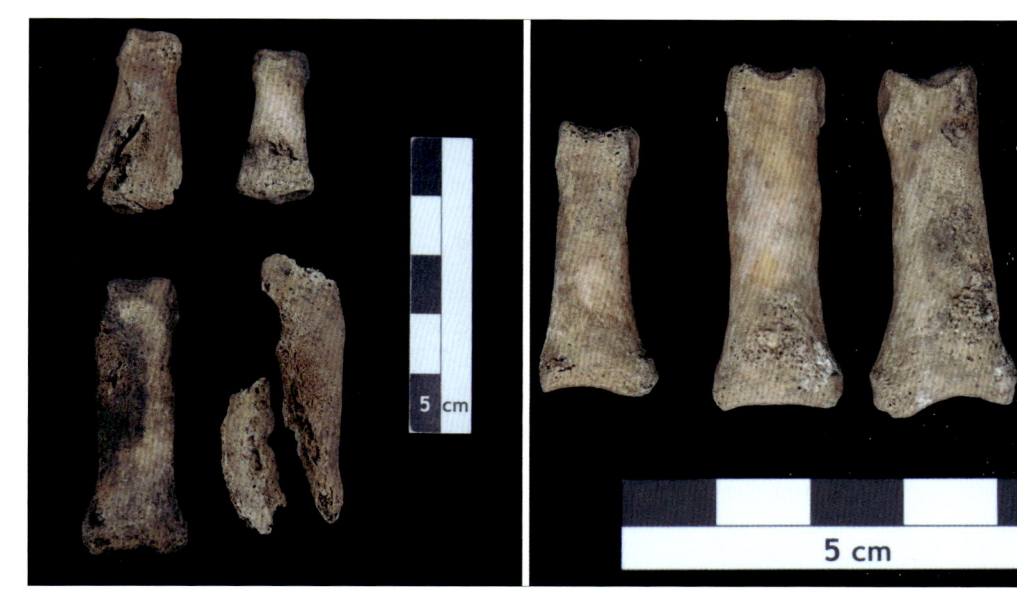

Abb. 217 Zwei Beispiele von Verletzungen an den Phalangen der Hand, die durch scharfe Gewalt zugefügt wurden (links: Rö 29,7, rechts: Rö 30,2). | Deux exemples de blessures infligées aux phalanges de la main provoquées par une force vive (à gauche: Rö 29,7, à droite: Rö 30,2). Fotos / Photo: © Michehl.

laissent pas de traces directes sur le squelette, mais une maladie peut néanmoins être envisagée en examinant les signes morphologiques d'une éventuelle infestation prédominante par les poux, car le pou du vêtement est un vecteur de certains des pathogènes responsables des maladies. Dans les squelettes retrouvés, les modifications poreuses sur les calottes crâniennes de nombreux individus ont été mises en évidence, ce qui laisse supposer de manière au moins plausible que ces derniers souffraient d'une infestation de poux. Il n'a pas été possible de trouver la preuve d'un typhus ou d'une maladie typhique, car la détection génétique moléculaire n'a pas permis d'identifier des séquences d'ADN spécifiques des pathogènes responsables de la maladie (*Bartonella quintana* et *Rickettsia prowazekii*, *Salmonella typhi* et *S. paratyphi A*, *S. enterica* sans *S. paratyphi A* et *Borrelia recurrentis*). Cela ne signifie pas pour autant que les individus n'étaient pas infectés, car l'absence de signaux positifs malgré la présence d'ADN pathogène humain peut avoir différentes causes, comme par exemple une quantité trop faible d'ADN pathogène dans l'extrait d'ADN[139].

Un niveau élevé de stress psychologique peut se manifester sur le squelette par ce que l'on nomme le bruxisme, communément appelé grincement des dents, car il est généralement admis que le grincement des dents évacue involontairement le stress[140][141]. Le bruxisme se manifeste par des éclats de l'émail dentaire, surtout au niveau des incisives (**ill. 216**). Chez plus d'un quart des individus (27,22 %), ces altérations ont été détectées sur les dents[142].

En outre, lors de l'examen de squelettes provenant d'un contexte militaire, ce sont surtout les indices de traces de blessures qui retiennent l'attention. Il ne faut pas s'attendre à des traces de blessures récentes, car le contexte historique nous apprend que les individus de Rödelheim ont été victimes d'une épidémie de typhus et non d'une bataille. Cependant, les individus sont morts pendant les guerres de libération au cours desquelles ils ont pu combattre, par exemple lors de la bataille de Hanau, qui s'est déroulée les 30 et 31 octobre 1813 près de Rödelheim. Il est donc possible que des traces de blessures puissent être diagnostiquées, avec des traces évidentes de guérison. Cependant, toutes les blessures n'ont pas forcément été causées directement par des combats lors d'une bataille. La cohabitation étroite et souvent involontaire de personnes très différentes, comme c'est le cas dans la vie à l'armée, peut justement représenter un potentiel de conflit considérable, à la suite duquel les agressions interpersonnelles peuvent conduire à la violence physique. Même dans le cas de blessures à l'arme blanche, que l'on

licher Gewalt führen können. Selbst bei Hiebverletzungen, die sich an vielen Schädeln finden lassen, kann nicht ausgeschlossen werden, dass sie auch außerhalb von kriegerischen Auseinandersetzungen entstanden sein können. Im Rahmen der Arbeit von [143] konnten bei 37 Individuen des Rödelheimer Skelettkollektivs insgesamt 43 Frakturen des postkranialen Skeletts diagnostiziert werden. Am häufigsten waren dabei die Unterarmknochen Elle und Speiche betroffen. Darüber hinaus konnte in fünf Fällen scharfe Gewalteinwirkung an den Fingerknochen und einem Oberarmknochen identifiziert werden (**Abb. 217**). Diese Verletzungen an den Unterarm- und Handknochen können dabei Hinweise auf Abwehrverletzungen geben[144]. Auch zahlreiche Schädelverletzungen konnten bei den Individuen aus Rödelheim nachgewiesen werden. Im Rahmen der Arbeit von Rachel[145] wurden die Schädel von 175 Individuen untersucht. Bei fast einem Fünftel der Individuen (17,71 %) konnten insgesamt 51 Verletzungen am Schädel diagnostiziert werden (**Abb. 218**), welche überwiegend auf halbscharfe Gewalteinwirkung zurückzuführen sind. In einem Fall wurde eine Verletzung durch einen möglichen Streifschuss hervorgerufen.

Biogeografische Herkunftsanalyse

Für die Rekonstruktion der biogeografischen Herkunft wurden die Allel-Ausprägungen der Y-chromosomalen STR-Systeme, die den sog. *minimal Haplotype* bilden (DYS19, DYS389I/II, DYS390, DYS391, DYS392, DYS393, DYS385a/b) sowie die der Systeme DYS437, DYS438 und DYS439 berücksichtigt. Die anschließende Auswertung erfolgte zum einen über die vorhergesagten Y-Haplogruppen der Individuen aus Rödelheim, die mit bekannten regionalen Y-Haplogruppenverteilungen Europas verglichen wurden. Zum anderen erfolgte die Auswertung nach den generierten Y-Haplotypen, bei der die interindividuelle Haplotypvariabilität innerhalb einer Population von der Variabilität differenziert wird, die durch die Zugehörigkeit zu einer anderen Population entsteht[146].

Auf Basis der Y-Haplotypen konnte über einen Haplogruppenprädiktor[147] für 171 Individuen je eine wahrscheinliche Haplogruppe vorhergesagt werden (**Tab. 2**). Es konnten diverse (Sub-)Haplogruppen ermittelt werden, die sich in insgesamt 12 Haplogruppen zusammenfassen ließen.

Die Haplogruppenhäufigkeiten wurden im Anschluss mit den Haplogruppenfrequenzen zahlreicher europäischer (Sub)Populationen aus der Datenbank Eupedia[148] sowie den Häufigkeiten der napoleonischen Soldaten aus dem Massengrab Kassel[149] verglichen und statistisch ausgewertet. Der paarweise Vergleich der Haplogruppenhäufigkeiten ergab, dass es signifikante Unterschiede zu nahezu allen Populationen gab. Lediglich zur französischen Subpopulation der Provence konnten keine signifikanten Unterschiede ermittelt werden.

Da im Vergleich zu anderen Serien napoleonischer Soldaten die Anzahl an im Jugendalter verstorbenen Individuen relativ hoch ist (vgl. Sterbealtersdiagnose), wurde die Theorie aufgestellt, dass bei den Individuen aus Rödelheim eher Individuen zu finden sind, die nach dem Russlandfeldzug für die Befreiungskriege rekrutiert wurden. 1813 musste Napoleon eine zahlenmäßig starke neue Armee aufstellen, da seine Grande Armée während des Russlandfeldzugs nahezu vollständig eliminiert wurde. Da von Napoleon aber im Verlauf der Befreiungskriege immer mehr Verbündete abfielen, konnte er vermutlich nur noch auf wenig Unterstützung aus dem Ausland zurückgreifen, sondern musste vermehrt in Frankreich rekrutieren. Diese Änderung in der Rekrutierungsstrategie sollte sich auch in den Y-Haplogruppen und Haplotypen der Individuen widerspiegeln. Die 171 erfolgreich typisierten Individuen wurden für die statistische Auswertung in die juvenilen (N=41), in die adulten (N=92) und älteren Individuen (maturen und senilen, N=33) unterteilt, um die Haplogruppenverteilungen zu bewerten. Eine umfassende statistische Auswertung war jedoch nicht möglich und Vergleiche mussten auf einem deskriptiven Niveau bleiben: beson-

Haplogruppe	C	E1b1b*	G2a*	I1	I2*	J1*	J2*	N1*	Q*	R1a	R1b	T*	Summe
Anzahl Individuen	2	10	12	6	6	3	7	1	1	21	101	1	171
Anteil in %	1,2	5,8	7,0	3,5	3,5	1,8	4,1	0,6	0,6	12,3	59,1	0,6	100

■ **Tab. 2** Verteilung der Haplogruppen in der Skelettserie Rödelheim. Das Sternchen markiert das Zusammenfassen diverser Sub-Haplogruppen. | Répartition des haplogroupes dans la série de squelettes Rödelheim. L'astérisque marque la combinaison de différents sous-haplogroupes.

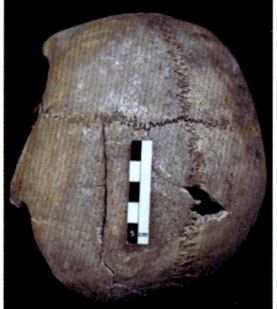

Abb. 218 Beispiele von Schädelverletzungen an Individuen der Serie Rödelheim. Alle Verletzungen zeigen Heilungsspuren, wurden also zumindest eine gewisse Zeit überlebt. A) In situ Aufnahme des Individuums Rö 29,5 mit großer Hiebverletzung und Knochenabtrennung am rechten Os frontale. B) Schnittverletzung am linken Os parietale des Individuums Rö 35,16. C) Mögliche Streifschussverletzung am Os occipitale des Individuums Rö 28,12. Foto A: © Denkmalamt Frankfurt am Main, zugeschnitten; Foto B/C: © Michehl. | Exemples de blessures au crâne sur des individus de la série Rödelheim. Toutes les blessures présentent des traces de guérison, donc les sujets ont survécu au moins un certain temps. A) Cliché in situ de l'individu Rö 29,5 avec grande blessure par coup de hache et séparation de l'os frontal droit. B) Blessure par coupure à l'os pariétal gauche de l'individu Rö 35,16. C) Blessure possible par balle rayée à l'os occipital de l'individu Rö 28,12. Photo A: © Denkmalamt Frankfurt am Main, recadrée; photos B/C: © Michehl.

retrouve sur de nombreux crânes, il ne peut être exclu qu'elles aient pu être causées en dehors d'une situation de conflit armé. Dans le cadre du travail de[143], dans l'ensemble 43 fractures du squelette postcrânien ont été diagnostiquées chez 37 individus du collectif de squelettes de Rödelheim. Les os les plus souvent touchés étaient ceux de l'avant-bras (cubitus et radius). En outre, dans cinq cas, un traumatisme violent a été identifié au niveau des phalanges et d'un humérus (ill. 217). Ces blessures aux os de l'avant-bras et de la main peuvent donner des indications de blessures occasionnées par une situation de défense[144]. De nombreuses lésions crâniennes ont également été mises en évidence chez les individus de Rödelheim. Dans le cadre du travail de Rachel[145] les crânes de 175 individus ont été examinés. Pour près d'un cinquième d'entre eux (17,71 %), 51 blessures au crâne ont pu être diagnostiquées au total (ill. 218), principalement dues à des coups de force moyenne. Dans un cas, une blessure aurait pu être éventuellement causée par une balle perdue.

Analyse des origines biogéographiques

Pour la reconstruction de l'origine biogéographique, les expressions alléliques des systèmes STR chromosomiques Y formant ce que l'on appelle l'haplotype minimum (DYS19, DYS389I/II, DYS390, DYS391, DYS392, DYS393, DYS385a/b) ainsi que celles des systèmes DYS437, DYS438 et DYS439 ont été prises en compte. L'évaluation suivante a été effectuée d'une part sur les groupes d'haplotypes Y prédits des individus de Rödelheim, qui ont été comparés aux distributions régionales connues des groupes d'haplotypes Y en Europe. D'autre part, l'évaluation a été effectuée en fonction des haplotypes Y générés, en différenciant la variabilité interindividuelle des haplotypes au sein d'une population de la variabilité due à l'appartenance à une autre population[146]. Sur la base des haplotypes Y, un prédicteur d'haplogroupe[147] a permis de prédire un haplogroupe probable pour 171 individus (tab. 2). Divers (sous-)haplogroupes ont pu être déterminés, qui ont pu être regroupés en 12 haplogroupes au total.

Les fréquences des haplogroupes ont ensuite été comparées aux fréquences des haplogroupes de nombreuses (sous-)populations européennes de la base de données Eupedia[148] ainsi qu'aux fréquences des soldats napoléoniens de la fosse commune de Kassel[149] puis analysées statistiquement. La comparaison par paires des fréquences des haplogroupes a montré qu'il existait des différences importantes pour presque toutes les populations. Seule la sous-population française de Provence n'a pas permis d'établir de différences significatives.

Comme le nombre d'individus décédés à l'adolescence est relativement élevé par rapport à d'autres séries de soldats napoléoniens (cf. diagnostic de l'âge au décès), il a été théorisé que parmi les individus de Rödelheim, il y aurait eu un plus grand nombre d'individus recrutés après la campagne de Russie pour les guerres de libération. En 1813, Napoléon dut constituer une nouvelle armée numériquement forte, car sa

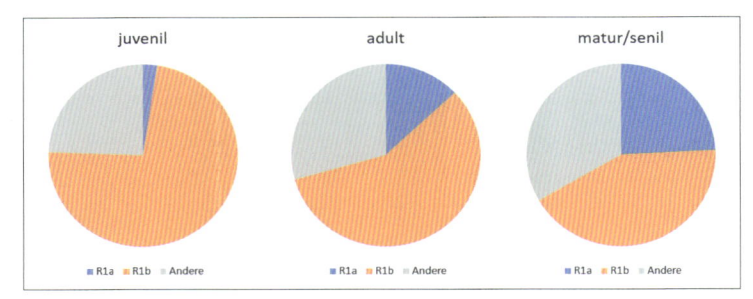

Abb. 219 Vergleich der Haplogruppenverteilungen zwischen den Alterskohorten juvenil (N=41), adult (N=92) und matur/senil (N=33). In der juvenilen Alterskohorte gibt es nur ein Individuum, welches die Haplogruppe R1a (1/41) trägt, dafür über 73 % (30/41) die Gruppe R1b. Bei den adulten Individuen besitzen ungefähr 13 % der Individuen die Haplogruppe R1a (12/92) und 58 % R1b (53/92). Bei den älteren Individuen sind es fast ein Viertel der Individuen mit der Gruppe R1a (8/33) und 42 % R1b (14/33). | Comparaison des répartitions des haplogroupes entre les cohortes d'âge juvénile (Nb=41), adulte (Nb=92) et mature/sénile (Nb=33). Dans la cohorte d'âge juvénile, il n'y a qu'un seul individu qui porte l'haplogroupe R1a (1/41), mais plus de 73 % (30/41) portent le groupe R1b. Chez les adultes, environ 13 % des individus possèdent l'haplogroupe R1a (12/92) et 58 % R1b (53/92). Chez les individus plus âgés, près d'un quart des individus ont le groupe R1a (8/33) et 42 % R1b (14/33).

ders interessant sind beim Vergleich der Haplogruppenverteilungen zwischen den Alterskohorten die Häufigkeit der Haplogruppen R1a und R1b (Abb. 219).

Der Vergleich hat gezeigt, dass je älter die verstorbenen Individuen waren, desto höher ist der Anteil R1a und desto geringer die Häufigkeit der Haplogruppe R1b. Die Haplogruppe R1a kommt in sehr hohen Frequenzen im Osten Europas vor und nimmt in westlicher Richtung immer weiter ab[150]. Die Häufigkeiten beider Haplogruppen haben dabei eine relativ scharfe Trennung in Mitteleuropa, deren Grenze in etwa an der Deutsch-Polnischen Grenze verläuft[151]. Auf die Individuen der Serie Rödelheim übertragen kann der hohe Anteil der Haplogruppe R1b bei der juvenilen Kohorte ein Indikator dafür sein, dass die Individuen weiter in Westeuropa rekrutiert wurden. Bei den älteren Individuen deutet der höhere Anteil R1a darauf hin, dass es sich nicht ausschließlich um Individuen aus Westeuropa handelt, sondern die Rekrutierung möglicherweise weiter östlich des Rheins stattgefunden hat. Denkbar wäre, dass es sich bei den verstorbenen erwachsenen Individuen auch vermehrt um Soldaten der Rheinbundstaaten handelt und sich dadurch das höhere Vorkommen der Haplogruppe R1a erklärt.

Ähnliche Tendenzen konnten auch durch die Untersuchung der Y-Haplotypen festgestellt werden. Bei der AMOVA-Analyse[152] wurden nur die Y-STR-Systeme verwendet, die den *minimal haplotype* bilden. Darüber hinaus wurden nur Individuen in die Analyse einbezogen, die in jedem dieser Systeme eine Allelausprägung aufwiesen. Unvollständige Haplotypen werden von der Software automatisch aussortiert, da fehlende Allele künstliche genetische Distanzen zwischen den zu vergleichenden Populationen erzeugen. Die AMOVA-Analyse konnte somit an 111 Individuen aus Rödelheim durchgeführt werden. Zusätzlich wurden die Haplotypen von 72 Individuen aus dem Massengrab Kassel als eigenständige Population mit in die Analyse einbezogen. Die Auswertung der Y-Haplotypen konnte zeigen, dass die Rödelheim-Population die geringsten genetischen Distanzen zur Wallonischen Region in Belgien und der französischen Stadt Toulouse aufweisen, aber auch zu zahlreichen anderen Populationen aus Frankreich, Belgien und Deutschland sowie den genetischen Profilen der Individuen aus dem Massengrab Kassel konnten Ähnlichkeiten identifiziert werden. Auch bei der Betrachtung der Y-Haplotypen wurde die Auswertung auf Basis der unterschiedlichen Alterskohorten durchgeführt (aufgrund der geringen Stichprobengröße konnte nur eine Unterteilung in »erwachsene Individuen« und »juvenile Individuen« vorgenommen werden). Die AMOVA-Analyse der erwachsenen Individuen (N=90) zeigte ein ähnliches Ergebnis, wie die Untersuchung des gesamten Skelettkollektivs, jedoch konnten bei den erwachsenen Individuen höhere Ähnlichkeiten zu den deutschen Subpopulationen aus Hamburg, Leipzig und Stuttgart festgestellt werden. Bei der AMOVA der juvenilen Individuen (N=41) konnten hingegen keine signifikanten Unterschiede zu nahezu jeder Vergleichspopulation ermittelt werden, jedoch zeigte die Kohorte die geringsten genetischen Distanzen zu den belgischen Populationen aus Brüssel und Limburg, den französischen Populationen aus Clermont-Ferrand, Marseille und Toulouse sowie der Population aus dem deutschen Mainz.

Die Ergebnisse der molekulargenetischen Untersuchungen von Grumbkow[153] legten eine biogeografische Herkunft der Individuen aus den heutigen Beneluxländern sowie dem östlichen Frankreich nahe. Im Rahmen der Untersuchung von Flux[154] konnten deutliche Hinweise gefunden werden, dass es sich bei den Indi-

Grande Armée avait été presque entièrement éliminée lors de la campagne de Russie. Mais comme dans les guerres de libération Napoléon perdait de plus en plus d'alliés, il ne pouvait probablement plus compter que sur un soutien limité de l'étranger, et devait recruter de plus en plus en France. Ce changement dans la stratégie de recrutement devait également se refléter dans les haplogroupes Y et les haplotypes des individus. Les 171 individus typisés avec succès ont été divisés en juvéniles (Nb. 41), adultes (Nb. 92) et individus plus âgés (matures et séniles, Nb. 33) à des fins d'analyse statistique, pour évaluer les distributions des haplogroupes. Une analyse statistique complète n'a cependant pas été possible et les comparaisons ont dû rester à un niveau descriptif: les fréquences des haplogroupes R1a et R1b sont particulièrement intéressantes dans la comparaison des distributions des haplogroupes dans les cohortes d'âge (ill. 219).

La comparaison a montré que plus les individus décédés étaient âgés, plus la proportion de R1a était élevée et plus la fréquence de l'haplogroupe R1b était faible. L'haplogroupe R1a est très fréquent à l'est de l'Europe et diminue progressivement vers l'ouest[150]. Les fréquences des deux haplogroupes présentent une séparation relativement nette en Europe centrale, dont la limite se situe à peu près à la frontière entre l'Allemagne et la Pologne[151]. Appliqué aux individus de la série Rödelheim, le pourcentage élevé de l'haplogroupe R1b dans la cohorte juvénile peut être un indicateur que les individus ont été recrutés plus loin en Europe occidentale. Chez les individus plus âgés, la proportion plus élevée de R1a indique qu'il ne s'agit pas exclusivement d'individus d'Europe occidentale, mais que le recrutement a peut-être eu lieu plus à l'est du Rhin. Il serait possible d'envisager que les individus adultes décédés soient aussi plus souvent des soldats des États de la Confédération du Rhin, ce qui expliquerait la présence plus importante de l'haplogroupe R1a.

Des tendances similaires ont pu être observées en examinant les haplotypes Y. Dans l'analyse AMOVA[152] seuls les systèmes STR-Y formant l'haplotype minimum ont été utilisés. De plus, seuls les individus présentant une expression allélique dans chacun de ces systèmes ont été inclus dans l'analyse. Les haplotypes incomplets sont automatiquement éliminés par le logiciel, car les allèles manquants créent des distances génétiques artificielles entre les populations à comparer. L'analyse AMOVA a donc pu être effectuée sur 111 individus de Rödelheim. En outre, les haplotypes de 72 individus de la fosse commune de Kassel ont été inclus dans l'analyse à titre de population indépendante. L'évaluation des haplotypes Y a pu montrer que la population de Rödelheim présente les distances génétiques les plus faibles avec la région wallonne en Belgique et la ville française de Toulouse, mais des similitudes ont également pu être établies avec de nombreuses autres populations de France, de Belgique et d'Allemagne, ainsi qu'avec les profils génétiques des individus de la fosse commune de Kassel. Pour l'observation des haplotypes Y également, l'évaluation a été effectuée sur la base des différentes cohortes d'âge (en raison de la taille réduite de l'échantillon, seule une subdivision en « individus adultes » et « individus juvéniles » a pu être effectuée). L'analyse AMOVA des individus adultes (Nb. 90) a donné un résultat similaire à celui de l'étude de l'ensemble du collectif squelettique, mais des similitudes plus élevées ont pu être constatées chez les individus adultes avec les sous-populations allemandes de Hambourg, Leipzig et Stuttgart. En revanche, l'AMOVA des individus juvéniles (Nb. 41) n'a pas permis d'établir de différences significatives avec la quasi-totalité des populations de référence, mais la cohorte a montré les distances génétiques les plus faibles avec les populations belges de Bruxelles et du Limbourg, les populations françaises de Clermont-Ferrand, Marseille et Toulouse et la population de Mayence en Allemagne.

Les résultats des analyses génétiques moléculaires de Grumbkow[153] suggéraient une origine biogéographique des individus provenant des pays actuels du Benelux ainsi que de l'est de la France. Les études de Flux[154] ont permis de trouver des indices clairs montrant que les individus de la série de squelettes de Rödelheim n'étaient pas exclusivement français. S'il est plutôt probable que les soldats soient originaires d'Europe centrale occidentale, il semble toutefois y avoir de fortes différences entre les différentes cohortes d'âge. Les résultats suggèrent que les individus les plus âgés étaient également recrutés à l'est du Rhin, et que parmi eux se trouvaient par exemple aussi de nombreux soldats des États de la Confédération du Rhin, encore alliés à l'époque. En revanche, les individus jeunes étaient plutôt exclusivement recrutés à l'ouest du Rhin. Historiquement, il est connu qu'après les lourdes pertes subies lors de la campagne de Russie, des hommes

viduen der Skelettserie Rödelheim nicht ausschließlich um Franzosen handelte. Zwar ist eine Herkunft aus dem westlichen Mitteleuropa eher wahrscheinlich, wobei es jedoch starke Unterschiede zwischen den verschiedenen Alterskohorten zu geben scheint. Die Ergebnisse legen nahe, dass die älteren Individuen vermehrt auch östlich des Rheins rekrutiert wurden, sich unter ihnen bspw. auch zahlreiche Soldaten der damals noch verbündeten Rheinbundstaaten befanden. Die jugendlichen Individuen wurden hingegen eher ausschließlich westlich des Rheins rekrutiert. Historisch ist bekannt, dass nach den hohen Verlusten im Russlandfeldzug auch deutlich jüngere Männer den Wehrdienst antreten mussten. Insbesondere die jugendlichen Soldaten könnten als »letztes Aufgebot« im Kaiserreich Frankreich rekrutiert worden sein.

Vergleich der anthropologischen Ergebnisse verschiedener Gräberfelder napoleonischer Soldaten

Im Folgenden sollen die anthropologischen Resultate zu dem Massengrab aus Rödelheim mit denen anderer Skelettfunde napoleonischer Soldaten verglichen werden. Durch diesen Vergleich sollen weitere Erkenntnisse gewonnen werden, aus denen abgeleitet bspw. Hinweise zur Rekrutierungsstrategie gewonnen werden können. Im Wesentlichen sind es Bestattungen aus Vilnius (Litauen), Kassel (Deutschland), Aspern und Wagram (Österreich), mit denen die in Rödelheim ermittelten Befunde verglichen werden konnten, da bei diesen Fundstellen ebenfalls intensive anthropologische Untersuchungen durchgeführt wurden, deren Ergebnisse weitestgehend publiziert vorliegen.

Bei den **Funden aus Vilnius** handelt es sich um die Überreste von geschätzt 3.269 Individuen aus einem Massengrab, welche im Dezember 1812 beim katastrophalen Rückzug der napoleonischen Truppen aus Moskau ums Leben kamen[155]. Neben der Erfassung der biologischen Basisdaten und paläopathologischen Befunden, insbesondere der Dentalpathologien, wurden bei einem Teil der Bestatteten unter anderem genetische Untersuchungen zum Nachweis von Infektionskrankheiten (Erregernachweis von *B. quintana* als Verursacher des 5-Tage-Fiebers) durchgeführt[156]. Weiterhin diente ein Teil der Skelette als Referenzserie, um Hinweise auf mögliche körperliche Differenzen zu Soldaten aus dem Ersten Weltkrieg zu ermitteln[157]. Die im Jahr 2002 ergrabenen Skelette wurden nach Abschluss der Arbeiten wieder bestattet.

Bei der **Skelettserie aus Kassel** handelt es sich um die Überreste von insgesamt 126 Individuen, die nach der Beschreibung in historischen Quellen im Jahr 1813 im Lazarett am Typhus verstorben sind. Das ursprünglich deutlich größere Gräberfeld wurde 2008 bei Baumaßnahmen der Universität Kassel entdeckt. Da die Skelette unsachgemäß geborgen und in Sammelsärgen wieder bestattet wurden, konnte die anthropologische Untersuchung der Überreste nach der Exhumierung wenige Jahre später, nur noch unter erschwerten Bedingungen stattfinden. Eine Befundung von Individuen war kaum noch möglich, da sich die isoliert vorliegenden Knochen nur in wenigen Fällen sicher einem Skelett zuordnen ließen. Dennoch konnten zahlreiche Erkenntnisse gewonnen werden[158] [159]. Die Skelettserie befindet sich in der universitären Sammlung des Instituts für Zoologie und Anthropologie.

In **Aspern**, nahe Wien, wurden zwischen 2009 und 2016 die Überreste von 30 Individuen ergraben, die 1809 nach einer Schlacht im Mai bestattet worden sind und vor allem im Hinblick auf die negativen Auswirkungen des Militärlebens auf die Gesundheit untersucht worden sind[160]. Die Gräber von **Wagram**, ebenfalls in Österreich, wurden 2017 entdeckt und enthielten insgesamt Überreste von 69 Individuen[161], die nach der Schlacht im Juli 1809 bestattet wurden.

Geschlecht und Alterszusammensetzung der Bestatteten

Für alle napoleonischen Massengräber gilt, dass vereinzelt Skelette von Frauen gefunden worden sind. So lassen sich in Kassel Überreste von einem weiblichen Individuum (0,8 %) nachweisen, in Vilnius waren Überreste von 29 Frauen (2,1 %) nachweisbar und in Rödelheim drei Frauen (1,4 %). In Wagram und in Aspern konnten keine weiblichen Individuen nachgewiesen werden, allerdings handelt es sich bei den Funden um Bestattungen auf dem Schlachtfeld, somit liegt eine andere Ausgangslage als in Rödelheim, Vilnius und Kassel vor.

In Bezug auf die Altersstruktur lassen sich signifikante Unterschiede zwischen den einzelnen Skelettserien ermitteln. Während in Rödelheim die Alterszusammen-

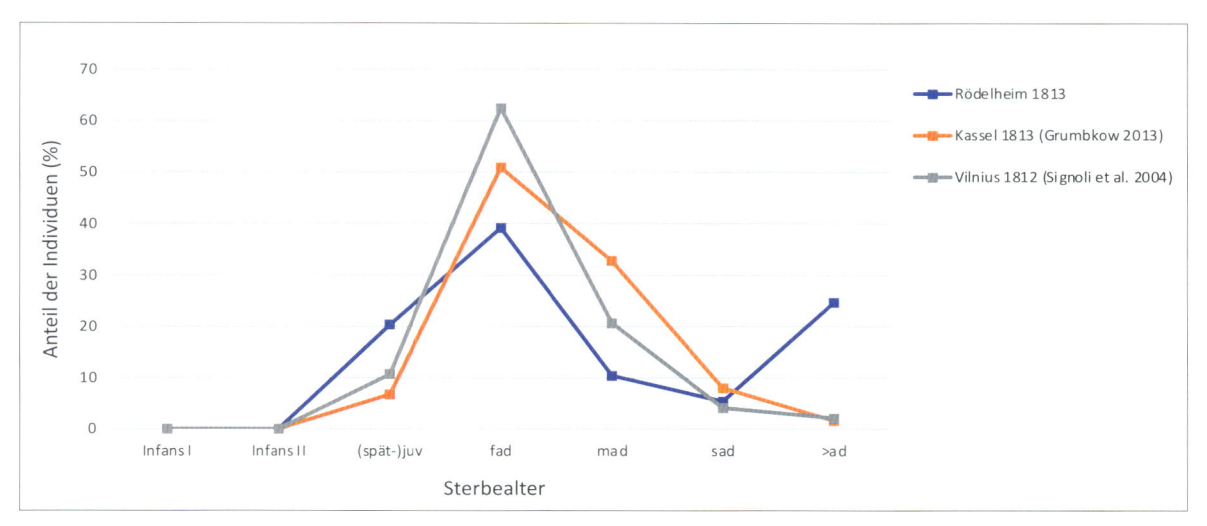

Abb. 220 Sterbealtersverteilung der Individuen aus Rödelheim, Kassel und Vilnius. Für die bessere Veranschaulichung wurden die Altersklassen matur und senil in »>ad« zusammengefasst. Legende: juv= juvenil, ad= adult; f= früh, m= mittel, s= spät. | Répartition des âges de décès des individus de Rödelheim, Kassel et Vilnius. Pour une meilleure illustration, les classes d'âge mature et sénile ont été regroupées en « >ad ». Légende: juv= juvénile, ad= adulte; f= précoce, m= moyen, s= tardif.

nettement plus jeunes étaient appelés à accomplir leur service militaire. Les jeunes soldats en particulier pourraient avoir été recrutés en tant que « dernier recours » dans l'Empire français.

Comparaison des résultats anthropologiques de différents cimetières de soldats napoléoniens

Dans ce qui suit, les résultats anthropologiques de la fosse commune de Rödelheim seront comparés à ceux d'autres restes de squelettes de soldats napoléoniens. Cette comparaison doit permettre d'acquérir de nouvelles connaissances, dont on pourra tirer des indications sur la stratégie de recrutement, par exemple. Ce sont essentiellement les sépultures de Vilnius (Lituanie), Kassel (Allemagne), Aspern et Wagram (Autriche) qui ont pu être comparées aux découvertes de Rödelheim, car ces sites ont également fait l'objet d'études anthropologiques approfondies dont les résultats ont été largement publiés.

Les **découvertes de Vilnius** concernent les restes d'environ 3 269 individus provenant d'une fosse commune, qui ont péri en décembre 1812 lors de la retraite catastrophique des troupes napoléoniennes de Moscou[155]. Outre la saisie des données biologiques de base et des résultats paléopathologiques, en particulier des pathologies dentaires, d'autres analyses génétiques ont été effectuées sur une partie des personnes inhumées, entre autres pour détecter des maladies infectieuses (identification de l'agent pathogène B. quintana comme responsable de la fièvre de cinq jours)[156]. En outre, une partie des squelettes a servi de série de référence pour déterminer les éventuelles différences physiques avec les soldats de la Première Guerre mondiale[157]. Les squelettes mis au jour en 2002 ont été à nouveau enterrés après la fin des travaux.

La **série de squelettes de Kassel** est constituée des restes de 126 individus au total qui, selon la description des sources historiques, sont morts du typhus en 1813 dans un lazaret. Le champ de tombes, à l'origine nettement plus grand, a été découvert en 2008 lors de travaux de construction de l'université de Kassel. Comme les squelettes ont été récupérés de manière inappropriée et enterrés à nouveau dans des cercueils collectifs, l'examen anthropologique des restes n'a pu avoir lieu qu'après l'exhumation, quelques années plus tard, et dans des conditions difficiles. L'identification des individus n'était plus guère possible, car les os isolés ne pouvaient être attribués avec certitude à un squelette que dans de rares cas. Néanmoins, il a été possible d'acquérir de nombreuses connaissances[158,159]. La série de squelettes se trouve dans la collection universitaire de l'Institut de zoologie et d'anthropologie.

setzung vergleichsweise heterogen, mit einem Schwerpunkt in der jung erwachsenen Altersklasse liegt, so lassen sich für Vilnius und für Kassel deutlich homogenere Zusammensetzungen belegen. Insbesondere der Anteil älterer Individuen ist in Rödelheim auffällig (**Abb. 220**). Aber auch der Anteil (spät-)juveniler Individuen ist mit einem Anteil von ca. 20 % beinahe dreimal so hoch wie in Kassel (s. **Abb. 220**). Methodenkritisch muss jedoch angemerkt werden, dass die Altersdiagnose für die Individuen in Kassel aufgrund der hohen Fragmentierung erschwert war und somit möglicherweise weniger genau ist, als die Bestimmung des Sterbealters der Individuen aus Vilnius und Rödelheim. Die Zahl der verstorbenen juvenilen Individuen war in Rödelheim jedoch annähernd doppelt so hoch wie in Vilnius, auch wenn von dem Gräberfeld Vilnius das Sterbealter nur von einem Teil der Individuen genauer untersucht wurde. Von den 430 Individuen waren dort 46 (10,7 %) unter 20 Jahre alt, 326 (75,8 %) zwischen 20 und 30 Jahren alt und 58 (13,5 %) waren älter, jedoch nur neun (2,09 %) älter als 40 Jahre (5 Indiv. 40–45, 3 Indiv. 50, 1 Indiv. 50–60[162]). Das jüngste Individuum war ca. 15 Jahre alt.

In allen drei Skelettserien zeigt sich, dass die Soldaten überwiegend in der frühadulten Altersklasse verstarben. Das ist aufgrund der Kriterien für die Rekrutierung von Soldaten zu erwarten, denn alle männlichen Franzosen zwischen 20 und 25 Jahren waren prinzipiell wehrpflichtig und Soldaten zwischen 18 und 30 Jahren[163] bzw. 35 Jahren[164] stellten den größten Anteil in der Armee.

Die deutlichen Unterschiede vor allem im Anteil der (spät-)juvenilen Individuen weisen jedoch darauf hin, dass zwischen den Truppenangehörigen, die in Rödelheim, Kassel und Vilnius verstarben, offensichtlich nicht die gleichen Kriterien für die Rekrutierung zu Grunde lagen. Die 1812 in Vilnius verstorbenen Individuen waren für den Russlandfeldzug verpflichtet worden oder kämpften bereits zuvor für Napoleon. Somit wurden sie in einer Zeit rekrutiert, in der große Teile des kontinentalen Europas von Napoleon beherrscht wurden. Zu diesem Zeitpunkt standen Napoleon ausreichende Ressourcen zum Rekrutieren der Soldaten zur Verfügung. Zudem wurden die Soldaten nicht nur in Frankreich rekrutiert, sondern Napoleon verpflichtete unter seiner Macht stehende Länder dazu, ihm Kontingente an Soldaten für seine Feldzüge zur Verfügung zu stellen.

Nach den extrem hohen personellen Verlusten im Russlandfeldzug und den aufflammenden Befreiungskriegen, musste eine große Zahl neuer Soldaten rekrutiert werden, was jedoch zunehmend schwieriger wurde, da auch die verbündeten Vasallenstaaten von Napoleon abfielen. So mussten die Soldaten vermehrt in Frankreich rekrutiert werden und Napoleon umging das Wehrpflichtsalter, indem er Konskriptionskontingente aus den folgenden Jahren vorzog, um seine Armee schnell zu stärken[165]. Die neuen Rekruten waren somit sehr jung, kaum ausgebildet und körperlich nicht belastbar[166]. Dies könnte erklären, warum die Skelettserie Rödelheim so viele junge Individuen aufweist, von denen die jüngsten mit ca. 14 Jahren verstarben.

Körperhöhen der Bestatteten

Einen weiteren Hinweis auf unterschiedliche Rekrutierungsstrategien könnte die Ermittlung der durchschnittlichen Körperhöhen der Bestatteten liefern. Der Vergleich der jeweiligen Mittel- und Medianwerte zeigt, dass die Serien Abweichungen in ihren berechneten Körperhöhen zeigen (**Abb. 221**), welche statistisch signifikant sind[167]. Die Individuen aus der Serie Rödelheim weisen mit einer durchschnittlichen Körperhöhe von 166 cm die kleinste Körperhöhe auf[168], gefolgt von Kassel mit 167 cm und Vilnius mit 168 cm[169].

Auch wenn die Differenz der durchschnittlichen Körperhöhe nur gering zu sein scheint, so sind die verstorbenen Individuen der Serie Vilnius signifikant größer als die Individuen, die in Rödelheim und Kassel verstarben und die vermutlich erst nach dem Russlandfeldzug rekrutiert worden sind. Dies weist darauf hin, dass sich die Rekrutierungskriterien vor dem Russlandfeldzug 1812 offensichtlich von denen späterer Phasen unterschieden. In historischen Quellen ist beschrieben, dass die Soldaten zum Zeitpunkt der Befreiungskriege nicht mehr nach der Qualität ausgewählt wurden bzw. werden konnten und daher auch Männer, die in der Hochphase der napoleonischen Armee nicht eingezogen wurden, nach dem Russlandfeldzug doch noch verpflichtet wurden. Darauf weisen bspw. auch die teils geringen Körperhöhen hin, so war das kleinste Individuum, dessen Überreste in Rödelheim gefunden wurden, nur 153 cm und somit 13 cm kleiner, als es den Rekrutierungsdaten entspricht, welche für das frühe 19. Jahrhundert in Europa bzw. Frankreich mit 166 cm[170] angegeben sind.

À *Aspern*, près de Vienne, les restes de 30 individus enterrés en 1809 après une bataille au mois de mai ont été exhumés entre 2009 et 2016 et ont été étudiés, notamment pour déterminer les effets négatifs de la vie militaire sur la santé[160]. Les tombes de *Wagram*, également en Autriche, ont été découvertes en 2017 et contenaient au total les restes de 69 individus[161], enterrés après la bataille de juillet 1809.

Répartition par sexe et par âge des personnes inhumées

Dans toutes les fosses communes napoléoniennes, des squelettes de femmes ont été découverts de manière isolée. Ainsi, à Kassel, les restes d'un individu de sexe féminin (0,8 %) ont été trouvés, à Vilnius, ceux de 29 femmes (2,1 %) et à Rödelheim, ceux de trois femmes (1,4 %). À Wagram et à Aspern, aucune femme n'a été retrouvée, mais il s'agit d'inhumations sur le champ de bataille, ce qui n'est pas le cas à Rödelheim, Vilnius et Kassel.

Pour ce qui est de la structure d'âge, des différences significatives peuvent être constatées entre les différentes séries de squelettes. Alors qu'à Rödelheim, la composition des âges est relativement hétérogène, avec une prédominance de la classe d'âge des jeunes adultes, des compositions nettement plus homogènes sont attestées à Vilnius et à Kassel. La proportion d'individus plus âgés est particulièrement frappante à Rödelheim (ill. 220).

Mais la proportion d'individus juvéniles (tardifs) est également presque trois fois plus élevée qu'à Kassel, avec un taux d'environ 20 % (voir ill. 220). Sur le plan de la critique méthodologique, il faut cependant noter que le diagnostic de l'âge des individus à Kassel était plus difficile du fait de la forte fragmentation et qu'il est donc peut-être moins précis que celui qui a permis de déterminer l'âge de la mort des individus de Vilnius et de Rödelheim. Le nombre d'individus juvéniles décédés était cependant presque deux fois plus élevé à Rödelheim qu'à Vilnius, même si l'âge au décès d'une partie seulement des individus du cimetière de Vilnius a été examiné de plus près. Sur les 430 individus, 46 (10,7 %) avaient moins de 20 ans, 326 (75,8 %) avaient entre 20 et 30 ans et 58 (13,5 %) étaient plus âgés, mais seulement neuf (2,09 %) avaient plus de 40 ans (5 individus 40-45, 3 individus 50, 1 individu 50-60[162]). Le plus jeune était âgé d'environ 15 ans.

Dans les trois séries de squelettes, il apparaît que les soldats décédés appartenaient principalement à la classe d'âge des jeunes adultes. Cela n'est pas surprenant compte tenu des critères de recrutement des soldats, car tous les Français de sexe masculin âgés de 20 à 25 ans étaient en principe soumis au service militaire obligatoire et les soldats âgés de 18 à 30 ans[163] ou 35 ans[164] constituaient la plus grande partie de l'armée.

Les différences sensibles, notamment dans la proportion d'individus juvéniles (tardifs), indiquent toutefois que les critères de recrutement n'étaient manifestement pas les mêmes pour les membres des troupes décédés à Rödelheim, Kassel et Vilnius. Les individus décédés à Vilnius en 1812 avaient été engagés pour la campagne de Russie ou avaient déjà combattu pour Napoléon auparavant. Ils ont donc été recrutés à une époque où une grande partie de l'Europe continentale était dominée par Napoléon. À cette époque, Napoléon disposait de ressources suffisantes pour recruter des soldats. De plus, les soldats n'étaient pas recrutés uniquement en France, car Napoléon obligeait les pays qui étaient sous son pouvoir à lui fournir des contingents de soldats pour ses campagnes.

Après les pertes en personnel extrêmement élevées lors de la campagne de Russie et l'embrasement des guerres de libération, il fallait recruter un grand nombre de nouveaux soldats, mais cela devenait de plus en plus difficile, car même les États vassaux alliés de Napoléon se désolidarisaient. Ainsi, les soldats durent être recrutés de plus en plus en France et Napoléon contourna l'âge de la conscription en prenant de préférence des contingents de conscrits des années suivantes afin de renforcer rapidement son armée[165]. Les nouvelles recrues étaient donc très jeunes, peu formées et physiquement peu résistantes[166]. Cela pourrait expliquer pourquoi la série de squelettes de Rödelheim présente autant de jeunes individus, dont les plus jeunes sont morts à l'âge de 14 ans environ.

Hauteurs des corps des personnes inhumées

Le calcul de la hauteur moyenne des personnes inhumées pourrait fournir une autre indication sur les différentes stratégies de recrutement. La comparaison des valeurs moyennes et médianes respectivement, montre que les séries présentent des écarts statistiquement significatifs[167] dans les hauteurs de corps calculées (ill. 221).

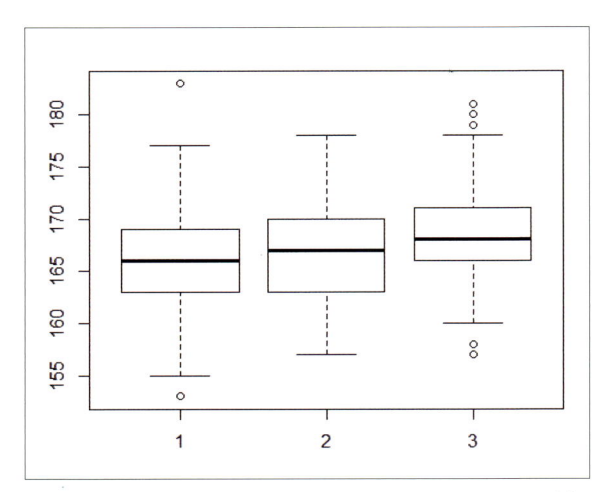

Abb. 221 Box plot der Körperhöhenverteilungen der Serien Rödelheim (N = 166, x̄ = 166 cm, SD = 4,5487), Kassel (N = 57, x̄ = 167 cm, SD= 4,9187) und Vilnius (N = 179, x̄ = 168 cm, SD = 4,2764). Y-Achse: berechnete Körperhöhe in cm, X-Achse: unterschiedliche Serien. Abgebildet sind die Minimal- und Maximalwerte, die Quartile 1 und 3 sowie der Median. Ausreißer sind als Kreise dargestellt. (aus Flux 2013 S. 109). | Diagramme des distributions des hauteurs de corps des séries Rödelheim (Nb=166, x̄=166 cm, SD=4,5487), Kassel (Nb=57, x̄ =167 cm, SD=4,9187) et Vilnius (Nb=179, x̄ =168 cm, SD=4,2764). Axe Y: hauteur calculée, axe X: différentes séries. Sont représentés les valeurs minimales et maximales, les quartiles 1 et 3 ainsi que la médiane. Les valeurs aberrantes sont représentées par des cercles. (Tiré de Flux 2013 p. 109).

Pathologische Veränderungen

Die heterogene Altersstruktur und der hohe Anteil jüngerer Individuen, aber auch die durchschnittlich geringere Körperhöhe der Bestatteten aus Rödelheim im Vergleich zu denen aus Kassel, geben Hinweise, dass die Individuen aus Rödelheim zum einen offensichtlich zu einem späteren Zeitpunkt rekrutiert worden sind und es zum anderen Unterschiede in den Rekrutierungsstrategien gegeben hat, um den steigenden Bedarf an Soldaten decken zu können. Pathologische Veränderungen, die sich am Skelett finden lassen, sind eine weitere Informationsquelle, um gesundheitliche Unterschiede zwischen den verschiedenen Gruppen napoleonischer Soldaten zu ermitteln. Zumal zum Auffüllen der Armee nach dem Russlandfeldzug auch Männer eingezogen wurden, die aufgrund körperlicher Mängel zuvor ausgemustert worden waren[171]. Daher werden im Folgenden verschiedene pathologische Veränderungen am Skelett und den Zähnen verglichen, um zu ermitteln, ob sich die Individuen verschiedener Skelettserien in Bezug auf die physiologischen Belastungen und ihren Gesundheitszustand unterscheiden.

Traumata

Anzeichen für perimortale Verletzungen sind bei den Skeletten aus Rödelheim nicht zu erwarten, da es sich bei den Bestatteten, anders als in Aspern und Wagram, nicht um die Opfer einer Schlacht handelt. Dennoch konnten zahlreiche prämortale Schädelverletzungen diagnostiziert werden, deren Häufigkeiten jedoch nicht mit denen anderer Serien verglichen werden konnten. Insbesondere bei der Skelettserie Kassel ließ der Überlieferungszustand keine eindeutigen Aussagen zu der Anzahl und Ausprägung verheilter Schädelverletzungen zu, da dort aufgrund der sehr starken Fragmentierung der Schädel nur wenige Spuren, z. B. die einer überlebten Trepanation an einem isolierten Schädelfragment[172], nachgewiesen werden konnten. Verheilte Traumata am postcranialen Skelett, waren aufgrund ihrer insgesamt eher geringen Anzahl und Divergenz nicht zu vergleichen.

Verschiedene Veränderungen, die sich auf starke körperliche Belastungen zurückführen lassen, waren zu beobachten und werden im Folgenden beschrieben. So konnte das Auftreten von Marschfrakturen (s. Stressfrakturen S. 366) mit den Resultaten zu den Skelettserien von Aspern und Wagram verglichen werden. In Wagram konnten bei ca. 10%[173], in Aspern bei ca. 16%[174] und bei den Individuen aus Rödelheim bei ca. 18%[175] Marschfrakturen beobachtet werden. Die langen Märsche wurden mit Gepäck durchgeführt, so dass das zusätzliche Gewicht zu deutlichen Veränderungen geführt hat, wie z. B. ausgeprägte Bandverknöcherungen an der Wirbelsäule oder das häufige Auftreten von Abdrücken Schmorlscher Knorpelknötchen, als Folge von Morbus Scheuermann (s. Ergebniskapitel). Derartige Veränderungen wurden auch für diverse Skelettserien aus der napoleonischen Zeit beschrieben, nicht nur für Kassel oder Wagram, sondern auch für Funde aus Leipzig und Austerlitz[176] [177] [178] [179] [180] [181] [182] [183]. Weitere Hinweise auf starke Belastungen sind das häufige Auftreten von Knochenschäden im Bereich der Gelenkknorpel (*Osteochondrosis dissecans*), wie sie für viele napoleonischen Skelettserien beschrieben sind (z. B.[184] [185] [186] [187]).

Reaktive Veränderungen von Knochenoberflächen

Bei den Individuen des Kassler Massengrabes stellten die unspezifischen periostalen Reaktionen an Schien-

Les individus de la série Rödelheim sont les plus petits avec une hauteur moyenne de 166 cm[168], suivis de Kassel avec 167 cm et Vilnius avec 168 cm[169].

Même si la différence de hauteur moyenne ne semble être que minime, les individus décédés de la série de Vilnius sont nettement plus grands que les individus décédés à Rödelheim et Kassel, qui ont probablement été recrutés après la campagne de Russie. Cela indique que les critères de recrutement avant la campagne de Russie de 1812 étaient manifestement différents de ceux des phases ultérieures. Les sources historiques indiquent qu'au moment des guerres de libération, les soldats n'étaient plus ou ne pouvaient plus être sélectionnés en fonction de leur qualité et que, par conséquent, des hommes qui n'avaient pas été enrôlés pendant la période faste de l'armée napoléonienne avaient tout de même été engagés après la campagne de Russie. C'est ce qui justifierait par exemple les hauteurs de corps parfois faibles, vu que le plus petit individu dont les restes ont été retrouvés à Rödelheim ne mesurait que 153 cm, soit 13 centimètres de moins que les données de recrutement, indiquant 166 cm[170] pour le début du XIXe siècle en Europe et en France.

Modifications pathologiques

La structure d'âge hétérogène et la proportion élevée d'individus plus jeunes, mais aussi la hauteur moyenne plus faible des personnes enterrées à Rödelheim par rapport à celles de Kassel, indiquent d'une part que les individus de Rödelheim ont manifestement été recrutés à une date plus tardive et d'autre part qu'il y a eu des différences dans les stratégies de recrutement afin de pouvoir répondre au besoin croissant de soldats. Les modifications pathologiques observées sur le squelette constituent une autre source d'information pour déterminer les différences de l'état de santé entre les différents groupes de soldats napoléoniens. D'autant plus que pour compléter l'armée après la campagne de Russie, des hommes qui avaient été réformés auparavant en raison de déficiences physiques ont été par la suite incorporés[171]. Par conséquent, nous allons comparer différentes altérations pathologiques du squelette et des dents afin de déterminer si les individus de différentes séries de squelettes diffèrent en termes de contraintes physiologiques et d'état de santé.

Traumatismes

Il ne faut pas s'attendre à des signes de blessures péri-mortem sur les squelettes de Rödelheim, car contrairement à Aspern et Wagram, les personnes inhumées ne sont pas les victimes d'une bataille. Néanmoins, de nombreux traumatismes crâniens avant la mort ont pu être diagnostiqués, mais leur fréquence n'a pas pu être comparée à celle d'autres séries. Pour la série de squelettes de Kassel en particulier, l'état de conservation ne permettait pas de tirer de conclusions claires sur le nombre et l'étendue des lésions crâniennes cicatrisées, car en raison de la très forte fragmentation des crânes, seules quelques traces ont pu être mises en évidence, par exemple celles d'une trépanation ayant survécu sur un fragment de crâne isolé[172]. Les traumatismes guéris sur le squelette postcrânien n'ont pas pu être comparés en raison de l'exiguïté de leur nombre et de leur divergence.

Différentes modifications pouvant être attribuées à de fortes contraintes physiques ont pu être observées et sont décrites ci-après. Ainsi, l'apparition de fractures de marche a pu être comparée avec les résultats concernant les séries de squelettes d'Aspern et de Wagram. Des fractures de la marche ont été observées chez environ 10 %[173] des individus à Wagram, chez environ 16 %[174] des individus à Aspern et chez environ 18 %[175] des individus de Rödelheim.

Les longues marches étaient effectuées avec des bagages, de sorte que le poids supplémentaire a entraîné des modifications évidentes, comme par exemple des ossifications ligamentaires prononcées au niveau de la colonne vertébrale ou l'apparition fréquente d'empreintes de nodules cartilagineux de Schmorl, conséquence de la maladie de Scheuermann (voir chapitre des résultats). De telles modifications ont également été décrites pour diverses séries de squelettes de l'époque napoléonienne, non seulement pour Kassel ou Wagram, mais aussi pour des découvertes de Leipzig et Austerlitz[176,177,178,179,180,181,182,183]. D'autres indices de fortes contraintes sont l'apparition fréquente de lésions osseuses au niveau des cartilages articulaires (ostéochondrite disséquante), comme cela a été décrit pour de nombreuses séries de squelettes napoléoniens (par ex.[184,185,186,187]).

	Stadium 0	Stadium 1	Stadium 2	Stadium 3
Rödelheim	32,67 %	28,33 %	34 %	5 %
Kassel	26,35 %	28,14 %	41,32 %	4,19 %

■ **Tab. 3** Die prozentuale Häufigkeit der porösen Veränderungen der vier Stadien an den Schädeldächern der Individuen der der Skelettserien Rödelheim und Kassel, aufgeteilt nach Schweregrad. | La fréquence en pourcentage des altérations poreuses des quatre stades sur le toit du crâne des individus des séries squelettiques de Rödelheim et de Kassel, répartie selon le degré de gravité.[193]

beinknochen mit 82,7 %, die häufigste pathologische Veränderung dar[188]. In Rödelheim wurden bei mehr als 60 % der untersuchten Individuen (122 von 192) periostale Reaktionen auf den Knochenoberflächen der unteren Extremität erfasst. Ein direkter Vergleich der Belastung ist jedoch nicht möglich, da die Erfassung am Kassler Kollektiv an einem Konglomerat an Knochen, am Rödelheimer Kollektiv hingegen individuenweise erhoben wurde. So ließen sich bspw. bei den juvenilen Individuen in Rödelheim deutlich häufiger periostale Reaktionen beobachten (bei ca. 85 %) als bei den erwachsenen Individuen, jedoch war ihre Ausprägung signifikant schwächer.

Bei Skeletten aus Aspern zeigte nur etwa ein Viertel der Individuen periostale Reaktionen[189], allerdings diskutieren die Autor:innen kritisch verschiedene Ursachen für den vergleichsweise geringen Anteil, die von unterschiedlichen physischen Anforderungsprofilen an die verschiedenen Truppengattungen bis hin zur fehlenden Standardisierung der Datenerfassung reichen.

Weitere Veränderungen der Knochenoberfläche lassen sich am Schädel beobachten. Bei den porösen Veränderungen auf den Schädeldächern (**Abb. 212**) handelt es sich mit hoher Wahrscheinlichkeit um Anzeichen wiederkehrender Entzündungen der Kopfschwarte. Ständiges starkes Kratzen, ausgelöst durch einen Juckreiz, wie er bspw. mit Krätze oder Kopfläusen einhergeht, könnte ursächlich sein. Derartige Plagen sind unter den schlechten hygienischen Bedingungen, unter denen die Soldaten gelitten haben, zu erwarten bzw. ist der Befall von Läusen auch nachgewiesen (z. B. Raoult et al.[190]).

Die Läsionen auf dem Schädeldach sind unterschiedlich stark ausgeprägt. Ein vierstufiges Klassifikationsschema wurde auf der Basis der Beschreibungen von Steckel et al.[191] durch Weiher[192] entwickelt, um den Grad der Ausprägungen bewerten zu können. In den Skelettserien aus Rödelheim und Kassel weisen annähernd zwei Drittel der Individuen Schädelläsionen auf, von den Skeletten aus Rödelheim 68,23 % (N= 114) und von Kassel 67 % der Individuen (N= 34). Die Ausprägung der Läsionen an den Schädeldächern der Kasseler Individuen, sind jedoch stärker ausgeprägt (**Tab. 3**).

Möglicherweise waren die Individuen, die in Kassel verstorben sind, länger mangelnden hygienischen Bedingungen und einer stärkeren Mangelernährung ausgesetzt, als die in Rödelheim verstorbenen Individuen, welche zudem einen deutlich höheren Anteil spätjuveniler Individuen aufweist. Einen weiteren Hinweis auf länger anhaltende schlechte Mangelsituationen in Bezug auf die Ernährung gibt der Anteil der Schädel, die im knöchernen Augendach eine *Cribra orbitalia* aufweisen (**Abb. 210**). Diese Veränderung wird in der Regel als eine Folge von Eisenmangel angesehen, welcher durch Anämie, Skorbut oder Rachitis verursacht sein kann (z. B. Langenstein[194]). Die Individuen aus dem Massengrab in Kassel weisen mit einem Anteil von etwa 42 % Anzeichen einer ausgeprägten *Cribra orbitalia* auf und weitere 40 % weisen bereits deutliche Veränderungen in den Orbitae auf, somit eine beginnende oder ausheilende *Cribra orbitalia*[195]. In Rödelheim sind es hingegen nur ca. 25 % Cribra mit ausgeprägter Form und weitere 45 % der Individuen weisen leichtere Veränderungen auf[196, 197].

Infektionserkrankungen

Der sehr gute und weitestgehend vollständige Überlieferungszustand der Individuen der Skelettserie Rödelheim ermöglichte eine eingehende Untersuchung der Skelette auf das Vorhandensein skelettmanifester Veränderungen am Knochen, die Erkrankungen an verschiedenen Infektionskrankheiten nahelegen konnten. Nur wenige dieser Infektionserkrankungen konnten bei den Individuen der Serie Kassel systematisch untersucht werden, da die meisten Individuen nur sehr unvollständig überliefert

Modifications réactives des surfaces osseuses

Parmi les individus de la fosse commune de Kassel, les réactions périostées non spécifiques sur les os du tibia représentent la modification pathologique la plus fréquente, avec 82,7 %[188]. À Rödelheim, des réactions périostées ont été enregistrées sur les surfaces osseuses du membre inférieur chez plus de 60 % des individus examinés (122 sur 192). Une comparaison directe de la charge n'est toutefois pas possible, car les données du collectif de Kassel ont été relevées sur un conglomérat d'os, alors que celles du collectif de Rödelheim l'ont été individuellement. Par exemple, les réactions périostées étaient observées beaucoup plus fréquemment chez les individus jeunes de Rödelheim (environ 85 %) que chez les individus adultes, mais leur intensité était significativement plus faible.

Dans le cas des squelettes d'Aspern, seul un quart environ des individus présentaient des réactions périostées[189], mais les auteur·s·es discutent de manière critique des différentes causes de ce pourcentage relativement faible, qui vont des différents profils de contraintes physiques pour les différents types de troupes au manque de normalisation dans la saisie des données.

D'autres modifications de la surface osseuse peuvent être observées sur le crâne. Les modifications poreuses sur le toit du crâne (ill. 212) sont très probablement des signes d'inflammations récurrentes de la calotte crânienne. Un grattage constant et intense, provoqué par des démangeaisons telles que celles associées à la gale ou aux poux de tête, pourrait en être la cause. De tels problèmes sont prévisibles dans les conditions d'hygiène déplorables dont souffraient les soldats, et l'infestation par les poux a également été prouvée (par exemple Raoult et al.[190]).

Les lésions sur la voûte crânienne sont plus ou moins prononcées. Un schéma de classification à quatre niveaux, basé sur les descriptions de Steckel et al.[191], a été mis au point par Weiher[192] afin de pouvoir évaluer le degré d'importance des lésions. Dans les séries de squelettes de Rödelheim et de Kassel, près de deux tiers des individus présentent des lésions crâniennes, à savoir 68,23 % des squelettes de Rödelheim (Nb. 114) et 67 % des squelettes de Kassel (Nb. 34). Les lésions sur le toit du crâne des individus de Kassel sont cependant plus prononcées (**tab. 3**).

Il est possible que les individus décédés à Kassel aient été exposés plus longtemps à des conditions d'hygiène insuffisantes et à une malnutrition plus importante que les individus décédés à Rödelheim, avec, en outre, une proportion nettement plus élevée d'individus juvéniles tardifs. Un autre indice de situations de carences alimentaires prolongées est la proportion de crânes présentant une *cribra orbitalia* dans la partie osseuse au-dessus de l'œil (ill. 210). Cette modification est généralement considérée comme une conséquence de la carence en fer, qui peut être causée par l'anémie, le scorbut ou le rachitisme (p. ex. Langenstein[194]). Les individus de la fosse commune de Kassel présentent des signes prononcés de *cribra orbitalia* dans une proportion d'environ 42 % et 40 % présentent déjà des changements significatifs dans les orbites, donc une *cribra orbitalia* naissante ou en voie de guérison[195]. En revanche, à Rödelheim, seuls 25 % des *cribra* présentent une forme prononcée et 45 % des individus présentent des modifications plus légères[196,197].

Maladies infectieuses

L'état de conservation très bon et très complet des individus de la série de squelettes de Rödelheim a permis un examen approfondi de ceux-ci afin de détecter la présence d'altérations osseuses manifestes du squelette, qui pourraient suggérer des maladies infectieuses diverses. Seules quelques-unes de ces maladies infectieuses ont pu être examinées systématiquement chez les individus de la série de Kassel, car la plupart d'entre eux ne nous sont parvenus que de manière très incomplète. Des signes de maladies respiratoires, comme par exemple des inflammations des sinus, ont pu être mis en évidence chez 73 individus de la série de Rödelheim et 40 de la fosse commune de Kassel[198]. Ces modifications pathologiques ont également été mises en évidence dans d'autres sépultures de soldats, par exemple à Wagram avec une fréquence d'environ 70 %[199] et à Aspern, avec une fréquence de 25 % des individus[200]. D'autres modifications morphologiques sous forme de néoformations osseuses sur les faces des côtes tournées vers les poumons ont pu être mises en évidence sur près de 30 individus. Ces modifications ont également pu être diagnostiquées chez près de la moitié des soldats de Wagram[201] et à peine 16 % des individus d'Aspern[202]. L'incidence élevée des maladies respiratoires est probablement due à la vie militaire. Les soldats de l'armée napoléonienne devaient souvent bivouaquer pendant les campagnes. En particulier en

vorlagen. Anzeichen respiratorischer Erkrankungen wie bspw. Entzündungen der Nasennebenhöhlen, konnten bei 73 Individuen der Serie Rödelheim und 40 aus dem Massengrab Kassel nachgewiesen werden[198]. Diese pathologischen Veränderungen konnten auch bei weiteren Soldatenbestattungen nachgewiesen werden, so bspw. in Wagram mit einer Häufigkeit von ca. 70 %[199] sowie in Aspern bei 25 % der Individuen[200]. Weitere morphologische Veränderungen in Form der Knochenneubildungen auf den der Lunge zugewandten Seiten der Rippen konnten bei fast 30 Individuen nachgewiesen werden. Auch diese Veränderungen konnten bei annähernd der Hälfte der Soldaten aus Wagram[201] und knapp 16 % der Individuen aus Aspern[202] diagnostiziert werden. Das hohe Aufkommen respiratorischer Erkrankungen ist wahrscheinlich dem Armeeleben geschuldet. Die Soldaten der napoleonischen Armee mussten häufig während der Feldzüge biwakieren. Insbesondere bei Kälte, Nässe, Schnee oder Eis waren sie schutzlos der Natur ausgesetzt und die Übernachtungen wurden zur Tortur[203][204][205]. Durch die allgemein schlechte körperliche Verfassung hatten die Soldaten Erkältungserkrankungen nichts entgegenzusetzen[206], so dass chronische Entzündungen der Nebenhöhlen plausibel anzunehmen sind. Dennoch ist anzumerken, dass die entzündlichen Veränderungen in den Nasennebenhöhlen nicht nur auf respiratorische Erkrankungen zurückzuführen sind, sondern auch andere Faktoren wie bspw. schlechte Luftqualität, Rauchexposition, Erkrankungen der Lunge, enge räumliche Nähe der Soldaten sowie schlechte hygienische Bedingungen und die fehlende Zahngesundheit Einfluss nehmen können[207][208][209][210][211].

Morphologische Hinweise auf eine Syphiliserkrankung wurden bei sechs Individuen der Serie Rödelheim gefunden. Für andere Serien napoleonischer Soldaten liegen keine detaillierten Angaben über mögliche Erkrankungen oder Häufigkeiten vor. In den historischen Überlieferungen wird für den Anfang des 19. Jahrhunderts häufig über Syphiliserkrankungen in den französischen Militärlazaretten berichtet. Der Regimentsarzt Dr. Hahn bezeichnet es als »kolossalen Bestand«[212]. Da scheint es fast schon auffällig, dass nur wenige Anzeichen der Krankheit gefunden werden konnten. Jedoch ist anzumerken, dass durchaus bei zahlreichen Individuen der Serie Rödelheim, aber auch anderer Serien napoleonischer Soldaten, periostale Reaktionen an den Diaphysen der Langknochen gefunden werden konnten, diese jedoch morphologisch zu unspezifisch sind, um eindeutige Aussagen zur Ätiologie zu machen. Insbesondere die periostalen Reaktionen der Langknochen bei der Syphilis unterscheiden sich kaum von denen unspezifischer Knochenerkrankungen[213]. Weiterhin ist erschwerend, dass die Syphilis nicht in jedem Stadium der Krankheit morphologische Veränderungen an den Knochen hinterlässt (z. B. [214]). Somit ist eine deutlich höhere Verbreitung der Syphilis innerhalb der Armee durchaus plausibel anzunehmen. Die Soldaten hatten häufige Sexualkontakte und das Tragen von Kondomen als Präventionsmaßnahme gegen sexuell übertragbare Krankheiten war noch nicht geläufig[215].

Der Typhus bzw. die typhusähnlichen Erkrankungen hinterlassen keine direkten Spuren am Skelett, jedoch die entzündlichen Veränderungen auf den Schädeln, die bei zwei Drittel der Individuen der Serie Rödelheim und drei Viertel der Individuen aus dem Massengrab Kassel identifiziert wurden, können Hinweise auf einen Kopflausbefall geben. Einen positiven Beweis für eine Infektion mit verschiedenen Pathogenen kann nur mit Hilfe des molekulargenetischen Erregernachweises erbracht werden, wie es bei den Individuen aus Kassel[216] und Vilnius[217] auch erfolgreich durchgeführt wurde. Bei den Individuen aus Rödelheim konnte bislang kein Nachweis erbracht werden, die historischen Überlieferungen über die allgemein desaströsen hygienischen Zustände innerhalb der Armee und auch die Berichte aus den Kriegslazaretten des Jahres 1813 der Stadt Frankfurt[218], lassen die Diagnose des »Typhus« jedoch naheliegend erscheinen.

Zahnpathologien und Parodontalerkrankungen

Die Zahnpathologien und Parodontalerkrankungen wurden zwischen den beiden Skelettserien napoleonischer Soldaten aus Rödelheim und Kassel verglichen[219]. Während bei der Rödelheimer Serie Individuen befundet werden konnten, erlaubte der schlechte Überlieferungszustand der Kassler Skelettserie die Beurteilung der Zahnpathologien meist nur an Kieferfragmenten. Dennoch war festzustellen, dass die Zahngesundheit der Individuen aus Rödelheim schlechter war als die der Individuen aus Kassel (**Tab. 4**).

In der Serie aus Rödelheim war der Anteil jüngerer Individuen deutlich höher als in Kassel (s. **Abb. 220**). In Anbetracht der Tatsache, dass die meisten Zahnerkran-

Pathologie	Rödelheim	Kassel
Intravitaler Zahnverlust*	43,75 %	35,29 %
Parodontitis**	89,53 %	55,09 %
Periapikale Läsionen**	24,48 %	8,28 %
Karieshäufigkeit**	99,48 %	91,88 %

Legende: LSH = Lineare Schmelzhypoplasie; *Signifikanter Unterschied zwischen der Rödelheimer und Kassler Serie (p < 0,005); **(p < 0,001) |
Légende: LSH = hypoplasie linéaire de l'émail ; *différence significative entre les séries de Rödelheim et de Kassler (p < 0,005) ; **(p < 0,001)

■ **Tab. 4** Vergleich der Zahnpathologien zwischen der Skelettserie aus Rödelheim und Kassel. | Comparaison des pathologies dentaires entre la série de squelettes de Rödelheim et celle de Kassel.[220]

cas de froid, d'humidité, de neige ou de glace, ils étaient exposés sans protection au milieu naturel et les nuitées devenaient une torture[203] [204] [205]. En raison de leur mauvaise condition physique générale, les soldats ne pouvaient pas lutter contre les refroidissements[206], ce qui rend plausible l'hypothèse d'inflammations chroniques des sinus. Cependant, il convient de noter que les modifications inflammatoires des sinus ne sont pas uniquement dues à des maladies respiratoires, mais que d'autres facteurs peuvent également jouer un rôle, comme la mauvaise qualité de l'air, l'exposition à la fumée, les maladies pulmonaires, la proximité des soldats dans des espaces restreints ainsi que les mauvaises conditions d'hygiène et le manque de santé dentaire[207] [208] [209] [210] [211].

Des indices morphologiques de syphilis ont été trouvés chez six individus de la série de Rödelheim. Pour d'autres séries de soldats napoléoniens, il n'existe pas de données détaillées sur d'éventuelles maladies ou fréquences. Les récits historiques font souvent état, pour le début du XIXe siècle, de cas de syphilis dans les hôpitaux militaires français. Le médecin du régiment, le Dr Hahn, en mentionne un « nombre colossal »[212]. Il semble donc presque frappant que l'on n'ait pu trouver que peu de signes de la maladie. Il convient toutefois de noter que chez de nombreux individus de la série Rödelheim, mais aussi dans d'autres séries de soldats napoléoniens, des réactions périostées ont pu être observées sur les diaphyses des os longs, mais que celles-ci sont morphologiquement trop peu spécifiques pour permettre de tirer des conclusions claires sur l'étiologie. En particulier, les réactions périostées des os longs dues à la syphilis ne se distinguent guère de celles des maladies osseuses non spécifiques[213]. En outre, le fait que la syphilis ne laisse pas de modifications morphologiques sur les os à tous les stades de la maladie complique encore les choses (par ex.[214]). Il est donc tout à fait plausible de supposer une propagation nettement plus importante de la syphilis au sein de l'armée. Les soldats avaient des contacts sexuels fréquents et l'utilisation du préservatif comme mesure de prévention contre les maladies sexuellement transmissibles n'était pas encore courante[215].

Le typhus ou les maladies typhiques ne laissent pas de traces directes sur le squelette, mais les modifications inflammatoires sur le crâne, identifiées chez deux tiers des individus de la série de Rödelheim et trois quarts des individus de la fosse commune de Kassel, peuvent donner des indications sur une infestation de poux de tête. Une preuve positive d'une infection par différents pathogènes ne peut être apportée qu'à l'aide de la détection de l'agent pathogène par la génétique moléculaire, comme cela a été fait avec succès pour les individus de Kassel[216] et de Vilnius[217]. Aucune preuve n'a pu être apportée jusqu'à présent pour les individus de Rödelheim, mais les récits historiques sur les conditions d'hygiène généralement désastreuses au sein de l'armée ainsi que les rapports des hôpitaux de guerre de l'année 1813 de la ville de Francfort[218], rendent toutefois évident le diagnostic de « typhus ».

Pathologies dentaires et maladies parodontales

Les pathologies dentaires et les maladies parodontales ont été comparées entre les deux séries de squelettes de soldats napoléoniens de Rödelheim et de Kassel[219]. Alors que des individus de la série de Rödelheim ont pu être examinés, le mauvais état de conservation de la série de squelettes de Kassel n'a permis d'évaluer les pathologies dentaires que sur des fragments de mâchoires. Cependant, il a été constaté que la santé

> **Knochendüngung.**
>
> Um einen möglichst guten und schnellen Ertrag der Felder und Gärten, und um einen vermehrten Viehstand zu erzielen, wurde bei Acquirirung Lützschena's von dem Besitzer, bei seiner Anwesenheit in London im Jahre 1824, daselbst eine Knochenmühle bestellt, und Behufs der Fabrikation des Knochenmahlens hier aufgestellt.
>
> Die Fabrikation wurde eifrig betrieben, das Resultat war ein günstiges. Die Knochenlieferungen wurden meist von armen Leuten besorgt, die sie in Leipzigs Umgegend, wo in dem Jahre 1813 viele Tausende der gefallenen Krieger begraben, und kaum einige Fuss tief in die Erde eingescharrt worden waren, in ansehnlicher Quantität sammelten.
>
> Der Preis derselben steigerte sich indessen allmälig; zuletzt wurden sogar ausgekochte und ausgewitterte Knochen gebracht. Die Mehlfabrikation wurde langsamer betrieben, zuletzt ganz eingestellt, und die Knochenmühle nach Schlesien verkauft.
>
> Wer sich in einer Gegend befindet, wo Knochen in der Menge, und bei den Abdeckern zu holen sind, wird in der Anschaffung einer solchen Mühle Gewinn finden, und durch das producirte Mehl seinen Aeckern und Wiesen eine widerhaltende Kraft geben.

■ **Abb. 222** Beschreibung zu Knochenmühle aus dem Buch: Maximilian Speck von Sternburg, Landwirthschaftliche Beschreibung des Ritterguts Lützschena bei Leipzig (Tauchnitz 1842), Seite 71. | Description de Knochenmühle tirée du livre: Maximilian Speck von Sternburg, Landwirthschaftliche Beschreibung des Ritterguts Lützschena bei Leipzig (Tauchnitz 1842), page 71.

kungen und intravitalen Zahnverluste mit zunehmendem Alter ansteigen, kann die schlechtere Zahngesundheit ein Hinweis darauf sein, dass sich die allgemeinen Lebensbedingungen in Frankreich während der Kriegsphase verschlechtert haben. Die Soldaten aus Rödelheim, die zeitlich später als die Soldaten aus Kassel rekrutiert worden sind (s. o.), also zum Zeitpunkt ihrer Rekrutierung grundsätzlich in einem schlechteren gesundheitlichen Zustand waren. Dieser Befund stützt also die oben beschriebene Möglichkeit, dass sich die Rekrutierungsstrategien geändert hatten.

Werden die Zahnpathologien mit den Ergebnissen aus Aspern[221] und Vilnius[222] verglichen, so zeigt sich, dass auch die Soldaten, die in Aspern verstorben sind, höhere Frequenzen im Vergleich zu denen aus Vilnius aufweisen. In der Skelettserie von Aspern weisen 56,6 % der Individuen intravitalen Zahnverlust auf, in der aus Vilnius 33,1 %. Periapikale Läsionen werden in Aspern bei 20,8 % und in Vilnius bei 18,4 % der Individuen beobachtet. Die Karieshäufigkeit liegt mit 83,3 % in Aspern ebenfalls höher als in Vilnius mit 68,6 %. Mit Ausnahme der prozentualen Anteile der intravitalen Zahnverluste, bestätigt sich jedoch, dass die Zahngesundheit der Individuen in Rödelheim am schlechtesten war.

Schlussbemerkungen

Archäologische Ausgrabungen und eine anthropologische Untersuchung von Skeletten stellen letztlich eine Störung der Totenruhe dar. Jedoch finden Grabungen in der Regel nur im Rahmen von Baumaßnahmen statt, um die Funde und Befunde vor der endgültigen Zerstörung zu dokumentieren und zu bergen. Werden bei einer Grabung menschliche Überreste entdeckt, so werden sie im Idealfall anthropologisch untersucht, bevor sie entweder wieder bestattet oder magaziniert werden. Diese anthropologischen Untersuchungen sind von großem Wert, denn Daten und Ergebnisse, die im Rahmen solcher Untersuchungen ermittelt werden, können für weitere, z. B. vergleichende Forschungen genutzt werden. An den menschlichen Überresten der Fundstelle Rödelheim wurden anthropologische Untersuchungen zu diversen inhaltlichen Schwerpunkten durchgeführt. Die verschiedenen Individualbefunde und Ergebnisse lassen sich zu einem komplexen Bild zusammenführen und erlaubten Rekonstruktionen des schweren und entbehrungsreichen Lebens, Leidens und Sterbens napoleonischer Soldaten in der Armee. Auch wenn dazu zahlreiche Beschreibungen in historischen Quellen zu finden sind, so ist es wichtig, die Angaben auch durch naturwissenschaftliche Untersuchungen zu prüfen, denn Chronisten sind selten neutral in Bezug auf ihre Berichterstattung (z. B.[223]) und auch Schilderungen in Briefen aus dem Feld sind in hohem Maße durch individuelle Erfahrungen der Soldaten geprägt und beeinflusst.

Es konnte gezeigt werden, wie wichtig auch ein Vergleich zwischen verschiedenen Fundplätzen sein kann, bzw. welche Erkenntnisse in Hinblick z. B. auf die Strategien der Soldatenrekrutierung daraus gewonnen werden können. In diesem Kontext muss jedoch festgestellt werden, dass in Anbetracht der hohen Opferzahlen (allein bis zu 1,4 Millionen Franzosen[224]), die für die Zeit der napoleonischen Kriege beschrieben sind, vergleichsweise wenige detaillierte naturwissenschaftliche Berichte über Bestattungen und Massengräber napoleonischer Soldaten vorliegen. Verschiedene Ursachen spielen dabei eine Rolle. Zum einen sind die knöchernen Überreste tatsächlich nicht mehr überliefert, da die Knochen der Verstorbenen z. B. in der Zuckerindustrie Verwendung gefunden haben (s. Beitrag Hampel, S. 216) oder als Dünger verwendet wurden (**Abb. 222**). Somit sind von zahlreichen Bestat-

dentaire des individus de Rödelheim était moins bonne que celle des individus de Kassel (Tab. 4).

Dans la série de Rödelheim, la proportion d'individus plus jeunes était nettement plus élevée qu'à Kassel (voir ill. 220). Compte tenu du fait que la plupart des maladies dentaires et des pertes de dents du vivant augmentent avec l'âge, la moins bonne santé dentaire peut indiquer que les conditions de vie générales en France se sont détériorées pendant la phase de guerre. Les soldats de Rödelheim, qui ont été recrutés plus tard dans le temps que les soldats de Kassel (voir ci-dessus), étaient donc en principe en moins bonne santé au moment de leur recrutement. Cette constatation soutient donc la possibilité décrite plus haut que les stratégies de recrutement aient changé.

En comparant les pathologies dentaires avec les résultats d'Aspern[221] et de Vilnius[222], il apparaît que les soldats décédés à Aspern présentent également des fréquences plus élevées par rapport à ceux de Vilnius. Dans la série de squelettes d'Aspern, 56,6 % des individus présentent une perte de dents du vivant, contre 33,1 % dans celle de Vilnius. Des lésions périapicales sont observées chez 20,8 % des individus d'Aspern et 18,4 % de ceux de Vilnius. La fréquence des caries est également plus élevée à Aspern, avec 83,3 %, qu'à Vilnius, avec 68,6 %. Cependant, à l'exception des pourcentages de pertes de dents du vivant, il se confirme que c'est à Rödelheim que la santé dentaire des individus était la plus mauvaise.

Remarques finales

Les fouilles archéologiques et l'examen anthropologique des squelettes constituent en fin de compte une atteinte à la paix des morts. Cependant, les fouilles n'ont généralement lieu que dans le cadre de travaux de construction, et dans le but de documenter et de récupérer les découvertes et les objets avant leur destruction définitive. Si des restes humains sont découverts lors d'une fouille, ils font en principe l'objet d'un examen anthropologique avant d'être soit enterrés à nouveau, soit mis dans un dépôt. Ces analyses anthropologiques sont d'une grande valeur, car les données et les résultats obtenus dans le cadre de telles études peuvent être utilisés pour d'autres recherches, par exemple comparatives. Les restes humains du site de Rödelheim ont fait l'objet d'études anthropologiques portant sur divers points essentiels. Les différentes constatations individuelles et les résultats peuvent être rassemblés pour fournir une image complexe et ont permis de reconstruire la vie difficile et pleine de privations, les souffrances et la mort des soldats dans l'armée napoléonienne. Même si l'on trouve de nombreuses descriptions à ce sujet dans les sources historiques, il est important de vérifier les données également par des études scientifiques, car les chroniqueurs sont rarement neutres dans leurs comptes rendus (par exemple[223]) et même les descriptions dans les lettres écrites sur le terrain sont, dans une large mesure, marquées et influencées par les expériences individuelles des soldats.

Il a été possible de montrer l'importance d'une comparaison entre différents sites et les enseignements que l'on peut en tirer, par exemple en ce qui concerne les stratégies de recrutement des soldats. Dans ce contexte, il faut toutefois constater que, compte tenu du nombre élevé de victimes (jusqu'à 1,4 million rien que de Français[224]) décrit pour la période des guerres napoléoniennes, il existe relativement peu de rapports de nature scientifique détaillés sur les inhumations et les fosses communes des soldats napoléoniens. Cette situation est due à plusieurs facteurs. D'une part, les restes osseux ne nous sont effectivement plus parvenus, car les os des défunts ont par exemple été utilisés dans l'industrie sucrière (voir l'article de Hampel, p. 217) ou ont servi d'engrais (ill. 220). Il n'existe donc plus aucune trace matérielle de nombreuses inhumations. Les facteurs taphonomiques ont également une grande influence, car les os sont régulièrement dégradés par des processus diagénétiques dans le sol. Seules des conditions dans le sol qui sont favorables à la conservation des os, comme par exemple un pH de neutre à basique ou une profondeur suffisante des sépultures, permettent la transmission de matériel squelettique.

Le fait que tous les squelettes humains découverts ne fassent pas l'objet d'une étude anthropologique constitue cependant un aspect très important. L'exemple de la fosse commune de Kassel montre que la priorité est souvent donnée à l'avancement rapide des travaux plutôt qu'à une fouille archéologique adéquate et que, de plus, les restes humains mis au jour ne sont pas soumis à une étude anthropologique, mais enterrés à nouveau sans examen détaillé[225] [226] [227]. Les médias ont fait état d'environ 65 squelettes et ce n'est que grâce au travail

tungen keinerlei materielle Spuren mehr nachweisbar. Taphonomische Faktoren haben ebenfalls einen großen Einfluss, da Knochen regelhaft durch diagenetische Prozesse im Boden abgebaut werden. Nur durch Bedingungen im Boden, die sich günstig auf den Knochenerhalt auswirken wie z. B. ein neutraler bis basischer pH-Wert oder eine ausreichende Tiefe der Bestattungen, kommt es zu Überlieferungen von Skelettmaterial.

Einen ganz wesentlichen Aspekt stellt jedoch die Tatsache dar, dass nicht alle menschlichen Skelettfunde anthropologisch untersucht werden. Das Beispiel des Massengrabes aus Kassel zeigt, dass oft einem zügigen Baufortschritt gegenüber einer adäquaten archäologischen Ausgrabung der Vorrang gegeben wird und zudem die geborgenen menschlichen Überreste keiner anthropologischen Untersuchung zugeführt, sondern ohne detaillierte Untersuchung wieder bestattet werden[225][226][227]. In den Medien wurde über etwa 65 Skelette berichtet und erst durch die anthropologische Bearbeitung hat sich die Mindestindividuenzahl auf 126 erhöht. Zudem konnten durch die Analyse der Y-Haplogruppen sehr deutliche Hinweise auf die regionale Herkunft der Individuen ermittelt werden. Ohne den persönlichen Einsatz[228] von Wissenschaftler:innen wären die Schicksale von den 126 napoleonischen Soldaten, die in Kassel »am Typhus« verstorben sind, für immer verloren gewesen.

Vollumfassende anthropologische Untersuchungen am Skelettmaterial sind zeit- und somit auch kostenintensiv. Deshalb wird nur in den wenigsten Fällen das gesamte Methodenspektrum angewendet. Häufig beschränkt sich die anthropologische Aufarbeitung von Skelettfunden auf die Erhebung der biologischen Basisdaten sowie Erfassung pathologischer Veränderungen. In einigen Fällen werden morphologische Ergebnisse differentialdiagnostisch über mikroskopische sowie molekulargenetische Methoden ergänzt. Dies führt zwangsläufig dazu, dass umfassende Befunde, wie sie bei der Bearbeitung der Skelette aus Rödelheim erhoben wurden, nicht in jedem Fall mit geeigneten Referenzen verglichen werden können. Als Beispiele sind hier die Daten zur molekulargenetisch ermittelten biogeografischen Herkunft der Soldaten zu nennen, die ausschließlich mit den napoleonischen Soldaten des Massengrabs Kassel verglichen werden konnten. Darüber hinaus wurden am Skelettmaterial Rödelheim umfassende osteometrische Daten zur Erfassung der allgemeinen Robustizität als Maß für die Leistungsfähigkeit der Soldaten erhoben, um bspw. diverse Robustizitätsindices zu berechnen. Das Fehlen geeigneter Referenzdaten ließ keinen Vergleich der Ergebnisse zu. Jedoch wurde im Rahmen der Dissertation einer der Autorinnen eine Datengrundlage gebildet, die in zukünftigen Studien an Skelettmaterial napoleonischer Soldaten für Vergleiche genutzt werden kann[229].

Die Bedingungen in Rödelheim waren sehr gut, weil durch frühere Skelettfunde (s. Beitrag Hampel) bekannt war, dass vor anstehenden Bauvorhaben auf dem Areal archäologische Maßnahmen erforderlich sind. Zudem waren die Skelette zu großen Teilen noch gut überliefert und die Ausgrabungen sind sehr sorgsam durchgeführt worden. In Göttingen konnten die Skelette dann im Rahmen diverser Abschlussarbeiten sorgfältig untersucht werden und so konnte den Verstorbenen ein wenig Individualität zurückgegeben werden.

Durch diese Untersuchungen wird anschaulich, wie stark der Machthunger einer einzelnen Person das individuelle Schicksal von Menschen beeinflussen kann. Die napoleonischen Kriegszüge haben nicht nur Tausende von Franzosen, sondern auch Tausende von den Verbündeten (z. B. der Rheinbundstaaten) und den Angegriffenen (z. B. in Russland) das Leben gekostet. Vor allem blieb die Zivilbevölkerung weder in Folge der Kriegszüge, Beutezüge oder dem Ausbruch von Seuchen verschont, wie auch die Einquartierung der Soldaten in Rödelheim belegt. So berichtet ein Mainzer Arzt über die Zustände im Herbst 1813: »Fürchterlich wüthete das Uebel schon damals in den Militärspitälern und Kirchen, Ställen und Magazinen, in welchen man die kranken französischen Soldaten ohne Pflege, Nahrung und Wartung dem Elende preisgab. Blos die Menschlichkeit der Bürger, die zusammenlegten, Suppen kochen liessen und selbst aus ihren Häusern, die Gefahr verachtend, Lebens- und Stärkungsmittel aller Art in diese verpesteten Räume brachten, verhütete den Hungerstod dieser Elenden, die sich einander durch Ansteckung die Vernichtung mittheilten, die auch zum Theil ihren Wohlthätern zum Lohne ward.«[230] Die Opfer geraten jedoch oft aus dem Fokus. Zur Erinnerung an Schlachten gibt es teils monumentale Denkmäler, wie z. B. das Völkerschlachtdenkmal in Leipzig oder der Löwenhügel in Waterloo, die Einzelschicksale der Verstorbenen, ihrer Angehörigen und der Zivilisten werden hingegen wenig thematisiert. Umso wichtiger ist

anthropologique que le nombre minimum d'individus a été porté à 126. De plus, l'analyse des haplogroupes Y a permis d'obtenir des indications très précises sur l'origine régionale des individus. Sans l'engagement personnel[228] des scientifiques, les destins des 126 soldats napoléoniens morts « du typhus » à Kassel auraient été perdus à jamais.

Les études anthropologiques complètes sur le matériel squelettique prennent beaucoup de temps et sont donc coûteuses. C'est pourquoi l'éventail complet des méthodes n'est que très rarement appliqué. Souvent, le traitement anthropologique des découvertes de squelettes se limite à la collecte des données biologiques de base et à un enregistrement des modifications pathologiques. Dans certains cas, les résultats morphologiques sont complétés par un diagnostic différentiel à l'aide de méthodes microscopiques et de génétique moléculaire. Il en résulte inévitablement que les résultats complets, tels que ceux obtenus lors du traitement des squelettes de Rödelheim, ne peuvent pas toujours être confrontés à des références appropriées. À titre d'exemple, il convient de citer ici les données relatives à l'origine biogéographique des soldats, déterminée par la génétique moléculaire, qui ont pu être comparées exclusivement avec les soldats napoléoniens de la fosse commune de Kassel. En outre, des données ostéométriques complètes ont été collectées sur le matériel squelettique de Rödelheim pour évaluer la robustesse générale en tant que mesure de la performance des soldats, afin de calculer, par exemple, divers indices de robustesse. L'absence de données de référence appropriées n'a toutefois pas permis de comparer les résultats. Cependant, dans le cadre de la thèse de l'une des auteurs, une base de données a été constituée, qui pourra être utilisée pour des comparaisons dans de futures études sur les squelettes de soldats napoléoniens[229].

Les conditions à Rödelheim étaient très bonnes, car grâce à des découvertes de squelettes antérieures (voir l'article de Hampel), il était connu que des mesures archéologiques étaient nécessaires avant les projets de construction prévus sur le site. De plus, les squelettes étaient en grande partie encore bien conservés et les fouilles ont été menées avec beaucoup de soin.

À Göttingen, les squelettes ont ensuite pu être soigneusement examinés dans le cadre de divers travaux de fin d'études, ce qui a permis de rendre aux défunts une certaine individualité.

Ces recherches permettent de comprendre à quel point la soif de pouvoir d'une seule personne peut influencer le destin individuel des gens. Les campagnes militaires napoléoniennes ont non seulement coûté la vie à des milliers de Français, mais aussi à des milliers d'alliés (p. ex. des États de la Confédération du Rhin) et de personnes attaquées (p. ex. en Russie). Surtout, la population civile n'a pas été épargnée par les campagnes militaires, les pillages ou l'apparition d'épidémies, comme en témoigne le cantonnement des soldats à Rödelheim. Un médecin de Mayence rapporte ainsi les conditions à l'automne 1813: « Le mal sévissait déjà horriblement à l'époque dans les hôpitaux militaires et les églises, les écuries et les magasins, dans lesquels on abandonnait les soldats français malades à la misère, sans soins, sans nourriture et sans traitement. Seule l'humanité des citoyens, qui partageaient ce qu'ils avaient, qui faisaient bouillir des soupes et qui, au mépris du danger, apportaient eux-mêmes, de chez eux, des vivres et des fortifiants de toutes sortes dans ces lieux infestés, empêcha la mort par la faim de ces misérables qui se transmettaient l'un l'autre, par contagion, l'anéantissement qui fut par ailleurs aussi, en partie, la récompense de leurs bienfaiteurs »[230]. Les victimes sont cependant souvent perdues de vue. Pour commémorer les batailles, il existe des mémoriaux parfois monumentaux, comme le Monument de la Bataille des Nations à Leipzig ou la Butte du Lion à Waterloo, mais les destins individuels des défunts, de leurs proches et des civils sont rarement évoqués. Il est donc d'autant plus important de pouvoir obtenir, grâce aux recherches sur les défunts de Rödelheim, de nombreuses informations sur leurs données biologiques, comme l'âge au décès, le sexe ou la taille, ou sur leurs données ostéobiographiques. Mais surtout, il a été possible de mettre en évidence la souffrance individuelle des soldats, due aux conditions précaires, aux contraintes physiques et au manque d'hygiène.

es mit den Untersuchungen zu den Verstorbenen aus Rödelheim Informationen zu ihren biologischen Daten, wie dem Sterbealter, dem Geschlecht, der Körperhöhe oder ihren osteobiografischen Daten gewinnen zu können. Vor allem konnten aber auch das individuelle Leid der Soldaten, bedingt durch die prekären Zustände, den physischen Belastungen und den mangelnden hygienischen Bedingungen aufgezeigt werden.

ANMERKUNGEN | NOTE

1 Herrmann et al. 1990.
2 Grupe et al. 2015.
3 Hampel 2015.
4 Die Verwendung des Begriffes »Skelettmaterial« ist keineswegs despektierlich, sondern erfolgt pragmatisch. Es ist eine Selbstverständlichkeit für alle Anthropolog:innen, stets respektvoll mit menschlichen Überresten umzugehen. | L'utilisation du terme «squelette» n'a rien de méprisant, mais elle est pragmatique. Il va de soi que tous/toutes les anthropologues vont toujours traiter les restes humains avec respect.
5 Großkopf 2007.
6 Großkopf 2009.
7 Großkopf 2019.
8 Quade/Binder 2018.
9 Grabmayer/Binder 2021.
10 Grumbkow 2013.
11 Signoli et al. 2004.
12 Herrmann et al. 1990.
13 Herrmann et al. 1990.
14 Szilvássy 1988.
15 Kemkes-Grottenthaler 1993.
16 Mann et al. 1987.
17 Mann et al. 1991.
18 Großkopf (in press).
19 Giles/Elliot 1963.
20 Steward 1979.
21 Novotny 1972.
22 Pearson 1899.
23 Die säkulare Akzeleration beschreibt die seit dem 19. Jahrhundert in Europa zu beobachtende Zunahme der Körperhöhe und ein früheres Auftreten von biologischen Reifemerkmalen bei Jugendlichen. | L'accélération séculaire décrit l'augmentation de la taille et l'apparition plus précoce des caractéristiques biologiques de maturité chez les jeunes, observées en Europe depuis le XIXe siècle.
24 Telkkä et al. 1962.
25 Goodmann 1991.
26 Siegmund 2010.
27 Im folgenden Kapitel werden die molekulargenetischen Untersuchungen an den Individuen aus Rödelheim beschrieben. Die methodische Vorgehensweise wird lediglich umrissen und können im Detail der Dissertation einer der Autorinnen entnommen werden (Flux 2023). Die Analysen wurden zu Teilen durch die Stadt Frankfurt am Main finanziell gefördert. Die Untersuchung der Y-Haplotypen wurden technisch im Rahmen einer wissenschaftlichen Kooperation von der Firma Qiagen unterstützt. | Le chapitre suivant décrit les analyses génétiques moléculaires effectuées sur les individus de Rödelheim. L'approche méthodologique est simplement esquissée et peut être consultée en détail dans la thèse de l'une des auteures (Flux 2023). Les analyses ont été en partie soutenues financièrement par la ville de Francfort-sur-le-Main. L'analyse des haplotypes Y a été soutenue techniquement par la société Qiagen dans le cadre d'une coopération scientifique.
28 Simoni et al. 2000.
29 Ruiz Linares et al. 1996.
30 Roewer et al. 2005.
31 Melchior et al. 2008.
32 Csányi et al. 2008.
33 Fu et al. 2009.
34 Grumbkow 2013.
35 Novelletto 2007.
36 Athey 2005.
37 https://nevgen.org.
38 Roewer et al. 2001.
39 Willuweit/Roewer 2015.
40 Hummel 2003.
41 Mazanec 2022.
42 Flux 2023.
43 Qiagen 2010.
44 Hummel 2003.
45 Frischalowski et al. 2015.
46 Wittmeier/Hummel 2022.
47 Flux et al. 2017.
48 Forrest 2006.
49 Lucas 2016.
50 Wilbrand 1884.
51 Haythornthwaite 1979.
52 Mayer 2011.
53 Wilkin/Wilkin 2015.
54 Mayer 2011.
55 Grumbkow 2013.
56 Signoli et al. 2004.
57 Horáčková/Vargová 1999.
58 Teegen 2014.

59 Westphalen 2016.
60 Siegmund 2010.
61 Komlos 1994.
62 Siegmund 2010.
63 Adler 1998.
64 Grupe et al. 2015.
65 Steckel et al. 2005.
66 Grupe et al. 2015.
67 Flux 2023.
68 Bernstein et al. 1946.
69 Weinfeld et al. 1997.
70 Waldron 2009.
71 Flux 2023.
72 Preiss et al. 2012.
73 Aufderheide/Rodríguez-Martín 1998.
74 Michehl 2020.
75 Flux 2023.
76 Frye 2018.
77 Michehl 2020.
78 Dihlmann 1987.
79 Waldron 2009.
80 Grupe et al. 2015.
81 Grupe et al. 2015.
82 Michehl 2020.
83 Michehl 2020.
84 Flux 2023.
85 Wilkin/Wilkin 2025.
86 Bruce et al. 2008.
87 Wilkin/Wilkin 2015.
88 Marchioni 2003 nach Muhlstein 2008.
89 Segur 1835.
90 Blaze/Haythornthwaite 1995.
91 Röhrig 2008.
92 Haythornthwaite 1979.
93 Forrest 2006.
94 Mayer 2011.
95 Wilkin/Wilkin 2015.
96 Stuart-Macadam 1985.
97 Schultz 2001.
98 Schultz 2003.
99 Steckel et al. 2005.
100 Langenstein 2019.
101 Michehl 2020.
102 Ortner 2003.
103 Manuel et al. 2010.
104 Bertoldo et al. 2010.
105 Mayer 2011.
106 Wilkin/Wilkin 2015.
107 Haythornthwaite 1979.
108 Mayer 2011.
109 Binder/Quade 2018.
110 Weiher 2022.
111 Rachel 2022.
112 Herrmann et al. 1990.
113 Hillson 1996.
114 White/Folkens 2005.
115 Grupe et al. 2015.
116 Rachel 2022.
117 Rachel 2022.
118 Alt et al. 1998.
119 Hillson 2005.
120 Grupe et al. 2015.
121 Wahl/Zink 2013.
122 Haythornthwaite 1979.
123 Binder/Quade 2018.
124 Wahl/Zink 2013.
125 Palubeckaitė-Miliauskienė et al. 2006.
126 Binder 2008.
127 Schultz 1993.
128 Rachel 2022.
129 Michehl 2020.
130 Michehl 2022.
131 Michehl 2020.
132 Rachel 2022.
133 Hillson 1996.
134 Hillson et al. 1998.
135 Ortner 2003.
136 Aufderheide/Rodríguez-Martín 1998.
137 Ortner 2003.
138 Flux 2023.
139 Flux 2023.
140 Hillson 2005.
141 Grupe et al. 2015.
142 Rachel 2022.
143 Michehl 2022.
144 Nicklisch et al. 2017.
145 Rachel 2020.
146 Excoffier et al. 1992.
147 https://nevgen.org.
148 https://www.eupedia.com/europe/european_y-dna_haplogroups.shtml.
149 Grumbkow 2013.
150 Novelletto 2007.
151 Roewer at al. 2005.
152 Für die AMOVA-Analyse wurde das Tool der Datenbank YHRD (https://yhrd.org/) genutzt. Der Dank geht an Prof. Dr. Lutz Roewer, der einen erweiterten Zugang zur Verfügung gestellt hat. | L'outil de la base de données YHRD (https://yhrd.org/) a été utilisé pour l'analyse AMOVA. Nous remercions le professeur Lutz Roewer qui a permis un accès étendu.
153 Grumbkow 2013.
154 Flux 2023.
155 Signoli et al. 2004.
156 Raoult et al. 2006.
157 Jankauskas et al. 2007.
158 Grumbkow et al. 2011.
159 Grumbkow 2013.
160 Quade/Binder 2018.
161 Grabmayer/Binder 2021.
162 Signoli et al. 2004.
163 Mayer 2011.
164 Haythornthwaite 1979.
165 Lossau 1845.
166 Haythornthwaite 1979.
167 Flux 2023.
168 Der große Anteil juveniler Individuen hat keinen Einfluss auf die geringere durchschnittliche Körperhöhe in Rödelheim, da nur Knochen vermessen wurden, bei denen das Längenwachstum abge-

schlossen war. | La grande proportion d'individus juvéniles n'a pas d'influence sur la hauteur moyenne plus faible à Rödelheim, car seuls les os dont la croissance en longueur était terminée ont été mesurés.

169 Für die Individuen von der Fundstelle Aspern wird eine durchschnittliche Körperhöhe von 173,8 cm (Quade/Binder 2018) für Wagram von 172,7 cm angeben (Grabmayer/Binder 2021). Diese Daten können jedoch nicht für den direkten Vergleich genutzt werden, da ihnen abweichende Berechnungsformeln für die Rekonstruktion der Körperhöhe zu Grunde liegen. | Pour les individus du site d'Aspern, on indique une hauteur moyenne de 173,8 cm (Quade/Binder 2018), pour Wagram de 172,7 cm (Grabmayer/Binder 2021). Ces données ne peuvent toutefois pas être utilisées pour une comparaison directe, car elles reposent sur des formules de calcul différentes pour la reconstitution de la hauteur du corps.

170 Komlos 1994.
171 Röhrig 2008.
172 Grumbkow 2013.
173 Grabmayer/Binder 2021.
174 Quade/Binder 2018.
175 Flux 2023.
176 Meyer 2003.
177 Cooper 2006.
178 Grumbkow 2013.
179 Dutour/Buzhilova 2014.
180 Teegen 2014.
181 Westphalen 2016.
182 Vymazalová et al. 2021.
183 Grabmayer/Binder 2021.
184 Meyer 2003.
185 Cooper 2006.
186 Vymazalová et al. 2021.
187 Grabmayer/Binder 2021.
188 Grumbkow 2013.
189 Quade/Binder 2018.
190 Raoult et al. 2006.
191 Steckel et al. 2006.
192 Weiher 2022.
193 Weiher 2022.
194 Walker 2009.
195 Langenstein 2019.
196 Langenstein 2019.
197 Bei einer Referenzserie von Zivilisten weisen hingegen nur ca. 12 % ein ausgeprägtes Stadium auf und ca. 8 % leichte Veränderungen (Langenstein 2019). | En revanche, dans une série de référence de civils, seuls 12 % environ présentaient un stade prononcé et 8 % environ de légères modifications (Langenstein 2019).
198 Rachel 2022.
199 Grabmayer/Binder 2021.
200 Quade/Binder 2018.
201 Grabmayer/Binder 2021.
202 Quade/Binder 2018.
203 Blaze/Haythornthwaite 1995.
204 Forrest 2006.
205 Mayer 2011.
206 Fremont-Barnes/Fisher 2004.
207 Quade/Binder 2018.
208 Merrett/Pfeiffer 2000.
209 Slavin et al. 2005.
210 Ovadnevaite et al. 2006.
211 Roberts 2007.
212 Wilbrand 1884.
213 Schultz 2003.
214 Grupe et al. 2025.
215 Wilkin/Wilkin 2015.
216 Grumbkow 2013.
217 Raoult 2006.
218 Wilbrand 1884.
219 Die Angaben sind direkt miteinander vergleichbar, da die Daten in der Masterarbeit von Rachel (2022) erhoben wurden. Bei Vergleichen zwischen Ergebnissen verschiedener Bearbeiter:innen muss methodenkritisch immer berücksichtigt werden, dass die Kriterien voneinander abweichen können. | Les données sont directement comparables entre elles, puisqu'elles ont été collectées dans le travail de maîtrise de Rachel (2022). En cas de comparaison entre les résultats de différentes personnes, il faut toujours tenir compte du fait que les critères peuvent diverger.
220 Rachel/Großkopf (eingereicht). | Rachel/Großkopf (déposé).
221 Binder/Quade 2018.
222 Palubeckaitė et al. 2006.
223 Großkopf 2019.
224 Forrest 2006.
225 Grumbkow 2013.
226 Großkopf 2019.
227 Im Idealfall sollten bei allen Funden von menschlichen Überresten intensive anthropologische Untersuchungen durchgeführt werden, da sie wesentliche Erkenntnisse zu den bestatteten Individuen liefern. Leider ist dies jedoch je nach Gesetzeslage in den einzelnen Bundesländern nicht zwingend vorgeschrieben. | Idéalement, toutes les découvertes de restes humains devraient faire l'objet d'études anthropologiques approfondies, car elles fournissent des informations essentielles sur les individus inhumés. Malheureusement, cela n'est pas obligatoire et dépend de la législation en vigueur dans les différents länder.
228 Für die Exhumierung des Skelettmaterials wurde durch den Leiter des Naturkundemuseums Dr. Kai Füldner das Öffnen der Gräber durch das Grünflächenamt organisiert, die Bergung der Gebeine erfolgte durch eine Gruppe von Studierenden unter der Leitung von einer der Autorinnen (BG). | Pour l'exhumation du matériel squelettique, le directeur du musée d'histoire naturelle, le Dr Kai Füldner, a organisé l'ouverture des tombes par le service des espaces verts, et la récupération des ossements a été effectuée par un groupe d'étudiants sous la direction de l'une des auteures (BG).
229 Flux 2023.
230 Willbrand 1884, 71.

LITERATURVERZEICHNIS | BIBLIOGRAPHIE

ADLER CP (1998) Knochenkrankheiten: Diagnostik makroskopischer, histologischer und radiologischer Strukturveränderungen des Skeletts, 2. Aufl. edition. Springer

ALT KW / TÜRP JC / WÄCHTER R (1998) Periapical Lesions – Clinical and Anthropological Aspects. In: Alt KW, Rösing FW, Teschler-Nicola M (Hrsg) Dental Anthropology: Fundamentals, Limits and Prospects. Springer, S. 247–276

ATHEY TW (2005) Haplogroup Prediction from Y-STR Values Using an Allele- Frequency Approach. J Genet Geneal 1:1-7

AUFDERHEIDE AC / RODRÍGUEZ-MARTÍN C (1998) The Cambridge Encyclopedia of Human Paleopathology, Reissue edition. Cambridge University Press

BERNSTEIN A / CHILDERS MA / ARCHER MC / FOX KW / STONE JR (1946) March fractures of the foot. The American Journal of Surgery 71:355–362. https://doi.org/10.1016/0002-9610(46)90275-9

BERTOLDO CE / MIRANDA D / SOUZA-JUNIOR E / AGUIAR F / LIMA D / FERREIRA RL (2011) Surface hardness and color change of dental enamel exposed to cigarette smoke. Int J Dent Clin 3:1-4

BINDER M (2008) Der Soldatenfriedhof in der Marchettigasse in Wien. Die Lebensbedingungen einfacher Soldaten in der theresianisch-josephinischen Armee anhand anthropologischer Untersuchungen. Monografien der Stadtarchäologie Wien 4

BINDER M / QUADE L (2018) Death on a Napoleonic battlefield – Peri-mortem trauma in soldiers from the Battle of Aspern 1809. Int J Paleopathol 22:66–77. https://doi.org/10.1016/j.ijpp.2018.05.007

BLAZE E / HAYTHORNTHWAITE PJ (1995) Life in Napoleon's Army: The Memoirs of Captain Elzear Blaze, New ed of 1850 ed Edition. Greenhill Books

BRUCE RB / DICKIE I / KILEY K / PAVKOVIC MF / SCHNEID FS (2008) Fighting Techniques of the Napoleonic Age 1792 – 1815: Equipment, Combat Skills, and Tactics, First Edition. Thomas Dunne Books

COOPER C (2006) Soldaten von 1799/1800: Massengräber aus Zürich und Schaffhausen. Bulletin der Schweizerischen Gesellschaft für Anthropologie, 12(1), S. 23–34

CSÁNYI B / BOGÁCSI-SZABÓ E / TÖMÖRY G / CZIBULA A / PRISKIN K / CSÕSZ A / MENDE B / LANGÓ P / CSETE K / ZSOLNAI A / CONANT EK / DOWNES CS / RASKÓ I (2008) Y-chromosome analysis of ancient Hungarian and two modern Hungarian-speaking populations from the Carpathian Basin. Ann Hum Genet 72:519–534. https://doi.org/10.1111/j.1469-1809.2008.00440.x

DIHLMANN W (1987) Gelenke – Wirbelverbindungen: Klinische Radiologie einschliesslich Computertomographie – Diagnose, Differentialdiagnose. Thieme

DUTOUR O / BUZHILOVA A (2014) Palaeopathological study of napoleonic mass graves discovered in Russia. In: Knüsel C, Smith M (Hrsg) The Routledge Handbook of the Bioarchaeology of Human Conflict. Routledge, Abingdon, S. 511–524

EXCOFFIER L / SMOUSE PE / QUATTRO JM (1992) Analysis of Molecular Variance Inferred from Metric Distances among DNA Haplotypes: Application to Human Mitochondrial DNA Restriction Data. Genetics 131:479–491

FLUX AL / MAZANEC J / STROMMENGER B / HUMMEL S (2017) Staphylococcus aureus Sequences from Osteomyelitic Specimens of a Pathological Bone Collection from Pre-Antibiotic Times. Diversity 9:43. https://doi.org/10.3390/d9040043

FLUX AL (2023) Anthropologische Bearbeitung der Bestattungen napoleonischer Soldaten aus Frankfurt-Rödelheim zur Rekonstruktion der Lebensbedingungen in der Grande Armée. Dissertation Universität Göttingen

FORREST A (2006) Napoleon's Men – The Soldiers of the Revolution and Empire. Hambledon Continuum

FRISCHALOWSKI M / SEIDENBERG V / GROSSKOPF B / WULF FW / HUMMEL S (2015) Molekulargenetische Untersuchung des Verwandtschaftsverhältnisses von möglichen Mutter-Kind-Bestattungen aus dem frühneuzeitlichen Eldagsen. In: Nachrichten aus Niedersachsens Urgeschichte. S. 193–206

FRYE A (2018) Biological aging and multifactorial stress markers on the skeletons of Napoleonic soldiers. Masterarbeit Universität Göttingen

FU Y / XIE C / XU X / LI C / ZHANG Q / ZHOU H / ZHU H (2009) Ancient DNA analysis of human remains from the Upper Capital City of Kublai Khan. Am J Phys Anthropol 138:23–29. https://doi.org/10.1002/ajpa.20894

GILES E / ELLIOT O (1963) Sex determination by discriminant function analysis of crania. American journal of physical anthropology, 21(1), S. 53–68

GOODMAN AH (1991) Health, adaptation, and maladaptation in past societies. In: Bush H, Zvelebil M (Hrsg) Health in Past Societies: Biocultural interpretations of human skeletal remains in archaeological contexts. BAR International Series, 567, S. 31–38

GRABMAYER H / BINDER M (2021) Das geringste Übel war der Tod – Untersuchungen an den Soldaten von Wagram. In: Binder M, Konik S, Stagl A (Hrsg) Leben und Tod auf dem Schlachtfeld: Archäologie entlang der S8-Trasse im Marchfeld. Phoibos-Vlg, S. 78–101

GROSSKOPF B (2007) Die menschlichen Überreste vom Oberesch in Kalkriese. Wilbers-Rost S, Uerpmann HP, Uerpmann M, Großkopf B, Tolksdorf-Lienemann E (Hrsg) Kalkriese 3: Interdisziplinäre Untersuchungen auf dem Oberesch in Kalkriese. Römisch-Germanische Forschungen Band 65, Philipp von Zabern, pp. 157–17

GROSSKOPF B (2009) Kalkriese – Schlachtfeld ohne Massengräber? Meller H (Hrsg) Schlachtfeldarchäologie. Battlefield Archaeology. 1. Mitteldeutscher Archäologentag vom 09. bis 11. Oktober 2008 in Halle (Saale), pp. 81–88

GROSSKOPF B (2019) Sterben jenseits des Schlachtfeldes – ein Massengrab napoleonischer Soldaten. In: Martin Clauss et al. (Hrsg) Vom Umgang mit den Toten. Sterben im Krieg von der Antike bis zu Gegenwart. Reihe: Krieg in der Geschichte, Verlag Ferdinand Schöningh GmbH & Co. KG, S. 45–59

GROSSKOPF B (2023) Histological investigations of very small cremated bone fragments – options and limitations. In: Francken M. & Harvati K. (Hrsg.), Facetten der Osteologie. Tübingen University Press, S. 195–204

GRUMBKOW P / ZIPP A / SEIDENBERG V / FEHREN-SCHMITZ L / KEMPF VAJ / GROSS U / HUMMEL S (2011) Brief communication: evidence of Bartonella quintana infections in skeletons of a historical mass grave in Kassel, Germany. Am J Phys Anthropol 146:134–137. https://doi.org/10.1002/ajpa.21551

GRUMBKOW P (2013) Das Leben in der napoleonischen Armee – interdisziplinäre Untersuchung eines Massengrabs aus Kassel, Hessen. Dissertation Universität Göttingen

GRUPE G / HARBECK M / MCGLYNN GC (2015) Prähistorische Anthropologie. Springer Spektrum

HAMPEL A (2015) Gräber der napoleonischen Befreiungskriege in Frankfurt a. M.-Rödelheim. Kriegsrelikte des frühen 19. Jahrhunderts im Frankfurter Stadtgebiet. In: Hessen Archäologie 2015 Jahrbuch für Archäologie und Paläontologie in Hessen. hessenARCHÄOLOGIE des Landesamtes für Denkmalpflege Hessen. Theiss-Verlag

HAYTHORNTHWAITE PJ (1979) Weapons & Equipment Of The Napoleonic Wars. Cassell

HERRMANN B / GRUPE G / HUMMEL S / PIEPENBRINK H / SCHUTKOWSKI H (1990) Prähistorische Anthropologie: Leitfaden der Feld- und Labormethoden. Springer-Verlag

HILLSON S (1996) Dental Anthropology. Cambridge University Press

HILLSON S / GRIGSON C / BOND S (1998) Dental defects of congenital syphilis. Am J Phys Anthropol 107:25–40. https://doi.org/10.1002/(SICI)1096-8644(199809)107:1<25::AID-AJPA3>3.0.CO;2-C

HILLSON S (2005) Teeth Second Edition, 2. edn. Cambridge University Press

HORÁČKOVÁ L / VARGOVÁ L (1999) Bone remains from a common grave pit from the Battle of Austerlitz (anthropology and paleopathology) International Journal of Paleopathology, vol. 11, pp. 5–13

HUMMEL S (2003) Ancient DNA Typing. Methods, Strategies and Applications. Springer-Verlag

JANKAUSKAS R / PALUBECKAITĖ-MILIAUSKIENĖ Ž / BARKUS A / URBANAVIČIUS A (2007) Military Stature Variation During the 19TH Century: Napoleonic Versus German Soldiers of World WAR1. Papers on Anthropology XVI, pp. 122–131

KEMKES-GROTTENTHALER A (1993) Kritischer Vergleich osteomorphognostischer Verfahren zur Lebensaltersbestimmung Erwachsener. Dissertation Universität Mainz

KOMLOS J (1994) Stature, Living Standards, and Economic Development: Essays in Anthropometric History. University of Chicago Press

LANGENSTEIN J (2019) Beurteilung der gesundheitlichen Verfassung napoleonischer Soldaten anhand des Auftretens von Cibra orbitalia. Bachelorarbeit Universität Göttingen

LOSSAU JF (1845) Erster Theil. Feldzug in Italien 1796/7, in Ägypten 1798/9 und 1800 in Deutschland und Italien. Mit Karten und Plänen. Herder'sche Verlagsbuchhandlung

LUCAS C (2016) Comparison of morphological and molecular sex determination on skeletons from a mass grave of the Napoleon army from Frankfurt-Rödelheim. Masterarbeit Universität Göttingen

MANN RW / SYMES SA / BASS WM (1987) Maxillary suture obliteration: aging the human skeleton based on intact or fragmentary maxilla. Journal of forensic sciences, 32(1), S. 148–157

MANN RW / JANTZ RL / BASS WM / WILLEY PS (1991) Maxillary suture obliteration: a visual method for estimating skeletal age. Journal of Forensic Sciences, 36(3), S. 781–791

MANUEL ST / ABHISHEK P / KUNDABALA M (2010) Etiology of tooth discoloration- a review. Nigerian Dental Journal 18:56–63. https://doi.org/10.4314/ndj.v18i2

MARCHIONI J (2003) Place à Monsieur Larrey, chirurgien de la garde impériale. Actes Sud

MAYER KJ (2011) Napoleons Soldaten. Primus Verlag

MAZANEC J (2022) Identifikation – Von der Speziesbestimmung bis zur Identitätsfeststellung mit Hilfe von ancient DNA-Analysen. Dissertation Universität Göttingen

MELCHIOR L / KIVISILD T / LYNNERUP N / DISSING J (2008) Evidence of Authentic DNA from Danish Viking Age Skeletons Untouched by Humans for 1,000 Years. PLoS One 3:e2214. https://doi.org/10.1371/journal.pone.0002214

MEYER C (2003) Osteological evidence for the Battles of Zürich, 1799: a glimpse into soldiery of the past. International Journal of Osteoarchaeology 13:252–257. https://doi.org/10.1002/oa.683

MICHEHL M (2020) Description of selected pathologies on skeletons from the Napoleonic War. Masterarbeit Universität Göttingen

MUHLSTEIN A (2008) Der Brand von Moskau: Napoleon in Rußland. Insel Verlag

NICKLISCH N / RAMSTHALER F / MELLER H / FRIEDRICH S / ALT KW (2017) The face of war: Trauma analysis of a mass grave from the Battle of Lützen (1632). PLoS One 12:e0178252. https://doi.org/10.1371/journal.pone.0178252

NOVELLETTO A (2007) Y chromosome variation in Europe: Continental and local processes in the formation of the extant gene pool. Annals of Human Biology 34:139–172. https://doi.org/10.1080/03014460701206843

NOVOTNY V 1972 Geschlechtsmerkmale und Geschlechtsbestimmung auf dem Hüftbein (Os coxae). Konference europskych antrop, 21p, Prag

ORTNER DJ (2003) Identification of Pathological Conditions in Human Skeletal Remains. Academic Press

PALUBECKAITĖ-MILIAUSKIENĖ Ž / JANKAUSKAS R / ARDAGNA Y / MACIA Y / RIGEADE C / SIGNOLI M / DUTOUR O (2006) Dental Status of Napoleon's Great Army's (1812) Mass Burial of Soldiers in Vilnius: Childhood Peculiarities and Adult Dietary Habits. International Journal of Osteoarchaeology 16:355–365. https://doi.org/10.1002/oa.846

PEARSON K (1899) Mathematical Contributions to the Theory of Evolution. V. On the Reconstruction of the Stature of Prehistoric Races. Philosophical Transactions of the Royal Society of London Series A, Containing Papers of a Mathematical or Physical Character 192:169–244

PREISS A / HEITMANN M / FROSCH KH (2012) CME Zertifizierte Fortbildung. Osteochondritis dissecans of the talus – Diagnosis and treatment. Unfallchirurg, 115, S. 1099–1110

QIAGEN (2010) QIAvac 24 Plus Handbook – For vacuum processing of QIAGEN® spin columns. Qiagen

QUADE L / BINDER M (2018) Life on a Napoleonic battlefield: A bioarchaeological analysis of soldiers from the Battle of Aspern, Austria. Int J Paleopathol 22:23–38. https://doi.org/10.1016/j.ijpp.2018.03.006

RACHEL H (2020) Analyse der Schädeltraumata napoleonischer Soldaten aus Rödelheim, Hessen. Bachelorarbeit Universität Göttingen

RACHEL H (2022) Examination and comparison of dental pathologies in skeletal remains of Napoleonic soldiers. Masterarbeit Universität Göttingen

RACHEL H / GROSSKOPF B (EINGEREICHT) Analyse und Vergleich von Zahnpathologien an skelettalen Überresten napoleonischer Soldaten. Beiträge zur Archäozoologie und Prähistorischen Anthropologie. Band XIII. Beier & Beran.

RAOULT D / DUTOUR O / HOUHAMDI L / JANKAUSKAS R / FOURNIER PE / ARDAGNA Y / DRANCOURT M / SIGNOLI M / LA VD / MACIA Y / ABOUDHARAM G (2006) Evidence for louse-transmitted diseases in soldiers of Napoleon's Grand Army in Vilnius. J Infect Dis 193:112–120. https://doi.org/10.1086/498534

ROEWER L / KRAWCZAK M / WILLUWEIT S / NAGY M / ALVES C / AMORIM A / ANSLINGER K / AUGUSTIN G / BETZ A / BOSCH E / CAGLIÁ A / CARRACEDO A / CORACH D / DEKAIRELLE AF / DOBOSZ T / DUPUY BM / FÜREDI S / GEHRIG C / GUSMAÕ L / HENKE J / HENKE L / HIDDING M / HOHOFF C / HOSTE B / JOBLING MA / KÄRGEL HJ / DE KNIJFF P / LESSIG R / LIEBEHERR E / LORENTE M / MARTÍNEZ-JARRETA B / NIEVAS P / NOWAK M / PARSON W / PASCALI VL / PENACINO G / PLOSKI R / ROLF B / SALA A / SCHMITT C / SCHMIDT U / SCHNEIDER PM / SZIBOR R / TEIFEL-GREDING J / KAYSER M (2001) Online reference database of European Y-chromosomal short tandem repeat (STR) haplotypes. Forensic Sci Int 118:106–113. https://doi.org/10.1016/s0379-0738(00)00478-3

ROEWER L / CROUCHER PJP / WILLUWEIT S / LU TT / KAYSER M / LESSING R / DE KNIJFF P / JOBLING MA / TYLER-SMITH C / KRAWCZAK M (2005) Signature of recent historical events in the European Y-chromosomal STR haplotype distribution. Hum Genet 116:279–291. https://doi.org/10.1007/s00439-004-1201-z

RÖHRIG JJ (2008) »Ich schwöre es!« Unter der Fahne des ersten Napoleon.: Jugendgeschichte des Hunsrücker Dorfschullehrers Johann Jakob Röhrig, von ihm selbst erzählt. Fachverlag Amon

RUIZ LINARES A / NAYAR K / GOLDSTEIN DB / HEBERT JM / SEIELSTAD MT / UNDERHILL PA / LIN AA / FELDMAN MW / CAVALLI SFORZA LL (1996) Geographic clustering of human Y-chromosome haplotypes. Ann Hum Genet 60:401–408. https://doi.org/10.1111/j.1469-1809.1996.tb00438.x

SCHULTZ M (1993) Spuren unspezifischer Entzündungen an prähistorischen Schädeln. Ein Beitrag zur Paläopathologie. In: Anthropologische Gesellschaft Basel (Hrsg) Anthropologische Beiträge Bd. 4

SCHULTZ M (2001) Paleohistopathology of bone: a new approach to the study of ancient diseases. Am J Phys Anthropol Suppl 33:106–147. https://doi.org/10.1002/ajpa.10024.abs

SCHULTZ M (2003) Light Microscopic Analysis in Skeletal Paleopathology. In: Ortner DJ (Hrsg) Identification of Pathological Conditions in Human Skeletal Remains. Academic Press

SIEGMUND F (2010) Die Körpergröße der Menschen in der Ur- und Frühgeschichte Mitteleuropas und ein Vergleich ihrer anthropologischen Schätzmethoden, 1. edn. BoD – Books on Demand

SIGNOLI M / ARDAGNA Y / ADALIAN P / DEVRIENDT W / LALYS L / RIGEADE C / VETTE T / KUNCEVICIUS A / POSKIENE J / BARKUS A / PALUBECKAITE Z / GARMUS A / PUGACIAUSKAS V / JANKAUSKAS R / DUTOUR O (2004) Discovery of a mass grave of Napoleonic period in Lithuania (1812, Vilnius). Comptes Rendus Palevol 3:219–227. https://doi.org/10.1016/j.crpv.2004.02.003

SIMONI L / CALAFELL F / PETTENER D / BERTRANPETIT J / BARBUJANI G (2000) Geographic Patterns of mtDNA Diversity in Europe. Am J Hum Genet 66:262–278

STECKEL RH / LARSEN CS / SCIULLI PW / WALKER PL (2005) The Global History of Health Project. Data Collection Codebook

STUART-MACADAM P (1985) Porotic hyperostosis: Representative of a childhood condition. American Journal of Physical Anthropology 66:391–398. https://doi.org/10.1002/ajpa.1330660407

STEWART TD (1979) Essentials of forensic anthropology: especially as developed in the United States. Springfield, IL: Charles C. Thomas

SZILVÁSSY J (1988) Altersdiagnose am Skelett. In: Knussmann R (Hrsg) Anthropologie. Handbuch der vergleichenden Biologie des Menschen. 1. Teil. Fischer

TEEGEN WR (2014) Ein Massengrab napoleonischer Zeit aus Leipzig II: erste Untersuchungen zur Anthropologie und Paläopathologie. In: Eickhoff S, Schopper F (Hrsg) Schlachtfeld und Massengrab Spektren interdisziplinärer Auswertung von Ort und Gewalt. Brandenburgisches Landesamt für Denkmalpflege und Archäologisches Landesmuseum, Wünsdorf, S. 385–391

TELKKÄ A / PALKAMA A / VIRTAMA P (1962) Estimation of stature from radiographs of long bones in children. Ann Med Exp Biol Fenn 40:91–96

VON STERNBURG MS (1842) Landwirthschaftliche Beschreibung des Ritterguts Lützschena bei Leipzig, mit seinen Gewerbszweigen. Tauchnitz, S. 73–79

WAHL J / ZINK A (2013) Karies, Pest und Knochenbrüche: Was Skelette über Leben und Sterben in alter Zeit verraten. wbg Theiss in Wissenschaftliche Buchgesellschaft

WALDRON T (2009) Palaeopathology. Cambridge University Press

WALKER PL / BATHURST RR / RICHMAN R / RICHMAN R / GIERDRUM T / ANDRUSHKO VA (2009) The causes of porotic hyperostosis and cribra orbitalia: A reappraisal of the iron-deficiency-anemia hypothesis. American Journal of Physical Anthropology 139:109–125. https://doi.org/10.1002/ajpa.21031

WEIHER L (2022) Erfassung und Bewertung ectocranialer Porositäten an Schädeln napoleonischer Soldaten der Skelettserien Rödelheim, Hanau und Kassel. Bachelorarbeit Universität Göttingen

WESTPHALEN T (2016) Die Archäologie der Völkerschlacht bei Leipzig 1813. In: Dimitrieva M, Karl L (Hrsg) Das Jahr 1813, Ostmitteleuropa und Leipzig. Böhlau Verlag, S. 205–212

WHITE TD / FOLKENS PA (2005) The Human Bone Manual, Illustrated Edition. Academic Press

WILBRAND L (1884) Die Kriegs-Lazarethe von 1792–1815 und der Kriegstyphus zu Frankfurt a. M. K. Th. Völcker's Verlag

WILKIN B / WILKIN R (2015) Fighting for Napoleon: French Soldiers' Letters 1799–1815. Pen & Sword Books Ltd

WILLUWEIT S / ROEWER L (2015) The new Y Chromosome Haplotype Reference Database. Forensic Sci Int Genet 15:43–48 https://doi.org/10.1016/j.fsigen.2014.11.024

WITTMEIER P / HUMMEL S (2022) Agarose gel electrophoresis to assess PCR product yield: comparison with spectrophotometry, fluorometry and qPCR. Biotechniques 72:155–158. https://doi.org/10.2144/btn-2021-0094

ERDVERBUNDEN BAND 2

■ **Abb. 223** Immer wieder standen sich Frankfurter und Franzosen im Lauf der Geschichte gegenüber, hier beim Kampf um Frankfurt am 02.12.1792. | Francfort et Français se sont affrontés à plusieurs reprises au cours de l'histoire, ici lors de la combat de Francfort le 2nd Décembre 1792. Lithographie de Grenier de Saint-Martin Francisque. © Paris, musée de l'Armée dist. RMN-GP/ Thierry Ollivier.

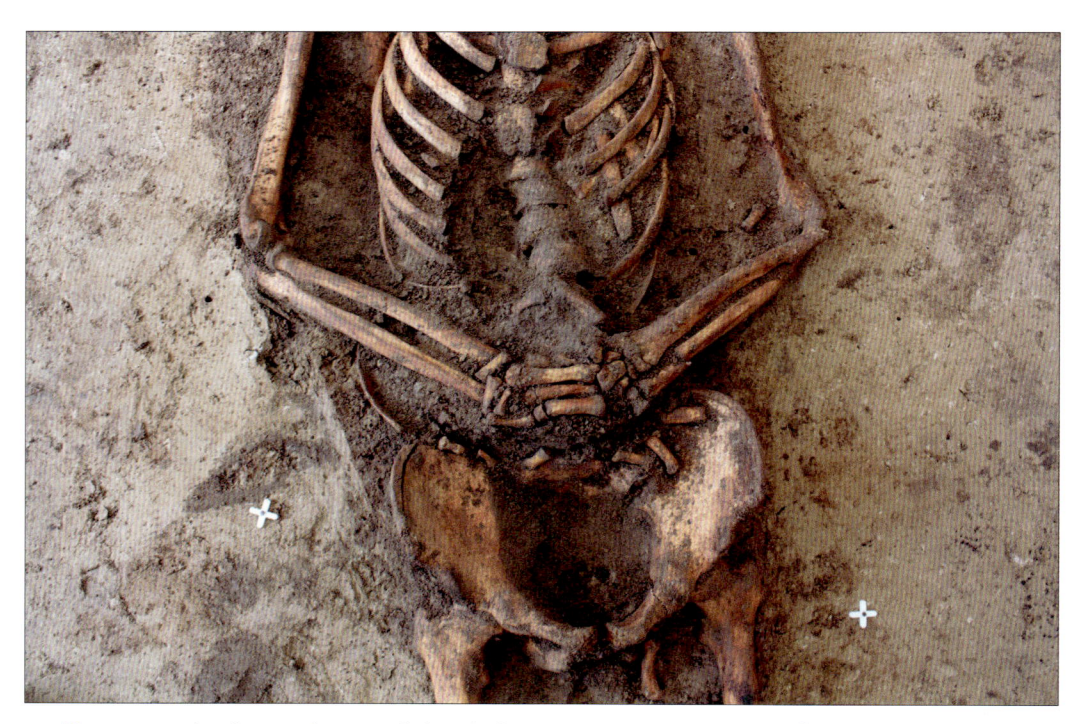

■ **Abb. 224** Betend zur letzten Ruh': Die Hände des Individuums 12 aus Stelle 28 waren gefaltet. | Prier pour le repos final. L'individu 12 du site 28 avait les mains jointes.

Aktuelle archäologische Forschung in Frankfurt am Main.

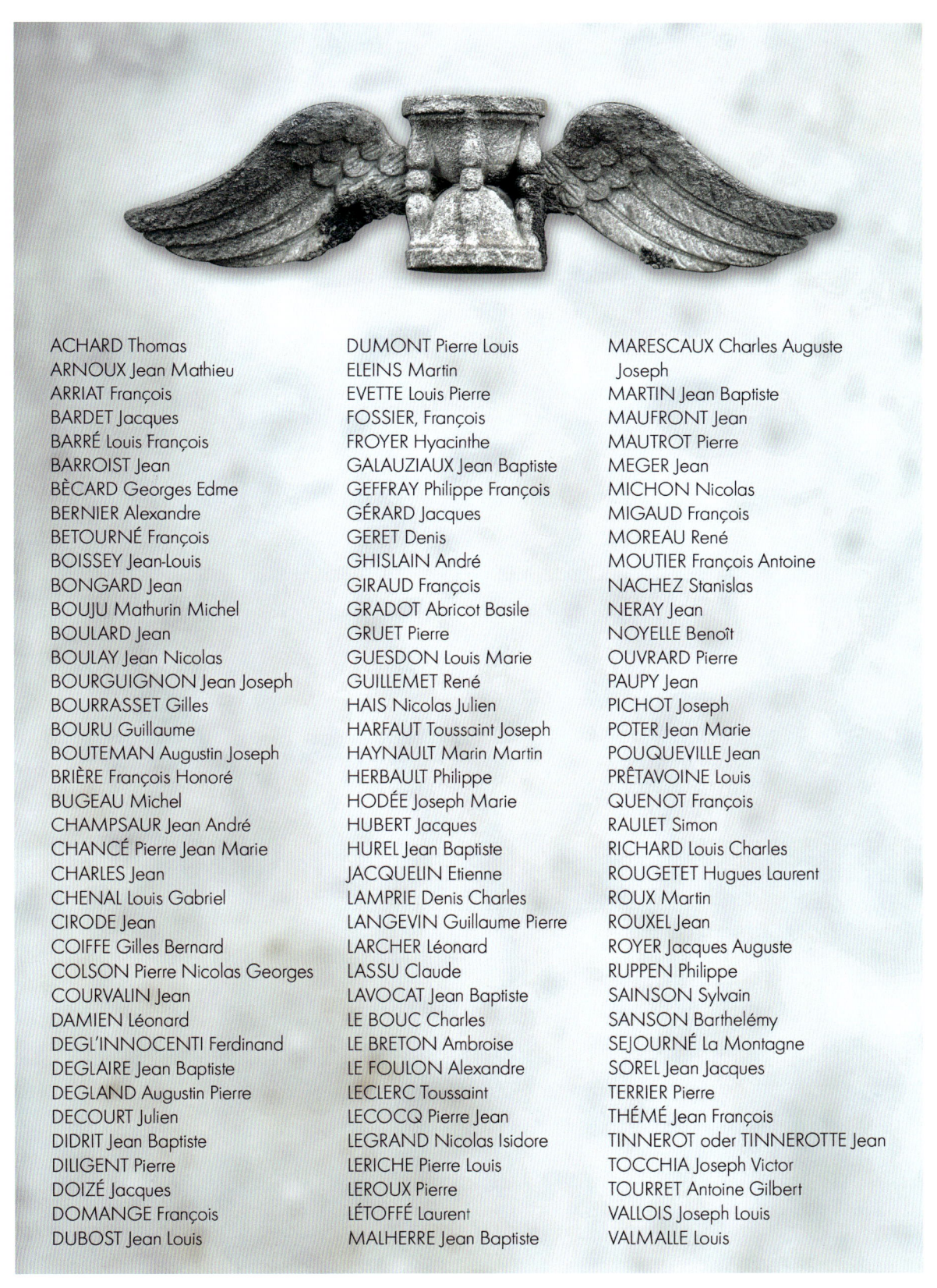

ACHARD Thomas	DUMONT Pierre Louis	MARESCAUX Charles Auguste Joseph
ARNOUX Jean Mathieu	ELEINS Martin	MARTIN Jean Baptiste
ARRIAT François	EVETTE Louis Pierre	MAUFRONT Jean
BARDET Jacques	FOSSIER, François	MAUTROT Pierre
BARRÉ Louis François	FROYER Hyacinthe	MEGER Jean
BARROIST Jean	GALAUZIAUX Jean Baptiste	MICHON Nicolas
BÈCARD Georges Edme	GEFFRAY Philippe François	MIGAUD François
BERNIER Alexandre	GÉRARD Jacques	MOREAU René
BETOURNÉ François	GERET Denis	MOUTIER François Antoine
BOISSEY Jean-Louis	GHISLAIN André	NACHEZ Stanislas
BONGARD Jean	GIRAUD François	NERAY Jean
BOUJU Mathurin Michel	GRADOT Abricot Basile	NOYELLE Benoît
BOULARD Jean	GRUET Pierre	OUVRARD Pierre
BOULAY Jean Nicolas	GUESDON Louis Marie	PAUPY Jean
BOURGUIGNON Jean Joseph	GUILLEMET René	PICHOT Joseph
BOURRASSET Gilles	HAIS Nicolas Julien	POTER Jean Marie
BOURU Guillaume	HARFAUT Toussaint Joseph	POUQUEVILLE Jean
BOUTEMAN Augustin Joseph	HAYNAULT Marin Martin	PRÊTAVOINE Louis
BRIÈRE François Honoré	HERBAULT Philippe	QUENOT François
BUGEAU Michel	HODÉE Joseph Marie	RAULET Simon
CHAMPSAUR Jean André	HUBERT Jacques	RICHARD Louis Charles
CHANCÉ Pierre Jean Marie	HUREL Jean Baptiste	ROUGETET Hugues Laurent
CHARLES Jean	JACQUELIN Etienne	ROUX Martin
CHENAL Louis Gabriel	LAMPRIE Denis Charles	ROUXEL Jean
CIRODE Jean	LANGEVIN Guillaume Pierre	ROYER Jacques Auguste
COIFFE Gilles Bernard	LARCHER Léonard	RUPPEN Philippe
COLSON Pierre Nicolas Georges	LASSU Claude	SAINSON Sylvain
COURVALIN Jean	LAVOCAT Jean Baptiste	SANSON Barthelémy
DAMIEN Léonard	LE BOUC Charles	SEJOURNÉ La Montagne
DEGL'INNOCENTI Ferdinand	LE BRETON Ambroise	SOREL Jean Jacques
DEGLAIRE Jean Baptiste	LE FOULON Alexandre	TERRIER Pierre
DEGLAND Augustin Pierre	LECLERC Toussaint	THÉMÉ Jean François
DECOURT Julien	LECOCQ Pierre Jean	TINNEROT oder TINNEROTTE Jean
DIDRIT Jean Baptiste	LEGRAND Nicolas Isidore	TOCCHIA Joseph Victor
DILIGENT Pierre	LERICHE Pierre Louis	TOURRET Antoine Gilbert
DOIZÉ Jacques	LEROUX Pierre	VALLOIS Joseph Louis
DOMANGE François	LÉTOFFÉ Laurent	VALMALLE Louis
DUBOST Jean Louis	MALHERRE Jean Baptiste	

■ **Abb. 225** Die Namen der in Frankfurt am Main verstorbenen französischen Soldaten. Das geflügelte Stundenglas stammt von einem historischen Friedhof. | Les noms des soldats français décédés à Francfort-sur-le-Main. Le sablier ailé provient d'un cimetière historique. Foto / Photo: Nicole Merle.

Chronologie

der gemeinsamen Geschichte Frankreichs und Frankfurts 1759-1807*
*erhebt keinen Anspruch auf Vollständigkeit.

15.08.1769
Geburt von Napoleon Bonaparte in Ajaccio, Korsika. | Naissance de Napoléon Bonaparte à Ajaccio, Corse.

14.07.1789
Mit dem Sturm auf die Bastille in Paris beginnt die Französische Revolution. | La prise de la Bastille à Paris marque le début de la Révolution française.

1759-1763
Frankfurt wird im Siebenjährigen Krieg von den Franzosen besetzt. Dies führt zu deutlichen Verbesserungen von Straßenbeleuchtung und -pflaster sowie Hausbeschilderung. | Francfort est occupée par les Français pendant la guerre de Sept Ans. Cela entraîne des améliorations notables de l'éclairage et du revêtement des rues ainsi que de la signalisation des maisons.

21.01.1793
Hinrichtung des französischen Königs Ludwig XVI. durch eine Guillotine. | Exécution à la guillotine du roi de France Louis XVI.

16.07.1796
Frankfurt wird durch französische Truppen unter Jean-Baptiste Kléber bombardiert und stark beschädigt. | Francfort est bombardée et fortement endommagée par les troupes françaises de Jean-Baptiste Kléber.

1803-1805
3. Koalitionskrieg (Großbritannien, Österreich, Russland und Schweden gegen Frankreich, Spanien, Bayern, Baden, Hanau und Württemberg). | Troisième guerre de coalition (Grande-Bretagne, Autriche, Russie et Suède contre France, Espagne, Bavière, Bade, Hanau et Wurtemberg).

08.09.1796
Befreiung Frankfurts durch Erzherzog Karl von Österreich-Teschen. | Libération de Francfort par l'archiduc Charles d'Autriche-Teschen.

1798-1802
2. Koalitionskrieg (Großbritannien, Österreich und Russland gegen Frankreich). | Deuxième guerre de coalition (Grande-Bretagne, Autriche et Russie contre la France).

1792-1797

1. Koalitionskrieg (Preußen, Österreich, Hessen und französische Emigranten gegen Frankreich). | Première guerre de coalition (Prusse, Autriche, Hesse et émigrés français contre la France).

14.07.1792

Franz II. wird in Frankfurt zum König und (letzten) Kaiser des Heiligen Römischen Reiches gekrönt. | François II est couronné roi et (dernier) empereur élu du Saint-Empire romain germanique à Francfort.

22.10.1792

Frankfurt wird durch französische Truppen unter General Custine besetzt. | Francfort est occupée par les troupes françaises du général Custine.

02.12.1792

Mit Hilfe der Bürger:innen wird Frankfurt von Preußen und Hessen zurückerobert. Das Hessendenkmal erinnert noch heute diese Zeit. | Avec l'aide des citoyennes et des citoyens, Francfort est reconquise par la Prusse et la Hesse. Le monument de la Hesse rappelle encore aujourd'hui cette époque.

02.09.1805

Schlacht von Austerlitz im heutigen Tschechien. | Bataille d'Austerlitz dans l'actuelle République tchèque.

02.12.1804

Napoleon Bonaparte wird zum Kaiser Frankreichs gekrönt. | Napoléon Bonaparte est couronné empereur de France.

Jan 1806

Frankfurt wird durch französische Truppen unter General Augereau besetzt. | Francfort est occupée par les troupes françaises du général Augereau.

12.07.1806

Napoleon veranlasst die Gründung des Rheinbundes – Frankfurt verliert seine Selbstständigkeit. | Napoléon est à l'origine de la création de la Confédération du Rhin. Francfort perd son indépendance.

06.08.1806

Franz II. dankt als Kaiser des Heiligen Römischen Reiches ab. | François II abdique en tant qu'empereur du Saint Empire romain germanique.

21.11.1806

Napoleon verhängt eine Kontinentalsperre und Handelsblockade gegen Großbritannien; Zucker wird in Europa knapp und teuer. | Napoléon impose un blocus continental et un blocus commercial à la Grande-Bretagne ; le sucre devient rare et cher en Europe.

1806 - 1807

4. Koalitionskrieg (Großbritannien, Preußen, Russland und Schweden gegen Frankreich). | Quatrième guerre de coalition (Grande-Bretagne, Prusse, Russie et Suède contre la France).

Zusammenstellung und Grafik von E. Sichert auf Grundlage der im Buch genannten Ereignisse.

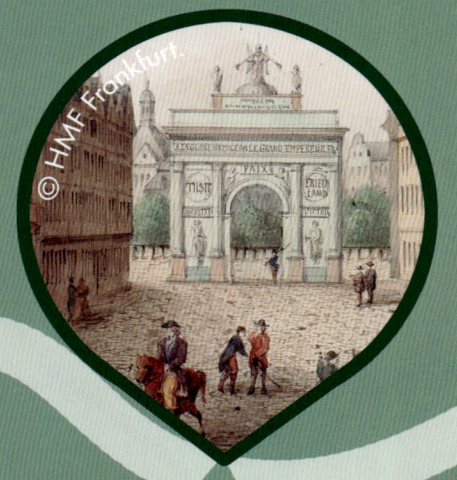

24.07.1807

Napoleon in Frankfurt am Main: Errichtung eines Triumphbogens zu seinen Ehren auf der Zeil. | Napoléon à Francfort-sur-le-Main : construction d'un arc de triomphe en son honneur sur la Zeil.

1809

5. Koalitionskrieg (Großbritannien und Österreich gegen Frankreich und den Rheinbund). | Cinquième guerre de coalition (Grande-Bretagne et Autriche contre France et Confédération du Rhin).

21.-22.05.1809

Erste Niederlage Napoleons in der Schlacht bei Aspern (auch: Schlacht bei Essling) durch Erzherzog Karl von Österreich-Teschen. | Première défaite de Napoléon à la bataille d'Aspern (également appelée bataille d'Essling) par l'archiduc Charles d'Autriche-Teschen.

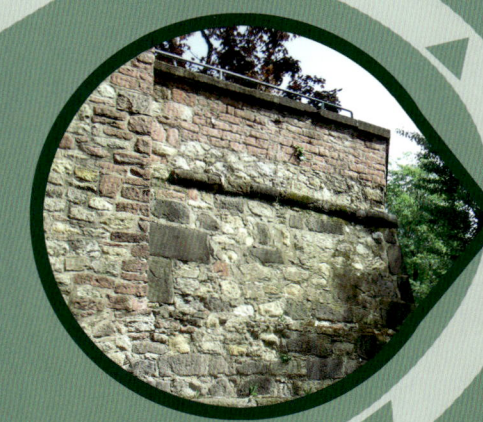

1805-1814

Die alten Wallanlagen Frankfurts werden größtenteils abgetragen, der gleichnamige Park entsteht. | Les anciens remparts de Francfort sont en grande partie démolis, le parc du même nom est créé.

1810-1813

Frankfurt ist Hauptstadt des Großherzogtums Frankfurt unter Napoleon. | Francfort est la capitale du Grand-Duché de Francfort sous Napoléon.

Nov 1810

Frankfurt schmuggelt trotz Napoleons Verbot eifrig englische Waren. Die Franzosen statuieren ein Exempel und verbrennen verbotene Güter im Wert von fast 17 Mio Gulden auf dem Frankfurter Fischerfeld. | Malgré l'interdiction de Napoléon, Francfort se livre avec ardeur à la contrebande de marchandises anglaises. À titre de mise en garde, les Français brûlent des marchandises interdites d'une valeur de près de 17 millions de florins sur le Fischerfeld de Francfort.

02.05.1813

Schlacht bei Großgörschen (auch: Schlacht bei Lützen) im heutigen Deutschland, Napoleon siegt. | Bataille de Großgörschen (aussi connue sous le nom de bataille de Lützen) dans l'Allemagne actuelle, victoire de Napoléon.

05.03.1811

Schlacht bei Chiclana (auch: Schlacht bei La Barrosa) im heutigen Spanien. | Bataille de Chiclana (aussi connue sous le nom de bataille de La Barrosa) dans l'Espagne actuelle.

07.09.1812

Schlacht bei Borodino an der Moskwa im heutigen Russland. | Bataille de Borodino sur la Moskova, dans l'actuelle Russie.

1813-1815

6. Koalitionskrieg mit den sog. Befreiungskriegen. | Sixième guerre de coalition avec les guerres dites de libération.

26.-28.11.1812

Schlacht an der Beresina im heutigen Belarus. Rückzug der Grande Armée Napoleons. | Bataille de la Bérézina, dans l'actuelle Biélorussie. Retraite de la Grande Armée de Napoléon.

02.04.1813

Gefecht bei Lüneburg im heutigen Deutschland, in dem Johanna Stegen die Preußen mit französischer Munition versorgt. | Bataille de Lüneburg, dans l'Allemagne actuelle, au cours de laquelle Johanna Stegen fournit des munitions françaises aux Prussiens.

Chronologie

de l'histoire commune de la France et de Francfort de 1807 à 1813*
*sans prétention d'exhaustivité.

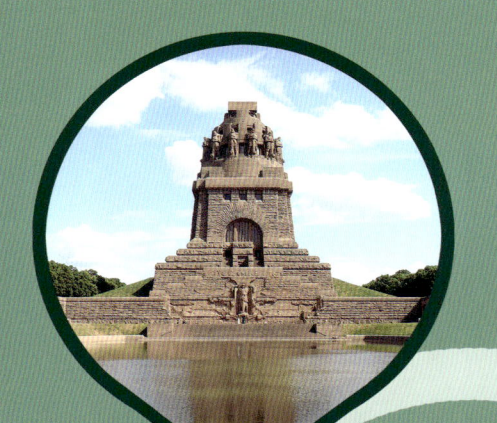

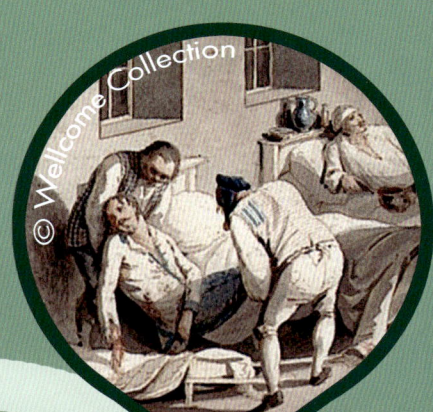

17.10.1813
300 erkrankte Franzosen werden in Frankfurt-Rödelheim einquartiert. | Trois cents Français malades sont logés à Francfort-Rödelheim.

16.-19.10.1813
Völkerschlacht bei Leipzig im heutigen Deutschland. | Bataille des Nations à Leipzig dans l'Allemagne d'aujourd'hui.

Okt - Dez 1813
Der Rödelheimer Karl Hofmann verfasst als Augenzeugenbericht die Kriegschronik „Merkwürdige Tage des Ortes Rödelheim während des französischen Revolutionskrieges". | Karl Hofmann, originaire de Rödelheim, rédige la chronique de guerre « Jours singuliers du village de Rödelheim pendant la guerre de la Révolution française » en tant que témoignage oculaire.

20.-21.05.1813
Schlacht bei Bautzen im heutigen Deutschland. Deutsche Truppen kämpfen auf beiden Seiten: Preußen und Russland kämpfen gegen Frankreich, Baden, Bayern, Hessen, Sachsen und Württemberg. | Bataille de Bautzen, dans l'Allemagne actuelle. Les troupes allemandes se battent des deux côtés : la Prusse et la Russie se battent contre les Français, le pays de Bade, la Bavière, la Hesse, la Saxe et le Wurtemberg.

30.-31.10.1813
Schlacht bei Hanau. Letzte Schlacht der Napoleonischen Kriege auf deutschem Boden. | Bataille de Hanau. Dernière bataille des guerres napoléoniennes sur le sol allemand.

31.10.1813
Der Frankfurter Philipp Aubin begrüßt Napoleon an der Mainkur und verhandelt, dass Napoleons Truppen nicht erneut durch die Stadt ziehen. | Le Francfortois Philipp Aubin accueille Napoléon à la Mainkur et négocie que les troupes de Napoléon ne traversent pas à nouveau la ville.

31.10.1813
Schlacht an der Alten Brücke zwischen Franzosen (nordmainisch in der Altstadt) und Bayern (südmainisch in Frankfurt-Sachsenhausen). | Bataille du Vieux Pont entre les Français (nord du Main dans la vieille ville) et les Bavarois (sud du Main à Francfort-Sachsenhausen).

Compilation et graphique par E. Sichert sur la base des événements mentionnés dans le livre.

Chronologie
der gemeinsamen Geschichte Frankreichs und Frankfurts 1813 bis heute*
*erhebt keinen Anspruch auf Vollständigkeit.

1870-1871
Deutsch-Französischer Krieg. | Guerre franco-allemande.

1914-1918
Erster Weltkrieg. | Première Guerre mondiale.

1939-1945
2. Weltkrieg. | Seconde Guerre mondiale.

18.05.1848 - 30.05.1849
Die Deutsche Nationalversammlung tagt in der Frankfurter Paulskirche und beschließt die Grundrechte sowie eine neue Reichsverfassung. Dies gilt als Gründungsmoment der deutschen Demokratie. | L'Assemblée nationale allemande se réunit dans l'église Paulskirche de Francfort et adopte les droits fondamentaux ainsi qu'une nouvelle constitution pour l'Empire. Cette assemblée est considérée comme le moment fondateur de la démocratie allemande.

05.05.1821
Tod von Napoleon Bonaparte auf St. Helena. | Mort de Napoléon Bonaparte à Sainte-Hélène.

01.-02.11.1813
Napoleon übernachtet im Bolongaropalast in Frankfurt-Höchst. | Napoléon passe la nuit au Bolongaropalast à Francfort-Höchst.

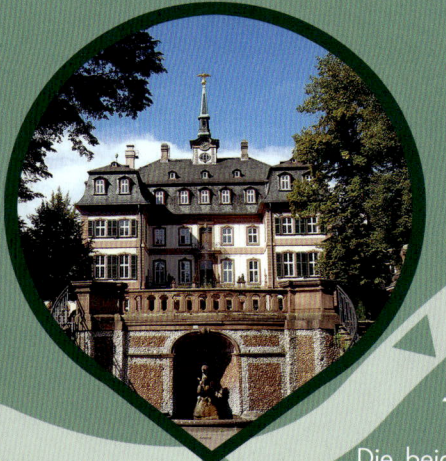

18.06.1815
Schlacht von Waterloo im heutigen Belgien. Letzte Schlacht Napoleon Bonapartes. | Bataille de Waterloo, dans l'actuelle Belgique. Dernière bataille de Napoléon Bonaparte.

1815
Frankfurt am Main wird wieder zur Freien Stadt. | Francfort-sur-le-Main redevient une ville libre.

11.11.1813
Die beiden Rödelheimer Totengräber erkranken. | Les deux fossoyeurs de Rödelheim tombent malades.

22.06.1815
Napoleon Bonaparte dankt ab. | Napoléon Bonaparte abdique.

02.11.2022
Gedenkfeier mit Beerdigung aller sterblichen Überreste auf dem Frankfurter Südfriedhof. | Cérémonie commémorative avec inhumation de toutes les dépouilles au cimetière sud de Francfort.

27.08.2024
Symposium und Vorstellung der wissenschaftlichen Publikation zu den Napoleonischen Soldaten. | Symposium et présentation de la publication scientifique sur les soldats napoléoniens.

08.08.2022
Rückkehr der Napoleonischen Soldaten von Göttingen nach Frankfurt. | Retour des soldats napoléoniens de Göttingen à Francfort.

11.11.2021
Gedenkfeier auf dem Frankfurter Südfriedhof. | Cérémonie commémorative au cimetière sud de Francfort.

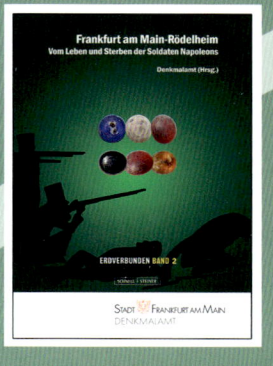

24.01.2020
Einweihung einer Gedenktafel am Fundort, heute Arthur-Stern-Platz in Frankfurt-Rödelheim. | Inauguration d'une plaque commémorative sur le lieu de la découverte, aujourd'hui Arthur-Stern-Platz à Francfort-Rödelheim.

10.09.2019
Einweihung des neu angelegten Grabfeldes für die Napoleonischen Soldaten auf dem Frankfurter Südfriedhof. | Inauguration du nouveau carré de tombes pour les soldats napoléoniens au cimetière sud de Francfort.

29.01.2016
Die Napoleonischen Soldaten reisen zur anthropologischen Untersuchung von Frankfurt nach Göttingen. | Les soldats napoléoniens sont transférés de Francfort à Göttingen pour une étude anthropologique.

15.10.1960
Lyon und Frankfurt am Main verbinden sich durch eine Städtepartnerschaft. | Lyon et Francfort-sur-le-Main sont liées par un jumelage.

22.01.1963
Charles De Gaulle und Konrad Adenauer unterzeichnen den Élysée-Vertrag zur Deutsch-Französischen Freundschaft. | Charles De Gaulle et Konrad Adenauer signent le traité de l'Élysée sur l'amitié franco-allemande.

Sept 2015 - Jan 2016
Entdeckung der Gräber in Frankfurt-Rödelheim. Archäologische Ausgrabung, Dokumentation und Bergung durch das Denkmalamt. | Découverte des tombes à Francfort-Rödelheim. Fouilles archéologiques, documentation et récupération par le service des monuments historiques.

Zusammenstellung und Grafik von E. Sichert auf Grundlage der im Buch genannten Ereignisse.

Autor:innen
Auteurs·es

Prof. Dr. Jacques-Olivier Boudon
Professeur d'histoire contemporaine de classe
exceptionnelle à l'Université de Paris-Sorbonne,
Histoire de la Révolution et de l'Empire
Bureau S 202, Ecole Doctorale Histoire Moderne et
Contemporaine, Maison de la Recherche
28 rue Serpente
75006 Paris
jacques-olivier.boudon@sorbonne-universite.fr

Dr. Anna Lena Flux
Historische Anthropologie und Humanökologie
Johann Friedrich Blumenbach-Institut für Zoologie und
Anthropologie
Bürgerstr. 50, Raum 0.106
37073 Göttingen
aflux@gwdg.de

Dr. Birgit Großkopf
Historische Anthropologie und Humanökologie
Johann-Friedrich-Blumenbach-Institut der Georg-August-
Universität Göttingen
Bürgerstr. 50, Raum 1.112
37073 Göttingen
birgit.grosskopf@biologie.uni-goettingen.de

Dr. Andrea Hampel
Denkmalamt Frankfurt
Amtsleiterin
Kurt-Schumacher-Straße 10
60311 Frankfurt am Main
andrea.hampel@stadt-frankfurt.de

Sigrun Martins
Diplomrestauratorin
Am Wartfeld 25
61169 Friedberg
sigrun.martins@gmail.com

Michael Obst
Denkmalamt Frankfurt
Grabungstechniker
Kurt-Schumacher-Straße 10
60311 Frankfurt am Main
michael.obst@stadt-frankfurt.de

Tobias Picard M.A.
Bornrainstraße 18
63637 Jossgrund
Telefon: +49 (0) 6059 90 92 70
tobias.picard@t-online.de

Elke Sichert M.A.
Denkmalamt Frankfurt
Archäologin & Grafikerin
Kurt-Schumacher-Straße 10
60311 Frankfurt am Main
elke.sichert@stadt-frankfurt.de